長安銀行
CHANG'AN BANK
621296 8888888888888
长伴
客服热线：96669

長安銀行
CHANG'AN BANK
e長安
财富如e行
www.ccabchina.com
客服热线：96669

《渭南年鉴》编辑部

电话 （0913）2109562　　**传真** （0913）2109554

邮编 714000　　**地址** 渭南市人民政府 5 号办公楼 3 层 20 号

渭南年鉴

WEINAN YEARBOOK

2011

渭 南 市 人 民 政 府

陕西出版集团
三 秦 出 版 社

重 要 活 动

7月1日，全国人大常委会副委员长、全国妇联主席陈至立率领以全国人大环资委主任委员汪光焘为组长的全国人大常委会执法检查组，来渭南市就《清洁生产促进法》贯彻实施情况进行检查。省人大常委会副主任李晓东、市人大常委会主任雷孟斌陪同检查，市委书记梁凤民主持汇报会，市长徐新荣作汇报。图为陈至立（中）在渭河煤化工集团有限责任公司展览馆视察的情景。（王晓宁摄）

8月2日，国务院副总理回良玉一行深入华阴罗敷河抗洪抢险一线慰问抗洪救灾军民和受灾群众，水利部部长陈雷，省委书记赵乐际，代省长赵正永，省委副书记王侠，市上领导徐新荣、刘新兴等陪同。（华阴信息办马宝军供稿）

6月8日下午，省委书记赵乐际在澄城光伏产业园拓日新能源公司调研。（王晓宁摄）

11月23日～24日，省委副书记、代省长赵正永深入渭南高新区、富平县调研，市上领导梁凤民、徐新荣、王晓明等陪同。（杨青山摄）

7月24日凌晨，华阴华阳山区发生强暴雨，6时许，南山支流罗敷河西堤发生80多米决口。险情发生后，省市领导亲自组织指挥，驻渭部队、武警和民兵预备役人员及地方抢险救灾突击队和群众数千人出动参加抢险堵决堤会战。（杨青山摄）

11月23日，渭南国家高新区建设推进大会暨授牌仪式举行，科技部党组书记、副部长李学勇，省委副书记、代省长赵正永参加并讲话，副省长朱静芝主持大会，市上领导梁凤民、雷孟斌、张建华、王晓明等参加，市委副书记、市长徐新荣代表市委、市政府讲话。（王晓宁摄）

11月23日，渭南高新区晋升为国家级高新区授牌仪式在高新区举行。国家科技部党组书记、副部长李学勇，科技部党组成员、纪检组长郭向远为高新区授牌。（王晓宁摄）

渭南市第二届文化旅游节开幕式

渭南市交通运输局

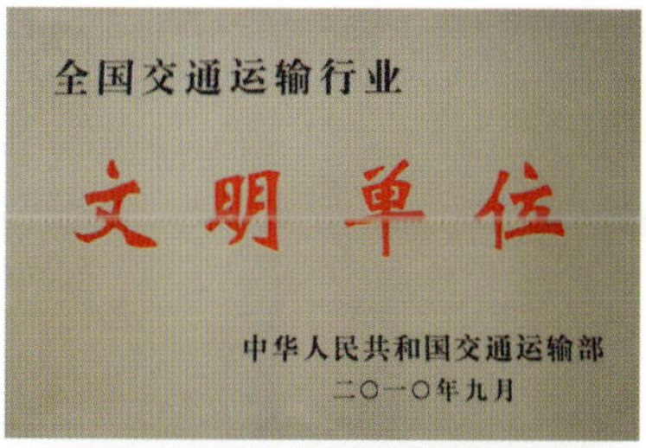

党委书记、局长　陈春明

2010年是“十一五”的收官之年，交通各项工作成绩斐然。全年共完成交通基础设施建设投资67.09亿元，渭蒲高速公路、西潼高速公路改扩建工程先后竣工通车，渭南客运中心站建成运营。干线公路完成路网改造项目7个，实现优良路率89.5%，优良路里程699.69公里。农村公路完成建设项目385个，里程796公里，县、乡公路优良路率分别达到82.47%、57.64%。道路运输完成客运量10211万人、旅客周转量560006万人公里，货运量8763万吨、货物周转量2478193万吨公里，分别比上年增长了17.9%、19.9%、18%、20%。运输安全四项指标为零，交通事故发生率为五年来最低值。

渭富大桥

整洁的公路环境

舒适顺畅的S304线韩城段

渭南市环境保护局

市环保局局长李宏选参加环境热线访谈节目

市政府召开全市环保工作暨创模转段推进会议

全市环保系统党风廉政建设工作会议

省人大常委会副主任刘维隆、省环保厅厅长何发理在渭南经开区紫兆环保产业开发公司调研

市人大常委会副主任郗怀亮、市政府副市长魏稳柱在市环保局局长李宏选陪同下检查临渭区燃煤锅炉拆除改造工作

渭南市农业局

市委副书记王晓明检查玉米洋芋套种生产，市局领导陪同。

设施蔬菜喜获丰收

副市长郭伯权检查猕猴桃生产，局长张金荣陪同。

检查指导夏粮生产

检查指导设施农业生产

渭南市卫生局

渭南市卫生局“转变作风、为民服务、创先争优”动员会

召开创建国家卫生城市会议

创国卫健康教育工作培训会

渭南市卫生系统创先争优十佳评选活动颁奖晚会

市局党委组织党员在渭华起义纪念碑前庄严宣誓

渭南市卫生局迎“三八”促和谐登山运动

渭南市对外经济技术合作局

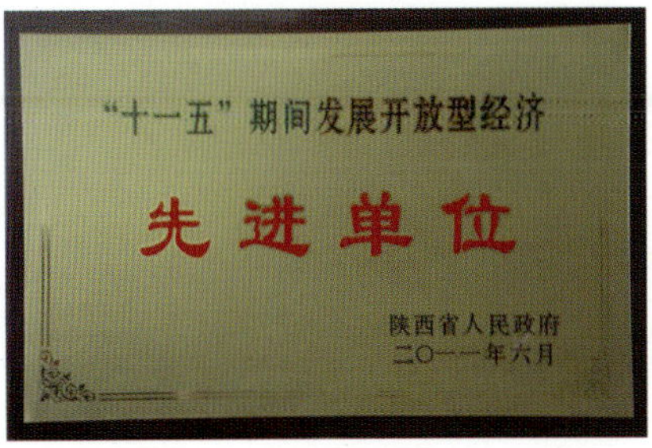

举办福建企业家迎春座谈会

局长刘筱萍慰问老党员

第十五届中国东西部合作与投资贸易洽谈会陕浙新能源新材料项目合作对接会

参观爱国主义教育基地

陕西煤业化工集团陕化节能减排技改项目开工奠基仪式

渭南市国家税务局

党组书记、局长　于连升

局长于连升在秦电集团车间进行实地调研

常务副市长雷超武视察国税工作

我为国税添光彩演讲比赛

机关办公大楼

渭南市邮政局

党委书记、局长　王理生

全市 2010 年邮政贺卡项目启动暨认标大会

局长王理生在支局调研

投递员深入田间投递信件

高考录取通知书快捷速送

渭南市文物旅游局

局长李东平在广东宣传推介渭南旅游

副省长景俊海、副市长刘宝琴在局长李东平陪同下参观第三届陕西旅游商品博览会渭南展馆

全市旅游产业发展大会

省文物局郭宪曾副局长（左前四）、省文物局公安处骆希哲处长（左前二）在成江海书记陪同下检查澄城县文物安全工作

秦晋豫三省四市举行“一证游”启动仪式并签署《秦晋豫黄河金三角区域旅游合作协议》

局长李东平实地调查魏长城资源

渭南市发展和改革委员会

市发改委向国家发改委领导汇报华山景区建设情况

市发改委召开2010年度工作总结会议

市发改委领导深入项目现场检查工作

市发改委领导深入临渭区三张村检查帮扶工程实施效果

市发改委主任褚锦锋检查包联路段创卫工作

渭南市住房和城乡建设局

省住房和城乡建设厅厅长李子青参观指导渭南市住房建设展示

沋河新貌

东风大街西段

朝阳公园

崇业路全景图

前进路夜景

朝阳大街西端

晨曦中的胜利大街

渭南市审计局

全市审计工作会议

渭华起义纪念碑前庄严宣誓

开展法制宣传活动

全市审计系统第二届运动会

进千家门、暖万人心活动

渭南市工商行政管理局

党组书记、局长　张自录

工商注册登记大厅

工商干部深入田间地头为农民服务

市长徐新荣陪同省工商局局长李仲为视察在建工商所

工商所人员田间查损

“三一五”消费者权益日
宣传咨询活动现场

消费维权进农村

工商干部上门宣传食品安全法

渭南市安全生产监督管理局

2005年5月，经市政府批准，渭南市安全生产监督管理局由副处级委管局升格为正处级政府直属机构。设办公室、综合科、安监一科、安监二科、监察室等5个科室。下属单位有：渭南市安全生产监察执法支队、渭南市安全生产教育培训中心、渭南市矿山安全卫生技术检测站、渭南市劳动安全卫生技术检测站。

2010年，全市共发生各类生产安全事故1010起，较上年下降13.23%；死亡258人，下降8.19%；受伤309人，下降21.77%；经济损失3926万元，增加46.80%。全市死亡人数控制在省政府下达的考核指标以内，亿元GDP生产安全事故死亡率由0.42降到0.32；工矿商贸企业就业人员10万人生产安全事故死亡率由4.26升至5.97；道路交通万车死亡率由2.88降到2.21；煤炭百万吨死亡率由1.42升至12.13。21个市直重点考核部门，没有突破死亡控制指标。道路交通事故死亡人数下降，建筑施工、危险化学品、农机、旅游、水利、教育等行业没有发生死亡事故。全市安全生产形势平稳。

局长赵洪冬陪同省市领导检查安全生产工作

省安监局局长杨达才在渭南检查工作

市委书记庄长兴、副市长刘新兴检查花炮生产情况

市长徐新荣检查安全生产情况

渭南市教育局

党组书记、局长 张洪涛

省委书记赵乐际在渭南视察指导教育工作

省长赵正永调研渭南教育工作

省教育厅厅长杨希文视察白水仓颉中学建设工程

市委书记庄长兴视察渭南高级中学

市长徐新荣在学校调研

常务副市长雷超武视察学校建设工作

渭南市体育局

省运会誓师大会

11月23日，代省长赵正永在市委书记梁凤民、市长徐新荣、市体育局局长王建军的陪同下视察渭南体育中心建设工作。

参加省十四运会开幕式渭南代表团

省体育局领导视察工作

群众性体育蓬勃发展，图为迎新年越野赛场景。

大爱无疆彩票上市仪式

渭南市移民开发局

局长　王健康

考察移民村发展情况

发改委检查后期帮扶工作

在基层调研

市局领导慰问贫困移民户

全市移民工作会议

渭南市人口和计划生育局

副省长郑小明、省计生委主任冯月菊在纪念公开信30周年渭南展馆观看展出物品——基层计生工作者 30 年来工作日记。

局长程忠义为帮扶村送去慰问金

全省开展“两项工程”提高出生人口素质工作现场会在渭南召开

市长徐新荣在基层调研农村母亲健康工作情况

公开信发表 30 周年纪念活动

全国情暖计生人家“三下乡”活动在渭南举行

中国人民银行渭南市中心支行

团结奋进的中支领导班子

渭南市银企项目签约会成功召开，市委、市政府领导出席签约仪式。

渭南市征信知识培训基地在渭南技术学院揭牌，西安分行副行长胡文莲和渭南市副市长魏稳柱共同为培训基地揭牌。

中支组织召开渭南市2010年三季度经济金融形势分析联席会议

中支团委组织青年开展“送温暖，普新知”央行志愿者活动。

渭南中支开展人民币点钞业务技能竞赛活动

中国银行业监督管理委员会渭南监管分局

局长李鹏在银行业高管人员法规考试考场巡视

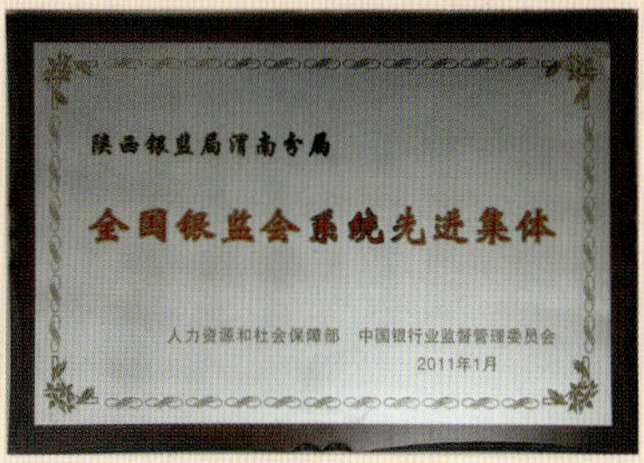

荣获全国银监会系统先进集体

检查指导银行业开展公众教育服务日活动

召开渭南银行业“三法一指引”推进座谈会

组织职工开展拓展训练

中国农业发展银行渭南分行

党委书记、行长　薛智勇

渭南市分行党委领导班子

年初县支行行长会议

拓展训练

棉花信贷工作会议

渭南市住房公积金管理中心

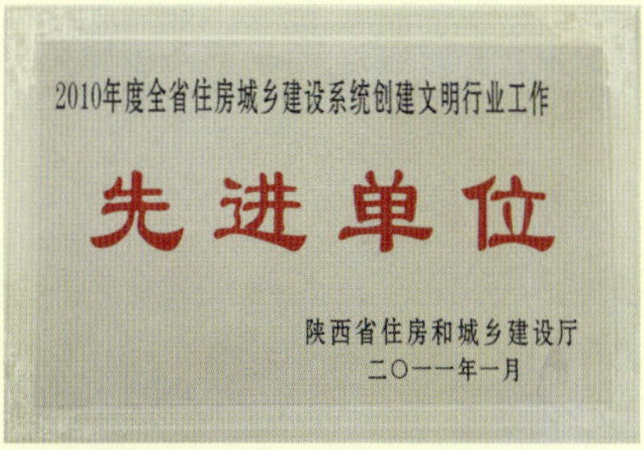

主任郭俊宏作客渭南市环境热线解答听众提问

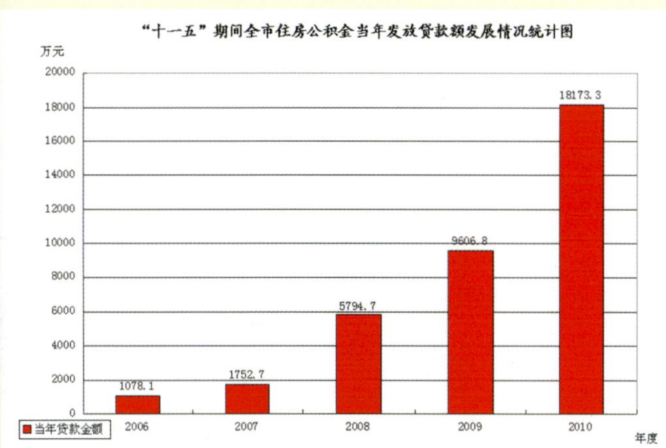

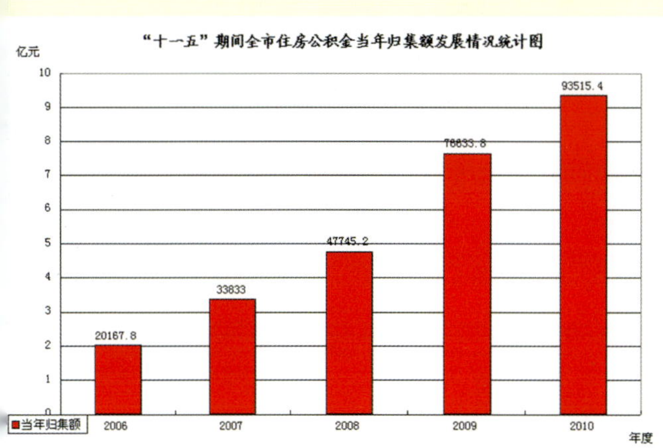

市住房公积金管理中心在全国首家开通住房公积金联名卡查询业务

陕西省地方电力（集团）有限公司渭南供电分公司

总经理王金水（左二）、副总经理关李民（左一）向市领导介绍公司2010年电网建设、优质服务等情况。

总经理王金水（中）、副总经理张晓勇（右一）在富平公司经理毛淑莲陪同下检查110千伏长春变施工现场

规范化供电所

隐患排查推进会

“太阳－太阳光伏发电扶贫工程”——点亮最后一盏灯启动仪式

投运后的义合变电站

应急发电车提供电力应急保障

渭南市国际贸易促进委员会

会长 李养忠

出席“新一轮西部大开发与陕西投资机遇”推介会

上海世博会渭南活动旬启动仪式

东北亚机械产业城市联合市长会议上会员城市市长合影

市上领导出席经济贸易洽谈活动

渭南市关心下一代工作委员会

11月11日，市委常委、宣传部长、市关工委主任郭勇格、省关工委副主任程安梅、市政协副主席高洁出席市关工委办好村级图书室潼关现场会。

8月25日，市关工委、市教育局联合召开全市蛋奶工程教育监督工作会议，市委常委、常务副市长雷超武出席并讲话。

6月28日，市关工委老同志深入华阴市孟塬小学调研、指导“五爱”教育和关爱留守儿童工作。

6月，市关工委组织关工委部分人员，在北京参观中国关工委成立20周年回顾展。

中共渭南市委党史研究室

室领导和业务科室深入大荔县指导革命遗址普查工作

渭南师院副教授马忠智给全室同志作党史报告

《渭南日报》社高级记者、原高克林秘书江长录向党史研究室捐赠有关高克林党史资料

帮扶桥南镇水泉村，全村七条巷道全部硬化。

渭南市人民防空办公室

主任 胡寿文

全体人员参加防空防灾训练

省人防办领导来渭南检查人防工作

渭南人防机动指挥通信车

渭南市公安消防支队

常务副市长雷超武深入社会单位检查指导消防安全工作

副市长郭伯权带队检查消防工作

“119”消防宣传月启动仪式

技能演练——切割灯泡上的铁丝

消防从娃娃抓起

渭南市盐务管理局

局长张均洲向帮扶点捐赠书籍

党委书记、局长　张均洲

盐政执法宣传

五一五防治碘缺乏病日宣传

中国银行股份有限公司渭南分行

省行领导检查指导工作

党委书记、行长　王利锋

职工之家

职工拔河比赛

办公大楼

中国人寿保险股份有限公司渭南分公司

党委书记、总经理　李彬

陕西保监局局长智鹏飞莅临公司指导工作

副市长潘洁与中央财经大学保险学院院长郝演苏共同为公司授牌

在全市系统举办“公司健康发展，员工幸福成长”演讲比赛。

在张家界举办的首届千人高峰会上为营销精英颁奖

为贫困山区学生捐赠文具和过冬棉衣棉被

中国人民财产保险股份有限公司渭南市分公司

公司党委成员

党委书记、总经理　于建营

员工风采

三个中心服务大厅及查勘定损车

公司2010年保费收入突破3亿元

中国太平洋财产保险股份有限公司渭南中心支公司

总经理　辛录才

中国太平洋财产保险股份有限公司是中国太平洋保险（集团）股份有限公司旗下的一家专业子公司，为客户提供全面的财产保险产品和服务。公司总部设在上海，中国太平洋保险集团是A股和H股同时上市公司。在“21世纪亚洲保险业竞争力排名”中位列亚洲非寿险业竞争力第3名，国内综合竞争力第2名，并被评为“2010年.最佳稳健非寿险公司”。同时，2010年太平洋产险第四次问鼎由中国质量协会评选的全国实施用户满意工程的最高奖项——全国用户满意企业奖，成为金融业惟一连续四度蝉联此项殊荣的财产保险公司。中国太平洋财产保险股份有限公司主要承保人民币和外币各种财产保险、短期健康保险和意外伤害保险业务。公司承保业务涉及电力、汽车、机械、化工、电子、水利、建筑、桥梁、公路、铁路以及高科技产业等各行各业、各个领域，为业务发展提供持续的保障支撑。渭南中心支公司1994年成立以来，已发展成为最有影响的保险公司之一，在渭南各县市设有支公司、营销服务部，不断铺设新的营业服务网点，形成了以渭南为中心，辐射全市的保险服务网络体系，更好为渭南经济发展提供服务。2010年太平洋财险渭南中心支公司实现保费收入6351万元，同比增长57%，主要经营指标在全市保持稳步增长。公司积极实施“以客户需求为导向”的战略转型，2010年度荣获中国太平洋财产保险股份有限公司陕西分公司“经营考核二等奖”，“核心业务一等奖”。

整装待发的查勘队伍

现场查勘一丝不苟

热情周到笑迎客户

中国联合通信有限公司渭南分公司

副市长刘新兴在渭南联通视察工作

总经理白智乾深入基层调研

与渭南市委组织部合作共建“大组工网”

举办 iphone 手机启动仪式

举办小记者、小主持素质培训班回报 VIP 用户

公司举办窗口服务技能大赛

中联重科土方机械分公司

中联重科渭南挖掘机工业园项目厂区鸟瞰图

中联重科渭南工业园

中联重科土方机械分公司是中联重科旗下主要事业部之一，主要生产系列挖掘机、推土机、履带式装载机、旋挖钻机、地下连续墙液压抓斗等工程机械产品。公司以渭南工业园为管理中心，形成跨上海、西安、渭南、华阴四地经营的格局。2010年投产的渭南工业园是西北地区最大的免涂装、流水线、大批量生产的挖掘机生产基地，具备年产大中型液压挖掘机10000台、小型液压挖掘机10000台的生产能力，可实现年收入上百亿元。

产品展示

中联重科土方机械产品已遍及能源、水利、冶金、建筑、矿山开采、铁路、公路、机场建设等行业，并出口到美国、加拿大、古巴等三十多个国家和地区。公司根据自身特点，以国际先进的事业部运作模式及分层管理理念，建立起分产品、跨地域的事业部体制运作模式和组织构架，设立推土机、挖掘机和桩工机械三个事业部，实施分层管理。公司高度重视员工发展和人才引进，建立起系统的、有竞争力的薪酬福利体系和完善的员工职业生涯发展规划，充分发挥员工的能动性和创造性，尊重人才，为人才提供良好的发展平台和工作环境。

推土机

挖掘机

中联重科全景

中国农业银行渭南分行

领导莅临 亲切关怀

文明礼仪培训 提升创建层次

服务三农 增产增收

2010年，农行渭南分行坚持以科学发展观为指导，统筹城乡发展，推进经营转型，突出市场营销，完善激励机制，强化风险管控，切实推进合规文化和企业文化建设活动，狠抓领导班子和员工队伍建设，主体业务稳健发展，经营管理能力明显增强，各项工作取得了新成绩。连续七年未发生重大违规违纪和责任性事故。分行荣获总行首届“全国农行文明单位”称号、渭南市“工业经济持续快速增长工作先进单位”、“农业农村工作先进单位”和“政风行风建设先进单位”。

支持公益事业 共建和谐社会

总行竞技 载誉归来

中国建设银行股份有限公司渭南分行

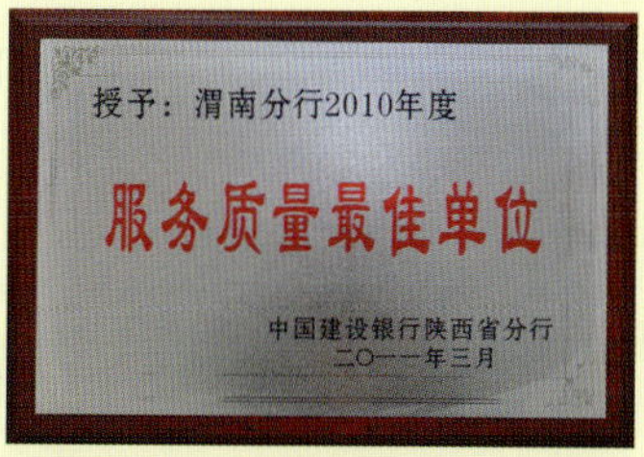

党委书记、行长　王有续

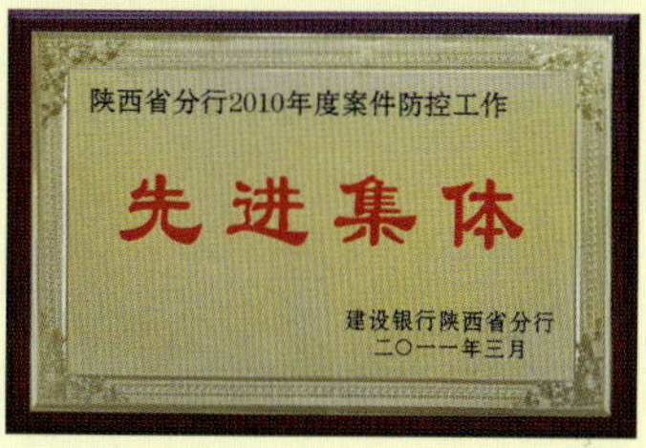

与陕铁院签订银校合作协议

为帮扶的严峪村建成“农家书屋”

在革命圣地延安参观学习

中国大地财产保险股份有限公司渭南中心支公司

总经理　雷宏

2011 年工作会

授予：二〇一〇年度陕西保险系统

先进集体

中国保监会陕西监管局
陕西省保险行业协会
二〇一一年一月

丰富的职工文化生活

渭南市新华书店

经理　张晓亭

党委书记　赵钟鸣

渭南市新华书店创建于1949年6月。现有职工80人。设经营、管理科（室）9个，固定资产2300余万元。图书音像超市营业面积2400平方米，经营图书音像制品5万余种，年销售额700余万元。

近年来，市新华书店领导班子不断深化企业内部改革、强化细化经营管理、创新经营理念、增强服务意识、锐意进取、顽强拼搏，使各项工作取得了显著成绩。良好的发行秩序给新华书店带来了良好的发行效益，使教材教辅发行业绩连年刷新，发行总量连年增长。2010年实现销售6343万元，同比增长27.6%。经营成果连创新高，职工收入显著增加。2007年、2008年、2009年连年被陕西新华发行集团公司授予经营工作先进单位，2007年被陕西省人事厅、省新闻出版局授予“全省新华书店先进集体”称号，2008年被中共陕西省委、省政府授予全省“创佳评差”活动最佳单位称号，2010年被陕西新华发行集团评为综合考评先进单位。

省新华发行集团公司董事长禹剑峰检查指导工作

市上领导检查指导工作

渭南图书大厦少儿区

渭南图书大厦外景

中国平安财产保险股份有限公司渭南中心支公司

渭南中心支公司成立于1998年9月23日，公司坚持“对客户——服务至上、诚信保障，对员工——生涯规划、安家乐业，对股东——稳定回报、资产增值，对社会——回馈社会、建设国家”的经营理念；强化“竞争、激励、淘汰”三大机制，积极推进“最好的机制在平安，最好的人才在平安，最好的管理在平安，最好的服务在平安，最好的产品在平安”的战略目标，加强内控管理、优化资源配置、努力开拓市场，开展诚信展业，合规经营活动，使公司业务规模的推进与业务品质的提升双轨并行，以实现永续发展为长期战略目标，为渭南经济的发展和人民生活安定做出积极的贡献。

欢迎明星会会旗传递活动

组织全体员工无偿献血获锦旗

华山论剑尽献平安风采

王振华简介

王振华，笔名牛力，号香雪梅主，陕西渭南吝店乡石佛村人。就学于西安政法学院法律系，退休干部。中国书协会员，国家一级书法师，曾受聘于中国书法艺术研究院教授，陕西省书画艺术研究院名誉院长，东方艺术报副总编，陕西省书协理事，渭南秦东书画院顾问等。他书法善写行草，画作多喜写梅，曾在上海、西安、北京等地多次举办大型个人书画展。作品多次获全国书画大赛金奖和特殊贡献奖。先后数百幅作品被首都党、政、军、院校的楼堂馆所收藏或作为礼品赠送日本、美国、加拿大等国外友人。出版有《王振华书画集》、《王振华书画选》、《牛力榜书梅花精选》《王振华书画艺术》等。联系电话：09132074582，手机：13509131212。

王振华

全国人大常委会副委员长王汉斌（右）与作者亲切交谈后合影留念

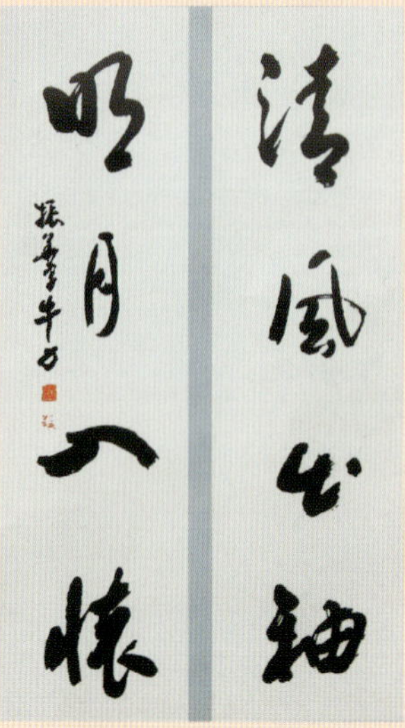

对联（行草）编入《陕西历代书画精品选》

黄河（行书）

临 渭 区

区委书记　杨炳拓

区长　李县平

滑南市临渭区是渭南中心城市所在地、关天经济区的城乡统筹示范区、秦晋豫黄河金三角经济协作试验区，辖16个镇6个街道办事处487个行政村，国土面积1221平方公里，总人口93万人。

历史悠久，人杰地灵。秦武公十年（公元前688年）在境内渭河以北设立下邽县，前秦甘露二年（公元360年）设立渭南县，1983年撤渭南县设立县级渭南市，1995年撤县级渭南市设立临渭区至今。历史上先后出过七任宰相、八名大将、十二任尚书，唐代大诗人白居易、军事家张仁愿和北宋名相寇准都曾出生或居住在这里，素有“三贤故里”之美称。区内山川秀丽，风景优美，南部有沋河川道生态风景区、石鼓山、天留山森林公园，中部有全国仅存的秦始皇焚书台灰堆遗址和渭南八大景之一的“六姑泉”，北部有唐代慧照寺宝塔、寇准墓茔和白氏祖茔，东塬建有全国唯一的航天测控装备博物馆。

区位优越，交通便捷。境内地势南高北低，呈阶梯状分布，由南向北依次为秦岭山地、东西台塬和渭北平原，渭河自西向东从中部穿过，沋河、零河、赤水河由秦岭山地向北呈“川”字型注入渭河。陇海铁路、西南铁路、郑西高铁、大西铁路、310国道、西潼高速公路横贯东西，108国道、渭蒲高速公路、202省道、107省道、关中环线纵贯南北，三座大桥横跨渭河，是关中东部的交通枢纽，素有“三秦要道、八省通衢”之称。

近年来，临渭区始终围绕“加快发展、和谐稳定”两大主题，以保增长、保民生、保稳定为主线，坚定不移地实施项目带动和中心城市支撑战略，抢抓机遇，攻坚克难，扎实推进城市建设管理、“一村一品”工程、园区建设及民生工程建设等重点工作，经济社会发展日新月异，综合实力和发展后劲明显增强，社会事业取得重大成就，民生得到较大改善。辖区生产总值增速连年保持双位数增长，2010年辖区生产总值完成125亿元，增长15.6%；区级财政总收入完成8.1亿元，增长26%，地方财政收入完成1.73亿元，增长30.2%；全社会固定资产投资完成131.35亿元，增长39.4%；规模以上工业产值完成77.28亿元，增长24.83%；全社会消费品零售总额完成48.17亿元，增长18.7%；农民人均纯收入和城镇居民人均可支配收入分别达到4565元和16495元，分别增长22.2%和17.8%。

“十二五”期间，临渭区将以“打造经济强区、构建和谐临渭”为统揽，紧紧抓住实施关天经济区发展规划的重大机遇，以科学发展为主线，以富民强区为目标，以城市建管为重点，以项目建设为支撑，突出城市建设管理、壮大服务经济、发展现代农业三项重点工作，努力跻身关天经济强区之列。

临渭区财政局

党委书记、局长　王永宏

为基层群众答疑解惑

陪同省财政厅领导深入医疗救助户调研

深入农户检查“一折通”发放情况

向省市督察组汇报深入学习实践科学发展观活动情况

清风碑前带领党员重温入党誓词

渭南市国土资源局临渭分局

与基层所签订年度目标责任书

局长　高琦

滑南市国土资源局临渭分局内设8个科室，下设6个二级事业单位，17个基层国土所，现有干部职工135人，受市国土资源局和区委、区政府的双重管理。管辖区域为除中心城市区和高新区、经济开发区以外的乡镇农村土地。2010年，国土临渭分局依托区位优势，坚持“以解放思想为先导，以项目建设为重点，以积极主动有效作为为关键，以提高国土资源管理执行力为保障”的四项工作格局，按照区委、区政府“加快发展、和谐稳定、项目带动”的发展战略，努力在“保护资源、保障发展、主动服务、规范管理、作风建设”上实现五个突破，全力建设临渭经济强区取得了新业绩。

土地整理实地踏勘

全国土地日宣传活动

渭南市公安局交通警察支队临渭大队

深入大王乡老牛坡村帮扶贫困户

大练兵一丝不苟

临渭交警大队设10个基层中队，遍布城市和乡村。辖区各类机动车8万余台，机动车驾驶员7万余人，公路里程2100余公里。近年来，大队积极探索“人性化执法”、“说理执法”、“和谐执法”的新路子，严格践行公安部理性、平和、文明、规范的执法要求，按照城区保畅通、城外保安全的工作重心，狠抓各类交通违法行为的检查纠正，努力实现法律效果与社会效果的有机统一，为全市经济建设和形象建设发挥了主力军和先锋队的作用。连续多次获得全国“公安优秀基层单位”、全省“交警十强大队”、全省“创佳争优”最佳大队、省级“青年突击队”、市级“人民满意政法单位”等光荣称号。

临渭交警大队办公大楼

区人大常委会领导视察工作

临渭区劳动服务局

局长　吴耀斌

临渭区劳动服务局机关设办公室、就业组、培训组、小额担保贷款中心和代理中心。多年来，坚持以“情系就业，改进作风”为重点，以“保民生，促就业，保稳定，促和谐”为宗旨，面对面，心贴心，实打实地为广大下岗失业人员以及就业和再就业人员提供文明、真诚、热情、积极的优质服务。连续五年获得全市就业服务培训工作先进单位，获得2008—2010年度省级人力资源和社会保障系统优质服务窗口称号。

临渭区教育局

临渭区教育局内设党政办、教育股、安全股、计财股、人事股、监察室等。下设区政府教育督导室、区职业教育管理中心、教学研究室、青少年活动中心、电化教育中心、学生资助管理中心、勤工俭学办公室、招生委员会办公室、教育工会、关心下一代工作委员会办公室等单位。区教育局先后被中共陕西省委、省政府授予“两基工作先进单位”，国家体育总局评为“全国群众体育先进单位”，教育部评为“全国学校艺术教育先进单位”，省教育厅评为“陕西省基础教育课程改革实验工作先进单位”、“陕西省未成年人思想道德建设先进单位”等称号。

局长　柴新宏

党委书记、副局长　李庚江

临渭区文体旅游局

临渭区文体旅游局是区政府主管全区文化、体育、文物旅游、广播电视工作的职能部门。全系统共有干部职工430人，大中专以上学历人员132人，专业技术人员142人，其中副高2人，中级职称24人。下属二级单位有临渭区图书馆、临渭区文化馆、渭南中心博物馆、临渭区电影公司、解放影剧院、东风电影院、渭南市青年秦腔剧团、临渭区社会文化管理办公室、文艺创作室等9个企事业单位。

临渭区图书馆图书大楼

临渭区食品药品监督管理局

临渭区食品药品监督管理局为临渭区政府下属正科级工作部门。机关内设一室四股：办公室、法制教育股、财务股、药政股、食品监管股。下辖两个副科级事业单位：渭南市临渭区食品监督所、渭南市临渭区药品稽查大队。机关现有工作人员18名。主要职能职责是：负责辖区内药品、医疗器械、化妆品、保健食品及消费环节食品安全监管工作。2010年6月，按照机构改革精神，餐饮监管职能划归食品药品监管局，一年来，在机构、编制、办公设施都未完全到位的情况下，食品药品监管队伍不讲条件讲奉献，不讲困难想办法，确保了机构改革过程中，监管不脱节，工作不耽误，为全区人民饮食用药安全、为全区经济社会健康发展做出了应有的贡献。

局长卫福海检查餐饮安全

中国农业银行股份有限公司渭南临渭区支行

行长　王仁

中国农业银行股份有限公司渭南临渭区支行现有职工148人，下辖8个分理处和1个直属营业部。主要经营存贷款、票据贴现、现金结算、办理网上银行业务及其他各类代理业务。

近年来，紧紧围绕“育一流员工、树一流形象、倡一流服务、创一流效益”这一核心，秉承“打造城市主流银行”的工作主旨，坚定不移地落实“面向三农、服务城乡、回报股东、成就员工”的历史使命，努力践行“诚信立业、稳健行远”的核心价值观，创新经营机制，实施综合营销，狠抓内控建设，各项业务经营迅猛发展。先后与市上多家重点企业建立了良好的合作关系，成为渭南金融业支持地方经济建设的一支主力军。近年，结合临渭区政府“一村一品”项目建设，重点支持了辛市镇设施大棚及崇宁镇集约化养猪等特色种养业，“服务三农”得到社会良好赞誉。该行先后被评为　全国“巾帼文明示范岗”、　省行“文明单位”、　省行“企业文化建设先进单位”；2005年被省政府授予“省级文明单位标兵”；支行营业部先后荣获　“全国青年文明号”、总行“女职工文明示范岗”、“渭南市文明服务窗口”等多项殊荣。

区农行年度工作会议

区农行纪念建党九十周年座谈会

在临渭区庆祝建党九十周年全民健身登山比赛中获团体二等奖

渭南高新技术产业开发区

全国人大常委会副委员长、全国妇联主席陈至立（右四）在渭河煤化工集团有限责任公司展览馆视察

专家站揭牌

LED 项目开工

省长赵正永在高新区调研

中联重科开园仪式

新区容貌日新月异

渭南市地方税务局高新区分局

党组书记、局长　韩忠保

领导班子

市局领导在分局视察工作

渭南市地方税务局高新区分局内设六个科室：综合科、管理科、监察室、征收一科、征收二科，办税服务大厅。全局在编人员53人，共有党员41名。

高新区地税分局建局13年累计征收各项税款达8.2亿元，连续9年被市局评为“创佳评差”先进单位，连续6年被高新区管委会评为“目标管理”先进单位；档案管理获省AAA级，先后创建为区、市、省级“文明单位”。2008年、2009年分局办税服务厅分别荣获市级“青年文明标兵”和“巾帼文明岗”称号，2010年被省地税局评为基层达标单位、被渭南市政府纠风办评为人民满意优秀单位。2010年元月分局被省委、省政府命名为省级“文明单位标兵”。

税法宣传

局长韩忠保深入企业实地调研

华阴市国土资源局

上级领导检查工作

局长　东劭立

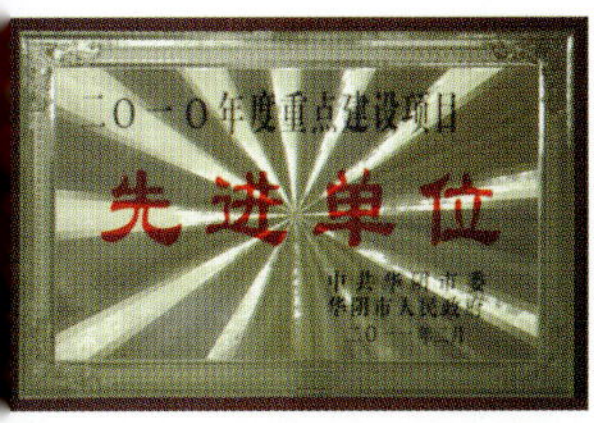

人大委员视察国土资源工作

村民送来“土地复垦造福一方”锦旗

开展法律法规宣传

华阴市地质灾害防治知识培训会

华阴市经济发展局

华阴市经济发展局领导班子

2010年，华阴市经济发展局坚持以科学发展观统领全局，紧紧围绕加快构建山水绿色华阴、打造中国西部旅游休闲之都的目标，充分发挥经济参谋职能，积极实施“项目带动”战略，努力拓宽融资渠道，有效保障了市域经济的健康快速发展。2010年度荣获中共华阴市委、华阴市人民政府目标责任考核优秀单位、突出贡献先进单位等称号。

一、科学编制“十二五”规划，进一步理清发展思路

发挥牵头部门职能，科学合理制定规划编制工作实施方案，认真组织开展了《“十一五”成就及“十二五”展望》活动，牵头组织完成了新型工业、农业、城镇化等10个专项规划、26个行业规划和3个区域发展规划的编制工作。同时紧扣国家“十二五”规划建议，策划包装了“十二五”重大项目八大类122个，涉及资金465.55亿元，为全市“十二五”跨越式发展奠定了坚实的基础。

二、科学制定年度计划，密切监测经济运行

结合2009年计划执行情况，科学合理地编制下达了《华阴市2010年国民经济和社会发展计划》，及时完成了季度经济形势分析和月度经济简析，积极深入基层，扎实做好调研，先后撰写调研报告10余篇，为领导把脉全市经济运行提供准确信息。全市生产总值实现48.75亿元，同比增长15.2%；万元GDP能耗下降为6.04吨标准煤，下降6.5%；全社会固定资产投资完成59.6亿元，增长108%。

三、强势推进项目建设，不断增强投资拉动作用

一是狠抓争项争资工作。牢牢抓住国家扩内需、实施《关中—天水经济区发展规划》等有利时机，围绕旅游业、社会事业、基础设施等领域，加大项目策划包装力度，加强与上级部门的衔接沟通，共争取中省项目52个，落实到位资金1.9亿元。全市共争取落实国家各类资金3.4亿元，到位3.2亿元。二是强势推进项目建设。20个重点建设项目完成投资45.66亿元，完成年计划的121%，有市医院扩建、农业产业化及农村基础设施、西潼高速公路拓宽改造等7个项目建成运营。30个重点前期项目扎实推进，其中4个项目落实了建设资金，8个项目完成可行性研究报告，其余项目完成年度推进任务。三是加快实施十大民生工程。及时下达了十大民生工程任务，加强协调督促，民生工程总体进展顺利。至年底，民生工程完成投资2.71亿元，占年度计划的113%，其中基本建设类工程完成1.18亿元，政策补助类工程完成1.53亿元。四是积极实施工赈扶贫项目。15个以工代赈项目共计完成投资177.33万元，新打机井8眼，配套4台，新修渠道6555米，护坡110米，新修混凝土道路1公里，生产路3.1公里。夫水镇葱兴村异地扶贫搬迁项目，石砌护村台380米，建成新巷道2条100米，新建统建房52户，完成投资490万元。农业及农村基础设施水平得到不断改善。

四、全力做好节能降耗工作

一是加强企业用能监管。合理下达年度节能任务，鼓励现有企业技术改造，发展循环经济，不断提高资源利用效率。二是严格实行项目节能审查，从源头上确保项目节能。全年通过节能审查的项目35个，其中8个工业类项目完成了节能专项评估报告。三是倡导全社会节能。大力开展机关事业单位节能工作，加快建筑、交通等行业节能，全面推广节能灯，营造良好的社会节能氛围。至年底，全市万元GDP能耗预计达到6.04吨标准煤，较上年同期下降6.5%。

五、拓宽融资渠道，加快基础设施建设

一是制定了《华阴市金融机构信贷暂行办法》，充分调动了各金融机构支持当地基础设施建设、“三农”和中小企业信贷投放的积极性，促成银企达成贷款协议24.79亿元。二是加强与开行合作，切实加大争取开行贷款项目工作力度，全年争取各类贷款5044.31万元，融资总额6200万元。三是开拓思路，主动出击，积极与深圳安防集团等经济发达地区企业开展项目融资商洽，不断探索新型融资模式。

华阴市财政局

局领导班子在年度工作会议上

局长　杨孟刚

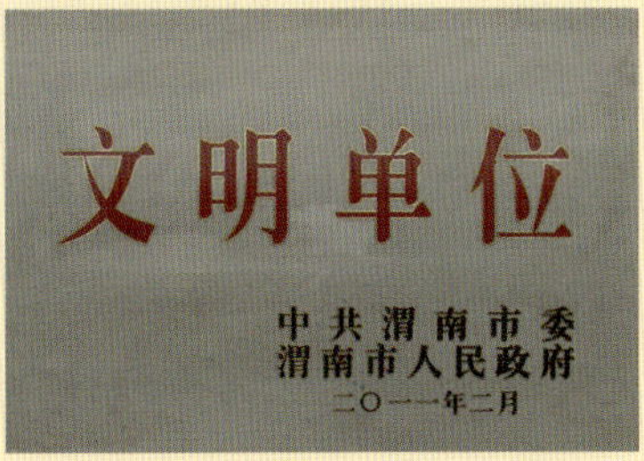

渭南市财政局领导检查财政管理效益年活动情况

扩大国库集中支付试点改革工作

第九套广播体操比赛荣获一等奖

华阴市卫生局

局长 穆红卫

华阴市病媒生物防制专项技术培训

甲型H1N1流感防控工作演练

华阴市领导视察村卫生室规范化建设

市人民医院二号住院楼

农村新型合作医疗工作培训

新建成的华西中心卫生院综合楼

华阴市人事和劳动社会保障局

华阴市创业促就业小额贷款发放仪式

局长　刘小平

华阴市人力资源和社会保障局现有在职干部职工118人。近年来，紧紧围绕人才强市战略，把“改革创新、民生为本、人才优先”作为工作主线，以推进民生建设为着力点，全力稳定就业局势，积极完善社保体系，依法协调劳动关系，科学规范各类人才队伍建设，稳步实施人事制度改革。连续多年获得渭南市人社系统先进集体，单项工作多次受到省、市表彰，被陕西省、渭南市政府多次授予农村劳动力转移就业工作示范县（市），连续五年被华阴市委、市政府授予目标责任考核先进单位。

省人力资源和社会保障厅厅长鬲向前在华阴调研

春风行动宣传

华阴市司法局

华阴市司法局是市政府组成部门，内设5个股室，下辖公证处、法律援助中心和10个基层司法所，市委依法治市办公室和安置帮教办公室挂靠司法局，全局共有干警68人。其中，大专以上文化程度60人，有公职律师3 人，法律律师2 人。

近年来，华阴市司法局履好职服好务，全市依法治市进程不断加快，化解社会矛盾能力不断提高，法律援助面不断拓展，队伍整体素质不断提升。近三年来先后荣获省、地、市奖牌14个。为全市经济发展和社会稳定做出了积极贡献。

局长　赵平安

潼关县人力资源和社会保障局

局长　王静华

局领导班子在演出后合影

市委组织部领导检查局机关规范化建设

潼关县人力资源和社会保障局下辖就业服务局、社会保障事业管理局、养老经办中心、劳动监察大队、人才交流中心等事业单位，现有干部职工35人。

近年来，潼关县人社局以“建和谐班子、带一流队伍、创一流业绩”为目标，大力实施人才强县战略，不断加强就业再就业工作，加快推进社会保障体系建设，为潼关县域经济发展和社会进步做出了积极的贡献。2009年被评为市级卫生先进单位，被市委、市政府授予文明单位称号。2010被潼关县县委评为先进基层党组织、创建省级卫生县城先进单位，连续多年被评为目标责任制考核先进单位等多项荣誉。

省市人社局领导在人才招聘会现场

庆祝建党九十周年“三唱三颂”大型歌会表演

规范执法、优质服务宣传

潼关县经济发展局

局领导班子成员在研究工作

局长杨拉宏（中）深入职教中心就国投项目管理进行调研

县上领导视察工作

局领导在工程现场指导工作

陪同有关领导检查工程进展

开展专题民主生活会

潼关县农业综合开发办公室

主任　张会民

市县两级领导视察工作

市长徐新荣视察秦岭北麓移民搬迁工作

潼关县农业综合开发办公室（县扶贫开发办公室）为县政府直属事业机构。实有干部职工24人。内设办公室、农业综合开发股、扶贫开发股等三个股室。2009年被省开发办和财政厅评为农业综合开发项目验收先进县，2011年省扶贫办授予省千企千村扶助行动先进县；连年被市开发办评为农业综合开发先进单位，2010年被市扶贫办评为千企千村先进单位。连续多次被县委县政府评为农村工作先进单位、项目建设先进单位。

机械化农膜覆盖

农业灌溉网络建设成绩突出

大葱喜获丰收

潼关县粮食局

局长　陈占军

潼关县粮食局成立于1950年10月，坐落于县城育贤路中段。其主要职责为：负责研究并组织实施全县粮食宏观调控政策；落实县级粮食储备和政策性粮食供应；制定粮食产业规划；负责粮食收购许可证审核发放和年检年审工作；负责粮食监督检查工作；负责全县粮食行业统计和粮油信息上报工作；做好社会粮油供需平衡统计调查；负责原粮食企业改制和机关工作人员的劳动人事、社会保障工作。内设机构为办公室、业务股、财务股、粮食监督监察大队。设局长1名，副局长2名，工会主席1名。机关现有工作人员25人，其中本科文化程度4人，大中专文化程度7人。下属国有单位有潼关县泰丰粮油购销有限责任公司，军粮供应站。

省粮食局局长王成文（中）检查夏粮收购工作，县委书记何树茂（左二）、县长王青峰（右二）等陪同

省粮食局局长王成文（左）检查工作，三堡面粉厂厂长贠德合介绍夏粮收购情况。

潼关县市容环卫局

局长　冯兴亚

市容环卫局领导班子

四知街绿化

2010以来，潼关县市容环卫局以创建省级卫生县城为平台，积极开展市容环境卫生综合整治，设施建设和城市绿化，使全县城市品位不断得到提高。完成固定资产投资2350万元，向上争取资金750万元。建成了潼关县城市生活垃圾填埋场；购置了垃圾压缩转运车等机械设备17辆(台)，安装果皮箱200个；完成县城四知街、北新街、兴隆街、金陡街、金城大道的绿化工程，栽植乔木6344棵，灌木125万棵，新增绿化面积7.8万平方米，县城绿化达到了23万平方米；落实了沿街单位、门店门前“四包”责任制，市容卫生每天早7点至晚10点的管理实行三班倒，节假日正常管理，使市容环境卫生管理达到了“三个一样”，即：领导不检查和检查一个样，晚上与白天一个样，节假日与正常工作日一个样。通过全局上下团结一心，共同努力，市容环境卫生、城市绿化顺利通过了创建省级卫生县城达标验收。

环卫车辆

建成后的垃圾填埋场

潼关县教育局

局领导班子

局长　燕崇斌

农村初中进城工程
启动仪式

电视电脑一体机上课

师德建设及心理健康教育专题报告会

潼关县人口和计划生育局

县计生局局长赵晓奇向
群众宣传计划生育政策

渭南市人口和计划生育局长程忠义
在县计生服务站检查指导工作

华 县

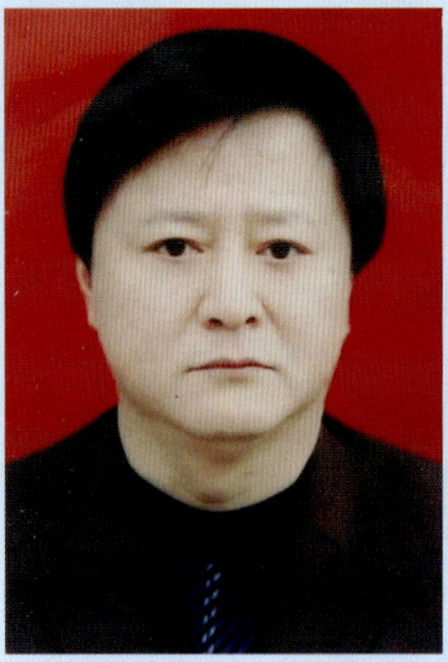

县委书记 杨森明

县长 朱福俊

华县地处关中东部，南依秦岭，北临渭河。全县总面积1139平方公里，可耕地面积2.73万公顷，辖14个乡镇242个行政村，人口36万，其中农业人口28万。境内山、塬、川、滩兼有，是一个“六山一水三份田”的半山区县。以钼、精细化工、石板材、装备制造、生物制药、农副产品深加工等为重点的特色优势产业快速发展，成为拉动县域经济跨越发展的主导产业。

华县以其优越的区位交通优势、得天独厚的自然环境优势、蕴藏丰富的矿产资源优势，正成为各地产业、资本、技术、人才聚集的最佳选择。

一是区位交通优势明显。华县地处关中东部，东距华山15公里，西距西安75公里，是中原进入西北地区的咽喉和西部大开发的桥头堡，也是“关中—天水经济圈”的重要组成部分。

二是矿产资源蕴藏丰富。全县现已探明矿藏有钼、金、花岗岩、石英石等27种，其中钼资源矿石量14亿吨，居“世界第三、亚洲第一”。位于华县境内的金堆城钼业集团公司，是目前中国钼行业中规模最大的钼生产商，其钼生产能力居中国首位，年钼炉料产量占全球市场的8%—10%。华县水资源丰沛，6条南山支流横贯全境，11座水库分布秦岭北麓，年可开采水资源量3亿立方米，居西北地区前列。

三是文化旅游资源得天独厚。华县历史悠久，是古郑国的发祥地。境内有老官台、六君庙、泉护村等文化遗址，其中泉护村仰韶文化遗址已成为研究仰韶文化、探讨中国原始氏族社会结构的代表性范例。渭华起义遗址是国家重点文物保护单位和全国爱国主义教育基地。据史料考证，华县金惠乡毛家沟曾是毛泽东主席祖籍所在地。“华县皮影”被誉为“国宝”、“活化石”、“中华一绝”和“世界电影鼻祖”。县境内林木繁茂，林地面积达8万公顷，森林覆盖率56%。2008年12月，少华山森林公园被国家林业局命名为“国家级森林公园”，是关中东部首家“国家级森林公园”。以少华山、华州皮影为重点的旅游文化产业，已成为县域经济发展的新亮点。

四是华县蔬菜久负盛名。华县是蔬菜生长的天然优生区，自古就有种植蔬菜的优良传统。特别是“华州山药”“赤水大葱”、“毕家芦笋”、“柳枝香椿”等传统名优菜享有盛誉。2009年全县蔬菜种植面积达到1.7万公顷，总产40余万吨，产值7.6亿元。2006年荣获“国家无公害蔬菜生产基地县”称号，2009年被确定为“全省百万亩设施蔬菜示范县”。引进的华州绿色脱水蔬菜厂、瓜坡脱水蔬菜厂等企业已建成投产，成为西北地区最大的脱水蔬菜加工基地。

五是工业园区初具规模。华县先后投资1.9亿元，实施了园区水、电、路等基础设施建设，园区“三横十纵”的道路框架初步形成，华县工业园区已具备了承接大型项目的条件和能力。2009年6月，华县工业园区被省政府正式批准为全省重点建设的20个产业集群之一。

六是华县投资发展环境优越。2006年县政府提请县人大通过了《关于优化和改善经济发展环境的决定》，在县公安局成立了项目建设治安特勤大队，成为全省第一家设立项目治安特勤大队的县。

七是华县宏观经济发展持续向好。2010年以来，全县大力实施以钼、精细化工为重点的工业强县战略、以少华山开发为重点的三产兴县战略、以菜畜果为主导产业的农民增收战略、以县城南移为重点的城镇化战略，精心描绘“中国钼业之都”、“国家级无公害蔬菜基地”、“中国少华山”、“中国皮影之乡”四张名片，经济社会呈现出良好的发展势头。2010年全县生产总值完成77亿元，增长15.7%；全县财政总收入完成8.97亿元，地方财政收入完成4亿元，财政支出11.5亿元；全社会固定资产投资完成65.9亿元，增长49.9%；城镇居民人均可支配收入、农村居民人均纯收入分别达到16364元、4288元，增长15.1%和19.1%；全社会消费品零售总额完成9.5亿元，增长17.8%，人口、就业、科教文卫、社会保障和节能减排等主要指标全面完成，实现了“十一五”的完美收官。

华县财政局

局长刘公民在工作会议上

全县财政工作会议

局长刘公民陪同市县领导下乡调研

迎国庆干部职工歌咏比赛

华县国家税务局

局长　杨俊毅

“素质大比拼”演讲

办税服务厅

税法宣传掠影

税收工作会议

捐资助学

华县市容环境卫生管理局

局长　邓建国

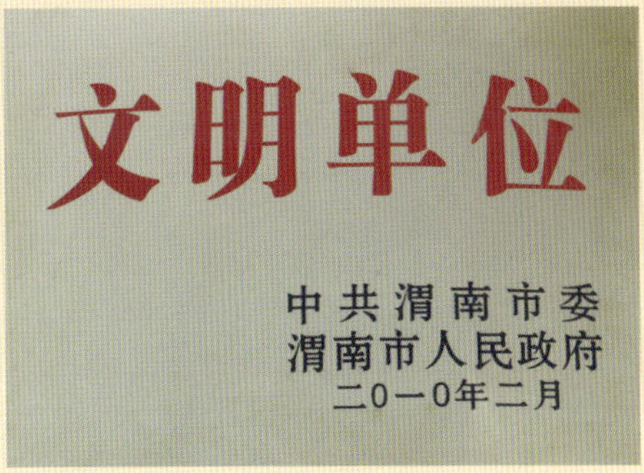

华县市容环境卫生管理局下设办公室、财务室、环卫监察股、环卫管理股、垃圾清运股、公厕管理股、市容中队。主要负责城区主次干道的卫生清扫和保洁、垃圾清运、公厕管理和市容监察等工作。多年来，市容环卫局立足于改善市容环境卫生状况，积极强化内部管理，努力提高管理人员素质，深入开展优质服务，对城区各主次干道积极推行生活垃圾袋化管理，使市容环卫工作跃上一个新台阶，给全县人民创造一个优美、舒适、干净的生活环境。

团结务实的局领导班子

华县国土资源局

局长　张济世

全国人大常委会副委员长李建国视察工作

县委书记杨森明陪同西安督察局局长杨璐参观少华山

国土局荣誉奖牌

机关办公大楼

西安督察局来华缅怀革命先烈

陕西华州城市建设投资有限公司

总经理　潘学军

陕西华州城市建设投资有限公司
董事长：蔡学明（县政府副县长）
总经理：潘学军
副总经理：张海涛　李东旗

陕西华州城市建设投资有限公司是根据《中华人民共和国公司法》、《公司登记管理条例》，经华县人民政府批准，由华县财政局出资5000万元，于2009年3月在华县工商局注册成立的国有独资企业，是县政府经营城市的载体，对外融资的平台。城投公司内设机构有办公室、开发部、财务部、工程部、设计部五个部门，共有干部职工18人。

具体经营范围为：为政府授权的城市基础建设项目、重大产业项目和社会事业项目提供投融资服务，负责项目的建设和营运；负责指定的经营性土地储备及开发经营；为县域内企（事）业提供融资、委贷、咨询与评估服务。

城投公司的担保体系为：县政府授权城投公司作为惟一对外融资平台，银行贷款资金由城投公司统贷统还，实行“人大出决议，政府出承诺，财政兜底”的资金保障体系，最大限度地降低银行资金风险。

遵照“政府主导、市场运作、公司经营”的原则，坚持“公益性项目与经营性项目协调发展”的经营思路，根据“优质、节约、高效”的方针，本着“开拓、创新、求实、诚信”的企业精神，努力优化资本结构，创新经营机制，探索市场化运作方式，多渠道筹措建设资金，加快城市基础设施建设。依靠政府的资源及信用，构建项目的融资平台和投资主体，通过资本运营，放大国有资本的投资效应，引导社会资金参与华县城市经济建设。

团结务实的领导班子

团结奋进的城投人

华县地方税务局

党组书记、局长　亢彦军

税法宣传点

局办公大楼

开展宣传活动

华县创建卫生县城指挥部办公室

华县创卫办主任陈益平安排部署创卫工作

华县创卫指挥部总指挥、县长朱福俊，县创卫办主任陈益平检查创卫工作

华县农业机械管理局

省农机局局长胡玺贤（中）在华县柳枝镇钟张村工厂化育苗中心调研

副县长蔡学明（左二）在瓜坡镇检查指导秸秆综合利用工作

召开全县农机化暨农机购置补贴工作会议

省农机局处长郝建荣（中）、市农机局局长陈勇刚（右二）、县农机局局长路新民（左二）深入田间调研新型农机具使用情况

华县人口和计划生育局

局长　同永利

为育龄妇女免费健康检查

局领导班子在基层检查工作

华县工业园区

园区路网建设成效显著

华县工业园区建立于2006年12月，总规划面积 50平方公里。位于秦、晋、豫黄河金三角腹地，是国家关中高新技术产业开发试验区的重要组成部分。陇海铁路、郑西高速铁路、连霍高速公路和310国道东西贯通园区，汇集着公路、铁路的货运、客运交通运输优势。

根据园区环境、资源和产业布局，工业园区自西向东规划为瓜坡煤精细化工区、杏林高科技产业区、莲花寺钼炉料加工区、柳枝石板材加工区和金堆城钼业基地五个功能区。园区共有企业49户，其中2010年新入驻企业6户；完成招商引资任务1.7亿元；基础设施建设投资6310万元，累计投资15610万元；项目建设投资94125万元，累计投资244294万元；工业总产值突破100亿元，财政收入2.1亿元。

陕西比迪欧化工有限公司

金堆城钼业股份有限公司硫酸厂

华县华州镇

镇领导班子成员

华州镇是华县的政治、经济、文化、交通中心。辖区总面积20.23平方公里，其中耕地面积930公顷。下辖19个村民委员会和5个社区居委会。总人口53256人，其中农业人口14744人。

近年来，镇党委、政府全面贯彻落实科学发展观，以科学发展、富民强镇为主题，以加快转变经济增长方式为主线，以保障和改善民生为根本，积极开展“升级晋档 科学发展”、“创先争优”等主题党建活动，深入推行“四议两公开”工作法，大力发展第三产业，扎实推进新农村建设，城中村依据项目、资源搞开发，围绕项目搞服务，先后建成了华州商城、华州装饰城及吴家农贸市场等专业市场。2010年农民人均纯收入4678元，在全市乡镇重点工作考核中排名45位。全镇各项工作取得了较为显著的成绩，先后荣获“学习实践科学发展观”先进党委、“升级晋档 科学发展”示范乡镇和“省级卫生镇”等称号。

华县新华书店

华县农家书屋出版物配送仪式

书记、经理　安万朝

向部队官兵赠送书籍

图书展销

全体党员参观渭华起义纪念馆留念

中国农业银行华县支行

行长　刘军

华县农行领导班子

用心服务每一位客户

标准化营业厅

大荔县财政局

局长　丁保卫

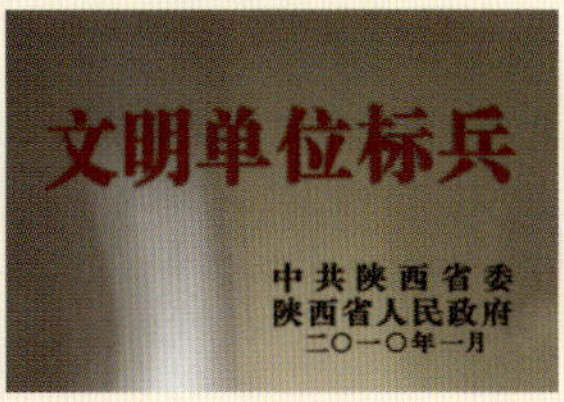

国务院综改办主任王卫星来大荔视察

大荔县财政局是大荔县政府下属的综合经济部门，内设18个股室，下属14个二级单位，26个财政所。主要职能是贯彻执行国家财税法规，制定全县财政发展规划，编制并组织执行政府公共财政预算，负责各项财政资金的监督检查。

近年来，大荔县财政局各项工作取得了显著成绩，财政收入在困境中实现了稳步增长，人均财力水平逐年稳步提高，各类工资性支出、社会保障性支出、支农惠农支出和民生建设支出得到较好保障，工资管理改革、县乡财政管理体制改革、专项资金整合管理改革、非税收入管理改革、干部队伍管理改革等财政改革走在全市乃至全省前列，为推进县域经济社会发展发挥了重要作用。2001年、2006年被省委、省政府授予省级“文明单位”称号，2007年被省工会评为全省创建学习型组织先进单位、局党委被市委表彰为先进基层党组织，2010年被省委、省政府授予“文明单位标兵”称号，被市委、市政府表彰为预防职务犯罪先进单位，荣获全市财政管理效益年活动一等奖，在全县目标责任制年度综合考核中连年被评为优秀单位。

局领导走访贫困户

开展宣传活动

县财政系统正副股级职位竞聘笔试考场

大荔县工商行政管理局

大荔县工商局党组班子成员研究工作

市局局长张自录、县局局长刘杰武、省局副局长田中智陪同国家工商总局督查组在官池工商所检查食品安全。2008年官池工商所被国家工商总局表彰为“全国先进工商所”。

市局局长张自录陪同省局副局长田中智在官池工商所检查工作

向农民发放服务信息卡

召开服务农民专业合作社促进会议

发放贷款和贷款卡

大荔县民政局

全县首期优抚对象休疗培训活动开班

县委书记王春阳陪同民政厅厅长曹莉莉看望五保老人

敬老文艺演出

徐新荣市长慰问中心敬老院五保老人

全市军休系统门球赛在大荔县举行

大荔县人事和劳动社会保障局

局领导班子研究创建国家级创业型城市工作

县上领导出席培训活动

市人社局局长史优胜在企业视察工作

开展宣传活动

局领导陪同县长杨林深入企业调研

县创业培训开班典礼

大荔县住房和城乡建设局

全县建筑工程施工现场管理经验交流座谈会

县领导视察污水处理厂

崇业小区汇报现场

县城北大街

文殊广场夜景

大荔县对外经济技术合作局

局长　雷李超

领导班子成员

全县招商引资动员会

大荔县对外经济技术合作局是县政府直属事业单位，编制11人，下设办公室、招商服务股、外商投诉中心3个股室。

2010年，全县招商引资工作在各级各方面的共同努力下，取得了可喜的成绩，共签订各类招商引资项目25个，总投资31.48亿元，到位资金17.71亿元。续建项目16个，到位资金11.33亿元。新建和续建到位资金共29.04亿元。获第十四届西洽会优秀组展奖，获全县目标责任考核优秀单位、2010年度投资环境建设工作先进单位。

局长雷李超陪同东盟卫视集团发展有限公司考察大荔县矿泉水开发项目

大荔县农业局

中国农业科技下乡专家团对设施生产大户进行专题培训

局领导班子成员研究工作

大荔县农业局是负责全县农业与农村经济工作的县政府工作部门，机关内设种植业管理股、畜牧兽医股、科教信息股、执法经管股、财务项目股、办公室等6个股室，下辖农技推广中心、畜牧兽医局、设施农业局、果业局等15个直属事业单位，全系统现有干部职工489人，其中专业技术人员188人。2010年，县农业局坚持以农民增收为目标，以特色产业扩张为重点，全力打好西部设施农业第一县、百万生猪十万牛、大荔绿色瓜果菜三张特色牌，实现了传统农业向现代农业、农业大县向农业强县的跨越。全年新发展设施农业面积1258公顷，新发展以红提、冬枣为主的特色水果1133公顷，新建畜牧规模养殖场155个，肉类总产6.97万吨，大荔冬枣、高石脆瓜、大荔哈密瓜等一批名优特产品市场知名度愈来愈高。

技术干部下乡培训农民

温室冬枣

局长张仲平陪同农业部财务司副司长毕建英考察特色农业发展情况

大荔县物价局

局长　张思牛

上级领导视察工作

局党委会成员

开展宣传活动

大荔县物价局属县政府价格主管部门，局长张思牛，副局长张正民、苏方，纪检组长王娟，共有干部职工 97 人。下辖一个事业单位：价格认证中心。局机关设办公室、价格股、办证股、农本队、基金办、羌白分所、安仁分所、许庄分所、朝邑分所、市场一股、市场二股 11 个股室。

大荔县公安局

局长王存孝（左二）和政委武德有（左一）在基层检查公安信息化建设

团结和谐的领导班子

大荔县公安局有民警415人，下设政工监督室、纪检监察室、指挥中心、警务保障室、法制室、治安管理大队、国内安全保卫大队、经济犯罪侦查大队、刑事侦查大队、禁毒大队、看守所、交通管理大队、巡特警大队13个科室队及东关、西关、许庄、双泉、冯村、两宜、安仁、范家、朝邑、赵渡、高明、韦林、苏村、官池、石槽、下寨、羌白17个派出所。2010年被公安部评为追逃工作先进单位，被省公安厅评为全省执法质量优秀公安局，被省公安厅评为全省派综系统建设工作先进集体，被市公安局评为全市“城乡警务工作”先进集体，被县委、县政府评为维护稳定工作先进集体、和谐大荔建设先进单位，被县综治委评为综治维稳工作先进集体。

省政法委书记宋洪武和渭南市政法委书记乔晓陆视察大荔看守所

坚持科技强警，建立完善城区视频监控网络。

加强巡逻防范，遏制“两抢一盗”，保稳定，保平安。

大荔县人民检察院

党组书记、检察长　曹澄鸣

党组一班人

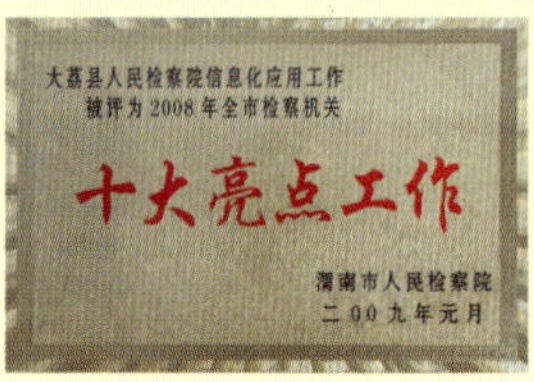

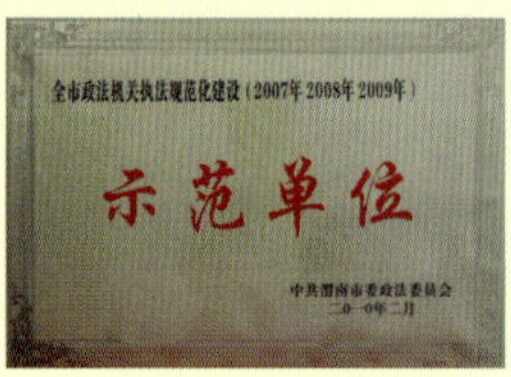

省院检察长胡太平（左二）、市院检察长刘伟发（右一）、县人大常委会主任聂郝礼（右二）在县院检察长曹澄鸣（左一）陪同下，视察网上办公办案。

干警风采

2008年荣获省委、省政府表彰的全省人民满意的政法单位（图中右四为检察长曹澄鸣）

大荔县邮政局

市邮政局局长王理生视察官池支局

省市领导对金融安全进行风险排查

市县局领导“服务三农”现场

大荔县邮政局下辖市场经营部、综合办公室，1个班组、15个邮政支局和储蓄网点。乡通邮率达100%，服务于全县18个镇、415个自然村。县局收入由1998年分营前的210万元增长为2985万元，邮储余额由分营前的3500万元增长为95000万元。2003年元月被省邮政局授予全省邮政管理服务达标单位。被市委、市政府授予2010年度市级精神文明建设文明单位。

官池支局服务群众现场

代售火车票现场

大荔县农业综合开发办公室

主任　雷仁潮

国家办检查产业化项目

土地治理项目渠道衬砌工程

整修机耕路项目

新打机井工程

人大代表视察农业综合开发项目

大荔县卫生局

局领导班子

局长　刘新龙

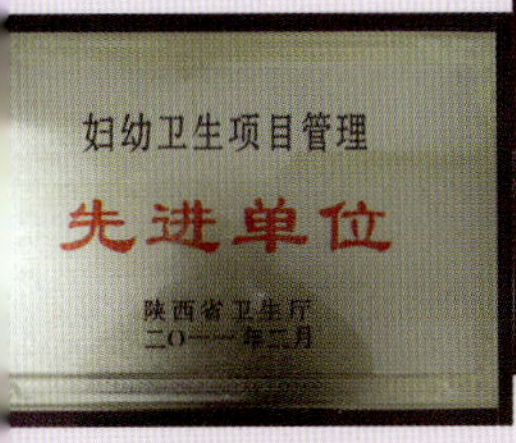

大荔县卫生局局机关设12个股室。全县有县级医疗卫生单位8个，乡镇卫生院26家，厂团医院4个，村卫生室415个。有卫生专业技术人员1424人，其中高级职称61人，中级职称199人，初级职称1164人。全县共有病床1330张，其中县级医院700张，乡镇卫生院630张，形成了比较健全的县、乡、村医疗预防保健网络，满足了人民群众基本的医疗保健服务需求。近年来，大荔县卫生局坚持“完善设施、规范管理、人才强医、优质服务、树立新风、满意群众”的工作思路，科考指导、统筹兼备、扎实细致地开展各项工作。卫生事业发展成效显著，卫生基础设施大幅度改善，公共卫生体系建设进一步加强，农村卫生条件明显改善，城乡医疗卫生服务网络体系不断完善，全县人民健康水平显著提高，卫生资源、服务质量和技术水平跨上了一个新台阶。

县镇一体化官池卫生院揭牌仪式

上级领导在医院检查指导工作

大荔县教育局

局长　姚培实

领导班子

省市县领导视察

大荔县首届特色学校建设校长论坛

大荔县电子备课试点学校成果展示暨表彰大会

大荔县食品药品监督管理局

大荔县食品药品监督管理局成立于2001年9月，2010年进行了机构改革和职能调整后为县政府工作部门。近年来，大荔县食品药品监督管理局全体干部职工以保障公众饮食用药安全为己任，认真践行科学监管理念，切实履行食品药品监管职责，各项工作取得了新的成绩。连续四年被省局评为陕西省药监系统政风行风建设先进单位，被授予“十一五”期间教育培训工作先进集体，被市局评为食品药品安全监管先进单位，被大荔县纪委、监察局评为纠风工作先进单位。

局领导班子成员研究工作

召开政协提案答复会

开展食品安全联合执法检查活动

药品“三统一”启动仪式

开展法律法规宣传

大荔县人口和计划生育局

局长　王朝民

领导班子研究计生工作

副省长郑小明在大荔检查指导人口和计划生育工作

大荔县统计局

局长　张文耀

讨论研究工作

省市县领导检查第六次全国人口普查工作

省、市领导核查“三上”企业统计数据

全县统计工作会议

大荔县三城联创工作指挥部办公室

主任 刘红军

大荔县三城联创工作指挥部办公室领导班子

大荔县荣获省级卫生县城称号

县长杨林视察三城联创工作

县委书记孙云峰视察三城联创工作

县城街道亮化

大荔县公安局交警大队

公安局副局长、大队长聂忠孝参加全省先进集体表彰大会

大队一班人研究工作

大荔交警大队组建于1987年，现有民警262人，大队下设6个科室、7个中队，担负着全县境内41公里国道、18公里省道和2146.6公里县乡村道路的交通秩序管理任务。2010年，大荔交警大队坚持以科学发展观为统领，全大队团结奋战，争先创优，"三项建设"、"三项重点工作"取得丰硕成果，队伍正规化建设水平不断提高，交通秩序持续好转，执法规范化建设、交通安全宣传、车辆管理、预防重特大交通事故、"窗口"服务等多项工作受到上级表彰。大队先后被市委、市政府评为全市人民满意政法单位、被省交警总队评为全省交警系统"创佳争优"竞赛优秀大队和全省公安交警规范执法示范大队，大荔县被省政府评为全省道路交通安全先进单位和平安畅通县。

省政法委书记宋洪武慰问干警

省交警总队总队长鱼威东、副总队长杨金平视察大队事故处理等级化管理工作

大练兵

大荔县司法局

局长　刘彦辛

局领导班子研究工作

法律宣传日现场

市县领导检查基层司法行政工作

大荔县人民法院

进行法制宣传

院长宋建国深入农村体察民情了解民意

送法进军营

巡回法庭田间办案

大荔县安全生产监督管理局

局长　赵新明

县委书记孙云峰带队进行安全检查

生产经营企业安全管理人员培训班

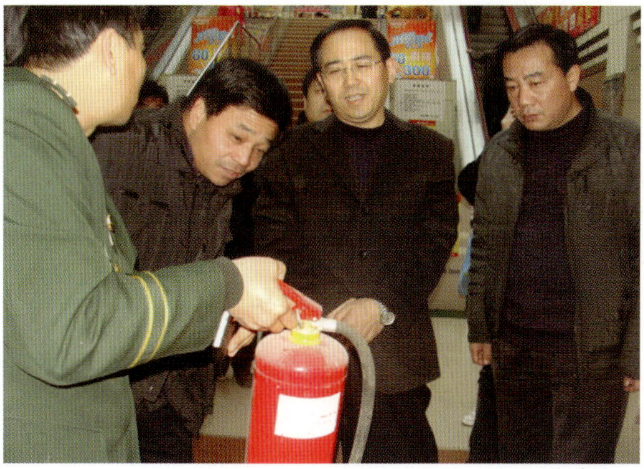

县长杨林带队进行安全检查

大荔县商务局

局长穆卫国陪同县长杨林、副县长马荣界检查同州农产品批发市场

局长　穆卫国

大荔县新华书店

经理董鹏在成都参加第二十届全国图书交易博览会

团结和谐的领导班子

市文明办、县委宣传部领导在大荔书店检查工作

省集团公司董事长禹剑峰、市店经理张晓亭考核大荔公司工作

大荔新华书店外景

陕西荔民农资连锁有限公司

陕西荔民农资连锁有限公司2007年7月成立，注册资金1000万元，总投资5000万元。公司是一家集科技服务和连锁经营为一体的现代农资流通企业，也是大荔县县委、县政府“重点招商引资项目”。公司是由专注农资流通20年的民营企业家汪战仓发起成立的现代化农资流通企业，拥有在农资行业资深营销专家10余名，各类管理人员、农技专家、服务人员200余人。主要经营化肥、农药、种子、地膜、植保机械等农资产品。

总经理　汪战仓

获创企业原创县奖牌

农业部领导考察指导

获百强示范合作社奖牌

清华大学陕西荔民现代企业管理高级研修班

荔民办公主体大楼

蒲城县环境保护局

总支书记、局长　王玉甫

蒲城县环境保护局领导班子

中省市领导检查洛河油泥污染整治情况

环保部西北督察中心主任汪冬青（右二）在市环保局局长李宏选（右一）陪同下检查蒲城高寿纸厂

环保宣传

渭南市市长徐新荣（右三）检查蒲城康钰纸业公司

蒲城电力局

蒲城电力局局长王晓军在全省绩效会议上发言

团结奋进的蒲城电力局领导班子

蒲城电力局成立于1972年，担负着供电营业区内26个乡镇(含大荔县冯村乡和白水县雷村乡)、396个行政村、2626个村民小组的供电任务。局设1室5科1公司，23个班站，33个供电所。全局职工190人，农电员工536人。境内有大型火力发电厂1座，小型水电站2座，装机总容量2526.25兆伏安。境内有变电站25座，容量1112.8兆伏安。其中，330kV变电站1座，110kV变电站9座，35kV变电站15座。2010年，完成售电量6.2亿千瓦时，电费回收率和上解率均为100%，设备完好率达到100%。近年来，先后被陕西省委省政府授予双文明单位，被省公司评为农电优质服务先进单位和农网建设与改造先进集体，2009年被国网公司树为创一流同业对标综合管理标杆单位，2010年科技进步先进（县）供电企业首批通过国网公司验收。

省电力公司总经理吕春泉（中）
在蒲城视察智能电网建设工作

用电宣传

电网施工改造

蒲城县工商行政管理局

领导干部上党课

局长成军出席电视台访谈

《食品安全法》培训

开展咨询宣传提高服务水平

在蒲城经纪人现场会龙阳分会场，解说员在向与会领导和代表解说展板内容。

监管农资市场

蒲城县农业机械管理局

领导班子研究工作

局长　杨晓宏

技能培训

省农机局局长胡玺贤在玉米青饲料收获现场检查指导秸秆机械化综合利用工作

玉米机械化收获

机械大棚

农机宣传活动

蒲城县公安局交通管理大队

蒲城县公安局副局长、交管大队长赵新钢和副大队长刘洪文、副教导员胡瑞成等检查春运交通安全整治工作。

省公安厅领导检查蒲城大队工作

“八一四”交通肇事逃逸案破获后，受害人家属送锦旗。

蒲城县水务局

国家防办常务副主任张志彤（右二）检查蒲城抗旱工作

局长　史小鹏

市县政协委员视察调研水利基础设施现状

蒲城县物价局

局长　王建荣

物价系统政风行风会议

蒲城县质量技术监督局

法制宣传

局长闵亚民（右一）陪同省市领导视察工作

蒲城县安全生产监督管理局

排查安全隐患

局长王宏伟（左二）检查安全工作

蒲城县医院

院长万福印获全国五一劳动奖章、
全国百姓放心示范医院优秀管理者

二级甲等医院

中华人民共和国卫生部

蒲城县医院是一所集医疗、教学、科研、预防、保健、康复、急救于一体的医疗救护中心。现有职工600余人，实际开放床位400余张，高级以上职称50余人，研究生10人，年门诊20余万人次，住院18000余人次。医院现有重点专科2个：心血管内科、神经外科。有配备完善的ICU病房，为重症患者的诊疗提供了方便。手术、供应、输血、病案四室达标。

医院拥有国内外先进医疗设备：德国西门子数字胃肠机、德国西门子DR数字拍片机、美国GE螺旋CT、德国西门子彩色B超、日本彩色电子胃肠镜、美国贝克曼全自动生化分析仪、美国动态心电图三位一体机、德国多功能麻醉机等万元以上设备100余台（件），并新购置的核磁（MRA）。

医院先后被评为全国百姓放心示范医院、省级园林式单位、二级甲等医院、全省"创佳评差"最佳单位、全省卫生行业文明示范单位、全省"医院管理年活动"先进单位、全省护理工作先进集体、全省"万名医师支援农村卫生工程"先进集体、全市"医院管理年"活动先进集体、全市护理工作先进护理单位、全市医德医风示范医院。

市长徐新荣来院指导工作

综合住院大楼

县医院赴玉树灾区医疗队载誉归来

蒲城县尧山中学

尧山中学

校长　杨春龙

蒲城县尧山中学是著名爱国将领杨虎城将军1934年创建的。20世纪60年代，是陕西省首批办好的十所重点中学之一，2004年被复验认定为陕西省标准化中学。学校占地面积10.6公顷，建筑面积35015平方米；在岗教职工345人，专任教师270人，专任教师中有研究生、大本学历 240人，学历合格率93.6%；现有学生5000余人，80个教学班。近年来，学校本着“高规格、高起点、高质量”的思路，投资4000余万元进行了八大工程建设，办学条件得到了极大的改善。

尧山中学第七十六届田径运动会

学校确立了“以人为本，德才并重，一切为了学生的终身发展”的办学理念，着力抓好以爱国主义为主旋律的德育工作，成绩显著。狠抓教师队伍建设，全面实施素质教育，启动了“名师工程”；教学上坚持课改精神，课堂结构三分制，致力推行任务驱动型课堂模式，强调对学生综合素质的培养，注重学生知识面的拓宽，培养学生的动手能力和创新意识，高考连年比率名列全市重点中学前茅，学校赢得了社会各界的支持和厚爱。先后获得多项嘉奖：被陕西省委、省政府命名为“文明单位”，“陕西省国防教育十佳先进单位”，被省教育厅表彰为“陕西省基础教育信息化工作先进集体”，“德育先进单位”、“法治校园”、“陕西省科研兴校明星学校”。

清明节祭扫永丰烈士陵墓

微机室

富平县环境保护局

局长　雷三放

团结奋进的局领导班子

市县环保局联合开展科技之春宣传活动

富平县环保局组建于1997年元月。2003年实行市县垂直管理。内设机构有办公室、财务股、管理股、项目股、生态股、法规监测股，下设环境监察大队和环境监测站。“十一五”以来，富平县环保局紧紧围绕促进县域经济可持续发展、构建两型社会为出发点，以创建省级环保、卫生模范城市为契机，以节能减排为主线，突出重点，强化措施，加大环境监督管理力度，全县环境保护工作取得显著成绩，先后获得“陕西省环保系统民主评议行风活动先进单位”、“陕西省环境保护监察工作先进单位”、“陕西省环保宣传先进单位”、“渭南市排污收费先进单位”、“市级文明单位”、“省级文明单位”等荣誉称号。

积极开展“六五”世界环境日宣传活动

省环保厅副厅长李敬喜一行在富平调研固体废弃物处置及农村环保工作

富平县卫生局

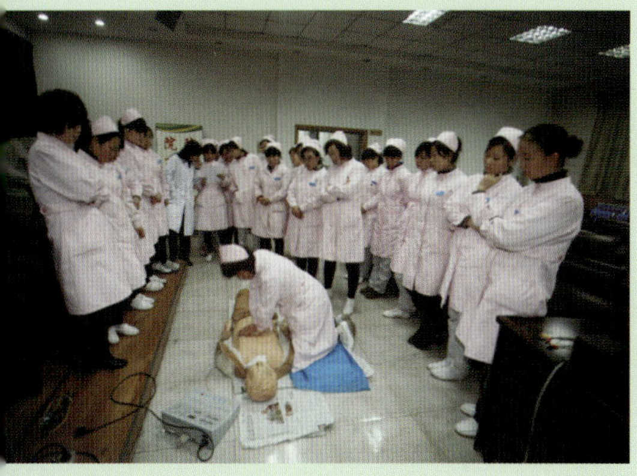

三级训练常抓不懈

部、省领导检查指导妇幼工作

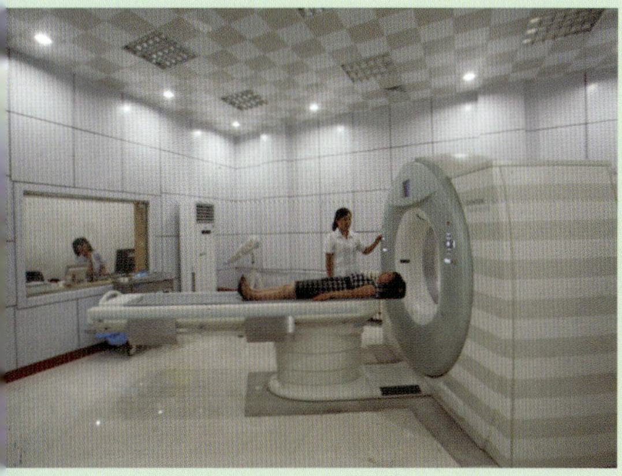

尖端设备投入使用

基层公共卫生人员培训

对口帮扶结硕果

新建成的卫生院住院大楼

富平县人口和计划生育局

团结进取的计生局领导班子

计划生育宣传教育丰富多彩

郑小明副省长莅临检查农村创业工程开展情况

计划生育优生优育普及宣传深入人心

富平县人口和计划生育局内设办公室、宣教股、法纪股、统计股、科技股、流动办，辖县计划生育技术服务站，计划生育城区管理站两个事业单位，现有干部职工137人，其中大专以上文化程度49人，专业技术人员67人。

近年来，全县人口和计划生育工作始终坚持以人为本，以稳定低生育水平，统筹解决人口问题为核心，以创建省级计划生育优质服务先进县为载体，不断创新工作机制，提升工作质量，狠抓服务网络和阵地建设，深化宣传教育，强化基层基础工作，积极推进综合改革，全面落实各项优惠政策，建立了经常化、制度化、规范化抓人口计划生育工作的良好格局。1998年获全省计划生育“三为主”先进单位；2002年实现全省计划生育综合服务县；连续五年人口和计划生育各项工作质量指标均处于全市先进位次。2008年创建省级计划生育优质服务先进县顺利通过。2009年创建国家级计划生育优质服务先进县一举达标。

富平县教育局

局长　赵煊

2010年底，富平县有各级各类学校253所（高中、初中、小学、职中），在校学生11万余人，教职工8000余人。

近年来，县教育局积极推进素质教育，以提升内涵、办人民满意的教育为目标，按照“科学规划，分步实施，注重内涵，渐成特色”的原则，遵循教育教学规律，不断加大政府投入，合理配置教育资源，教育教学质量稳步提升，为全县经济社会发展做出了应有的贡献。教育局先后被评为全国幼儿教育先进县、全国阳光体育工作先进县，连续多年荣获省、市各级创佳评差先进单位、县责任考评先进单位等多项荣誉称号，在全县政风行风测评中一直名列第一。

省市县领导视察学前教育工作

省委考核组到实验中学视察

富平县2011年中小学田径运动会

富平县邮政局

局领导班子成员研究工作

邮政集团公司副总经理刘明光在富平检查指导工作

文明单位验收汇报座谈会

省公司总经理马凤炯在邮件投递中心视察工作

2010年邮政工作会议

全市邮政金融业务现场会在富平召开

富平县工商行政管理局

团结奋进的富平县工商局领导班子

党组书记、局长　王天川

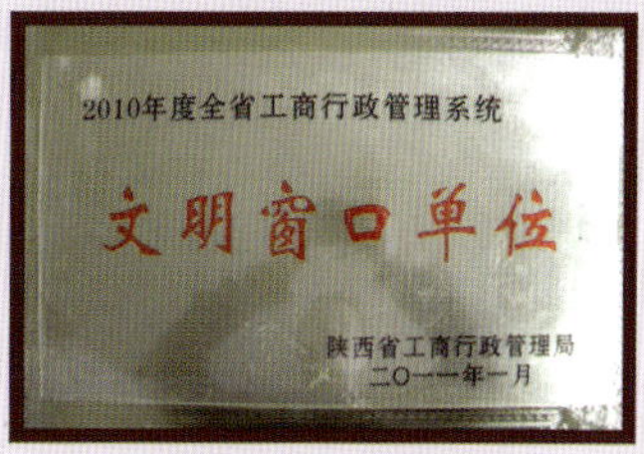

国家工商总局督察组检查食品安全监管工作

省局局长李仲为（中）陪同总局副局长王东峰（右一）参观富平陶艺博览馆

花炮市场检查

富平县交通运输局

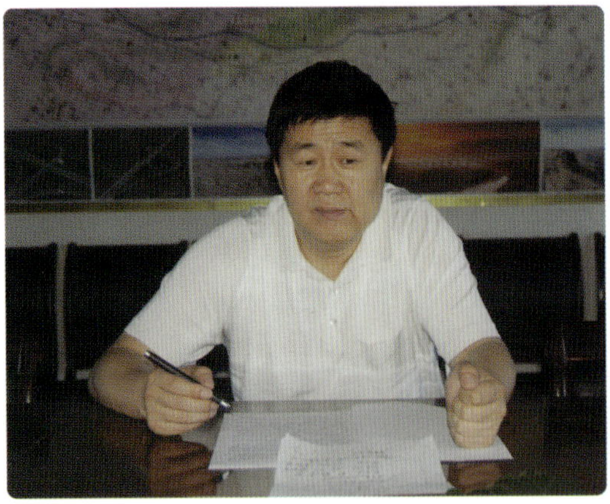

局长　赵铁涛

局领导班子

西铜高速引线富平段大桥施工现场

富平县交通运输局建党 90 周年宣誓仪式

改建后的县乡公路

富平县地方税务局

党组书记、局长　李宁

富平县地税局机关内设8个职能股室和3个直属机构，下辖杜村、郊区、庄里、梅家坪、流曲、曹村、美原、刘集8个税务所，承担全县3000余户纳税人10个地方税种的征管服务工作，代征4项社会保险费及4项基金。全局在岗干部职工109人，取得大专以上学历的干部职工99人，其中研究生学历3人，现有党员75人。

“十一五”期间，富平地税累计入库地方各税3.63亿元，代征各类社保费基金4.20亿元，完成县级收入2.35亿元，税收计划年均增幅29%，入库实绩年均增长31%。“十二五”开局之年，该局承担税费收入近3亿元，其中税收收入1.48亿。

在聚财履职同时，通过开展“五员”培训，大力提升干部综合执法服务能力，全员具备计算机国家一级应用能力，有27人次在省、市举办的业务比武竞赛中受到嘉奖。实现了“信息管税”，建设“三星级”办税服务厅一所，所有管户进厅上线管理，实现“一厅式”办税。深入开展“创先争优”主题实践活动和精神文明创建工作，树立执法服务典型，创立纳税服务品牌，建设富平地税门户网站宣传税收工作，增进税企互动，提升管理行为的透明度，增强地税部门公信力。建局以来，先后被省委授予“文明单位”、“文明单位标兵”荣誉称号，被省地税局授予“秦税工程建设先进集体”、“陕西省地税系统基层建设达标单位”，目标责任制考核连年被市、县评为“优秀单位”，行风政风评议实现“四连冠”，三个基层单位被市、县纪委命名为“人民群众满意的基层站所”，各项荣誉累计148项。

市地税局党组书记、局长郭章献在富平实丰水泥调研

富平县移民开发局

副县长任教训同移民局领导班子研究工作

移民在信用社喜领直补金

机关全体干部在习仲勋陵园宣誓

投资建设的移民机井项目

中国农业银行股份有限公司富平县支行

新装修的富平支行营业部营业大厅宽敞温馨

党委书记、行长　张建锁

富平农行内设4部，7个营业网点，业务遍布城乡，现有职工人数152人。2002年获得省级文明单位称号，2011年3月被渭南市政府评为市级“文明单位标兵”。

富平支行紧紧围绕总行打造优秀大型上市银行的目标，按照省行六大“发展理念、四大战略”目标及“横向提升、纵向进位”的要求，积极拓展县域市场，各项业务工作在创建活动中取得了丰硕成果。2010年末，各项存款余额232337万元，较年初增加41292万元，分别占县域同业市场份额的31%、29%，均居第一位。完成分行下达年度任务的217.33%，存量和增量分别在省行县域支行名列第六、第七位，全年累计发放各类贷款14694万元，支持居民消费、中小企业发展、招商引资重点企业、“三农”业务，资产业务不断拓展和优化。全年实现拨备前利润2489万元，完成目标任务1900万元的131%，同比增长62%，2010年各项存款、中间业务收入、资产处置、三农工作等重点业务进入全市前五名支行的行列。

发放小额农户贷款

省行领导在分行行长张勇的陪同下深入信贷企业中冶陕压调研指导工作

在习仲勋陵园接受爱国主义教育

富平县农业技术推广中心

省农业厅领导检查夏收工作

主任李全民在小麦“一喷三防”现场会上进行培训

农技干部查看玉米病虫情况

合阳县果业局

省果业局局长王振兴、副局长周智孝在合阳指导果树栽植

全国人大常委会副委员长李建国在合阳视察果业工作

苹果示范园架设防雹网

果园铺设反光膜

合阳县交通运输局

局长　张建平

省委书记赵乐际（右四）、市委书记梁凤民（右三）、市长徐新荣（左二）等一行视察黄河浮桥

市长徐新荣（右一）在县委书记樊存弟（右三）、县长陈振江（左二）、县交通运输局副局长田晓军（左一）的陪同下察看太姒路建设情况

运政执法人员进行军训

坊镇治理超载超限卸货点

运政执法人员纠正交通违规行为

合阳县煤炭局

局长　侯春海

徐新荣等市上领导视察山阳煤化工园区建设项目

县委书记樊存弟检查平政煤矿建设项目

合阳县煤炭局成立于2006年7月，2010年11月被列为县政府直属事业机构。编制10名。机关设有办公室、业务股，执法队、项目办4个职能股室。

2007年被县委、县政府授予重点产业发展推动先进部门。2008年被县委、县政府授予重点项目建设推动先进单位、年度目标责任考核优秀单位和政务督查工作先进单位。2009年被县委、县政府授予项目建设工作产业推动奖、安全生产监督管理先进单位、“三大”活动特别奖、思想政治工作先进单位和工会工作目标考核二等奖。2010年被县委、县政府授予项目建设工作产业推动奖、目标责任考核优秀奖、安全生产监督先进单位、固定资产投资统计工作先进单位和先进工委及全省电煤供应工作先进单位。

县长陈振江视察煤矿建设项目

合阳县水务局

2010 年黄河陕西洽川段百万鱼苗增殖放流流动

水务大楼

省委书记赵乐际调研合阳县甘井镇节水灌溉工作

省厅领导在水厂视察

定国水库

淤地坝

合阳县畜牧兽医局

团结奋进的局领导班子

在王村镇南蔡村开展科技“三下乡”宣传活动

省农业厅厅长王宏（右二）省畜牧局局长杨黎旭（左二）在县委常委、副县长雷哲生（右一）、市畜牧局局长范继省（右三）、县畜牧局局长王立新（左一）的陪同下视察晟杰奶牛场

近年来，合阳县畜牧兽医局以“扩规、提质、增效”为重点，突出一个目标，搞好两个转变，实现三个延伸，畜牧业取得了丰硕的成绩，特别是奶畜业的发展更是硕果累累。截2010年，全县奶牛存栏2.67万头，累计建成奶牛场（小区）、奶站104个，其中千头奶牛场5个，日产鲜奶96吨，奶业总产值达2.6亿元，占农业总产值16.5亿元的16%，奶业纯收入1.3亿元，人均达300元。青贮玉米、优质牧草、全混合日粮等奶畜新技术在生产中得到了推广和应用。3000头澳牛的引进，以及性控冻精细管技术的应用加快了奶牛良种化进程。规模化、集约化、标准化的奶牛小区（场）建成实现了生产方式新突破。大中型沼气粪污处理设施的建成为绿色生态环保养殖奠定了基础。

3000头进口澳牛分布在全县21个小区（场）

5个标准化千头奶牛场成为奶畜发展的领头军

机械化挤奶站普及率达100%

合阳县教育局

局长贾忠孝为学科带头人颁发证书

国家教育督导团副总督学钱一呈（右一）检查合阳“两基”工作

建党九十周年总结会

省教育厅厅长杨希文(左二)、省教育督导团总督学曹普选(左一)视察合阳教育强县创建工作

陕西省标准化高中合阳中学

陕西省标准化高中黑池中学

陕西省标准化高中路井中学

合阳县人口和计划生育局

局长许选兴

局领导班子研究工作

省人口计生委副主任吴相国检查人口文化宣传品

合阳县人口和计划生育局内设办公室、政宣股、计统股、科技股、财务股、奖扶办、执法队、信息中心8个股室。辖计生服务站、计生协会、城区办、流动办 4 个下属单位。

近年来，合阳县人口和计划生育局紧紧围绕"稳定低生育水平、统筹解决人口问题、促进人的全面发展"总体目标，以开展计划生育新农村、新家庭、示范村创建活动为抓手，克难攻坚，锐意创新，全县人口计生工作呈现出良好的发展态势，各项工作取得了可喜的成绩。2010 年获"全国计划生育优质服务先进县"、"省级信息化建设项目县"、"市级文明单位"、"市级目标考核一等奖"。

各级领导检查指导计生家庭创业工程

世界人口日宣传现场

合阳县人力资源和社会保障局

团结奋进的局领导班子

局长　魏瑞林

县领导视察人力资源市场项目建设

市人大、市人社局领导视察农民工返乡创业园

澄城县国家税务局城区分局

团结奋进的局领导班子

局长　孙小斌

城区分局现有干部职工10人，担负着全局99%以上的税收任务。税收收入从2005年的5016万元猛增至2009年的30358万元。截至2010年11月底累计入库税收收入41430余万元。几年来，分局多次被省、市、县局评为“创佳评差最佳单位”、“先进集体”、2010年创建成为“市级文明单位”。

渭南国税“纳税服务百日行”活动税企座谈会

澄城县国土资源局

局长　惠永斌

团结奋进的局领导班子

省国土资源厅厅长王登记在澄城视察工作，市国土局局长庞建军等陪同。

澄城县国土资源局内设办公室、耕保股、土地利用股、地籍股、监察股、地环股、矿管股和派出所等职能股室，下辖矿产办、土地整理中心、土地收购储备中心、统征办、国土资源监察大队、园区分局和土地开发公司等7个下属事企业单位，设有寺前、韦庄、交道、冯原、尧头、王庄、赵庄、城关和城区等9个基层国土所。

近年来，澄城县国土资源保障能力和服务水平全面提升，国土资源管理工作逐步迈入了精细化和规范化的轨道。2005年以来，连年在市、县两级目标责任考核中名列前茅。先后被省国土资源厅评为全省地籍管理工作先进单位，全省土地复垦整理工作先进单位。2007年被澄城县人大常委会授予“人民满意单位”称号。2010年被渭南市委、市政府授予“预防职务犯罪工作先进集体”荣誉称号。

国土杯反腐倡廉书画展（右起：局长惠永斌、书记苑林、县人大主任王文波、县政法委书记王恒、副局长杨民权）

开展全国土地日宣传活动

澄城县住房和城乡建设局

中国经济时报
渭北小县城 城建大画卷
规划领头 城建之本

中国经济时报专版报道

局长　桂福生

祖师庙巷旧城改造工程

县长郭永峰(左三)指导生态公园建设

新建保障性住房

新建的城市天然气站

局领导检查创业路北段建设工程

县城南入城口全貌

文化广场夜景

澄城县林业局

局长　孙忠庆

团结务实的局领导班子

四大经济林之一枣

国家三北局副局长张炜来澄调研三北工程

四大经济林之一柿子

亚行贷款英国专家进行实地调研

四大经济林之一花椒

核桃经济林栽植

天保工程

退耕还林工程

澄城县环境保护局

县人大常委会召开环保法贯彻执行情况座谈会现场

党支部书记、局长　吴景森

国家环境规划院院长邹首民深入陕西三秦能源群生发电有限公司现场检查污染减排工作

澄城县环境保护局成立于1998年3月，局机关内设办公室、财务股、环境管理股、法规监察股、开发生态股及双创办，下设环保监测站和环境监察大队。全系统共有干部职工86人，其中大专以上学历60人、工程师6人。澄城县环保工作连续10年受到市政府通报表彰；县环保局连续10年被市环保局评为年度综合考核一等奖，2006年被省环保厅、省人事局授予全省环保工作先进单位，2010年被渭南市委、市政府授予文明单位。

环境监测人员进行实验操作

澄城县供电分公司

经理　刘红芳

公司领导班子成员，经理刘红芳（右二）、书记胡炜民（左二）、副经理陈曙光（右一）、副经理耿武杰（左一）。

检修设施

县上领导视察

职工文艺晚会

澄城县人口和计划生育局

计生局领导班子

局长　丁正兴

省计生委党组书记、副主任何振基在澄城检查指导计生工作

免费为群众查病治病

朝气蓬勃的计生队伍

世界人口日上街宣传计生政策法规

澄城县社会保障事业管理局

局长　成卫东

局领导班子在研究工作

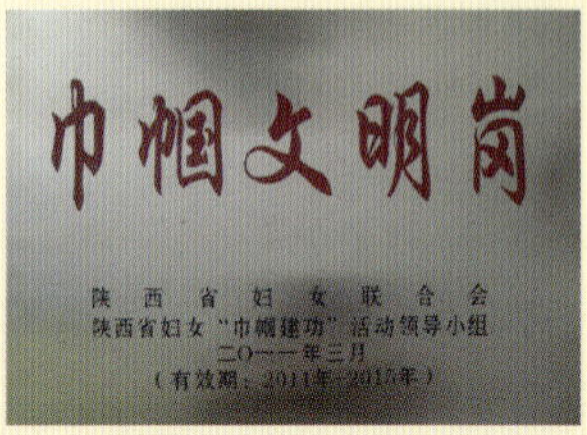

省人力资源和社会保障厅厅长鬲向前视察工作

政策宣传

澄城县农业综合开发办公室

办领导现场指导工作

全市农业综合开发扶贫开发工作会议在澄城召开

澄城县农牧局

市委书记庄长兴视察设施农业

局长　弥康民

建成2.67万公顷优质苹果基地

现代化养猪场

澄城县食品药品监督管理局

市人大常委会副主任张海贵检查指导工作

局长　刘涛

局长刘涛向前来咨询的群众进行讲解

澄城中学

陕西省优秀教师，渭南市第四届人民代表大会代表，澄城中学校长叶会斌

省教育厅厅长杨希文莅临学校检查指导工作

陕西省澄城中学创建于1924年，历经八十七载风雨坎坷，现已发展为“陕西标准化高中”、“陕西文明校园”、“陕西现代教育技术实验学校”、“陕西示范家长学校”、“渭南示范高中”、“渭南文明示范窗口”。校园占地面积4.6公顷，建筑面积51865平方米，现有教学班78个，在校生4600多名，在职教职工348人。

学校坚持“对学生负责、为学生服务、让家长放心、使社会满意”的办学宗旨，以“办名牌学校、育一流人才”为发展目标。努力改善办学条件，严格按部颁标准配备了新课程教学所需的所有部室，加强学校人文管理，加大教育科研力度，积极实施“质量立校、科研兴校”战略，优化教师队伍，提升办学品位，教育教学质量稳步提高。学校先后为北大、清华输送了47名优秀学生，高考连年稳居渭南市前茅，成为渭南市唯一一所连续十二年为北大、清华输送19名优秀学生的省级标准化高中。

渭南市人大、市政府、市政协、市教育局领导在县委书记吴蟒成、县长郭永峰的陪同下在澄城中学视察

校园新貌

白水县煤炭局

煤炭系统春训工作会

领导下乡检查

白水县煤炭局机关内设办公室、安监科、生产科、技术科、安全监控室，下设煤炭计量管理站、煤炭执法监察大队、煤炭费用统征办公室、煤矿职工培训中心和4个基层煤炭管理所，全局共有干部职工290余人。

白水县地处渭北黑腰带腹地，是陕西重点产煤县之一，煤炭储量3.8亿吨，通过近年来整合关闭，现有各类煤矿14处。全县煤炭年设计能力由原来的150余万吨提升到462万吨，县煤炭局多次被评为省、市、县安全生产先进单位，财政贡献突出先进单位，为白水的经济发展做出了巨大贡献。

煤炭抢险救护大楼效果图

白水县民政局

局长　朱俊生

局领导在麦田察看灾情

给老人送去亲切问候

春节慰问生活困难群众

白水县邮政局

邮政营业厅

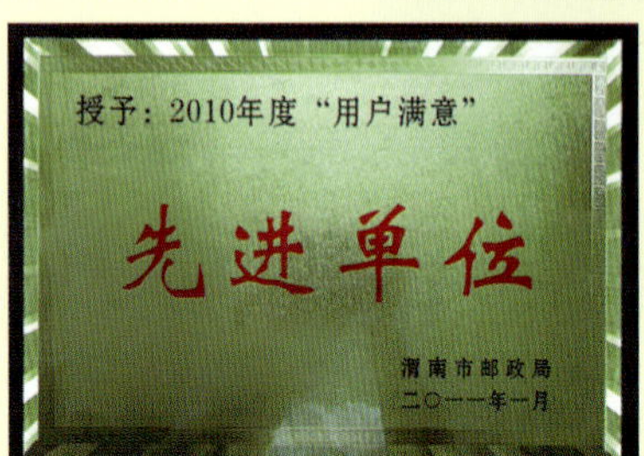

编 辑 说 明

一、《渭南年鉴》为编年体资料性工具书，由渭南市人民政府主持编纂，市地方志办公室承办。从1999年起出版发行，《渭南年鉴》(2011)是这套连续出版物的第13卷。

二、《渭南年鉴》旨在全面客观地反映渭南改革开放和现代化建设的历史进程，树立当代渭南的新形象，让世界了解渭南，让渭南走向世界。

三、《渭南年鉴》(2011)全面、翔实地记述2010年渭南市政治、经济、军事、社会等各方面的新情况、新成就、新进展，记录全市人民艰苦奋斗的重大史实和不朽业绩。

四、本年鉴采用分类编排法，除特载、大事记、附录等综合性栏目单列外，年鉴的主体内容均按照类目、分目、条目三个层次分类编排，各类目下设若干分目，分目下设若干条目。条目标题统一使用黑体字加【】表示。

五、《渭南年鉴》(2011)共设立渭南概貌、特载、中国共产党渭南市委员会、中国共产党渭南市纪律检查委员会、渭南市人民代表大会、渭南市人民政府、中国人民政治协商会议渭南市委员会等28个类目，177个分目，1086个条目。

六、本年鉴所用文稿，系市直各部门、各县(市、区)及有关单位提供。经济社会指标和综合性数据以统计局提供的数据为准。

七、本年鉴配合文稿内容还配置了系列化的彩色插页，它以形象直观的信息资料，使年鉴图文并茂，精美活泼，增加了信息量和鉴赏性。彩页单列单编了目录和页码，刊于内文目录之后，以备查阅。

八、《渭南年鉴》在征编过程中，得到各方面的大力支持，在此一并表示谢忱。由于本年鉴是众手成书，加之时间仓促，错误和疏漏之处在所难免，恳请读者批评指正。

《渭南年鉴》编辑部

2011年9月

目 录

渭南概貌

特 载

中国共产党渭南市委员会

中国共产党渭南市纪律检查委员会

渭南市人民代表大会

渭南市人民政府

中国人民政治协商会议渭南市委员会

民主党派

人民团体

军　事

政 法

农业与农村经济

工业 建筑业

骨干企业选介

交通运输 邮电通信

商业 贸易

旅 游 业

城乡建设 环境保护

财政 税务

金融 保险

经济综合管理

精神文明建设

教育 科技 文化 新闻

体育　卫生　计划生育

社会生活

人　　物

县(市、区)概况

产业园区建设

附　录

彩色插页

勤政为民

行业标兵

县市之窗

渭　南　概　貌

基　本　情　况

【位置、面积】　渭南市位于黄河中游，陕西省关中平原东部，东经 108°58′～110°35′和北纬 34°13′～35°52′之间。东与山西、河南毗邻，西与西安、咸阳相接，南依秦岭与商洛为界，北靠黄龙山、乔山与延安、铜川接壤。南北长 182.3 公里，东西宽 149.7 公里，国土总面积 13134 平方公里。

【政区、沿革】　2010 年底，渭南市辖临渭区、华县、潼关、大荔、合阳、澄城、白水、蒲城、富平 8 个县和渭南高新技术产业开发区，代管韩城、华阴两个省辖市，共 123 个镇、6 个乡、13 个街道办事处，3222 个行政村，180 个居委会。渭南市历史悠久。西周时，就有郑、彤、芮、莘、梁、屠、彭衙等国邑。东汉建安初年，献帝将左冯翊分为左内史郡和左冯翊郡。左冯翊郡治所临晋（今大荔县），辖临晋、粟邑、衙县、合阳、夏阳 5 县。从此，关中东部首次形成了独立的县以上政区，渭南市初具雏形。北魏以后，境内一直为同州、华州所辖。清雍正十三年（1735），同州升为府，华州变为散州，渭南境内 1 府 8 县 1 州 1 厅，形成了纵括渭水南北的格局。1950 年以来，渭南市所辖县市数次增减，但基本辖区未变。

【河流、水资源】　流经市境的河流主要有黄河、渭河、洛河。黄河自北而来沿边境流过，洛河自西北而东南入渭河，渭河自西而东在境内汇入黄河，三河年平均径流量 438.86 亿立方米。地表水、地下水资源总量 20 多亿立方米。临渭区、华县、华阴市、韩城市的黄河漫滩和渭河傍河区为地下富水区；大荔、蒲城、富平等县的地热水资源丰富。

【耕地、动植物】　据统计部门资料，年末实有耕地面积 52.1 万公顷，比上年增加 0.18%。全市有野生动物 360 多种，其中受国家保护的珍稀动物 35 种，如丹顶鹤、黑鹳、大天鹅、青羊、金鸡等。人工饲养的畜禽 20 多种，其中以秦川牛、关中驴、奶山羊等量大质优，驰名全国。全市有野生植物 2500 多种，栽培植物 150 多种，主要有小麦、玉米、谷子、薯类、豆类、棉花、烟叶、油菜、花生、芝麻、苹果、花椒、红枣、柿子、核桃、板栗、杏、梨等。

【气候】　渭南市属暖温带半湿润半干旱季风气候，四季分明，光照充足，雨量适宜。除秦岭山区外，年日照时数 2009 小时～2528.1 小时，年均气温 11.5℃～13.6℃，0℃以上积温 4250.3℃～5022.9℃，大于 10℃积温 3780.8℃～4509.4℃，是关中地区热量的高值区。无霜期为199天~224天,年降水量508毫米~608毫米。

【矿产资源】 已发现矿产51种,探明储量的有煤、钼、铅、锌、铁、铝、白银、石灰石、大理石、蛭石等33种,易于开采的20余种,以煤、钼、金、铜、石灰石、大理石为优势矿种。煤炭地质储量255亿吨,已探明储量50亿吨,保有储量49亿吨;钼矿已探明储量150万金属吨,居全国第二位;铜保有储量21.7万金属吨,占全省45.7%;石灰石地质储量133亿吨,保有储量5400万吨,是烧制水泥的优质原料;大理石储量1.3亿立方米,为优质建筑材料。

【旅游资源】 渭南市地貌类型多样,山河壮丽,自然景观神奇瑰丽。以"奇险天下第一山"著称于世的西岳华山,五峰耸立,72峰罗列其周,犹如一朵盛开的莲花,圣洁峻秀;还有黄河龙门、洽川黄河湿地等一批自然景观,特色鲜明,声名远播。渭南历经沧桑,文物古迹荟萃。全市共有古墓葬、古碑刻、古战场、古建筑、名人故居、革命战争纪念地等文物古迹1200余处,列入保护和开发的文物旅游景点619处,其中国家级35处,省级51处,以唐睿宗李旦桥陵、司马迁祠墓、西岳庙、仓颉庙、党家村明清民居最为著名。渭南的自然景观与文物古迹珠联璧合,空间组合良好,旅游开发前景广阔。有国家级和省级风景区4个:以华山、西岳庙为代表的华山风景区,以司马迁祠墓、韩城古建筑为主体的黄河龙门—司马迁祠墓风景区,以桥陵为核心的桥陵风景区,以黄河湿地自然景观为特色的洽川风景区。

经 济 发 展

【概况】 2010年,渭南经济总体呈逐步趋稳向好态势,实现较快增长。全市实现生产总值801.42亿元,较上年增长15%。其中,第一产业增加值128.94亿元,增长7.3%;第二产业增加值394.55亿元,增长20.7%;第三产业增加值277.93亿元,增长10.6%。一、二、三次产业增加值分别占生产总值16.1%、49.2%和34.7%。

【农业经济】 全年实现农林牧渔业总产值227.61亿元,按可比价较上年增长7.5%。其中,农业产值167.18亿元,增长7%;林业产值3.56亿元,增长26%;畜牧业产值45.78亿元,增长8.5%;渔业产值1.48亿元,增长19.8%;农林牧渔服务业产值9.61亿元,增长5.5%。全年粮食总播种面积58.38万公顷,较上年增长2%;粮食总产量264.19万吨,增长7.8%。夏粮面积31.5万公顷,增长1.4%;总产量126.27万吨,增长8%。秋粮面积26.88万公顷,增长2.8%;总产量137.92万吨,增长7.5%。棉花播种面积4.48万公顷,连续两年下降,总产量6.2万吨。瓜果蔬菜产业向规模化、设施化、园区化发展。蔬菜面积6.57万公顷,产量191.82万吨,增长11.1%。设施农业加快发展,设施蔬菜面积2.19万公顷,占蔬菜总面积三分之一;设施瓜类面积1.67万公顷,占瓜类总面积58.1%。水果面积14.76万公顷,产量254.25万吨,增长7.0%,优果率75%,商品率85%以上。实施国家林业重点工程,加快推进潼关陕西东大门绿化工程、渭南秦岭北麓台塬迎坡面绿化、西禹高速公路渭南段绿化工程,推进富平、蒲城、合阳3县35个村的庭院、村庄巷道、路渠绿化和营造村旁片林工程。全年完成造林3.36万公顷,较上年增长14.2%;四旁(零星)植树1037.35万株,下降16.5%;封山育林7.16万公顷,增长78.4%。花椒产量3.44万吨,增长6.1%;核桃产量0.86万吨,增长131.1%;板栗产量570吨,增长14%。临渭区、华县、潼关、蒲城、大荔、韩城6县、市、区完成明晰产权、承包到户的集体林权主体改革任务。加快发展畜牧特色产业,畜牧业产值占农林牧渔业总产值五分之一。年内大牲畜出栏7.05万头,较上年增长9.9%;其中牛出栏7.01万头,增长10.5%。猪、羊、家禽出栏分别达到206.84万头、52.69万只、786.65万只,分别增长13.4%、10.1%、10.5%。年末大牲畜存栏28.38万头,较上年增长4.7%;其中牛存栏28.22万头,增长4.6%。猪、羊、家禽存栏依次为182.05万头、79.13万只、904.33万只,分别增长10.4%、6.6%、8.9%。肉、蛋、奶产量分别为17.83万吨、8.57万吨、33.56万吨,分别增长12.8%、10.1%、13.2%。引进和建设一批带动能力强、示范效应大的大中型标准化规模养殖企业,全年新建扩建规模养殖场和养殖小区365个,形成蒲城、富平、合阳等8个畜牧大县。水产品产量1.51万吨,比上年增长84.6%。积极推广机械化秸秆还田、硬茬播种、饲草加工、玉米联合收获、保持性耕作等先进农机化技术,发放1.89亿元农机购置补贴资金,推动农机事业稳定发展。年末农业机械总动力402.35万千瓦,比上年增长5.5%。其中,拖拉机116.96万千瓦,增长1.7%;联合收割机32.7万千瓦,增长8.8%;农用运输车123.17万千瓦,下降41.8%。机播面积45.85万公顷,下降9.8%;机收面积35.08万公顷,下降2.6%。农用化肥施用折纯量48.85万吨,增长27.2%;农膜使用量1060.67万公斤,增长3.6%。

【工业经济】 全年全部工业增加值339.71亿元,比上年增长21.8%;其中规模以上工业企业增加值305.17亿元,增长23.1%。规模以上工业企业由429户增加到540户,总产值938.24亿元,比上年增长34.8%。其中,重工业产值804.09亿元,增长36%;轻工业产值134.15亿元,增长28.2%。八大支柱产业完成工业总产值915.45亿元,增长34.6%。其中,能源工业产值306.32亿元,增长29.1%;化工工业产值61.09亿元,增长25.6%;装备制造业产值61.74亿元,增长82.9%;有色冶金工业产值346.48亿元,增长38.4%;食品工业产值95.25亿元,增长20.2%;非金属矿物制品业产值28.63亿元,增长58.8%;纺织服装工业产值10.57亿元,增长62%;医药制造业产值5.37亿元,下降15.3%。在全市重点监控的30种工业产品中,有22种产品累计产量比上年增长,8种产品累计产量比上年下降。11种产品累计增速超过20%,其中4种产品增速超过50%,分别为电解铝279.7%、机制纸及纸板98.1%、电子元件67.3%和白酒55.8%。硫酸、食用植物油和啤酒3种产品降幅超过10%,分别下降48.8%、26.6%和13.1%。企业经营效益明显提升。全市规模以上工业实现主营业务收入919.54亿元,比上年增长35.8%;实现利税65.42亿元,增长75.7%;实现利润35.23亿元,增长2.7倍;亏损企业亏损额14.76亿元,下降13.4%。产业转型升级取得突破性进展,拓日太阳能光优玻璃、安信电子、舜天锂离子电池、中联重科挖掘机生产线等一批新能源、新材料和现代装备制造项目建成投产。龙钢集团跻身中国工业企业500强,产值过亿元企业由49户增加到106户。

【建筑业】 全年全社会建筑业增加值54.84亿元,比上年增长20.1%。全市有资质等级的建筑施工企业90个,完成建筑业总产值221.1亿元,增长53.7%。房屋施工面积981.62万平方米,增长73.9%;房屋竣工面积331.31万平方米,增长4.3倍。完成国家禁止使用实心砖工作,建筑工程新墙体材料使用率90%以上。

【固定资产投资】 全社会固定资产投资742.25亿元,比上年增长45.7%;其中城镇固定资产投资606.65亿元,增长32.7%。在城镇固定资产投资中,第一产业投资29.8亿元,增长50.5%;第二产业投资337.14亿元,增长38.1%;第三产业投资239.71亿元,增长24.1%。城镇投资中,以交通运输、仓储、邮政业、信息传输服务业、电力燃气水生产供应业、水利、环境和公共设施管理业为主的基础设施投资165.96亿元,增长19%,占城镇投资完成额的27.4%。其中,水利、环境和公共设施管理业投资93.91亿元,增长21.8%;电力燃气水生产供应业投资36.38亿元,增长19.6%;卫生、社会保障和社会福利业投资10.89亿元,增长97.1%;公路建设投资12.89亿元,下降34.5%;电信和其他信息传输服务业投资4.34亿元,下降23.7%;居民服务和其他服务业投资0.99亿元,下降26.5%。全年商品房销售额24.7亿元,比上年增长55.4%;销售面积139.72万平方米,增长39.2%。商品房销售旺盛,带动房地产开发投资较快增长,全年房地产业完成投资42.08亿元,比上年增长49.2%。

【交通通信】 2010年底,全市公路总里程17660.8公里,公路密度为135.33/百平方公里。优化运力结构,发展现代物流,城乡运输一体化进程加快,城乡客运相互衔接,综合规范的运输网络体系初步建立。全年公路客运量10260万人,旅客周转量56.8亿人公里,同比分别增长18.56%、21.71%;货运量8784万吨,货物周转量247.96亿吨公里,分别增长18.27%、18.07%。全年邮政业务收入1.99亿元,增长19%;邮政业务总量2.6亿元,增长22%。年末全市固定电话用户86.6万户,移动电话用户327.08万户,互联网宽带用户31.39万户,电信业务收入20.97亿元。

【国内贸易】 全年实现社会消费品零售总额231.83亿元,比上年增长18.6%。其中,城市零售额170.29亿元,增长18.2%;乡村零售额61.54亿元,增长19.6%。限额以上零售额72.61亿元,增长22.7%;限额以下零售额159.22亿元,增长16.8%。实施"新网工程",发展新型农村商品流通体系,建成具有渭南区域特色的农资经营服务,日用消费品经营、农副产品购销、再生资源回收利用、烟花爆竹专营五大经营网络。全年居民消费价格总指数为103.9%。八大类商品和服务价格"七升一降":食品类上涨9.6%,居住类上涨2.6%,医疗保健和个人用品类上涨2.2%,衣着类上涨1.1%,烟酒及用品类上涨0.9%,交通和通信类上涨0.9%,家庭设备用品及维修服务类上涨0.4%,娱乐教育文化用品及服务类下降0.3%。商品零售价格总指数103.9%,生产资料价格指数103.5%。

【招商引资】 修订完善招商引资优惠政策和奖励办法,赋予驻外办事处招商引资职能,组织多种形式的招商恳谈会,不断优化投资环境。全市共签订各类招商引资项目368个，项目总投资840.77亿元。实际到位资金230.35亿元，比上年增长20.86%。其中，新开工项目292项，实际到位资金94.84亿元；续建项目234项，实际到位资金135.51亿元。全市新批外商投资企业5户，合同利用外资5560万美元，实际利用外资3051万美元。

【外贸】 据西安海关统计，2010年全市各月出口呈较快增长趋势，全年实现进出口总额16926.8万美元，比上年增长47.12%；其中出口10110.1万美元，增长19.59%，与2009年下降9.2%相比，外需扩大，出口较快回升。对美国、德国、新加坡及中国香港地区出口额9518.1万美元，占出口总额94.1%。机电产品、农产品出口额9027万美元，占出口总额82.3%。全市拥有自营权的进出口企业128家，较上年增加21家；陕西线艺电子有限公司为最大出口企业，占全市出口总额78.6%。

【旅游业】 12月，联合国人居环境促进会、中国旅游业联合会等单位联合授予渭南市“中国特色魅力旅游城市”称号，华山景区被国家旅游局命名为5A级旅游风景区。华山景区基础设施和少华山国家森林公园两个重点旅游建设项目，完成投资4.94亿元。全年共接待游客1328.52万人次，比上年增长19.41%；其中海外游客15.04万人，增长65.75%。实现旅游综合收入67.56亿元，增长31.36%；其中外汇收入2707.69万美元，增长65.75%。

【财政金融保险】 全年财政总收入74.92亿元，增长14.5%；地方财政收入34亿元，增长20.4%。财政支出154.3亿元，增长32.4%。成立渭南市金融办，充实中小企业信用担保资本，引进了第一家外资银行和股份制银行，发展小额贷款公司16家，金融支持发展力度不断加大。年末全市金融机构各项存款余额998.47亿元，较上年初增加151.24亿元，增长17.9%；其中储蓄存款余额651.49亿元，较年初增加96.12亿元，增长17.3%。金融机构贷款余额471.52亿元，较年初增加85.14亿元，增长22%。其中，短期贷款196.3亿元，较年初增加15.13亿元；中长期贷款245.88亿元，较年初增加77.43亿元。加强地方政府融资平台贷款、房地产贷款等金融风险防范工作，银行业金融机构不良贷款率较年初下降3.19个百分点。年末累计现金净投放55.27亿元，较上年末少投放3.56亿元。全市保险业保费收入32.26亿元，比上年增加8.19亿元；支付赔款4.17亿元，比上年多赔1.01亿元。财产保险保费收入7.61亿元，赔付3.51亿元；人寿保险保费收入24.65亿元，赔付0.66亿元。

社　会　事　业

【科学技术】 全年共申报部省科技计划项目80项，立项70项，落实资金2346万元；其中国家科技部10项，落实资金740万元。安排市级项目45项，落实经费225万元。全年认定市级专家大院14个，新建市级农业科技示范基地2个，省级现代农业科技创业示范基地2个，累计拥有省级专家大院10个，省级农业科技创业示范基地4个。签订各类技术合同4项，均为技术转让合同，合同成交总额165万元。全年专利申请量426件，其中发明专利77件，实用新型专利144件，外观设计专利205件。专利授权量205件，其中发明专利36件，实用新型专利108件，外观设计专利61件。

【教育】 渭南职教园区快速发展，9所学校入驻园区。城乡义务教育"两免一补"实现全覆盖，"蛋奶工程"惠及694所中小学校29万学生。年末，全市有全日制高等院校1所，在校学生1.62万人；中等职业教育学校73所，在校学生7.4万人；普通中学390所，在校学生39.02万人；小学1362所，在校学生34.25万人；幼儿园575所，在园幼儿8.46万人；特殊教育学校6所，在校学生623人。学龄儿童入学率99.54%，初中毕业生升学率87.33%。小学未发现辍学现象，初中辍学率0.51%。2010年高考文理两科各批次上线人数继续处于全省前列，全市本科上线人数36014人，比上年增加10677人，增长率42.13%。其中，一批本科上线5150人，增加452人；二批本科上线16144人，增加3382人。全市成人高等学校在校学生数1767人。

【文化】 文化体制改革开局良好，市广电、电影传媒、演艺集团三大公司成功挂牌，产业化经营迈出新步伐。富平陶艺村被命名为第四批国家级文化产业示范基地。年末全市共有艺术表演团体13个，从业人员749人；文化馆12个，从业人员323人；文化站182个，从业人员287人；艺术表演场馆11个，从业人员139人；公共图书馆11个，藏书74.15万册（件），从业人员317人。共有文化产业企业715家，其中国有文化企业或单位34家，民营文化企业681家，从业人数共1.8万人，年收入2.22亿元，利税1065.4万元。市级无线广播电台1座，广播节目2套；市级无线电视台1座，电视节目2套。全市电视综合覆盖率99%，广播综合覆盖率98.9%，农村数字电影放映覆盖率100%。

【卫生】 城镇社区卫生服务中心实现全覆盖，农村三级卫生网络不断完善，基层医疗机构基本药物统一管理制度全面推行。年末拥有卫生机构626个，其中医院91个，社区卫生服务中心（站）34个，卫生院187个；拥有床位数13950张，其中医院病床9649张，卫生院病床4073张。卫生技术人员15943人，其中医师5955人（执业医师4583人），注册护士4690人。全市新型农村合作医疗参合人数394.79万人，参合率95.62%；全年补助348.36万人次，补助金额5.44亿元。

【体育】 加强体育场地设施建设。全年建成193个农民体育健身工程，投入资金579万元，安装器材895件；建成25个城市社区健身广场，投入资金240万元，安装器械550余件；建成乡镇农民体育健身工程5个，投入资金75万元，安装器械110余件。积极组团参加国际国内体育大赛，全年全市运动健儿共获世界冠军3个；获亚洲冠军2个，亚军1个，季军1个；获全国冠军3个，亚军1个；获省级比赛金牌95枚、银牌26枚、铜牌46枚。

【水利】 全市全年完成水利建设投资9.68亿元。农田有效灌溉面积31.39万公顷，节水灌溉面积20.2万公顷，旱涝保收面积15.98万公顷，水土流失治理面积354.4平方公里，堤防长度444.77公里。建成水库108座，总库容31385万立方米；其中大型4座，库容17064万立方米。建成万亩以上灌区55处，有效灌溉面积

27.32万公顷，当年解决农村饮水安全人口46.85万人。水利供水工程总供水量达到145308万立方米，其中向农业供水97670万立方米，工业供水16196万立方米，城乡居民生活供水12232万立方米，城镇公共供水1939万立方米，生态环境1090万立方米，林牧渔畜16181万立方米。

【环境保护】 进一步加大环保工作力度，将污染减排列为经济社会综合考核中约束性指标，实行“一票否决”。市级在线监控平台和7个县级在线监控平台已经建成，82家重点污染源全部安装了在线监控设施，实现全市重点污染源在线监控全覆盖。全市共淘汰落后水泥产能254.8万吨，焦化产能50万吨，拆封城区各类燃煤锅炉134台，蒲城、华县等10座县级污水处理厂通过环保竣工验收，澄城、潼关、韩城垃圾填埋场投入使用。全市化学需氧量排放量5.03万吨，比上年削减5.4%；二氧化硫排放量29.07万吨，较上年削减4.7%，完成全年减排任务。市区空气质量优良天数313天，比上年增加9天，超额实现年度290天的目标。

【安全稳定工作】 加强对煤矿、非煤矿山、道路交通、烟花爆竹、危险化学品等重点行业的监管。全年共发生各类安全生产事故1010起，较上年下降13.23%；死亡258人，下降8.19%；受伤309人，下降21.77%；经济损失3926万元，上升46.8%。实行市县领导公开接访、包案下访，建成市信访接待大厅和7个县级接待大厅，形成信访接待、工作点评、问题解决、督查督办在大厅的联合接访新机制。深入推进平安创建，建立社会稳定风险评估、领导干部维稳政绩档案、维稳工作述职等制度。完善社会治安防控体系，重点地区实现视频监控和卡点全面覆盖。扎实部署打黑除恶、打击“两抢一盗”和非法传销、校园周边环境治理等专项行动。全市社会治安满意率89.39%。

【人民生活与社会保障】 全市城镇居民人均可支配收入15918元，比上年增长16.6%；人均消费性支出10130元，增长17.7%；人均住房建筑面积34.78平方米，增长3.2%。农民人均纯收入4372元，增长22%；人均消费性支出3273元，增长8%；人均住房建筑面积32.7平方米，增长3.5%。年末全市城镇职工养老保险参保31.2万人，失业保险参保28.9万人，医疗保险参保50.26万人，工伤保险参保13.51万人，生育保险参保9.47万人。城镇新增就业人员7.34万人，下岗失业人员再就业2.73万人，城镇登记失业率3.3%。全市农村劳动力转移就业109.85万人。农村养老保险参保31.4万人。全年保障性住房完成投资23540万元，其中廉租房13290万元；保障性住房施工面积54.8万平方米，其中廉租房43.8万平方米；保障性住房竣工面积10.56万平方米，其中廉租房3.96万平方米。年末全市纳入城市低保9.7万人，发放低保保障金2.3亿元；纳入农村低保27.3万人，发放低保保障金2.09亿元。五保供养对象4460人，支付供养经费1083.31万元；五保供养率100%，其中集中供养1334人，分散供养3126人。公办农村敬老院27所，床位1850张，收养五保户1334人。全市有儿童福利院1所，收养孤残儿童105人；社会福利院1所，床位200张，收养城镇孤寡老人和“三无人员”150余人。

（张煜峰）

特 载

在市委三届十二次全会上的讲话

（2011 年 7 月 9 日）

中共渭南市委书记 庄长兴

同志们：

市委三届十二次全会，是在全市上下庆祝中国共产党成立 90 周年之际召开的一次重要会议。主要任务是，学习贯彻落实胡锦涛总书记“七一”重要讲话精神，以统筹城乡发展为主题，以城镇化、工业化和新农村建设项目为重点，总结上半年经济社会发展情况，研究部署下半年工作，为确保实现全年各项目标奠定坚实基础。

刚才，晓明同志就全市统筹城乡发展作了一个很好的专题报告；新荣同志总结了上半年工作，对全市下半年经济工作作了全面部署，都讲得很好，请大家认真抓好落实。

今年以来，全市上下紧扣科学发展、富民强市主题和转变发展方式主线，围绕“十二五”开好局、起好步目标，强化招商引资，狠抓项目建设，统筹城乡发展，着力改善民生，全面推动经济综合实力、人民生活水平和质量、生态环境保护上台阶，团结奋斗，砥砺奋进，全市经济社会发展顺利实现首季“开门红”、年中“双过半”，各项指标快速增长，城乡面貌出现新变化。突出表现在：

经济发展态势良好。重点项目进展顺利，工业经济稳健增长，城乡消费持续趋旺，主要指标不断提速。预计上半年全市生产总值增长 14.5%，全社会固定资产投资增长 30.5%，工业总产值增长 42.2%，地方财政收入增长 35.2%，财政支出增长 44.1%，限额以上社会消费品零售额增长 28.9%。

城乡统筹步伐加快。以中心城市、县城和省级文明示范镇为重点，着力推进保障性住房建设、旧城改造、基础设施改善、创国卫等工作，制定政策促进房地产健康发展，中心城市高楼增多，空间拓展，绿地增加，县城和小城镇建设出现喜人变化。认真实施“农村清洁”工程，加快推进新农村建设，改善农村居民生产生活环境。尤其是渭河综合整治工程启动迅速、机制灵活、推进有力、进展顺利，提前完成城区北大堤主体工程建设任务,成为统筹城乡发展的重要载体。中海集团入驻参与华山太华湖重大项目建设,标志着我市统筹城乡发展正在迈出坚实步伐。

改善民生扎实有力。累计完成投资40亿元,实施“十大民生工程”、“三件民生大事”,农民增收、蛋奶工程、育龄妇女健康检查、保障性住房、扶贫搬迁、就业创业、看病就医、养老保险等进展顺利,广大群众得到了更多实惠。安全维稳形势好转,社会安定和谐,人民群众幸福指数不断提高。

党的建设卓有成效。“转变作风、为民服务、创先争优”主题实践活动深入开展,一批事关群众切身利益的突出问题得到有效解决。通过逐县(市、区)现场观摩的形式培训镇村领导干部3500余名,全市村级党组织“升级晋档、创先争优”活动进一步深化。市级领导主动积极带队督查重点工作完成情况,包联重点项目建设,深入基层调研;半年来还牵头制定并陆续出台加快“十二五”发展的10方面12项重要政策措施,为推动渭南在新起点上实现跨越发展奠定了坚实基础。继续选派市县乡优秀后备干部挂(任)职。严肃换届纪律,乡镇党委换届如期完成任务,乡镇人大、政府和县(市、区)换届工作正在有序稳步推进。

在充分肯定上半年成绩的同时,我们也要清醒地看到,全市经济社会发展依然存在固定资产投资增长不快、工业去年效益不高、财政收入进度不够理想、安全维稳工作压力增大,以及产业项目少、城镇化进程慢、中心城区建设滞后等问题,需要引起我们的高度重视,努力寻找解决良策,在今后的工作中加以改进。

做好下半年工作,全市上下要进一步认清形势,统一思想,坚定信心,真抓实干,全力抓好各项重大部署和重点工作,确保完成和超额完成各项目标任务,奋力夺取“十二五”开局之年新胜利。

一要在学习领会“七一”重要讲话中坚定理想信念

胡锦涛总书记在庆祝中国共产党成立90周年大会上的重要讲话,站在历史和全局的高度,热情讴歌了我们党90年波澜壮阔的奋斗历程,系统总结了90年来党领导革命、建设和改革的宝贵经验,明确提出了新的历史条件下提高党的建设科学化水平的目标任务,深刻阐述了在新的历史起点上把中国特色社会主义伟大事业全面推向前进的大政方针。讲话高屋建瓴、总揽全局,内涵丰富、思想深邃,令人鼓舞、催人奋进,有很强的理论性、战略性、指导性,通篇闪耀着马克思主义真理的光辉,是继续推进中国特色社会主义伟大事业的纲领性文献,对于我们做好当前和今后一个时期各项工作具有重大而深远的指导意义。

各级各部门要把学习贯彻讲话精神作为当前首要政治任务,精心组织、周密安排,采取自学、专家辅导学、交流讨论学等多种形式,扎实深入地学习总书记“七一”重要讲话。各级党委(党组)中心组要联系实际,把学习的过程变成坚定信念、增强党性的过程,变成干事创业、为民造福的过程。各级党组织和党员干部要把学习总书记讲话与学习省委赵乐际书记讲话结合起来,统筹安排,领会精神实质,结合实际抓好贯彻落实。特别是要带着感情学、带着问题学、带着责任学,在领会科学内涵、吃透精神实质、把握基本要求上下功夫,在武装头脑、指导实践、推动工作上见实效,迅速在全市掀起学习贯彻的热潮。要通过认真学习,进一步坚定广大党员、干部的理想信念,坚定正确的政治方向,坚定推进“科学发展,富民强市”的信心和决心,为推动全市经济社会又好又快发展提供坚强保障。

二要在转变发展方式中增强核心竞争力

坚持在发展中促转变、在转变中谋发展,进一步提升渭南核心竞争力,事关全市经济社会发展大局。我们必须紧紧围绕这一主线,努力做大经济总量、做优经济质量、提高人均数量,在科学发展中着力增强我市的核心竞争力。

加快结构调整,壮大工业经济。转变经济发展方式,工业是重中之重。城镇化要与工业化、信息化和农业产业化融合推进、互动发展。要坚持不懈地在调整结构、优化升级中推进工业经济提速发展,以工业经济快速增长带动市域经济规模快速扩张、实力快速增强、竞争力快速提升。各级各部门都要深入研究提升核心竞争力,特别是扶持优势企业、新兴产业的政策,持之以恒抓招商,紧盯项目抓推进。进一步强化对工业经济的领导,着力突出优势产业、新兴产业、龙头企业、工业园区"四根支柱",积极承接产业转移,推进集群发展,加大工业投入,全力推动产业项目、园区建设和企业技术改造,增加规模、提升质量,坚定不移地把工业经济做大做强做优。

狠抓"三区"建设,统筹城乡发展。园区、城区、景区是统筹城乡发展、构筑富民产业的重要载体,是转变发展方式的重要抓手,是提升我市核心竞争力的关键着力点。认真落实《关于加快全市开发区工业园区发展的意见》,进一步加快园区发展,加强园区管理,提高配套功能,加大服务力度,突出解决供地、供水、供电、供气、供热、交通、用工等生产要素制约矛盾,加速推进园区项目快落地、快建设、快见效,提升园区发展实力。认真落实《关于加快渭南中心城市主城区建设的意见》,加快全市城镇化进程。用更加科学的体制、机制和政策推进旧城改造、保障性住房建设及城市房地产业健康发展,充分运用市场机制,在土地利用、经营城市上下功夫,建高楼(小区),腾空间,增绿地,造景观,集约节约用地,改善人居环境,提升城市品位,加快推进城市公共设施配套项目建设,实现创建国家卫生城市目标,着力构建中心城市现代化、县域城镇一体化的新格局。下半年,要启动实施主城区东湖公园和生态公园建设项目,为市民提供一个良好的休闲娱乐场所和居住环境。按照《关于做优做强精品旅游景区的实施意见》,以华山为龙头,以洽川、少华山、韩城古城、陶艺村等为重点,着力打造"八大景区",逐步形成"四大旅游板块"发展格局,提升旅游核心竞争力,充分发挥旅游产业带动城乡快速发展的功能。

抓好"三区"建设,离不开体制机制创新和政策措施支持。各级各部门都要把智慧用在"三区"发展上,把心思放在"三区"建设上,把功夫下到为"三区"建设察实情、出实招、办实事上,"跑部进省"争取资金,优化环境招商引资,策划项目银行融资,通过政策鼓励民间投资,调动各方面的积极性,合力推进"三区"建设。

做大非公经济,增强发展活力。我市经济结构不合理,三次产业结构中二三产业发展滞后、主要工业品中新兴工业产品少、服务业中新兴服务业发展不足、传统服务业水平低,以及经济外向度低,特别是所有制结构中非公经济不大不强,依然是我市经济发展的"短板",同时也是增强市域经济实力的潜在优势。非公经济是所有制经济的重要组成部分,是促进社会生产力发展的重要力量,是转方式、扩就业、促增收的重要依托。各级各部门要深入研究贯彻落实国务院关于鼓励支持非公经济发展"新36条"规定的措施,认真兑现中省各项优惠政策，进一步创新体制机制，加大税收、信贷、土地、出口等政策扶持力度。大力实施中小企业成长工程，在促进三次产业融合发展中培育市场主体，壮大非公经济，提升经济外向度。进一步强化服务意识，优化发展环境，切实维护企业合法权益，促进中小企业健康快速发展，努力推动全市非公经济迅猛发展。

抓好节能降耗，提升发展质量。我市工业经济类型决定了节能降耗是长期而艰巨的任务。提升经济竞争力，必须下大气力狠抓节能降耗。在经济发展中要集约节约利用资源，不断调整优化结构，着力构建节约型产业体系。大力发展低耗能、高产出的高新技术产业，千方百计管住“存量”、做好“减量”。加快产业升级改造步伐，加强节能管理和科技创新，确保完成年度节能减排各项任务，努力建设资源节约型、环境友好型城市。

三要在突破重点工作中保障和改善民生

民生改善关乎民心所向，利益和谐决定社会安宁。各级各部门要始终把保障和改善民生摆在高于一切、重于一切、先于一发的位置，积极完善保障和改善民生的制度安排，加快实施“十大民生工程”、“三件民生大事”等系列化的民生保障工程，确保今后80%以上的新增财力用于民生，为群众提供良好的公共服务，让群众的利益得到充分保障、让群众的生活幸福感不断提升。

要突出重点。渭河综合治理是渭河两岸人民千百年来的期盼，是我市当前最大的一项民生工程，必须抓紧实施，强力推进。南大堤主体工程建设，7月份要全面完成清表、招标等前期准备工程，8月份要全面开工，年底之前完成；渭河清障任务年底前全面完成；北大堤建设工程要加强管理，下半年实施两侧绿化和堤顶道路等配套工程。要抢抓省政府批复蓄滞洪区工程建设的重大机遇，抓紧实施南山支流治理和二华夹槽应急蓄滞洪区工程，努力建设秦东水乡。保障性安居工程是关系发展全局、惠及广大群众的一项重大民生工程，要持续推进保障性住房和小城镇住宅小区建设，满足更多群众的住房需求，尽快形成“镇有常住民，民有不动产，草根经济兴，富民又强镇”的良性发展格局。按照已制定的《关于秦岭北麓扶贫移民搬迁规划》要求，全面启动秦岭北麓地区贫困群众搬迁工程，借鉴发动群众、捆绑资金、集中迁建的成熟经验，三年之内彻底搬迁安置居住环境恶劣的秦岭北麓地区贫困群众。坚持把群众放在心上，把群众当亲人，继续抓好蛋奶工程、育龄妇女健康检查、幼儿园建设、新农合、新农保等民生工程，着力解决好群众最直接最关心最现实的利益问题。

要突破难点。持续推进农民增收六大工程和“百部包村扶贫千元增收计划”，加快调整农业产业结构，突出抓好畜牧生产，带动果业、瓜菜业等提质增效，确保年度增收目标顺利实现。深入推进“农村清洁”工程，以集中整治“脏乱差”和环卫设施建设为重点，逐步形成“户清扫、村收集、乡拉运、县处理”的农村垃圾清洁整洁。以创业带动就业，大力推进全民创业、家庭创业、自主创业，扩大劳务输出，进一步增加群众财产性收入和工资性收入。不断强化以教育、医疗和社保为重点的社会事业，加强对通货膨胀的监测管理，保持物价稳定，着力提高全市人民的生活水平。

要创新管理。全面加强社会建设、社会管理和社会服务，推进社会管理创新，不断满足群众多层次、多元化、多样化的需求。认真落实《关于进一步加强维护社会稳定工作的意见》和《关于加强安全生产工作的意见》，强化领导下访包案责任，深入推进“三无县、三无乡镇”创建，及时化解社会矛盾纠纷。加强社会治安防控体系建设，深入推进“平安渭南”建设，不断提升社会治安满意率。切实加强安全生产，狠抓食品安全，提高应急处置能力，确保安全度汛，努力营造和谐稳定的社会环境。

要强化宣传。政策是党的生命，民生工程也不例外。无论是“十大民生工程”还是“三件民生大事”，广大城乡居民只有更加了解各项改善民生的政策措施，才能积极支持和广泛参与民生工程的实施，才能提高人民群众的满意度。下半年，要集中做好中省市各项民生政策的宣传工作，进一步拓宽宣传渠道，丰富宣传内容，创新宣传载体，活跃宣传方式，大幅度提高群众知晓率，充分调动群众参与实施民生工程的积极性和主动性，大力营造关注民生、支持民生、服务民生的良好氛围。

四要在搞好换届工作中提升党建科学化水平

抓好下半年工作，确保全年各项目标任务圆满完成，关键要靠干部队伍，核心要靠改进作风，根本要靠真抓实干。

加强干部队伍建设。坚持“德为先、凭工作、重实绩”的选人用人原则，始终把干部的德放在首要位置，形成以德修身、以德服众、以德领才、以德润才、德才兼备的用人导向。以更宽的视野、更高的境界、更大的气魄，广辟选贤渠道，广开进贤之路，把那些政治坚定、有真才实学、实绩突出、群众公认的干部发现出来、使用起来，让能干事者有机会、干成事者有舞台，不让老实人吃亏，不让投机钻营者得利，真正把我市干部队伍建成推动“科学发展，富民强市”的坚强后盾和骨干力量。

加强领导班子建设。以县乡村换届为契机，选好干部、配强班子，着力增强领导班子的整体功能，进一步提高各级领导班子统揽全局、协调各方、科学决策、推动发展的能力。严格落实“5175”换届纪律要求，警钟长鸣，自觉遵守，确保换届工作圆满完成。继续深入推进村级党组织“升级晋档、创先争优”活动，对照先进、查找不足，就近学、照着干，确保年内一、二类村达到50%以上，四类村下降到5%以下，提前一年实现省委确定的目标。

加强党风廉政建设。权力不受监督，必然导致腐败；干部规避监督，迟早要出问题。对领导干部而言，监督既是约束，更是爱护。只有将自己置于监督之下，才能抵得住诱惑、经得住考验、守得住清廉。各级领导干部务必筑牢思想道德防线，正确行使手中权力，自觉接受组织监督、群众监督、舆论监督和社会监督，认真落实党风廉政建设责任制，始终保持清正廉洁的政治本色，真正做到政治上坚定、经济上清白、作风上正派。

加强作风建设。总结经验，明确重点，提升水平，善始善终地开展好“转变作风、为民服务、创先争优”主题实践活动，引导干部在群众口碑中听工作政绩，在辖区大地上看发展报告。围绕贯彻落实胡锦涛总书记“七一”重要讲话精神和省委赵乐际书记的重要讲话精神，深入调研，精心谋划，适时在全市部署实施“秦东党旗格外红、干群关系格外亲”主题实践活动，持续转变干部作风，不断密切党群干群关系，打造渭南党建品牌，为确保全年各项目标任务顺利完成、推进全市经济社会快速发展提供坚强的组织保障。

同志们，做好下半年工作，任务繁重而艰巨，使命光荣而神圣。让我们在省委、省政府的坚强领导下，团结一致，真抓实干，为全面完成年度目标任务、夺取“十二五”开局之年新胜利而努力奋斗！

政府工作报告

——在渭南市第四届人民代表大会第二次会议上

(2011年2月23日)

渭南市市长　徐新荣

各位代表:

现在,我代表市人民政府向大会作工作报告,请与《渭南市国民经济和社会发展第十二个五年规划纲要(草案)》一并审议,并请各位政协委员和其他列席人员提出意见。

去年和"十一五"时期经济社会发展回顾

2010年是极不平凡的一年,全市上下深入贯彻落实科学发展观,积极克服金融危机和多种灾害的不利影响,求真务实,真抓实干,完成了市四届人大一次会议确定的各项任务。全市生产总值实现801.4亿元,增长15%;财政总收入完成74.9亿元,增长14.5%,其中地方财政收入34亿元,增长20.4%;城镇居民人均可支配收入和农民人均纯收入分别达到15918元和4372元,增长16.6%和22%;社会消费品零售总额增长18.6%;人口、就业、社会保障和节能减排等主要指标全面完成,实现了"十一五"的圆满收官。

回顾过去五年,我们欣喜地看到,"十一五"规划确定的主要预期目标全部提前实现,成为建市以来经济增长最快、城乡面貌变化最大、人民群众得实惠最多的五年,渭南已经跨入快速发展的新阶段。

综合实力明显增强。坚持不懈推进新型工业化和城镇化进程,区域竞争实力快速提升。全市生产总值突破800亿元,较2005年翻了一番多,年均增长14.5%。地方财政收入完成34亿元,是2005年的3.8倍,年均增长30%以上。社会消费品零售总额完成231.8亿元,是2005年的2.6倍,年均增长20.7%。城镇居民人均可支配收入、农民人均纯收入分别超过全省平均水平223元和267元。全市经济增长的质量和效益不断提升,支持发展和改善民生的能力明显增强。

项目建设成绩斐然。坚持实施项目带动战略,下大气力招商引资,持续开展"项目建设年"活动,建成了一批打基础、利长远的重大项目。五年累计招引项目1017个,到位资金584.8亿元,年均增长59.7%。实施重点项目383个,完成投资1400亿元。全社会固定资产投资累计达到1960.9亿元,是"十五"时期的6.9倍,年均增长47.1%。多年想建而未建的渭蒲高速顺利通车，关中环线、西潼高速扩建、郑西高铁等标志性工程建成投运。电力装机总容量达到740万千瓦，输变电骨干网架提升至750千伏，长期制约发展的基础设施得到极大改善。中联重科、拓日新能、紫兆环保等一批重大项目落户渭南，为我市跨越发展注入了新的动力。

工业经济快速发展。坚持把推进新型工业化作为根本出路。高起点编制园区发展规划，全力加快基础设施建设，引导项目与企业入园发展。渭南高新区成功晋升国家级高新技术产业开发区，经开区、卤阳湖开发区成为省级开发区。13个开发区、工业园区发展到78平方公里，入园企业716户，产值占工业总产值的54.8%，成为最活跃的经济增长极。首家专家工作站在北人印机挂牌成立，紫兆环保拥有6项国家专利，全市申请专利1500余件，长寿命复合强化高温钼合金舟研制等25项科研成果获全省科技进步奖，煤制烯烃技术产业化入选全国十大科技进展新闻。规模以上企业由236户增加到540户，产值过亿元企业由49户增加到106户，金钼股份成功上市，龙钢集团跻身中国企业500强。全市工业总产值、增加值分别完成1020亿元和339.7亿元，是"十五"末的2.7倍、2.9倍。万元GDP能耗下降20%，二氧化硫和化学需氧量分别削减15.1%、13.6%，超额完成省控目标。能源化工、有色冶金、装备制造、新能源新材料和涉农工业初具规模，成为工业持续发展的强大引擎。

特色农业不断壮大。坚持以"一村一品"为抓手，积极实施农民增收"六大工程"，优质粮食、设施蔬菜、有机林果、畜牧养殖等特色农业不断壮大。去年全市粮食总产达到264.2万吨，创历史新高。水果、蔬菜总产分别达到254万吨和192万吨。畜牧业产值达45.8亿元，占农业总产值的五分之一。市级以上龙头企业发展到291家，各类专业合作经济组织达2707个，农民从产业分工协作中得到更多实惠。新增节水灌溉面积102万亩，治理水土流失1440平方公里，改造中低产田72.5万亩。建设户用沼气池7.8万口。新建改造农村公路1.2万公里，建制村通油路率达到100%，农村基础设施持续改善。实施退耕还林、天然防护林工程186万亩，秦岭北麓形成110公里宽幅林带，渭河堤岸建成165公里绿色长廊，全市森林覆盖率达到18.9%。

城市面貌焕然一新。坚持"一城四创"，高起点修编城市总体规划，确立了"跨河发展、一城三区、五大组团"的中心城市空间布局。基本建成"五纵六横一环"的城市路网，供、排水管网覆盖建成区90%和70%，供气管网实现全覆盖。坚持"大绿、大水、大空间"理念，加快城市绿化，开展"三拆一透"，仓程路、渭清路等主要路段建成绿色长廊，南部台塬初显绿色屏障，中心城市人均绿地面积达到11.8平米，亮化率达到98%，市区空气质量优良天数连续三年超过300天，渭河水质考核获全省唯一达标城市，成功跻身"省级卫生城市"、"省级园林城市"行列。建成渭南高中、实验初中和三贤路小学，中心医院新区主楼完工，沋河公园、朝阳公园、信达运动广场成为市民休闲娱乐的重要场所。县城扩容步伐加快，27个建制镇全面完成建设任务，11万农民进城落户，全市城镇化水平达到40%，较"十五"末提高9个百分点。

文化旅游产业实现新突破。坚持把文化旅游产业作为做大现代服务业的突破口。整合旅游资源，加快项目建设，华山成功创建国家5A景区，少华山国家森林公园建成开园,洽川景区、韩城古城、白水仓颉庙开发取得新进展。成功举办世界旅游日中国主会场等节会活动,我市被评为中国特色魅力城市和最佳旅游城市。2010年全市接待游客1328.5万人次,实现综合收入67.6亿元,分别是“十五”末的2.2倍和3.7倍。餐饮、酒店等传统服务业稳步发展,保险、信息咨询、社区服务业势头良好。

改革创新深入推进。国有企业改制取得明显成效,33户工业企业实施破产重组,焕发出新的生机。粮食企业通过诉讼减债,核销债务9.4亿元。棉花企业改制面达75%。农村综合改革稳步推进,乡镇总数缩减30%,农业税全部取消,“普九”债务基本化解,土地流转机制初步建立,460万亩集体林地确权主体改革基本完成。医药卫生体制改革全面启动,基层医疗机构基本药物“三统一”制度全面推行,“看病难”、“看病贵”等问题得到缓解。文化体制改革开局良好,市广电、电影传媒、演艺集团三大公司成功挂牌,在产业化经营上迈出新步伐。成立金融办,充实中小企业信用担保资本,引进了第一家外资银行和股份制银行,分别在富平、韩城设立村镇银行,发展小额贷款公司16家,金融支持发展力度不断加大。调整高新区和临渭区管辖区域,理顺经开区、卤阳湖等工业园区和华山景区的管理体制,促进了城市和园区快速发展。公开拍卖城市天然气股权和加气站经营权,南塬绿化改变了以往植树模式,为社会资本参与城市建设探索了新路。修订完善招商引资优惠政策,下大气力优化投资环境,被省政府授予承接产业转移示范市,荣获中国金融生态城市和浙商、粤商、苏商投资首选城市称号。对外开放进一步扩大,“十一五”全市实际利用外资2.1亿美元,实现进出口总额6.7亿美元,同比增长63%。

群众得到更多实惠。始终把让人民生活更加殷实、更加舒心作为执政的第一理念。连续五年实施民生十大工程,下大气力解决老百姓就业、住房、看病、子女上学等难事、烦心事。全市新增城镇就业30.3万人,失业率控制在4%以下,每年转移农村劳动力90万人左右。建成寄宿制学校100所,完成1100余所农村学校危房改造,“蛋奶工程”惠及29.1万学生。开展农村孕产妇免费住院分娩,完成农村育龄妇女健康查体115万人。新农合参合率达到95.6%,城镇基本医疗保险参保106.6万人。累计发放城乡低保资金13.8亿元,37万困难群众实现应保尽保。五保供养标准增幅达到344%。出台实施城乡医疗救助和临时救助制度,五年发放救灾救济资金3亿元。建成517个农民体育健身工程和159个城市社区健身广场,成功举办两届全运会。完成11个县级文化馆和197个乡镇文化站建设,为1063个边远贫困山村通上广播电视。建设保障性住房2.4万套,经济适用房货币直补2000户。完成578个重点村扶贫开发任务,解决了6569户农村困难群众住房和155万人安全饮水问题,55.7万人实现脱贫。累计发放家电下乡、农机具购置补贴3.9亿元,惠及全市70%农户。投入移民专项资金15亿元,受益群众达86万人。累计发放抚恤金5.2亿元,荣获全国双拥模范城“三连冠”。健全维护安全稳定长效机制,全市治安满意度稳步提升,安全生产形势保持平稳,信访总量大幅下降,社会大局和谐稳定。

政府自身建设得到加强。完成市县机构改革任务,政府职能进一步转变。严格依法行政,在全省率先制定建设法治政府指标体系,全面完成“五五普法”任务。规范行政许可,清理精简市级行政审批项目27项。完善《政府工作规则》,出台《重大行政决策程序规定》,成立城乡规划委员会,政府决策科学化、民主化水平进一步提高。主动接受监督,人大代表建议和政协委员提案办结率连续五年达到100%。积极实施人才强市战略,引进61名博士硕士急需人才。推行政务公开和电子政务,政府公信力和工作效率明显提高。

国防动员、民兵预备役、外事侨务进一步加强,审计、监察、工商、统计、药监、质监等工作取得新成效,新闻出版、档案、地方志、气象、地震、妇女儿童、残疾人、民族宗教、老龄等事业有了新发展。

各位代表:五年的开拓奋进,五年的辉煌成就,奠定了后来居上、追赶跨越的坚实基础,开启了科学发展、富民强市的崭新局面。这是市委科学决策、正确领导的结果,是社会各界大力支持、精诚合作的结果,是552万东秦儿女凝心聚力、顽强拼搏的结果。在此,我谨代表市人民政府,向奋战在各条战线上的广大干部群众,向给予政府工作大力支持的人大代表、政协委员和各界人士,向积极参与地方发展的驻渭部队、武警官兵和中省单位,表示衷心的感谢和崇高的敬意!

在充分肯定成绩的同时,我们必须清醒地看到,发展不足、发展不快、发展不优依然是我们的基本市情。经济总量小,人均GDP只有全省的55.5%;产业结构不合理,转变发展方式、推进节能减排的任务艰巨而紧迫;城镇化进程缓慢,改变城乡二元结构、推进城乡协调发展难度加大;减少贫困人口、促进农民增收的压力很大;确保安全生产、维护社会稳定的任务依然艰巨;一些干部的观念和作风与加快发展的新形势、广大群众的新期盼还有较大差距。对此,我们一定要下大气力加以解决。

“十二五”时期的奋斗目标和把握重点

“十二五”是全面建设小康社会、实现富民强市目标的关键期,是深化改革开放、转变发展方式的机遇期,也是提升综合实力、奋力实现赶超的攻坚期。纵观这一时期国内外环境,机遇与挑战并存,机遇大于挑战。全球经济格局和需求结构出现重大变化,发达国家、发达地区向中西部产业转移和协作配套的趋势越来越明显。国家加快实施西部大开发新的10年规划和关中－天水经济区发展规划,为我们招商引资、争取项目提供了难得机遇。我市经济发展正处于快速增长期,持续加快的后劲十足。特别是全市上下已经形成了自我加压、奋发向上、你追我赶、互相赶超的浓厚氛围,为我们加快发展提供了强劲动力。不进则退,慢进也是退。只要我们紧紧抓住机遇,积极破解发展难题,抢占新兴产业制高点,做大总量,调优结构,就能够将潜在优势转化为发展胜势,实现经济社会的新跨越。

“十二五”全市经济社会发展的指导思想是:以邓小平理论和“三个代表”重要思想为指导,全面贯彻落实科学发展观,以解放思想为先导,以科学发展、富民强市为主题,以加快转变发展方式为主线,以提高综合实力和城乡居民收入为目标,以保障和改善民生为出发点和落脚点,推进改革开放和科技创新,强化产业支撑、项目带动、招商引资和全民创业,推进新型工业化、城镇化、农业现代化、文化旅游产业化和信息化融合发展,全面加强执政能力、发展环境、生态文明、和谐社会建设,努力建设开放繁荣、和谐富裕、宜居宜业的新渭南。

总体目标是实现“两增两减,四个翻番”:经济综合实力显著增强,城乡居民收入大幅增长,贫困人口大幅减少,社会不和谐因素明显减少。生产总值、财政收入、城镇居民人均可支配收入、农民人均纯收入较“十一五”末翻一番多。

实现上述目标,必须牢牢把握好以下几点。

一是把提速赶超、科学发展作为主基调。进一步增强忧患意识,珍惜机遇,抢抓机遇,紧紧扭住发展第一要务不动摇、不懈怠、不折腾,努力做大、做强、做优园区、城区、景区,能快尽快,能超尽超,不断提升经济总量和质量,加快缩小与全国、全省和发达地区的差距。

二是把加快发展方式转变作为战略选择。牢固树立科学发展观,正确处理速度与质量、效益,发展与民生、环境的关系,改造提升传统产业,积极培育新兴产业,大力推进节能减排,在加快发展中转变发展方式,在转变发展方式中谋求更快发展,在新一轮区域发展和竞争中赢得主动、后来居上。

三是把招商引资作为重要抓手。进一步推动全方位、多层次、宽领域的对外开放,主动承接产业转移,积极开展区域联合,全力以赴抓招商、抓项目,吸引更多优势资源和资金投入渭南,聚合更多项目壮大支柱产业,借智借力,努力拓宽发展新空间,争创发展新优势。

四是把改革创新作为根本动力。坚决破除陈旧观念,突破不合时宜的条条框框,研究新情况,解决新问题,真正以思想大解放、机制大创新助推经济社会大发展,走出一条弯道超车、快速突破的崛起新路。

五是把改善民生作为根本目标。把保障改善民生、增进人民福祉作为一切工作的出发点和落脚点,提高城乡居民收入,加大民生投入,扩大社会保障覆盖面,维护公平正义和社会和谐,真正让渭南人民生活得更加殷实、更加舒心、更有尊严。

2011 年目标任务和主要工作

2011 年是实施“十二五”规划的开局之年,也是赶超发展、争先进位的关键一年。全市经济社会发展的主要预期目标是:生产总值增长 14.5% 以上,全社会固定资产投资增长 40% 以上,社会消费品零售总额增长 19% 左右,地方财政收入增长 20% 以上,城镇居民人均可支配收入、农民人均纯收入增长 15% 和 16% 以上,居民消费价格涨幅控制在 4% 左右,城镇登记失业率控制在 4% 以内,城镇化率达到 43% 以上,万元 GDP 能耗下降 3.6%,人口自增率控制在 6‰以内。

着力抓好八个方面工作:

(一)推进投资快速增长

投资依然是拉动经济增长的重要动力。要持之以恒抓项目、抓招商,力争固定资产投资突破 1000 亿元。

抓好项目策划。紧盯国家政策趋向和投资重点,在水利、电力和民生工程、节能环保等领域,策划一批具有引领支撑作用的新兴产业项目和基础设施项目。围绕“十二五”战略布局,以能源化工、有色冶炼、装备制造、新能源新材料、农产品加工为重点,围绕新产品开发、提质扩产和产业链延伸,包装配套项目,形成集群共生效应。借鉴沿海地区发展经验,统筹国内外市场和资源,在更大范围寻求产业链接,策划包装文化创意、服务外包、现代物流和高科技项目,培育新的经济增长点。全年策划包装项目 400 个,投资总额超过 2000 亿元。

加快项目推进。继续坚持市县领导包联重点项目制度,完善重点项目“绿色通道”。做好环境保障,支持大西高铁、西南复线、黄陵－韩城煤运专线和电力配套项目加快建设。对抽黄供水工程、韩城煤层气输送管道、罗韦高速等重大项目,一事一议、特事特办,切实加快项目进度。把投产达效作为项目实施的核心任务,对紫兆环保、秦电技改、韩城焦化、渭化"双醋"联产、舜天锂离子电池等重点在建项目,倒排工期,强化服务,确保早日竣工投产。加快富平汽贸物流园、潼关物流港、白水陕西苹果贸易市场建设进度。全力确保210个市级重点项目完成投资788亿元。

狠抓招商引资。完善招商引资目标责任制考核和奖励政策,建立项目落户协调服务机制。树立科学招商理念,以有利于做大产业、做强企业、培植税源、保护环境为目标,重点招引工业发展、城市建设和现代服务业项目。以引进大公司、大企业和战略投资为主攻方向,吸引国内外500强企业、100强民营企业投资渭南。在市级有关部门设立招商机构,选择优秀干部全天候招商。以驻外办事处为窗口,加强与在外人士的联系沟通,吸引更多企业来渭投资兴业。推广富平设立招商一、二、三局的经验,建立招商引资竞争机制。发挥现有投资企业示范带动作用,以商引商、产业链招商。积极参加西洽会等大型招商活动,确保全年招商引资到位资金突破300亿元。

破解项目难题。大力发展村镇银行,加强担保公司和小额贷款公司建设管理,鼓励金融机构增加信贷投放,帮助黑猫焦化等有条件的企业上市融资,切实解决融资难问题。年内引进2家股份制商业银行设立分支机构,新增贷款100亿元。加快用地申报审批,集中使用建设用地计划,确保重点项目用地需求。积极推进拆旧建新、空心村整治等工作,盘活闲置土地。加大耕地和基本农田保护力度,严厉查处各类违规违法用地问题。

(二)加快工业转型升级

坚持以园区为平台,不断壮大优势产业,积极发展新兴产业,大力改造传统产业,加快工业转型升级。

推进园区建设。按照"一业主导、多业协作"的思路,完善规划、强化功能、优化布局、突出特色。建立多元化投融资机制,加大园区基础设施投入,建造一批标准厂房,增强园区孵化企业功能。发挥政府引导和市场机制调节相结合的推动作用,强化园区关联性企业的分工协作,提高上下游产品配套链接程度。按照企业小循环、园区大循环模式,加大资金投入,加快产业配套,支持园区形成循环产业集群。启动富平承接产业转移示范园建设,支持高新区、经开区、卤阳湖开发区加快建设,确保经济增长30%以上。各县市都要举全县之力办好各自园区,使其成为产业升级的领头羊和新的经济增长点。创新园区体制机制,增强园区生产要素集聚能力,力争园区产值占到全市工业总产值的60%以上。

做强产业集群。按照"十二五"末全市工业产值突破4000亿元的目标,通过现代产业增量集聚,带动存量优化,促进总量提升。加快煤炭资源整合,实施合阳、蒲白、韩城1000万吨煤田勘探与开发,年内全市地方煤矿减至47个,产能提高到3000万吨。依托渭化、陕化和渭北煤化基地,加快180万吨甲醇及70万吨聚烯烃、陕化丁二醇等项目建设,推进煤化工向精细化工发展。支持龙钢集团与国家特大钢铁集团开展技术合作、金钼公司向精深加工领域发展、中金公司延伸黄金产业链,不断提高有色冶金产业聚合度。建成中联重科二期大型挖掘机、紫兆环保垃圾资源化处理设备生产线,支持北人印机、青峰纺机扩产建设，启动卤阳湖空港物流基地项目，使现代装备制造成为工业发展的有力支撑。建成拓日新能6条光伏玻璃生产线，力争西安重装渭南LED光电工业园、安信太阳能电池等项目年内投产，把渭南建设成陕西新兴产业聚集区。坚持用新技术、新工艺改造提升花炮、农产品加工等传统工业，加快生产性服务业配套发展。支持重点企业与科研院所联合建立技术中心或研发机构，创造更多具有自主知识产权产品，打造一批知名品牌。制定支持中小企业发展政策措施，实施中小企业成长工程，全年新增规模以上企业50户，工业增加值实现410亿元。强势推进节能减排，确保二氧化硫、氮氧化物、化学需氧量、氨氮排放量分别下降2.2%、2%、1.8%和1.5%。

壮大非公经济。发挥政府引导、调节、规范和促进职能，完善土地、财政、税收、信贷、出口等扶持政策，放手发展非公有制经济。降低市场准入门槛，让更多非公资本特别是民间资本进入主导产业、基础设施和社会事业领域。坚决清理和禁止不合理收费，减免企业行政性收费，切实减轻中小企业负担。激活民间资本，掀起全民创业新高潮。年内新增小企业1000户，个体工商户3000家，非公经济在GDP的比重提高1个百分点。

（三）强力推进城镇化进程

坚持规划为纲，基础先行，以人口和产业聚集为主攻方向，做大中心城市，做强县城，积极发展重点镇，加速建设秦东城市群。

完善规划。按照建设“一个中心、三个层次、两横两纵”秦东城市群，高起点修编城镇体系规划和城乡一体化建设规划。按照百万人口的规模构架，编制中心城市路网、管网、绿化、商业网点、公益设施布局等专业性详规，为城市产业和人口聚集奠定基础。按照“十二五”末55%的城镇化率，编制县城详细规划、专项规划和重点镇建设规划。启动韩城－蒲城－富平城乡统筹发展规划编制，构建以城带乡、城乡共融的城镇群发展格局。严格规划管理，坚决制止建筑挤路压线和乱搭乱建，提升城市品位。

加快建设。举市一致创建国家卫生城市、省级环保模范城市，以建促创，以管促创。坚持拆建并举，实施中心城市拆迁项目52个、建设项目157个，完成投资100亿元以上。新建改建城市道路17条，打通主城区全部断头路。坚持“大绿、大水、大空间”理念，加快实施滨河大道、老城区等绿化工程，积极推进城市生态水景项目和点亮工程，努力营造推窗见绿、出家门进公园的宜居环境。启动华县撤县设区工作，加快韩城、华阴、富平、蒲城、大荔等县城扩容步伐。积极实施重点镇建设，在重点镇启动为农民建设普通商品房小区试点工作。开展合阳、华县、韩城等县市农村新型社区试点，建设城市社区27个、农村社区180个，完成投资3600万元。

完善功能。加快幼儿园、学校、医院、人防、停车场等城市公共服务设施建设。以现代服务业繁荣和提升城市经济，加快推进国际会议中心、五星级酒店等项目，升级改造餐饮、商贸、建材等传统服务业，大力发展物流、养老、家政等新型服务业，积极培育金融保险、设计研发、服务外包等生产性服务业。严格按照规划建设一批功能完善、设施齐全、环境优美的住宅小区，改善市民居住环境。强化市民教育，积极倡导高雅文明、诚信普惠、健康包容的和谐生活方式。破除农民进城政策障碍，年内进城农民达到20万人以上，不断增加城市人气。

（四）大力发展现代农业

坚持以新农村建设为统揽，以农民增

收为根本,以基础设施建设为保障,用工业理念发展农业,加快农业产业化步伐。

调优产业结构。以国家农业科技示范园、富平现代农业示范园区为带动,支持每个县建设一个规模较大的现代农业产业园。以"一村一品"为载体,实施农民增收六大工程,加快培育一批专业村、特色镇,促进设施瓜菜、畜牧养殖和有机林果等主导产业快速发展。抓好110万亩地膜玉米、280万亩优质专用小麦基地建设,确保粮食产量稳定在220万吨以上。积极发展日光温室和大棚蔬菜,抓好华县、大荔等蔬菜基地建设,新增设施蔬菜5万亩以上。继续推进渭北现代果业项目,抓好葡萄、冬枣、核桃、猕猴桃等其他经济林果发展。加快富平奶山羊,临渭、合阳奶牛,澄城、大荔、临渭生猪,蒲城肉鸡等畜牧产业重点县建设,新建扩建规模养殖小区300个,畜牧业产值增长20%以上。

推进农业产业化。采取财政贴息、以奖代补、小额信贷、互助合作等方式,大力培育龙头企业,做大做强雨润集团、陕富面业、八鱼油脂、红星乳业、渭恒农机等龙头企业,改造提升粮食仓储设施。依托优势资源,引进和发展组织化程度高、联系农户多、市场影响力大的农产品加工、物流龙头企业。推进食品企业加快品牌建设和技改扩能,大力开发文化名酒、特色饮料及营养保健品、航空和旅行食品。整合农技资源,推广大荔"农资农技双连锁服务"经验,不断提高农技服务水平。按照"龙头带基地连农户"的模式,支持企业与农村专业经济合作组织、农户建立紧密协作关系。年内新增市级农业产业化龙头企业20户以上,发展农民专业合作组织400个以上。实施"万村千乡"、"新网"等农村流通工程,改扩建大中型农产品批发市场18个,改造提升农家店1000个、农资配送中心120处。

改善农村生产生活条件。加快实施灌区改造、水保治理等农田水利项目,新增节水灌溉面积15万亩,治理水土流失面积350平方公里。推进48个小二型水库治理,完成临渭、大荔、富平、白水等区域性供水工程,解决50万农村人口安全饮水问题。加快农村改圈、改厕、改厨,新建户用沼气池1.1万口。统筹推进扶贫开发和移民扶持工作,年内建成15个集中连片示范区和5个扶贫开发产业带,搬迁安置贫困人口4600人。加快农村公路升等改造步伐,巩固农村公路管护改革成果,积极发展农村客运,推动农村物流产业发展。启动天然林保护二期、三北防护林五期造林工程,全面实施渭河近堤和以西禹高速为重点的公路绿化,切实改善生态环境。

突出加快渭河治理。实施渭河流域综合整治工程,完成渭河城区段41公里、大荔段7公里堤防主体工程和全线滩区清障任务。启动南山支流治理项目,实施罗敷河、方山河河堤加固工程,加快二华夹槽滞洪区项目前期工作,争取年内开工。力争用三年时间,彻底根治南山支流水患,打造渭南人水亲和、城水相依、河湖相连、碧水环绕的靓丽景观。

(五)发展壮大文化旅游产业

按照"华夏之根、文化之源、河山圣地、人文渭南"的发展定位,坚持用产业化发展理念,高起点规划,市场化开发,打造国际山水文化旅游第一板块。

大景点支撑。加快实施华山索道、文化创意园、论剑主题公园及西岳庙保护性开发项目,积极做好华山申遗、国家地质公园申报,着手启动华山旅游上市工作,把华山建设成为全省旅游的精品和龙头。积极实施韩城、洽川景区和潼关古城旅游综合开发等项目,推进华县少华山森林公园、白水仓颉庙、蒲城桥陵、大荔沙苑旅游开发建设，开发航空体验、农事体验、康体健身、健康美食、温泉养生、探险漂流等新型旅游，形成秦东特色旅游品牌。

大服务引领。与国内、国际知名旅行社团联手，策划包装秦岭山水生态休闲游、渭北历史文化游、黄河风情休憩游等特色旅游线路，构建秦东三日游、五日游格局。加快发展商务、假日、郊野等专业型特色旅馆，鼓励建设农家庭院等经济型旅馆，满足不同层次游客需求。开发特色旅游产品，建设旅游商品购物街，发掘地方特色美食，组织民间社火、烟花、地方戏等演艺进景区，推进旅游产业由门票经济向消费经济过渡。办好 2011 年"中华文化游"主题年、通航大会等节会活动，借助世园会平台，加强旅游推介，不断提升我市旅游吸引力。强化旅游执法，严格导游队伍管理，坚决杜绝欺诈游客行为，力争全年旅游接待人数达到 1600 万人次。

大文化融合。以挖掘、整理、开发东府文化为抓手，引进市场化运作模式和竞争机制，大力推进富平陶艺、华州皮影等文化创意园区和韩城古城文化街市项目，加强非物质文化遗产保护和开发，推进蒲城麦秆画、澄城剪纸、合阳线戏、白水九龙木雕产业化发展，让渭南锣鼓、华阴老腔唱响全国，走向世界。扶持演艺集团、影视集团等改制企业实施精品工程，发展创意产业，创排具有地方特色的文艺剧目 2 部以上，提升文化软实力。年内旅游文化产业综合收入突破 130 亿元。

（六）着力加强和改善民生

全力落实配套资金，切实加大投入，重点为老百姓办好八件实事。

加快社会保障体系建设。按照政策提高基本养老、基本医疗、五保供养和最低生活保障标准。城镇职工基本养老保险、基本医疗、失业、工伤、生育保险参保人数分别达到 32.2 万人、107 万人、29.1 万人、14.5 万人和 9.3 万人。力争通过两年努力，实现城乡基本养老全覆盖。

构建新型社会救助体系。实行孤儿发放生活费制度，为残疾人办好生活补贴发放等十件实事。实现农村低保与扶贫开发两项制度有效衔接，加大城乡医疗救助力度，规范临时救助制度。加快敬老院建设，落实好 80 岁以上老人生活补助，让老、弱、病、残、困等弱势群体都能得到基本的生活保障。

加大保障性住房建设。建设廉租房、公租房等保障性住房 2.5 万套 162.6 万平米，统筹建设拆迁安置房，加大采煤沉陷区治理、城中村改造和农村危房改造力度。通过房屋限价、货币直补、住房公积金支持、企业代建等方式，加快解决基层干部、农村教师、医生的住房问题。

建立完善就业政策支撑体系。以创建国家级创业型城市为载体，落实各项激励扶持政策，完善以就业服务和资金保障体系为主要内容的市场导向就业机制。积极开发公益岗位，开展就业援助，帮助高校毕业生、复退军人、残疾人、零就业家庭等困难群体充分就业。发挥政府投资、项目建设和产业发展对就业的带动作用，实施"人人技能工程"，以创业促就业。年内培训转移农村劳动力突破 80 万，新增城镇就业 5 万人。

促进教育科学发展。实施教育优先战略，大力发展公办幼儿园，扶持发展民办幼儿园，年内每个县城新建 1 所标准化示范幼儿园，三分之一镇建成公办中心幼儿园。优化中小学布局，加快中小学校舍改造和寄宿制学校建设，确保学生就近入学。加快普及高中阶段教育，促进高中阶段教育特色化发展。大力发展民办教育，满足人民群众对教育的多样化需求。整合职业教育资源,加快职教园区建设,入园4所院校完成主体工程,打造西部重要的职教培训基地。重视特殊教育,为残障儿童营造良好的成长环境。

完善以县为主的基层医疗服务体系。 继续实施乡镇卫生院安心工程,加强村卫生室和社区卫生服务中心标准化建设,年内市中心医院新院建成使用,高新区、经开区等综合医院开工建设。实施好65岁以上老人健康检查、农村儿童白血病和先天性心脏病普查治疗等医疗服务。深入推进母亲健康、优生促进两项工程,在农村产妇免费住院分娩的基础上,逐步实现产前免费检查。

统筹发展文体事业。 积极实施体育、文化等公共服务设施项目,完成体育中心主体工程,加快市文化中心、博物馆建设。统筹建设农民体育建身工程和城市社区健身广场工程,建成沈河健身长廊。完成81个乡镇文化站和200个村级文化室建设,推进城乡文化广场建设,实施边远地区自然村广播电视"村村通"工程,让群众充分享受发展成果。

促进社会和谐稳定。 创新社会管理,进一步落实安全稳定工作责任制。完善责任追究办法,实行定期讲评制度,落实奖惩机制,激励先进,鞭策后进。深入推进平安渭南建设,健全以技防基础设施为重点的社会治安防控体系,加强社会治安综合治理,依法严厉打击各种刑事犯罪,提高人民群众的安全感和满意度。广泛开展群众性精神文明创建活动,提高公民文明素养。加强村组、社区等基层组织建设,完善规范社会利益协调和矛盾纠纷排查调处机制,重视刑释人员帮教和社区矫正工作。坚持信访联席会议和干部下访等制度,妥善解决群众反映强烈的突出问题。健全安全稳定预警体系和应急处置机制,提高防灾减灾和公共安全保障能力。加强食品药品市场监管和整治,确保人民群众健康安全。建立重点领域、重点企业和重点部位经常性安全监督检查机制,防止重特大事故的发生。

(七)加快改革开放步伐

把改革开放作为区域经济的动力源泉,在改革中破解发展难题,在开放中增强发展活力。

抓好重点领域改革。 以产权制度改革为突破口,大力推进国有工商企业改革,完善公司法人治理结构和内部管理机制,使企业真正成为市场的主体。切实搞好政府机构改革,科学确定机构和职能,强化社会管理和公共服务职能,精简机构,提高效率。加快推进事业单位改革,创新教育管理体制、办学模式、质量评估和考试招生制度,开展县级公立医院综合改革和卫生管理县镇一体化改革试点,建立健全全民医保、医药分离、基本药物三统一等制度。深化农村综合改革,巩固集体林权制度改革成果,加快土地经营权依法自愿有偿流转改革,探索重点镇设立镇级财政试点工作。创新投融资体制,盘活国有资产,发挥财政资金"四两拨千斤"作用,撬动域外资本、民间资本投资基础设施和主导产业。

努力扩大对外开放。 启动建设出入境检验检疫局和陆路口岸,力争国家批准设立渭南海关,打造对外开放平台。坚持主动对接、积极融入,扩大与关中天水经济区、秦晋豫金三角等周边地区特别是西安的横向联系,优势互补,错位发展。突出加强与长江三角洲、珠江三角洲、环渤海等经济发达地区的经济技术合作,更多吸纳发达地区产业转移和外资企业转移投资,把我市建成发达地区产业梯度转移的重要基地。积极实施"走出去、引进来"战略,充分发挥比较优势,大力培育一批工贸、农贸、技贸一体化的外向型企业和出口创汇基地,支持有条件的企业跨国经营,积极拓展国际市场。

打造最优发展环境。按照“统一、精简、高效”的原则,构建高效率、快节奏的行政管理体制与运行机制,以优质服务吸引项目落户、助推企业发展。强化投资环境治理,建立企业、园区评价职能部门制度,坚决刹住吃拿卡要、刁难企业的行为,严厉打击少数不法分子强买强卖、阻挠施工等行为。坚持以诚待商,积极主动为企业服务,实心实意帮助企业家、支持企业家,努力营造“企业家功高、纳税人至上”的浓厚氛围,使渭南真正成为投资创业的一方热土。

(八)切实加强政府自身建设

我们深知,政府的权力是人民赋予的,政府的职责就是为人民做事,对人民负责。我们要始终保持昂扬的精神状态,履职尽责,积极进取,毫不懈怠,努力把各项工作做得更好,向全市人民交出一份满意的答卷。

推进依法行政。建立健全重大决策调研、专家咨询论证、社会公示听证和决策风险评估制度,做到科学决策、民主决策、依法决策。加强规范性文件制发审核,坚决杜绝不合法行政审批。扎实开展“六五普法”和依法治理工作,认真做好第八届村民委员会换届工作。自觉接受人大、政协监督,加强与各民主党派、工商联和人民团体的工作联系。支持驻渭部队和武警部队建设,巩固和发展军政军民团结,力争实现全国双拥模范城“四连冠”。深入推进政府信息公开,健全部门新闻发言人制度,主动接受社会和网络媒体监督,不断提高政府工作透明度和公信力。

切实改进作风。完善目标管理和绩效考核,科学设置指标,严格确定目标,鞭策各级干部在其位、谋其政、尽其责。强化干部教育,不断提高素质,提升境界,在驾驭经济发展上显能力,在做好群众工作上长本领,在推进改革创新上见成效。深入开展“转变作风、为民服务、创先争优”活动,整治懒、散、浮等不良作风。牢固树立群众观点、群众路线,常怀敬民之心,勤思富民之策,笃行利民之举,满腔热忱为民履职、帮民解忧。进一步精简会议文件,腾出更多时间在一线发现问题、解决矛盾、推进工作。加强对公务人员的效能监察,严肃整治行政不作为和乱作为,不断提高工作效率和服务水平。

加强廉政建设。深入落实党风廉政建设责任制。进一步规范用权、理财、管人行为,加大土地批租、工程招投标、产权交易、政府采购等重点领域的反腐力度。严格实行收支两条线,加强政府投资项目、公共资金和事业单位经营性收入管理。充分发挥监察、审计等监督机关的作用,加强行政机关和工作人员用权、履职监督检查,严肃查处各类违法乱纪案件。坚决纠正部门和行业不正之风,切实解决以权谋私、与民争利和损害群众利益的问题,以为民、务实、清廉的新形象促进发展、取信于民。

各位代表!站在新起点,实现新跨越,任务艰巨,使命光荣。让我们在市委的领导下,振奋精神,抢抓机遇,务实重干,求实求效,努力创造无愧于时代、无愧于人民的新业绩,不断开创渭南科学发展新局面!

2010 年渭南大事记

1 月

1 日 蒲城县三合乡新平花炮有限责任公司发生爆炸事故，造成 9 人死亡，8 人受伤。市上领导梁凤民、徐新荣、刘新兴赴现场，组织抢救工作。

4 日 ~8 日 中共渭南市委三届九次全会召开。会议分两段进行，前 4 天与会代表赴各县（市、区）观摩，最后 1 天召开大会。会议审议通过《中共渭南市委全委会议事决策规则》，市委书记梁凤民作工作报告，市长徐新荣部署经济工作。

5 日 国家环保部副部长张力军率国务院联合工作组检查中石油兰郑长成品油管道华县赤水段柴油泄漏事故处置情况，省委常委、副省长洪峰，中石油党组成员、副总经理廖永远，市上领导徐新荣、雷超武等陪同检查。

6 日 中国音乐家协会主席、陕西省文联主席赵季平一行赴渭南职业技术学院视察。

9 日 ~10 日 国家环保部总量司副司长吴卫华率核查组在渭南核查 2009 年主要污染物减排情况，副市长雷超武陪同。

12 日 ~13 日 全市公安工作会议暨公安“三项建设”推进会召开。

14 日 市委、市政府召开专项行动紧急会议，部署打击非法生产和“两抢一盗”专项行动，市委书记梁凤民参加并讲话，副市长郭伯权、刘新兴安排工作。

15 日 渭南军分区党委扩大会召开，市委书记、军分区党委第一书记梁凤民参加并讲话，市委常委、军分区政委林化增作工作报告，军分区司令员李绮参加会议并讲话。

19 日 渭南市文物保护协会成立，市人大常委会副主任刘晓利当选协会会长，市上领导雷超武、王安稳、郗怀亮、胡会维参加大会。

19 日 ~23 日 市长徐新荣、市长助理高远洋率渭南代表团在美国考察通用航空产业发展情况。

20 日 市委召开常委（扩大）会议，研究部署全市农业和农村工作，市委书记梁凤民主持会议。

22 日 全市农村工作会议召开，市委书记梁凤民作重要讲话，市委副书记王晓明安排工作，市上领导安庆学、史新民、蒙满仓参加会议，副市长郭伯权主持会议。

26 日 市委、市政府在西安曲江宾馆举办新春联谊会，省委常委、秘书长魏民洲，副省长景俊海等应邀参加。

27 日 市委、市政府在西安举办迎新春新闻媒体联谊会，市上领导梁凤民、徐新荣、郭勇格和省委宣传部副部长、省广电局局长任贤良等参加。

28 日 郑州至西安高速铁路成功试运行，国产“和谐号”高速动车组全程运行 1 小时 48 分，最高时速 352 公里。该高速铁路在渭南境内设渭南北、华山北 2 个车站，渭河特大桥长 79.7 公里，属国内已建成最长的桥梁。

29 日　市委召开全市领导干部大会，传达中共中央总书记胡锦涛在陕西考察工作期间的重要讲话，市委副书记王晓明传达讲话精神，市上领导乔晓陆、雷超武、郭勇格等参加会议。

30 日　市委、市政府在北京举办迎新春联谊会，外经贸部原部长郑拓彬、中央警卫局原局长杨德忠等 180 余名渭南籍领导和各界人士应邀出席，市上领导梁凤民、徐新荣、田军、雷孟斌、程勉贵等参加联谊会。

2 月

1 日　全市 2009 年度目标责任考核工作报告大会召开，省考核组组长、省政府法制办主任宋昌斌作动员讲话，市委书记梁凤民汇报目标任务完成情况，市委副书记、市长徐新荣主持大会。

同日　渭南市 2010 新春年货购物节开幕式在中心广场举行，副市长程勉贵参加并致辞。

2 日　市上领导梁凤民、徐新荣、张建华、王晓明、乔晓陆、郝宗友、林化增、雷孟斌、雷超武、王安稳、张建中、刘晓利、史新民、郗怀亮、程勉贵、郭新民、乔宏章、陈雪民、李怀积、高洁等分别赴华阴市、华县、澄城县、富平县、潼关县、白水县慰问困难群众。

3 日　中共渭南市第三届纪律检查委员会第六次全体会议召开，市委书记梁凤民参加会议并作重要讲话，市委常委、市纪委书记郝宗友作工作报告。市上领导徐新荣、张建华、王晓明、乔晓陆、安庆学、雷孟斌、雷超武、郭勇格、张建中、郭伯权、程勉贵等参加会议。

4 日　市委、市政府和军分区在渭南召开党政军迎春座谈会暨创建全国双拥模范城“四连冠”动员大会，市上领导及驻军领导梁凤民、徐新荣、张建华、王庆恩、王晓明、林化增、李绮、雷孟斌、刘晓利、郭伯权、程勉贵等参加会议。

同日　国家人口计生委“三下乡”送温暖活动渭南启动仪式在市体育馆举行，国家人口计生委副主任崔丽、省人口计生委主任冯月菊及市上领导梁凤民、徐新荣、郝宗友、王安稳、刘宝琴等参加仪式。

同日　渭南市人大通联工作站成立，省人大常委会党组书记、常务副主任杨永茂授牌。

5 日　全市政法工作会议在渭河花园酒店召开，市委书记梁凤民参加并讲话，市委常委、政法委书记乔晓陆作工作报告。市上领导徐新荣、王晓明、田军、郝宗友、雷孟斌、郭勇格、李玉柯、李怀积等参加会议。

6 日　郑(州)西(安)高速铁路正式运营，渭南北至西安一等座车票价 49 元，二等座车票价 31 元；渭南北至郑州一等座车票价 342 元，二等座车票价 214 元。

8 日　市委召开常委会议，认真学习胡锦涛等中央领导重要讲话，市委书记梁凤民主持会议。

9 日　市委书记梁凤民、市长徐新荣会见西安阎良国家航空高技术产业基地管委会主任金乾生等，就加快推进卤阳湖航空产业园发展进行座谈。

10 日　市委书记梁凤民、市长徐新荣会见陕西煤业化工集团有限公司董事长华炜、总经理高仰才一行，就做大做强该集团驻渭企业、扩大煤化工项目投资进行座谈，副市长刘新兴参加。

13 日　常务副市长田军在城区慰问一线值班的交警和环卫工人。

20 日　市委、市政府召开 2009 年度总结表彰大会，市委书记梁凤民参加并讲话，市长徐新荣主持会议，市委副书记王晓明宣读表彰决定，市委常委、组织部长安庆学通报年度考核结果，市上领导张建华、田军、乔晓陆、郝宗友、雷孟斌、雷超武、郭勇格、王安稳等参加会议。

21日 渭南中心城市重点建设项目集中开工仪式在5个工程建设现场举行，市上领导梁凤民、徐新荣、张建华、王晓明、乔晓陆、雷孟斌、张建中、魏稳柱等分别参加仪式。

23日 市级机关和临渭区机关1500余名干部职工在渭南南塬义务植树，市上领导梁凤民、徐新荣、张建华、王晓明、乔晓陆、郝宗友、安庆学、雷超武、郭勇格、王安稳、张建中、郗怀亮、郭伯权、程勉贵、陈雪民、张海贵、高洁等参加植树活动。

同日 渭(南)蒲(城)高速公路建设动员会在蒲城召开，副市长郭伯权参加并讲话。

24日 省长袁纯清在澄城拓日太阳城项目区调研，市上领导梁凤民、徐新荣、雷孟斌、刘新兴等陪同。

25日 市委召开常委会，专题学习《中国共产党党员领导干部廉洁从政若干准则》。市委书记梁凤民主持会议，市委中心学习组成员列席会议。

26日 陕西渭南国家农业科技园区通过国家科技部等六部委专家组验收，予以正式挂牌。该园区2002年5月经科技部批准设立，属全国36个试点农业科技园区之一。

3月

2日 市政府召开第三次常务会议，研究讨论《渭南市十二五规划编制工作实施方案》等工作，市长徐新荣主持会议。

4日 全市宣传思想工作会议召开，市委书记梁凤民参加并讲话，市委常委、宣传部长郭勇格安排工作，市上领导乔晓陆、安庆学、雷超武、郗怀亮、陈雪民等参加会议。

同日 副省长吴登昌深入韩城市调研煤炭安全生产工作，市委书记梁凤民、市长徐新荣、副市长刘新兴陪同。

5日 全市审计工作会议召开，市长徐新荣参加并讲话。

同日 全省检察机关监所检察工作座谈会在渭南召开，省检察院副检察长程紫平参加并讲话，市委常委、政法委书记乔晓陆致辞。

6日 陕西—长三角产业转移项目对接会在光明大酒店举行，市长徐新荣、副市长程勉贵参加。

同日 “保护母亲河·爱我华山”中日青年生态绿化工程华阴渭河一期项目启动仪式在华阴举行，63名日本大学生和200名华阴高中学生参加植树，中国青年国际人才交流中心副主任曹长河，团省委副书记张小平，市委常委、宣传部长郭勇格等参加活动。

7日 中美合资运动飞机项目落户卤阳湖签约仪式在渭南举行，美国印美航空公司总裁拉姆，西安腾龙航空有限公司总经理陈毅龙，美国世兴公司总经理赵嘉国，市委书记梁凤民，市长徐新荣等参加仪式。

8日 全市“少华山”杯百名巾帼登山活动在华县少华山举行，市上领导梁凤民、郭勇格、刘晓利、刘宝琴、潘洁等参加。

8日~21日 市扩大内需促进经济增长政策落实检查领导小组办公室组成三个检查组，对市直12个部门24个新增中央投资项目进行了全面检查，对各县(市、区)新增中央投资项目进行了重点抽查。

9日 渭南市2010年文化科技卫生“三下乡”暨第十八届“科技之春”宣传月活动动员会召开，市委常委、宣传部长郭勇格参加并讲话。

10日 全市老干部工作会议召开，市委书记梁凤民参加，市委常委、组织部长安庆学讲话，原市级离休老领导张济伦、王志伟、智敏、严润锁等参加会议。

同日 全市25个重点项目集中开工仪式在华县瓜坡镇建设工地举行，市委常委、副市长雷超武参加。。

12日 全市深入学习实践科学发展观活动总结表彰大会召开，市委书记梁凤民、省委学习实践活动领导小组第一巡回检查组组长许恢佩参加并讲话，市委副书记王晓明主持会议，市上领导郝宗友、安庆学、雷超武、郭勇格、王安稳、郭伯权等参加。

16日 全省基础教育2010年度工作会议在韩城市召开，省教育工委副书记、省教育厅副厅长李军锋参加并讲话，省教育厅副厅长吕明凯作工作报告，市委常委、副市长雷超武致辞。

同日 市委常委、市纪委书记郝宗友主持召开领导干部经济责任审计后谈话会，对2009年实施经济责任审计的5名党政领导干部进行审计后谈话。

16日~23日 2010年全国青年举重锦标赛在陕西宝鸡举行，渭南市举重运动员姚舜夺得男子105公斤级挺举、抓举、总成绩三项金牌。

17日 市国防动员委员会第七次全体会议召开，市委书记梁凤民参加，市长徐新荣、军分区司令员李绮分别讲话，市委常委、军分区政委林化增主持会议，市委常委、秘书长雷孟斌参加会议。

同日 市政府与西京电气总公司签订《战略合作协议》，市上领导梁凤民、徐新荣、雷孟斌、程勉贵、刘新兴及西京电气总公司总经理李延波参加仪式。

18日 全市安全生产工作会议召开，市长徐新荣参加并讲话，副市长刘新兴参加会议。

19日 全市反邪教形势报告会举行，市上领导王晓明、郝宗友、雷孟斌、雷超武等参加。

22日 全市传达学习十一届全国人大三次会议和全国政协十一届三次会议精神大会召开，市委书记梁凤民传达全国两会精神。

23日 市委召开各界人士通报协商会议，通报市人大、市政协换届人事安排有关情况，市上领导梁凤民、王晓明、安庆学、雷孟斌、乔宏章参加会议，各界人士代表张海贵、杨文斌、刘宝琴、张志强、徐月凤、胡会维、高洁、米忠科等先后发言。

24日 渭南市中心医院"三级甲等"医院授牌仪式举行，省卫生厅厅长刘少明授牌，市上领导梁凤民、徐新荣、张建华、王晓明、雷孟斌、雷超武、王安稳等参加仪式。

同日 陕西省"低碳家庭，时尚生活"主题活动在渭南正式启动，省妇联主席刘丽鸽，市上领导郭勇格、刘宝琴等参加启动仪式。

25日 全市银企项目签约会召开，共有35家企业与7家金融机构达成贷款合同、协议及意向45份，签约金额127.11亿元。市上领导徐新荣、雷孟斌、张建中、潘洁、蒙满仓等参加会议。

同日 渭南市射击运动员武柳希在射击世界杯悉尼站女子50米步枪3×20项目比赛中以681.3环的成绩获得金牌。

26日 市委举办全市《党员领导干部廉洁从政若干准则》辅导报告会，市委书记梁凤民参加并讲话，市委副书记王晓明主持会议，市委常委、市纪委书记郝宗友作专题辅导。

同日 人民日报社原社长邵华泽一行在渭南考察，副市长程勉贵陪同。

27 日 国家统计局局长马建堂在华阴调研,市长徐新荣陪同。

29 日 政协渭南市四届一次会议在市政府礼堂开幕,大会主席团常务主席张建华作工作报告,大会主席团常务主席王健主持会议,市上领导梁凤民、徐新荣、王晓明、乔晓陆、郝宗友、安庆学、林化增、雷孟斌、雷超武、郭勇格等参加会议。

30 日 市四届人大一次会议在市人民剧院开幕,大会执行主席梁凤民主持会议,市长徐新荣作政府工作报告。

4 月

1 日 市政协四届一次会议闭幕。会议选举张建华为市政协主席,王健、高洁、贺韧、王民庆、徐月凤、张志强、杨文斌为市政协副主席。

同日 韩城市龙门镇泉子沟煤矿发生瓦斯燃烧事故,致 9 人死亡。

3 日 市四届人大一次会议闭幕。会议选举雷孟斌为市人大常委会主任,王安稳、郗怀亮、胡会维、张海贵、王荣举、薛东江为副主任;同时选举徐新荣为渭南市市长,雷超武、郭伯权、刘宝琴、程勉贵、刘新兴、魏稳柱、潘洁为副市长。

5 日 国家文物局副局长宋新潮一行在富平县检查工作,副市长刘宝琴陪同。

7 日 第十四届西洽会“关中—天水经济区市长论坛”在西安举行,市长徐新荣参加并作推介发言。

8 日 渭南市产业发展研究成果发布会暨项目集中签约仪式在西安举行,共签约各类项目 43 个,签约金额 250.5 亿元,合同引资 230.7 亿元,市上领导梁凤民、雷孟斌、徐新荣、张建华、王晓明、雷超武、刘新兴、王健等参加仪式。

9 日 市纪委、监察局、市纠风办组成 310 国道保畅流动检查点,重点检查 310 国道沿线设路部门工作落实情况,确保西潼高速扩建期间渭南段车辆畅通无阻。

同日 广东省省长黄华华一行在华阴考察,副市长刘宝琴陪同。

10 日 第十四届西洽会台商代表团渭南投资交流座谈会在渭南经开区绿岛阳光酒店举行。

13 日 市政府召开第六次常务会议,分析第一季度经济运行情况,部署加强地方煤矿及烟花爆竹产业安全生产工作,市长徐新荣主持会议。

同日 全市国土资源管理工作会议召开,市长徐新荣参加并讲话,副市长魏稳柱主持会议。

14 日 市政府机构改革动员大会召开,市委书记梁凤民主持会议,市长徐新荣动员部署,常务副市长雷超武宣读《市政府机构改革设置的意见》,市委常委、组织部长安庆学宣布机构改革有关政策,市上领导雷孟斌、张建华、王晓明、乔晓陆、郝宗友、林化增、郭勇格、王春阳等参加。

15 日 全市旅游产业发展大会召开,省旅游局局长董宪民、市委书记梁凤民参加并讲话,市上领导雷孟斌、张建华、郝宗友、雷超武、郭勇格、王安稳、刘宝琴、徐月凤等参加。

15 日~20 日 第二届渭南旅游文化节举行。

16 日 陕西省国际工贸发展中心、台湾威奈联合科技股份公司、陕西紫兆环保产业开发公司共同出资组建的华威新能源产业发展(渭南)有限公司在渭南经济开发区正式签约。该新能源项目总投资 50 亿元,占地 26.67 公顷,计划一期工程 12 个月内建成投产。市上领导梁凤民、雷孟斌、郝宗友、王荣举、程勉贵、徐月凤和 3 家合作公司的董事长参加仪式。

18日　全国政协副主席阿布来提·阿不都热西提率全国政协调研组在渭南调研，省政协主席马中平，市上领导梁凤民、张建华、魏稳柱、王健等陪同。

19日　渭南运动员武柳希在2010射击世界杯北京站女子10米气步枪决赛中以总成绩502.7环获得冠军。

20日　南京—渭南经济发展恳谈会在江苏南京举行，市长徐新荣参加。

21日　中纪委五室副主任杨青录率调研组在渭南调研全市推行村民监督委员会制度情况，省纪委副书记、省监察厅厅长龚汉江，市上领导梁凤民、郝宗友等陪同。

22日　市委书记梁凤民、市长徐新荣在渭南会见中建二局董事长陈建光一行，就中心城市文化中心、博物馆项目等进行洽谈。

22日~24日　首届中国中老年艺术节在上海举办，韩城市老干局老年大学选送的秧歌舞蹈《摘花椒的山妹子》获舞蹈类金奖。

26日　全市人口和计划生育工作电视电话会召开，市委书记梁凤民参加并讲话，市长徐新荣主持会议，市上领导郝宗友、胡会维、刘宝琴、高洁等参加。

26日~28日　省人大常委会农工委主任张延寿赴渭南调研扶贫开发工作，市人大常委会副主任薛东江陪同。

27日　市政府召开第七次常务会议，研究《渭南市突发事件应急预案管理办法》、《渭南市重大行政决策程序规定》等事项，市长徐新荣主持会议。

27日~28日　省委常委、组织部部长李锦斌深入华县、华阴、大荔调研，市上领导梁凤民、徐新荣、王晓明、安庆学、王春阳、薛东江等先后陪同。

27日~29日　市政协主席张建华、副主席徐月凤率市政协科教文卫体委员会部分委员专题调研全市文化旅游产业发展情况。

29日　渭南市劳动模范和先进工作者表彰大会在市政府礼堂召开，40名市级劳动模范和15名市级先进工作者受到表彰，市委书记梁凤民参加并讲话，市长徐新荣主持大会，副市长刘新兴宣读表彰决定，市上领导雷孟斌、张建华、王晓明、乔晓陆、郝宗友、雷超武、郭勇格、郭伯权、贺韧等参加。

同日　全市信息化工作会议召开，市长徐新荣参加并讲话，市委副书记王晓明主持会议，常务副市长雷超武宣读表彰决定，市长助理高远洋作工作报告。

30日　市委召开常委会议，学习中共中央总书记胡锦涛在全党深入学习实践科学发展观活动总结大会上的重要讲话，市委书记梁凤民主持会议，市委副书记王晓明作辅导发言。

5月

1日~3日　市委书记梁凤民、市长徐新荣率部分县(市)和市直部门领导赴湖北招商引资。

5日　国务院残疾人工作委员会秘书长、中国残联党组副书记、常务副理事长王乃坤一行深入白水县，检查、验收评估《农村残疾人扶贫开发计划(2001—2010年)》执行情况，市上领导王晓明、刘宝琴陪同。

5日~6日　省政协副主席李晓东在渭南调研沿黄文化旅游项目，市上领导程勉贵、徐月凤等陪同。

6日　市委书记梁凤民、市长徐新荣专题听取临渭区、高新区及市直有关部门关于重点项目建设和西洽会项目落实情况汇报。

6日~7日　市人大常委会副主任胡

会维率领常委会部分组成人员赴临渭区、澄城县、蒲城县及高新区、经开区，检查《科学技术进步法》贯彻实施情况。

9日　渭南师范学院举行建校50周年庆祝活动，全国人大常委会副委员长兼秘书长李建国、全国政协副主席陈宗兴、中国人民解放军总装备部部长常万全、省委副书记王侠及国家教育部等单位和个人发了贺信或题词，国家教育部原副部长、中国高等教育学会会长周远清，省人大常委会副主任刘维隆，省政协副主席张生朝，省教育厅厅长杨希文，市上领导梁凤民、徐新荣、乔晓陆、雷超武等参加庆祝活动。

10日　市政府召开第八次常务会议，研究规模以上工业企业和小企业发展有关工作，市长徐新荣主持会议。

同日　全市防汛工作会议召开，市长徐新荣参加并讲话，市委副书记王晓明主持会议，常务副市长雷超武安排工作，市上领导乔晓陆、郝宗友、郭勇格等参加会议。

11日　省委常委、省纪委书记郭永平在渭南对重点建设项目进行督查，市上领导徐新荣、王晓明、郝宗友、刘新兴等陪同。

12日~13日　省人大常委会预算工委主任谭策吾一行在渭南检查指导人大预算审查监督工作，市人大常委会主任雷孟斌、副主任王荣举陪同。

14日　全市重点项目督查汇报会召开，市委书记梁凤民参加并讲话，市委副书记王晓明主持会议，市委常委、市政法委书记乔晓陆安排全市社会治安治理及校园安全工作，市委常委、常务副市长雷超武通报项目建设督查情况，市上领导郝宗友、王春阳、王安稳、刘新兴、王健参加会议。

同日　省政协常委、提案委主任王改民率调研组赴澄城县调研城镇化进程中房地产业发展问题，市政协副主席王民庆陪同。

17日　陕甘文艺界“走进关中—天水经济区”大型采风慰问团在华阴进行文艺采风和慰问演出，市委书记梁凤民参加活动并致辞，省委宣传部副部长、采风团团长刘斌发表讲话，市上领导郭勇格、潘洁等参加活动。

19日　市防汛指挥部巡堤查险专业指挥部组织渭南城区巡堤查险演练，100个包段单位的2000名干部职工参加演练。

19日~21日　省决策咨询委员会副主任李焕政一行在渭南调研农村经济工作，市上领导梁凤民、徐新荣、王晓明、郭伯权等陪同。

20日　市委、市政府举办东秦大讲堂报告会，中央财经大学国际文化交流学院院长、教授张铁钢应邀作报告，市委常委、组织部长安庆学主持报告会，市上领导雷孟斌、郝宗友、雷超武、郭勇格参加。

同日　市人大常委会组织拟提请市四届人大常委会第一次会议任命的市政府组成人员及市人大常委会、市人民检察院有关工作机构负责人进行任前法律知识考试，市人大常委会副主任王安稳做考前动员并主持考试。

21日　渭南职教园区及高新区重点项目协调会召开，市委书记梁凤民主持会议，市长徐新荣、常务副市长雷超武等参加会议。

23日　渭南市纪念白居易诞辰书画摄影展开幕式在绿岛阳光大酒店举行，共有382幅书法作品、133幅绘画作品、310幅摄影作品参展。国务院原副总理田纪云、国家文化部原副部长郑欣淼等题词或发贺信，陕西省原副省长王双锡，市上领导雷孟斌、刘新兴，市摄影协会主席史新民等参加开幕式。

24日　市四届人大常委会举行第一次会议，表决通过并任命33名市政府组成人员。市人大常委会主任雷孟斌主持会议,市长徐新荣作提请任命人员人选情况的说明。

25日　市政协四届一次常委会议召开,审议通过专门委员会设置及副秘书长、专门委员会主任副主任名单。市政协主席张建华参加并讲话,市政协副主席王健主持会议。

同日　省政府副省长吴登昌深入华县检查防汛工作,市上领导徐新荣、薛东江、刘新兴等陪同。

27日　市政府召开第九次常务会议,审议并原则通过《渭南市土地利用总体规划(2006—2020)》,市长徐新荣主持会议。

同日　中纪委委员、驻农业部纪检组组长朱保成一行深入澄城县考察村民监督委员会建立运行情况,市上领导梁凤民、郝宗友等陪同。

28日　新一届市政府召开第一次全体会议,审议并原则通过《渭南市人民政府工作规则》,研究了提高政府工作效能等工作,市长徐新荣主持会议并讲话,常务副市长雷超武就政府组成人员履行职责提出要求,副市长郭伯权、刘宝琴、程勉贵、刘新兴、魏稳柱、潘洁参加。

同日　《渭南市志》第二卷(经济)终审会举行,省地方志办公室主任刘培仓主持会议,市政府常务副市长雷超武参加并致辞。经专家评审,该卷通过终审。

6月

1日　全国政协人口资源环境委员会副主任李元一行在渭南调研。

4日　宁西铁路复线通过沈河水库水源地保护方案审查会在西安举行,市委常委、副市长郭伯权参加。

7日~9日　省委书记赵乐际深入临渭区、高新区、华县、大荔县、澄城县调研,市上领导梁凤民、雷超武、郭伯权等陪同。

10日　渭南市军地防汛联席会议召开,市委书记梁凤民参加并讲话,会议印发市长徐新荣的书面讲话,军分区司令员李绮作动员讲话,市委常委、军分区政委林化增主持会议,市委常委、副市长郭伯权通报防汛形势及备汛情况。

同日　渭南市"关中—天水经济区规划颁布实施一周年"新闻发布会在省政府新闻大厅举行,常务副市长雷超武发言并解答记者提问。

10日~11日　全省公安机关城乡城区警务工作现场会在澄城县召开,澄城县介绍了社区警务建设经验。市委常委、政法委书记乔晓陆参加会议。

10日~11日　市人大常委会副主任王荣举率领常委会部分组成人员赴澄城县、大荔县检查《节约能源法》贯彻实施情况。

11日　中国第一座航天测控装备博物馆在临渭区桥南镇建成并开馆。该馆占地10000余平方米,收藏有2832套设备和160余张图片。

13日　市委召开全市领导干部大会,传达学习省委书记赵乐际在渭调研时的讲话精神,市委书记梁凤民参加并讲话,市长徐新荣主持会议并传达讲话精神。

16日　副市长刘宝琴赴北京向国家旅游局汇报华山景区创5A景区工作。

18日　全市检察机关案件集中统一管理推进会在韩城召开,省检察院副检察长崔明生参加会议,市委常委、政法委书记乔晓陆参加并讲话。

22日　中国地市报第八届论文(论著)奖定评会在华阴开幕,市上领导雷超武、郭勇格参加。

23日　全市防御山洪灾害演练在潼

关进行，市委副书记王晓明，市委常委、副市长郭伯权，渭南军分区司令员李绮等参加演练。

25日 全市党组织“升级晋档、科学发展”活动、第六批市管拔尖人才、农业专家服务团表彰暨“创先争优”推进会召开，市委书记梁凤民参加并讲话，市委常委、常务副市长雷超武主持会议，市上领导雷孟斌、安庆学、郭勇格、郭伯权、王春阳等参加会议。

同日 陕西省高考分数线和考生成绩公布，全市参加高考报名考生66569人，较上年减少3089人。其中文科类考生16455人，理科类考生48057人，体育类考生662人，艺术类考生1395人。全市文、理科“一批本科”线以上初录5150人，“二批本科”线以上初录16144人，“三批本科”线以上初录36014人，“高职(专科)”线以上初录52028人。

25日～28日 省民政厅副厅长山振兴率省双拥模范城检查考评组检查考评全市双拥工作，市委书记梁凤民参加汇报会并讲话，市人大常委会主任雷孟斌参加会议，市委副书记王晓明汇报工作，市上领导王晓明、林化增、郭伯权、刘宝琴等陪同检查。

28日～29日 省政府副省长景俊海在渭南调研招商引资和承接产业转移工作，市委书记梁凤民、市长徐新荣陪同。

28日～30日 省人大常委会机关副巡视员程万钧率省年度目标责任考核组在渭南考核检查上半年目标任务完成情况，市上领导梁凤民、雷孟斌、王晓明、雷超武先后陪同，市长徐新荣主持汇报会。

29日 中央纪委、中央组织部在北京召开贯彻实施《关于领导干部报告个人有关事项的规定》和《关于对配偶子女均已移居国(境)外的国家工作人员加强管理的暂行规定》两项法规制度工作联系点会议，市委常委、市纪委书记郝宗友，市委常委、组织部长安庆学参加。

30日 全省中小学校舍安全工程现场推进会在蒲城召开，副省长朱静芝参加并讲话，市长徐新荣致辞，常务副市长雷超武作会议交流发言。

7月

1日 全国人大常委会副委员长、全国妇联主席陈至立率执法检查组在渭南检查《清洁生产促进法》执行情况，省人大常委会副主任李晓东陪同，市委书记梁凤民主持汇报会，市人大常委会主任雷孟斌参加，市长徐新荣汇报工作。

同日 市人力资源和社会保障局上调全市最低工资标准，其中二类地区(临渭区、韩城市、华阴市、大荔县、潼关县)由原来的每月560元上调至680元，涨幅为17.6%，三类地区(澄城县、富平县、白水县、蒲城县、合阳县、华县)由原来的每月520元上调至630元，涨幅为17.4%。

3日 在杭州举办的浙商投资年会上，渭南市获“2010浙商重点推荐投资城市”。

5日 市政府与国电集团西北分公司就开发建设渭南电力、煤炭及相关能源产业项目签订战略合作协议。市长徐新荣与国电西北分公司总经理武俊签约，市上领导雷超武、刘新兴参加仪式。

6日 市信访联合接待大厅揭牌办公，市上领导徐新荣、王晓明、雷超武、王春阳参加揭牌仪式。

6日～8日 市四届人大代表首期培训班在白水县举行，市人大常委会主任雷孟斌、副主任郗怀亮参加并讲话。

7日 市政府召开常务会议，研究促

进房地产市场健康发展、全市职教资源整合等工作,市长徐新荣主持会议。

9日 全市农村工作(金融支农)座谈汇报会在蒲城县召开,市委常委、副市长郭伯权参加。

12日 市政府对在全运会和世界杯射击总决赛中取得优异成绩的射击运动员武柳希予以通报表彰,并奖励人民币20万元。

13日 全市平安渭南建设现场会在蒲城召开,市委副书记王晓明参加并讲话,市委常委、政法委书记乔晓陆主持会议,市委常委、常务副市长雷超武安排工作,市上领导王春阳、张海贵参加会议。

15日~16日 市人大常委会副主任薛东江率调研组深入蒲城县、临渭区调研农村饮水安全工程建设情况。

17日 韩城市小南沟煤矿发生火灾事故,28名矿工遇难。市长徐新荣、副市长刘新兴赴现场指挥抢救工作。

19日 全市双拥工作总结表彰大会召开,市委副书记、市长徐新荣参加并讲话,市委副书记王晓明作工作报告,市委常委、军分区政委林化增讲话,市委常委、常务副市长雷超武主持会议,副市长刘宝琴宣读表彰决定,市上领导雷孟斌、乔晓陆、郝宗友、安庆学、郭勇格、王春阳和军分区司令员李绮等参加会议。

同日 三秦大讲堂举办专题报告会,省政协副主席、中科院院士周卫健应邀作《全球变化与低碳经济》报告,市委副书记王晓明主持报告会,市上领导雷孟斌、郝宗友、安庆学、郭勇格、王春阳等参加。

20日~23日 市上领导雷孟斌、徐新荣、王晓明、乔晓陆、郝宗友、安庆学、雷超武、郭勇格、郭伯权、王春阳等分组慰问驻渭部队官兵。

23日 省委副书记王侠深入临渭区检查防汛工作,市上领导徐新荣、王晓明、郭伯权陪同。

同日 秦岭山区突降暴雨,华阴市罗敷河西堤、干沟北1.5公里处发生决口,决口宽度60米。经过40多个小时奋战,于26日16时48分决口全部封堵。

26日~30日 市委三届十次全会召开。会议分两段进行,前4天观摩,然后召开大会,市委副书记、市长徐新荣讲话,市委副书记王晓明主持会议。

28日 市委召开常委(扩大)会议,研究部署煤矿整顿和煤炭资源整合工作,市委副书记、市长徐新荣主持会议。

29日 在广州举办的"2010中国上市公司与城市发展论坛暨中国最佳投资城市发布会及投资对接交流会"上,渭南市获"2010中国粤商最佳投资城市"。

30日 陕西省纪念"八一"建军节暨双拥模范城命名表彰大会在西安举行,渭南市获省级双拥模范城称号。同时,韩城、澄城、合阳、潼关、华县、大荔6县(市)也被命名为双拥模范城(县)。

8月

2日 国务院副总理回良玉一行深入华阴罗敷河抗洪抢险一线慰问抗洪救灾军民和受灾群众,水利部部长陈雷,省委书记赵乐际,代省长赵正永,省委副书记王侠,市上领导徐新荣、刘新兴等陪同。

同日 农工党渭南市委会举行纪念中国农工民主党建党80周年大会,市委副书记王晓明参加并讲话,市上领导胡会维、张海贵、贺韧、徐月凤、张志强、杨文斌等参加。

5日 以《我们的家园》为主题的渭南"七二三"特大暴雨洪涝灾害赈灾晚会在人民剧院举行,当晚共募捐善款1138万元。市上领导王晓明、林化增、郭勇格、郭伯权、王春阳、李绮等参加晚会。

6日 黄河水利委员会主任李国英深入潼关、华阴检查防汛工作，市上领导徐新荣、郭伯权等陪同。

9日 全市节能减排预警调控工作电视电话会召开，市长徐新荣参加并讲话，常务副市长雷超武主持会议，副市长刘新兴通报情况。

9日~19日 市纪委、市委组织部、市妇联在省委党校举办渭南市第四期领导干部配偶党风廉政建设教育培训班，74名县处级领导干部配偶参加培训。

10日~11日 市人大常委会副主任郗怀亮率调研组深入富平县、临渭区视察创建省级环保模范城市情况。

12日 华山风景名胜区《旅游发展战略规划》、《旅游发展总体规划(修编)》研讨会在渭南举行，市上领导郭勇格、张海贵、刘宝琴、徐月凤等参加。

12日~13日 市长徐新荣深入大荔、合阳、澄城、华阴四县(市)检查指导滑坡泥石流地质灾害防范工作。

16日 全市招商引资暨重点项目工作推进会召开，市长徐新荣参加并讲话，市委副书记王晓明主持会议，市上领导雷孟斌、张建华、雷超武、程勉贵、杨文斌等参加。

16日~19日 驻渭省十一届人大代表分两个专题调研组集中视察。

17日 省政府副省长吴登昌在渭南调研工业生产情况，市上领导徐新荣、刘新兴陪同。

18日~19日 市政协主席张建华、副主席张志强率部分委员深入华县、华阴市调研。

19日 全省信访联合接待大厅建设现场会与会人员在渭南观摩，市上领导徐新荣、王晓明、乔晓陆、王春阳、薛东江等陪同。

同日 陕西省第十三届广协联席会暨省广协理事会在富平县陶艺村召开，副市长程勉贵参加。

20日 渭南市创建省级园林城市迎检工作动员会召开，市委副书记王晓明主持会议，市上领导魏稳柱、王民庆参加。

24日 全市乡镇机构改革工作电视电话会召开，市长徐新荣参加并讲话，市委常委、市纪委书记郝宗友主持会议，常务副市长雷超武宣读实施意见。

25日 市人大常委会主任雷孟斌、副主任郗怀亮调研市国土资源局推行土地精细化、规范化管理工作。

26日 全市社会治安综合治理工作会议召开，市委常委、政法委书记乔晓陆讲话，副市长刘新兴主持会议，市上领导张海贵、贺韧参加。

27日 市政府举行新闻发布会，宣布从落户条件、就业扶持、行政服务、生活保障、权益保障5个方面推出系列优惠政策，鼓励农村居民进城就业落户。

同日 市政协主席张建华，副主席王健、贺韧、王民庆及部分省、市政协委员视察中心城市建设，副市长魏稳柱陪同。

28日 省高院院长安东在华县调研，市长徐新荣陪同。

31日 市人大常委会主任雷孟斌，副主任王安稳、郗怀亮、胡会维、张海贵、王荣举及部分人大代表视察中心城市建设，副市长魏稳柱陪同。

同日 渭南市非物质文化遗产博物馆开馆仪式暨渭南市文化体制改革授牌大会在中心广场举行，常务副市长雷超武参加并讲话。

9月

2日~3日 渭南市科学技术协会第二次代表大会召开，省科协党组书记、常务副主席牟怀岐，市上领导徐新荣、张建华、王晓明、乔晓陆、郝宗友、安庆学、郭勇格、王安稳、程勉贵等参加开幕式。

3日　省军区司令员程兵在渭南调研预备役应急抢险队伍建设工作，市上领导徐新荣、雷超武陪同。

同日　全市村务公开和民主管理“难点村”治理工作推进会召开，市委常委、市纪委书记郝宗友参加并讲话。

4日　大秦岭生态论坛在华山举行，全国政协常委、中国道教协会会长任法融，省人大常委会副主任巩德顺，省政协副主席张伟等参加。

6日　上海世博会陕西活动周在世博园宝钢大舞台开馆，“新一轮西部大开发与陕西机遇”推介会同时举行，渭南市共签约2个项目，投资总额34.8亿元，市长徐新荣、副市长程勉贵参加活动。

7日　关中五市区“少华山杯”人文陕西·魅力秦川书画展在渭南朝阳公园开展，省政协原主席安启元，省纪委原书记李焕政，渭南市委原书记张济伦，市上领导郭勇格、郗怀亮、张志强等参加开幕式。

8日　《东秦大讲堂》举办专题报告会，邀请国家行政学院教授、中国公共关系协会常务副会长李兴国就领导干部公务活动中应该注意的礼仪作专题讲座，市上领导雷孟斌、王晓明、郝宗友等参加，常务副市长雷超武主持报告会。

同日　全市农村党组织“升级晋档、创先争优”活动推进会在大荔召开，市委副书记王晓明参加并讲话，市委常委、组织部长安庆学主持会议，市委常委、宣传部长郭勇格参加。

同日　陕西省第十四届运动会在西安闭幕，渭南市代表队以金牌93枚、银牌24枚、铜牌43枚、总分7122分的成绩名列全省第5名。

12日　2010年中国·白水蒲城国际苹果酥梨文化节开幕，省委副书记王侠发了贺信，副省长景俊海，省政协副主席周一波、刘新文，市上领导雷孟斌、王晓明、林化增、雷超武等参加。

13日　市委召开市直部门南塬包村帮扶工作推进会，市委副书记王晓明参加观摩活动，市委常委、组织部长安庆学参加会议并讲话。

14日　副省长郑小明深入富平县调研农村计划生育家庭创业工程实施情况，市长徐新荣、副市长刘宝琴陪同。

15日～16日　省委常委、政法委书记宋洪武深入大荔县、潼关县检查工作，市上领导徐新荣、王晓明、乔晓陆等陪同。

16日　国家文化部民族民间文艺发展中心、中国民族打击乐学会、陕西省文化厅、韩城市政府联合主办的全国首届“司马迁杯”锣鼓大赛在韩城市开幕，来自两岸三地的36支锣鼓队参加比赛，副省长郑小明、省文化厅厅长余华青和市上领导雷孟斌、王晓明、程勉贵等参加开幕式。

同日　渭南市2010年度政风行风测评宣传活动在市中心广场举行，省纪委副书记纪相忠，市上领导郝宗友、雷超武等参加。

17日　全市天气炎热，除富平县、合阳县外，其他县（市、区）气温均突破同期历史最高纪录，其中气温最高的华阴市最高气温36.7℃。

17日～18日　国家煤矿安监局副局长黄玉治率国务院安委会调研督导组在渭南检查工作，市长徐新荣参加汇报会，副市长刘新兴陪同。

20日　渭南市人力资源市场对外服务暨2010年高校毕业生就业创业洽谈会举行，省委组织部副部长、省人力资源和社会保障厅厅长高向前，市上领导徐新荣、王晓明、安庆学、李绮、刘新兴等参加。

同日 全省大型灌区续建配套节水改造项目建设动员会在东雷抽黄灌区召开，省水利厅厅长王锋参加并讲话，市委常委、副市长郭伯权致辞。

20日~21日 市人大常委会副主任张海贵率领常委会部分组成人员赴澄城县、华县检查《老年人权益保障法》贯彻实施情况。

24日 中国华山·白水杜康杯2010中国武术散打超级联赛(CKA)在渭南体育馆拉开战幕。首场比赛山东队以3：2战胜河南队。

25日~29日 省委惩防体系建设暨党风廉政建设督查组在渭南检查工作。其间，市上领导徐新荣、郝宗友、安庆学等参加情况反馈会。

26日 第六届东北亚机械产业城市联合市长会议在渭南召开，渭南市市长徐新荣，韩国安山市副市长崔胜大、昌原市副市长金润珠，俄罗斯阿穆尔共青城市市长弗拉基米尔·彼得洛维奇·米哈廖夫，马鞍山市副市长王晓焱，日本大垣市市长小川敏，铜陵市副市长陈明勇，威海市市长助理王保华先后发表主题演讲，渭南市副市长程勉贵主持会议。

同日 陕西中央级救灾物资储备库在渭南经济技术开发区开工建设。该项目占地8公顷，建筑面积15000平方米，总投资7400万元。民政部救灾司备灾处处长李成，省民政厅厅长曹莉莉，市上领导安庆学、雷超武、王荣举、刘新兴、贺韧等参加开工仪式。

26日~27日 全国人大常委会环资委主任汪光焘一行在渭南就自然遗产保护法立法情况进行调研，市人大常委会主任雷孟斌、副主任郗怀亮陪同。

27日 全市总投资90亿元的37个重点项目集中开工仪式在富平县举行，市上领导郝宗友、雷超武、王安稳、贺韧参加。

28日 《东秦大讲堂》专题讲座举行，省委第一巡视组组长、省人大常委会原副主任陈再生应邀作“坚持科学发展，建设生态文明”的专题报告，市委常委、组织部长安庆学主持，市上领导雷孟斌、郭伯权、杨文斌等参加。

29日 渭南市纪念《中共中央关于控制我国人口增长致全体共产党员共青团员的公开信》发表30周年暨计划生育工作“双先”表彰会召开，市委副书记、市长徐新荣参加并讲话，市上领导郝宗友、雷超武、胡会维、刘宝琴、高洁、贺韧等参加。

30日 史丰收生平展馆开馆暨青少年教育基地揭牌仪式在大荔县两宜镇两一村举行，全国政协常委、民革中央副主席何丕洁，省政府原副省长潘连生，省人大常委会原副主任李天文，省政协副主席刘新文、李晓东，市上领导雷超武、郭勇格、王荣举等参加。

10月

1日 渭南市区信达体育广场启用仪式举行。该广场总投资8000余万元，占地面积22678平方米。市长徐新荣、常务副市长雷超武等领导参加仪式。

8日 市委副书记王晓明深入市公安机关慰问公安干警，并调研公安机关建设情况。

11日~12日 市人大常委会副主任胡会维率领常委会部分组成人员赴华阴市、合阳县调研旅游业发展情况。

12日 全市老年文艺大赛在市儿童剧院举行，副市长刘宝琴参加并讲话。

12日~13日 渭南市总工会第二次代表大会召开，会议选举王荣举为市总工会主席。省总工会常务副主席顾东武参加开幕式并讲话，市上领导雷孟斌、徐新荣、张建华、王晓明、乔晓陆、郝宗友、安庆学、雷超武、郭勇格、王春阳、刘新兴等参加开幕式。

14 日　《渭南日报》报道，国务院以国函(2010)109 号文件批复，渭南高新区晋升为国家级高新区。

15 日 ~17 日　陕西渭南 · 2010 卤阳湖国际通用航空节举行，陕西省代省长赵正永发来贺信，故宫博物院院长郑欣淼、副省长景俊海、省政协副主席李冬玉，市上领导梁凤民、雷孟斌、张建华、王晓明等参加开幕式，省商务厅厅长李雪梅主持开幕式，市长徐新荣致欢迎辞。

18 日　渭南市巡视工作动员大会召开，省委第二巡视组组长姚毅作动员讲话，市委书记梁凤民主持会议并作表态发言，巡视组副组长张小健作问卷调查说明，市上领导雷孟斌、徐新荣、张建华、王晓明、乔晓陆、郝宗友、安庆学、林化增、雷超武、郭勇格、郭伯权、王春阳等参加会议。

20 日　全市天然气价格与全省同步调整，其中居民用气由 1.75 元/立方米调整到 1.98 元/立方米，非居民用气由 1.75 元/立方米调整到 2.30 元/立方米。

20 日 ~21 日　市人大常委会副主任张海贵率领常委会部分组成人员赴临渭区、华县、大荔县看守所和华山监狱视察工作。

21 日　中共渭南市委召开常委扩大会议，传达学习中共十七届五中全会和省委常委扩大会议精神，市委书记梁凤民主持并讲话，省委巡视组组长姚毅、副组长张小健参加会议。

同日　国家工信部、财政部、中国商飞公司、中航工业集团大型飞机重大基础设施专项联合调研组赴卤阳湖开发区调研，市长助理高远洋陪同。

22 日　西博会首届中国西部最具投资潜力 100 个县(市、区)评选揭晓，陕西省共 12 个县(市、区)入选，渭南市的韩城、华县分别位列 33 位和 83 位。

25 日　省人大常委会研究室副主任陆宝延一行在渭南调研加强和改进人大工作，市人大常委会副主任王安稳陪同。

26 日　渭南客运中心站开业运营。该站按交通部一级客运站标准设计，占地面积 6.24 公顷，总投资 7000 余万元，建设工期两年，每天可发送客运车辆 500 班次，接送旅客 1.2 万人次。省交通运输厅党组书记曹森，市上领导徐新荣、郭伯权等参加开业庆典。

26 日 ~27 日　省人大常委会原代主任崔林涛，原副主任陶钟、陈学俊、高凌云、任国义、唐绩初、刘揆楚、陈跃等在渭南视察工业经济、城市建设、旅游发展、民生工程等情况，市上领导雷孟斌、徐新荣、安庆学等陪同。

26 日 ~28 日　市委常委王春阳深入信访接待大厅对全市 8 起疑难信访案件当事人进行约访。

28 日　市政府召开第十七次常务会议，决定全市开展低碳城市创建活动，市长徐新荣主持会议。

同日　渭南市药品“三统一”实施启动仪式在中心广场举行，常务副市长雷超武参加。

29 日　全市推进农村居民进城落户和就业工作现场会在白水县召开，省人力资源和社会保障厅副厅长沙德宪，市长徐新荣先后讲话，副市长刘新兴主持会议。

31 日　2010 年“新洲杯”中美国际男篮对抗赛在渭南体育馆进行，中国男篮以 77:78 负于美国明星队。

11 月

1 日 第六次全国人口普查工作在全市开始进行。

2 日～4 日 市长徐新荣、市委副书记王晓明率渭南市代表团赴河南省 4 市 1 县学习考察。

3 日～4 日 省督查组在渭南检查指导人口普查入户登记工作，常务副市长雷超武、副市长刘宝琴陪同。

5 日 中央纪委驻广电总局纪检组长王莉莉率中央扩大内需暨工程专项治理检查组在渭南检查工作，市委常委、纪委书记郝宗友主持汇报会，市委常委、常务副市长雷超武汇报工作，市人大常委会副主任薛东江参加汇报会。

同日 副省长吴登昌深入韩城市检查安全生产工作，省安监局局长姚炬、副市长刘新兴等陪同。

8 日 市体育中心举行开工典礼。该项目规划面积 33.33 公顷，总投资 7.12 亿元，计划工期 3 年。省体育局副局长吴长龄，市上领导雷超武、王安稳、王荣举、王健等参加仪式。

9 日 渭（南）蒲（城）高速通车仪式举行。该项目建设里程 53 公里，全线采用双向四车道高速公路设计标准，设计行车速度 120 公里/小时。省委常委、副省长洪峰发布通车令，省交通运输厅党组书记曹森、厅长冯西宁，市上领导梁凤民、徐新荣、郭伯权、王荣举、杨文斌等参加仪式。

9 日～10 日 全省“雨露计划”培训工作经验交流暨现场观摩会在渭南召开，省扶贫办主任郭汉文参加并讲话，市长徐新荣致辞，市上领导郭伯权、薛东江、王健等参加。

11 日 华县少华山广场郑桓公祭奠大殿开工仪式举行，市长徐新荣、市委副书记王晓明等参加。

12 日 陕西铁路工程职业技术学院新校区开工奠基，市上领导王晓明、雷超武、胡会维等参加奠基仪式。

15 日 市委、市政府举办《东秦大讲堂》专题讲座，美国加利福尼亚大学教授、博导，美国“总统奖”获得者祝效国应邀作“信息时代的政府和企业管理”专题讲座，市长徐新荣主持讲座，市上领导乔晓陆、安庆学、雷超武、郭勇格、郭伯权、王春阳等参加。

同日 省卤阳湖劳教所迁建项目开工仪式在渭南举行，市长徐新荣参加。

16 日 市政协召开四届三次常委会议，专题协商和研究全市“十二五”规划编制工作，市政协主席张建华讲话，市政协副主席王健主持会议，市政协副主席高洁、贺韧、王民庆、徐月凤、张志强等参加会议。

16 日～18 日 市人大常委会副主任薛东江带队对全市《土地管理法》实施情况进行检查。

17 日 渭南市射击运动员武柳希在广州第十六届亚运会上先后获 10 米气步枪团体金牌和个人银牌、50 米步枪三姿团体金牌和个人铜牌，市委市政府发贺信表示祝贺。

18 日 渭南市浙江商会成立，省工商联副主席李挺毅，市上领导王晓明、雷超武、王荣举、贺韧等参加成立大会。

同日 全市第五批县级党政主要领导向市纪委全会述廉大会召开，市委常委、纪委书记郝宗友主持并讲话，市工信局、公安局、农业局、商务局、安监局、计生局、林业局的主要领导在会上述廉。

19 日 全市军地联席会在蒲城县召开。

22 日 在美国哈佛大学肯尼迪政府

学院组织举办的农业与食品论坛上,白水县农民曹谢虎作了《科学务果改变了我的生活》的发言。该论坛参加者为有关国家主管农业和食品安全的政府官员、专家学者、企业界代表和农民代表,曹谢虎随西北农林科技大学代表团参加活动。

23日 渭南国家高新区建设推进大会暨授牌仪式举行,科技部党组书记、副部长李学勇,省委副书记、代省长赵正永参加并讲话,副省长朱静芝主持大会,市上领导梁凤民、雷孟斌、张建华、王晓明等参加,市委副书记、市长徐新荣代表市委、市政府讲话。

23日~24日 省委副书记、代省长赵正永深入高新区、富平县调研,市上领导梁凤民、徐新荣、王晓明等陪同。

23日~24日 全省开展两项工程提高出生人口素质工作现场会在渭南举行,省政府副秘书长孟建国讲话,省人口计生委主任冯月菊部署工作,市委书记梁凤民致辞,市上领导王晓明、郝宗友、刘宝琴参加会议。

25日 全市2010年度优化投资环境评议测评大会召开,119名省、市人大代表对11个市直部门的工作进行测评,市委书记梁凤民、市人大常委会主任雷孟斌、市长徐新荣参加并讲话,市人大常委会副主任王安稳、郗怀亮、胡会维、张海贵、王荣举、薛东江等参加会议。

29日 省人大常委会副主任刘维隆率调研组在渭南调研环保产业发展情况,市上领导雷孟斌、徐新荣等陪同。

29日~30日 南非自由州省夏里普市市长芒吉瓦南比率政府代表团访问渭南,市长徐新荣会见代表团一行,双方签订了友好合作备忘录,副市长程勉贵主持签字仪式。

30日 市委中心组集体学习中省"十二五"规划有关文件和领导讲话精神,对制定全市"十二五"规划提出要求,市委书记梁凤民主持会议并讲话,市委副书记、市长徐新荣作重点发言。

同日 连(云港)霍(尔果斯)线陕西境潼关至临潼高速公路改扩建(四车道改八车道)建成通车。该工程2009年3月全面开工,总投资67.42亿元。

12月

1日~4日 市长徐新荣率渭南代表团随陕西省代表团参加陕苏经济合作活动。

3日 渭南市志愿者协会第一次会员代表大会召开。大会选举市人大常委会原副主任薛景民为协会会长,市委常委、宣传部长郭勇格参加并讲话。

同日 市政府举行督学聘任大会,聘任张洪涛等122人为第二届市政府督学。市委常委、常务副市长雷超武向聘任的专、兼职督学和特邀督学颁发聘书及证书。

6日 渭南首家专家工作站——陕西北人专家工作站在陕西北人印机公司挂牌成立,市委副书记、市长徐新荣,市委副书记王晓明为专家工作站揭牌,市委常委、组织部长安庆学,副市长刘新兴及43名专家参加仪式。

7日~8日 市委常委王春阳深入市信访接待大厅公开约谈信访当事人,协调解决信访积案。

9日 市政府召开常务会议,研究中心城市2011年城建项目投资计划等工作,市长徐新荣主持会议。

11日~12日 省级园林城市考核验收专家组对渭南市创建园林城市工作进行考核评估,经严格考评,渭南市通过省级园林城市技术评估验收。

13 日～15 日 渭南市“十二五”发展规划研讨会在富平召开。市委书记梁凤民主持开幕大会，市委副书记、市长徐新荣讲话，市委常委、常务副市长雷超武作“十二五”规划编制说明，省委巡视组组长姚毅、副组长张小健，市上领导雷孟斌、张建华、王晓明、乔晓陆、郝宗友、安庆学、林化增、郭勇格、郭伯权、王春阳等参加会议。

14 日 陕西富平东亚村镇银行有限责任公司开业典礼在富平举行，省金融办主任杨永、银监会陕西监管局副局长吴一民、人行西安分行副行长胡文莲、市委书记梁凤民、市长徐新荣、副市长潘洁等参加典礼。

16 日 中国侨联党组书记、主席林军在渭南慰问生活困难的归侨，市上领导王晓明、郭勇格等陪同。

16 日～18 日 市人大常委会组织在渭的省人大代表集中视察。

20 日 市委举办十七届五中全会精神报告会，省政府政策研究室副主任杨三省应邀作报告，市委常委、宣传部长郭勇格主持报告会。

同日 2011 年西安世园会吉祥物渭南落地仪式在中心广场举行，市委常委、副市长郭伯权参加并致辞。

20 日～23 日 市委常委、市政法委书记乔晓陆等就交通、消防、民爆物品安全生产管理工作进行冬季检查。

21 日 市四届人大常委会举行第五次会议，决定任命王守安为渭南市副市长。

22 日 九三学社渭南市委会成立 10 周年庆祝大会在渭南举行，市委常委、常务副市长雷超武参加并讲话。。

23 日 渭南市 2010 年政风行风测评暨命名“人民群众满意基层单位市级优秀单位”表彰大会召开，常务副市长雷超武参加。

同日 全市纪检监察案件审理工作会议在渭南召开。

24 日 全市土地卫片执法检查整改工作会在市政府礼堂召开，市长徐新荣参加并讲话，副市长魏稳柱参加会议。。

26 日 国家旅游局批准华山景区为国家 5A 级旅游景区。

27 日 市政府召开第二十次常务会议，研究做好城乡困难群众基本生活保障，实施高龄老人补贴制度等工作，并原则通过《渭南市城镇居民社会养老保险试行办法》。

27 日～29 日 省委、省政府考核组深入大荔县、富平县就人口和计划生育目标责任制实施情况进行检查，市委常委、市纪委书记郝宗友，副市长刘宝琴陪同。

29 日 市委召开常委（扩大）会议，传达学习省委十一届七次全会精神，市委书记梁凤民主持会议，市委副书记、市长徐新荣传达会议精神，省委巡视组组长姚毅、副组长张小健列席会议。

30 日 市政府召开会议，研究部署渭河综合治理工作，市长徐新荣主持会议。

31 日 全市机构改革中共撤并乡镇 55 个，乡镇总数由 183 个减少到 128 个。

中国共产党渭南市委员会

市委领导成员

市委书记 梁凤民

副 书 记 徐新荣 王晓明

市委常委 乔晓陆 郝宗友 安庆学 林化增 雷孟斌(4 月离任) 雷超武 郭勇格 郭伯权(3 月到任) 王春阳(3 月到任)

秘 书 长 雷孟斌(4 月离任)吴蟒成(12 月到任)

副秘书长 王改明 张忠义 蒋秀侠(女,5 月离任) 郭忠杰(5 月到任) 郭俊民 韦宪鹏 杨林(8 月离任) 邓宽社 王建军(10 月到任)

市委工作概述

【经济建设】 坚持把投资作为拉动经济增长的主要力量。聘请北大纵横精心编制能源化工、冶金建材、装备制造等十大产业发展规划。财政列支 2000 万元,策划包装符合国家产业政策和发展趋势的项目 470 个,概算投资 3300 亿元。修订完善优惠政策和奖励办法,赋予驻外办事处招商引资职能。组织各种形式的招商恳谈会,优化投资环境。园区建设按照“一县一园、一园一业”的思路,以新能源、新材料、通用航空、现代装备制造等新兴产业为发展重点,实行产业链招商,园区发展呈现特色化、集群化、链条化。规模以上工业总产值 938.24 亿元,同比增长 34.8%。高新区成功晋升国家级高新技术开发区,经开区被批准为省级开发区,13 个工业园区新增入园企业 200 户,工业总产值 560 亿元,同比增长 41%。坚持把文化旅游产业作为优化市域产业结构的龙头。完成全市文化旅游产业发展规划编制,着力打造“华夏之根、文化之源、河山圣地、人文渭南”品牌形象。华山景区成功晋升国家 5A 级景区,富平陶艺村被命名为第四批国家级文化产业示范基地,着力推介少华山森林公园、合阳洽川湿地等新的旅游热点景区,全面提升了秦东山水文化旅游知名度。

【城镇化建设】 坚持规划引导、基础先行、服务配套、产业支撑,着力做大中心城市，做强县城，发展重点镇，努力推进城镇化与工业化良性互动。聘请清华大学修编中心城市总体规划，确立渭南中心城市“国际山水文化旅游城市、关中东部新兴工业城市、秦晋豫金三角商贸物流中心城市和关中最适宜人居城市”功能定位，形成“一河两岸、四大组团”发展格局。加快城市基础设施建设，中心城市实施建设项目118个，完成投资58.4亿元。“城市点亮”工程积极实施，城市亮化率达到98%。秦岭北麓绿化和“大树进城”工程深入推进，新增绿地353.33公顷，通过省级园林城市验收。加快城市公共服务配套设施建设，市体育中心等项目开工建设，信达城市运动广场、沈河公园及朝阳公园建成投用。以门槛更低的落户政策鼓励农民进城落户，11万农村居民成为“城里人”，全市城镇化水平提高到40%。

【新农村建设】　坚持以新农村建设为统揽，以农民增收为根本，积极调整农业结构，推进农业产业化经营。以“一村一品”为载体，积极实施增收“六大工程”，着力发展有机水果、设施蔬菜、畜牧等特色产业。全年粮食总产264.19万吨，同比增长7.8%。水果、蔬菜种植面积分别达14.76万公顷、6.57万公顷，总产量分别达到254.25万吨、191.82万吨。新建规模养殖场、养殖小区350个，畜牧业总产值45.78亿元。按照“龙头带基地连农户”模式，大力扶持龙头企业，全市规模以上涉农企业发展到500家，其中省级以上龙头企业51家。新建改建农村公路790多公里，基本实现乡乡村村通班车。建成农村饮水项目327处，解决了46.8万人的饮水问题。新增节水灌溉面积1.32万公顷，治理水土流失面积331平方公里，改造基本农田2133.33公顷。

【和谐社会建设】　十大民生工程扎实推进，累计完成投资48.2亿元。“新农合”参保人数394.8万人，参合率95.6%。渭南职教园区快速发展，9所学校入园建设。城乡义务教育“两免一补”实现全覆盖，“蛋奶工程”惠及694所学校29万学生。农村“母亲健康工程”全面启动，完成农村育龄妇女体检88.4万人次。投资1000万元为残疾人办好十件实事，1万余名残疾人直接受益。移民开发和扶贫工作扎实推进，10万群众实现脱贫。为中心城市2000户居民发放经济适用房直补资金6000万元。全市建设廉租房43.8万平方米，解决了8680户低收入家庭的住房问题。就业服务体系初步建立，新增城镇就业7.34万人，下岗再就业2.73万人，城镇登记失业率控制在3.3%。全市养老保险参保人数31.2万人。积极发展各项社会事业。全面贯彻落实城乡义务教育政策。加快推进医药卫生体制改革，社区卫生服务中心实现全覆盖，农村三级卫生网络和城市社区卫生服务体系不断完善。创建国家双拥模范城“四连冠”通过省级验收。

【安全稳定工作】　坚持把安全稳定作为第一责任，修订完善安全生产和信访稳定两个责任追究《办法》，坚持每月召开讲评会。切实加强对煤矿、非煤矿山、道路交通、烟花爆竹、危险化学品等重点行业的监管，全市各类生产安全事故同比下降13.23%。实行市县领导公开接访、包案下访，建成市信访接待大厅和7个县级接待大厅，形成信访接待、工作点评、问题解决、督查督办在大厅的联合接访新机制。深入推进平安创建，建立社会稳定风险评估、领导干部维稳政绩档案、维稳工作述职等制度。完善社会治安防控体系，重点地区实现视频监控和卡点全面覆盖。扎实部署打黑除恶、打击“两抢一盗”和非法传销、校园周边环境治理等专项行动。全市社会治安满意率89.39%,平安建设知晓率74.4%。7月中下旬,全市先后遭遇多次大范围强降雨,全力开展抗洪抢险工作,紧急转移安置受灾群众6.85万人,成功封堵罗敷河决口,积极抢修陇海铁路和水毁道路,最大限度地减少了灾害损失。

【党的建设】 坚持党要管党、从严治党,大力推进党的执政能力建设和先进性建设,以创新精神全面提高党建科学化水平。一、开展创先争优活动。出台《在全市党的基层组织和党员中深入开展创先争优活动的实施意见》,确立"坚持求真务实、推进科学发展、实现争先进位、建设和谐渭南"的活动主题,引导各级党组织和党员结合实际创先进,立足本职争一流。二、加强干部队伍建设。圆满完成了市人大、政府和政协换届工作。出台了《贯彻中、省干部人事制度改革规划纲要的实施意见》,开展干部选拔任用工作"一报告两评议"活动。在中央财经大学建立人才培训基地。三、推进基层组织建设。深入推行乡镇干部驻村和乡镇党员领导兼任三、四类村党组织第一书记工作,评选表彰了十佳乡镇、百强村和千名农村党员致富带头人标兵。在全市78.9%的建制村推行"四议两公开"工作法,建设村级组织活动场所1437个,公开选聘390名高校毕业生和17名选调生到基层任职。社区党组织"三有一化"建设不断加强,"两新"组织党建工作提速晋档。四、强化反腐倡廉建设。全面推进反腐体系建设,党政"一把手"向纪委述廉、责任制报告和领导干部任前廉政法规考试制度形成常态化。扎实开展"小金库"清理、工程建设领域突出问题治理、强农惠农资金专项清理等监督检查工作。探索建立的村民监督委员会制度在全国人大《村民组织法》修改中被采纳,并实现基本全覆盖,反腐倡廉工作取得新成效。

(王思敏)

市委办公室

主　任　郭忠杰

副主任　郭俊民(兼)　邓宽社(兼)

王建军　邱学军

【综合调研工作】 文字工作注重从全局角度思考,从领导角度谋划,从指导实践角度建议,努力做到言简意明、文风清新、思路清晰。高质量完成了省委书记赵乐际来渭南市调研工作汇报,市委主要领导在市委三届九次、十次全会,全市招商引资,项目建设,旅游产业发展大会等会议讲话稿起草。全年共起草各类材料350余篇,150万余字,编发《渭办通报》28期。

紧紧抓住牵动全局的关键点、市委领导的关注点、社会矛盾的突出点、群众意见的集中点,深入开展调查研究。围绕"深入贯彻落实科学发展观加快经济发展方式转变"和"全市学一号文件促农民增收"两个主题调研活动,形成了《渭南市转变经济发展方式的调查与思考》等70余篇有深度分析、有科学对策的调研文章,为市委科学决策提供依据。其中《关于推动渭南科学发展上水平的调研与对策》获全省党政领导干部优秀调研成果二等奖。全年编发《渭南工作交流》13期,约10万字。

【督查信息工作】　围绕市级重点项目建设开展追踪督查,围绕市委、市政府重大工作部署进行强化督查,围绕市委领导交办事项开展突击督查,围绕中、省、市领导指示进行跟踪督查。全年开展专项调查、督查50余次,办理领导批示件484件,办结率90%以上。编送《督查情况送阅》17期,上报《渭南督查专报》24期,得到市委、市政府主要领导表扬、肯定的成果4件(次)。

修订完善了日常信息报送、紧急信息报送、信息约稿等制度,及时、准确、全面地反映经济社会发展、重大工作动态和网络舆情。全年培训各类信息人员400余人次,上报中省信息600期、编发《渭南信息》110期、《今日要情》69期、《媒体反映》247期、《媒体送阅》26期、《民声》信息14期91件、《农情快递》22期。

【机要保密工作】　开展了形式多样的保密宣传教育活动,培训各级兼职保密干部五百余人次。与重点岗位、重要目标负责人签订责任书,层层落实了保密责任。以涉密文件、网络、计算机、存储介质等为重点,做好日常管理和检查,编发《渭南保密工作》12期。举办了全市"纪念党的密码工作创建80周年"演讲比赛,并选拔优秀选手赴省参赛,取得了优异成绩。全力做好译传办送、密码管理、通信保障、网络安全及机关信息化等日常工作,建成了县乡商用密码通信网络,成功实施了机关办公室自动化内外网升级改造。全年收发办理各类文电2.38万份无差错,做到了安全、准确、及时。

【文书、值班、信访】　印发了《关于进一步精减会议文件改进会风文风的规定》,规范了文件办理程序和会议的规模、数量,与上年同期相比,发文数下降了15.1%,合并减少会议8次。加强了对各县(市、区)办文办会工作的指导,协助查阅档案378卷(件),收发处理各类文件刊物1662件(次)12万余份,编辑《市委大事记》11期。圆满完成了省委书记赵乐际来渭南市调研汇报会,市委三届九次、十次全会,全市党委系统办公室工作会,巡视工作动员大会和全市"十二五"发展规划研讨会等大中型会议27次。特别是一年两次的项目观摩活动,办公室提前准备、周密筹划、协调各方、全力保障,得到市委领导和与会人员的充分肯定。

发挥市委办公室居中协调优势,健全了市级四大班子秘书长通气、领导公务活动预案、重大活动协调预案等制度,每月收集汇总四大班子工作计划、主要领导活动日程等信息。

严格执行24小时值班制度,确保来人及时接待、来函及时接收、来电及时办理,确保上下左右联络畅通。坚持信访值班制度,热情接待来访群众,积极做好协访工作,依法妥善处置突发性集体上访事件,确保了机关正常办公秩序。加大了对重点部位的防控力度,落实专人值班巡逻,更新了视频监控摄像头27个。加大了消防知识的宣传和人员培训力度,及时检修更换消防器材,严格演练,确保了机关院区和家属区的安全。

(刘　勇)

组 织 工 作

中共渭南市委组织部
部　长　安庆学
副部长　薛　博　宋俭生　薛　楠
　　　　陈学敏　史优胜

【创先争优活动】　紧扣中省要求，紧贴渭南实际，以“坚持求真务实，推进科学发展，实现争先进位，建设和谐渭南”为主题，在全市10849个党组织、24.93万名党员中深入开展创先争优活动。一、强化领导，夯实责任。成立工作机构，建立了党委统揽、组织和宣传部门牵头主抓、相关部门配合参与的工作制度，建立县乡村三级责任体系和党群共建互动共进机制。二、抓点示范，分类推进。建立联系点制度，示范引领、以点带面，全市共建立市委常委联系点11个，市委创先争优活动领导小组成员联系点35个，县（市、区）县处级领导干部联系点474个，入户走访群众35.5万户，办实事21092件。根据不同领域，分别召开了农村、市直部门、城市党建、群团创先争优活动推进会，创先争优活动得到深化。三、典型引导，注重实效。注意挖掘和树立身边典型，开展“身边典型教育身边人”活动。全市各级共开展各类评比表彰活动780余次，表彰先进集体2234个、先进个人21170名。在市级媒体开设专栏，积极推介先进，及时宣传活动特色，扩大了创先争优活动的知晓率和影响面。

【领导班子和干部队伍建设】　一、市人大、政府、政协换届以及市政府机构改革工作圆满完成。结合市人大、政府、政协工作需要和各级领导班子建设实际，制订了换届工作实施方案和工作流程图，市委推荐的85名市四届人大代表人选、83名市四届政协委员人选和省、市委提名的三大班子人选，均以高票当选，圆满完成了换届选举的组织工作任务。根据市政府机构改革和县（市、区）党政领导班子副职空缺的实际，提出市直部门和县（市、区）党政领导班子副职人选调整补配原则，确保机构改革工作任务圆满完成。二、深化干部人事制度改革，各级领导班子建设不断加强。创新选人用人机制。出台《关于贯彻中、省干部人事制度改革规划纲要的实施意见》（渭市办发〔2010〕24号），积极推行“三推两考两票决”（“三推”即全市领导干部大会民主推荐、市委全委会差额推荐、推荐对象所在单位定向推荐；“两考”即考核、考察；“两票决”即市委常委会票决、全委会票决）选拔提名新模式，对6名县委书记、5名县长和市直部门空缺的党政正职进行了调整补配，工作经验在全省组织部长会上作了大会专题交流。坚持在基层一线培养锻炼干部。全面落实《2009—2020年全省党政领导班子后备干部队伍建设规划》要求，2010年推荐确定的44名正县级后备干部，其中具有乡镇党政正职工作经历的干部达28人。领导班子、领导干部年度考核“三位一体”机制日趋完善。建立完善年度目标责任制考核、领导班子和领导干部年度考核、党风廉政建设责任制考核"三位一体"的考核评价办法,加强领导班子综合研判,注重运用考核评价结果。加强对县委书记和乡镇党委书记的日常管理,推行谈话谈心活动,各级班子和领导干部的执政能力明显增强。认真开展四项监督制度学习宣传,组织对各县(市、区)和市直部门党政主要负责人进行了专题培训,印制了《渭南市干部选拔任用和干部监督工作基本知识测试题》,认真抓好贯彻落实全国"两项法规制度"试点工作,通过培训教育、报告受理分析以及自查自纠等环节,及时总结经验和做法,先后研究制定出渭南市两项法规制度工作流程图等9项配套制度。三、干部培训工作大规模推进。编制了《2010年干部教育培训计划》(渭组发〔2010〕15号)。充分发挥"东秦大讲堂"教育平台优势,先后围绕生态文明、信息化等内容开办专题讲座5场次,直接听众2500余人次。突出抓好各类主体班次,全年市本级培训班34期,培训各类各级干部3470名,其中县处级864人次,科级1876人次。及时举办全市领导干部学习党的十七届五中全会精神培训班,掀起了全市各级干部学习五中全会精神的热潮。渭南市"用好优质培训要素"的做法被中央党校《党建导刊》刊发交流。在全市开展"学理论、学业务、读经典"活动,建设学习型党组织的氛围较好。

【人才重点工程】 一、"十百千人才工程"初见成效。在对全市人才现状进行了全面调查分析的基础上,完成了《渭南市中长期人才发展规划》(渭市发〔2010〕11号),成为指导全市人才工作发展的纲领性文件。坚持高层引进、高端引领,建立了以"商"、以"业"、以"政"等"柔性"人才引进机制,共引进硕士以上高层次人才102人,公开引进的8名博士到相关部门和园区工作,"重才、育才、引才、用才"的氛围逐渐形成,"以用为主,柔性引才"的做法被《当代陕西》报道。高新区、潼关县在企业、园区建立了院士专家工作站。二、各类人才作用充分发挥。着眼发挥人才整体合力,下大力气开发本土人才资源,对在全市各行各业做出突出贡献的48名拔尖人才和在新农村建设中做出突出贡献的16名优秀农业专家进行了表彰。建立了市级党政领导干部联系市管拔尖人才制度,完善了2005年制定的市管有突出贡献专业技术拔尖人才选拔管理办法,共评选出市管拔尖人才六批168人。成立了由市人才办、市人社局等14个相关部门组成的高技能人才工作办公室,建立了高技能人才工作议事制度,大力推进高技能人才队伍建设。截至年底,全市高技能人才总量超过4万人,高级工等级以上的高技能人才占技能劳动者的比例达到25%以上。积极做好市农业专家服务团相关工作,在市广播电台开设《农科专家富东秦》专题栏目,已播出访谈专题310余期,并择稿编成《农科专家富东秦》一书,为农民群众提高农业作务水平提供技术服务。不断加大农村实用人才开发工作力度,全市已有各类农村实用人才53738人,有力推动了农业产业化进程。

【党的基层组织建设】 一、农村基层组织建设进一步强化。在调研的基础上,为全市三、四类村中的875个重难点村,下派党组织第一书记345名、党建指导员148名、经济发展指导员382名,进行结对帮扶。"三员"到位半年多,落实项目483个,协调资金4640万元,开展专题培训1100场次,整建村级班子76个,帮扶成效初步显现,干部驻村帮扶经验在《党建文汇》上刊发交流。制定下发了《关于推行农村党支部、村委会"四议两公开"工作法的意见》(渭市办发〔2010〕12号),通过夯实责任、专题培训、舆论宣传、典型示范、健全机制等措施，使"四议两公开"工作法在全市2540个建制村得到有效推行，全市累计运用"四议两公开"工作法5207次，解决农村实际问题4734件，村级规范化建设水平不断提升。七一前夕，全市共有1个县委、80个乡村党组织受到省委表彰。围绕全覆盖目标，采取集中新建一批、改造扩建一批、转化利用一批"三个一批"的办法，通过整合项目资源联建、盘活闲置资产改建、领导和部门包联共建、县级牵头统建、发动社会捐建等措施，全面完成了406个中省项目和1202个县乡自建任务，顺利通过省上验收，做法在陕西电视台《新闻联播》播出。基层组织带头人队伍素质得到提升。围绕升级晋档、如何当好乡村党组织书记，采取"菜单"选学，先后在苏州农干院基地、杨凌，对全市178名优秀乡村干部进行了培训，开阔思路眼界，增强了发展能力。指导各县(市、区)加大对三、四类村党组织书记的培训力度，培训面达到90%以上。组织评选表彰了10名全市优秀乡镇党委书记，同时，按照全市乡镇重点工作考核得分排名情况，对每县(市、区)排位后三名乡镇的党委书记，由县(市、区)委对其进行警示谈话。七一前夕，对全市任职时间长、领导能力强、工作业绩好、队伍建设好、群众反映好的20名农村功勋党支部书记进行了隆重表彰。高校毕业生到村任职和选调生招录工作圆满完成。按照全省统一安排，严把选聘程序，共有390名优秀大学毕业生和17名选调生到基层任职。加强对大学生村官的培训教育，对39名担任科级领导职务的选调生进行了专题培训，选调生和大学生村官综合能力和自主创业能力不断提升。从严操作2010年公务员招录工作，市、县、乡共确定46个机关公务员岗位面向社会和农村优秀村干部公开招录，招录工作圆满完成。二、社区、机关和其他领域党组织建设不断加强。在全市社区党组织深入开展"文明社区、和谐家园"党建主题活动，出台社区党组织"评星晋级、科学发展"活动考核评定标准，实行社区"三有一化"建设工作月汇报、季汇总制度，及时掌握工作进度，不断提升社区党建工作水平。制定了《关于加强党建工作指导员、党组织书记联系点和当地党组织联系会议工作的意见》(渭组通〔2010〕37号)，建立了当地党组织与社区、非公有制企业、新社会组织党组织联席会议制度，有力助推了"两新"组织党建工作提速晋档。以提高效能为目标，在全市机关党员干部中开展"一创三比"活动(各基层党组织争创招商引资项目建设功勋党组织，全体党员招商引资比贡献、实施项目比服务、争取资金比成绩)、机关党组织与农村基层党组织实施南塬结对帮扶活动，实现了党建工作资源的互联互动、共享共用，促进了机关作风转变、工作效率提高。三、农村党员干部现代远程教育和党员信息库建设工作稳步推进。扎实推进农村党员干部现代远程教育网络建设，实行每周通报制，3个县级平台、1704个站点的建设任务顺利通过省上验收，位居全省前列。投资151万元完成了全市196个乡(镇、办)，3221个行政村"升级晋档、科学发展"信息审核入库工作，顺利通过省委组织部检查验收，华阴、潼关、大荔、蒲城等6个县(市)被省委组织部命名为党员信息库建设先进单位，拍摄制作的"成功的转变"党员信息库建设工作专题片，在全省组织部门信息化工作会进行了播放交流。制定了《渭南市2010—2013年党员教育培训工作实施意见》(渭组通〔2010〕6号)和《关于进一步加强全市党员教育管理工作的意见》(渭组通〔2010〕5号)，党员管理服务工作得到

进一步加强。 (闫 岩)

宣 传 工 作

中共渭南市委宣传部
部 长 郭勇格
副部长 李永朝 华惠民
杨建秦(女) 张百献

【理论教育工作】 一、加强和改进各级党委中心组学习。指导各级党委中心组进一步完善学习制度。市委中心组实施开门学习、走出去学习等办法,分专题集体学习12次。在全市各级党组织中深入开展了“学理论、学业务、读经典,推进建设学习型政党”活动。学习型党组织建设成效显著,受到省委建设学习型党组织工作领导小组办公室的充分肯定。二、加强党员干部学习培训。在各级党员干部中推行“日读一小时,月读一本书,一季一交流,半年一检查,全年一考核”的学习模式,组织广大党员干部认真学习中国特色社会主义理论体系,学习科学发展观,学习十七届五中全会精神。全市各级通过“大讲堂”等形式,就党员干部普遍关心的热门话题、前沿知识和信息动态等进行宣讲和辅导,举办各类培训148班次、16500余人。举办党员干部读书月活动。向广大党员干部和群众发出了“走进读书世界,共建人文渭南”的倡议,并先后向各级党员干部捐赠各类图书1.28万册。三、开辟理论教育主阵地。组织市级媒体和网站开设了《华山论坛》、《解放思想大讲堂》等理论专栏、专题和网页,设置了“重要言论、理论园地、渭南大讲堂、经典之窗”等栏目,编办了《渭南学习月报》。

【新闻宣传工作】 一、积极做好成就宣传。认真组织开展全市经济社会发展成就、项目建设、招商引资、学习实践科学发展观、社会主义新农村建设、创建国家级卫生城市和省级环保模范城市等一系列重大宣传活动。市级媒体开设了《回眸2009》、《聚焦招商 促进发展》、《创建国家卫生城 建设美好新家园》、《双创时刻》、《学习实践科学发展观 推动各项事业大发展》、《农业增效 农民增收》等专栏(专题),全面广泛地宣传报道渭南经济建设、政治建设、文化建设和社会建设的新思路、新举措、新变化、新成就。对转变农业发展方式,突出发展特色农业,推动农业发展、农民增收的宣传报道,受到中宣部新闻局的充分肯定。二、精心组织开展主题宣传。围绕市委三届九次全会、市四届人大一次会议、市政协四届一次会议及第二届文化旅游节、第十四届东西部经贸洽谈会等重大活动,集中报道全市经济社会发展成果惠及普通百姓的生动事例,全面反映在产业园区建设、城市建设、民生工程和农业发展、农民增收等工作的新进展。三、不断提高新闻报道质量。指导市级各新闻单位加强对编辑、记者、主播人员业务素质的培养,积极探索传播方式和内容的创新,注重版面设计和栏目制作,不断提升新闻报道质量。开设“县市区新闻”专版,全方位报道县市区经济社会发展，加大了区域新闻信息量。《农科专家富东秦》栏目紧紧围绕发展现代农业，传播农业科技知识和生产信息，被广大农民听众誉为"农民朋友致富增收的贴心桥"。全年在省级以上媒体发稿近2600篇(条)，其中，中央媒体182篇(条)，省级媒体2400余篇(条)。

【创卫宣传教育工作】 一、继续围绕创国卫22项重点工程，以城市道路建设、市场管理、市容市貌、旧城改造、环卫设施、环境保护、年度重大目标任务等为重点，做好系列追踪报道。市级媒体先后开设了《创卫路路看》、《创卫先锋》、《寻找好市民》等18个栏目，刊播稿件2000多篇(条)。开设了创卫曝光栏目，对创卫工作中存在的突出问题加大曝光力度，媒体共曝光86篇(条)。二、精心设计制作了一批有影响的创卫宣传图片和广告，共播出各类公益广告3000次(条)。统一规范了市区800多辆出租车及100多辆公交车的创卫广告。制作了创卫宣传幻灯片，在中心广场、恒基商业中心等4个城区大型户外电视屏广泛宣传创卫知识。规范更新了城区300多块宣传牌，发放创卫资料8000多份。三、加大健康知识宣传，提高市民健康知识知晓率。在中小学生中开展了"我是文明习惯实践者"、"健康教育示范学校"、"争做优美环境保护者"等活动。在全市开展了"创卫生城市、做文明市民"演讲征文比赛。

【思想道德和精神文明建设】 一、不断深化全民思想道德建设。组织"渭南市道德模范"先进事迹报告团开展巡回报告活动，深入社区、学校、企业开展巡讲50多场次，听众10余万人次。二、全力抓好市民文明素质教育。广泛开展了"迎世博、讲文明、树新风"活动。在电视台开设了"不文明行为大家评"和"不文明行为大家谈"栏目，加大了对文明行为正面典型的宣传力度和不文明行为反面典型的曝光力度。三、持续深入开展群众性精神文明创建活动。举办了文明单位培训班。以"创建文明行业，树立行业形象"活动为主题，突出抓好优质规范化服务和加强行业作风建设两个重点，扎实开展思想道德教育和职业道德教育，切实解决行业作风中存在的热点难点问题。在国省道及沿线村镇开展了环境卫生综合整治工作。继续开展文明路建设竞赛活动，建立了农村环境卫生长效机制。四、进一步加强未成年人思想道德建设。组织青少年积极参与第十七届读书教育活动、四项全国性活动和第十八届青少年"历史的选择"爱国主义读书教育活动。启动了全市2010年经典童话剧演出季活动。组织开展了"传唱优秀童谣、做有道德的人"网上签名寄语活动。组织未成年人思想道德建设工作先进个人和"文明好少年"评选活动，4人获全省未成年人思想道德建设工作先进个人称号，6名学生获"陕西省文明好少年"称号，受到省文明委表彰。继续实施"西部开发助学工程"，给中小学校、社区和乡文化站送去650台电脑。

【对外宣传工作】 一、充分发挥文化旅游资源优势，积极做好文化外宣工作。认真组织第二届文化旅游节宣传报道工作。邀请《中国日报》、《国际日报》和《人民日报》、新华社、中央电视台、《中国旅游报》等国家级新闻媒体以及《山西日报》、陕西电视台、河南电视台、河南《大河报》等省级媒体共计63家144人，累计发稿400多篇。同时，在中省级媒体相继刊发了65个专版，全面宣传推介市委市政府推进新型工业化、城镇化，加快转变经济发展方式，做大做强文化旅游产业的思路、举措、目标和成效。二、不断加大对外经贸宣传力度。

组织省级媒体集中开展了“走进渭南”系列报道。重点宣传报道了全市现代农业、园区经济、平安建设等方面的新做法、新举措。不断加强投资环境的对外宣传，以渭河将成为“城中河”和“渭南环保十件大事成效斐然”为题，重点报道了全市节能减排和环保工作。第十四届“西洽会”期间，以“吸引外界关注，促进招商引资”为目标，加强宣传策划，广泛吸引国内外客商关注渭南、了解渭南、投资渭南。中央电视台《焦点访谈》栏目1月6日对全市农机补贴工作进行了专访报道。三、加强新闻发布工作。制订完善了《关于建立党委新闻发言人制度的意见》，建立了党委新闻发言人，确定了党委新闻联络员，开始了党委新闻发布工作。先后组织召开了16次新闻发布会，及时做好突发事件及社会普遍关注的焦点事件的舆论引导工作。

【文化文艺工作】　一、切实加快推进文化体制改革工作。成立了渭南市演艺集团公司，并同时组建了秦腔剧团有限责任公司、歌舞团有限责任公司和剧院管理有限责任公司三个子公司。成立了渭南市电视产业总公司和广播产业总公司，制播分离改革已经完成。成立了渭南市电影传媒有限责任公司、渭南报业发行有限责任公司，并已正式投入运营。成立了渭南市文化市场综合执法大队。二、加快文化产业发展。组织全市8家金融机构大力支持地方文化产业发展，共支持文化企业12家，意向合作金额9.2亿元。三、加大文艺精品创作力度。完成了秦腔古装戏《隋文大帝》和《郑桓公》剧本的创作。组织秦腔《隋文大帝》、富平阿宫腔《大唐巡按》和现代秦腔《桥弯弯月圆圆》三部剧目参加了中国第五届秦腔节的演出。认真开展了“秦东国省道千里行”作家采风活动。四、积极开展丰富多彩的文化活动。先后举办了渭南市2010年新春优秀剧目展演活动，“人文渭南、魅力渭南”摄影展。精心组织陕甘文艺界“走进关中—天水经济区”大型采风慰问活动，获得了省委宣传部“优秀组织奖”。全市开展了“送欢乐、下基层”活动。“周末一元剧场”不断丰富和发展，已经成功注册为专利商标。《光明日报》头版头条对渭南市周末一元剧场专门进行了报道，得到中宣部领导的充分肯定，同时，被省委宣传部评为2010年度“陕西省宣传思想文化工作创新奖”。

【调查研究和信息工作】　一、有针对性地开展调查研究。组织全市宣传文化系统开展“一单位一专题”调研活动。二、积极筹划做好网络管理工作。投资20万元建立了网络舆情监测系统，先后对华山网、华商网、百度贴吧渭南吧等一些网站进行监控，收集并向领导报送网上舆情85期191条。建立了“渭南网络先锋队”QQ群。举办了网络评论员培训班。建立互联网舆情信息处理机制，出台了《关于加强互联网舆情信息监测处理工作的意见》。三、认真做好舆情信息工作。向省委宣传部报送舆情信息53条，其中15条得到采用。

（杨永红）

统一战线工作

中共渭南市委统战部
(中共渭南市委台湾工作办公室
渭南市人民政府台湾事务办公室)
部　长　贺　韧
副部长　刘俊才　熊绮芬(女)
台办主任　陈起耕

【社会主义核心价值体系学习】　按照中省统战部通知精神,在全市统一战线开展社会主义核心价值体系学习教育活动。制定印发了《关于全市统一战线开展社会主义核心价值体系学习教育活动的通知》,明确了开展活动的内容、目标及对象,提出了具体要求,下发了学习资料,促进了全市统一战线开展社会主义核心价值体系学习教育活动的有效开展。各民主党派、各县(市、区)委统战部通过召开动员大会、座谈会、经验交流会、邀请有关专家教授讲课等方式,把开展社会主义核心价值体系学习教育活动与加强民主党派思想政治建设结合起来,与创先争优活动结合起来,与民主党派基层标准化支部建设结合起来,取得了良好的效果。

【多党合作制度规范化】　按照中发〔2005〕5 号文件和陕发〔2005〕14 号文件精神,指导各民主党派不断加强思想建设、组织建设和后备干部队伍建设。对政协第四届委员会委员进行全面考察,将各界的高素质人才安排为新一届政协委员,确保了市政协四届一次会议胜利召开,选举圆满成功。制定印发了《中共渭南市委 2010 年度政治协商计划》,对政治协商的原则、形式、内容及程序,提出了明确要求,为党委、政府实行科学民主决策提供了制度保障。通过组织召开情况通报会、协商会、座谈会、征求意见会等形式,扩大民主党派、工商联和无党派人士的知情权,促进市委、市政府决策科学化、民主化建设。积极引导各界人士开展调研,积极建言献策,为市委、市政府正确决策提供了科学依据。

【民族宗教工作】　全面贯彻落实党的民族政策,推动少数民族经济发展。制定印发了《关于深入开展民族团结宣传教育活动实施意见》,做好开展民族团结宣传教育活动和民族团结进步进社区活动,增强了各级维护民族团结和促进民族和睦的自觉性和坚定性。举办了少数民族创业技能培训班,积极引导少数民族群众发展民族经济,早日脱贫致富。依法管理宗教事务,通过召开民族宗教工作领导小组联席会议,分析全市民族宗教工作态势,研究解决突出问题。先后就临渭区一青里清真寺举办伊斯兰知识培训班、临渭区双元商城上好家小吃城经营纠纷、潼关回民迁坟遗留问题、澄城李艳萍欲参加世界洛桑会议等问题进行了妥善处置。通过深入开展创建"和谐寺观教堂"和"科技知识进教堂"活动,积极引导广大信教群众为"共促繁荣发展、共建和谐渭南"做贡献。认真传达学习了中共中央和省委天主教专项会议精神,安排部署了全市天主教工作,确保全市天主教领域的稳定。同时,按照省委统战部安排,配合有关方面完成了三原教区和榆林教区祝圣工作及全国天主教"八代"会的基础工作,受到中省统战部的充分肯定。

【新社会阶层代表人士工作】 坚持充分尊重、广泛联系、加强团结、热情帮助、积极引导的方针,扎实做好新社会阶层人士工作。进一步在非公有制经济人士中开展"致富思源、富而思进"和社会主义荣辱观教育,积极推动光彩事业的开展。充分发挥非公有制经济代表人士和港澳台侨工商界人士的桥梁和纽带作用,通过开展"回报社会感恩行动"活动和千企千村帮扶行动,引导广大非公有制经济代表人士投身经济建设,参与扶贫事业,扶危济困,捐资助学,为渭南的经济发展和新农村建设贡献力量。全市广大非公有制经济人士为"三老"人员发放慰问金8000余元;共出资105万余元,资助210名贫困学生圆了大学梦;千企千村帮扶行动中,共为贫困农村提供帮扶资金800余万元。青海玉树地震灾害发生后,广大非公有制经济人士慷慨解囊,为灾区捐款300余万元。指导全市非公有制经济开展深入学习实践科学发展观活动和创先争优活动,通过推动非公制经济组织加强党组织建设,树立科学发展理念,有力地促进了全市非公有制经济组织的科学发展。

【港澳台及海外统战工作】 继续开展"情系陕西、共谋发展"活动,为全市的经济建设和各项社会事业服务。充分发挥联系广泛的优势,促进渭台交流交往。参与组织市政府在上海举行的首届两岸农业资源与农业产品深加工项目对接暨地方特色旅游资源开展国际合作洽谈会,共达成各类项目意向21个,金额6.4亿元,扩大了渭台之间的经济、技术交流合作。第十四届西洽会期间,共邀请中国海峡农业协会代表团、海峡两岸园艺交流协会代表团、台湾陕西同乡会代表团100余人来渭南市考察。组织全市170余人赴台考察,进行了经贸、文化、卫生等交流活动。联合市残联争取台湾曹仲植基金会捐赠轮椅800辆。台湾千乡万才公司捐赠2.5万元资助47名贫困学生。积极做好台商投诉案件的协调处理,初步解决了柳玉田土地纠纷案和华县聚丰建材公司投诉案。充分发挥统一战线联系广泛的优势,积极做好招商引资工作。民建、民盟、农工党、九三学社积极联系各自成员中非公企业分别为大荔、高新区等引进资金3000余万元,市委统战部为蒲城引进肯德基项目投资450万元。接受了香港福慧慈善基金会为渭南师范学院优秀贫困学生和临渭区聪慧聋哑学校共计10万余元的捐赠。

(张忠林)

政 法 工 作

中共渭南市委政法委员会
书　记　乔晓陆
副书记　林　跃　王少育

【维护社会稳定】 2010年,全市政法工作以维护社会稳定为中心,以硬措施落实硬任务,大力加强维护稳定体制机制建设,加大矛盾纠纷排查化解工作力度,妥善处理了多起群体性事件,取得了较好的成效。截至年底,全市发生群体性事件24起,同比下降51%,实现了“一控制”的目标,维护了社会大局稳定。一、加强机制建设。把建立健全社会矛盾化解八大机制作为破解信访、维稳难题的长效措施来抓,一些机制在工作中已显现了很好的效果。在此基础上,对涉及多地方、部门和单位的问题,市委、市政府领导按照分工分包化解,涉法涉诉重大问题由人大和法院领导分包化解。实行市县两级党委书记月点评维稳工作制度,严格按照两个《责任追究办法》,实现每月一结。逐级建立领导干部维稳政绩档案、维稳工作述职、维稳责任鉴定工作机制。加大维稳经费投入,建立市县两级解决维稳信访突出问题专项资金1200万元,全力化解各种社会矛盾。二、扎实推进社会矛盾预防、排查、化解工作。进一步整合基层维稳信访工作力量,不断健全完善市、县、乡、村四级矛盾纠纷排查化解网络体系,实行矛盾纠纷排查化解动态监管。继续加大矛盾纠纷的排查化解工作力度,特别是加大了对土地征用、城镇拆迁、企业改制、涉法涉诉、劳动社保等重点领域以及关系民生和影响社会稳定的一些热点难点问题的解决力度。对排查出的突出问题和不稳定因素,认真分析研判,建立工作台账,加强跟踪督办,实行挂账销号。充分发挥各级维稳、联席会议的协调联动、督查督办和“三位一体”调处机制的作用,使一大批矛盾纠纷得到了有效化解。截至年底,全市排查苗头性矛盾纠纷1595件,调处化解1271件。三、稳妥、依法处置好群体性事件。市委、市政府对群体性事件的处置工作高度重视,由市委维稳办牵头,对市级《群体性事件处置预案》进行了修订和完善,建立有效的预警和应急处置机制,建立完善符合实际的预案,全市11个县(市、区)和渭南高新区的《预案》修订工作已全部完成。针对渭通公司因企业改制引起职工上访事件,三次召开专题会议,听取汇报,商讨对策,确认事件性质,及时制定《渭南市处置渭通公司突发事件工作预案》,并针对性地采取有效措施,做好工作,控制了局势,平息了事态,使事件得到稳妥、彻底、依法处置。针对日方扣中国渔船渔民事件引发的涉日游行活动,将其作为维稳工作的重中之重,按照中省统一部署和安排,迅速行动,各负其责,强化措施,密切配合,及时教育引导青年学生和群众正确表达爱国热情,做了大量而富有成效的工作,保证了渭南没有人员参与西安游行事件,确保了全市社会大局稳定。

【平安渭南创建】 2010年,全市各级党委政府和政法部门把平安渭南创建工作作为推动科学发展、构建和谐社会的系统工程,放在突出位置来抓,采取有效方法和措施,有力地推动了“平安渭南”创建工作的进程。据统计,2010年全市公众安全感社会治安满意率为89.39%,同比上升0.15个百分点;平安建设知晓率为74.40%,同比上升8.91个百分点。一、成立高规格机构,采取超常规措施。在市、县两级建立了高规格的平安建设领导机构,由党政主要领导分别担任组长、副组长,调整了市综治委组成人员,全部由部门一把手担任综治委委员,加大对综治和平安建设工作的组织领导。10月下旬,由市委3名常委带队,市直政法部门有关领导参与,组成3个督查组,对各县(市、区)推进3项重点工作、提升“两率一度”情况进行了督查,进一步提高了各县(市、区)加强平安创建的积极性和主动性。年初,市委、市政府与各县(市、区)党政一把手签订综治维稳目标责任书,进一步明确了目标任务,夯实了县

(市、区)主要领导的第一责任。各级党委、政府将社会治安满意率测评结果,作为衡量地方党政一把手、政法综治部门的重要指标之一,把考核结果作为干部奖罚惩处、晋职晋级的重要依据。建立市委常委平安建设联系县(市、区)工作制度,每个县(市、区)由一名常委负责包抓平安建设工作。对临渭区、华阴市、潼关县等三个平安建设重点县(市、区),在省综治委领导包联的基础上,市上也实行市级领导包联,帮助整改提高,改变面貌。建立综治工作实绩档案。与组织部门联合对县(市、区)党政主要领导、分管领导以及市直有关部门主要领导和分管领导,建立综治工作实绩档案,由综治委、组织、纪检、人事、监察五部门综合评定。夯实基层基础。下发《关于进一步加强社会治安综合治理基层基础工作的实施方案》,市综治委配套出台了《关于进一步加强全市乡镇(街道)综治维稳工作中心建设的实施意见》,对综治维稳工作中心的职级建制、人员配备、经费保障提出了明确要求。二、创新流动人口和重点人群的管理工作。推行对流动人口的"旅馆式"服务管理,建立"以证管人、以房管人、以业管人"服务管理新模式,切实解决脱管漏管问题,提高流动人口服务管理水平。对刑释解教人员,按照"帮教社会化、就业市场化、管理信息化、工作职责法制化"的要求,搞好监狱劳教单位与公安派出所、乡镇(办)、村(社区)等基层组织的衔接配合,落实安置帮教政策,帮助其更好地融入社会。加强青少年犯罪预防工作,发挥学校、社会、家庭作用,加强技能培训和就业指导,从根本上减少社会闲散青少年,预防青少年犯罪。进一步加强对有危害社会倾向和行为人员的管理,决不使其漏管失控,危害社会。三、切实加强重点部位、重点地区突出问题整治工作。突出渭南城区治安防范,投入800万元用于城区视频监控和技术装备建设,在城区设立治安岗亭15个,治安卡报点7个,新增防控电子眼300个,防控能力明显增强。开展了以"秦剑行动"为主的各类专项斗争。切实加强学校周边环境整治,完善校园安全管理,全市累计投入200余万元,为中心小学以上配备了2至3名专职保安,配发了必备的警用器械,确保了全市未发生重大校园安全事故。以城中村、城乡结合部、娱乐场所和校园周边为重点,开展了大排查、大整治活动,消除了大量的治安隐患。四、沟通民意、加强宣传,营造良好氛围。开展"平安建设"问计于民活动,征求人大代表、政协委员、基层群众代表对维护社会治安、改进政法工作、加强政法队伍建设的意见。开展政法干警大走访活动,帮助解决实际问题,及时发现工作不足,切实化解矛盾纠纷。在市级主流媒体开辟专栏,播放平安建设公益宣传片,报道市县两级平安创建工作动态。在城区周围主要交通要道建立大型宣传牌,利用电信、移动、联通等信息平台群发短信,为固定电话用户设置平安建设特色彩铃,扩大平安建设的知晓率和参与率。

【涉法涉诉信访】 按照"放下包袱、清仓见底、一件不漏"的工作思路,对全市截至2009年12月31日以前的涉法涉诉上访、信访案件先后三次进行积案排查梳理,同时坚持"边排查、边化解"的原则,对排查出的涉法涉诉信访案件进行了分项化解,累计排查信访积案401件。通过集中处理涉法涉诉信访案件,解决了一大批群众反映强烈的突出问题,维护了群众的合法权益,促进了全市经济社会和谐稳定。2010年,中央交办市上涉法涉诉进京访案件15起,通过一线督办、电话督办、通报、经济救助等形式,案件已全部办结。经中省政法委审核确认全市涉法涉诉信访积案504件(其中进京访案件201件),已息诉363件。同时,把评查的重点放在涉法涉诉信访案件上,并把案件质量评查结果作为干警年度考核的重要内容,与奖惩挂钩。全市两级政法部门采取自查、交叉评查、观摩评比等形式共评查案件1200件,完成了中省交办的评查任务,其中存在瑕疵案件43件,发放14份整改通知书,对4名干警进行了训诫谈话,案件评查取得初步成效。

【政法队伍建设】 一、加强教育培训,政法队伍执法能力全面提升。抓住中省市在基层党组织和党员中开展创先争优活动的有利时机,把创先争优活动和社会主义法治理念教育及干警职业道德教育紧密结合起来。按照省委政法委关于争创"西部一流、全国先进"的工作部署,及时召开政法委全体委员会,对全市政法系统争创工作进行具体安排。通过举办理论研讨班、专题培训教育、学习辅导报告以及学习实践心得体会交流等多种形式,进一步端正了广大干警的执法思想,增强了公正执法、规范执法、文明执法的责任意识。全力组织好中省集中轮训基层政法单位主要领导、科所队长工作,先后组织各县(市、区)政法委书记、综治办主任、维稳办主任、政工干部到省上参加教育培训。深入开展岗位练兵和执法业务大培训,提高了政法队伍业务素质和执法水平。定期举办全市政法系统领导干部专题报告会,提升了领导干部的综合素质和能力。5月31日,邀请省人大常委会秘书长桂维民为全市政法系统领导干部作了"提升政法队伍化解社会矛盾,应对和处理突发事件能力"的专题报告。每年选送一批政法干警到高等院校进修学习,聘请高校教授到基层政法单位挂职锻炼,通过这种双向交流,不断提升基层政法干警的整体素质。二、以执法公开推进执法规范化建设。全市各级政法机关全面实施执法"阳光工程",对法律法规规定能够公开的执法程序、内容以及便民承诺等,按照全市统一的执法规范,进行了公开。同时,狠抓了执法规范和执法公开的监督落实,通过整合内部监督力量,发挥政法部门纪检、监察、执法、信访等组织机构职能作用,对不落实公开、不按规范执行的,老百姓有地方反映,反映了有人管。建立完善了执法过错追究制和案件倒查制,极大地促进了执法行为的透明、规范、公正。推广实施"一案一评一考核"和民警执法、办案百分考评和等级化管理办法,完善了执法质量和效率考评体系,稳步推行建立干警执法档案。结合正在开展的改进作风夯实基础公正执法专题教育整改活动,着力解决社会管理和执法办案中存在的薄弱环节和突出问题。突出抓好对政法队伍的监督管理,通过开展执法考评、专项督查等手段,切实纠正政法队伍中存在的不作为、乱作为和不公不廉等问题,树立政法机关良好社会形象。三、政法宣传。制定下发了《2010年全市政法综治宣传工作要点》,围绕三项重点工作,进一步统一思想,整合资源,不断创新政法综治宣传工作的形式和方法,着力加强政法综治宣传,努力形成政法大宣传的工作格局。在全市政法系统建立和完善了新闻发布制度,对新闻发布的方式、内容、时间予以规范。至年底,各单位都建立并上报了各自的新闻发言人。5月26日,就"人民群众满意的政法单位和干警"评选活动进展情况召开了新闻发布会,这是党委政法系统首次举办的新闻发布会。建立新闻宣传通报制度。3月份开始按月对市直政法部门和各县(市、区)政法新闻刊稿情况进行登记统计,并予以点评。以《渭南政法》为载体,设立"推进三项重点工作"专刊,及时刊发各部门在推进三项重点工作方面采取的措施、方法。在8月份省委宣传部、省委政法委联合组织的“公正执法·三秦行”主题采访活动中，市委政法委积极配合，邀请省上媒体深入5县（市、区）、10余家基层单位采访，收到了良好的宣传效果，并被省上授予“优秀组织奖”。在全市范围内集中开展“人民群众满意的政法单位和干警”评选活动。共有72万余人次参与投票，体现了“人民群众满意的政法单位和干警”由人民群众公开评选的要求，达到了鼓舞士气、密切警民关系和展示政法队伍良好形象的目的，进一步营造了社会各界关心、理解和支持政法工作的良好环境。组建“人民群众满意的政法单位和干警”先进事迹巡回报告团，深入全市11个县（市、区）举办了11场次的巡回演讲报告，共有4000多名基层政法干警和群众现场参与并聆听了报告。在市上举办的终场报告会上一并举办了以一级英模王平顺的英雄事迹拍摄的《警察的誓言》首映仪式，营造了宣传英雄、学习先进、创先争优的良好氛围。

（张明青）

市直机关工委工作

中共渭南市直属机关工作委员会

书　记　林小中

副书记　周军(5月离任)

【思想建设】　深入学习贯彻党的十七大和十七届四中、五中全会精神，全面落实市委三届九次、十次全会各项要求。组织党员干部继续学习贯彻党的十七大和十七届四中、五中全会精神，学习市委三届九次、十次全会精神，认真领会精神实质，切实促进贯彻落实。围绕市委、市政府的中心工作以及部门单位的业务工作，谋划实施机关党建工作。深入开展“学理论、学业务、读经典，推进建设学习型政党”活动。下发了《关于在市直机关开展“学理论、学业务、读经典，推进建设学习型机关党组织”活动的安排意见》（渭市直工发〔2010〕19号）。举办了“学理论、学业务、读经典，推进建设学习型党组织”征文比赛活动，共收到征文150篇，对54篇优秀征文进行了通报表彰。

【创先争优活动】　下发了《关于在市直机关各基层组织和全体党员中深入开展创先争优活动的实施意见》（渭市直工发〔2010〕33号）。坚持把机关党建品牌建设和“党员示范岗”建设作为活动载体，下发了《关于上报机关党建品牌和党员示范岗有关问题的通知》（渭市直工发〔2010〕37号），共上报党建品牌45个，设立“党员示范岗”96个。对31个党员示范岗向社会进行了公示。召开了“市直机关创先争优活动推进会”，推荐了活动开展中涌现出的先进党组织和优秀共产党员。创先争优活动的开展，促使广大党员立足本职岗位在日常工作中先锋模范作用的发挥，以党组织的创先争优带动了整个单位的创先争优，有力促进了单位业务工作的完成。

【主题党建活动】　认真总结成功经验，积极查找活动开展过程中存在的问题和不足，继续在市直机关开展“一创三比”（各基层党组织争创招商引资项目建设功勋党组织，全体党员招商引资比贡献、实施项目比服务、争取资金比成绩）主题党建活动和市直机关各党组织与包扶村党支部结对帮扶活动，并把活动开展情况纳入“创先争优”活动的内容之中。各基层党组织和广大党员干部积极学习招商引资项目建设相关知识，掌握相关工作技巧，明确招商要求，机关党组织和党员在完成部门招商引资任务、促进项目建设中发挥了重要作用。结对帮扶活动中，各基层党组织积极行动，制定帮扶措施，积极开展送政策、送科技、送信息、送服务、送温暖和争项目活动。机关党员和帮扶村党员一起过组织生活，一起探讨推动村上发展、农民增收的途径和办法，进村入户排查矛盾纠纷，解决实际问题。

【基层组织和党员队伍建设】　认真学习贯彻新修订的《中国共产党党和国家机关基层组织工作条例》，实行“工委统一领导，各部门党组（党委）负总责，机关党组织切实履行职责”的机关党建工作领导体制和机制，部门党组（党委）对机关党建工作重视支持日趋提高。党员管理工作进一步规范，党内激励、关怀、帮扶机制不断健全和落实，对35名生活困难党员进行了慰问。党内民主建设迈出新步伐，党务公开有步骤推行。及时做好机构改革后机关党组织的设置和换届改选工作，全年批准成立6个基层党组织，督促指导4个机关党委、4个党总支、28个党支部进行了换届改选。认真做好发展党员和干部培训工作，全年接收预备党员77名，批准预备党员转正80名，培训党务干部98人，培训发展对象211人。

（王西满）

机　构　编　制

渭南市机构编制委员会办公室

主　任　王　勇

【市、县、乡机构改革】　一、开展学习调研，做好机构改革准备工作。组织学习中省关于机构改革的一系列文件精神，结合渭南实际，开展讨论活动。深入各县（市、区）、市级有关部门和乡镇开展专题研究，专程赴咸阳、汉中等市，学习借鉴外市好的经验和做法，为做好改革工作掌握第一手资料。二、精心组织实施，全面完成市级政府机构改革工作。拟定并印发《关于市政府机构改革工作实施意见》、《市政府工作部门机构改革“三定”规定制定实施工作意见的通知》、《市政府机构改革期间人员安置有关政策的意见》、《关于严明纪律切实保障全市政府机构改革顺利进行的通知》等配套文件。4月14日，市级政府机构改革动员会召开，市级政府机构改革工作进入组织实施阶段。改革中，探索和建立有机统一的大部门体制，设立了市人力资源和社会保障局、工业和信息化局、文化广电和新闻出版局、交通运输局；进一步理顺职责关系，规范机构设置，将市法制办公室、金融办公室、爱卫办等承担行政管理职能的单位，由部门下属事业单位调整为政府工作部门的内设机构。重新拟定市政府42个工作部门“三定”规定，经市编委会研究同意，一次印发执行。通过“三定”，共调整市级部门职能35项、增加职能13项、加强职能71项、取消职能12项，清理规范19个部门35个行政审批事项，变更科室设置45个，调整科室职能86项，调整部门内设机构和企事业单位体制关系21项，合理确定各部门领导职数，正县级领导职数较实际配备减少10名，副县级领导职数较实际配备减少42名。改革后，市政府共设置工作部门33个、部门管理机构2个、政府直属事业机构7个、政府直接管理机构1个、政府派出机构8个，市级政府部门由原来的65个精简到51个，机构精简率达21.5%。三、加强监督指导，推动县级政府机构改革顺利实施。明确改革政策，以转变政府职能、规范机构设置、调整和优化组织结构为核心，审核和沟通各县（市、区）改革方案，修改完善改革意见，9月初，各县（市、区）方案一次性印发执行，各县（市、区）根据批复方案组织实施。四、突出改革重点，开展乡镇机构改革。拟定并印发《渭南市乡镇机构改革实施意见》、《关于成立市乡镇机构改革工作领导小组及办公室的通知》。8月24日，组织召开了全市乡镇机构改革工作电视电话会议，安排部署全市乡镇机构改革工作。下发了《关于乡镇机构改革工作有关问题的通知》，明确推进改革的思路和措施，对乡镇机构改革中有关镇机关和事业单位机构设置、职能配置、编制核定、撤乡并镇、重点镇建设以及街道办事处改革等问题提出了具体指导意见。开展撤乡并镇，撤乡并镇后全市共有镇（街道办）142个，撤并比例达30.05%，超额完成省定30%撤并比例，并于年底前全面完成各县（市、区）乡镇机构改革方案批复工作。五、开展督促检查，确保改革任务落实。落实有关机构改革纪律规定，在全市11个县（市、区）和27个部门（单位）开展改革纪律执行情况督查。由市级领导带队，对市、县、乡机构改革工作进展情况开展专项督查，拟定并印发《关于县乡机构改革督查情况的通报》、《关于市政府机构改革督查情况的通报》。

【事业单位体制改革】　按照全省文化体制改革精神，完成市文化广电新闻出版局下属事业机构的转企改制工作，撤销了市秦腔剧团、儿童剧院、人民剧院和文化服务站4家事业单位，组建渭南市演艺集团公司；设立集中统一的文化市场综合执法机构，组建市文化市场综合执法支队。配合文化广电部门制定并下发了《关于加快推进全市文化体制改革的实施意见》，推进体制改革工作。配合市食品药品监督管理局和市卫生局开展全市医药卫生体制改革工作。开展公立医院编制及实有人员的调查摸底工作，为全市基层医疗卫生单位实行药品“三统一”，提供全面准确的机构编制资料。根据各行业体制改革和调整，提出《关于市二黄局体制改革机构设置及人员编制意见》、《关于进一步理顺城区水资源管理体制的意见》、《关于理顺我市朝阳和沈河公园管理体制的意见》。按照省上要求，组织并完成各县（市、区）中小学教职工核编工作。

【机构编制管理】　加快推进全市机构编制“实名制”管理工作，对市、县、乡“实名制”工作的开展情况进行了全面调研，以中央编办研发的“机构编制实名制管理信息系统”为载体，正式启动了全市机构编制管理实名制软件的推广和运用工作。完成2009年度机构编制年报数据统计和上报工作；组织召开全市机构编制信息工作会议，总结2009年度编制系统信息工作，部署2010年度信息工作任务；完成全市公安机关新增政法专项编制和2009年度市级军队转业干部编制分解下达工作；清理地方专门公安机构，撤销澄城县公安局土地管理派出所、合阳县公安局土地派出所；规范设置县级公安机关纪委办事机构，并根据编制员额和实际需要配备专职纪检监察人员。

【事业单位法人登记】 全年共办理事业单位设立登记10家，变更登记41家，并对全市符合设立登记、变更登记条件的169家事业单位在《渭南日报》上进行了公告。完成2009年度全市事业单位法人年检工作和法人登记信息上报工作。

（赵 强）

政 策 研 究

中共渭南市委政策研究室
渭南市农村工作领导小组办公室
主 任 王改明
副主任 刘建军 白宝虎 孔繁文

【农村工作】 一、加强对全市农业和农村工作的协调和指导。主要围绕发展现代农业和新农村建设，着力抓了促进农民增收、新农村建设和农村环境综合整治三项重点工作。围绕贯彻中央〔2010〕1号文件和省委农村工作会议精神，提出了全市的工作思路，组织召开了全市农村工作会议，对农业农村工作和新农村建设进行了全面安排部署。采取现场观摩和大会交流部署等形式，把主会场开到农村工作一线，先后组织与会人员参观了华县和临渭区等六个工作典型，收到了非常好的效果。围绕总结半年农业和农村工作形势，在蒲城召开农村工作推进会（座谈会），研究解决全市三农工作存在的突出问题，安排部署了后半年工作。根据农村经济发展中存在的“投资少、贷款难”这一突出问题，组织召开了全市金融支农工作座谈会，总结推广蒲城、澄城、大荔等金融支农工作经验，破解发展难题，取得了较好效果。据统计至11月底，全市金融机构支农资金投放总额达230亿元，同比增长44%。二、加强党的农村政策宣传和农村干部培训。中央一号文件下发后，加强了全市广大干部和农民群众的政策宣传。根据一号文件精神整理宣讲提纲，在市委中心学习组上进行专题辅导；并组织农工系统干部开展了专题学习讨论会，会议编印了《中央一号文件宣讲提纲》和《中央一号文件学习资料问答》。同时组织人员编写了《农村政策简明读本》，将近年来中央七个一号文件和有关惠农政策汇编成册，共印一万册，发放到全市农村工作干部和农民群众手中。围绕统筹城乡发展、创意农业等专题组织部分县乡干部和机关干部外出考察学习，进一步解放思想。组织了富平、潼关等337名村干部赴西北农林科技大学进行了培训。三、全力抓了新农村建设试点村和部门包村帮扶工作。下发了《关于切实抓好2010年市级新农村建设试点村工作的若干意见》，明确了工作任务和重点。继续采取领导抓点、部门包村的工作方法，落实了市级包联领导和市级部门包联工作责任。组织人员深入各试点村对市级包联部门与各试点村工作对接情况进行专项督查，并组织各县（市、区）农工部对全市新农村建设试点村各项工作和部门包村帮扶工作情况进行考核。

【调查研究】 围绕全市经济社会重大问题积极开展调查研究。针对经济社会发展中一些重大问题和关系民生的热点问题，起草下发《关于做好2010年度调查研究工作的通知》，提出全年调研课题重点，指导组织各级搞好调查研究工作。下发了《关于做好2009年度优秀调研成果推荐参评工作的通知》，组织人员对调研成果进行收集整理和评选。共收集、整理调研报告118篇，组织专家评选出获奖调研报告30篇，并进行了通报表彰，完成《2009年度全市优秀调研成果汇编》一书。同时参加全省优秀调研成果评选，其中参评21篇，获奖8篇，在全省名列前茅。开展重点专题调研。组织人员围绕全市经济社会发展中出现的一些热难点问题，确立专题开展调研，共完成各类调研报告25篇，在省市有关刊物发表10篇。其中《关于发展渭南创意农业的调查报告》、《关天经济区我市定位问题思考》、《十二五规划中应注意的几个问题》等事关渭南经济社会发展大局的调研报告引起有关方面的高度重视。《提升渭南城市软实力刍议》、《关于我市农业产业化发展问题》、《创意农业助推产业发展方式转变》等调研报告参加有关部门组织的论坛，获优秀论文奖。有关涉农问题调研《以城带乡的东秦"协奏曲"——加快秦岭北麓突破发展的实践与探索》、《关于渭南红枣产业发展情况的调研》等为市县决策提供了有力参考。创新调研模式。和西北农林科技大学研究生院联系，选抽9名研究生开展创意农业调研，形成一批有情况、有分析、有对策建议的调研报告，其中《打响创意牌，唱好农业戏》、《关于在我市大力发展创意农业的建议》在省市有关刊物发表。在《渭南日报》开辟了"创意农业在渭南"专栏进行系列宣传报道。

【沿国省道村镇整治】 继续抓好8条国省道沿线71个乡镇、301个村的环境综合整治工作。在全市集中组织开展了"百日整治"活动，共清理"三堆"50余万方，排水沟530公里，违章建筑5.8万平方米，整顿马路市场32处，清理门前不规范厕所1200个，全市有10%的行政村从"脏乱差"后进村变为"清洁村"。积极探索农村环境卫生综合整治长效机制。多次组织新闻媒体明察暗访、舆论曝光，在渭南电视台和《渭南日报》分别开辟了整治专栏，全年共进行了13期系列报道；与《渭南日报》举办了"县（市、区）长谈农村环境卫生整治"专栏，向全社会公开承诺。加大环境整治投入力度。全年11个县（市、区）和渭南高新区投入农村环境卫生整治资金3000万元，较上年增长了6倍。以整治活动为契机，加强沿线村镇硬件建设。全市整修道路、巷道2200公里，整修排水沟1800余公里，绿化道路、巷道900余公里，添置垃圾清运车120余辆，添置垃圾箱3000多个。全年先后开展了5次大的督查活动，进行了4次明察暗访，对6个"脏乱差"典型进行了曝光，编发工作简报14期，电视跟踪报道7次。

（刘　刚）

老干部工作

中共渭南市委老干部工作局
局　长　陈学敏
副局长　张永清

【概况】 2010年,全市老干部工作紧紧围绕深入贯彻落实中组发〔2008〕10号和陕发〔2008〕11号文件精神这"一条主线",突出抓好离退休干部政治待遇和生活待遇落实"两个重点",强力推进老年大学和老干部活动中心两个阵地建设以及各级老干部工作部门自身建设,推动了全市老干部工作整体水平的不断提升。市委老干部局、韩城市委老干部局、华阴市委老干部局和白水县委老干部局被省委老干部局授予"全省老干部工作系统'大比赛'主题活动先进集体"称号。市委老干部局被省委老干部局授予"2010年度全省离退休干部宣传工作先进单位"称号,被省老龄委授予"弘扬敬老新风奉献奖"。局长陈学敏被省委组织部、省委老干部局授予第二届陕西"十大金秋人物"称号。

【老干部政治、生活待遇】 先后组织离退休老干部参观了第十四届西洽会、赴台湾参观考察、听取渭南城市建设情况的汇报、参加了2010卤阳湖国际通用航空节开幕式,与相关部门联合组织举办了市直离退休干部养生保健科学报告会、关中五市区"少华山"杯人文陕西魅力秦川书画联展,对全市做出突出贡献的老科技工作者进行了慰问,使老干部共享改革发展成果,为渭南经济社会发展建言献策。组织对全市离退休干部"四就近"工作进行了深入调研,全市确定临渭区站南办朝阳社区和大荔县城关镇西郊社区两个省级示范点。重点对退休干部情况进行了摸底调查和信息进库,市级离退休领导干部40人,县级领导干部793人,已全部进入信息库。年初,组织对各县(市、区)市级老干部、老红军,市直市级老干部、老红军、住院老干部,市直企业、省属下划企业离休干部400余人进行了走访慰问;8月份,赴上海、江苏、浙江等地,对6名异地安置离休干部进行了看望和慰问,为每人送去了1000元慰问金和价值200余元的慰问品。将省属下划企业离休人员防暑降温费一次拨付十年,交由当地老干部工作部门统一发放。落实了市直事业单位60名离休人员提高的生活补贴。专题协调解决了市直163名企业离休干部提高的生活补贴。全年共接待老干部及家属、子女来信来访80余人(次),处理信访件18件,老干部反映的问题都得到了圆满解决,确保了老干部队伍的稳定。

【老干部作用发挥】 市关工委组织"五老"宣讲员、"五老"网吧监督员1300多名,在青少年思想道德教育、网吧监督等方面发挥积极作用;组织全市780名"五老"参与全市蛋奶工程监督工作,为中小学生安全健康使用蛋奶再添安全屏障。渭南老干部模特队先后参加了在上海举办的首届"中国中老年艺术节"全国总展演和在北戴河举办的2010全国首届中老年优秀文艺作品展演暨选拔活动,参演的时装表演节目《晚秋俏韵》获金奖，并应邀赴台湾访问演出、赴京参加中央5台春晚录制和首届国际“手拉手、心连心”文艺盛典活动。53名离退休干部组成的代表团参加了陕西省首届离退休干部健身运动展示会，分别获得了太极拳（剑）一等奖，门球二等奖，象棋二等奖，乒乓球男子组三等奖、女子组三等奖，柔力球三等奖。渭南市离退休干部代表团获优秀组织奖。市级各个老年社团积极开展系列活动，为渭南经济社会发展建言献策，发挥作用。市老年书画协会组织离退休干部中的书画爱好者深入合阳、澄城、富平等城乡建设一线进行采风和书法、绘画、摄影创作，宣传讴歌市中心城市建设、县（市、区）经济社会发展新成果。在《渭南日报》举办了宣传中心城市建设书画作品专版，出版了宣传县（市、区）经济社会发展新成果的挂历。市老科协积极开展创建“四型”协会活动，组织离退休科技工作者，深入田间地头、工厂车间、机关单位，开展实用技术培训、新技术推广、健康知识讲座。市慈善协会筹集善款1076万元，助医、助学、助残、扶贫资金920多万元，资助经济困难学生和社会老人3182人（次），全市慈善志愿者达5320余人。

【老年大学、老干部活动中心建设】　积极采取“政府支持、规划新建，土地置换、市场运作，多元投资、联合开发，资源整合、阵地共享”等多种形式，强力推进老年大学和老干部活动中心两个阵地建设，抓好了活动、教学阵地的新建、扩建、改造和软件设施配套。渭南老年大学投资15万元改善办学条件，加强规范化建设。围绕建校20周年开展了系列庆祝活动，编辑出版了书画摄影作品集《盛世风采》和诗文集《夕阳赞歌》。市县两级创建示范型老干部活动中心（室）工作扎实推进。2010年，渭南市老干部活动中心和大荔县老干部活动中心被省委老干部局授予“全省老干部活动示范中心”称号。

（李新珂）

党　校　工　作

中共渭南市委党校

常务副校长　钱万昌（10月20日离任）
　　　　　　党国栋（10月20日任职）
副　校　长　奚兴寿　王新平　史晓龙

【干部教育】　完满地完成了春、秋季县处级领导干部进修班（75人）和乡镇领导干部进修班（100人）的培训任务。学习期间，认真听取了十七大、十七届四中全会、十七届五中全会精神及2010年中央一号文件的学习辅导，中国特色社会主义理论体系专题，世界眼光、战略思维和领导科学专题，市情专题，法律和一些综合性专题等课程的辅导。在培训中，采取了“请进来，走出去”的教学方法，邀请有关部局的领导及学者来校进行市情课的讲授，学员之间也进行了互相交流，开办学员论坛等。邀请青年书法家雷东为大家讲授了《书法艺术鉴赏》课。让学员走出课堂，开展实际调研。两班学员考察了西安市曲江新区，对曲江的整体长远规划有了一个全新的了解；赴西安市委党校聆听了教授李清芳所作的《加强党的执政能力建设几个问题的思考》的讲座；赴临渭区辛市工业园进行参观，听取园区简介，观看园区发展规划录像，考察了陕富面粉加工企业的自动控制车间和泓利钢管生产线车间，让学员充实了头脑，增长了见识。同时，认真举办了全市县处级领导干部和科级领导干部学习党的十七届五中全会精神培训班共10期（1650人）。

外联引班工作进展顺利。举办了全市法制教育工作领导干部法律知识培训班（72人），全市县处级干部及市直重要岗位科级干部《廉政准则》培训班（766人），全市中小学校长培训班（110人），渭南市人力资源中介服务机构从业人员培训班（200人），县乡两级计划生育协会秘书长培训班（34人），市政协新任委员学习培训班（160人），全市组织系统"四项业务技能"竞赛活动培训班（190人），全市女干部"性别平等与社会发展"研讨班（33人），第六期市管拔尖人才培训班（23人）。还有市体育局体彩中心培训、市劳动局农村劳动力转移培训、中国教育读物专业委员会委员培训、公安民警、民生保险、新华保险、泰康人寿等多个行业办班，共有3500多人进行了培训。将市行政学院并入党校，并利用行政学院现有资源，认真举办了全市组织人事班、乡镇领导培训班、体育指导员培训班、城乡规划管理人员岗位培训班、公安民警三个必须培训班、统筹软件升级培训班、军队转业干部培训班、社区党务工作培训班、初任公务员培训班、统战宗教信息培训班、司法助理员培训班、东雷抽黄领导干部培训班、公安执法细则培训班、高中课程改革培训班、公安厅法律函授本科培训班、各类保险公司业务轮训班等58个，参训学员5570人。

【教学科研】 一、完成了县处级领导干部进修班教学200课时，乡镇班教学200课时，妇干班教学40课时；二、完成中函、走读等学历班次教学500余课时；三、指导2008级本科班毕业论文120余份，评审2008级毕业论文600多份；指导2008级研究生毕业论文提纲30篇；四、完成校外科学发展观等内容辅导、报告80余场且多位教师随学员班到农村基层进行调研，一些教师还应邀为渭南电视台制作节目，特别是副教授宋筱改的备课还获中央党校教学资源"优秀讲座片"奖；五、全年报送省党校系统第24次理论研讨会论文14篇，获奖8篇。报送市纪委读《镜鉴》"信合杯"征文8篇，获奖1篇。全年公开发表论文20余篇。完成了全省党校系统中国特色社会主义理论研究中心2010年立项课题3项。有10多位教师到省党校进修学习。孙明霞出版专著《中年群体健康维护研究》一书，20万字，三秦出版社出版。

行政学院在教学内容上，围绕全市干部教育和公务员培训新要求，开设了《学习贯彻落实科学发展观》、《理论创新与创新思维》、《行为训练》、《行政机关伦理建设》、《十七届五中全会辅导》等专题讲座；在培训方式上，推行了案例式、小组式、互动式等方式；充分发挥省经济学会理事单位和调研基地作用，认真组织了"为渭南发展献计出力"活动，行政学院教师外出讲课200多课时，内容包括渭南市情、公文写作与处理、心理调适、机关礼仪等。提交国家、省、市"十二五"规划建议14篇，完成2010年度重点调研课题7项，其中5项被列为全市政府系统调研课题，上报省行政学院自主选学专题5个；承担相关部门公开选拔领导干部和录用人员笔试面试的命题制题工作，担任一些面试考官；教师发表论文26篇；副教授魏刚被确定为市级三三人才第一层次专家，副教授雷转运被确定为全市第六批有突出贡献拔尖人才。

（王桥门）

党史资料征集研究工作

中共渭南市委党史研究室

主　任　同木平

副主任　张军胜

【概况】　2010年，市委党史研究室圆满完成全年各项工作任务，革命遗址普查工作获全省先进单位荣誉称号，被省委党史研究室连续第五年评为全省党史工作先进集体。

【党史资料征编】　一、精编出版《渭南党委工作纪事》（2008年卷）。全书约60余万字，陕西人民出版社公开出版发行，7月份已与读者见面。该书内容包括中省领导来渭南考察实录、市委重要决策、党委工作大事记、党委工作概况、典型介绍、执政论坛等六大版块，以党委中心工作为主线，以党委的自身建设为重点，以党委的决策、领导、活动为主要内容，全面客观地反映全市各级党委的大事要事、党建工作的创新经验和先进典型，突出党委工作特色和渭南地方特点。二、精编出版《渭南党史专题资料集锦》一书。通过多次下基层调研，查阅大量档案，收集整理撰写《渭南地区的剿匪斗争》、《渭南城市的接管与社会改造》、《渭南抗美援朝运动》、《渭南知识青年上山下乡运动》、《1984年的渭南整党工作》等18个专题资料，共13万余字，于3月份出版发行。三、完成《渭南党委工作纪事》（2009年卷）资料征编任务。2010年2月6日，向各县（市、区）委、市委各部门、市政府各部门党委（党组）、各人民团体党组发出《关于编纂〈渭南党委工作纪事〉（2009年卷）有关事项通知》。6月底，完成资料征集，共约62万字。集中时间、集中人力完成精编。四、精编出版《中共渭南历史人物传》（第二卷）。共收录党史人物56个，约21万字。9月20日出版，标志着民主主义革命时期渭南党史研究任务基本完成，同时为党史宣传教育提供了一部好教材。五、完成《“三线”建设在渭南》、《渭南90年代的重点村建设》、《渭南三年国民经济调整》、《1957年渭南的整风运动和反右派斗争》、《渭南地区农村人民公社化运动》5个专题，共7.4万字，资政研究迈出新步伐。六、为纪念抗战胜利65周年，精编出版《十七路军军史资料（四）》，约12万字。

【党史宣传教育】　一、制作《中共渭南党组织发展历程》党史课件，采取多媒体形式开展党史宣传。二、圆满完成红色遗址普查工作。全市共确定革命遗址156处，通过普查基本廓清渭南革命遗址现状，对革命遗址保护和利用进行了基础性准备。红色遗址普查工作受到省委党史研究室的通报表彰。三、编发《渭南党史通讯》特刊一期，刊发2010年完成的部分专题和多篇党史人物鲜活故事。

（王　峥）

档 案 工 作

渭南市档案局(馆)
局(馆) 长 李献文
副局(馆)长 李宇峰

【档案资源】 按照“三个体系”建设要求,拓宽收集范围,加大接收征集力度,不断提高服务效果,确保档案安全。一、接收了市煤炭局、市政府办到期档案、资料606卷,接收陕棉13厂、光华纺织厂、二合成制药厂等破产企业档案36000余卷(册),确保了国有企业档案不流失、不损毁,使馆藏档案从7万余卷(册)猛增至11万卷(册),馆藏档案进一步得到丰富和优化。二、接待查档者5600人次,提供档案8100余卷,为机关工作、编史修志、政策研究、机构改革、婚姻登记、落实待遇等问题提供了可靠依据。市档案馆及韩城市、白水县、蒲城县、华县4个县级综合档案馆被命名为爱国主义教育基地,拓宽了档案服务功能。投资3.4万元购置照像、摄像器材,制定征集、编辑方案,市档案局与富平县档案局联合开展了《习仲勋在陕西》资料征集与实地拍摄工作。三、严格执行《国家重点档案抢救和保护补助费管理办法》和《实施细则》,积极开展档案抢救工作。抢救民国时期洛惠局档案198卷,裱糊32195页。四、建立健全档案安全体系,定期进行安全保密教育,强化档案安全保密观念,制定安全应急预案,推行安全保密责任制,对涉密计算机进行物理隔离和注册登记,落实馆库“十一防”措施,定期检查档案安全防护设施性能,及时排除隐患,确保档案安全万无一失。

【档案信息化】 2010年是实施全市档案信息化建设2008—2010年三年规划的最后一年,市、县两级档案部门普遍加快了信息化建设步伐,纷纷增置电脑、扫描仪、服务器、移动硬盘等设备,调整充实档案信息录入人员,安排专人负责,协调信息化建设各项事务。全市12个国家综合档案馆及高新区综合档案室统一安装了“世纪科怡”档案管理系统软件,并在机关单位大力推广使用。认真执行《电子文件管理暂行办法》和《文书档案目录交换格式》,市馆完成案卷级目录著录6.5万条,文件级著录28万条,全文扫描132万页,为区域性档案目录中心和全文数据中心建设,实现档案资源整合和在线查阅利用工作奠定了坚实基础。采取刻录光盘、移动硬盘,制作目录备份等防护措施,确保电子文件录入存放安全有序。外出学习考察,聘请有关专业人士共同研究,并经过反复论证和征得省档案局同意,制定了《渭南市档案馆数字化档案馆建设一期工程方案》,计划投入40余万元用于购置软件和有关设备,开展数字档案馆数据融合共享工作。加强档案网站建设,不断设计、修改栏目设置,扩充网站内容,更新信息和图片,宣传报道工作动态,交流档案工作经验,增强网站实用性,并利用网上咨询、网上留言等互动栏目,及时为民排忧解难,开展业务指导和咨询服务,使网站功能更加完善,内容更加充实,设置更加合理,便于提供服务。

【档案业务】 一、围绕土地流转、林权承包、农村低保、农村新型合疗、农民专业合作社等新农村建设工作,努力完善农村基层档案信息服务网络,建立覆盖新农村建设和全体农民的农村档案服务体系,全市新创建村级档案工作示范点60个。配合省、市林权改革工作领导小组,对全市6个县市的林权改革档案工作进行了检查指导。贯彻《陕西省社区档案管理办法》,积极开展社区示范档案室创建活动,建立居民档案、城市低保档案、"零就业"家庭档案、住房困难户档案、残疾人档案等民生档案专题数据库,加强社区档案信息资源的整合与开发。全市新创建社区示范档案室53个。二、制定下发了《渭南市民营企业档案管理暂行办法》和《关于促进民营企业档案工作的意见》,积极鼓励和引导民营企业开展建档工作。在韩城召开了全市民营企业档案工作现场会,对14户民营企业档案工作规范管理示范单位进行了表彰,组织参观了两户档案规范化管理示范企业,收到了良好效果。三、认真贯彻全省重点工程建设项目档案专项验收办法,全面落实档案管理制度和档案登记制度,严格验收程序和标准,深入施工现场实施跟踪指导,确保工程建档质量。对关中环线渭南段、渭南洛惠局等5个工程项目档案予以验收,形成工程项目档案验收报告,确保了项目档案的齐全、完整、安全。与卤阳湖开发区管委会联合举办了档案员培训班,围绕工程项目档案业务进行了专题讲座,提高了档案管理人员的业务水平。与市发改委联合对华阴三秦"一村一品"大观园建设项目、华县垃圾填埋项目、陕化节能减排技改项目、市交通局高新客运中心建设项目等8个重点项目档案进行了专项检查,对检查中发现的问题进行现场指导,责令限期整改,强化了项目建设单位的档案法制意识。深入贯彻执行《归档文件整理规则》和国家档案局8号令,着力推进机关档案工作制度化、规范化建设。全市机关文件材料归档范围和文书档案保管期限表审查工作已基本结束,2009年度归档文件整理普遍按照8号令要求执行。四、协调配合税务、养老、监察院系统开展档案目标管理认证工作。全市共认证单位56个,其中AAA级15个、AA级16个、A级25个。五、开展创卫档案资料指导工作,与市创卫办、市爱卫办联合举办了创国卫档案资料收集整理工作培训班,为建立翔实可靠的创卫档案资料奠定了良好基础。印发了《渭南市创卫档案资料归档与整理工作指导意见》,要求"三区"和市直部门把年度文件归档整理工作与创卫资料的收集归档工作同步进行。档案事业发展综合评估工作被省档案局评为先进集体。

【档案馆库建设】 各县市档案部门抓住国家补助中西部地区县级综合档案馆建设的契机,主动争取地方党委、政府的大力支持。蒲城县新馆一期工程已经封顶,二期扩建工程前期准备工作基本到位,已上报待批。合阳县新馆建设主体框架已经完工。其他县(市、区)相继完成了新馆选址、设计、环评、可研等工作。市档案馆投入资金进行档案楼维修,安装档案密集架、图纸柜,努力改善档案保管条件和办公条件。

【档案宣传法制建设】 一、采用展板、广播、电视、新闻媒体、印发传单、悬挂横幅等多种形式大力开展档案宣传教育活动。二、加强档案宣传通讯报道,不断扩大档案工作舆论氛围。积极报送档案信息,在各类报刊、杂志、新闻媒体刊登、报道文章、消息37篇。《陕西档案》第五期对市档案馆进行了专题介绍。全年编印《渭南档案简讯》12 期,刊登稿件 70 篇。完成《陕西档案》征订任务,在全省档案宣传通讯工作会议上,市档案局获宣传通讯工作组织奖,并作了大会经验交流。三、档案行政执法力度进一步加大。按照档案法律法规的要求,进一步加强执法队伍建设,完善执法主体,规范执法程序,加大执法力度,全市共对 321 个单位进行了执法检查,对不按时移交档案、档案管理混乱、不按期整理归档等违法违纪行为下发了整改通知书,责令其限期整改,确保档案安全、齐全、完整。

（刘敏艳）

中国共产党渭南市纪律检查委员会

市纪检委领导成员

书　记　郝宗友
副书记　张必忍　王新亚　孙建国
常　委　赵笑莲(女)　王红岩　崔利民　李刚拴　史金刚

市监察局领导成员

局　长　孙建国
副局长　赵笑莲(女)　王红岩

纪检监察工作

【廉政工作】　第五批县处级党政主要领导干部向市纪委全会述廉首次实行述廉报告网上公示,接受公开监督和评议。43名县处级领导干部和482名科级干部按照规定参加了任前廉政法规考试。普遍推行乡镇“廉政灶”,节约费用130余万元。组织信访听证会16场,解决疑难信访问题14件。电子化政府采购83次,节约资金110万元。推广财政投资项目评审制度,先后评审41个项目,涉及资金6.4亿元,核减1.2亿元。推进惩治和预防腐败体系建设,对各县(市、区)政府、市直各牵头和配合部门落实渭南市委《实施细则》情况进行了督促检查。深化警示训诫防线建设,对296名党员干部实施了警示训诫,其中警示提醒199人,诫勉督导27人,责令纠错70人。执行《国有企业领导人员廉洁从业若干规定》,落实国有企业负责人薪酬管理规定,规范职务消费,加强国有、国有控股企业和学校、公用事业单位、社区党风廉政建设,共建立36个党务公开联系点和22个社区党风廉政建设示范点,厂务公开、校务公开、事务公开全面推行。制定下发了《关于加强领导干部作风建设推进科学发展的实施意见》、《关于对全市行政效能建设情况和行政执法部门执行法律法规情况进行专项检查的通知》,各县(市、区)政府开展了自查自纠活动。在市直部门、县(市、区)政府、乡镇政府和基层站所,开展两次明查暗访活动,重点解决党员干部参与赌博、失职渎职、推诿扯皮、效率低下等群众反映强烈和影响党员干部队伍形象的问题。开展"加强效能建设,优化投资环境"整治活动,全面推行效能建设八项制度。组织召开了渭南市政府系统廉政工作电视电话会议,部署了渭南市政府系统廉政建设和反腐败工作任务。落实经济责任审计后集体谈话制度,有效发挥审计监督功能。落实中央《关于对党政领导干部实行问责的暂行规定》和《陕西省损害群众利益行为行政责任追究试行办法》,对信访稳定、安全生产、行政管理等方面存在工作失职、监管不力等问题的33名责任人实施了问责,其中责令辞职7人,免职1人,其他组织处理25人。对在廉洁自律考核中被评为"基本廉洁"格次或者落实责任制工作被评为"基本称职"格次的55名县处级领导干部下发了《警示提醒通知书》。

【廉政教育】 共对1183名县处级领导干部、263名市直部门重点岗位科级干部进行了《廉政准则》专题培训。开展辅导讲座1300场次,党政"一把手"以《廉政准则》为主要内容讲党课1800场次。在党员干部中开展了学习贯彻《廉政准则》知识测试活动,参加测试人员53399人,参与率93.5%。深化干部教育的形式和内容。依据渭南市查办的9类60起典型案件编印了《镜鉴》一书,开展了"读《镜鉴》,思廉政"座谈讨论和征文活动,共收到征文1800余篇,401篇征文参与了评奖。举办了第四期"廉内助"培训班,培训县级干部配偶74名。注重舆情引导,《西岳清风》网站点击量已达1046万人(次)。在《渭南日报》开办《廉政视点》专栏18期,同时在渭南市电视台开办《廉政经纬》和《廉政报道》栏目。

【廉政制度创建】 渭南市创立的村民监督委员会制度,为全国人大修订《村民委员会组织法》在村级组织架构中增加"村务监督机构"的规定,提供了实践依据。探索建立党政主要领导干部权力运行中的"限权"措施,制定下发了《关于加强对县级领导干部监督的试行办法》、《渭南市纪检监察机关与新闻单位建立协作沟通机制暂行办法》、《关于市直部门需监督事项有关问题的通知》。结合渭南实际,试点推行强农惠农资金"一卡通"发放,受到群众欢迎。

【纠风工作】 对义务教育阶段免除学杂费及有关收费情况、落实校务公开和收费公示制度进行了检查,共发现和纠正问题60余起,清退20余万元,没收60余万元,查处违规收费23.1万元,处理相关人员31人。纠正医药购销和医疗服务中的不正之风。查处大荔县卫生局对乡镇卫生院药品配送统一招标中的问题等3起案件;开展了对基层医疗机构药品"三统一"工作的监督检查,全程监督了配送企业遴选评审过程。开展公路"三乱"和保障310国道畅通检查100余次,发现问题26起,处理相关人员49人。查处损害群众利益的突出问题和案件,对潼关县交通局综合执法大队乱执法等31起案件进行了调查处理,对37人进行了党政纪处分。清理规范了各系统评比达标表彰工作,在各党政机关进行了全面排查。纪检部门配合物价部门对11个县(市、区)收费项目较多的部门进行了专项检查,发现相关问题60余起,涉及资金500余万元,退还用户20余万元，没收上缴财政60余万元。加强投资环境治理工作。落实《关于全市投资环境民主评议的实施办法》，对渭南市投资环境进行测评，走访企业65家，征求对当地投资环境的意见和建议，对国家工作人员入企执行公务登记规定的执行情况进行专项检查，纠正违规检查2起。组织两次行风评议活动，56个市级部门和单位及11个县（市、区）相应部门参加了评议。开展创建"人民群众满意基层单位"活动，对152家创建"人民群众满意的基层单位"候选单位进行了检查验收，表彰了100家基层单位。"环境热线"栏目播出295期，受理各类投诉、建议和咨询2315件，百分之百进行了回复。加强对行政审批事项监督工作。经过四轮清理精简，市级行政审批事项已由761项清理精简到190项，其中行政许可事项101项，非行政许可事项89项。

【查办案件】　共受理群众信访举报1789件（次），接待上访群众137人次。初核案件414件，立案352件，结案352件，给予党政纪处分415人，其中立案查结县处级干部3件3人，司法处理1人，通过查案挽回经济损失348.1万元，对涉嫌犯罪的13名共产党员暂停组织生活。在开展"抓基层办案，促社会和谐"专项活动中，组织查办村组干部涉贪、涉黑、干扰重点项目建设，环保、拆迁侵权，强农惠农和社保资金违规发放等案件139件147人，清理信访积案57件，解决群众反映热点、难点问题100余起。建立乡镇办案协作区47个，查办案件31件。全年共查处商业贿赂案件5起，涉案金额40.71万元，查结2起，2人受到党政纪处分，在西岳清风网站商业贿赂曝光台公布典型案件2起。

【执法监察】　加强对扩大内需、促进经济增长政策落实的监督检查，重点对投资16.3亿元的373个增加的中央项目进行了两轮检查，督促整改各类问题25个。对总额80.5亿元的88项强农惠农资金和十大民生工程进行了专项检查。对渭南市2008年以来立项、在建、峻工的工程建设中1227个使用政府投资和国有资金投资项目进行了集中排查，发现工程建设项目存在问题425个，责令有关部门和单位进行了整改。在督促检查中发现案件线索21条，查处工程建设领域违纪违法案件16件，1人受到司法处理，10人受到党政纪处分，6人受到警示训诫。向渭南职业技术学院新校区建设项目和渭南中心医院迁址建设项目派驻了临时纪检组，对工程建设进行了全程监督。开展"小金库"专项治理工作，共清理违规资金37.5万元，处理违纪人员1名。组织市财政局、民政局召开工作协调会，对社会团体和国有控股企业"小金库"治理工作作出部署，对商务、城建等系统10个单位进行了检查清理。对6起安全生产事故进行了调查处理，对51名责任人实施了责任追究。对各县（市、区）问题乳粉彻查工作进行了督查，追究了有关人员的责任。

（李　华）

渭南市人民代表大会

市四届人大常委会组成人员

主　　任　雷孟斌

副 主 任　王安稳　郗怀亮　胡会维　张海贵　王荣举　薛东江

秘 书 长　雷晓萌

委　　员　丁仁兴　马苏有　马保平　王学忠　文红军　史孝魁　宁　珺　安玉霞
杨建秦　李　琦　李长宏　李玉梅　李金侠　张天亮　张丹力　张金安
张育文　张洁玉　张雪艳　陈彦文　林　跃　林小中　郭学红　常耀才
崔晓民　韩兴龙　韩国强　程立华　樊志斌　潘建文　薛　博

副秘书长　文红军　韩国强　崔晓民

市人大常委会工作机构及领导成员

办公室
主　任　文红军
副主任　崔晓民　王耀武

研究室
主　任　韩国强(兼)

法制工作委员会
主　任　常耀才
副主任　骆苏弟

财政经济工作委员会
主　任　韩兴龙
副主任　程立华

教科文卫工作委员会
主　任　陈彦文

人事代表工作委员会
主　任　史孝魁
副主任　王　磊

代表资格审查委员会
主任委员　史孝魁

农业和农村工作委员会
主　任　潘建文
副主任　马志军

环境与资源保护工作委员会
主　任　张天亮

机关服务中心
主　任　刘高合

人　大　工　作

【渭南市四届人大一次会议】 3月30日~4月3日，渭南市第四届人民代表大会第一次会议在渭南召开。会议听取和审议了市长徐新荣作的渭南市人民政府工作报告；审议了渭南市2009年国民经济和社会发展计划执行情况与2010年计划草案的报告，审查批准了渭南市2010年国民经济和社会发展计划；审议了渭南市2009年财政预算执行情况与2010年财政预算草案的报告，审查批准了渭南市2010年市级财政预算；听取和审议了市人大常委会副主任王安稳作的市人大常委会工作报告、市中级人民法院院长张振伯作的市中级人民法院工作报告、市人民检察院检察长刘伟发作的市人民检察院工作报告，并作出了相应的决议。大会选举雷孟斌为渭南市第四届人民代表大会常务委员会主任，选举王安稳、郗怀亮、胡会维、张海贵、王荣举、薛东江为第四届人大常委会副主任，雷晓萌为第四届人大常委会秘书长，丁仁兴等31人为第四届人大常委会委员。大会选举徐新荣为渭南市人民政府市长，雷超武、郭伯权、刘宝琴、程勉贵、刘新兴、魏稳柱、潘洁当选为渭南市人民政府副市长。张振伯当选为渭南市中级人民法院院长。刘伟发当选为渭南市人民检察院检察长。市委书记梁凤民在会议结束时作了重要讲话。

【听取和审议市政府2010年上半年国民经济和社会发展计划执行情况、2010年上半年财政预算执行情况的报告】 8月30日，市四届人大常委会第三次会议听取和审议了市人民政府关于2010年上半年国民经济和社会发展计划执行情况的报告，听取和审议市人民政府关于2010年上半年财政预算执行情况的报告。会议认为，2010年，在市委、市政府的领导下，全市以科学发展观为统领，紧紧围绕“保增长、保民生、保稳定”的要求，克服国际金融危机和宏观经济下滑等不利因素，上半年，全市国民经济呈现企稳趋好态势。为了促进全市经济运行良性发展，确保完成全年计划、预算目标任务，会议要求，市人民政府应继续抓好以下几方面工作：一是全力以赴扩投资，再添措施、再鼓干劲，竭尽全力为项目建设提供服务。二是不遗余力抓招商，发挥行政手段，强化服务意识，创造一切要素条件，加快300个签约项目的跟踪、服务、协调，及时解决项目履约过程中的各种问题，为项目的落地、建设创造良好环境，早日形成投资规模。三是加大力度调结构，力促工业经济增长，加快发展现代农业，提升服务业发展水平。四是强化措施降能耗，加强节能降耗预警和调控工作，逐月通报县市和重点用能企业的用能情况，对超过行业能耗限额的企业实行惩罚性电价，对重点用能企业实施节能技改，降低能耗，对不达标的企业，坚决予以关停。五是不失时机扩消费。积极推动消费升级，落实家电下乡、农机下乡、汽车消费各项扶持政策；及时加快文化旅游业发展，采取多种形式加强旅游宣传，大力发展旅游商品，多样开发旅游产品。六是千方百计保民生。

大力推进民生工程建设，落实配套资金，明确任务，落实责任，对于年终未能完成十大民生工程建设任务的部门和县(市、区)进行问责，保证民生工程落实到实处；切实落实就业优惠政策，大力开发公益性岗位，加大对农村劳动力及城镇下岗失业人员、零就业家庭人员充分就业；高度关注弱势、困难群体，提高城乡最低生活标准，确保贫困人口得到有效救助。七是加快改革创新。加快企业股份制改造，完善法人治理结构，积极帮助有条件的企业上市融资；深化医药卫生体制改革，全面建立基本药物制度，实现药品统一价格，统一招标，统一配送；加快城镇户籍制度改革，逐步实现进城务工人员劳动报酬、子女就学、公共卫生、住房租购以及社会保障方面与城镇居民同等待遇。

【听取和审议市政府2009年财政决算草案的报告以及2009年度市级预算执行和其他财政收支情况的审计工作报告，审查和批准2009年财政决算】 10月28日，市四届人大常委会第四次会议听取和审议了市人民政府关于2009年财政决算草案的报告以及关于2009年度市级预算执行和其他财政收支情况的审计工作报告。会议认为，2009年，市人民政府及财政部门在预算执行中，认真贯彻中央和省、市委的工作部署和各项方针政策，坚持科学发展观，努力发展经济，千方百计挖掘增收潜力，积极组织财政收入，努力推进各项改革，财政收入持续高位增长，较好地完成了财政收入计划；合理安排财力，支出增幅较大，保证了工资发放、政权运转和其他重点支出的需要，财政决算做到了收支平衡。对审计出的问题提出的处理意见和加强预算及其他收支管理的意见是切实可行的，市政府有关部门对上年审计出的问题整改情况也是好的。会议要求，市人民政府要加大力度，扩大审计面，从审计中及时发现问题，把问题解决在萌芽状态；对于审计出的问题，要严格按照有关规定进行处理，进行跟踪监督，做到彻底整改。会议决定批准渭南市2009年市级财政决算，批准市财政局局长蒋秀侠所作的《关于渭南市2009年财政决算草案的报告》。

【审查和批准市政府关于提请追加2010年市本级财政支出预算的报告】 10月28日，市四届人大常委会第四次会议听取和审议了市人民政府关于提请追加2010年市本级财政支出预算的报告。会议认为，2010年以来，全市财政预算执行情况良好，财政收入保持了较高的增长势头，为了解决当前事关人民群众切身利益和经济社会发展的重大问题，根据2010年市级财政收支情况，会议决定批准市财政局局长蒋秀侠所作的《关于提请追加渭南市2010年市本级财政支出预算的报告》，批准追加2010年市本级财政支出预算29944万元。

【听取和审议关于检查《中华人民共和国科学技术进步法》实施情况的执法检查报告】 5月6日至7日，市人大常委会副主任胡会维带领部分常委会组成人员对渭南市贯彻实施《中华人民共和国科学技术进步法》的情况进行了检查。检查组采取听取汇报、座谈讨论和实地察看等方法，在听取市政府，临渭区，澄城县，蒲城县汇报的基础上，深入陕西北人印机、老香君粮油、澄城拓日太阳城、蒲城绿盾生物、卤阳湖通用航空产业园等9个企业进行了重点检查。2010年7月2日，渭南市四届人大常委会第二次会议听取和审议了市人大常委会执法检查组《关于检查<中华人民共和国科学技术进步法>实施情况的报告》。会议认为，该法颁布实施以来，市政府及科技主管部门始终把贯彻实施《科学技术进步发》作为落实科学发展观、建设创新型渭南的一项重要工作来抓，加强对科技工作的宏观管理和统筹协调，积极实施科技创新工程。会议要求：一是要坚持不懈抓好法律宣传。各级政府进一步加大学习宣传法律力度，采取多种方式和途径，引导广大干部群众解放思想，增强科技法制观念和科技进步意识，营造良好的社会环境。二是要切实加快科技进步和科技成果转化的步伐。立足实际，突出重点，加强农业科技的研发、推广和应用，提高农业生产的科技水平，引导传统农业向现代农业转变。三是要继续加强科技创新体系和科技人才队伍建设。充分发挥政府的规划和服务功能，搭建和完善开发性、综合性的科技创新平台，努力推进创新体系，积极为科技进步创造良好环境。完善科技创新的激励政策，激励科技人员在技术创新、成果转化等工作中做出贡献。四是依法加大对科技经费的投入。随着财政收入的增长，要不断加大科技经费的投入，拓宽科技项目融资渠道。积极探索建立以政府投入为引导，企业投入为主体，银行贷款为支撑，社会筹资、引进外资、个人捐资为补充的多元化科技投入格局，争取中省项目支出资金的力度。五是加强对科技工作的领导。加强经常性的综合协调和宏观指导工作，科技部门要深入开展调查研究，建立健全领导干部科技进步目标责任制，使科技工作形成全社会齐抓共管的局面。

【听取和审议市人大执法检查组检查《中华人民共和国能源法》、《陕西省节约能源条例》、《陕西省建筑节能条例》执法检查情况的报告】　6月10日至11日，市人大常委会副主任王荣举带领常委会部分组成人员，对全市贯彻实施《中华人民共和国能源法》、《陕西省节约能源条例》、《陕西省建筑节能条例》（一下简称“一法两条例”）工作情况进行了检查，检查组听取了市政府关于实施“一法两条例”情况汇报，检查了渭南化工实业余热利用项目、中信热电锅炉改造、长宏铝业、澄合矿务局、拓日太阳能公司和尧柏特种水泥有限公司等项目。7月2日，渭南市四届人大常委会第二次会议听取和审议了市人大常委会执法检查组关于检查“一法两条例”实施情况的报告》。会议认为，市政府高度重视，明确各部门工作职责，形成齐抓共管的工作机制。会议要求：一是继续加大宣传力度，提高全民节能意识。运用多种宣传手段和形式，深入宣传“一法两条例”，宣传重点行业、重点企业节能先进事例，宣传节能技术，宣传节能创新成果，努力使全市由产能、耗能大市向节能先进市的转变。二是大力调整优化产业结构。严格执行国家产业政策，加快淘汰技术水平低、能耗大、污染严重的生产设备和工艺的步伐，重点抓好钢铁、水泥、焦化等行业调整和振兴规划实施，促进高耗能行业结构调整和优化升级。严把项目审批、核准、备案关口，切实控制新建项目能源消耗量。大力发展循环经济，逐步将工业园区建成绿色生态园区。三是继续着力抓好重点用能企业和重点领域节能降耗，严格重点用能企业能耗监控和目标责任考核，控制能耗超标。鼓励重点用能企业和领域挖掘节能潜力，提高管理水平，引进先进技术，推动全市节能，努力完成“十一五”能耗下降目标。四是加强节能基础建设，提高节能管理水平。加快全市能耗统计分析体系、节能监督体系建设步伐，充实力量，提高人员业务素质，配备必要设施，完善规章制度，迅速提高全市节能工作管理水平。

【听取和审议关于检查《中华人民共和国老年人权益保障法》的执法检查报告】　9月下旬，市人大常委会副主任张海贵带队，对渭南市贯彻实施《中华人民共和国老年人权益保障法》的情况进行了检查。检查组采取听与看相结合的方法进行，在听取市政府汇报的基础上，深入临渭区、澄城县、华县进行了重点检查。10月28日，渭南市四届人大常委会第四次会议听取和审议了市人大常委会执法检查组关于检查《中华人民共和国老年人权益保障法》实施情况的报告。会议认为，《中华人民共和国老年人权益保障法》实施以来，市政府及相关部门认真开展学习宣传，积极履行法律义务，促进了全市老龄工作的长足发展。"老有所养、老有所医、老有所学、老有所为、老有所乐"的目标正在逐步实现。会议要求，市人民政府要进一步做好以下工作：一是要进一步营造敬老养老的浓厚氛围。加强法律的学习宣传，增强维护老年人合法权益和为老年人服务的意识；积极开展敬老养老教育，提倡尊老爱幼的道德风尚；广泛培育和树立敬老先进典型，形成生活上关心老人、精神上慰藉老人、权益上维护老人的良好氛围。二是完善敬老养老的基础设施。将老龄事业纳入社会发展的规划之中，高起点、高标准规划老龄事业和老龄产业的发展。逐步建立老龄事业的投资增长机制，根据经济社会发展水平和老年人口规模，逐步增加对老龄事业的投入。三是提升敬老养老的服务水平。在做好对养老管理服务工作指导监督的同时，制定切实可行是政策措施，出台配套的管理办法，建立科学规范的服务标准，不断把养老服务机构的管理和服务纳入规范化的轨道。加强维权网络建设，不断完善老年法律援助、司法救助和法律咨询服务制度，为老年人提供优质、高效的法律服务。四是加强工作机构的自身建设。建立健全基层老龄工作机构，配备必要的工作人员，不断提高工作水平。建立老龄工作统筹协调机制，保障协会工作的正常开展。

【听取和审议关于检查《中华人民共和国土地管理法》实施情况的执法检查报告】11月16日至18日，市人大常委会副主任薛东江带队，对渭南市贯彻实施《中华人民共和国土地管理法》情况进行了检查。执法检查组听取了市政府关于《中华人民共和国土地管理法》实施情况的汇报，实地察看了富平县梅家坪城乡建设用地增减挂钩、陕压技改、采煤沉陷区村民安置以及大荔县粮园土地开发整理和沙苑开发整理等项目，并组织基层群众代表召开了座谈会。12月21日，市四届人大常委会第五次会议听取并审议了市人大常委会执法检查组《关于检查〈中华人民共和国土地管理法〉实施情况的报告》。会议认为，《土地管理法》颁布实施以来，全市各级政府始终以科学发展观为指导，坚持依法规划、合理利用、严格管理的原则，深入贯彻《土地管理法》及其配套法规，既有效地保护了土地资源，又有力地保障了经济社会发展对土地的合理需求。会议要求，今后应继续抓好以下几方面的工作：一是继续加大宣传工作。广泛采取广播电视、报刊、网络、印发宣传资料等手段，着力推动宣传工作，增强全民耕地保护国策意识。二是落实严格的耕地保护制度。正确处理"保增长"与"保红线"的关系，严格执行土地用途管理制度，落实县乡两级政府一把手责任，积极利用新增建设用地有偿使用费开展土地整理，有效增加耕地面积，确保全市耕地总量动态平衡。三是加强土地规划管理。尽快完成市、县、乡三级土地总体规划修编工作，优化各类用地布局。规范建设用地审批，加强建设用地投资强度、容积率和定额标准管理，制止和减少建设征地审批过程的土地浪费问题，提高土地利用率。四是全力保障经济发展用地需求。用足用活政策，积极争取用地指标，对全市各类重点建设项目,千方百计争取列入国家、省级项目计划。不断提高办事效率,优化服务质量,加快办理符合国家产业政策和用地政策的各类项目用地的审批手续,全力保障经济社会发展的用地需求。五是加大土地执法监察力度。不断提高执法人员素质和依法行政水平,加大动态巡查、重点检查和立案查处工作力度,严肃查处和打击违法用地、乱卖宅基地、未经批准随意改变土地用途以及征而不用闲置土地等各类土地违法案件,抓好违法用地的自查自纠工作,努力实现保障发展与保护资源双赢目标。

【视察农村饮水工程建设情况】 6月中旬,市人大常委会副主任薛东江带领常委会部分组成人员,对全市农村饮水工程建设情况进行了视察调查,听取市水利局的工作汇报,重点视察了蒲城县、临渭区等水厂,并召开了座谈会,了解农村饮水工程建设的现状和存在问题,提出了相关的建议和意见。10月份,召开了市人大主任会议,专题听取了市水务局关于全市农村饮水工程建设情况的报告,指出在今后的工作中,水务部门要树立"城乡一体"的观念,大力发展区域集中供水,加强对于农村饮水工程建设的管理,确保工程质量,创新管理体制,加强对工程建后运行管理,促进长期受益,保障城乡居民用水安全。

【开展旁听案件庭审活动】 10月下旬,市人大常委会部分组成人员和县(市、区)法工委主任二十余人,由市人大常委会副主任张海贵带队,对市中级人民法院庭审陕西世通置业有限公司上诉潼关县财政局农业税管理所税务行政征收一案进行了旁听。庭审结束后召开评议会,对法官的审案过程进行了面对面评议,旁听人员评议后认为,庭审组织严密、层次清晰、程序规范。希望中级人民法院把好事实和法律关,慎重妥善处理该案,努力实现法律效果和社会效果的有机统一。

【监督支持司法机关认真推行执法过错责任追究制度】 11月中旬,市人大常委会部分常委会组成人员和工委委员对公、检、法机关推行执法过错(违法办案)责任追究制工作情况进行了检查。在听取市级公、检、法机关工作汇报的基础上,深入临渭区及蒲城县和合阳县进行重点检查,并将检查中收集到的意见和建议归类整理,分别转公、检、法机关研究处理,不断把该项制度的推行工作引向深入。据统计,2010年,全市法院系统共查处违法违纪案件17件,处理相关责任人17人,其中诫勉督导5人,警示提醒4人,警示训诫1人,行政警告2人,通报批评1人,责任纠错1人,行政记过3人;公安机关共查处违法违纪案件13件,处理相关责任人21人,其中,行政警告9人,行政记过3人,行政记大过5人,其他4人。

【优化投资环境执法评议工作】 常委会连续第八年组织开展了人大代表和企业家评议投资环境工作。从7月下旬开始,用四个月时间,对市公安局、交通运输局、环境保护局、安全生产监督管理局、林业局、住房和城乡建设局、文化广电新闻出版局、国土资源局、农业局、食品药品监督管理局等11个部门单位的优化投资环境工作进行了评议。这次评议共开展了四个阶段的工作。一是准备和自查自纠。由常委会各副主任带队,分别到参评的11个部门单位召开评议动员大会,对评议活动进行动员和安排。之后,各被评议部门单位分别对照评议内容,认真开展自查自纠,撰写自查自纠材料,在《渭南日报》逐一刊登,接受社会各界的监督。常委会开设了热线电话,征求社会各方面对被评议部门的意见和建议。二是视察调查和评议。将代表按照各自相对熟悉的业务编成小组,由常委会各副主任带队，分别深入到相关部门单位进行视察，使代表进一步了解被评议部门单位的工作情况。三是测评。召开评议测评大会，与会的省市人大代表和企业界代表230人次，以无记名投票方式，按照满意、基本满意、不满意三个格次对被评议部门单位进行测评，当会公布测评结果，并向前三名进行了授牌表彰。四是整改。常委会将测评结果和各方面提出的建议、批评、意见进行汇总整理，反馈给被评议部门单位。按照反馈的测评结果和意见，各被评议部门单位制定了切实有效的整改方案，积极开展整改工作。

【人事任免工作】 2010年，市人大常委会共任免国家机关工作人员93人次，其中任命58人次，免职35人次，为全市的整体工作和各项事业的发展提供了组织保证。在任免工作中，常委会坚持把党管干部的原则和人大依法任免干部统一起来，坚持任命前对拟任人员进行法律知识考试，坚持组织任职人选与常委会组成人员见面并作供职发言，坚持任命后被任命人员向人大常委会报告工作情况，使人事任免和监督工作更加规范和完善。

【人大代表工作】 一是密切同代表的联系。认真落实常委会联系代表责任制，继续实行邀请部分代表列席常委会会议制度，及时听取和反映代表的意见。7月4日至8日，市人大常委会在白水县组织了由120多名人大代表参加的培训班，授课围绕人大代表如何履职、怎样理解人民代表大会制度、如何审议“一府两院”报告、怎样提出高质量的议案和建议、审议财政决算报告。二是积极组织代表开展活动。坚持邀请部分市人大代表参与常委会开展的专项工作视察、执法检查等重要工作；组织渭南选举的省人大代表开展专题调研和集中视察，就项目建设、投资情况和存在问题等形成专题报告上报省人大常委会；组织部分省人大代表参加学习培训，及时就市人大代表调研与视察向各县（市、区）进行安排部署，保证代表在闭会期间发挥参政议政作用。三是认真办理代表建议。对市四届人大一次会议期间代表提出建议、批评和意见，常委会高度重视，及时落实到有关部门负责办理。常委会继续实行市人大常委会领导包案办理重点代表建议办法，由各副主任带队，共对涉及道路建设、环保生态、园区发展、农民增收、平安创建等方面的重点代表建议进行了现场督促办理，取得了较好效果。

（吴青峰　成瑞莉）

渭南市人民政府

市人民政府领导成员

市　　长　徐新荣

副 市 长　田军(3月退休)　雷超武　郭伯权　刘宝琴　程勉贵　刘新兴　魏稳柱
潘　洁　王守安(12月任职)

市长助理　高远洋

秘 书 长　孙建升

副秘书长　苌占民(5月离任)　王天久　贺　兵　褚锦锋(6月离任)　张晓民
张　永　王万林　冀会康(9月离任)　张拴劳　汝增瑞
霍文军(3月任职)　刘筱萍(5月任职)

市人民政府工作概述

【概况】　坚持不懈推进新型工业化和城镇化进程,区域竞争实力快速提升。全年生产总值突破800亿元,较2005年翻了一番多,年均增长14.5%。地方财政收入34亿元,是2005年的3.8倍,年均增长30%以上。社会消费品零售总额231.8亿元,是2005年的2.6倍,年均增长20.7%。城镇居民人均可支配收入、农民人均纯收入分别超过全省平均水平223元和267元。全市经济增长的质量和效益不断提升,支持发展和改善民生的能力明显增强。

【项目建设】　坚持实施项目带动战略,下大气力招商引资,持续开展“项目建设年”活动,建成一批打基础、利长远的重大项目。“十一五”期间招引项目1017个,到位资金584.8亿元,年均增长59.7%。实施重点项目383个,完成投资1400亿元。全社会固定资产投资累计达到1960.9亿元,是“十五”时期的6.9倍,年均增长47.1%。多年想建而未建的渭蒲高速公路顺利通车,关中环线、西潼高速扩建、郑西高铁等标志性工程建成投运。电力装机总容量达到740万千瓦,输变电骨干网架提升至750千伏,长期制约发展的基础设施得到极大改善。中联重科、拓日新能、紫兆环保等一批重大项目落户渭南,为全市跨越发展注入了新的动力。

【工业经济】 坚持把推进新型工业化作为根本出路。高起点编制园区发展规划，全力加快基础设施建设，引导项目与企业入园发展。渭南高新区成功晋升国家级高新技术产业开发区，经开区、卤阳湖开发区成为省级开发区。13个开发区、工业园区发展到78平方公里，入园企业716户，产值占工业总产值的54.8%，成为最活跃的经济增长极。首家专家工作站在北人印机挂牌成立，紫兆环保拥有6项国家专利，全市申请专利1500余件，长寿命复合强化高温钼合金舟研制等25项科研成果获全省科技进步奖，煤制烯烃技术产业化入选全国十大科技进展新闻。“十一五”期间，规模以上企业由236户增加到540户，产值过亿元企业由49户增加到106户，金钼股份成功上市，龙钢集团跻身中国企业500强。2010年，全市工业总产值、增加值分别完成1020亿元和339.7亿元，是“十五”末的2.7倍、2.9倍。万元GDP能耗下降20%，二氧化硫和化学需氧量分别削减15.1%、13.6%，超额完成省控目标。能源化工、有色冶金、装备制造、新能源新材料和涉农工业初具规模，成为工业持续发展的强大引擎。

【特色农业】 坚持以“一村一品”为抓手，积极实施农民增收“六大工程”，优质粮食、设施蔬菜、有机林果、畜牧养殖等特色农业不断壮大。全年粮食总产达到264.2万吨，创历史新高。水果、蔬菜总产分别达到254万吨和192万吨。畜牧业产值达45.8亿元，占农业总产值的五分之一。市级以上龙头企业发展到291家，各类专业合作经济组织达2707个，农民从产业分工协作中得到更多实惠。十一五时期，节水灌溉面积6.8万公顷，治理水土流失1440平方公里，改造中低产田4.83万公顷。建设户用沼气池7.8万口。新建改造农村公路1.2万公里，建制村通油路率达到100%，农村基础设施持续改善。实施退耕还林、天然防护林工程12.4万公顷，秦岭北麓形成110公里宽幅林带，渭河堤岸建成165公里绿色长廊，全市森林覆盖率达到18.9%。

【城市建设】 坚持“一城四创”，高起点修编渭南中心城市总体规划，确立了“跨河发展、一城三区、五大组团”的中心城市空间布局。基本建成“五纵六横一环”的城市路网，供、排水管网覆盖建成区90%和70%，供气管网实现全覆盖。坚持“大绿、大水、大空间”理念，加快城市绿化，仓程路、渭清路等主要路段建成绿色长廊，南部台塬初显绿色屏障，中心城市人均绿地面积达到11.8平米，亮化率达到98%，市区空气质量优良天数连续三年超过300天，渭河水质考核获全省唯一达标城市，成功跻身“省级卫生城市”、“省级园林城市”行列。建成渭南高中、实验初中和三贤路小学，中心医院新区主楼完工，沈河公园、朝阳公园、信达运动广场成为市民休闲娱乐的重要场所。县城扩容步伐加快，27个建制镇全面完成建设任务，11万农民进城落户，全市城镇化水平达到40%，较“十五”末提高9个百分点。

【文化旅游产业】 坚持把文化旅游产业作为做大现代服务业的突破口。整合旅游资源，加快项目建设，华山成功创建国家5A景区，少华山国家森林公园建成开园，洽川景区、韩城古城、白水仓颉庙开发取得新进展。成功举办世界旅游日中国主会场等节会活动，渭南市被评为中国特色魅力城市和最佳旅游城市。2010年全市接待游客1328.5万人次，实现综合收入67.6亿元，分别是“十五”末的2.2倍和3.7倍。餐饮、酒店等传统服务业稳步发展，保险、信息咨询、社区服务业势头良好。

【改革开放】 “十一五”时期,国有企业改制取得明显成效,33户工业企业实施破产重组,焕发出新的生机。粮食企业通过诉讼减债,核销债务9.4亿元。棉花企业改制面达75%。农村综合改革稳步推进,乡镇总数缩减30%,农业税全部取消,“普九”债务基本化解,土地流转机制初步建立,30.66万公顷集体林地确权主体改革基本完成。医药卫生体制改革全面启动,基层医疗机构基本药物“三统一”制度全面推行,“看病难”、“看病贵”等问题得到缓解。文化体制改革开局良好,市广电、电影传媒、演艺集团三大公司成功挂牌,在产业化经营上迈出新步伐。成立金融办,充实中小企业信用担保资本,引进了第一家外资银行和股份制银行,分别在富平、韩城设立村镇银行,发展小额贷款公司16家,金融支持发展力度不断加大。调整高新区和临渭区管辖区域,理顺经开区、卤阳湖等工业园区和华山景区的管理体制,促进了城市和园区快速发展。公开拍卖城市天然气股权和加气站经营权,南塬绿化改变了以往植树模式,为社会资本参与城市建设探索了新路。修订完善招商引资优惠政策,下大气力优化投资环境,被省政府授予承接产业转移示范市,获中国金融生态城市和浙商、粤商、苏商投资首选城市称号。对外开放进一步扩大,“十一五”全市实际利用外资2.1亿美元,实现进出口总额6.7亿美元,比“十五”时期增长63%。

【社会事业】 始终把让人民生活更加殷实、更加舒心作为执政的第一理念。连续五年实施民生十大工程,下大气力解决老百姓就业、住房、看病、子女上学等难事、烦心事。全市新增城镇就业30.3万人,失业率控制在4%以下,每年转移农村劳动力90万人左右。建成寄宿制学校100所,完成1100余所农村学校危房改造,“蛋奶工程”惠及29.1万学生。开展农村孕产妇免费住院分娩,完成农村育龄妇女健康查体115万人。新农合参合率达到95.6%,城镇基本医疗保险参保106.6万人。五年累计发放城乡低保资金13.8亿元,37万困难群众实现应保尽保。五保供养标准增幅达到344%。出台实施城乡医疗救助和临时救助制度,五年发放救灾救济资金3亿元。建成517个农民体育健身工程和159个城市社区健身广场,成功举办两届全运会。完成11个县级文化馆和197个乡镇文化站建设,为1063个边远贫困山村通上广播电视。建设保障性住房2.4万套,经济适用房货币直补2000户。完成578个重点村扶贫开发任务,解决了6569户农村困难群众住房和155万人安全饮水问题,55.7万人实现脱贫。累计发放家电下乡、农机具购置补贴3.9亿元,惠及全市70%农户。投入移民专项资金15亿元,受益群众达86万人。累计发放抚恤金5.2亿元,连续三届获全国双拥模范城称号。健全维护安全稳定长效机制,全市治安满意度稳步提升,安全生产形势保持平稳,信访总量大幅下降,社会大局和谐稳定。

【政府自身建设】 完成市县机构改革任务,政府职能进一步转变。严格依法行政,在全省率先制定建设法治政府指标体系,全面完成“五五普法”任务。规范行政许可,清理精简市级行政审批项目27项。完善《政府工作规则》,出台《重大行政决策程序规定》,成立城乡规划委员会,政府决策科学化、民主化水平进一步提高。主动接受监督,人大代表建议和政协委员提案办结率连续五年达到100%。积极实施人才强市战略,引进61名博士硕士等急需人才。推行政务公开和电子政务,政府公信力和工作效率明显提高。

(钟　磊)

市人民政府办公室

主　　任　孙建升

副 主 任　王宝红(女)　孙坤刚

党国栋(10月离任)　王海峰

【提高文稿质量】　以提升领导满意度、基层认同感和工作指导性为原则,创新思维,改进文风,不断提高综合文稿及各类公文质量。历时百余天,集体起草完成了换届《政府工作报告》,成为指导全市加快发展、凝聚民心、赶超进位的行动纲领。先后修订完成《市政府工作规则》、市政府领导在全委会、政府全体会及其他重要会议和重要活动中60篇30余万字综合文稿起草工作。

【有序办理公文】　严把公文格式关、质量观和审批程序关,全年办理公文2116件,复核印发各类公文1627件,办结率达96%。转办领导批示件1076件,退回不合格公文97件。举办了全市第七期公文处理与写作培训,开展公文写作处理讲评活动,评选优秀公文15篇。积极开展保密宣传月活动,签订保密承诺书,每季度不定期检查,保密要害部位人防、技防、物防措施到位、管理有序。按照全市机改规定,及时清理规范各部门印鉴。落实传真和电子公文传输管理职责,省、市政府之间公文网上传输顺畅,接收省政府公文350件,上报公文101件,收发传真2700余件,未出现差错和失泄密。扎实细致地做好2万余件机要信件、3万余份报刊杂志的征订及收发,机关档案电子化步伐加快,档案管理日趋规范。

【加强信息服务】　全面履行政府系统调查研究职能,围绕科学发展、富民强市等方面的课题,组织开展一系列调查研究,形成新型工业化、城镇化、农民增收、特色产业、民生工程等针对性强、价值高的调研报告20多篇。搞好经济运行分析,不少建议意见转化为政府决策。积极参与编制全市"十二五"发展规划并做好"十二五"规划研讨会相关组织服务工作。编辑《渭南快讯》486期,其中上报省办信息285条、《渭南积极探索经济适用房货币直补新模式》等2条信息被转报国办,采用量和名次列全省第二。向市政府领导专报信息201条,领导批示39条。加强网上和报刊信息搜集整理,编辑《媒体信息摘报》275期,领导批示302条次,一些群众反映的热点难点问题得到及时解决。完成了《渭南政报》12期编发任务,刊物质量明显提高。政务信息工作被省政府评为全省先进。

【做好综合协调】　加强与市级各大班子、部门及县市区的工作关系,安排好市政府领导日常公务活动,统筹协调好全市各类重要会议和活动,为全市中心工作的顺利开展提供优质服务。严谨周密地做好市委三届九次、十次全委会观摩活动、全市2009年度总结表彰大会、全市重点项目督查情况汇报会、卤阳湖国际通航大会及新一届市政府全体会、常务会、专题会、党组会等100余次重要会议的组织服务和各级领导在渭视察接待工作,受到领导和参会人员的一致好评。年底前组织召开市政府领导班子集中听取26个市级部门专题汇报会,精心讨论制定"十二五"规划和下年各项工作。协调处置310国道"肠梗阻"、手足口病防治、企业改制等重大问题,强力推进矿产资源整合、征地拆迁等关键工作,对一些重要现场会提前实地查看,充分准备方案,严密会务组织,及时起草纪要,督办落实有力。

【强化政务督查】 积极转变工作思路和方法,开展重点督查和一线督查。及时细化分解政府工作报告确定的工作任务,印发《全市经济社会发展主要预期目标及全市政府主要工作目标责任制一览表》,明确各市长、秘书长及科室责任,跟踪督办,下发督查函并及时通报落实情况。全程配合做好全市两会组织工作。坚持突出重点、讲求方法、规范程序、注重实效的原则,紧紧围绕市政府重大决策部署、重点工作和群众关心的热点难点问题,采取明察暗访、台账管理等办法进行专题督办、现场督办、媒体曝光,推动决策落实。如对白水非法盗采煤炭资源等社会影响较大的事件,及时进行现场核查,赢得了时间,争取了主动。对"十二五"规划制定、廉租住房、林权制度改革、社区卫生体系建设等项目进行了专项督查,收到明显的成效。坚持编发本周重点工作落实情况。强化了对市政府常务会议、专项问题会议决策事项落实情况的督查和情况反馈,全年编发《渭政督查通报》14期,《督查送阅》30期,下发督查函74件,配合各级人大和政协开展了50多次调研、检查和视察活动。办结省长信箱批件17件,承办并办结省人大代表建议、省政协委员提案7件。办理省、市政府领导批示件800余件,其中市政府主要领导批示352件,办结率99%。按时办结122件人大代表建议和250件政协委员提案,办结率100%。政务督查工作被省政府评为先进。及时办理市长信箱有效信件3000余封,人民网网友留言428条,办结回复量排全国地级市第六、全省首位,回复率全国第一,被评为人民网办理工作全国先进单位。

【完善应急管理机制】 完成了2009年度突发事件应对工作评估报告,评审通过市政府应急平台体系建设总体规划,朝阳公园应急避难场所建成并通过竣工验收。加强应急管理办事机构建设,举办了全市首期县处级领导干部应急管理培训班,组建了全市应急管理专家组和市级综合应急救援队。审核防御洪水、地质灾害、气象灾害、安全生产应急预案,开展各类应急预案演练百余次。深化基层应急示范点建设,全市新增市级示范点18个,省级示范点4个。加强综合协调,全力做好2010中国国际通航大会突发事件防范工作,妥善处置了蒲城"一·一"花炮爆炸、中石油渭南段管道泄漏、韩城"七一七"矿难、陇海铁路潼关段修复、罗敷河漫堤决口等10多起突发事件,报送《值班要情》88期,应急处置工作始终处于可控状态。加大应急科普宣教工作力度,及时更新市政府网站应急管理模块信息,协调各级开展形式多样的防灾减灾科普宣教活动,发放宣传资料3500份。公开接访的值班领导、值班干部,有效疏导群众到信访接待大厅,全年接待上访群访350余起、个访430人次,被评为全省应急网站信息报送先进单位。

【提高依法行政能力】 健全推进依法行政的领导体制和机制,在全省率先建立《渭南市推进依法行政加快法治政府建设考评指标体系》及《渭南市重大行政决策程序规定》,充实市政府法律顾问组,进一步规范政府行政行为,促进政府依法、科学、民主决策。建立起政府与法院化解行政争议纠纷解决机制,先后就大荔、韩城

5000移民身份资格确认、中石油与富平县政府行政纠纷案多次召开协调论证会，有效化解行政纠纷，被评为全市依法行政工作先进单位。强化规范性文件监督管理，市本级集中清理规范性文件1061件，维护法制统一。严格执行规范性文件审查、报备制度，加强行政执法监督，深化执法体制和行政管理方式改革，不断提高法制服务能力和水平。审查县市及部门报备规范性文件54件，向省政府报备7件。确认了1017名执法人员执法资格，组织开展涉路执法现场监督检查10次，向问题单位下发7份整改意见书。组织执法案卷评查4次，授予26个单位行政处罚案卷规范单位称号。办理行政复议案件64件、行政应诉案件7件。同时为市政府重大经济合作协议提供前瞻性法律服务，审查涉法合同、提供法律意见28件，牵头组织处理信访疑难案件7件次，先后向市政府提交调研报告10份，发挥了参谋助手作用。行政处罚案卷评查工作被评为全省先进。

【深化金融服务】 发挥指导和服务作用，努力促进银行机构信贷较快增长，完成全年信贷投放100亿目标。全市开业运营16家小额贷款公司，贷款余额4.7亿元。拓宽融资渠道，全年促进银企合作项目44个，投放落实资金62亿，其中获批开行项目4个，拨付到位资金1.19亿元。扩大担保规模，当年新增在保企业21户，增加担保贷款1.1亿元。在引进浦发、东亚两家银行基础上，积极推进中信银行在渭设立分支机构。加快城投企业债券发行工作，积极筹备中小企业集合债券和票据发行工作，建立上市企业后备资源库，规范政府融资平台建设，化解财政风险，促进资本市场健康发展。

【强化后勤保障能力】 倡导"绿色办公、低碳生活"理念，推进公共机构节能，节约型机关创建取得实效，被评为全省公共机构节能工作先进单位。更换政务科室办公设备，建立固定资产台帐电子信息，加强日常监管和内部审计，保障资金安全。坚持开展卫生大清洁活动，强化"周自查、旬检查、月通报、季奖惩"考核讲评制度，定期公开评比结果，完成东西家属院沿一青里路面间补植绿化及机关礼堂南一楼会议室屋面修缮。市政府机关大院被市创卫指挥部评为环境卫生检查优秀单位。落实平安大院创建工作责任，配合临渭区搞好第六次人口普查工作，加强保安队伍建设，整顿规范车辆停放，与大院37个部门签订了治安消防管理责任书，对16个重点部位实行安全监控，加强大院家属院日常安全，昼夜巡查，认真排查防盗防火安全隐患，未发生责任案件和事故。印发市政府机关大院防汛撤离预案，落实责任，备足物料，确保大院安全度汛。机关管理科学规范，办公环境整洁有序。

【参与市上中心工作】 积极配合市考核办对有关县市和部门半年、全年目标任务完成情况进行考核，搜集整理迎检资料，参与起草汇报材料。全力配合省委巡视组搞好巡视工作，组织召开汇报会、设立意见箱、组织领导谈话、报送各类资料等。快捷、高效地完成市四届人大代表集中视察中心城市建设组织服务工作，受到人大代表的一致好评。圆满完成省委、省政府主要领导来渭视察点的选定、线路安排及组织服务工作。高效组织渭南党政考察团赴河南"四市一县"考察学习活动。组织市级四大班子领导和社会各界500余人参加哀悼甘肃舟曲特大山洪泥石流遇难同胞仪式，在全市引起强烈反响。牵头组织机关大院干部职工向玉树震区、"七二三"洪灾区捐款，奉献爱心。

（钟　磊）

人力资源和社会保障

渭南市人力资源和社会保障局
局　长　史优胜
副局长　梁建军　薛忠军　李分社
　　　　董健明　王亚平

【就业再就业工作】　2010年,全市城镇新增就业7.2万人,下岗失业人员再就业2.53万人;农村劳动力转移就业109.8万人;发放小额担保贷款2.1亿元;城镇登记失业率为3.21%。一是以优惠的政策,支持重点群体就业。完善高校毕业生就业政策,组织了"高校毕业生招聘会"、"就业援助月"、"千企十场就业洽谈会",以及创建见习基地等系列活动,积极搭建"供需见面、双向选择"的平台,实现8100余名高校毕业生就业;全面落实就业扶持政策,积极援助236户"零就业"家庭、325人实现了就业,开发各类公益性岗位安置就业困难人员3600人,创建全省充分就业社区55个;完善灵活就业人员社保补贴政策,将2010年享受期满人员再延长一年,共为1.1万名灵活就业人员提供社保补贴5985万元,切实解决后顾之忧;农民进城落户就业工作按照因地制宜、分步推进、重点突破的思路,以完善的机制强力启动,以惠农的政策牵引带动,以科学的方法积极推动,以良性的循环快速驱动,并在白水县召开了工作推进现场会。2010年,全市进城落户农民已突破11万人。二是以扎实的创建,实施创业带动就业。以创建国家级创业型城市为目标,抓实五大体系建设,顺利通过了省上的预评估验收。通过创业培训的地方优势,创业示范园的辐射效应,创业融资的支持作用等三大特色,完成创业培训9595人,培训后成功创业7849人。建设农民创业示范园26个,2010年共有725户企业在园区落户投产,吸纳就业1万余人,创经济收入3.87亿元。小额贷款投放力度加大,形成了"培训+小贷+创业"的联动机制,为1.4万名创业人员提供担保贷款5.6亿元,带动创业促就业5万余人。并积极鼓励民间组织成立小额贷款公司14家,多渠道为农户和中小企业提供便捷的创业融资服务。三是以完善的服务,多措并举促进就业。充分发挥人力资源市场功能,全市共建设人力资源市场12个,总建筑面积8.4万平方米。进一步加大就业培训力度,实行定点就业培训机构招标制和就业(创业)培训券制度,全市招标就业培训定点机构73家,开展就业培训535期。推行就业实名制试点,开展就业失业登记工作。组织开展了"春风行动"、"民营企业就业招聘周"等就业专项服务,发挥公共就业服务作用。

【公务员队伍建设】　组织市直19个部门115个科级职位进行公开竞争上岗。同时,对全市政府系统公务员登记中,涉及遗留问题的710名人员进行了专项考试;坚持"凡进必考"、"省级统考"制度。在面试组考中,首次邀请外市考官参与面试,实行全封闭面试、多层面监督,招录的社会公信度明显提升,得到《中国人事报》等媒体的报道肯定。深入推行公务员分类量化考核办法，实行量化定性，突出平时考核，兑现考核结果，工作中积累了一定经验，被国家公务员局确定为考核联系点。先后举办公务员依法行政、电子政务、创国卫健康教育等主题班次70余期，创新培训内容，改进培训方式，形成以培训教育促素质提高的长效机制。

【专业技术人才队伍建设】 坚持以品德、业绩和能力为导向，完善职称评审方式，细化评审规则，增设现场才艺表演、专业知识提问、群众代表评议等环节，使评审结果更受公众认可。全年共完成了农业、文化、教育、工程等系列2458人的职称评审工作。加强"三三人才"的考核管理，明确学术创新的目标，落实学科带头的课题，建立帮带培养的对象。对新入选的46名第四批"三三人才"专家进行了命名表彰，并将各层次人员的岗位津贴翻了一番。对市县两级事业单位信息基础数据进行了细致录入，全面完成了文化、广电、农业等系统事业单位岗位设置及首次聘用工作，激发了专技人员工作潜能。开展了专技人才为渭南发展"献计出力"活动，将评选出的优秀论文结集成册。组织全省"院士专家渭南行"活动，充分发挥专技人才的创造性。把引智工作由农业项目不断向工业、旅游和高新技术等领域延伸，新申报的高新区北人印机、华县金锥钼业、韩城大唐发电等3个重点引智项目，已经省外专局批准立项。

【技能人才队伍建设】 采取"校校联合、校企联合"的方式，有效整合技教资源，开展订单式培训。全年培训技能人才8万余人次，涉及电焊、计算机、家政服务、汽车驾驶等23种专业，为广大技能人才发放培训券1460万元。规范全市6个鉴定所(站)的工作，并将技能鉴定范围向一线技能劳动者延伸，特别是将技能鉴定覆盖到残疾人、服刑人员的做法，引起良好反响，全年组织各类技能鉴定3.5万余人。建立了数控技术、电工电子自动化、计算机软件应用等五大技能人才实训基地，扎实开展高技能人才培养，年内全市有4603人通过了高技能培养考评。

【农村基层人才队伍建设】 开展"三支一扶"活动，进一步充实基层人才队伍力量。通过创新管理体制，加强基层人才培养。在白水、合阳等县深入开展为农村实用人才评定职称工作，并表彰奖励了皮影制作、刺绣工艺、果业技术、土布加工等方面的优秀农村实用人才，激发实用人才队伍活力。

【社会保险】 2010年，全市城镇职工基本养老保险、城镇基本医疗保险、失业保险、工伤保险、生育保险的参保人数分别达到31.2万人、106.7万人、28.9万人、13.9万人、9.3万人，新型农村社会养老保险累计参保23万人。一是覆盖范围进一步拓展。城镇职工养老保险将"五七工"、"家属工"，以及集体企业超龄人员纳入参保范围。出台了城镇居民社会养老保险试点意见，新农保正在争取扩大试点范围，机关事业单位养老保险也逐步扩大了覆盖面。二是统筹层次进一步提高。城镇职工医疗保险启动了市级统筹工作，基金的最高支付限额由12.7万元提高到20万元，特殊门诊慢性病保险范围由13种增加到15种，保障水平进一步提高。三是基金管理进一步规范。实行社保基金信息披露制度，建立报表监督常态机制，加强内部稽核审计工作，确保了基金的安全运行。注重发挥失业保险基金援企稳岗的作用，认定了市运业公司、华光实业集团等87户困难企业，提供岗位和社保补贴3063万元。

【劳动维权】 深入重点工程现场，大力开展农民工工资支付专项检查活动。共检查用人单位554户，涉及农民工3.32万人，查出拖欠农民工资单位50户,追回拖欠工资368万余元;重点做好政策咨询、事前调解、化解矛盾工作。全年有341件争议案件得到妥善解决,办结率达94%;完善信访工作机制,畅通信访渠道,开展了领导大接访活动,由党委委员轮流值班在办公大楼集中接访,化解矛盾,宣传政策。同时,抽调2人进驻市信访大厅,主动解决群众来访反映问题,积极开展网上接访,全年网上回复信访200余件,各种信访案件得到及时回复、妥善解决。

【其他工作】 健全完善军转干部安置机制,2010年回渭南的57名军转干部,通过统一组织考试后,按照双向选择和保底分配结合的办法,全部安置到位。严密组织各类人事考试,全国职称英语渭南考区考试、全国职业能力鉴定考试、工人技术等级考核、专业技术人员计算机应用能力考试等,共计5.34万人的组考任务圆满顺利完成。

（任社轩）

民　政　工　作

渭南市民政局

局　长　田继东

副局长　王栋梁　李天民

　　　　　梁　斌　张战军

【民生工程】 一是城市低保保障标准不断提高。全市有城市低保对象41371户、97155人,共发放低保金23067万元,月人均领取保障金199元,实现了应保尽保的目标,确保了城市低保对象的基本生活。从10月1日起,全市保障标准再次提高,由原260元~270元/人月提高到290元~300元/人月。二是农村低保制度实现了动态条件下的"应保尽保"。全市农村低保全年保障人数27.3万人,共发放低保金20905万元。从10月起,低保标准从1196元提高到1600元,人均月补助从65元提高到85元,确保了低保对象的基本生活。三是五保供养标准大幅提高,敬老院建设取得新成果。从10月1日开始,全市五保供养标准将把分散供养2104元/人年、集中供养2400元/人年统一提高到3200元/人年(其中:现金不低于3000元/人年),冬季取暖费每人按100元发放。全年共有五保对象5528人,已纳入五保范围4443人(分散供养3574人,集中供养869人),全年共支出五保供养资金1082.88万元,完成了目标要求。新建的富平县中心敬老院、澄城冯原区域性敬老院已建成并投入使用。四是城乡社区建设项目顺利实施。全面完成了29个城市社区和170个农村社区的建设任务。新争取城市社区建设项目27个,其中市级社区服务信息网络平台1个、改扩建社区服务站21个、街道社区服务中心1个、县级社区服务中心4个,新争取农村社区建设项目180个,名列全省第二。

【城乡医疗救助】 中省共下拨全市城乡医疗救助资金5639万元(含省管县2122万元),其中城市医疗救助1692万元(含省管县465万元),农村医疗救助3947万元(含省管县1657万元)。认真贯彻中省农村医疗救助政策，规范和完善医疗救助制度，扎实开展了城乡医疗救助资金使用情况、救助程序及档案建设情况检查工作，严格将医疗救助资金结余总量控制在15%以内，救助比例从过去的30%—40%提高到40%—50%，各县市区封顶线统一由3000元提高到5000元，有效地缓解部分困难群众看病难的问题。

【临时救助工作】 制定出台了《渭南市临时救助暂行办法》，并积极实施临时救助。全市共筹集临时救助资金2047万元，其中省上补助资金1173万元（含省直管县），市财政配套81万元，各县市区财政配套793万元。

【救灾救济工作】 2010年，全市受灾人口342.37万人，造成直接经济损失45亿元，特别是"七二三"特大洪涝灾害造成倒塌房屋4380户，损坏房屋13955户。灾害发生后，第一时间投入救灾工作，先后累计下拨救灾资金1.13亿元，全面完成了倒房损房重建任务，华县82户、潼关140户整体搬迁将于2011年5月底前全部完成。"四一四"玉树地震灾害发生后，全市募捐资金1130万元，并圆满完成代省民政厅向玉树灾区采购、运送1000台火炉的任务。"七二三"洪涝灾害后，举办了"我们的家园"赈灾晚会，募集善款1169万元。

【"两项制度"衔接】 为较好开展"扶贫开发"和"农村低保"两项制度衔接工作，在全市范围内开展了"千户受灾·困难群众"帮扶工程，投入资金312万元，帮扶项目涵盖种植业、养殖业、小加工、小运输等各个方面，使1607户5838名受灾困难群众直接受益，人均纯收入由2009年的920元增长到2900元，1304户已初步脱贫。"千户受灾·困难群众"帮扶工程的实施，开拓了社会救济工作的新路子，在创新救助方式上实现了突破。

【流浪乞讨人员救助】 建立定期上街救助流浪乞讨人员制度，由领导包路段和区域，定期巡回检查，使救助工作经常性、持续性进行。严格执行《关于加强城市流浪乞讨人员中危重病人、精神病人救治工作的意见》，实行工作人员分片包干责任区域制度，开展了劝救城市流浪乞讨人员活动。为确保亚运会取得圆满成功，针对城市流浪的未成年人、精神病人、危重病人，积极开展源头预防和宣传工作，指派专人和亚运会举办城市沟通衔接配合，做好渭南籍流浪乞讨人员的接收返乡工作。全年全市共救助流浪乞讨人员6230人次，省内2630人，省外3600人次。

【基层民主建设】 推广了潼关县"四议两公开"民主管理制度，将村民自治及规范化管理制度和村务公开目录汇编下发，新的村务公开内容于9月上旬在全市得到落实。先后两次召开城市社区建设推进会，完成了《关于进一步加强城市社区建设的意见》，社区建设从硬件建设、组织建设、投入机制等方面实行规范化管理，加强了全市社区建设领导机构，明确了各部门抓社区建设的职能和职责，进一步强化了社区管理功能，开拓了社区服务范围。

【双拥工作】 以创建全国双拥模范城四连冠为抓手，积极组织开展创建活动和群众性双拥共建活动，迎接省级验收和市级考评、推荐、表彰先进等工作顺利推进。军嫂创业"十百千"活动、"十面红旗、百家示范单位"评选活动、驻军支援地方建设"四个一"等活动深入开展，丰富了双拥活动内容，拓宽了军民共建的层次和领域，使双拥工作在活动形式、参与范围、综合效益、政策落实等方面取得新突破，全市双拥工作呈现出爱国拥军、爱民奉献、军民融合式发展的大好局面。2010年，渭南被命名为省级双拥模范城，市民政局被表彰为全省爱国拥军模范单位，为创建国家级双拥模范城四连冠奠定了扎实的基础。

【优抚工作】 完善了抚恤补助费“县级社会化发放办法”，各项抚恤补助都能按时足额发放到位；规范了抚恤补助费自然增长机制，使优抚对象的各项待遇合理提高；组织对重点优抚对象进行了走访慰问，发放慰问信7万多份；对生活困难的优抚对象，及时给予救助，保证了优抚对象的基本生活；投资1000多万元，对永丰、渭华起义等烈士纪念建筑物进行了扩建维修改造；先后建成渭南市优抚对象休疗中心及大荔、白水等县级优抚对象休疗中心，成功举办了8期350多名优抚对象参加的休疗活动。

【退役士兵安置】 完成了退役士兵、转业士官、军休和伤病残人员的接收安置工作。全市共接收退役士兵3125人，其中城镇安置对象1154人、转业士官176人；接收军队离退休干部10人、伤病残士兵7人。为67名城镇退役士兵办理了自谋职业手续，发放一次性经济补助163万元。开展了万名复员退伍军人创业活动，开办了首期退伍军人创业及技能培训班，培训退伍军人150人次。严格执行各项军休政策，军休干部的政治待遇和生活待遇得到较好落实。

【社会福利工作】 市儿童福利院新建项目和市社会福利院综合楼建设全面竣工。完成了50例“西部贫困家庭疝气儿童康复手术项目”，“贫困儿童唇腭裂手术康复计划”顺利实施，对16岁—18岁的孤儿进行职业培训，提高他们的就业保障水平。收养工作依法开展，其中，涉外送养11名，国内收养9名。用福彩公益金开展多项社会资助活动，其中为200名贫困大学生提供助学金70.4万元，向富平县敬老院资助2万元。推荐金秋苑老年公寓和临渭区老年公寓为社会化养老全省示范单位。

【福利彩票发行】 福利彩票销售持续高位运行，全市各票种累计销售达1.9亿元，超额完成了省民政厅下达1.36亿元销售任务，再创历史新高。有力地支持了敬老、养老、儿童福利等社会福利设施建设，为全市社会福利事业的发展增添了后劲。

【老龄工作】 鼓励社会力量兴办不同形式的老年福利机构，积极办理老年公寓投资项目的申报工作；全年为70周岁以上老年人办理省老年优待证8万本，为65名百岁老人发放保健补贴7.8万元，为5178名90岁以上老人发放生活保健补贴310.68万元；为80周岁以上老人发放保健补贴工作正在开展；举办了2010年重阳节送关心慈善大行动仪式，共为2100名贫困老人每人发放价值60元的棉被一床；举办了“三和杯”渭南市第四届老年文体大赛；欧盟助老项目进展顺利，为华县6个项目投放种子基金55万元。

【民间组织管理】 按照“发展、建设、培育、监管”的思路，以健全组织、提升能力、培育扶持、规范管理、发挥作用为措施，大力推进社会组织健康发展。全年新登记社会组织13个，新批社团筹备组3个，变更登记10个，换证60份。制定并印发了《渭南市社会团体“小金库”专项治理实施办法》，促进社会团体规范运作，健康发展。

【勘界行政区划工作】 紧紧围绕《关—天规划》，加大了区划调研论证力度，大荔、蒲城、富平、澄城四县已经上报了县改市方案，完成了富平县小惠乡改镇的审核及上报工作；完成1条省界（晋陕线）、1条市界（渭商线）、5条县界（澄城—蒲城、华阴—大荔、大荔—蒲城、华阴—潼关、临渭—蒲城）的边界联检任务，共新埋界桩3个，签订平安边界协议20余份，妥善处理边界纠纷3起。

【难点村治理】　组织召开了全市“难点村”治理推进会议，成立了全市村务公开民主管理协调小组机构，明确了各职能部门的职责，强化了“难点村”治理工作举措。上访闹访及反映信件明显减少。“难点村”治理达到70%。

【殡葬管理】　加强对经营性公墓的规范管理，对全市8个公墓不同情况提出了整改意见，促进了公墓的有序健康发展；坚持依法行政，积极推行火葬，加大对《殡葬管理条例》的宣传，有效提高了火化率；开展了清明文明安全祭祀活动，期间没发生任何事故和不安全因素。

【婚姻登记】　组织各县市区10个无婚姻登记员资格证书的人员参加省上的培训班，取得了资格证书。对未达到婚姻登记规范化建设要求的华县、富平、蒲城、潼关4个县按照规范化建设的要求，加强了对其硬件软件的配置，加强了对其工作的检查指导。华县、富平、合阳、潼关4四县已被评为国家婚姻登记规范化建设合格单位。

（王云亮）

外　事　工　作

【因公外出工作】　一是严格审批审核，制止公款旅游现象的发生。对出访团组和人员数量严格审查和控制；全市实际成行的因公出国团组及人次数分别为28批63人次，其中厅局级3批29人次，科级31人次。二是坚持行前教育和出访情况报告制度，加强监督、跟踪任务执行情况。在对团组进行行前集中教育的基础上，编印了《因公出访注意事项》宣传册，保证所有出访团组和人员人手一册。实行因公出国（境）责任承诺制度。全市所有自组团签署了《因公出国（境）责任承诺书》，出访团组和人员回国后15日内上报出访情况报告，以便加强监督、跟踪任务执行情况。全年的出访团组和人员无一例违纪违规现象发生。

【对外交流与合作】　在陕西省友协的引荐下，积极与日本几个城市取得了联系，并赠予宣传资料，期待进一步的合作与交流。在陕西省外办的指导下，积极与韩国、泰国领事馆联系，希望领事馆根据实际情况牵线搭桥，尽快在两国寻找合适的城市建立友城关系。与南非自由州省夏里普市建立友好合作关系。在省友协的牵线搭桥下，应市长徐新荣的邀请，南非自由州省夏里普市市政府代表团一行7人对渭南市进行了为期5天的工作访问，双方签署了友好合作备忘录。

【涉外管理】　受理华县居民雷会琴向中国驻马来西亚大使馆申请协助事宜，并向省外办涉外处请示，请其协助联系中国驻马来西亚大使馆，关注其女在马来西亚遭遇车祸死亡的善后赔偿及在马来西亚法院审理的进展情况，并及时反馈处理结果，帮助当事人尽快解决问题。上报日本国际大学生志愿者来华阴开展植树交流活动。截至活动结束，日本志愿者在华阴北社乡三河口渭河护堤南侧栽植速生杨10000余株。举办第六届东北亚机械产业城市联合市长会议和局长会议。协助富平县政府申请富平城乡建设高级职业中学教学楼推荐列入日本利民工程无偿援助项目。根据全国第十六次人口普查要求,对全市2009年10月－2010年10月在渭外籍人员进行了统计。

(杨 阳)

安 全 生 产

渭南市安全生产监督管理局

局 长 赵洪冬

副局长 程战平 董新安 李进会

【指标完成情况】 2010年,全市全年共发生各类生产安全事故1010起,较上年下降13.23%;死亡258人,下降8.19%;受伤309人,下降21.77%;经济损失3926万元,增加46.80%。全市死亡人数控制在省政府下达的考核指标以内,(省政府下达死亡控制指标为265人,发生较大以上事故4起),亿元GDP生产安全事故死亡率由0.42降到0.32;工矿商贸企业就业人员10万人生产安全事故死亡率由4.26升至5.97;道路交通万车死亡率由2.88降到2.21;煤炭百万吨死亡率由1.42升至12.13。全市除韩城市外,其余10个县市区和渭南高新区均控制在考核指标以内。21个市直重点考核部门,没有突破死亡控制指标。道路交通事故死亡人数下降,全市安全生产形势平稳。年内相关行业发生的事故有:工矿商贸企业发生事故23起,较上年下降61.02%;死亡83人,增长27.69%。其中:煤矿企业发生事故6起,死亡48人,较上年增长585.71%。道路交通发生事故366起,较上年上升0.83%;死亡171人,下降19.34%。发生火灾事故596起,死亡4人,与上年持平。非煤矿山发生事故6起,死亡14人,较上年增长40%。烟花爆竹发生事故1起,死亡9人,较上年增长350.00%。其他工矿商贸企业发生事故10起,死亡12人,较上年下降65.71%。建筑施工、危险化学品、农机、旅游、水利、教育等行业未发生死亡事故。

【较大事故】 发生较大事故8起,死亡49人,事故起数较上年增加3起,死亡人数增加34人。2010年发生的较大以上事故分别是:1月1日,蒲城县新平花炮公司发生爆炸事故,造成9人死亡;1月14日,临渭区发生道路交通事故,造成3人死亡;3月16日,蒲城电厂发生着火事故,造成4人死亡;4月1日,韩城市泉子沟煤矿井下发生瓦斯燃烧事故,造成9人死亡;4月30日,白水县发生道路交通事故,造成5人死亡;6月20日,白水县冯雷镇白堡村红联煤矿发生爆炸事故,死亡7人;9月6日,华县盛丰矿业公司发生机械事故,造成3人死亡;10月14日,潼关县潼金公司发生井下着火熏烟事故,造成9人死亡。发生重大事故1起,死亡28人:7月17日,韩城市小南沟煤矿井下发生火灾事故,造成28人死亡。

【安全生产治理】 组织3502人次、组成700个检查组,共检查生产经营单位16543个次,检查出安全隐患19327个,已经整改17853个,整改率达到92.37%,其中县级重点安全隐患497个,整改445个,整改率89.54%。烟花爆竹公司化改造全面完成,改造工区1080个,建成合法企业218个。按照工作需要,充实了县级安全监管队伍,在10个重点乡镇增设了安监站,延伸了监管手段,加强了基层建设。县乡两级安监干部集中学习了《安全生产法》和《渭南市安全事故责任追究暂行办法》,提升了安监干部的业务水平,强化了责任意识、规范了执法行为。

【安全生产执法】 出台了《渭南市落实重点行业企业安全生产主体责任动态管理实施办法》,要求生产企业和行业管理部门、安全生产监管部门对企业的安全状态定期进行动态监督检查,并对检查情况进行综合性分析判断,确定企业的运行状态。全年全市共开展执法行动7861起(含农机),查处无证或证照不全从事建设、生产、经营行为2102起,对6处违反"三同时"规定的下达了停产、停工指令,取缔非法生产经营5686起(含农机),这项活动的开展规范了企业生产经营行为,打击了严重违法行为,创造了安全的经济社会环境。

【安全生产宣传教育】 开展了"安全生产月"活动,制定了活动工作方案,主要领导亲自部署活动工作,参加"咨询日"活动,解答群众提出的安全问题,接受群众的投诉。开展安全文化进企业、进社区、进学校、进园区、进农村、进家庭"六进"活动,提高群众的参与意识。各生产经营单位以宣传安全知识,杜绝"三违"为重点,组织了形式多样的宣传活动,全市接受教育的群众达到50万人。加强对企业安全管理人员和特种作业人员的教育培训,全年培训企业主要负责人和安全管理人员3200余人,培训特种作业人员9700余人。群众的安全意识有了明显提高,安全教育培训逐步走向常态化、规范化。加强对各级执法人员的培训教育,规范执法行为,全年培训安监执法人员256人。

【安全生产检查】 在春节前、两会期间、上海世博会期间和汛期等重点时段,组织了六次全市性安全生产大检查和四次全面督查,组成督察组深入县市区和企业一线,对检查情况进行督查。根据各行业安全形势和重点问题,在全市集中开展了20余次专项整治,对列入省、市政府挂牌督办的蒲城县非法采石、潼关县非法矿山、韩城市、白水县非法煤矿生产以及其他重大隐患和重大火灾隐患进行了重点治理和挂牌督办。通过整治行动,全市13处危险路段完成改造或采取了有效的安全措施,5处市级重点隐患、6处重大火灾隐患、445处县级重点隐患得到治理。列入国家重点治理的烟花爆竹工区改造全面完成,建成合法企业218个。非煤矿山"楼上楼"、"采空区"、"一面坡"等重点隐患治理进展顺利,煤炭行业重点瓦斯矿井和水害、顶板威胁较大矿井治理取得进展,推行壁式、薄煤层机械化采煤法和液压金属支柱、金属支架等支护方法,淘汰木支护和金属摩擦支护方式等安全措施在较大煤矿全面推行,危险化学品生产过程实时监控稳步推进,全市生产企业的事故防范能力有了提高。

【责任追究】 按照"四不放过"原则,加大对事故的责任追究力度,2010年较大以上事故查处结案率达到100%,累计追究处理114人,其中给予党政纪处分95人,移送司法机关19人。及时向社会公布了几起在社会上影响较大的事故处理情况。开通了12350安全生产举报投诉电话,全年接受群众举报31起,全部进行了核查和落实。坚持事故和重大隐患约谈和通报制度,对发生影响较大事故和重大隐患长期得不到治理的县市区政府和企业负责人进行约谈,对已经发生的事故和严重信息迟报问题进行通报。在蒲城"一·一"烟花爆竹爆炸事故、韩城"四一"和"七一七"煤矿事故以及潼关"十·一四"事故发生后,立即召开专题会,指导各级各部门和生产经营单位深刻吸取事故教训,堵塞漏洞,改进工作。

【应急救援】 2010年,市安全生产应急救援指挥中心挂牌成立,市级应急救援框架基本建立。组织力量对《渭南市安全生产事故应急预案》进行了修订。各县市区、各部门、各有关企业应急预案修订工作已基本完成,全市安全生产应急预案体系基本建立。组织了多次有针对性的应急演练,检验预案的执行力,增强各级应对突发事件能力。

【行政许可】 依法受理行政许可435件,办结安全许可证435件。

(吴庭梁)

移民工作

渭南市移民开发局

局　长　王健康

副局长　李　诚　　周选民

【概况】 2010年,移民工作以深入贯彻落实国务院17号文件为主线,立足于库区和移民安置区的稳定和发展,创新工作思路,完善扶持体系,努力探索帮扶移民的新途径,项目建设更加贴近民生,解决移民遗留问题取得明显成效。市移民局被省移民办评为"全省水库移民后期扶持工作先进单位"、大荔县移民局被国家发改委、水利部、人力资源和社会保障部和财政部联合表彰为"全国水库移民后期扶持工作先进单位"。

【移民直补资金发放】 依据《陕西省大中型水库后期扶持人口核定登记办法》,进一步完善移民后期扶持年度人口核查机制,建立健全规范的移民后期扶持直补资金发放机制。对2009年6月底前已死亡的后期扶持人口,按政策取消其直补资格,全市共核减1480人,确定第四个扶持年度移民后期扶持人数为468268人。截至2010年底,及时、准确、足额发放第四个扶持年度的直补资金28220.65万元,全市未发现一例错发、漏发现象。其中1.2万户移民利用直补资金申请到农行贷款2.4亿余元,有效解决了移民发展生产启动资金不足的问题,直补资金在移民生产生活中逐渐凸现其扶贫解困的效益。

【库区和移民安置区项目建设】 全市库区和移民安置区分四批下达项目计划,安排人畜饮水、农田水利、交通道路、生产开发、科技培训等项目636个,国投资金8083.08万元,其中列入市政府2010年民生工程的项目117个,国投资金2056万元,全面完成建设任务。项目实施后,扩大和改善有效灌溉面积3066.67公顷,51个移民村组的饮水困难得到缓解,234个移民村的出行难得到改善,生产开发项目增加产值80余万元,受益移民5万余人。在项目实施过程中,进一步加强项目管理工作,注重抓好项目前期工作,建立和完善项目储备制度,逐步建立了全市移民项目库,形成科学、规范的项目报批制度，制定了《渭南市大中型水库移民后期扶持项目管理细则》（试行），并在实践中不断完善项目立项、报批、实施、监管和验收的长效机制，规范移民项目管理工作。

【移民产业发展】 一是积极推进产业结构调整。围绕“一村一品”建设，搞好移民村产业结构调整、主导产业发展，因地制宜，因村施策，把移民产业规模调大、结构调优、品种调特、效益调高。华阴市的莲藕种植、大荔县的畜牧养殖、临渭区的葡萄栽植、蒲城县的设施农业、白水县的豆腐加工、澄城县的樱桃庄园已初具规模，这些产业的健康发展，不仅拓宽了移民的增收渠道，也为全市创意农业增添了亮点；二是扎实开展科技培训。着力提高移民的科技素质和产业发展能力，为产业发展、移民增收提供有力支撑。全年完成移民实用技术培训1万余人次，移民子女岗前技能培训85人；三是注重典型示范。通过项目带动培育了大荔县韦林镇会龙村的“义全奶牛养殖专业合作社”、华阴市的万亩莲藕基地、临渭区下吉镇的葡萄专业村等产业发展亮点和样板，带动和辐射当地移民发展种、养、加等高效产业，为移民产业结构调整增添强劲助推力。

【六年规划】 移民遗留问题处理六年规划因政策原因仅实施了四个年度计划，却提前实现了六年的预期目标。规划项目完成国家投资2.84亿元，实施基础设施、生产开发和科技培训等各类项目4269个，全市移民人均纯收入相比规划水平年增长203%。按照中省的要求，经过县级自验、资料审查、试点和省市复验四个阶段，全市10个涉及六年规划项目实施的县市区均顺利通过国家验收。2010年，《陕西日报》、《渭南日报》、渭南电视台分别对移民六年规划实施的成效进行了报道，在社会上引起极大反响，六年规划被省上评价为“费省效宏”工程。

【移民稳定】 通过夯实移民稳定工作责任制、建立健全矛盾排查调处机制、推行移民管理机构领导接访制、开展“构建平安库区”调研活动等举措，2010年移民信访呈“两个下降”趋势：一是受理群众来信比上年同期下降62.5%；二是接待群众来访比上年同期减少75%。库区预留土地管理中的问题得到有效解决，移民出嫁女要求纳入移民直补范围的问题逐渐趋于平缓，全市库区和移民安置区整体稳定。

（党建忠）

信　访　工　作

渭南市信访局

局　长　汝增瑞

副局长　周温绒（女）　安延会　由建新

【目标任务完成情况】 2010年，全市共发生进京非正常访133人次，同比下降29.2%，占年度控制指标297人次的44.8%；赴省集体访25批1419人次，同比分别下降69.9%和38.1%，占年度控制指标111批和4206人次的22.5%和33.7%；

来市上访10631人次,同比上升7.1%;收到群众来信4907件(网上信件2677件),立案交办117件;受理群众来电6100个,报结5808个,办结率为96%。全面完成了年度工作任务和省上下达的"一控制、两下降"目标,全市信访工作实现了在全省的争先进位,为构建和谐渭南做出了积极贡献。

【改善信访工作格局】 市委、市政府主要领导和分管领导多次主持召开会议研究安排信访工作,经常深入信访大厅接访约访群众,化解疑难信访问题。各县(市、区)党政主要领导每季度集中三天时间接待上访群众,每个工作日都有县级领导公开接访。坚持了信访点评制度,每月由市委、市政府主要领导和分管领导召集各县(市、区)委书记对信访工作进行现场点评。修订印发了《渭南市信访稳定工作责任追究暂行办法》和《领导干部定期深入基层调查走访群众的意见》,进一步落实了责任,压实了担子,全市的大信访工作格局初步形成。

【基层基础工作】 狠抓矛盾纠纷的排查化解工作,突出对土地征用等重点领域和部分人员等重点群体以及关系民生和影响社会稳定的一些热点难点问题进行排查,提高了矛盾纠纷的排查质量和效果。扩展了专线电话网络体系,全市共设立一级专线电话网络单位118个,二级网络单位1280个。完善了市、县、乡、村四级矛盾纠纷排查化解网络。充分发挥了"三位一体"调处机制的综合效应,一大批矛盾纠纷得到了有效化解。全年全市共排查出矛盾纠纷1419件,调处化解1291件。

【"三无"创建活动"】 深入开展了创建"三无"县(市、区)活动,各县(市、区)还开展了创建"三无"乡(镇)活动。在做好积案化解的同时,落实了上访人员特别是赴省、进京上访人员的稳控责任,有效遏制了越级上访问题的发生。进一步加强了信访劝返工作,成立了驻京、驻省劝返工作机构,赴省进京上访群众得到及时劝返接回,有力推动了"三无"县活动的深入开展。富平、澄城、华县、华阴、合阳、白水、蒲城7县(市)实现了"三无"目标。

【依法规范信访秩序】 以《信访条例》颁布实施5周年为契机,宣传了中央关于信访工作的一系列政策法规、决策部署以及新时期信访工作的生动实践。组织了30余个市直部门就《信访条例》及相关法规政策进行了集中宣传,受教育群众达30000余人次。对违法上访行为,严肃依法处置。对进京非正常上访行为,严格按照一训诫、二拘留、三劳教的原则进行处理。全年共办法制培训班66期464人次,依法处置361人次,全市信访秩序明显好转。

【化解信访积案】 把领导大接访作为从源头上化解信访积案的有效途径,全市各级领导共接访群众6508批36000余人次,受理解决问题4316件次。定期开展约访工作,市委常委王春阳经常深入信访大厅接谈约谈群众,亲自协调解决了15起重大疑难信访案件,信访人十分满意。同时,在积案化解中,加强了督查督办,加大了资金投入,市、县财政共投入资金1339万元,争取中省资金145万元,有力促进了信访积案的化解,上级交办到期应报结的232件案件全部报结,报结率达到100%,保持了全市无信访积案的良好势头。

【联合接访机制】 在全省率先建成了市人民来访接待大厅,按照"一站式接待,一条龙服务,一揽子解决"的模式开展工作,有效整合了工作力量,提高了工作效率。临渭区等7个县(市、区)的信访大厅相继建成运行。8月份,全省信访接待大厅建设现场会在渭南召开。11 月份,代省长赵正永视察了临渭区信访接待大厅并予以充分肯定。大厅运行以后,实现了“接谈劝返在大厅、协调处理在大厅、解决问题在大厅、督查督办在大厅、信访点评在大厅”。

(范东亮)

接 待 工 作

渭南市接待办公室

主　任　王万林

副主任　刘会锋　张文新

【接待任务】　全年共完成接待任务 367 批,接待来宾 9932 人次。接待省部级领导 34 批,地厅级领导 197 批,商务团组 52 批,专家、学者、记者、知名人士 34 批。圆满完成了三批党和国家领导人在渭的接待任务。完成了省委书记赵乐际、原省长袁纯清、代省长赵正永、省政协主席马中平、科技部副部长李学勇等中央和省多位省部级领导在渭视察活动的接待任务;完成了国家环保督查组、国家节能考核组、省目标责任制考评组、省委干部考察组、省委巡视工作组、省委党建督查组、省依法行政督查组、省节能工作考核组等多批中央和省公务活动检查组来渭接待任务;接待了甘肃省张掖市、湖北省襄樊市党政代表团、海峡两岸园艺交流协会代表团、关中——天水经济区记者采访团等多批工作访问团。

【商务接待】　全年共完成商务接待活动 52 批 1290 人次。围绕招商引资和项目建设,先后接待了中石油、国电西北公司、鸿基世业集团、北京阳光保险集团、北京恒基实业公司、恒天集团、荣天集团、神火铝业集团、郑氏企业家商会、东亚银行、香港华润电力投资公司、台湾龙盟集团、中菲集团、浙商商会、浙江佳源地产等多个商务考察团组以及美国、阿联酋华侨华人联合会客商。

【重要活动】　一是圆满完成了全国人大副委员长、全国妇联主席陈至立,全国人大副委员长成思危,全国政协副主席阿不来提·阿不都热西提三批党和国家领导人在渭南的接待任务,接待工作组织严密、准备充足,受到了有关方面的肯定。二是接待了中央学习实践科学发展观督导组、中纪委专项工作检查组(三次)和省委第二轮巡视活动等重要活动。省委巡视活动时间长、任务重、要求高,接待办全力保证这次活动,充分发挥接待工作的辅政功能,充分保障了政务活动的开展;三是参与了第六届东北亚机械产业城市联合市长会议、全省开展“两项工程”提高出生人口素质现场会、“低炭家庭、时尚生活”启动仪式、“少华山杯”书画展和全市第二届旅游文化节、卤阳湖国际航空节、卤阳湖通航高峰论坛、渭南市国家级高新技术产业开发区挂牌仪式、市委三届九、十次全委会、市十二五规划研讨会等活动的组织和接待服务工作;承办了《领导干部在公务活动中的个人礼仪》专题讲座,邀请国家行政学院教授、国家公关协会副会长李兴国给市级领导、县(市、区)党政主要领导和分管公务接待的县级领导、市级各部门副县级以上领导和参加全市接待工作会议的全体同志讲授了公务礼仪的基本原理、个人仪表礼仪、个人形体礼仪、语言礼仪、服饰礼仪、见面礼仪、迎送礼仪、会议会见礼仪、餐饮礼仪等工作中经常遇到的问题和处理方法。

【制度化建设】 一是进一步加强制度建设。认真贯彻中、省关于党政机关国内公务接待管理规定,结合实际,进一步完善《渭南市内事接待管理实施细则》,包括信息报告、方案制定、迎送陪同、住宿安排、餐饮宴会、会务组织、服务礼仪等工作内容,全市接待规范化制度化建设进一步增强。二是召开全市接待工作会议和全市接待系统业务培训会。9月份召开了有市级领导、市接待工作领导小组成员单位领导、县(市、区)分管接待工作的领导和接待机构负责人、市级部门接待机构负责人和市县两级公务接待定点宾馆负责人参加的全市接待工作会议和全市接待系统业务培训会。通过交流、座谈、观摩和培训等形式进一步促进全市接待工作水平的整体提高。三是加强对县(市、区)和市级部门接待工作的指导。采取在市级大型接待活动中抽调县(市、区)接待业务骨干上挂锻炼、组织县(市、区)接待骨干参加全国、省办组织的业务培训和外出考察等方法,不断提高接待工作人员的业务素质,积极协助和指导市级部门规范、优质、高效地搞好接待工作。特别是在市级重点项目观摩活动中,接待工作发挥了应有的作用。四是加强市级定点公务接待宾馆(饭店)规范化服务的指导。通过定期组织市、县(市、区)公务接待定点宾馆(饭店)观摩活动,改进就餐方式,积极推广分餐制宴会、自助餐等文明、健康的就餐方式,积极挖掘地方传统特色小吃,弘扬东府餐饮文化,在接待中推出有地方特色的接待餐饮品牌。搞好软件服务的同时,积极支持宾馆创造条件不断加强硬件建设,完善接待服务功能。

(程晓暾)

地方志工作

渭南市地方志办公室

主　任　刘百宽

副主任　王答雄

【志书编纂】 《渭南市志》第二卷(经济卷)5月28日通过终审,于11月由三秦出版社正式出版发行;《渭南市志》第四卷(文化卷)于12月6日通过渭南市地方志编纂委员会初审,已送交陕西省地方志办公室终审。各县(市、区)的修志工作取得了可喜的成绩。《蒲城县志》(1991～2005)和《白水县志》(1984～2003)于12月底交付印刷出版。《韩城市志》(1990～2005)于8月11通过了陕西省地志办终审。《华县志》(1990～2005)于11月25日送陕西省地志办终审。《华阴市志》于8月6日通过渭南市地方志办复审。《潼关县志》于10月23通过了渭南市地志办复审。《澄城县志》于11月6日召开了初审会。《大荔县志》、《富平县志》和《临渭区志》已完成总纂。《合阳县志》完成了初稿的80%。渭南市二轮修志工作任务完成过半。

【《渭南市志》第二卷出版】 《渭南市志》第二卷于2010年11月由三秦出版社出版发行，是渭南市在二轮修志工作中编纂出版的第三部志书。全书共117万字，总纂杨树民、刘百宽，主编雷宁志。全书以马列主义、毛泽东思想、邓小平理论、“三个代表”重要思想和科学发展观为指导，坚持以辩证唯物主义和历史唯物主义审视历史，以“以人为本”、“和谐社会”、“科学发展”、“为国修志”等新理念引领采编过程，运用新观点、新资料、新方法、新体例和线（时间顺序）、面（事物面貌）、点（事物重点）结合的方法，统括古今，据实直书。全书记述渭南境内古今人类社会生产、分配、交换和消费活动的基本史实和重大变革史料，内容包括农业、林业、水利水保、工业、乡镇企业、交通运输、邮电电信、商业、外贸、旅游、金融保险、经济管理、财政税收、灾害防御、人民生活等。

【《渭南年鉴》2010卷出版】 《渭南年鉴》是由渭南市政府主办，渭南市地方志办公室承办的年度地情资料工具书。《渭南年鉴》2010卷是《渭南年鉴》连续出版的第12部年鉴。全书客观记载渭南市人民在中共渭南市委、市政府领导下，克服金融危机带来的困难，加快发展的重大史实，正确反映2009年渭南市政治、经济、文化和社会各个领域的新变化、新成就、新经验以及存在的困难和问题，并加大对项目建设、社会发展和改善民生情况的记述。同时，着重宣传一批先进单位和模范人物，有重点地介绍一些名优产品、企业和企业家，从多方面宣传建设成就，展示渭南的活力与风貌。《渭南年鉴》2010卷已于11月由三秦出版社正式出版发行。

【县（市、区）年鉴编辑】 县级年鉴编纂工作已逐步开展起来。9月，出版发行了《大荔年鉴》（2010卷）。《澄城年鉴》于11月12日印刷出版。《华县年鉴》在12月底成书出版。《潼关年鉴》（2010卷）是2008年和2009两年的合订本，12月底正式出版。同时，潼关县将2005和2006年两年的年鉴资料进行了整理、补充和编写，以内部资料形式打印成册。华阴市进行《华阴年鉴》（2007—2009）的编纂，已基本完成了各部分资料的汇编。富平县、蒲城县和韩城市完成了年鉴资料的收集、整理工作。

【业务研究与培训】 渭南市、县两级志办结合自身实际，采取各种方式，加强理论学习，开展业务培训工作。渭南市志办经常不定期地召开主编、副主编和编辑会议，分析、研究、解决志书中存在的一些问题，通过以会代训的方式对所有编辑人员进行业务培训。有针对性地开展理论研究，撰写一些理论文章，全年先后形成方志论文7篇，均被《陕西地方志》刊用。其中刘百宽撰写了4篇，分别是：《谈志稿的资料问题》、《〈渭南市志〉经济卷编修过程》、《渭南市情面面观》、《影响中华民族发展进程的渭南历史人物》，王答雄撰写了《北魏华州和李润堡》，姜继业撰写了《旧志校注谈》，陈西军撰写了《修志百句诀》。华县志办出台对撰写理论文章的奖励政策，共有5人、6次投稿，刊发3篇文章。大荔县志办撰写文稿20篇，其中1篇在《陕西地方志》上发表，9篇被《渭南日报》、“新华陕西网”等媒介登载。临渭区志办先后形成方志论文5篇。蒲城县志办在《陕西地方志》发表论文2篇。白水县志办举行终审稿修改专题座谈3次，分别就审核、修改注意事项进行学习和研究，志办主任何连有在《陕西地方志》上发表文章1篇。富平县志办各位编辑就工作中的好经验、好做法及存在问题进行交流和探讨，全年共撰写4篇体会文章。

【地情丛书、专志编写及旧志校注】 渭南市志办于5月出版了《国之栋梁·影响中华民族发展进程的渭南人》。大荔县志办编纂出版了《风情同州》丛书(一套两本),用随笔形式介绍大荔历史文化。白水县志办完成了大型资料丛书《印象白水——四圣肇开华夏文明》的编纂,同时还完成了清顺治四年(1647)《白水县志》2卷本纸质版本的校注工作。华阴市志办指导编写了《华阴国税志》、《华阴人大志》两本专业志和《五方纪事》、《六一纪事》、《城西村史》三本乡村志。7月,《华阴国税志》举行首发式;8月,《华阴人大志》出版发行。合阳县志办指导编写了《合阳交通志》、《合阳人大志》、《合阳武装志》、《合阳政协志》、《合阳粮食志》等,其中《合阳交通志》已出版发行。富平县志办于9月份启动了《富平骄子》地情资料丛书的编纂工作,已收回50多人的资料。澄城县志办翻印了明嘉庆年《澄城县志》。

【读志用鉴与信息服务】 渭南市志办向渭南市五大班子领导送《渭南市志》第二卷、《渭南年鉴》2010卷各100本,向各供稿单位、社会各界人士送500本,向渭南市规划局、卤阳湖管委会办公室、市政府办城建科、市政策研究室、渭化集团等单位提供相关资料的咨询、查阅、复印30次,为参加经贸洽谈会的单位和个人赠送《渭南年鉴》和市情资料丛书。同时派员多次在渭南市财政干校、临渭区财政干校和瑞泉中学讲解渭南市情。4月,中央电视台来渭南拍摄《方志中国》节目中的读志用志情况,10月如期在中央四套节目中播出。大荔县志办向大同至西安高铁、罗敷至韦庄高速等大型项目建设提供资料61份,并全方位参与了史丰收纪念馆的筹建、布展和开馆工作,提供了大量的历史资料。蒲城县志办为西安至韩城天然气管道铺设提供蒲城段地质、物候等资料6万余字,为规划局提供各乡镇土地面积、人口增长变化等资料2万余字。富平县志办在富平文物旅游局编制全县红色旅游总体规划时,提供了富平老城等相关资料。华县志办向华县民政局提供全县灾害发生和抗灾救灾情况资料,用于编制全县灾害预防规划。

【数字化建设与应用】 澄城县志办刻录了《澄城县志》1990版电子书300套。临渭区志办主办的"临渭千秋"网站,共15个栏目,平时进行不定期维护和资料更新,截至12月底,点击率已达21800次。大荔志办主办的"大荔志鉴"网站,一月初实施了改版,全年点击量已达67886次。富平县志办主办的"富平县地情网"自8月份创办以后,坚持定期更新内容,及时回复有关意见,4个月时间,点击率超过1000次。华阴市志办不断完善网站管理制度,制订了《华山人家园网管理办法》和《管理细则》等规章制度,开设11个栏目、34个版块,至12月底共发展会员285人,日平均浏览量300人,最高浏览量453人,日平均发帖110余篇。

(李伟林)

中国人民政治协商会议渭南市委员会

政协渭南市第四届委员会领导成员

主　　席　张建华
副 主 席　王　健　高洁(女)　贺　韧　王民庆　徐月凤(女)　张志强　杨文斌
秘 书 长　王建民
常　　委　于海成　王友民　王双喜　王红岩　王志斌　王宏强　王建军　王涛滢
毛平宇　田军华　石立东(女)　冯文政　权佩亮　曲志勇　朱新宽
刘玉峰　刘英杰　杨妍(女)　杨忠定　杨培忠　杨敬钟　杨翠红(女)
李　明　李东平　李永朝　邹通玄　宋俭生　张　开　张力民　张永丰
张冬茜(女)　张宝琪(女)　张振山　张晓民　张敏凤(女)　张群香(女)
陈学敏　柏　峰　姚建龙　姚明德　钱怀瑜　海福军　黄玮(女)
常　伟　梁梅(女)　雷转运　熊琦芬(女)　穆选生
副秘书长　张力民　李文仪　吉　源　崔艳(女)

政协渭南市第四届常务委员会工作机构及领导成员

提案委员会
主　任　朱新宽
副主任　张来宝(兼)　赵洪冬(兼)
李永潮(兼)　董义才(兼)

经济委员会
主　任　刘清亮
副主任　张建宏(兼)　陈勇纲(兼)
王志斌(兼)

人口资源环境委员会
主　任　李晓京
副主任　徐长锁(兼)　张发印(兼)
蔡长友(兼)

科教文卫体委员会
主　任　屈建民
副主任　曲志勇(兼)　李东平(兼)
王振杰(兼)

社会法制和民族宗教委员会
主　任　丁剑民
副主任　李俊杰(兼)　王二民(兼)
熊琦芬(女,兼)

文史和学习委员会
主　任　弥元峰

副主任　刘百宽(兼)　李献文(兼)
　　　　　杨忠定(兼)

办公室

主　任　张力民(兼)

副主任　吉源(兼)　高成文

综合处

处　长　王杰生

政　协　工　作

【市政协四届一次全委会议】　2010年3月29日至4月1日,政协渭南市四届一次会议在渭南召开。会议听取并审议了张建华作的政协渭南市第三届委员会常务委员会工作报告、陈雪民作的三届政协五年来提案工作情况的报告;重点协商讨论了市政府工作报告和计划、财政报告及法检两院工作报告,围绕加快渭南发展、建设和谐社会及加强政府工作等提出了100多条意见和建议;22名委员就调整经济结构、转变发展方式、着力推进新型工业化、加快高新区建设、加快农业产业化发展、做大做强华山旅游等专题作了大会发言;审议通过了市政协四届一次会议各项决议和提案审查情况的报告。市委书记梁凤民、市长徐新荣和市委、市人大、市政府、市纪检委、军分区领导到会祝贺并参加小组讨论。市政协历任老领导出席了会议,市人大、市政府秘书长和市直有关部门负责人列席了会议。会议选举张建华为政协渭南市第四届委员会主席,王健、高洁、贺韧、王民庆、徐月凤、张志强、杨文斌为副主席,王建民为秘书长。张建华在会议结束时作了重要讲话。

【市政协四届常委会议】　2010年三届市政协召开了1次常委会议,即第二十六次常委会议,主要研究了市政协换届有关事宜。四届市政协共召开了3次常委会议。

四届一次常委会议于5月25日召开,会议研究确定了四届常委会内设机构和人员组成问题。市政协主席张建华在会上作了重要讲话,市政协副主席王健主持会议,各位副主席和秘书长出席会议。会议审议通过了市政协专门委员会的设置,研究确定了市政协副秘书长、各专门委员会主任、副主任人选。张建华就做好政协工作讲了三点意见,一要充分发挥常委会的组织领导作用。在谋划全局工作上下功夫,在开好专题常委会上下功夫,在加强常委会建设上下功夫。二要充分发挥专门委员会的基础性作用。把联系和组织委员开展活动作为基本任务,创造性地开展各项履职活动,大力支持专委会的工作。三要扎实做好全年的各项工作。力求实效,体现特色,注重创新。

四届二次常委会于7月21日召开,会议就文化旅游产业发展问题进行了专题协商。张建华在会上作了重要讲话,王健主持会议,各位副主席和秘书长出席会议。会议听取了市政府《关于我市文化旅游产业发展情况的通报》和市政协科教文卫体委员会《关于我市文化旅游产业发展情况的调研报告》,进行了大会发言和大会讨论。会议认为,市委、市政府高度重视文化旅游产业发展，不断加大项目建设力度，强化宣传促销，建设精品景区，打造服务品牌，全市文化旅游产业取得了长足发展和进步。针对文化旅游产业发展中存在的问题和困难，会议提出了六条政策性建议。针对一些具体问题，委员们还提出了进一步强化政府的主导地位、探讨和完善华山管理体制、大力扶持文化旅游企业发展等七条具体意见和建议。这次会议对加快全市文化旅游产业科学快速发展起到了重要的推动作用。

四届三次常委会议于11月16日召开，会议就“十二五”规划编制问题进行了专题协商。张建华作了重要讲话，王健主持会议，副市长雷超武、各位副主席和秘书长出席会议。市直有关部门、各县市区政协及市级各民主党派、工商联负责人等列席了会议。会议听取了市政府《关于全市“十二五”规划编制情况的通报》和市政协各专题调研组《关于对陕西三门峡库区建设发展的设想与建议》、《关于对二华南山支流洪水资源进行蓄水滞洪、综合利用的建议》、《关于我市工业经济结构调整的基本思路与建议》、《关于进一步加快我市城镇化建设的意见和建议》、《倾力打造卤阳湖，积极培育新亮点》等5个调研报告，并进行了大会发言和大会讨论。11位委员和列席人员从不同角度作了重点发言，就加强中心城市管理、加快新农村建设、加快沿黄旅游线路建设、建设大荔沙苑旅游休闲娱乐中心等问题提出了40多条具体的意见和建议。

【调研文化旅游产业发展问题】 4月27日至30日，科教文卫体委员会组织部分委员，在主席张建华、副主席徐月凤的带领下，深入华阴市、合阳县、韩城市，就文化旅游产业发展问题进行调研，并于5月31日至6月3日赴宝鸡市凤县、安康岚皋县、柞水县，6月上旬赴云南省的丽江市、昆明市、中甸县(香格里拉)、腾冲县，进行了考察。调研组对渭南文化旅游产业发展取得的显著成绩给予高度评价，同时指出还存在认识亟待进一步提高、资源缺乏有效整合、体制和运行机制不活、创新和有效推介不够等问题，并针对性地提出六条建议：进一步提高认识，真正把文化旅游产业作为渭南经济社会发展新的增长点；不断深化改革，努力创新文化旅游产业发展的体制和机制；积极实施项目带动战略，努力加快文化旅游产业发展步伐；切实加强管理，不断优化文化旅游产业发展环境；努力加强中心城市文化建设，倾力打造文化旅游特色城市；大力发展文化旅游创意产业，着力提升渭南文化旅游产业发展水平。

【调研三门峡库区建设与发展问题】 8月18日至20日，市政协组织部分委员，在主席张建华、副主席张志强带领下，深入华县、华阴、潼关、大荔四县市，就三门峡库区建设与发展问题进行调研，并于9月9日至15日赴山东省东营市等进行了考察。调研组认为，重点建设发展三门峡库区具有战略意义和示范作用。为了从根本上解决库区的防洪保安问题，加强秦岭北麓及渭河沿岸的生态绿化，加快三门峡库区的经济社会发展，建议市政府：对三门峡库区的建设与发展研究制定出详细规划和目标，将其列入渭南“十二五”规划逐步实施；提请省政府对三门峡库区的建设与发展给予关注和支持，并纳入全省的“十二五”规划；成立二华南山支流蓄水建湖防洪保安临时机构，尽快拿出可行性方案，提请中央有关部委给予足够重视，争取中央项目和资金。

【调研工业经济结构调整问题】 8月下旬至9月初，市政协组织部分委员，在副主席王健、高洁带领下，深入韩城市、白水县、蒲城县、澄城县和渭南高新区,就工业经济结构、产业布局及运行情况进行调研,并于9月19日至28日赴辽宁省阜新、丹东、沈阳等地进行考察。调研组认为,全市工业经济呈现出总量扩张、结构改善、效益提升的良好发展态势,但仍存在工业总量偏小、产业结构不尽合理、投入不够、集群效应不足、核心竞争力不强等诸多结构性的矛盾和问题,应重点打造新型煤化工产业集群、冶金循环产业集群、装备制造产业集群、涉农工业产业集群、新能源产业集群、新材料产业集群和新药物产业集群,并针对性地提出了强化政府的指导协调功能、实施重点企业发展战略和名牌战略、加大政策扶持力度、大力拓宽融资渠道、加大招商引资力度、积极实施人才战略、努力优化投资环境等七条意见和建议。

【调研城镇化建设和农民工进城创业问题】 6月28日至30日,市政协组织部分委员,在副主席贺韧的带领下,深入到富平、蒲城、合阳等县,对城镇化建设和农民工进城创业问题进行了调研,并于8月18日至24日,赴无锡、苏州、杭州、上海等地进行了考察。调研组认为,近年来全市城镇化水平快速提高,但还存在县乡规划起点低、规划管理执行不到位、城市经济聚集度低、融资渠道不畅、城镇基础设施建设滞后、机制不活管理滞后、农民进城创业比较困难等突出问题,并针对性地提出建议:以科学发展观为指导,做好城乡体系的前瞻性规划;培养支柱产业,增强中心城市辐射带动能力;着眼于解决"三农"问题,加快小城镇建设;创新思路,建立多元化的投融资机制;完善相关政策,鼓励农民进城创业落户。

【调研卤阳湖开发建设问题】 8月30日,市政协组织部分委员,在副主席王民庆、杨文斌的带领下,深入到卤阳湖开发区,对卤阳湖现代产业综合开发区建设情况进行了调研,并于9月13日至20日赴江苏扬州市和江阴市经济开发区进行了考察。调研组认为,卤阳湖开发区开发建设工作取得了显著成效。调研组建议市委、市政府创新卤阳湖管理模式、行政运行模式、投融资体系模式和服务业发展模式,努力把卤阳湖培育成以通用飞机设计、制造和维修为主,集交通、机械、电子等为一体的现代装备制造业中心,以通航产业为主的现代物流中心,以航空体验为主的特色旅游中心。

【调研协调推进城镇化与新农村建设问题】 4月18日,全国政协副主席阿不来提·阿不都热西提,全国政协常委、经济委员会副主任刘江一行16人,在省政协主席马中平的陪同下,专题调研"协调推进城镇化与新农村建设"问题。市上领导梁凤民、张建华、魏稳柱、王健等陪同调研。调研组对全市在推进城镇化及新农村建设中的做法和取得的成绩给予充分肯定,希望紧密联系新型工业化,着力推进中心城市建设及县城建设,注重城市带动功能,积极统筹城乡发展,不断缩小城乡差距,着力促进农民增收,使全市城镇化及新农村建设工作取得更好的发展。

【调研重点镇建设环保问题】 4月14日至16日,省政协副主席李冬玉、省政协人口资源环境委员会主任白灏辰一行17人,就"关中——天水经济区重点镇建设中环境保护问题"进行专题调研。副市长潘洁作了汇报,杨文斌陪同调研。调研组对重点镇环境保护工作中的做法和取得的成绩给予充分肯定,指出了重点镇环境保护工作存在的问题,并针对性地提出了意见和建议。

【调研房地产业健康发展问题】 5月14日,省政协常委、提案委主任王改民,省政协副秘书长、省工商联主席冯钧平,省政协常委、提案委副主任苗均全、荆珂一行25人,深入澄城县,就"城镇化进程中房地产业健康发展问题"进行调研。王民庆陪同调研。调研组听取了澄城县政府的情况汇报,进行了实地察看,详细了解了澄城县城镇房地产业发展情况、土地供给情况及存在的问题等,对澄城县房地产业发展情况给予充分肯定。

【调研农村食品安全情况】 11月23日至24日,全国政协委员、省政协副主席张生朝,省政协医药卫生体育委员会主任李鸿光一行15人,就农村食品安全情况进行调研。副主席徐月凤等陪同调研。调研组对全市农村食品安全情况给予充分肯定,同时希望继续探索好办法,进一步明确企业的主体责任和政府的监管责任,加大宣传工作力度,加大对食品从业人员的教育和培训,推进食品安全监管工作再上新台阶。

【调研农村新型科技服务模式运行情况】 8月25日,省政协常委、科技委员会主任刘国泰,省政协常委、科技委员会副主任许春霞一行15人,深入临渭区、大荔县,就"农村新型科技服务模式"进行调研,徐月凤陪同调研。调研组听取了市政府和两县区政府的情况汇报,并实地察看了临渭区下吉镇全国优秀科技特派员创业示范点、大荔荔民公司总部和乡村服务点,对全市农村新型科技服务工作给予充分肯定。

【调研现代特色农业情况】 8月25日,省政协经济委员会主任齐焕印、经济委员会副主任张恒亮一行19人,深入澄城县,就"深化农业改革,发展现代特色农业情况"进行调研,杨文斌陪同调研。调研组听取了澄城县的情况汇报,并实地察看了两个果蔬结合点。调研组充分肯定了全市及澄城县特色农业发展工作和取得的经验,指出了发展中面临的主要问题,提出了农业农村经济再上新台阶,农民收入持续较快增长的意见和建议。

【视察创国卫工作】 11月23日,副主席王民庆、杨文斌带领驻渭的部分省市政协委员,在副市长魏稳柱的陪同下,对渭南中心城市创建国家卫生城市工作进行视察。委员们高度赞扬创国卫以来中心城市面貌发生的巨大变化,认为全市创国卫工作稳步推进,一大批创国卫重点项目产生的社会效应、环保效应、生态效应初步凸显,城市品位进一步提升。同时,委员们希望今后在创国卫工作中,要超前做好规划,高标准做好城市管网等基础设施,着力提高市民素质,把创国卫工作不断推向深入。

【视察食品安全监管情况】 10月19日,提案委员会组织部分委员,在副主席贺韧带领下,对由市食品药品监督管理局承办的第206号提案《关于加强我市食品安全监管的建议》办理情况进行了带案视察。委员们视察了城区的部分超市、食品厂、农贸市场等,听取了相关职能部门的情况汇报后认为,食品药品监管部门非常重视,采取得力措施,加强日常监管,食品安全情况良好。同时,视察组建议,要进一步完善监管制度,建立健全长效机制,尽快理顺监管体制,广泛深入宣传,确保群众吃得放心、吃得健康。

【视察中心城市历史遗存建筑保护开发情况】 10月21日,提案委员会组织部分委员,在副主席王民庆带领下,对由市文物旅游局、市规划局承办的第128号提案《关于加强渭南中心城市历史遗存建筑保护开发工作的建议》办理情况进行了带案视察。视察组对在文物保护方面所做的工作表示肯定,同时提出,要加大宣传力度,增强保护意识;加大工作力度,增强发掘意识;适度进行开发,增强价值利用意识;张扬城市个性,传承和彰显传统文化。

【视察煤矿沉陷区综合治理情况】 11月

2日，提案委员会组织部分委员，在副主席王健带领下，深入白水县，对由市发改委、市国土局承办的第146号提案《关于加快煤矿沉陷区综合治理的建议》办理情况进行了带案视察。委员们认为，市发改委、市国土局对办理提案十分重视，白水县政府在治理采煤沉陷区方面做了大量工作，进行了有益探索，治理效果明显，但仍面临诸多困难和问题。视察组针对性地提出了建设性意见和建议。

【提案工作概况】　四届一次会议以来，共收到提案325件，其中，党派团体提案123件，委员个人或联名提案202件，参与提写提案的委员366人，占委员总数的95%。提案数、团体提案数和委员参与人数均创近年新高。审查立案263件，立案率81%。通过现场办案、带案视察、上门督办、电话催办等方式，对提案进行了认真督办，在各承办单位的积极努力下，截至2010年底，全部提案办复完毕。其中，建议被采纳、问题已解决和正在解决的198件，占立案数的75.3%；因诸多因素需继续做好工作的54件，占20.5%；因政策规定所限的11件，占4.2%。作为意见处理的62件提案，也及时送交有关单位参考。

【新任委员培训活动】　6月29日至7月1日、7月6日至7月8日，在渭南市委党校，分两期对229名新任委员进行了集中培训。省政协研究室主任解莉芬，市政协委员、渭南行政学院副教授雷转运、渭南师范学院副教授钱怀瑜、渭南瑞泉中学党总支书记祁吉寿，市政协机关干部宋平安分别作了“政协统战基本知识”、“委员的权利和义务”、“怎样当好政协委员”、“如何提写提案”、“如何反映社情民意”等专题讲解。

【召开文史工作会议】　8月5日，市政协召开全市政协系统文史工作会议。会议传达了省政协文史工作会议精神，讨论通过了市政协《关于加强文史资料工作的实施意见》和《渭南市政协建国后文史资料征集大纲》。副主席张志强出席会议并讲话，他强调要进一步增强做好政协文史资料工作的责任感和使命感，加强领导、上下联动，抓住重点、突出特色，不断开创全市政协文史资料工作新局面。

【特约监督工作】　根据换届后委员变动较多的实际，适时调整充实了特约监督员队伍，共向15个司法机关和执法部门推荐了70名委员担任特约监督员，并通过组织委员参加市委、市政府及有关部门的各种座谈会、听证会、评议会、专项检查等，认真履行民主监督职责。另外，在调查视察过程中，对发现的一些能够立即解决的具体问题，及时向有关县市区和市直部门提出意见和建议，促使了一些问题的解决。

【联系各党派团体】　密切联系各民主党派和人民团体，先后两次召开市政协与市级各民主党派、工商联秘书长联席会议，互相通报情况，努力形成工作合力；在政协例会上，优先安排各民主党派、工商联发言；在开展调查视察时，尽可能多地吸收民主党派和人民团体人士参加。各民主党派、工商联先后提交大会发言20篇、提案123件、社情民意信息37件，成为政协组织协商议政、发挥作用的重要力量。

【联系委员工作】　密切联系各界委员，充分发挥委员的主体作用。市政协领导分别联系委员中的知名人士，坚持每年集中走访看望全体委员，听取委员的意见和建议，积极反映委员的呼声和要求。各专委会突出界别特色，加强同本界别委员特别是民族宗教和“三胞”界人士及以非公经济人士为主体的新社会阶层人士的联系。在深入县市区开展调查视察活动时，尽可能多地吸收所在地的市政协委员参加。组织驻潼关县和大荔县的市政协委员开展了异地视察活动。坚持给委员订阅政协报刊，印发有关学习资料，努力为委员发挥作用创造条件。

【社情民意信息工作】 在全市政协系统开展了以民生建设为重点内容的社情民意信息年活动，调整了社情民意信息员队伍。全年收集各类社情民意信息288条，编报信息专刊21期，反映的许多重要情况和群众意见得到了省委、省政府、省政协和市委、市政府的重视，所提意见和建议已转化为有关部门惠民、利民、便民的政策措施，促进了有关问题及时解决。其中《临渭区渭北群众安全饮水问题亟待解决》的信息引起省委书记赵乐际、副省长姚引良、市委书记梁凤民、市长徐新荣等领导的重视并作了重要批示，省水利厅、市水务局和临渭区委、区政府分别召开专题会议，出台了《关于加快解决渭北农村安全饮水问题的意见》，至年底已投资2500万元，解决了4.7万人的安全饮水问题。《关于韩城梁带村遗址保护开发工作的建议》等3篇信息被省政协评为优秀信息，市政协综合处被省政协评为社情民意信息工作先进单位。

【参与市上中心工作】 市政协主要领导坚持参加市委常委会议和市政府常务会议，在参与中知情出力。大力开展扶贫帮困工作，为市政协机关扶贫点临渭区大王乡蔡脑村完成了高低压农电线路改造，修建了沼气池，栽植了13.33公顷核桃。积极开展招商引资工作，引进陕西关爱制药集团投资3700万元落户渭南经济开发区。积极配合市上创国卫工作，完成了市上下达的包联路段和机关的创国卫工作任务。

【政协宣传工作】 加强了与市级新闻媒体的密切联系与合作，及时宣传和报道了政协的重要会议和重大活动，在中、省、市各级报刊上发表宣传渭南政协工作的稿件60余篇。及时更新《政协网站》内容，编发《渭南政协》12期，刊发各类稿件50多篇，反映了各级政协、政协各参加单位的理论研究、新鲜经验和工作动态，扩大了政协的社会影响。

【加强对县级政协的指导】 坚持邀请县级政协主席列席市政协常委会议，参加市政协有关重要活动。坚持市政协领导联系县级政协工作制度，市政协领导先后深入各县市区政协调研指导工作。召开了全市政协秘书长（办公室主任）会议，进一步加强了市县政协的工作联系和各县政协之间的交流合作。在调查视察时，坚持邀请所到县市区政协对口专委会参加，整合调研资源，发挥整体合力。

【机关建设】 以创建学习型、创新型、服务型、和谐型机关为目标，进一步加强了机关的思想、作风、组织和制度建设。坚持每周一次例会学习和每月一次集中学习，修订和完善了机关管理的一系列规章制度。完成了机关党总支和各党支部换届改选。机关建设迈出了坚实的步伐，整体面貌有了新的改观，被省委、省政府授予"省级文明机关"。

（宋平安）

民 主 党 派

中国国民党革命委员会渭南市委员会

主　　委　张海贵
副 主 委　石立东(女)　张敏霄(女)

【**概况**】　中国国民党革命委员会渭南市委员会(简称民革渭南市委会)辖韩城市、临渭区2个地方委员会,大荔县、华县2个总支委员会,蒲城县、富平县、华阴市、市直一、二支部5个支部委员会和潼关学习小组。截至2010年底,全市共有党员485人。党员中省级政协委员1人,市、县两级人大代表8人,市、县两级政协副主席4人,市、县两级政协委员90人。省、市、县特邀"四员"(督导员、检察员、审计员、监督员)21人。担任厅级领导职务的1人,县(处)级领导职务的7人。

【**思想建设**】　2010年,民革中央下发了《关于开展"学习践行社会主义核心价值体系"活动的通知》,在全党开展"学习和践行社会主义核心价值体系"活动。民革渭南市委会紧紧围绕当地中心工作,突出民革特色,通过活动的开展,把党员坚持中国共产党领导的信心和决心,自觉转化为加强自身建设、提高参政议政能力的动力。一是积极贯彻民革中、省《通知》精神,认真研究部署。成立了以主委牵头、副主委具体分工和部分委员、机关干部参加的活动领导小组,并制定了渭南民革开展"学习和践行社会主义核心价值体系"活动的实施方案。向各基层组织下发了民革渭南市委关于开展活动的有关文件。二是带头学习深刻领会,切实发挥示范作用。市委会把学习和践行社会主义核心价值体系作为贯穿2010年全年工作的主线,把活动的开展与建立政治交接长效机制和学习贯彻科学发展观的活动紧密结合,重点抓好领导班子和骨干队伍,市委会班子结合主委会议进行集体学习,集中学习与自学相结合,主要学习了周铁农在民革十一届十次中常会上的讲话和民革中央的有关文件,研读了《社会主义核心价值体系学习读本》、《六个"为什么"》等资料。10月14日,市委会组织开展了"学习和践行社会主义核心价值体系理论"专题培训活动,参加人员扩大到民革各县(市、区)的组织负责人、骨干党员以及市直属支部全体党员。帮助大家正确看待中国发展不平衡、就业难、看病难、教育公平、房价过高、分配不公、腐败现象等7个热点问题,使参加培训的党员充分认清国情,坚定信念。利用《渭南民革》和基层简讯通报等内部刊物,广泛宣传报道领导班子和骨干队伍中的学习典型,以示范效应影响和带动民革党员积极参与,调动党员的积极性,围绕渭南的中心工作,自上而下开展学习讨论,制定措施,使活动深入人心,促进了全市民革组织的自身建设,提高了各级参政议政的能力和水平。

【建言献策】 各基层组织不断加强自身学习,充分理解和认识新形势下做好参政议政提案的重要性,在影响全市经济社会发展的重点、难点问题上深入开展调研,积极建言献策,增强责任意识,进一步提高提案质量。围绕渭南经济、社会发展大局参政议政。参加并开展了全市小城镇建设调研、市房地产市场调查、公安机关执法规范化建设、平安建设、五五普法验收、招商引资、防汛等工作。对全市2009年重点项目建设情况进行了视察。撰写了题为《关于我市重点项目发展的几点建议》的调研报告,在市政协三届二十四次常委会上作了大会发言。根据渭南经济发展需要,就经济建设进行了调研,并组织机关工作人员和部分党员参与了市级有关部门科学发展观的评议、行政执法评议和经济社会发展规划座谈会,参加了市人大、市政协组织召开的2009年30件重点提案和建议中,对所涉及的承办单位办理情况进行了评议。

【提案工作】 递交了政协集体提案12件、人代会建议案2件,全部立案。党员钱怀瑜代表市委会在政协大会上作了《坚持执政为民、坚持科学管理、实现富民强市》的大会发言。上年递交的《强化城乡低保资格审核建立公平、合理的动态管理机制》的提案,被市政协列为重点提案,在大会上受到表彰。民革临渭区委在有关食品安全保障、新农村领导班子建设、农民工培训方面的提案共计20份,绝大多数提案都得到相关部门的答复。其中区委组织部针对《关于新农村班子建设》的提案、区食品安全局就《关于加强食品安全保障》的提案、区交警大队对《关于在乐天大街东段设置红绿灯》的提案还专门邀请提案人召开会议作了专题答复。民革韩城市委会递交的《关于整合韩城矿产资源》的提案受到韩城市委、市政府高度重视;《关于加强城区交通秩序》提案受到大会重视,被韩城市委统战部转发有关部门落实;民革大荔总支分别到联系的检察局、药监局等四个对口单位进行走访和交流,经济支部考察了“三河口珍禽自然保护区”、长安屯太白庙、沙苑生态园、官池工业园区,并向县政协提交了《关于我县被评为省级文明县后如何长期保持、不留死角》的提案,受到县政协重视,并带案视察;民革华县总支就加强华县农村中小学师资力量、提高全县供电质量、渭河流域综合治理、中小养殖户贷款难、湿地农民生活保障和涧峪水库对下游群众生产生活造成影响等问题提交了7件议案,均被立案。

【组织活动】 一是安排了市委委员及部分党员骨干,进行了为期两天的以提升团队精神和加强团结协作为目的的体能拓展训练,培养参训人员提高个人控制与决断能力,挖掘个人潜能,感受换位思考;培养心理调节能力,增加自我控制能力,合理个人定位及执行力的培养,提倡团队合作与团队奉献精神。二是组织了市委委员及部分党员骨干前往红色教育基地延安学习。延安是中国共产党领导的统一战线发祥地,缅怀老一辈革命家肝胆相照,荣辱与共的优良传统和精神,使参观的人员都非常激动,倍受鼓舞。三是组织市直两个支部的党员前往辛亥革命发源地武汉和南京中山陵,使党员对开展的社会主义核心价值体系的学习有了更深刻的理解。

【社会服务工作】 2010年4月14日青海

玉树发生 7.1 级地震，市委会迅速做出反应，14 日下午先以电话形式通知各基层组织做好抗震救灾准备工作，15 日连续下发了《开展向灾区捐赠的倡议书》和《开展向灾区捐赠活动的通知》。据不完全统计，在这次抗震救灾中，民革渭南市委会共向灾区捐款 27840 元，并向青海省书协捐赠书画 4 幅。大荔总支在高考期间，开展了为考生献爱心服务活动，共接受考生及家长咨询 400 多人次，医疗健康服务 500 多人次。大荔电视台对此活动进行了报道。端午节民革华县总支城区二支部全体党员到华县夕阳红敬老院，给老人送去节日礼物。同时，还邀请华县剧团为老人义务演出，并与老人们一起共度佳节。

【获奖情况】 民革渭南市韩城市新城二支部被授予“民革全国先进基层组织”称号；民革韩城市党员昝起收被授予“民革全国基层工作先进个人”称号。民革渭南市委直属一支部主委贾文琳被授予“民革全国优秀女党员”称号。民革渭南市韩城市新城二支部、金城支部，临渭区杜桥一支部、城关支部，大荔县总支，富平县支部，华县总支城区二支部被授予“民革陕西省先进基层组织”称号；赵红武、宋长耀、昝起收、沈靖、钱怀瑜、郭小鸽、惠新育、董群艺、葛永胜、闫渭岳等 10 名党员被授予“民革陕西省基层工作先进个人”称号。

（赵红武）

中国民主同盟渭南市委员会

主　委　杨文斌
副主委　王涛滢　王秀兰（女）
姜雪芳（女）　李国强

【概况】 民盟渭南市委下辖 14 个民盟组织，其中有韩城、临渭 2 个县级地方委员会，蒲城、富平、大荔、华阴、华县、白水、合阳、渭南师院等 8 个总支委员会，高新区、城区、综合、渭南高级中学等 4 个市直支部。截至 2010 年底，全市共有盟员 1097 人。盟员中有省人大代表 1 人，省政协委员 1 人；市人大代表 3 人，市政协委员 24 人（副主任 1 人，常委 4 人）；县级人大代表 11 人（副主任 1 人，常委 3 人），政协委员 98 人（副主席 5 人，常委 12 人）；担任县处级以上领导职务的 14 人，科级 32 人；特约“四员”50 人，人民监督员 5 人。

【参政议政】 一是 2010 年推荐了 24 名盟员政协委员，提交市政协大会发言 1 份，集体提案 26 件，各类建议案 24 件。其中 4 件列为重点提案，2 件列为主席督办案，《关于加强我市食品安全监管的建议》市政协进行了带案视察，2 件被评为市政协优秀提案。二是和长安大学进行了华山申报国家、世界地质公园调研，“地方公路及旅游公路沿线生态环境保护”调研和“关天经济区道路规划”调研，形成建议提交给有关部门和县市；在全市开展了基础教育调研，《加强中小学生心理健康教育必须落到实处》、《素质教育实施中的问题与挑战》两篇调研报告被盟省委选送参加了民盟中央的基础教育研讨会。三是 8 月中旬召开了近90人参加的社情民意工作培训会,聘请省盟专家作专题报告,为形成高效运转的社情民意搜集整理工作打下了良好基础。

【社会主义核心价值体系学习】 制定了《市盟关于社会主义核心价值体系学习教育活动的安排意见》,成立了活动领导小组,印发了《民盟渭南市委关于开展"学习和践行社会主义核心价值体系"活动实施方案》,就活动的内容、意义、步骤、措施等进行了统筹安排。组织参加了省委统战部开展的"统一战线树立和践行社会主义核心价值体系知识竞赛活动";市盟领导参加了全国各民主党派、工商联树立和践行社会主义核心价值体系先进事迹以及企业回馈社会等四次电视电话报告会,各副主委和任职的县级领导分别提交了学习心得体会;8月举行全市各级领导班子成员、社情民意信息员、盟内理论研究员及后备干部百人参加的社会主义核心价值体系理论专题培训会;10月下旬下发了《民盟渭南市委社会主义核心价值观学习系列参考资料》,将华县盟组织总结的《学习和践行社会主义核心价值体系知识十问十答》转发全市各组织参考借鉴,获省盟的好评,并在全省盟组织中转发。

【思想建设】 开展了"盟员思想状况问卷"活动,对社会转型期盟员的思想动态和基层组织自身建设做了深入的分析。针对十二五规划编制,开展了"我为渭南献一策"活动,号召盟员紧密围绕经济结构战略性调整,深入调查研究,提出有价值的意见和建议。发展新盟员64名,新成立了民盟渭南中学支部,更好地拓展了组织发展的空间。承办了省盟第三季度专职副主委、秘书长会议,以此促进盟务工作。开展了标准化支部创建工作,围绕加强机关建设,创新形式,努力改善基层办公条件,激发了盟员参与组织生活的积极性。2010年建成标准化8个支部。

【宣传工作】 一是开展传统教育,组织、号召观看《民主之澜》、《黄炎培》及钱学森事迹报告,学习和继承老一辈的光荣传统,上报省盟观后感交流文章6篇,其中张晓文的《景行行止》、王涛滢的《民主之澜》观后感两篇在省盟网站上发表。二是出刊《渭南盟讯》两期。三是上报各级核心价值体系体会文章20篇,《学习贯彻中共十七大精神、弘扬社会主义核心价值观》的学教活动经验材料在《陕西盟讯》全文刊出;常伟、王涛滢两人的《民主党派核心价值观的内涵及途径研究》获省委统战部优秀论文三等奖。四是完成了省盟《民盟在陕西》渭南组织情况的编写工作以及历史图片资料整理。

【社会服务】 一是春节期间开展了多种形式的义写春联活动,现场书写、赠送春联2000余幅,受到社会各界人士的赞誉。二参加了市委组织的三下乡活动,向群众宣讲中共中央1号文件,印发了有关宣传资料,在中心广场开展了科普咨询活动。三是多方联系,民盟上海市委为韩城市卓立学校援建20多万元的图书综合楼一座。四是6月、9月先后与民盟长安大学组织加强盟际协作,服务地方经济,就关天经济区交通基础设施规划开展两次调研活动,深入渭南境内察看了310国道渭南城区过境段及渭南到华县各项基础设施建设现状,召开了市民盟、市发改委、市交通局等多方人士参加的《关天经济区交通基础设施规划调研》座谈会,为加大渭南交通基础设施建设力度,争取多方投资,全面提高交通综合服务能力奠定了基础。五是开展了系列"烛光行动"支教活动,在高考前聘请国家级心理咨询师在大荔中学开展了2000余名考生及家长参加的"调整最佳心态,从容搏击高考”主题心理辅导活动;在临渭区瑞泉中学开展了“烛光行动”大讲堂系列活动,赢得了全区300余名中学教师的欢迎。六是各基层组织本着量力而行的原则开展社会服务工作。盟员向地震灾区捐款26.38万元。蒲城盟员陶小杰与地震灾区结对子,捐赠5万元现金和价值10多万元的学具专赴灾区慰问;韩城盟员残联医院院长张健参与白内障复明工程,全年免费手术100多例,为患者减免费用10万多元;华阴、白水总支组织教育战线的优秀盟员教师送教下乡。

(陈晓燕)

中国民主建国会渭南市委员会

主　　委　刘宝琴(女)
副 主 委　冯文政　张德录

【概况】 2010年底,民建市委会下属民建临渭区委会、富平县总支部、大荔县支部、韩城市支部、华阴市支部、3个市直支部,共有会员314人,其中男206人,女108人,平均年龄47.3岁,会员中大专及以上学历239人,具有中级及以上职称132人,各级人大代表12人,其中省人大代表1人、市人大代表7人;各级政协委员63人,其中省政协委员1人(常委),市政协委员17人(常委4人)。

【学习和践行社会主义核心价值体系】 根据民建陕西省委和中共渭南市委有关学习社会主义核心价值体系文件精神,市委会在全市会员中开展社会主义核心价值体系学习教育活动。一是采取集中培训和个人自学相结合,专题辅导与“六个一”活动相结合(读一本书,学一位先进人物,谈一次体会,写一篇心得,开展一次征文,办一期培训班),推进学习活动广泛开展。二是在9月份举办了“树立和践行社会主义核心价值体系培训班”,邀请了省委党校和省社会主义学院两名教授讲课,60多名基层组织班子成员和部分骨干会员参加了学习培训。三是组织会员参加省委统战部“学习社会主义核心价值体系”问卷答题,检验学习活动效果。共收到答卷100余份,学习体会文章20篇,征文稿件30篇。形式多样的学习活动,使会员对社会主义核心价值体系精神实质的理解深刻,践行社会主义核心价值体系的自觉性增强。激发了会员参政议政、为国奉献的政治热情,夯实了全会的思想基础。

【爱国主义教育】 市委会以传统教育为载体,积极开展“五个坚持、四种精神”学习活动。一是组织会员观看电视剧《黄炎培》,写出了观后感和体会文章26篇。通过学习老一辈的爱国情怀和高尚风范,使会员得到深刻的启迪和教育。二是各基层组织结合实际,开展了形式多样的传统教育活动。富平县总支部组织会员在习仲勋陵园、华阴市支部组织会员在南京雨花台、市直三个支部联合组织三十余名会员在杨虎城纪念馆分别开展了爱国主义教育活动。三是以传统爱国主义与新时期爱国主义新内涵相结合,增强全体会员爱国主义新观念，探索在新时期爱国主义精神的新内容、新形式、新成果。活动的开展既增强了会员之间的沟通、学习，又使会员思想受到了深刻的洗礼。

【宣传工作】　一是运用媒体宣传全市民建各项工作，展示民建会员风采。2010 年在民建中央、民建陕西省委网站、《民讯》、《陕西民讯》、《各界导报》、《渭南日报》、《渭南政协》等报刊、杂志上，共刊登 81 篇宣传全市民建会员参政议政，加强自身建设，开展社会服务，收集社情民意等各方面工作的文章、信息和图片。渭南电视台、大荔电视台、华阴电视台分别报道了各级民建组织活动情况。2010 年，市委会获民建陕西省委征文活动"组织工作奖"。会员雷转运撰写的《政协民主及其健康发展的途径选择和根本保障》、会员丁珂撰写的《我骄傲——中国》获民建中央主题征文"优秀作品奖"。大荔支部会员张玲、富平总支会员宋小龙分别撰写的《扎扎实实做事，老老实实做人》和《学习黄炎培，书写有意义人生》，刊登在《陕西民讯》第四期上。二是通过多种形式，宣传会员的先进事迹。会员黄秀娟赴玉树灾区救护伤员的事迹，在《各界导报》和《陕西民讯》上登载，引起了社会各界的良好反响，《情系玉树，爱献灾区》一文获民建陕西省委新闻宣传优秀作品奖。三是认真办好会刊，充分发挥《渭南民讯》的窗口、园地、载体和桥梁作用。市委会先后编印了两期《渭南民讯》，刊登了七十余位会员所撰写的理论研究、调研报告、提案建议、学习心得和信息交流文章，真正成为全市各级组织交流工作、会员展示才华、参政议政的平台。

【标准化支部创建活动】　市委会召开专题会议，决定在基层组织中开展支部建设达标活动，成立了领导小组，印发了支部工作手册，明确了内容、标准和要求。10 月，组织市直三个支部三十余名会员，赴蒲城县就标准化支部建设与民进全国先进集体"民进蒲城县基层委员会"的成员进行了专题交流座谈，学习蒲城民进的先进经验，并就民主党派基层组织的学习形式、活动场地、经费保障等问题进行了探讨。11 月，市委会与市委统战部联合对富平县总支部、韩城市支部、临渭区委中段支部的标准化支部建设工作进行了检查指导。截至年底，韩城、富平、临渭区委中段支部等三个支部通过验收达标。通过标准化支部创建活动的开展，进一步促进了全市基层组织工作的制度化和规范化。

【会员理论学习】　市委会派会员参加各类培训班学习，多措并举，提高会员整体素质。8 位担任县处级领导干部的会员，参加了市委党校的理论培训及中共十七届五中全会精神辅导培训班。9 名基层组织班子成员，参加了省委会举办的民建基层组织负责人培训班。临渭区、富平县、韩城市等 90 多名骨干会员，参加了当地党委举办的社会主义核心价值体系暨新时期参政党建设辅导报告会。2010 年，主委刘宝琴被民建中央表彰为"民建全国优秀会员"，大荔县支部获民建陕西省先进集体称号，刘宝琴、刘巧莲、马金侠、雷转运获民建陕西省优秀会员称号。

【组织发展】　严格遵循组织发展程序和发展标准，本着注重质量、注意数量、保持特色、优化结构的基本原则，严格考察发展对象的政治把握能力、参政议政能力，积极稳妥地做好组织发展工作。市委会班子成员和机关干部多次走访基层组织，协商组织发展工作。2010 年发展新会员 15 名，全部是大专以上学历，涉及金融、医卫、法律、行政等多个行业，使全市民建会员结构得到进一步改善。

【提案议案】　在市政协四届一次会议上，

共交集体提案21件，个人提案18件。冯文政代表市委会作了题为《推行低碳消费，践行科学发展观》的大会发言，雷转运做了题为《关于青少年成长与互联网吧影响的调查思考与应对建议》的大会发言。主委刘宝琴《关于加快秦岭旅游开发的建议》获省政协优秀提案。市委会提案《关于推进我市职业教育现代化改革的若干建议》、《关于加强项目建设，促进经济社会发展的建议》获市政协优秀提案。张秋冠在华阴市政协会上《关于尽快将运管人员纳入财政预算的建议》发言，得到中共华阴市委、市政府的高度重视，已纳入2011年华阴市财政预算。韩城市支部《关于韩城市人民医院整体搬迁的提案》，被韩城市政府纳入前期可行性研究之中。临渭区会员马金侠，韩城市会员卫国荣、薛宝格被当地政协评为优秀政协委员。

【调查研究】 市委会围绕全市的经济社会发展大局，选择重点调研课题，广泛开展调研活动。先后组织会员中的部分政协委员、骨干会员赴渭南市规划局、城建局、大荔县、蒲城县进行中心城市规划、城镇化建设、特色农业发展、商务行政执法、文化旅游产业发展、民族宗教工作等方面进行调研，形成了《坚持科学发展观　加快渭南城镇化建设》、《发挥区域资源优势，创建百年奶业企业》等10余篇调研报告，已报送民建省委及市政协等有关部门。市委会与有关方面联合开展调研活动，形成了《关中五市小城镇建设情况的调查报告》，已由民建陕西省委报送中共陕西省委。市委会关于《非公有制经济在低碳经济中可持续发展的动力和商机》一文，纳入中国非公有制经济发展论坛论文集，并获三等奖。

【社情民意】 根据民建中央工作要点，民建市委会开展了“三个一”活动。即：每个会员提一个建议；各级民建组织班子成员，会员中的人大代表、政协委员以及信息员、通讯员、省委会各专门委员会成员每人提交一份提案；每个县级组织和市直支部完成一个调研报告。市委会利用多种渠道和方式，为各基层组织提供信息资料、提供交流平台，增强大家捕捉信息、撰写信息的能力，及时反映社情民意。临渭区委《关于经济运行中几个热点问题》、市直一支部关于《加快我市文化旅游产业发展的对策建议》等6篇社情民意信息文章，先后在《渭南经济》上登载。

【社会服务】 玉树、舟曲发生灾害后，全市会员积极参与赈灾募捐活动，共捐款、捐物折合人民币83000余元。会员黄秀娟率领爱心护理小分队奔赴玉树灾区，完成了160多名伤员的护理任务。12月中旬，有4名会员参加了民建陕西省委社会服务工作会议，古卫平代表市委会作了《发挥优势，凝聚力量，服务社会》的大会发言，并入选社会服务工作会议交流材料汇编。2人参加了陕西非公经济论坛的筹备工作。向2010中国非公有制经济论坛递交论文5篇。市委会完成招商引资2000万元。会员顾新全获民建陕西省社会服务工作先进个人称号。2010年3月，市委会组织会员中的律师及农业技术、畜牧兽医等方面的专家，赴潼关县面向广大群众开展了科技咨询服务活动，共发放棉花栽培、病虫害防治等技术资料15种4000余份，学习人员达800余人。

（褚增权）

中国民主促进会渭南市委员会

主　委　张志强
副主委　王学忠　毛平宇
　　　　　权佩亮　张旭韧

【概况】　中国民主促进会渭南市委会(简称民进市委)共有会员633人,分布在教育、文化等行业,会员中有中、高级职称的418人,占总数66%。全市有县级委员会2个(民进临渭区委员会、民进韩城市委员会)和3个县级总支及6个市直属支部(法律支部、文化艺术支部、教育支部、高教支部、高新区支部、科技支部)。会员中担任各级人大代表5人,各级政协委员76人。

【践行社会主义核心价值体系】　2010年中共中央统战部和民进中央发出开展树立和践行社会主义核心价值体系学习教育活动的通知后,民进渭南市委及时召开了主委办公会议专题学习座谈,研究制定了《民进渭南市委关于开展树立和践行社会主义核心价值体系学习教育活动的实施方案》,对价值观学习教育活动做出安排部署。并成立了以主委张志强为组长,副主委王学忠、毛平宇、权佩亮、张旭韧为副组长的社会主义价值观学习教育活动领导机构。还积极参与了省委统战部举办的树立和践行社会主义核心价值观有奖征文活动,征集会员作品20余篇,已报省委统战部。并在10月中旬举办了一期社会主义核心价值观体系培训班。市委会特邀市行政学院副院长王天平和财政干校杨忠定作社会主义核心价值观辅导和当前财政政策和形势的时势报告。副主委王学忠作会章会史教育和参政议政辅导。还组织部分会员赴上海参观民进教育基地。11月份市委会组织会员积极参加陕西省委统战部组织的树立和践行社会主义核心价值体系知识竞赛活动,共发放竞赛题120余份。12月结合建会65周年,民进渭南市委选派会员付明亮,参加民进省委组织的社会主义核心价值观演讲比赛,获得二等奖。

【社会服务活动】　民进市委会先后两次组织市直会员黄旭、王静、程秦州、潘烈等律师,在广场开展法律咨询活动,共接待咨询110余人次。市委会秘书长、心理咨询师、中医师贾春艳两次赴临渭区桥南等乡镇进行医疗义诊心理咨询活动,共接待义诊群众90余人。4月3日,副主委张旭韧和书画名家张天翔等四人应民进开明书画院、民进山西省委、永济市委、市政府等多家主办单位的邀请,参加首届鹳雀楼书画名家高层论坛,张天翔现场挥毫泼墨,向论坛和与会群众、当地民进机关赠送了书法作品,加强了对外联系和交流。6月12日,市委会和市旅游局、市文物保护协会,联合在渭南中心广场举办渭南市庆祝第五个文化遗产日签名宣传和图片展览活动。活动邀请了锣鼓秧歌队、舞蹈队、拳剑队和10余名书画名家等现场助兴表演。市政府副市长潘洁和市人大原副主任、市文物保护协会会长刘晓利先后作了讲话。参加这次签名宣传和图片展览活动的文物工作者、民进会员、文保协会会员和群众3000

余人，其中民进会员110余人。西南地区大旱和玉树地震及洪涝灾害后，全市会员积极捐赠救灾，截至9月底共捐款106830元。其中，市直属会员史延峰了解到祖国西南云南、贵州等地旱情十分严重后，4月初通过民进渭南市委会，向云南灾区捐款10000元。韩城会员倪仲义，在玉树地震发生后，通过民进陕西省委，向地震灾区捐款20000余元。8月底渭南部分地区遭受洪涝灾害后，市委会当即组织机关干部和市直会员捐款，在渭南振灾晚会上现场捐赠现金800元。80岁高龄的蒲城老会员陈东全，听到渭南潼关、华阴灾情后，专程托蒲城干部捎来500元现金通过市委会捐赠给陕西省赈灾募捐办公室。

【建言献策】 注意发挥各级人大代表、政协委员、特邀人员的作用，注意围绕全市经济建设和社会发展的中心任务，着眼群众关心的热点、难点，深入实际，调查研究；注意发动会员，广泛征求群众意见，多渠道、及时地向各级党委反映社情民意。先后对基础教育改革发展及现状、生态环境保护、优化投资环境和项目建设、农村土地流转现状和民主党派基层组织建设等方面的内容进行了专题调研，写出了《渭南农村土地流转现状和建议》、《我市职业教育发展的现状与对策》、《渭南民办教育发展现状和思考》等多篇调查报告，报送有关方面。其中《渭南农村土地流转现状和建议》在市政协《社情民意》第二期刊登，并报送市委、市政府有关领导。主委张志强、会员杨行知撰写的《关于对二华南山支流洪水资源进行蓄水滞洪、综合利用的建议》的调研报告，提交市政协常委会座谈讨论，其建议被市委、市政府采纳，写入渭南“十二五”规划纲要。被列入“十二五”重点项目建设之一。

【提案工作】 民进渭南市委会在四届一次政协会议上，向大会提交大会发言3份，提交组织提案22份，提案质量和数量再上新台阶。副主委毛平宇代表民进市委会作了《以创建环保模范城市为契机加快发展绿色、低碳、循环经济，促进渭南经济又好又快发展》的大会发言，会员田川虎、闫爱珍分别以个人名义作了《关于做好我市农民专业合作发展的几点建议》和《全力加强医疗卫生人才队伍建设，实现渭南经济社会科学协调发展》的发言。民进市委会组织提案数量居各民主党派前列，其中《关于加快发展绿色、低碳、循环经济，促进渭南经济又好又快发展》、《关于强化机动车驾驶人员管理的建议》、《关于加快发展我市养老服务业的建议》、《关于在城市发展中重视群众文化基础设施建设的提案》、《关于开发利用好农村老宅基地的提案》等受到市发改委、公安局、民政局、文化局、城建局和土地局等部门的肯定和采纳。个人提案39份，提案数量大幅增加。

【标准化支部建设】 围绕创建民进全国先进地方组织和先进基层组织活动（简称“双创”活动），切实加强各级领导班子建设、制度建设、作风建设，认真开展标准化支部建设活动，丰富会务活动形式，会组织凝聚力和感召力显著增强。加强各级领导班子建设，成立了领导班子成员包联基层支部制度。对市直属各支部班子进行改选和增补，对支部名称进行更改，对支部人员重新整合，并新建了市直属科技支部。建立健全了主委、副主委、秘书长和机关干部工作职责，修订完善了主委会议、全委会议、理论学习、参政议政、社会服务制度和议事规则。对各专委会人员进行了调整和增补，使机关工作更加制度化、规范化、有序化，服务意识和工作效率明显提高。大多数支部建立健全了支部学习、工作、活动制度，具有专门的活动场所和活动设备，有书面的支部活动计划和活动记录,会费收缴及时,使用合理,活动形式丰富,活动效果较好。基层组织凝聚力大大增强,会员积极性明显提高。市委统战部4月初专门在蒲城召开了民主党派基层组织建设现场会,推广标准化支部建设的经验和做法。全市已建成标准化支部15个。11月份民进渭南市委会和蒲城基层委员会分别被评为民进全国先进地方组织和先进基层组织。民进韩城市委会、民进蒲城城中支部、民进市直法律支部被民进省委评为“双创”活动先进集体,闫爱珍、李智、付明亮等7人被评为“双创”活动先进个人。

【参政议政】 2010年上半年,民进渭南市委在市委统战部协助下,通过酝酿、协商考察推荐了22名市政协委员、4名市人大代表。在4月初召开市级“两会”上,主委张志强当选为渭南市政协第四届委员会副主席。副主委王学忠当选为市人大四届常务委员会委员。副主委毛平宇、权佩亮当选为市政协四届常委委员。5月份市委会还与有关部门协商,推荐了市司法监督员、土地规划监督员、公安执法监督员等5名。

(王军平)

九三学社渭南市委员会

主　委　胡会维(女)

副主委　张敏凤(女)　王明侠(女)

【概况】 九三学社渭南市委员会辖九三学社临渭区支社委员会、直属综合一支社、综合二支社、渭河煤化工集团公司支社、渭南市中心医院支社、渭南师范学院支社6个基层组织。2010年底,有社员97人,大学本科以上学历93人,高级职称66人,中级职称30人。九三学社陕西省委第十一届常委1人,陕西省第十一届人大代表1人,第十届政协委员1人;渭南市人大代表1人(市人大常委会副主任1人),第四届政协委员8人(其中常委4人),市级特邀监督员4人;区人大代表1人,区政协委员4人(其中常委1人),区级特邀监督员1人;地厅级干部1人,县处级干部8人,科级干部11人。

【理论学习】 社市委及各基层支社始终把政治理论学习放在首要位置,在社员中广泛开展了社会主义核心价值体系学习教育活动,深入学习贯彻中共十七届和社中央十二届全会精神,学习中国特色社会主义理论,学习新时期统一战线和多党合作的方针政策,学习并深刻领会社会主义核心价值体系的主要内容和丰富内涵,深刻理解和正确把握中国特色社会主义政治发展道路的主要内涵和基本特征,加深对坚持中国特色社会主义政治发展道路,特别是中国政党制度必然性、合理性和优越性的认识;学习九三学社章程、光荣历史和优良传统,学习老一代社员的政治信念和高尚风范,学习以爱国主义为核心的民族精神和以改革创新为核心的时代精神,坚定中国特色社会主义信念;继续深入学习贯彻科学发展观,树立和践行社会主义核心价值体系,切实增强围绕中心、服务大局的意识,进一步明确为渭南发展服务的目标任务、主要内容和途径载体,努力在思想认识上有新提高,在履行职能上有新作为,在自身建设上有新收获。编印《渭南九三》2期,宣传社员参政议政、社会服务和社务活动事迹。社市委通过集体学习、社员自学以及召开座谈会、举办报告会、参加培训会等灵活多样的学习形式,引导各基层组织和社员坚持中国共产党领导的自觉性,增强走中国特色社会主义道路的坚定性,巩固中国共产党领导的多党合作和政治协商制度,传承九三学社爱国、民主、科学的优良传统,围绕中心,服务大局,发挥优势,履行职能,努力为渭南经济社会又好又快发展贡献才智。

【建言献策】 始终坚持把促进发展作为参政议政的第一要务,把实现和维护最广大人民群众的利益作为参政议政的出发点和落脚点。着力围绕发展现代农业、促进农民增收,围绕促进科技发展和自主创新、发展低碳经济和应对气候变化,产业结构调整、分配体制改革、教育改革、医疗改革、就业保障等群众关注的热点问题,认真开展调查研究。社市委领导多次参加中共渭南市委召开的参政议政工作会、各界人士迎春座谈会、招商引资征求意见会、重点项目建设观摩会、年度目标责任考核工作报告会等,为渭南的发展建言献策。社市委专门召开参政议政工作会,深入讨论参政议政工作面临的新情况、新问题,集思广益,畅所欲言,充分交流好做法、好经验,齐心协力共同为做好参政议政工作出谋划策。在市政协四届一次全委会上,递交提案21件,立案20件。提案内容涉及推进新型工业化、推进全市经济社会科学发展、在全市范围内推广"周末1元剧场"、提高农产品质量、整治街头小广告、食品卫生监督管理、通村公路养护管理、城区供水安全、加强幼儿园管理等,受到市政协的充分肯定,有3个提案被市政协列为重点提案。委员田军华代表社市委作了题为"调整结构、转变方式,推动全市经济社会科学发展"的大会发言,副主委张敏凤作了"突出重点聚产业,多措并举抓项目,着力推进新型工业化"的大会发言。秘书长张力撰写的《调结构亟待加强　转方式刻不容缓》的调研报告入选九三学社中央第五届《九三论坛》。副主委张敏凤、委员郭怀亮与西北政法大学教授刘进田、渭南师范学院副教授王文涛共同完成了九三中央参政党理论研究课题招标项目《多党合作制与和谐党际关系建设》。一支社主委田军华撰写的《优化配置水资源,推动经济可持续发展》的调研论文参加市政府组织的"为渭南发展献计出力"优秀论文评比活动,获一等奖。

【服务经济建设】 把社会服务与参政议政、民主监督紧密结合,充分发挥人才资源优势,以创新精神不断探索社会服务新路子,坚持"科技扶贫、教育扶贫、观念扶贫、健康扶贫"的理念,以"发挥优势,尽力而为,讲求实效,多办实事"为工作原则,服务地方经济建设。坚持不懈地开展"科技之春"三下乡活动,3月15日、28日,社市委组织临渭支社、中心医院支社、综合一、二支社的医卫专家和农技专家分别深入潼关县和临渭区桥南镇段李村开展"科技下乡,致富于民"宣传咨询活动,共发放科技、科普资料5000余份,义诊200余人,科技咨询300余人。先后3次组织农业专家到临渭区下吉镇见庄村进行调查研究,面对面科技指导,推动了村级经济发展。临渭支社组织社员中的专业科技人员多次去东、西两塬樱桃园进行指导、讲解园林管理方面的知识。5月23日,由九三学社陕西省委和东科集团公司主办,社渭南市委协办的"送医送药送知识,九三学社情系大王乡”大型公益活动在临渭区大王乡隆重举行,活动共有四方面内容:捐赠10万元药品、对乡医进行专业培训、专家义诊和社会调研。活动受到广大群众和医务工作者的热烈欢迎,取得了很好的社会效益。陕西电视台和渭南电视台等媒体对活动给予充分报道。11月初,社市委组织部分社员赴杨凌农高会参观学习,进一步了解各地在果业、养殖业、旅游业、蔬菜的种植等方面先进经验,带回了优良种子、果苗和养殖、种植方面的书籍材料等。在第二十二届“国际科学与和平周”期间,社市委组织老科技工作者召开座谈会,就如何发挥九三科技优势,推动市民的低碳健康生活意识,促进绿色经济发展,进行了热烈的讨论,找到了社会服务的新路子。

【组织建设】 按照“组织发展会议纪要”的精神要求,积极推荐后备干部,制定了组织发展计划。注重发展在专业技术方面有特长、有影响的高素质、高层次人士加入社组织。经过严格考察,发展新社员6名。对新社员进行了统战理论和社章、社史的学习培训。社市委机关按照培养一支“学习型、思考型、民主型、实干型、创新型”干部队伍的要求,不断加强自身建设。春节前夕,社市委领导班子和机关人员一起慰问部分老社员和基层支社主要领导,了解他们的工作和生活,听取他们对社工作的意见和建议;社市委和基层支社多年坚持为70岁以上老社员举办“祝寿”活动,体现社组织的关怀和温暖;组织退休社员召开重阳节座谈会等。活动增进了社员之间的友谊,增强了社组织的凝聚力。

【纪念活动】 开展了九三学社成立65周年暨社市委成立10周年纪念活动。2010年12月22日社市委专门编辑了简史性质的《渭南九三》一书;在纪念社市委成立10周年大会上对评选出的先进基层组织和社员进行了表彰奖励。

【获奖情况】 2010年9月3日在社省委召开的纪念九三学社建社65周年纪念表彰大会上,社市委、临渭区支社被评为“先进集体”,马鸿余、王明侠、王建军、张力、韩东平等5名社员被授予“先进个人”称号。马鸿余被九三学社中央评为“全国先进个人”。

中国农工民主党渭南市委员会

主　委　徐月凤(女)

副主委　张育文　穆选生

【概况】 中国农工民主党渭南市委员会(以下简称市委会),辖6个基层组织,即临渭区总支、合阳县支部、市直联合支部、渭南职业技术学院支部、渭南市中心医院支部、市直退休党员支部。截至2010年底,全市共有农工党员160人,其中女党员60人,大专以上学历144人,高级职称50人,中级职称92人,医药卫生界89人。党员担任各级人大、政府、政协职务情况为:省政协十届委员2人;市四届人大代表2人(其中常委会委员1人)、市政协四届委员10人(其中副主席1人、常委1人);县(区)人大代表2人(其中常委会委员2

人),政协委员20人(其中副主席1名、常委2人);副厅级干部1人,处级干部6人,科级干部20人;各级特邀"四员"(督导员、检查员、审计员、监督员)9人。

【政治理论学习】 坚持中心学习组制度,用市委会中心学习组的学习带动基层组织和机关的学习。3月,十一届全国人大三次会议和全国政协十一届三次会议召开后,市委会适时指导各基层组织认真开展了学习"两会"精神活动。5月,研究制定了《关于开展"社会主义核心价值体系"学习教育活动的通知》,在全市农工党员中安排了社会主义核心价值体系学习教育活动。8月,市委会在渭南光明大酒店举办了社会主义核心价值体系学习辅导会,邀请省委党校科社教研部副主任、硕士研究生导师、教授李晓燕主讲,全市农工党员,市级各民主党派、工商联及市委统战部机关干部共100余人参加了学习辅导会。11月,市委会开展了中共十七届五中全会精神学习活动。主委徐月凤分别参加了农工党中央、中共陕西省委统战部组织的各市级民主党派负责人学习活动。12月上旬,副主委张育文、秘书长马四虎参加了"全市领导干部学习党的十七届五中全会精神培训班"的学习。

【参政议政】 积极配合市委统战部做好农工党界别市政协四届委员的推荐提名工作。在新一届市政协委员会中农工民主党共有委员10名(比三届增加2名),在市政协四届一次全会上,主委徐月凤当选市政协四届副主席,穆选生当选市政协四届常委。副主委张育文、合阳县支部党员李春峰当选市四届人大代表,在市四届人大一次会议上副主委张育文当选市人大常委会委员。在市政协四届一次会议期间,市委会及农工民主党界别政协委员共提交提案19件,其中,组织提案12件,委员个人提案7件。其中,市委会组织提案中的《关于加强民营医院医疗行为监管的建议》、《关于提高有线数字电视服务质量的几点建议》两件提案被市政协评为2010年度优秀提案。姜通代表市委会作了题为《紧抓高新区晋级机遇,加快以升促建,打造创新型特色园区,引领经济发展》的大会发言。

【建言献策】 市委会领导多次参加中共渭南市委、市人大、市政府、市政协召开的政治协商会、情况通报会和各种座谈会,就重要人事安排、政府工作报告、学习实践科学发展观等问题,认真听取通报,坦诚发表意见。4月,主委徐月凤带领市政协委员和部分党员集中两个多月时间,对全市文化旅游产业发展情况进行视察和调研,形成详实的调研报告,并在市政协四届二次常委会议上进行专题协商,为市委、市政府决策提供了翔实的参考资料。11月,在市政协四届三次常委会议上,秘书长马四虎代表市委会作了题为《对编制我市"十二五"规划的几点建议》的重点发言。围绕全市的工作大局,用招商引资成果检验建言献策的成效,依托中国初级卫生保健基金会健康扶贫公益项目,完成了合阳、蒲城两个县80余万元医疗公益项目的签约,并已在蒲城县全面实施。已有4000余名妇女接受了普查,近千名妇女接受了程度不同的治疗。

【社会服务】 3月,组织党员参与了渭南市第十八届"科技之春"宣传月系列活动、城区科普一条街活动。4月,以市委会社会服务队为主体,由市委会领导带队完成了市级统战系统"三下乡"活动。6月5日,在市政府门前举办了第三届"中国环境与健康宣传周"活动,开展了以"土壤环境与健康"为主题的宣传活动。11月14日,在蒲城县东陈镇举办了第二十二届

"国际科学与和平周"活动,副主委张育文代表农工党陕西省委、农工党渭南市委会向蒲城县卫生局捐赠了8箱溶栓胶囊,市委会组织的中医科、外科、皮肤科、眼科等多位医疗专家接诊群众200余人次。2010年,市委会继续把临渭区大王乡姚湾村作为帮扶点,在充分调研论证的基础上,向省林业厅专题报告,请省林业厅将渭南市临渭区大王乡姚湾村列入"三化一片林"工程项目,给予资助。依据《农工党渭南市委会帮扶临渭区崇凝中心卫生院工作规划》的安排,继续帮扶,积极参与基层医疗卫生工作。副主委张育文获得渭南市2010年度文化科技卫生"三下乡"暨第十八届"科技之春"宣传月活动先进个人。

【组织建设】 按照中共渭南市委统战部关于市级各民主党派做好基层组织标准化建设试点工作的要求,市委会下发了《关于规范党费交纳和管理工作的通知》和《关于创建"五个一"基层组织活动的安排意见》,制作了收缴党费凭证,印制了基层组织学习、组织工作制度。5月,召开了市委会组织建设工委2010年工作会议,总结回顾了组织建设工委2009年的工作情况,对2010年的工作进行了安排部署,组织学习了《中国农工民主党中央委员会关于进一步做好组织发展工作的若干意见》。按照"三个为主"的组织发展方针,按计划、有重点、重比例地做好组织发展工作,全年共接收新党员7名(其中医卫界4名),另外有2名入党对象在正进行入党前的思想教育工作。10月,市委会安排市直联合支部吴建萍、职业技术学院支部张选民两人参加了农工党陕西省委会举办的骨干党员培训班学习。

【党员工作】 全市农工党员立足本职岗位,开拓创新,涌现出一批做出突出贡献、取得突出业绩的先进典型。市委会副主委穆选生获中共渭南市委、市政府命名表彰的第六批"渭南市有突出贡献专业技术拔尖人才"称号。4月,青海省玉树县发生7.1级地震,全市各基层组织和党员积极响应,市委会共收到捐款5400元,所有捐款全部捐给玉树地震灾区。8月,市委会对在全市农工党员中开展的以"立足本职岗位做贡献,争做优秀农工党员"为主题的教育实践活动进行了总结表彰,授予靳爱华、吕菊梅等22人优秀农工党员称号。10月,潼关矿难7名受伤矿工转到市中心医院救治,市委会委员李文革担任医疗救护组组长、农工党员贾京波任副组长,较好地完成了救护任务。市职业技术学院党员王志立自愿放弃在高校的优越生活条件,主动申请到合阳县路井镇农村学校支教。市中心医院支部党员赵卫红开展了渭南市首个经皮肾镜气压弹道碎石手术。

【优良传统教育】 先后开展了农工党建党80周年知识竞赛、评选"立足本职岗位做贡献　争当优秀农工党员"活动先进个人、组织党员参观爱国主义教育基地等活动。3月,按照农工党中央《关于为惠州邓演达纪念园建设募捐及征集文物的通知》精神和陕西省委会的有关安排,市委会在全市农工党员中开展了积极支持邓演达纪念园建设募捐及征集文物活动,活动共收到捐款4540元,并全部上缴农工党中央。8月2日,市委会在渭南光明大酒店隆重举行纪念中国农工民主党建党80周年大会,主委徐月凤结合农工党的光荣历史和优良传统,全面分析总结了渭南市委会过去十年的主要工作,并对今后的工作做了进一步的安排部署。受中共渭南市委书记梁凤民委托,市委副书记王晓明出席会议并讲话。农工党陕西省委会副主委王安龙、市人大、政协和市委统战部、部分县区统战部的领导、市级各民主党派和市工商联的负责人、市政府有关对口联系部门及相关单位的领导、农工党渭南市委会包联帮扶的临渭区大王乡姚湾村“两委班子”负责人和全市农工党员共200余人参加了会议。

【机关工作】 按照建设效能型、学习型机关的总体要求,市委会机关管理水平进一步得到提升。市委会和各基层组织的主要负责人分别对历任党组织的主要领导、生活困难的老党员、工作在一线的年轻骨干党员进行了慰问,并举办了有全市党员代表参加的2010年迎春座谈会,向全市农工党组织和党员送去了组织的关心和问候。加强了宣传信息工作,对市委会的重大会议和活动及时以《送阅件》的方式向农工党陕西省委、中共渭南市委、市政协及市级各相关单位,各基层组织做好通报工作,共编印《送阅件》14期。及时编印了《渭南农工》“纪念中国农工民主党建党80周年大会”专刊,呈送农工党陕西省委、赠送各兄弟单位、部门。5月,安排机关干部参加了在北京举办的农工党全国宣传干部培训班的学习。10月,积极协助农工党陕西省委会承办了全省参政议政工作会议,主委徐月凤、秘书长马四虎参加了会议,市委会作了大会交流发言。

人 民 团 体

渭南市总工会

主　　席　王荣举(10月任职)
常务副主席　张洁玉(女)
副 主 席　张洪实　奥建利

【服务大局】 按照市委、市政府提出的"加快新型工业化、积极实施项目带动战略"、关中——天水经济区发展规划的实施和经济发展方式转变的要求,通过实施"一个中心、两个带动、三场大赛"(即:以建功"十一五"主题竞赛为中心,带动工人先锋号和节能减排工作,开展重点工程竞赛、职工节能大赛和"双增双节竞赛"三场特色技能大赛),促进了全市企业良性经济循环和区域经济的平稳较快发展。全市各级工会共开展各类劳动竞赛、技术比武169场次,参与职工67563人,参赛企业占正常运转企业的97%。全市建立经济技术创新示范单位46个,树立和评选各类创新活动典型60余人,累计岗位培训18973人次。有74户企业参与了"渭南市工人先锋号"推荐评选工作,韩城燎原煤业有限公司焦煤洗选分公司等2个单位获省级工人先锋号。市总工会命名和表彰了8个单位、班组为"渭南市五一巾帼标兵岗",10人为"渭南市五一巾帼标兵"。

【劳模工作】 开展了全国劳模推荐评选活动,薛福寅、李长宏、郭辽东被评为全国劳动模范;开展了第二届市级劳动模范和先进工作者推荐评选活动,组织召开了渭南市劳动模范和先进工作者表彰大会,市级四大班子主要领导出席大会,张建峰等55人获得渭南市劳动模范和先进工作者称号,市上领导为劳动模范和先进工作者代表颁发证书、奖牌以及每人5000元的奖金。分别在市电视台、市广播电台、渭南日报社宣传35名劳模的先进事迹,为22名全国劳模发放了三金,为228名省部级离退休和部分农民劳模发放了春节慰问金,组织175名省部级劳模进行了体检。在全社会营造了尊重劳模、关心劳模、学习劳模、争当劳模的良好氛围。

【维权工作】 不断健全政府与工会联席会议制度,举办了政府与工会联席会议培训班,全市11个县市区全部建立了此项制度。树立渭南市劳动关系和谐企业典型10家,韩城黑猫炭黑、大荔同兴纺织有限公司、韩城燎原煤业公司3家单位获得陕西省劳动关系和谐企业称号。重点推进工资集体协商工作,召开了集体合同和工资集体协商培训推进会,确定了26个工资集体协商示范单位，澄城、韩城、富平、蒲城等4个工资集体协商示范县。全市企业共签订集体合同2834份，签订率88%；涵盖企业2942家，涵盖率82%；建立工资集体协商制度2156家，签订率67%；涵盖企业2251家，涵盖率63%；其中区域性、行业性工资专项集体合同42份，涵盖企业216家。签订女职工专项集体合同2609份，覆盖2722个单位，覆盖率为92.5%。

【厂务公开制度建设】　不断深化职代会、厂务公开制度的建设。制定了三星级、四星级职代会的创建标准，提出了"四条标准"（制度上墙、实施到人、落实到位、考评可查）的规范运作方式。确定了园区、乡镇、煤炭业等20个单位作为省级区域（行业）性职工代表大会制度试点，评选表彰了13个厂务公开职代会四星级单位，开展了厂务公开民主管理互检互查工作。市总工会参与市商贸行业企业改制11家。全市国有、集体及其控股的企业已有430家实行了厂务公开，建制率96%以上；校务公开建制率98%以上；百人以上非公企业职代会建制率达67%；建立区域性（行业性）职代会7个。市总工会被评为"全国推动厂务公开民主管理工作先进单位"百家之一。

【安全生产竞赛】　以煤矿和非煤矿山为重点继续深入开展"安康杯"竞赛活动。建立了适合全市实际的"工会参与职业病防治工作模式"，把竞赛与隐患排查治理，与促进企业改善安全生产环境，与提高职工安全生产意识和素质，与促进企业安全文化建设相结合。全市324户企业、2223个班组、56965名职工参加了竞赛。开展了对产煤县市职工安全生产十项权利落实情况的督促检查，促进了班组安全建设；联合劳动、安监等有关部门开展了安全生产大检查活动、职业卫生监督检查活动，参与事故处理10起；加大了劳动安全卫生专项集体合同工作的试点范围，每个县区重点抓了2个以上典型；开展了"送清凉"活动，发放了价值35万余元防暑降温物品，慰问职工2415人。通过开展以上活动，职工的安全生产意识进一步得到提高，有效地降低了不安全事故的发生率。

【帮扶工作】　认真履行职责，坚持不懈的做好帮扶救助工作。一是积极开展"双节送温暖"活动。共慰问困难职工9348人，投入资金240.9万元。二是积极开展"金秋助学"活动。举行了"金秋爱心助学"资金发放仪式，对100名困难职工子女实施了现场救助，并对10名特困职工子女给予4000元资助。全市工会共筹集助学资金121.6万元，资助困难职工、农民工子女1054人，发放助学金118.6万元。三是开展创业就业援助行动。在全市工会实施了"双十、双百、双千、双万工程"。即建立10个县级工会促进就业再就业培训基地，创建10个农民工创业示范园；评选100名全市创业明星、创业带头人，结对帮扶100名困难职工；创业培训1000人，扶持1000名下岗职工、农民工自主创业；免费技能培训10000人，帮扶10000名就业困难人员实现就业。举办了工会促进就业再就业大型免费招聘洽谈会，举办了失业人员、农民工计算机技能培训班，评选了韩城职中等5个培训机构为市总工会就业培训基地，评选出11名创业明星。全市工会共举办创业培训班23期，培训6595人，成功介绍实现就业4360人。四是开展了农民工援助行动。共投入资金175.49万元，援助农民工20680人，超额完成全年任务的3.4%。五是积极开展企业不裁员承诺活动。提供就业岗位5000多个，吸纳各类求职者3220人。多措并举，深入开展援助中心规范化建设。全市树立示范达标援助中心4

个，达标援助中心4个，占到72.7%。市总工会与市信访部门协作，将职工信访工作纳入市信访大厅，设立了职工信访窗口，负责信访工作的人员常年在市信访大厅接待信访职工。韩城市援助中心成立两年来，政府已拨款50万元，当年投资2万元设立了“爱心超市”，首批确定60名特困职工可持卡在爱心超市每月领取50元的物品和免费捐助的衣物；在“百姓乐医药超市”购药优惠10%；在人民医院看病享受10%的住院费优惠；每月可在ABC理发店免费理发1次。富平县编委将援助中心确定为全额事业单位。蒲城县政府在每年配套援助中心10万元资金的基础上，对工会开展的助学、送温暖等仍给予资金扶持。合阳县工会援助中心面向社会公开招聘了3名大学毕业生为专职工作人员。潼关县援助中心面对水灾，不等不靠，第一时间将救灾资金送到6户企业的200多名职工手中。

【维稳工作】　召开了全市工会维稳工作会议，传达贯彻了省委常委会关于工会工作的重要指示精神，韩城市总工会、临渭区总工会、中联重科工会等3个单位做了维稳工作交流。市总工会坚持领导信访接待日制度，共接待来访职工512人次，处置群体上访5次，接听职工维权热线416人次，所有信访案件处置率达到100%。为四川籍5名农民工解决了拖欠工资4000余元；及时督办了省总工会“关于协助处理湖北伤残农民工事宜”的函件，为9名伤残农民工解决了221万元赔偿金。

【工会组建】　大力加强工会组织建设，建立了组建工作目标考评和月通报制度，超额完成了省总工会下达的工会组建和会员发展工作目标任务，分别比上年增长了7.52%和11.6%。及时发出了关于“广普查、深组建、全覆盖”集中行动的安排意见，派出15人参加了省总工会的培训，召开了集中行动推进会，确保了目标任务的按时完成。认真开展“双措并举，二次覆盖”工作，举办了登录人员和管理人员专业培训班，将原来的乡镇工会工委进行规范，逐渐过渡为工会联合会，全市已组建工会联合会295个。评选表彰市级模范职工之家15个，模范职工小家10个，推荐评选省级、全国模范职工小家2个。推荐了韩城市龙门镇等11个乡镇工会为创建省级“百家示范”乡镇（街道）工会。新增市级职工书屋示范点15个。

【自身建设】　召开了市工会第二次代表大会，选举产生了市工会新一届领导班子，配合市委组织部对3个县市工会主席进行了考察，并指导做好换届选举工作。认真做好工会信息、统计和调研工作，有6篇理论文章受到省总工会奖励，其中1篇获一等奖。认真开展基层工会法人资格证登记工作，全市工会系统共登记6094家，占工会组建率的94%。开展了工会财务和经审工作竞赛活动，完成了全年经费收缴任务，对富平、蒲城、澄城等3个县和渭运集团总公司、渭南公路管理局、市洛惠渠管理局等3个市直单位工会和市本级2009年度经费收支情况，援助中心专项资金、劳模专项资金的使用管理情况进行了审计。发展职工互助保险事业，参保资金实现5万余元。

（刘张勇）

共青团渭南市委员会

副书记　王德强（主持工作）　王宏强

【共青团渭南市委三届四次全委（扩大）会议】　3月11日，共青团渭南市委三届四次全委（扩大）会议召开。市委常委、宣传部长郭勇格出席会议并讲话。会上，团市委副书记王德强代表团市委常委会作工作报告。会议审议并通过了《团市委委员、候补委员卸职递补确认案》，回顾总结了2009年工作，安排部署2010年全市共青团工作，各县（市、区）团委作了经验交流，表彰了2009年度共青团工作先进集体。

【党建带团建】　认真履行协管职责，与市委组织部联合下发《关于做好县级团委换届工作的通知》，指导县级团委集中统一换届，配齐配强基层团委班子，做好超龄团干部的转岗输送工作。全力推动乡镇“1+1+X”团建格局创新工作，全市194个乡镇（街道）团建新模式覆盖率达到100%。依托互联网建团，下发了《共青团渭南市委关于开展乡镇（街道办）互联网建团的通知》，截至2010年底已有8个县（市、区）、44个乡镇建立QQ群团委，能够覆盖青年15000余人。针对农村团员流动性大的问题，经与组织部协商由大学生村官兼任所在村的团支部书记或副书记，并选择基础较好的村组开展试点工作；强化“推优入党”工作，把外出务工青年、在校优秀中学生、回乡创业青年等作为“推优入党”的重点对象，通过定期培训、挂职锻炼等形式，抓好推优对象的培养。

【帮扶青年增收成才】　一是争取创业基金，打造创业基地，为青年提供创业平台。联合市扶贫办、市银监分局下发了《关于进一步做好服务农村青年就业创业小额贴息贷款工作的通知》，全市信用贷款2120.3万元、担保贷款170.7万元。城市小额贷款工作与中国邮政储蓄银行协作，全年发放贷款456万元，发放贷款152人，扶持青年380余人，带动青年就业290余人。建立“青年就业创业见习基地”50个。转发了“本香杯”陕西省大学生“村官”创业设计大赛方案的通知，并组织大中专学生积极参加。二是发挥组织优势，正确引导青年，争做脱贫致富排头兵。下发了《关于进一步开展农村青年“领头雁”培训活动的通知》，当年参加领头雁培训活动的农村青年已达3000人。订单式培训3455人。对全市村（社区）团支部书记进行团务知识培训，共培训2560人。举办了全市乡镇团委书记培训班，共培训144人。对学校团队干部进行了集中封闭式培训。组织了18名村官参加杨凌本香项目培训。组织了10名大学生村官参加省委组织部、团省委大学生村官团务知识培训班。

【服务青少年成长成才】　全市各级共青团和少先队组织积极开展“雨滴行动”，向深受旱灾的西南灾区捐款58988元；启动实施“青年文明号”青春送暖集中行动，向37名贫困学生提供救助帮扶资金20350元；举办“暖春2010·我们在行动”大型公益捐赠活动，向留守儿童和市曙光儿童学校(聋哑学校)、贫困学生代表捐赠价值1.4万元的体育设施、图书和文化用品;积极为全市65名中学生争取到"陕西省中学生西京品学奖"13000元。评选表彰了渭南市"四好"少年64名、渭南市优秀少先队辅导员38名、渭南市支持少先队工作的好校长11名;推报并获全国农村青年致富带头人2名。

【青年精神文明建设】 认真组织开展了"情注环保、绿绘三秦"书画摄影大赛、"革除陋习、崇尚文明"的主题教育活动,全市各级团组织共组织青少年2万余人深入农村、厂区、公园等场所开展拣拾垃圾、植绿护绿等活动,以实际行动带动身边的人增强环保意识和责任感;以"参与志愿服务·共建卫生城市·建设和谐渭南"为主题的青年志愿者服务月活动蓬勃开展,城区青年志愿者积极行动,开展了医疗义诊、电器维修、清扫街道、清除乱贴乱画、创卫宣传、安全知识宣传、法律知识宣传等活动;举办全市"青年文明号"负责人培训班,命名表彰市级"青年文明号"65家;对"西部计划"大学生志愿者的服务与管理进一步加强,积极与财政部门沟通协调,西部计划陕西省地方项目志愿者的生活补贴81600元得到落实。

(马　源)

渭南市妇女联合会

主　席　李玉梅(女)
副主席　杨　妍(女)　张夏宁(女)
　　　　　党放仙(女)

【城乡妇女创业就业】 一是搭建"技术培训平台"。创办了渭南市妇女培训中心,累积争取各类培训资金168万元。在华县、潼关、合阳等8个县(区)举办了军嫂实用技术培训6期、农村妇女刺绣培训4期,免费培训妇女800多人。依托市妇女培训基地(培华艺校)分别对150名残疾女青年和200名农村女青年进行了劳动技能免费培训。各级妇联组织结合实际,全年共开展种植、养殖和加工技术等各类培训1237场次,受益妇女5万余人。二是搭建"创业服务平台"。与市财政局、市人社局制定下发《关于妇女创业申请小额担保贴息贷款有关问题的通知》,为妇女创业就业争取出台了有利政策。11月,召开了全市妇女创业就业暨小额信贷工作推进会,总结推广大荔县妇女创业贷款的好经验、好做法。开展"军嫂创业十百千"活动,制定出台了《军嫂自主创业申请小额担保贴息贷款有关问题的实施方案》,在全市人力资源市场设立"军嫂创业服务窗口"。据统计,全市共为妇女发放小额贷款1074笔,资金4296万元,带动了7000多户妇女再就业。其中,扶持军嫂创业65人,发放小额贷款156万元。三是搭建"就业服务平台"。针对"零就业家庭"和"4050"妇女等弱势群体开展"春风送岗位"服务活动,发放就业"春风卡",开展就业指导2000人次,解决了600多名困难下岗职工就业问题,83名下岗女工创办了个体商店。针对农村妇女就业问题,通过建立“妇代会 + 协会 + 妇女”创业示范基地36个,帮扶建立农村妇女专业经济合作组织23个,吸纳入会妇女3.6万人。针对女大学生就业问题,开展了“女企业家助力女大学生创业就业”活动,在女性企业内吸纳安置女大学生75人次。四是搭建妇字号“农特产品销售平台”。针对农特产品销售难问题,向省妇联争取了5个杨凌农高会免费展位,组织全市近百种妇女手工制品参加展销。全年共销售妇字号农特产品1.04万件,销售额16万元。五是搭建“项目带动平台”。紧扣全市招商引资和项目建设工作大局,争取中省母亲水窖、沼气、人畜饮水、农村妇女参政、国际计划等各类项目35个,资金1700多万元,受益妇女20余万人。六是搭建“帮扶互助平台”。深入开展“巾帼示范村”创建、“岗村牵手”等城乡妇女组织和家庭结对活动,帮扶农村妇女兴业致富。全市已有86个市县两级“巾帼示范村”、120个市级以上巾帼文明岗为结对村送科技资料2万余册,致富信息323条,项目资金20.1万元。

【妇女儿童权益保障】　一是开展“普法宣传行动”。开展“百万妇女学法律,家庭平安促和谐”活动,举办“法制宣传讲座”巡讲、万名妇女普法读书、《妇女权益保障法》万人百题知识竞赛,开设女性维权电视专题节目,开展“平安家庭”创建等活动,增强了广大妇女依法维权意识。据统计,全市共开展宣传咨询活动24场(次),发放各类宣传资料近20万份,有1400个示范户被评为省级“平安家庭”。二是加大了“实事化维权行动”。成立渭南市妇联心理咨询室,组织了妇女维权服务团,先后在市区中小学、机关单位举办心理健康知识及心理拓展讲座6场次。联合渭南广播电台设立《心灵有约》谈话节目,招募心理咨询志愿者6名进行心理疏导,全年直播150期,取得良好的社会效果。三是加强了“妇女维权队伍组建行动”。77名妇联干部和优秀妇女代表在法院系统人民陪审员换届中成功当选,占总数31.3%,均高出全省平均水平。10月,在省委党校举办全市妇女维权干部能力建设培训班,60余名维权工作者参加培训,进一步提高了妇女维权工作者的业务水平和实效维权能力。四是积极参与“社会综治维稳行动”。在全市妇联系统开展“社会矛盾化解,法律宣传先行”活动,全市各级妇联对辖区幼儿园及留守儿童之家进行安全排查,并协助他们建立健全各项安全管理制度,为未成年人的安全成长提供保障。同时,积极协调电信部门在市县两级开通了12338妇女维权热线,实现了维权服务热线的全覆盖。全年共处理妇女来电来信来访634件(次),发放维权建议书138份,协调处理432起,提供法律帮助332起。

【帮扶救助工作】　争取全国妇基会支持,在革命老区富平县淡村镇启动了“中国快乐妈妈”慈善公益活动,共向当地贫困幼儿家庭发放价值45万元的幼儿奶粉750箱。联合市民政局在六一前夕对市儿童福利院的孤残儿童进行慰问,送去了价值2000元的学习用品和玩具,让弱势儿童群体感受到社会大家庭的温暖。组织机关全体领导和干部为桥南镇石家村的贫困妇女捐款3000元,并给村上的贫困妇女和双女户购买赠送了应季的衣物。在重阳节前夕,开展“助夕阳、促和谐”慈善救助活动,为全市14名年龄较大、家庭困难的省级以上“三八红旗手”,争取省妇联1.4万元的特困救助资金,帮助她们解决生活中的实际困难。全市各级妇联共帮助有创业愿望的贫困妇女争取小额贷款56笔,资金260万元;资助春蕾女童326人,资金9万余元;帮扶留守儿童568人,资助资金13万元;争取“红凤工程”资助女大学生33人,资金5万多元。与市卫生局等部门联合开展了农村妇女“两癌”筛查工作,在潼关、临渭、富平3个试点县共筛查5.1万人,确诊病例18例,发现疑似病例8人,并积极协调有关医疗机构免费对患者进行治疗。与市总工会联合开展了城镇女干部、女职工妇女病免费普查活动,受益妇女1000余人。继续开展“母亲健康快车”千村行活动,全市14辆“母亲健康快车”深入105个乡镇的1183个行政村开展义诊咨询和健康服务1300多场次,发放各种健康知识宣传资料2万余份,免费接送、转诊救治危重孕产妇和病人5439余人,为城乡妇女提供贴心服务。

【双合格家庭教育】 继续开展“双合格家庭教育服务”,进一步完善学校、家庭、社会“三结合”家庭教育网络建设。邀请省市家庭教育专家报告团,在全市各地举办“学校合作,共育英才”家庭教育公益报告会40多场次,受益家长3万多人。关注少年儿童身心健康成长,在全市中小学开展了农村家庭知识学习竞赛、留守儿童《阳光成长册》发放和第七届“好娃娃杯”全国少年儿童书画、作文、手工大赛等丰富多彩的道德实践活动和家庭教育活动,营造了良好的家教社会环境。

【妇女儿童规划】 2010年是全市妇女儿童发展“十一五”规划的收官之年。市妇联对一些重难点指标不达标的问题,采取召开推进会、不定期督查通报等形式,有效促进“十一五”两个规划的各项指标较好完成。同时,及早启动科学编制妇女儿童发展“十二五”规划。各县(市、区)妇儿工委高度重视,积极争取政府的重视与支持,认真研究妇女儿童事业发展中的难点和热点问题,形成了政府主导、部门主动、全社会共担的良好格局。

【女干部培养选拔】 以女干部教育培训工作为切入点,突出“四个结合”,全力推进女干部工作整体水平。与“百年三八”庆典相结合,联合市委组织部举办全市科级女干部“传承百年精神·再续巾帼华章”专题培训班;与人大政协换届相结合,联合市委组织部、统战部举办了全市优秀非党女领导干部培训班,积极协助各级人大、政协加强了妇代表、女委员等的培训教育;与创先争优活动相结合,联合市总工会举办了全市基层妇联主席和女工委主任培训班;与党风廉政建设相结合,联合市委组织部、市纪委举办了第四期县处级领导干部配偶廉政教育培训班。全年共培训女干部320多名。与党委组织部门联合,建立了动态管理的市县两级“女干部信息库”,为推荐选拔任用女干部、发展女党员提供科学详实的依据。年初,针对妇女儿童发展规划中“妇女干部使用”等重点指标不达标问题,分别向组织部门和市委主要领导作了专题汇报,在市人大、政协换届中女代表和委员比例比上届大幅度提高。

【各类和谐创建活动】 一是围绕“百年三八”盛典,举办了系列庆祝活动。以“讴歌百年妇运成就,推动平等和谐发展”为主题,隆重举行“三八”国际劳动妇女节100周年系列纪念活动。紧扣渭南打造国际山水文化旅游城市这一战略目标,与市文物旅游局、市体育局、华县县委、县政府联合在华县少华山举办了渭南市“少华山”杯百名巾帼登山活动。联合邮政局向全市妇女邮寄了慰问信,并向获中省妇联表彰的百名优秀妇女赠送了“盛世花香”百年三八纪念邮册。与市书画协会联合举办了渭南市庆三八妇女书画笔会,组织全市书画艺术界的20多名优秀女性畅谈创作体会和经验,大力弘扬民族传统文化。二是深入开展“万户家庭创和谐”活动，开展“协和杯”首届渭南市“十佳”和谐家庭评选活动，并将这项活动拓展到学习型家庭、平安家庭、廉洁家庭、节能减排家庭等系列创建。评选出“首届渭南市十佳和谐家庭”10户、“渭南市和谐家庭”100户，并制作专题宣传片在电视台广泛宣传。三是围绕创建国家级卫生城市和省级环保模范城市目标，组织开展了“双创为我添光彩、我为双创作贡献”万人签名和“低碳家庭，时尚生活”主题宣传活动。四是围绕党风廉政建设，扎实推进“廉洁文化进家庭”活动。在全市机关妇女干部中，通过发放倡议书、廉政警示卡、召开座谈交流会、开辟电视教育专栏等形式，开展廉政文化教育。

【基层组织建设】 推进基层组织示范创建活动，获国家级示范街道1个、示范村（社区）7个，省级示范乡（镇、街道）5个、示范村（社区）29个。认真开展妇联干部“千村（社区）行”活动，逐步消灭妇联组织和妇联干部“空白点”，全市196个乡镇中，17个乡镇妇联主席兼职、空缺的问题得到解决；3223个行政村（社区）中，82个没有妇联干部的问题80%得到了解决。12月1日，联合市委组织部召开了党群共建创先争优妇联基层组织建设工作会议，对全市“妇女之家”建设工作进行全面安排和部署，把“妇女之家”建设工作纳入基层党建工作目标和各级妇联年度考核内容，在年底前基本实现村、社区“妇女之家”全覆盖。

（李　珂）

渭南市科学技术协会

主　席　王民才

副主席　陶东京　谢金凤（女）

【科普宣传】 在澄城县交道镇、临渭区崇凝镇、潼关县城举办了“三下乡”暨第十八届“科技之春”宣传月农村科普综合示范活动，开展了形式多样、内容丰富的科普宣传和科技服务，组织成员单位向当地捐赠了200万元的物资和项目；在渭南城区开展了声势浩大的集中示范活动，市、区两级40多个单位通过展板、发放宣传资料、现场演示、现场交流等方式，向群众提供义务宣传、咨询、诊疗等服务。举办了两场低碳经济科普报告会，渭南师院近千名师生参加了活动。以开展“节约能源资源，保护生态环境，保障安全健康”为重点，和蒲城县科协联合举办了渭南市暨蒲城县2010年“全国科普日”活动，举办了科普大篷车演示和防震减灾、保护生态环境你我共同参与，低碳经济、低碳生活等科普展览，开展了“我的低碳生活”系列小实验，展出科普展板560多块，发放科普资料、图书2万多份（册），市县有182名科普工作者参加了活动，参与群众达12000多人。

【实施“全民科学素质纲要”】 召开了渭南市全民科学素质工作领导小组第四次（扩大）会议，回顾总结了2009年工作，部署安排了2010年重点任务。合阳县、蒲城县、市农业局和市教育局作了大会经验交流；和市委组织部联合举办了全民科学素质工作培训班，对九大方案牵头单位、各县市区领导小组办公室主任进行了培训；召开了市直牵头部门《纲要》实施工作汇报会。市委组织部等14个牵头部门分别作了汇报，并对存在的问题提出了整改措施。通过检查5年实施纲要的有关文件、台账资料、经费投入、场馆建设、工作实绩等情况，全市的科普氛围浓厚，科普阵地完善，科普工作形式多样，科普活动不拘一格，走在了全省前列，达到了全民科学素质行动第一阶段的目标要求；召开了全市科学素质行动计划"十二五"规划研讨会，分别从重点人群行动、科普基础设施、科普经费、工作机制等方面提出了意见和建议；在《渭南日报》开设了全民科学素质工作专栏，大力宣传全民科学素质工作。经过努力，市气象局科普教育基地被中国科协、国家气象总局命名为全国科普教育基地，成为全市首家专业科普馆；深入开展科普示范县创建活动，临渭区、蒲城县、潼关县被列入全国科普示范县（区）创建单位名单。

【科技培训和科技下乡】 坚持每月两次科技下乡和科技培训，在全市科协系统建立了科技下乡长效机制。重点与市果业局联合实施了"万名果农技术培训工程"，先后在临渭、华县、白水、潼关、大荔、合阳等地开展了猕猴桃、红提葡萄、苹果等栽培种植技术培训，培训县乡技术骨干2200余人，培训果农11100名；举行了科普进机关活动，为市委机关干部、离退休人员、青少年学生举办了科普展览和科学演示活动；参加了市妇联举行的以"关注服务妇女民生，促进社会稳定和谐"为主题的宣传活动，市科协共展出科普展板30余块，散发各类科普宣传资料挂图500余幅；为临渭区丰塬镇阿杆村的群众和学生进行科普知识宣传和果树管理培训，开阔了村民和孩子们的眼界；与渭南电视台《农家四季》栏目、渭南旺田农资有限公司联合举办了红提葡萄技术培训班，对全市各地的60多名葡萄种植示范户开展了葡萄病虫害防治、栽培管理、农药使用等管理技术培训。全年市县科协直接组织的科技培训达260多场次，评定农民技师职称74人，其中农艺技师17人，林业技师45人，畜牧兽医师10人，水利技师1人，村镇建设工程师1人。

【科普惠农兴村】 召开了实施科普惠农计划推进会，邀请澄城县大农科技协会会长张江才介绍农技协工作经验，表彰了上年获全省科普惠农富民项目的5个先进单位，回顾总结了4年科普惠农计划的实施情况，安排部署了2010年和"十二五"期间的科普惠农工作；经过争取，全市有9个农村专业技术协会、2个农村科普示范基地、3名科普带头人和7个科普惠农培训学校、社区科普益民学校，受到中省科协和财政部门的表彰，获得以奖代补资金273万元；市科协与市财政局联合，对评选出的25个市级科普惠农先进集体、26名科普带头人进行表彰，奖补资金12万元。12月初，省科协组织中省记者对科普惠农计划实施情况进行了专题采访和宣传；组织5个农技协参加了第十七届杨凌农高会，签订合作协议3000万元；对各县（市、区）科普惠农计划执行情况进行了检查，完成了《科普惠农耀三秦》第二部征集活动，成立了渭南市科普惠农培训学校、渭南市社区科普益民学校及11个县（市、区）的分校，开展了第26届农函大招生工作，招收学员100名。

【学会和企业科协工作】 召开了市科协人才工作会议，开展了全市科技工作者心理状况调查，完成了中国科协部署的科技工作者调查任务；举办了2010年学术金秋报告会，邀请市果业局局长、科协副主席王鹰林做了“现代果业发展趋势”的报告；与市委政研室联合，举办了“科学技术与转变经济方式”调研征文活动，评选奖励了25篇优秀调研报告，并将调研成果编辑成册；参加了第二届海峡两岸特色农业产业化论坛，完成了“大秦岭发展论坛”的筹备组织和参会工作，提交林业、水务、环保、国土、旅游等论文8篇，2篇获奖；与市老干局、市老科协联合，在重阳节前对优秀老科技工作者进行慰问；举办了2010年中国科协会员日活动，对两年来的学会和企业科协工作进行总结，表彰了16个先进学会、27名学会先进工作者，6个先进企业科协、8名企业科协先进个人；积极举荐表彰优秀科技人员，2人获陕西青年科技奖，郭学军被评为全国优秀科技工作者，桑涛获全国讲比活动优秀组织者。企业科协工作有了较大进展，韩城市一次成立了12家企业科协，为推动企业科技创新提供了平台。

【青少年科技教育】　组织开展了渭南市第二十五届青少年科技创新大赛。共收到作品近600件，全市共评出94件优秀作品，推荐参加省级大赛后，有23件作品获省一二三等奖，10件获省科技辅导员科技创新成果奖；组织参加了陕西省第十五届少年儿童科学幻想绘画评比活动，有21幅作品分获一、二、三等奖，渭南市科协被评为优秀组织奖；与市教育局等五部门联合，组织全市10余万中小学生通过书面或互联网参加了陕西省第二届青少年科普知识竞赛活动，市科协被评为先进组织单位；积极推动青少年科普教育基地发挥作用，督促指导其利用节假日开放展馆，开展科普宣传，受到青少年的欢迎；积极发挥科普大篷车的流动科技馆作用，共开展科普大篷车进校园、进社区、进乡村17场次；与市教育局联合开展了“渭南市中小学科普工作先进集体”和“渭南市优秀科技辅导员”评选活动，临渭区瑞泉中学等4个单位、聂卫平等17名教师分别被评为陕西省科普工作先进集体和陕西省优秀科技辅导员。

【市科协第二次代表大会】　渭南市科学技术协会第二次代表大会于9月2日在光明酒店召开。230名优秀科技工作者代表出席大会。省科协党组书记、常务副主席牟怀岐，市委副书记、市长徐新荣等省市领导出席大会。市委副书记王晓明、市委常委、宣传部长郭勇格作重要讲话，市委常委、常务副市长雷超武向与会代表作了全市经济社会发展情况的报告。市科协主席王民才代表市科协第一届委员会向大会作了题为《普及科学技术增强服务能力为推动全市经济社会又好又快发展提供强有力科技支撑》的工作报告。大会审议并通过了市科协关于贯彻《中国科协章程》和《陕西省科协实施〈中国科协章程的细则〉的决议》，会议表彰了获中国科协、财政部科普惠农先进集体的11个农村专业技术协会和科普示范基地，10名首届渭南青年科技奖获得者、19名渭南市优秀科技工作者。会议选举了市科协第二届委员会委员、常委、秘书长、副主席和主席。

（王　阳）

渭南市文学艺术界联合会

党组书记　王全民
主　　席　郑俊海
副 主 席　雷　东　李康美

【爱心捐款书画义卖活动】　4 月 23 日,市文联在市中心广场举办了渭南市文艺界“情系玉树”抗震救灾捐款及书画义卖活动。市直各文艺家协会的领导及部分艺术家近百人参加了活动。30 多名书画家现场挥毫泼墨,三个小时义卖及捐款 13200 元。7 月 23 日,渭河流域南山支流出现大的险情和灾情,损失惨重。市文联于 8 月 4 日在市中心广场再次举办市文联系统情系灾区爱心捐助书画义卖活动。50 多位书画家冒着酷暑现场写字作画,捐款及义卖 7314 元。两次义卖善款全部通过民政部门捐给灾区。

【开展系列惠民文化活动】　1 月 27 日市文联组织全市 50 余名艺术家在临渭区崇宁镇开展了“送欢乐,下基层”活动。为当地群众演出文艺节目一场,赠送书画 100 余幅,义写春联 300 余幅,为喜迎新春营造了热烈祥和的氛围。2 月 25 日市文联组织书画、音乐、戏剧知名艺术家 40 余人深入澄城县城关镇镇基村开展了“送欢乐下基层”惠民文化活动。共为当地群众义演文艺节目 1 场,赠送书画 200 余幅。3 月 10 日 ~11 日围绕第十八届科技宣传月活动,组织 20 余名书画家在临渭区崇宁镇、市中心广场为群众义写书画 600 余幅,发放渭南书画报 500 余份。

【举办大型文艺采风】　5 月 17 日 ~19 日,为纪念毛泽东《在延安文艺座谈会上的讲话》发表 68 周年,由省委宣传部、省文联、省作协、渭南市委、市政府主办,市文联承办的“踏着春天的脚步—陕甘文艺界走进关中—天水经济区”大型采风慰问活动在渭南举行。150 余名省市文艺家先后深入华阴市、高新区的工厂、农村、部队、学校和著名历史文物景点,开展采风、慰问演出及书画笔会捐赠等活动。市委书记梁凤民参加活动并作了重要讲话。省委宣传部副部长采风团团长刘斌、市委常委宣传部部长郭勇格、省文联副主席书协主席雷珍民、副市长潘洁等参加了活动。华阴市、高新区党政领导和万余名群众参加了活动。本次活动获省委宣传部、省文联、省作协优秀组织奖。

【举办大型主题文艺活动】　一是举办渭南市第四届声乐大赛。9 月 24 日 ~26 日,市文联举办了以“弘扬先进文化、繁荣文艺事业、歌唱党、歌唱祖国、歌唱社会主义、歌唱渭南”为主题的渭南市“经开杯”第四届声乐大赛。大赛共分少年、青年、老年三组,以通俗、民族、美声为主要唱法。历时两个月,经过初赛、复赛、决赛三个阶段,各县(市、区)15 场专场比赛后,160 人进入复赛,32 人进入决赛。经过激烈角逐,一批优秀歌手脱颖而出。7 人获一等奖、10 人获二等奖、15 人获三等奖、50 人获优秀奖。大赛得到各界人士的积极响应,千余名歌手参加了活动,参赛者年龄最小的 4

岁、最大的60岁。二是举办渭南“秦晋杯”农民秦腔大赛。5月1日至6月2日，市文联组织剧协在合阳举办了为期一个月的“秦晋杯”农民秦腔大赛活动。此次大赛规模大，形式新，参与广泛，大赛共有参赛选手300余人，年龄大的80岁，小的10岁，并有残疾人参与，经过一个月的激烈角逐，分别评出冠军1名、亚军2名、优秀选手20名、鼓励奖50名。《渭南日报》、《渭南广播电视报》、渭南电视台等媒体对活动作了专题报道。三是举办多彩渭南系列书画展。9月7日至11日，在渭南市朝阳公园举办了关中五市(区)“少华山杯”人文陕西·魅力秦川书画联展，共展出作品366件，另外还有少华山摄影作品11件，渭南市老年书画协会14块展牌。共评出一等奖15名，二等奖30名，三等奖57名，优秀奖150名。五市(区)协会分别获得组织奖。活动展示了渭南城市新风貌，宣传了少华山新景点。四是举办个人画展。7月9日，在渭南嘉和艺术画廊举办了党宽阳国画展，展出作品50余幅。9月26日至10月15日，在渭南市嘉和艺术画廊举办“情系华山”—王兴儒国画作品展，展出作品50余幅。10月16日，在省美术博物馆举办井志平画展，共展出作品70余幅。

【出版杂志报刊】　《华山文学》杂志出刊4期，刊发各类文学作品220件，50万余字。创办《渭南书画》报并出刊8期，刊发书画作品800余幅。创办《渭南美术》报并出刊10期，刊发作品600余幅。为全市书画爱好者提供了交流空间和展示平台，在赠阅市直各部门、各县市、区委、基层协会的同时并和外地、市刊物广泛交流，得到同行认可。

【协会活动】　市作协出版文学作品30余部。李康美主编了一套五本《西岳》文丛，由王旺山、徐红林策划，给基层的九位会员出版了一套《原生态文丛》。谢天祥创作的长篇小说《半阁城》被省委宣传部列入陕西省重大文化精品项目。4月份组织会员开展了文学走进公路采风活动，集中采写了近年公路建设所取得的巨大成就。7月份由作协牵头组织开展了为期两天的渭南市首届诗会。全年发展省级会员5人，市级会员12人。市书协组织书法创作骨干参加了陕西省第二届书法篆刻展、陕西省第二届书法临展、关中五市(区)老年书画展等10余次赛事，其中有300余幅作品入选，10幅作品分别获一、二、三等奖。市美协组织会员参加省市各类赛事。季新民获全国第八届法制宣传书画展一等奖，郭风雷、殷晓克入选中国美协举办的和谐燕赵红色太行中国山水画作品展，王俊杰获中国画展优秀奖。同时出版了王鸣放、王兴儒等4人的书画集，建立了渭南美术网站。市评论家协会柏峰创作的《从周原走来的文体》一书获第四届冰心散文理论奖。市楹联学会紧跟时政要闻，组织会员为上海世博会、玉树抗灾、党的十七届五中全会、嫦娥二号探月等重大事件撰写联作共计500余幅，其中海内外“民导报杯”征联大赛共收到来自全国29省区的377人的1535幅联作，944联参评。出刊了3期《合阳楹联》、108期《洛风韵》、5集《山雅韵》、28期《富平诗联》、3期《少华晴岚》、25期《渭南联苑》。市摄影协会积极组织会员参加市二届文化旅游节采风活动、参加第19届奥地利超级摄影大赛、“神奇南宫山”全国风光摄影大赛首届稽查杯税收发展民生摄影大赛、“一城三创”摄影比赛和影展、“迎国庆、展行风”摄影大赛、“金融系统摄影展”等10余次赛事，范晓林、韩肖林、段作鹏、张鹏、侯福元、梁晓光等作者的作品分获金奖，100余人的作品分获不同奖项。举办摄影讲座4期,培训人数达万人。市皮影协会围绕著名剧作家李芳桂逝世200周年,在蔺店镇李十三村召开了"纪念著名剧作家李芳桂逝世200周年大会,同时在渭南师院召开"李十三戏曲理论研讨会",省市领导出席会议并作了重要讲话,省市文化艺术界的专家、学者、渭南师院教授60余人参加了研讨会。市剧协组织了大型秦腔历史剧《隋文大帝》的排练工作,并在中国秦腔艺术节上获得优秀演出奖。承办大型《历代戏曲精品选》的首发仪式及研讨会。市舞协编排的舞蹈《亲亲茉莉花》、《青春河》、《汉子》、《红红的中国结》、《快乐的小鸭子》在中华艺术环球大赛、陕西省校园艺术节等赛事中获金奖、银奖等奖项。同时积极组织蓝月亮舞乐团参加各类赛事并获得一、二等奖项。市老年书画协会结合创卫工作,在《渭南日报》创办了两期专版,发表书画作品50余幅。市音协组织开展了陕西省第二届"音乐奖"器乐大赛渭南赛区预赛工作,参赛选手180余名,获省上优秀组织奖。围绕创卫,创作出4首歌唱渭南的优秀歌曲。渭南书画院组织会员参加全国各类书画大展,有50余幅作品入展。王贵龙、王希岳、孟思贤的作品先后入展并获金、银奖等奖项。市诗词协会围绕党的十七届五中全会的召开组织了诗歌朗诵会。市公安文联累计发表各类文学作品100余篇,其中孙一农、邢根民的作品多次获奖。

(赵粉绒)

渭南市工商业联合会(总商会)

市工商联

主　席　张晓民

副主席　熊绮芬(女)　王恒奎　李积安
丁少平　张红军　李长宏
贾申龙　任永敏　刘心亭
于海成　叶四义　丁　海

秘书长　李　林

市总商会

会　长　张晓民

副会长　冯建平　邢仲芳　张继民
成建礼　孙改成　刘英杰
唐满仓　李琪(女)
杨　林　戴亚洲

秘书长　李　林

【加强学习教育】　一是全面学习贯彻《国务院关于鼓励和引导民间投资健康发展的若干意见》(即"非公新36条"),了解新政策,进一步促进全市非公经济又好又快发展,在全市范围内对"非公新36条"进行了学习讨论,使非公经济人士人人皆知。并将收集到的许多意见和建议进行了整理,及时报送省工商联研究室。二是根据中省的安排部署,利用一年的时间,在全市工商联系统及非公人士中开展学习和践行社会主义核心价值体系教育活动。三是组织机关全体干部进行集中学习,学习贯彻党的十七届五中全会精神、学习中共中央、国务院《关于加强和改进新形势下工商联工作的意见》(中发〔2010〕16号以下简称

《意见》)文件精神、学习《关于党风廉政建设责任制的规定》(中发〔2010〕19号)文件的通知精神,学习统一战线理论、工商联业务知识和现代科技知识,努力创建学习型机关。通过学习,使全体机关干部的政治理论素质和业务工作能力得到了进一步的提高。

【会务工作】　一是加大宣传力度。市工商联分别在《中华工商时报》、《陕西新工商》、《渭南日报》、《渭南信息》等报刊发表信息及理论文章45篇,大大提升了工商联的影响力。已经建立工商联网站的韩城市、华阴市、潼关县、白水县充分利用现代网络信息,不断推进宣传教育工作。二是加大招商引资工作力度。多次召开专题会议进行研究。3月份,向市政府上报了《关于组织民营企业参加"第十四届中国东西部合作与投资贸易洽谈会"的实施方案》,并组织机关人员参加,完成了年度招商引资工作任务2000万元。三是组织民营企业家出外考察。在引导会员"走出去　引进来"上下功夫,把先进的理念引进来,把共谋发展的平台建起来,把本土的经济带起来。6月份,市工商联领导带领渭南市民营企业家一行23人到安康市进行了考察学习。在推介会上,两市民营企业家进行了深入交流,双方建立了友好合作关系,在项目推介、企业交流等方面进一步加强合作,促进两地经济发展。华阴市、韩城市、白水县分别组织会员赴欧洲、世博园、义乌等地进行商务考察。四是参加省工商联经济工作座谈会。7月份,市工商联组织部分县级工商联领导参加了由省工商联在商洛召开的经济工作座谈会。五是召开全市工商联主席会议。8月16—17日,市工商联在韩城召开了全市工商联主席会议。会上,传达了省工商联十届七次常委会暨经济服务工作会议精神,并就开展"创先争优"、引导非公经济人士实现"三个有更大作为"等工作进行了探讨交流。六是开展千企千村扶助行动。9月14日,由市工商联、市科技局组成联合巡查组对华阴市千企千村扶助行动开展情况进行巡查。据巡查了解,华阴市确定参扶企业11家包扶14个行政村,已完成包村三年计划的上报等工作。七是完成会员发展和基层组织建设任务。按照省工商联下达的指导计划,截至11月底,全市工商联系统已新建基层(行业)商会6个,共发展会员350个,全面完成了年初制订的目标任务。其中,9月6日,华阴市工商联成立渭南首家女企业家商会,以商会为平台树立新时期女企业家的良好形象,为当地非公经济发展做出新贡献。大荔县以典型带动促发展方式,在两宜地区召开基层商会制度现场会,进一步推动基层商会工作规范化、制度化,提高了基层商会的履职能力。八是渭南市浙江商会成立。

【参政议政】　充分发挥工商联会员队伍中人大代表、政协委员参政议政的主渠道作用。结合非公经济发展过程中的热点、难点、焦点等问题,在市政协四届一次全委会上,市工商联系统共提交团体和个人提案16件,已全部立案,部分已收到有关部门的复函。向市政协全委会递交的《关于改善非公经济发展环境的建议》、《关于加快城镇化建设缩小城乡差距的建议》、《关于确保县级工商联编制的建议》等提案,得到有关部门和领导的高度重视,其中《关于加强盐业市场管理　确保人民群众生活安全的建议》被市政协评为优秀提案。蒲城县工商联的《聚全力　凝聚众心　努力为县域经济服务》的调研文章在全省工商联会议上作了交流。总商会副主席刘英杰获"西部大开发十周年"非公有制企业家最佳贡献奖。推荐工商界代表人士担任市政协委员3名,给省委统战部、省工商联推荐非公人士担任省工商联十届常委会委员1名。

【回报奉献社会】 积极引导非公人士弘扬“致富思源 富而思进”的光彩事业精神,激发他们以强国富民为已任,积极参与社会公益事业,自觉承担社会责任。据统计,全市工商联系统为玉树、舟曲等灾区捐款100余万元。渭南市总商会副会长、西安协和置业董事长成建礼,秉承母亲遗愿回报家乡,他捐出1000万元成立了奉贤慈善协会,奉贤慈善协会拥有了1010万元慈善款本金。每年有101万元发放或投入公益事业。他的这一举措,树立起新时期民营企业家的良好社会形象。省总商会副会长、渭南市工商联副主席、陕西黄河矿业(集团)公司董事长李保平,以个人名义设立了500万元的李保平慈善基金,这在渭南市民营企业家中尚属首例。华县工商联、华阴市工商联在8月分别组织发起“爱心助学”活动,受到当地非公经济人士的积极响应,充分体现了新时期民营企业家致富思源、回馈社会的高度社会责任感和奉献精神,社会各界对举办这样的活动给予高度赞誉。

(王喜稀)

渭南市残疾人联合会

理 事 长 董智辉
副理事长 任 辉

【残疾人“两个体系”建设】 一是市委、市政府《关于加快残疾人事业发展的实施意见》顺利出台。市残联认真学习领会中央7号文件、国办发19号文件以及省委9号文件精神,结合实际,拟制定了全市贯彻中省文件精神的《实施意见》。《实施意见》经市政府常务会、市委常委会研究通过,于2010年12月9日出台实施。二是残疾人服务体系建设初见成效。托养中心建设初具规模。市残联积极争取项目,已经将渭南市列为全国首批地市级残疾人康复中心和托养中心建设试点,并与市发改委协商,完成了项目的可研和申报工作。同时筹措资金120万元,购置了占地0.83公顷,有建筑面积4000多平方米的临渭区原程家乡政府大院旧址,建成了渭南市残疾人托养中心,已集中托养智力、精神、重度残疾人64名。蒲城、白水、澄城三县依托已有民办社会福利机构,实行民办公助开展托养服务。合阳、临渭、大荔等县市区充分发挥社区作用,扎实开展以家庭为主的残疾人托养服务。已初步形成了以社会福利机构为骨干、以家庭为基础的残疾人托养服务体系,共托养残疾人1388名。三是“两项制度”衔接试点工作平稳推进。市残联与扶贫、财政、民政等五部门联合制定印发了《渭南市最低生活保障制度与扶贫开发有效衔接实施方案》,在白水县开展了“两项制度”有效衔接试点工作,将城镇符合条件的贫困残疾人纳入最低生活保障和养老保险覆盖范围,将农村特困残疾人纳入最低生活保障或临时救济、“五保”范围,并在政策上对残疾人给予特别优惠。韩城市在实施新农保中,重度残疾人交费全部由政府承担。据统计,全市城镇纳入最低生活保障的残疾人1686人,城镇残疾人参加养老保险32838人,新型农村社会养老保险参保残疾人15958人。残疾人的社会保障面不断扩大。

【残疾人就业培训】 “四带法”培训硕果累累。在深入调查的基础上,结合市情和残疾人不同特点,探索出了残疾人“四带法”培训新模式(即:带教学方案,带培训标准,带产品技术,带就业订单)。通过“四带法”培训,残疾人在家或在校就地加工产品,发展地方特色产业,促进残疾人增收致富。投资50余万元对残疾人综合服务中心进行了改造。聘请了专业教师,配备了电动平缝机、锁边机、纽扣机80余台;设置了刺绣、缝纫、计算机、皮革护理等就业需求高的专业。通过“四带法”培训模式集中培训残疾人498名,其中278名残疾人通过“订单招生、定向安置”形式,与广东、深圳、西安等省内外企业签订了就业协议,220名残疾人在校、在家就地就业,实现结业后残疾人百分之百就业,有了劳动收入。各县市区都以“四带法”培训为重点,扎实开展了形式多样的残疾人职业技能培训工作。据统计,全市共培训城镇残疾人1380名、农村残疾人2268名,安排880名残疾人就业。“四带法”培训模式得到了社会各界的充分肯定。全国人大常委会副委员长陈至立在视察市残疾人培训中心时,给予高度评价。《陕西日报》、《渭南日报》、中残联网站等新闻媒体都进行了报道,社会反响良好。

【残疾人婚姻】 “爱心建鹊桥”效果显著。在第二十次“全国助残日”期间,开展了以“爱心建鹊桥”活动为主题的助残日活动,为残疾人提供个性化、人性化的贴心服务。全市11个县市区和渭南高新区都组织了此项活动,共有1200余名残疾人直接参与活动,740多名残疾人达成交友意向。自2008年以后,已有106对残疾人迈入婚姻殿堂。合阳残疾人赋《赞爱心鹊桥》诗一首,“爱心鹊桥残联建,残疾朋友聚洽川。今天幸会结情意,明朝喜看并蒂莲。”此项活动得到了残疾人及残疾人亲属的充分认可,得到了社会各界的一致好评,产生了良好的社会影响。

【康复服务】 与市卫生局联合实施的“百万贫困白内障患者复明工程”,在全市开展了白内障复明工作,免费为3500余名残疾人实施了复明手术。为120名贫困聋儿免费配戴了助听器;为33名肢体残疾儿童实施了矫治手术;为20名脑瘫儿童、20名智残儿童开展了康复训练;在临渭、华阴、白水、富平为500名精神病患者免费服药,为30名精神病患者提供了减免住院治疗。向台北曹氏基金会申请捐赠轮椅1200辆。投资20万元建成了全省首家市级标准化残疾人用品用具供应站,为105名肢残人安装了假肢。白水县被国务院残工委授予“全国残疾人社区康复示范县”称号。

【教育救助】 将全市5所特教学校的残疾学生全部纳入“两免一补”政策范围,让残疾学生享受到党和政府的温暖。共资助曙光特殊教育学校、胜利聋儿语训学校100名残疾儿童少年免费入学,帮助他们完成学业。联合市慈善协会、市福利彩票管理中心及社会各界筹资22万元资助52名大中专生入学深造,并积极通过其他形式资助868名残疾学生。

【扶贫工作】 积极完善“一人一策”扶贫模式,在白水县创造性地开展了“爱心小银行”试点工作。全年累计注入资金25万元,通过互助合作社、专业合作社向170名残疾人发放互助互担无息贷款,解决残疾人创业资金不足问题,帮助残疾人加快脱贫致富步伐。联合市扶贫办对114户残疾人进行了种植业、养殖业、家庭副业项目扶持。全年落实康复扶贫贷款1267万元。对470户农村贫困残疾人危房进行了改造。“十一五”以来,扶贫工作覆盖了全市60%的乡镇和45%以上的行政村,有效解决了2.8万余名贫困残疾人的生产生活困难。

【文体活动】 全面加强残疾人体育人才库建设,使登记在册的残疾人体育后备人才达3060名,特奥体育人才达1500名。积极组织残疾人运动员参加各类全国性体育赛事,共夺得游泳、田径、轮椅竞速等项目金牌4块、银牌3块、铜牌3块。残疾人运动员李刚(大荔籍)、高方(韩城籍)还被选入国家田径队。市残联被中国残联、国家体育总局授予“2006—2010年全国特奥工作先进单位”称号。渭南电视台、华县电视台开通了手语新闻节目,渭南电视台、《渭南日报》获得了全省残疾人好新闻评选专题、评论类二等奖3个。

【基层组织】 全市196个乡镇、180个社区残联、3221个村级残协专职委员已全部到位并落实了相关待遇,实现了基层残疾人工作有人管、有人问。16个乡镇、社区残疾人“温馨家园”建设任务全面完成。换发第二代残疾证12.1万余本,办证数和换发率名列全省第一。基层组织建设得到了各级领导的充分肯定,在9月召开的“全省基层残疾人组织建设工作会议”上作了先进经验介绍。

【助残演出】 与市委宣传部共同举办了“同在蓝天下,共享阳光”走进渭南大型特殊文艺晚会,邀请北京、山东两地残疾人艺术团进行了文艺演出。社会各界共计1800多人观看了这场特殊艺术盛会。澄合矿务局、白水县爱心人士鱼王润等7名企业家向渭南残疾人扶贫工作慷慨捐助17万元,晚会节目精彩,现场气氛非常感人。此次活动有力地宣传了残疾人事业,营造了较好的扶残助残氛围。

(郭建龙)

渭南市归国华侨联合会

党组书记 杨同玲(女)
主　　席 王　安
副 主 席 马筱丽(女)

【经济建设】 充分发挥侨务资源优势,向海外侨胞、华商和企业家推介项目,宣传渭南。一是利用“西洽会”契机,组织市侨界企业家参加省侨联承办的“关中—天水经济区市长论坛”,积极推介招商项目;二是邀请了杨氏知名企业家、社团组织,与潼关县政府共同组织开展了项目推介和洽谈活动。促成世界杨氏联谊会投资兴建了潼关“杨震公祠”项目,建设进展顺利,年底前主体工程竣工。全年已为该项目投入建设资金1000万元。三是接待了香港著名企业家、陕西省侨联第五届名誉主席颜纯炯一行,台湾经济日报百禾文化咨询公司总监鲁晓明一行以及福建省侨联代表团,推介了渭南招商项目,并陪同客人到富平、蒲城等县考察项目。

【侨界公益事业】 争取海外捐赠助学资金137万元,在瑞泉中学和尧山中学设立2个“珍珠班”,资助贫困学生完成三年高中学业,捐赠50万元,用于建设“杨虎城爱心小学”;争取应善良基金会捐赠,资助渭南师院贫困大学生90名;争取海外捐赠资金38万元,为富平县薛镇安党村建设机井1眼,为澄城县王庄镇东丰乐村修建通村公路1.4公里。

【参政议政】 市侨联深入群众,扎根基层,聆听归侨侨眷和海外侨胞的声音,反映侨界群众的利益诉求,肩负起党和政府与侨众沟通的“桥梁”责任。根据市政协的换届要求,市侨联协商推荐3名归侨为市四届政协委员,并与他们进行了专题座谈,帮助他们增强参政议政意识,提高参政议政能力,还多次专题商议侨界热点难点问题,协助他们开展了有关调研,提供了提案素材。侨界政协委员向市政协四届一次会议递交了4项提案,均被列为正式提案。

【侨法宣传与维护侨益】 利用《中华人民共和国归侨侨眷权益保护法》颁布20周年纪念日、“一二·四”法制宣传日,发放宣传资料2000余份,营造依法护侨的社会氛围;参加省侨联举办的“侨界迎国庆联欢”活动,获三等奖;认真接待侨界群众来信来访,协调解决归侨退休待遇、落实“三侨”子女考学优惠政策等问题,依法维护归侨侨眷的合法权益。市侨联、侨办法顾委主任委员参加了“全国侨联系统法顾委主任会议”,并在会议上介绍了经验。

【联络联谊】 邀请海外华侨华人代表团和世界杨氏社团组织以及沿海侨乡侨联来渭考察交流,举行了联络联谊活动,深化了与涉侨社团的联系;与浙江省宁波市、宁海县侨联结成友好对子,为构建侨资源共享机制创造条件。针对西部内陆侨联侨资源缺乏的实际,市侨联认真实施“大侨务”战略,与沿海侨乡侨联开展联络联谊活动,同时注重挖掘姓氏文化资源,发挥杨氏、郑氏、符氏祖源地的优势,以地缘、血缘为纽带,大力开展文化交流活动,进一步拓宽联谊渠道,宣传渭南,促进发展;海内外杨氏、郑氏、符氏宗亲组织分别开展寻根祭祖活动,宣传介绍了在姓氏文化研究方面取得的成果,并开展了联谊活动和文化交流活动;积极参加了世界杨氏联谊会年会、福建杨氏大型迎祖暨民俗文化活动,与一批海外企业家和著名侨领建立了深厚友谊。

【为侨服务】 积极开展“送温暖、献爱心”活动,定期走访了解困难归侨侨眷情况,每年从经费中挤出资金用于慰问年老贫困的归侨侨眷,针对困侨的具体问题提出解决办法。12月16日,中国侨联党组书记、主席林军一行慰问了困难归侨,看望慰问了临渭、蒲城等县市区的10余户困难归侨侨眷,送去党和政府的温暖和关怀。通过扎实深入的走访调查,对全市早期归侨侨眷的生活状况进行了统计,并登记在册,严格按照《陕西省侨办困难归侨侨眷补助费使用管理办法》,一次性足额发放48600元专项生活补助。

（袁也宸）

军 事

渭南军分区

司 令 员 李 绮(大校)
政 治 委 员 林化增(大校,12 月离任)
于会溪(大校,12 月任职)
副政治委员 刘玉峰(大校)
参 谋 长 符 常(大校)
政治部主任 张永忠(大校)
后勤部部长 张宏社(上校)

【思想政治建设】 紧紧围绕实现“三个确保”,着眼巩固成果、建立长效机制,认真组织学习实践科学发展观活动总结和“回头看”。着力强化理论武装,坚持不懈地落实党委中心组“每月两次集中学习”和机关“星期五学习日”制度,高标准完成了四个专题的学习任务。注重改革创新,牢牢抓住“一个统揽”、“两个环节”,组织开展了培育当代革命军人核心价值观主题教育和延安精神教育,以及经常性的学习教育、四项重大教育和形势政策教育。华阴人武部和干休所被省军区表彰为“思想政治教育先进单位”,临渭区人武部政委艾建飞被省军区表彰为“思想教育先进个人”,韩城市人武部政委李西峰的授课提纲被省军区评为优质课件。着力强化战斗精神,利用民兵整组和军事训练等时机,狠抓了形势任务、战斗精神、核心价值观教育。发挥政治工作服务保障作用,下大力抓了新闻报道工作,全年共刊稿件 158 篇,其中中央级 63 篇,省级 56 篇,潼关、白水、华阴和韩城人武部成绩突出。军分区政治部主任张永忠被省军区表彰为关心支持新闻报道工作领导,潼关人武部被表彰为“新闻报道先进单位”。重视政工干部队伍建设,突出抓了以新修订《政工条例》为基本教材的“学条例、知条例、用条例”活动,提高了依法开展工作的能力。认真落实党管武装工作制度,协调召开了渭南市委常委议军会议,分析了渭南市民兵预备役建设形势,完成了党管武装工作考评细则的修订。“八一”期间,组织市级领导过军事日活动,进一步增强了党政领导干部的国防观念。大力开展全民国防教育,组织全区 18 万余人,参加了“富国强军、共筑长城”国防知识竞赛活动,华阴市华山中学被陕西省表彰为“国防教育十佳”单位。

【党委班子建设】 2010 年,渭南军分区党委成员有所变动。12 月,新任政治委员于会溪被增补为军分区党委委员、常委,原政治委员林化增退休。此外,随着各人武部、干休所主官调整,其他党委成员也有所变动。至12月底,军分区党委由中共渭南市委书记、军分区部门以上领导及各县(市、区)人武部、渭南干休所主官共31人组成。其中,党委常委7人,他们是:梁凤民、于会溪、李绮、刘玉峰、符常、张永忠、张宏社。第一书记由中共渭南市委书记梁凤民兼任,书记于会溪,副书记李绮。新的党委班子始终把建设学习型党组织作为提高能力素质、强化组织功能的根本,在建制度、抓帮建、强管理上下功夫。扎实推进学习型党组织建设,制订了军分区党委《建立学习型党组织的措施》,给分区常委购买了辅导教材,全区100余名干部参加了军区组织的自主选学辅导。以党委班子建设为重点,突出抓了民主集中制理论和新《政工条例》的学习。严格落实了考察帮建制度,对新调整的8个团级党委班子正副书记进行了集体谈话和岗前培训,并指导修订了议事规则。认真落实定期分析党委班子建设形势制度,先后两次调整了帮建计划,党委书记抓班子、带队伍、搞建设的能力进一步提高,依法决策、民主决策、科学决策的意识进一步增强,党委班子的核心领导作用得到了有效发挥。华阴、大荔人武部被省军区表彰为先进团级党委,华阴、临渭人武部主官被省军区表彰为"一对好主官"。深化和巩固"八项治理"成果,深入开展了警示教育,认真查处了群众来信反映的违规违纪问题。结合党员队伍建设实际,组织编写了四个专题授课辅导提纲,开展了"每季一课"党课教育,并在基层党组织和党员中广泛开展了创先争优活动,军分区政治部副团职干事王文相被省军区表彰为"优秀党务工作者",富平人武部政委秦海涛、华县人武部部长徐春林等20名党员受到了省军区和军分区的表彰。认真贯彻落实军委《意见》,在分区开展了"四个正确对待"专项教育、思想作风建设专项教育整顿。落实季度讲评干部制度,强化了干部的自律意识。坚持德才兼备、以德为先,公开、公正、公平地选拔任用了各级各类干部。采取机关代培、院校委培、干部自学等方法,狠抓了干部在职教育,整体素质有了新的提高。严格政策规定,认真抓了计划生育和老干部工作,圆满完成了7名退休老干部的移交任务。

【战备工作】　紧紧围绕作战能力评估、抗洪抢险演练、完成应急处突任务,狠抓了战备工作落实,修订完善了非战争军事行动预案和各类作战预案,完成了军分区作战室的设计规划,指导团级单位建好"三室一库",配齐了物资器材。严格按纲施训,落实党委议训制度,突出抓了首长机关的军事理论、业务技能和体能训练,并接受省军区考评,总评良好。狠抓了民兵军事训练,采取统一部署、集中组织、分片实施、统一考核的办法,圆满完成省军区赋予的民兵军事训练任务。重视骨干队伍建设,集中利用40天时间,对20名参谋和基层专武干部进行了业务技能培训,提高组训能力,并参加了省军区"四会"教练员比武,取得了一银一铜的优异成绩。10月份,组织对11个人武部战备训练工作进行了考评。着眼提升应急应战能力建设,分区首长机关参加了省军区组织的310指挥网联训联演,进一步熟悉了应急处置程序。科学筹划、精心组织,指导韩城、合阳、澄城人武部圆满完成了"渭动－2010"国防动员系统应急应战综合演练,检验了市县两级国防动员机构的应急反应和民兵分队的处突能力。认真学习贯彻《国防动员法》,协调渭南电视台进行了专题宣传,组织召开了渭南市国动委第七次会议,研究了落实办法。认真贯彻陕西省《民兵预备役部队训练基地建设实施意见》,加大协调力度,研究了军分区民兵训练基地建设规划，并参加了省军区座谈会。积极探索征兵工作的特点规律，坚持全方位动员、全过程跟踪、全领域监督，圆满完成了年度征兵工作任务。

【正规化建设】 认真贯彻全军、军区基层建设会议精神，深化和巩固韩城人武部基层正规化建设现场观摩会成果，继续深入开展“三达标”活动。结合学习教育和业务培训，认真抓了《军队基层建设纲要》、《要则》、《人武部全面建设考评细则》和《基层武装部考评细则》的学习贯彻，强化机关按纲指导、基层按纲抓建的意识，培养了一批抓基层建设的明白人。各单位集中主要精力、人力、财力，不断加大对基层建设的投入力度，高标准完成了22个基层武装部正规化建设试点工作。华县人武部投资40万元，更新了办公设施，实现整体搬迁。蒲城人武部投资28万元，改建干部宿舍楼、为24个基层武装部制作了制度牌、配发了文件柜。华阴人武部投资10多万元，抓了岳庙办武装部的正规化建设，并协调华阴市为每个基层武装部下拨3000元建设经费。合阳人武部投资6万元，对机关食堂进行维修。临渭区人武部完成整体改造的建设方案，干休所老干部住房改造工程在省军区系统率先实施，起到了标杆示范作用。韩城、白水人武部被省军区表彰为基层建设先进单位。12月，军分区组织对人武部全面建设进行了综合考评，总评良好。深化民兵工作改革，进一步优化民兵组织结构和布局，突出抓了沿河、沿路、沿山民兵应急分队的建设，圆满完成了28765人的基干民兵整组任务。结合整组点验，对沿河3个营、6个连的民兵应急抢险分队进行了紧急拉动。

【军事安全管理】 认真贯彻军委和两级军区关于安全管理工作会议精神，采取动员部署、学习文件、观看录像、队列训练、理论考核等办法，在军分区和人武部同步开展了“学法规、用法规、守法规”活动。结合学习贯彻新一代共同条令，集中利用一周时间，对新旧条令进行了系统的对比学习，借鉴省军区新条令学习观摩经验，在分区机关进行了试点，规范了战备值班和日常办公秩序，落实了交接班和营区出入登记制度，机关的“四个秩序”进一步正规。加强对士官队伍的教育管理，组织了为期一周的教育整顿活动，进一步强化了军人意识、条令意识和执行意识。狠抓了驾驶员队伍的教育管理，加大对外出车辆的检查力度，组织交通安全图板展览，强化了安全意识，正规了行车秩序。严格落实保密工作制度，突出抓了机关办公保密秩序清查和“四个倾向性问题”专项整治，先后两次对全区保密工作进行了检查。狠抓了武器库的安全管理，针对省军区检查发现的问题，集中30天时间，采取一个单位一个单位过、一件武器一件武器查的办法，对全区所有武器装备和安全设施进行了普查，并圆满完成了报废弹药的运送工作。合阳县人武部投资10万元，对民兵武器仓库进行了整修。集中开展“狠抓军车良好秩序、维护军车良好形象”专项整治活动，加大纠察力度，共组织出动纠察40余人次，车辆30余台次，处理假冒军车和违章违纪军车28辆，有效净化了军车运行秩序，确保了部队的安全稳定。

【征兵工作】 军分区认真落实上级“一个主体、两个优先”的政策规定，积极推进新兵征集改革，认真筹划部署，严密组织实施，狠抓廉洁征兵，在兵员相对比较紧张的情况下，圆满完成了2598名新兵征集和38名士官直招任务

【后勤综合保障】 按照“转变作风、优质服务、完善制度、促进发展”的思路，狠抓

后勤综合保障能力建设。重视战备工作落实，修订完善了后勤各类应急保障预案，突出抓后勤作战会议室建设，使之初步具备指挥作战、会议保障的基本功能。坚持把干休所住房改造工程作为当年后勤工作的重中之重，积极与地方协调，解决工程规划、申报、拆迁搬迁安置过程中遇到的各类困难问题，精心组织、严格管理、确保安全、加强督导、确保质量，工程进展顺利，主体工程已基本完成。结合车辆和驾驶员年度审验，组织对全区14名车管干部和30余名驾驶员进行了集训。严格落实油料管理制度，制订了《渭南军分区机关工行牡丹中油联名卡加油管理暂行规定》，办理了牡丹中油卡。强化财经管理，广泛开展"小金库"治理"回头看"和打击假发票活动，修订完善了《渭南军分区机关财务管理暂行规定》和《渭南军分区经费结算报销联审会签实施细则》。对临渭、华阴、华县人武部的财务管理、工程建设和房地产管理进行了专项检查，对全区"十一五"期间军事训练经费使用管理进行了财务审计。军分区被省军区表彰为住房清理先进单位，朱亚辉被表彰为先进个人。配合省军区对华阴人武部主官进行了领导干部经济责任审计。积极推行后勤保障制度改革，圆满完成全区358人的保障卡数据采集和上报工作，成为陕西省驻军范围军人保障卡个人账户率先开通激活单位。不断加大营区综合整治力度，突出抓了基础设施建设，上半年，对机关和各人武部基础设施建设需求进行了重新规划，完成了全军第二次军用土地调查。11月初，组织完成了军分区机关新供暖锅炉的安装，并对机关营区供水供暖管道和供电线路进行了维修改造。大力开展卫勤保障工作，尽最大限度做好医疗卫生保障，定期进行巡诊和营区消杀灭工作，组织30名机关干部进行了体格检查。

【双拥共建和参支参建】　充分发挥桥梁纽带作用，围绕争创全国"双拥模范城"四连冠活动，配合渭南市对"双拥模范城"创建工作进行了检查，7个县(市、区)被评为省级"双拥模范城"，华阴市委书记党德才被表彰为双拥模范先进个人，军分区政治部和华县人武部被省军区表彰为拥政爱民先进单位，屈建军、王梅生被表彰为拥政爱民模范。积极参与渭南生态环境建设，组织驻军参加了南塬绿化和"军民绿化一条街"植树活动，"国防林"和"民兵林"建设稳步推进。扎实推进平安建设，协调召开了渭南市涉军维权工作会议，妥善处理涉军案件11起，军分区被兰州军区表彰为"涉军维权先进单位"，临渭、合阳人武部被省军区表彰为"维护国防利益和军人军属合法权益工作先进单位"，李明、杨景龙被表彰为先进个人。配合有关部门及时处置了部分复员军人上访事件，落实了平安乡镇建设挂钩单位，并接受了省军区检查。华阴市人武部被省军区表彰为"一部一乡镇"平安共建活动先进单位。深化和巩固"一部一校"帮扶成果，通过了省军区验收，干休所被陕西省表彰为"关心下一代先进单位"，富平、蒲城人武部被省军区表彰为"一部一校"帮扶先进单位，屈建军、杨景龙被表彰为先进个人。积极参加抢险救灾行动，圆满完成了华阴市罗敷河决口封堵、洛河油污清理、陇海铁路抢修和韩城煤矿事故救助等抢险救灾任务。并组织开展了向青海玉树地震灾区和甘肃舟曲灾区献爱心捐助活动，共捐款4.2万元。潼关县太要镇武装部部长李胜龙被授予全国"防汛抗旱先进个人"

【社会服务活动】　3月18日，组织官兵共32人，参加了渭南市南塬绿化工程，在零口南塬植树近200棵，积极为支援地方经济社会建设做贡献，为渭南市创建文明城市、创建全国双拥模范城“四连冠”奠定基础。3月31日至4月3日，洛河洛川段发生油泥污染情况，境内洛河流域的白水县、澄城县、蒲城县人武部，组织民兵近200人，协调驻军50余人，对油污进行拦截清理，保护了洛河生态环境，解决了沿河居民的饮水用水问题。5月17日至21日，军分区组织了“四会”教练员及参谋业务集训，共有现役干部和民兵教练员33人参加集训，系统地学习了教学法概述、多媒体制作和教案编写的方法，以及参谋“新六会”等重点内容，提高了参训人员的业务能力和水平，达到了集训预期目的。为培养选拔比武人才，6月份，按照“分阶段组织、分层次训练、分步骤强化”的方法，组织比武参赛预选人员进行了集中强化训练，期间聘请兄弟单位教员进行了系统辅导授课，购置了电化教学器材，配齐了软硬件设施，通过个人自学、电化教学、交流研讨和模拟比武，进一步促进了教练员水平提升。在省军区比武竞赛活动中，取得了一银一铜的成绩。

【“七二三”抗洪抢险救灾】 7月23日凌晨，陇海线潼关至太要段因特大暴雨被冲毁50米，造成陇海铁路一度中断。军分区依照预案迅速启动了应急响应，命令潼关县人武部迅速就近组织太要镇民兵应急分队50人参加抢险，协助铁路部门连夜修复了陇海线。24日清晨，华阴罗敷河决口。司令员李绮和政委林化增冒雨带指挥组赶赴罗敷河抢险现场，与部队和地方有关部门组成联合指挥部，在省军区司令员程兵和副司令员金的直接领导和指挥下，组织3525名驻军官兵和民兵应急分队抢险人员连续奋战三昼夜，圆满完成了抢险任务，保证了人民生命财产的安全，受到地方政府和人民群众的高度评价。

【“渭动－2010”综合演练】 8月下旬，渭南军分区按照省国动委的指示要求，组织完成了代号“渭动－2010”的国防动员系统应急应战综合演练，这次演练主要是以市级国动委带部分县级国动委组织的实兵演练，分室内战术作业和室外实兵演示两部分，其中室内部分由国动委副主任、市长徐新荣和国动委副主任、军分区司令员李绮共同组织，渭南市国动委及韩城、合阳、澄城县（市）国动委成员单位参加，于27日利用电视电话系统分片组织、同步实施，全市其他各县（市）区国动委在网上观摩；室外部分由韩城、合阳、澄城县（市）国动委及其民兵分队参加，于31日在韩城市黄河芝川工程段组织实施，省国动委综合办主任由正国、渭南市副市长郭伯权及省市国动委有关专业办公室领导，渭南市各县（市、区）国动委部分领导、人武部部长和水务局局长在现场观摩指导。由于演练组织周密、针对性强、效果明显，经验做法被省军区转发。

（刘思勇）

中国人民武装警察部队渭南市支队

支　队　长　沈　军（上校）

第一政治委员　王勤智（兼）

政治委员 郝振华(上校)
副支队长 侯群虎(中校,3 月转业)
李亚博(中校,4 月任职)
高中原(中校)
李海良(中校)
副政治委员 孟直春(中校)
参谋长 李亚博(中校,3 月离任)
黄自正(中校,4 月任职)
政治处主任 李培松(中校)
后勤处处长 王升平(少校)

【概况】 中国人民武装警察部队渭南市支队(简称渭南支队),组建于 1983 年 1 月。2005 年 6 月,武警部队编制体制调整,支队圆满完成原陕西总队第一支队 1 个中队、第三支队 2 个大队 7 个中队转隶接收任务,支队由三类支队升格为二类支队。支队主要担负渭南市各县(市、区)11 个看守所的看守;陕西省渭南、富平、庄里、华山(前山、后山)4 个监狱的看押;风凌渡黄河铁桥、中科院国家授时中心(326)的守卫;陕西省物资储备管理局 456 处的守护任务和处置本区域突发性事件任务。支队机关驻渭南市民主南路 8 号。2010 年,渭南市支队班子成员精诚团结,全体官兵不懈努力,依据《纲要》,扎实开展工作,圆满完成以执勤处突为中心的各项任务,部队建设呈现出整体推进、全面加强、稳步发展的良好势头。

【党委班子建设】 适时组织党委班子学习科学发展观、《武警法》、《纲要》及十七届五中全会精神,先后 4 次组织民主集中制学习和讨论,编印《民主集中制学习辅导手册》,制定《加强党委自身建设措施》、《党委议事规则》、《大宗物资集体采购办法》和《信息化网络学习室建设办法》等制度措施。结合"建设学习型党委机关,争当学习型领导干部"教育,广泛开展"四查"活动,培养党委班子良好学风。下派联合工作组 4 批,常委单独蹲点累计 220 余天,协调驻地政府和目标单位解决执勤隐患治理、政治环境建设等实际问题 30 多个。坚持从思想教育抓起、从落实制度严起、从规范秩序和官兵关注的热点问题做起,在干部使用、士官改选、征接新兵等问题上,坚持按照制度规定办理。2010 年,投入建设经费 300 多万元、调整使用干部 55 名、转改士官 109 名,都是经业务部门拿出意见、专门人员进行考察、党委集体研究决定的,上下反映较好。

【思想政治建设】 以科学发展观、十七届五中全会精神为重点,坚持用党的创新理论武装官兵头脑,确保了部队政治坚定。深入开展"核心价值观"主题教育,抓实"关爱士兵、依靠士兵"、"深知兵、真爱兵"、"研究干部、关爱干部"以及"三互"、"双四一"等群众性思想互助活动,及时解决官兵思想、婚恋、家庭涉法、亲属患病等实际问题;5 次开展"五个过一遍"活动,6 次组织开展心理辅导和"法律、心理服务到基层"活动,表彰 10 名优秀思想工作骨干和知兵爱兵模范,转化 24 名、安全送走 17 名重点关注对象。

【完成中心任务情况】 积极协调市政府召开全市重要目标"三共"会议,进一步建立完善共建、共管、共保安全机制,全力推进"两看"目标 AB 门建设,建成上勤 1 处、试运行 6 处、基本完工 4 处。严格落实执勤各项制度和"三员一兵一组"组勤模式,深入开展勤务专项治理整顿和检查鉴定活动,整治隐患 5 类 26 处。投入 15 万元更换安装哨位及备勤室监控镜头、改造机关、基层勤务值班室工作台。建立以机关、大队、中队和反恐特战排、防暴小分队为主体的 300 名增援力量体系,加强装备建设,强化实战演练,提高部队处突反恐能力。及时修订《抢险救灾预案》，健全组织机构，配齐装备器材，随时做好抢险救灾准备。全年出动兵力2824人，完成各类临时勤务103起，特别是圆满完成“三二五”捣毁渭南市高新区王贺村暴力抗法传销窝点、“四三”清理打捞蒲城县洛河龙首坝流域油污物、“六一八”处置堵塞交通群体性事件、“七二四”封堵华阴市罗敷河西堤决口、“七二九”突击抓捕黑恶势力、卤阳湖国际通航节安保、“十一”黄金周华山旅游景区巡逻、“十·一七”西安地区涉日游行处置的支援及“1006”首长专列警卫等任务。

【正规化建设】 以新《条令》学习、“治三松、严纪律、保安全”和“剎酗酒、守纪律、树形象”教育整顿为抓手，认真开展“四治”、“九查”活动，查找纠治问题20多个。3次召开电视会议部署安全工作，派出4批工作组对基层安全工作进行检查督导，广泛开展创安“倒计时”活动，编印支队《安全发展警示录》，3次进行安全隐患大排查。加强战士手机、涉密计算机和移动存储设备管理，严防失泄密问题发生。狠抓条令和两个《正规化管理规定》学习，及时制定下发“两会”期间封闭式管理20条管理措施和10条规定，较好解决部队管理不正规、工作部署不严密、制度落实不严格、内部关系不融洽等20多个问题。

【基层建设】 坚持把工作重心放在基层，突出建设“三个一线”、抓好“四个经常”、打牢“五个基础”，按照“三治”要求，指导22个基层党支部制订《按纲建队计划》，对确定的五、六、八、华县四个重点帮建的中队，由常委带队先后3次进行集中帮建结；4次组织“指导员之家”，开展风气建设集中教育，查找纠治“六类歪风”、“22个问题”，并形成长效机制；按照“五好”、“五个带头”要求，深入开展创先争优活动，不断提高党组织和党员队伍建设水平。7个中队党支部被表彰为先进基层党组织，29人被表彰为优秀党员。蒲城县中队被总队表彰为基层建设标兵中队，二大队，二、四、华县、华阴、潼关、韩城、富平中队被总队表彰为基层建设先进大、中队。

【综合保障】 坚持按任务编成、按方案抽组、按标准配装、按实战组训，加强跟进服务，提升应急保障能力。严格经费管理审批使用，积极推行公务卡结算管理。加大基础设施建设投入力度，全年争取地方经费支持381万元。坚持每月检查“伙食管理五项制度”落实情况，官兵对伙食满意率达到95%以上。抓好动态、静态下的枪弹管理，抽调大修枪支275支，请领配发新式武器195支，组织实弹射击40余次，没有发生任何问题。严格落实车管制度，抓实驾驶员安全教育，促进车辆管理规范化制度化。全年动用车辆1300余台次，累计安全行程300万公里。全力抓好卫勤保障，建起卫生健康网，为200余名官兵提供健康咨询服务；9次下基层巡诊，接诊收治病员1300多人次。2月4日，中共陕西省委常委、省委政法委书记宋洪武代表省委、省政府到支队四大队大荔县中队慰问。12月18日，总部后勤部营房部助理员刘屹在总队后勤部副部长郭振江、省物资储备局相关领导的陪同下，到支队三大队八中队，就中队湿陷性黄土地质营房地基下陷问题进行调研。12月22日，渭南市政府组织召开重要目标“共建、共管、共保安全”工作会议，传达贯彻全省“三共”工作会议精神，安排部署贯彻落实。

【重要典型】 渭南市支队司令部管理员王安松被评为“全国防汛抗旱先进个人”。

【抢险救灾】 3月18日，渭南支队担负省物资储备局456处战备油库守卫勤务的三大队八中队出动22名兵力，扑灭油库库区外侧一起大火，确保了目标安全。4 月 3 日至 4 日，支队出动 126 名兵力，圆满完成了蒲城县龙首坝洛河流域油污物拦截及清理任务。7 月 24 至 27 日，支队在总队前指和现场指挥部的统一指挥下，出动兵力 1230 人次，车辆 120 台次，圆满完成了华阴市罗敷河 60 余米决口封堵任务。

（姜　博）

渭南市公安消防支队

政治委员　杜忠平（上校）
支队长　张文江（上校，2 月任职）
副支队长　曹全海（中校）
贺满宏（中校，2 月任职）
何继军（中校，2 月任职）
申小斌（中校，2 月任职）
副政治委员　赵永军（中校，2 月任职）
参谋长　熊向军（中校，2 月任职）
政治处主任　张骏（中校，2 月任职）
后勤处处长　陈继珍（中校，2 月任职）
防火处处长　李军（中校，2 月任职）

【概况】　2010 年，全市共发生火灾 595 起，死亡 0 人，受伤 0 人，直接财产损失 758.27 万元，实现了"杜绝特别重大火灾和重大火灾、遏制较大火灾、减少人员伤亡"的目标，为构建平安渭南和建设西部强市创造了良好的消防安全环境。

【思想政治建设】　全市消防部队以总书记胡锦涛"忠诚可靠、服务人民、竭诚奉献"三句话总要求为精神指引，以"三抓三树"（抓班子树正气、抓执法树形象、抓落实树新风）、"三争优"（争建优秀警种、争创优秀警队、争当优秀警官）、基层建设达标创优活动、执法为民实践活动、创建和谐警民关系为重点，充分发挥支队党委的核心领导作用、基层党组织的战斗堡垒作用，严格落实各级党组织理论学习制度，以先进理论武装头脑，不断提高各级领导班子准确判断形势、科学研讨分析、正确决断决策的能力和水平。全年涌现出一批具有鲜明渭南特色、规格较高、示范性强的先进典型，渭南支队等 3 个单位受省委、省政府、军分区联合表彰为拥政爱民模范单位，蒲城中队、韩城中队受市委、市政府、军分区联合表彰的双拥模范先进单位，4 名官兵被市政府、军分区联合表彰为拥政爱民模范，支队被市政府评为防震减灾先进单位、应急管理先进单位、安全生产先进单位、政风行风建设先进单位、行政执法案卷规范化建设先进单位，受总队以上表彰的先进单位 7 个、先进个人 8 人，1 个单位被省公安厅授予集体三等功，31 名官兵立个人三等功。

【部队管理】　坚持按纲治警，从严治警，通过开展新修订条令条例学习月、纪律作风教育整顿、三大竞赛（队列会操、条令条例知识竞赛和内务评比竞赛）、红旗车驾驶员评比等系列活动，全面增强和提高部队的纪律化、秩序化、正规化水平。6 月 29 日，召开了全市消防部队精细化管理推进会，统一规范 25 类软件资料、23 种库室间设置，为全市各级开展精细化管理工作树立了标杆。全市各级基础软件资料统一规范,库室设置规范统一,部队管理秩序正规有序,经支队年底验收,全市15个单位中8个单位通过达标验收。

【部队建设】 建立完善练兵长效机制,认真落实打造消防铁军三年规划,全面提升部队练兵水平。在全省第七届消防业务技能比武竞赛中,取得了两个团体第二、两个单项第三、三个单项第四,团体总分第三的优异成绩;以总队组织开展的大跨度大空间建筑灭火救援演练专项行动为契机,全面开展实战、实地、实装测试演练,组织实施大跨度大空间灭火测试演练63次,跨区域联合演练25次,出动警力2000余人次,车辆517台次,极大地提升了部队的快速反应、临机处置和协同作战能力。全年共接警870次(含社会救援),出动消防车1131辆,出动消防官兵7283人,抢救被困人员262人,疏散被困人员493人,抢救财产损失1721.24万元,成功完成蒲城"一·一"新平花炮公司爆炸事故救援、蒲城"四一"污油泥泄漏事故洛河龙首坝拦截处置、华阴"六二〇"西北第二合成药厂宿舍楼爆炸坍塌救援、华县"七十四"山洪抢险救援、华县"七二六"少华山人员被困救援、"八二四"华山塌方搜救等多起急难险重任务,同时圆满顺利完成全市"两会"、2010年中国武术散打超级联赛、第二届卤阳湖国际通用航空节、渭南市第二届文化旅游节、白水仓颉文化旅游节、2010年白水蒲城国际苹果酥梨文化节等重大消防安全保卫任务,受到各级党委政府和广大人民群众的一致好评。

【构筑防火墙工程】 市政府组织对12个县市区政府和18个行业部门2008-2009年度消防安全责任制落实情况进行了考评。4月28日,召开了全市消防工作会议,将社会消防安全"防火墙"工程纳入政府考评内容,逐级签订了《2010—2011年度消防安全责任书》,进一步明确了政府、行业、单位、消防"四位一体"责任。6月23日,市公安局在全省率先召开全市构筑社会安全"防火墙"工程推进会暨"四个能力"建设试点现场会,观摩试点单位钻石星座KTV、光明大酒店等地的建设情况,全面开展社会单位"四个能力"建设。不断夯实农村火灾防控"四个基础",调动乡镇和村委会的积极性和主动性,依托公安警务室成立消防安全机构,指导村级成立以青壮劳力为骨干的防火巡查队和义务消防队,不断推进社会主义新农村消防工作。集中开展了"春雷行动"、"三秦春雷"行动、"铁拳整治"行动、"3626"突击行动、"四类场所"整治、"护平安"等一系列火灾隐患排查整治行动,组成97个检查组,检查单位942家,发现火灾隐患1134处,政府挂牌督办单位5个,责令"三停"63家,临时查封57家,有力净化了消防安全环境。以消防"五进"宣传为载体,充分利用电台、广播、报刊等媒体开展消防特色宣传,在全市组织开展6次集中消防宣传活动,组织社会单位2000余人参加消防安全培训班,全面提高社会单位防控火灾的能力和水平。

【后勤保障】 以"保障有力"为总要求,全市各级预算经费518.8万元,预算外经费1267.12万元。利用总队配套装备建设资金185万元,争取地方资金825万元,总投入1010万元购置11辆消防车(其中水罐消防车3辆、干粉消防车1辆、细水雾消防车3辆、高喷消防车2辆、器材供应车1辆),采购灭火救援攻坚组器材装备27大类297件套。投入84.8万元建成攀岩、心理拓展为一体的高空攀岩训练场和购置大比武特种训练器材。投入116万元完成总队—支队—大(中)队的消防专网铺设,新增信息化专用服务器和30台电脑。投入

86 万元购置办公生活设施,灾后重建的富平中队、蒲城中队喜迁新居。无现役消防中队的白水、潼关两县队站完成营房主体建设。投入 80 万元改善支队机关、特勤中队硬件设施。

（薛建林）

人 民 防 空

渭南市人民防空办公室

主 任 胡寿文

副主任 李怀玉 王高榜

【贯彻全省人防会议精神】 先后通过召开主任办公会、办务会、全体工作人员会、全市人防工作会、全市人防工作汇报座谈会等一系列措施,传达学习全省人防会议精神,不断统一思想认识,安排部署工作,督促检查落实,全面推进各项人防建设。根据省人防办《全省人防目标责任考评实施办法》和市考核办年度目标责任考核相关制度,制定下发了《全市人防目标责任考核实施办法(试行)》,就县(市)人防办考评的原则、范围、内容、方法、组织以及考评纪律作了明确、详细的规定,进一步完善了考核机制,有力地促进了工作。下发了《渭南市人民政府办公室渭南军分区司令部关于进一步加强人民防空工作的通知》,就人防组织建设、"结建"工作、人防工程建设、人防警报建设以及人防宣传教育工作等,提出了新的要求。市县两级都能抓住机构改革机遇,不断加强人防组织机构建设,市人防办从市政府的议事协调机构调整为市政府组成工作部门,各县市人防办保持了人防机构的稳定。

【行政执法】 6 月,市规划局开始将人防"结建"手续的办理列入建筑工程规划许可办理程序,联合把关的机制初步形成。"结建"把关的协调到位,是全市人防执法上一个实质性的进展和重大的突破,从而使人防执法工作进入到一个新的阶段。在把关到位的同时,继续按照"全面排查,无一漏网,逐一立案,完善程序,督促催办,务求实效"的工作要求,持续不断地对新建民用建筑修建防空地下室情况进行执法检查。对每起违法案件及时立案,严格按照程序下发执法文书,不断加大催办力度。据统计,全年共巡查违法案件 103 起(其中市人防办 35 起),结案 82 起(其中市人防办 29 起),申请强制执行 1 起,市县两级征收"结建"费 1400 多万元。

【工程建设】 加快筹建朝阳广场地下人防工程,经过反复接触和比较,确定与西安荅华置业顾问有限公司合作建设该工程,并签订了合作建设协议,预计 2011 年第一季度可以开工。在"结建"工程建设上,按照"以建为主,以收促建"的原则,对申报"结建"工程的项目,严格执行战术技术标准,把好设计图纸审批关、施工过程质监关和竣工验收关,使渭南城区"结建"工程面积增加了 3.1 万平方米,蒲城、韩城、华县、大荔、潼关等县(市)的"结建"工程建设呈现出逐步展开、逐步推进、逐步规范的良好局面。在工程维管和利用上,对正在使用的东风广场人防工程、人防主干道口布防、人防地下指挥所和人防主干道以及有人防工程的单位进行经常检查，发现隐患，及时处理，保持了人防工程的安全状态。

【指挥通信建设】 在人防指挥训练上，蒲城县人防办举行的首长机关室内防空袭研究性演习，在全市乃至全省县级人防中开了先河，受到省上领导的充分肯定；市人防办和韩城市人防办也先后举行了人防指挥室内演练，使人防应急准备能力得到进一步增强。在人防应急指挥设施建设上，市人防办上报的人防地面应急指挥中心工程项目立项报告已经省人防办同意批复，项目建议书等各项准备工作正在进行之中，可望于2011年第一季度开工建设。在人防机动指挥通信系统建设上，按照全省统一标准、统一采购的要求，市人防办积极筹措建设资金，将一辆中型指挥车和一辆信息采集车购回。在人防警报建设上，各县（市）警报建设的步伐不断加快，警报器总数在2009年的基础上增加了14台（大荔县5台，澄城县2台，潼关县4台，华县3台）；市县人防办坚持不懈地做好警报器的维护管理和使用工作，及时检查和排除个别警报器出现的故障，保证了警报器的正常运行。

【人防宣传教育】 全市人防宣传教育的意识更加浓厚，工作更加扎实，效果更加明显。在庆祝新中国人民防空创立60周年活动中，市县两级人防办通力合作，向省人防办报送了文艺节目和典型宣传对象材料，组织干部职工积极参加全省防空防灾知识竞赛、“陕西人防杯”防空防灾漫画大赛和征文活动，组织干部职工先后赴北京、西安观看了国家人防办举办的新中国人民防空创立60周年成就展览和省人防办举办的庆祝新中国人民防空创立60周年文艺晚会，特别是11月份成功组织的“宣传月”系列活动产生了深刻而广泛的影响。在人防宣传工作中，市县两级人防办开拓创新，发挥特长，增强效果，华县人防办的“四个面向”（领导、企业、群众、协作单位）把人防宣传工作安排得扎扎实实，韩城市人防办通过灯箱广告宣传栏等形式把人防宣传延伸到街道和社区，市人防办通过防空防灾知识挂历等形式把人防宣传渗透到各行各业，市县人防办通过报纸、刊物、电视和人防网站把人防宣传扩展到各个方面。在人防教育工作中，按照《关于在全市城区初中普及人防教育有关问题的通知》要求，市、县人防办确定了学校，确定了教师，配发了教材，开展了一系列教育活动；尤其是白水县人防办投资200多万元建成并投入使用的防空防灾教育培训基地，成为全市人防教育工作的闪光点。

政 法

公 安

渭南市公安局

党委书记 乔晓陆(12月离职)
王勤智(12月任职)

局　　长 王勤智

政　　委 张来宝

纪检书记 姜景科

副 局 长 雷普义　徐印祖　蒋立志　申军明　张　鑫　张金龙

【维护稳定】 全市公安机关紧紧围绕经济社会发展大局,全面落实各项维稳措施,有力确保了全市社会政治的持续稳定。7月份,省公安厅在渭南市召开了国保工作现场会,肯定和推广渭南市维稳工作的做法。一、强化情报信息工作。围绕邪教等不稳定因素,全面加强公安情报信息搜集、分析、研判工作,共获取深层次、预警性、行动性情报信息1391条,及时劝阻化解4次大规模集体进京上访活动、群体性事件和非法聚集活动36起,稳妥处置了21起群体性事件,均没有酿成大的事端。二、强化对敌对势力、敌对分子的防范和打击。深入开展了基础调查、专案侦察、内线侦控等工作,切实加大对各类邪教和有害气功组织活动的防范打击力度,全市共破获教派类邪教案件4起,抓获作案嫌疑人20名。三、强化矛盾纠纷排查化解。全市公安机关积极配合有关部门,深入各利益团体、危困企业、弱势群体等重点人群和重点行业,集中排查化解各类矛盾纠纷3152件,真正做到了"大事不出乡,小事不出村,矛盾不上交"。四、强化公安信访工作。组织开展了信访积案清理和"百万案件评查"专项活动,成功化解了多起长期越级进京赴省上访的信访积案。严格落实领导干部定期接访、机关民警下访制度、重点信访案件会诊制度和责任倒查追究制度,不断畅通信访渠道,有效预防和减少了越级进京赴省上访的发生。五、圆满完成了各项安保任务。成功完成了"双节"、"两会"和2010卤阳湖国际通航节等重大警卫安全保卫任务40余批次,做到了安全万无一失。

【打击犯罪】 始终把人民群众的安全感作为衡量和检验公安工作的唯一标准,把维护社会治安作为全局性的中心工作,相继组织开展了"打黑除恶"、"命案侦破"、打击"两抢一盗"、"2010严打整治行动"及"秦风"战役等专项活动。一、严厉打击各类刑事犯罪。紧紧抓住影响社会治安的突出问题,持续不断地组织开展了打击“两抢一盗”、命案侦破等一系列专项行动,有效提升了群众的安全感。坚持严打黑恶势力犯罪,集中优势警力一举摧毁了蒲城闫鸿儒黑社会性质组织犯罪团伙,打掉恶势力犯罪团伙29个,破获案件422件,抓获犯罪嫌疑人362人,移送起诉234人,一审判决215人。坚持严打各类暴力犯罪,持续加大命案侦防工作力度,全市共发命案77件,破获命案71件,侦破率92.21%;破获命案积案14件,抓获外省命案逃犯16名。命案发案连年下降,比上年同期少发10件,与前三年平均发案数相比减少18件。坚持严打经济领域犯罪,接连打掉了“一·六”、“三三”两个非法制售假发票团伙,抓获犯罪嫌疑人18人,捣毁制假窝点8个,缴获假发票20余万份,涉及全国14个省市、陕西11个市的制售假发票犯罪案件全部破获,省公安厅专门在渭南市召开了打击整治发票犯罪专项行动现场会。坚持严打毒品犯罪,深入推进禁毒人民战争,在省公安厅的指导协调下,历经10个月的艰苦侦查,成功破获了“七一〇”公安部毒品目标案件,抓获毒品犯罪嫌疑人15人,成功切断了一条从广东通往陕西的贩毒通道。公安部禁毒局专门发来贺电,省公安厅通令嘉奖专案组和全体参战民警。二、强力整治治安突出问题。以社会治安重点地区排查整治行动为载体,在全市摸排确定了9个重点地区和9个方面的突出问题,打防管建,综合整治。省厅督办的临渭区、韩城、潼关、蒲城、高新5个县(市、区)“两抢一盗”案件发案均有所下降,街头抢劫、抢夺得到有效遏制;危爆危化物品整治收缴炸药6476公斤,雷管3979枚,索类爆炸品2570米,黑火药100公斤,各类枪支78枝;整治治安乱点1714个,治安突出问题1037个,对1400余家出租屋、娱乐场所做出了关停或整改处理,扭转了一批混乱地区的治安面貌。特别是6月份,把长期在渭南城区蔓延、滋长的非法传销活动作为影响治安稳定的突出问题,主动出击,积极协同工商等部门,采取“五个决不放过”的措施,接连开展了10余次大规模的打击整治、取缔传销专项行动,依法摧毁传销窝点100余个,遣散传销人员15630余名,解救传销受害人员1000余名,逮捕传销涉嫌犯罪人员90余名,彻底铲除了这一群众深恶痛绝、败坏渭南形象的毒瘤。三、强化交通、消防管理。集中整治酒驾、涉牌涉证等突出交通违法行为,全市交通事故四项指数“两降两升”。积极开展构筑社会消防安全“防火墙”工程,全市消防事故四项指数“三降一升”。

【安全防范】 坚持把社会管理创新作为提升公安机关维护社会稳定能力的重要抓手,强力推进以信息化为引领的社会管理创新,着力破解“五大难题”,全面提升对社会治安的动态管控能力。一、深入推进理念创新。在全市公安机关开展了社会管理创新大学习、大讨论活动,组织广大民警深入学习贯彻部省的部署和要求,学会用新思维研究新问题,用新理念应对新情况,以思想理念创新带动社会管理创新。同时,采取“走出去、请进来”的方式,广泛开展多层次、多角度的培训交流活动,先后组织120名民警分3批到南通市公安局跟班学习信息化、执法规范化建设和“网上作战”经验,组织8名公安局长赴上海、广州、深圳等地学习社会管理创新经验,并主动邀请南通市公安局情报信息中心专家为全市70余名情报信息人员集中授课,进一步开阔了眼界,转变了观念,增强了工作责任心和创新意识。二、深入推进机制创新。坚持以警务机制创新为切入点,紧紧抓住关乎公安工作科学发展、长远发展又紧贴实战需要的重点问题，确定了人口动态管控、城区治安打防管控机制、农村治安防控体系建设、矛盾纠纷化解、虚拟社会的动态管控、重点人群的动态管理等13个重点课题，分别下发给相关县市局，深入调研，积极实践，此项工作正在深入开展中，并在一些方面初显成效。三、深入推进城区治安防控体系创新。把城区治安防控体系建设作为全市社会管理创新的主要着力点和突破口，采取"试点先行、积累经验、整体推进"的工作方法，在蒲城县进行了城区治安防控体系建设的实践，积极协调蒲城县委、县政府投入资金1000多万元，构筑起以信息化建设为核心、以科技防控为支撑的社会治安防控体系。7月，召开了有各县(市)委书记、县(市)长及市综治委各成员单位参加的"平安渭南"建设现场会，在全市部署以科技防控为主导的城区治安防控体系建设百日大会战。至年底，各项建设任务已基本完成，并发挥出重大的实战效应。省公安厅厅长王锐对此给予高度评价，及时跟进社会面巡逻防控、社区防范、治安卡点堵控和内部单位防范，实现了科技防控和传统防控的有机结合。全市已组建1600余人的巡特警专业队伍，增配巡逻车辆106辆、单警装备800余套，严格实行网格化巡逻，形成了专业力量巡防网；指导组建群众性自治队伍6300多支，广泛组织开展形式多样的群防群治活动，形成了社区防范网；督促党政机关、银行、商业网点、中小学、内保单位健全内保组织，配备内部保卫人员和专兼职保安1900余名，形成了内部单位自防网；在城区各主要出入口建设了59个治安卡口和治安查报站，每个卡点配备1辆警车和5名警力，形成了治安卡口堵控网；在中心城区规划建设社会面视频监控点3150个，组织专业力量24小时监控，形成了视频监控网。

【公安建设】 一、强势推进公安信息化建设。全面加快"金盾工程"二期建设，突出抓好警务信息综合应用平台、情报信息综合应用平台、视频指挥与警务监督系统、治安卡口系统、无线集群通信系统、移动警务通系统等15个系统建设任务。至年底，全市已累计投入资金8000万元，完成了13个系统建设，已投入应用；正在加紧建设的有2个。重点加强了"大情报"系统建设，整合常住人口、暂住人口、工作对象、监管在押、旅馆业信息、网吧管理信息系统6类数据资源，抽取各类业务系统数据1206万条，与部、省公安机关大情报平台数据联调成功，成为全省较早数据联调成功的地市之一。"大情报"系统运行以后，共研判信息2万余条，协助抓获违法犯罪人员74名，在实战应用中发挥了重要作用。二、强势推进执法规范化建设。始终把公正执法作为公安工作的生命线，认真落实教育、培训、管理、监督等各项措施，逐步建立科学规范的执法管理体系。狠抓了民警执法岗位练兵，组织编发各警种"三熟一精"练兵100题，要求每名民警对100题做到熟记熟背，灵活运用，并把"三熟一精"作为评优评先的必考内容，纳入执法质量考评中。建立跟班学习制度，要求不合格案件(70分以下)的办案民警必须到县局法制部门跟班学习，全市执法示范标兵到市局法制处跟班学习，时间不少于10个工作日。全市共115名民警在法制部门跟班学习。狠抓了民警执法轮训，全市共组织各类执法培训85场次，举办专题讲座29次，培训民警10300余人次；重点对全市588名所队领导和法制民警进行了执法规范化业务培训、《执法细则》培训，增强了民警的执法素质和执法水平。围绕接处警、受立案、巡逻盘查等日常执法执勤中容易发生问题的重点岗位和关键环节，先后制定出台了20

余份执法规范性文件，建立了123项执法制度和工作规范，确保每一项执法活动、每一个执法环节都有章可循。认真学习借鉴南通市局标准化执法先进经验，逐一细化，制定各部门、各警种、各层级民警的工作标准、行为标准、裁量标准和保障标准四大标准体系，以标准促规范，以规范促公正，在3年内全面完成标准化执法体系建设。强化案件审核把关，严格执行办案人员、法制员、办案部门、法制部门、局领导分层审核的“五级把关制”，实行一案一审一评，并对重大、疑难、复杂、敏感案件实行“会诊”制度，确保案件质量。强化执法监督信息化建设，建立了网上执法办案监督信息系统，逐步推动实行办案流程网上走、审批手续网上办、法律文书网上生成和执法过程网上即时监督，以信息化带动执法规范化。全面加快警务督察系统建设步伐，逐步完成全市所有基层所队的审讯室、询问室、候问室、值班室和看守所、拘留所、戒毒所的视频监控系统建设任务，全部实行同步录音录像，实现对一线民警执法、服务情况的全时空、全方位、全过程管理监督。同时，主动敞开外部监督渠道，积极听取人大代表、政协委员、社会各界的意见和建议，形成内外联动的监督机制。市人大常委会全年先后三次对全市公安机关执法规范化建设、优化投资环境及执法过错追究工作情况进行实地调研视察，有力地推动了各项公安执法工作的顺利开展。三、强势推进和谐警民关系建设。推出了19条服务经济建设的新举措。改革户籍管理制度，稳妥推进有条件农村居民进城落户，进一步加快城镇化建设步伐。针对在驾照办理和机动车检审验中群众反映强烈的问题，主动下放了车辆上线检测、补换证等车管业务，建成了集车检、挂牌、驾考办证于一体的新车管所和全电子化的考试中心，为群众提供了便捷、高效的一站式服务。同时，在各窗口单位全面推行首问负责制和延时服务、预约服务、上门服务，进一步改善服务态度，简化办事程序，提高了办事效率。下大力气整治了个别基层交警乱挡车、乱检查、乱罚款和少数派出所民警不作为、乱作为等影响队伍形象的突出问题，收到了明显效果，群众对交警、派出所民警的工作满意度连年提高。同时，以化解群众执法积怨为切入点，全力开展了涉法涉诉信访问题化解整治，全市共清理信访积案129起，办结122起，息访118起，办结率、息访率分别达到94.6%、91.4%，一些沉积多年的信访问题得到有效解决，新发信访问题呈大幅下降态势。进一步深化了“三深入”活动，集中开展“千名民警走万家大走访”爱民实践活动，宣传法律法规，传授防范技能，发放警民联系卡，征求意见、建议，主动为群众排忧解难，化解纠纷，密切了警民关系。全市共走访企事业单位1.5万个，走访群众8.6万户，发放资料及警民联系卡48万余张，收集意见建议4136条，解决实际问题6031件。开展“爱民模范基层行”活动，组织警民互动活动18场，走访各界群众5500多名，以感人的事迹、爱民的理念、恳切的交流赢得了社会各界的充分肯定。

（陈加富）

检 察

渭南市人民检察院

检 察 长 刘伟发

副检察长 王二民 王福胜 梁百炼 雷 鸣 张海贵

【三项重点工作】 认真谋划和推进三项重点工作。市检察院制定了《渭南市人民检察院关于深入推进社会矛盾化解、社会管理创新、公正廉洁执法三项重点工作的实施意见》,成立了三项重点工作领导小组,召开了全市检察机关深入推进三项重点工作动员会,将三项重点工作任务逐一细化分解,明确目标,落实措施,确保三项重点工作扎实开展。一、扎实开展社会矛盾化解工作。全年共接待群众来信来访624件,审查处理624件;组织涉检信访积案化解攻坚战,对全市检察机关排查出的24件重点信访积案,逐案评估,按风险等级制订化解方案,实行检察长包案责任制,通过市、县两级检察院的共同努力,对上述案件做到了成功化解,案结事了。积极推进量刑建议、刑事和解、轻微刑事案件快速办理等工作,努力化解社会矛盾,已促成31件轻微刑事案件以和解方式结案;提出量刑建议723件,均被法院采纳。二、积极参与社会管理创新。11个基层检察院在社情较为复杂、司法诉求集中的乡镇、社区设立乡镇检察室42个、检察工作联系点25个,初步形成了覆盖全市主要乡镇的基层法律监督网络,共接待群众来信来访600余件次,化解矛盾纠纷和解决群众实际问题45件;受理各类举报申诉29件,移送侦查部门有价值线索6件,经初查立案3件,向相关部门发出检察建议书23份。潼关县检察院结合县域实际,积极探索社区矫正工作新模式,率先在全市检察机关成立了“社区矫正检察官办公室”,先后对全县60余名矫正对象进行了帮教,无一人重新走上犯罪道路。三、扎实开展“走千访万”和“进千家门、暖万人心”活动。全市检察机关共组建63支检察官法律工作服务队,走访乡村1609个、社区209个、企事业单位789家,走访接待群众18.9万人次,开展法制宣传330余场次,化解农村社会矛盾纠纷580多件,取得了较好的法律效果、政治效果和社会效果。

【打击刑事犯罪】 坚持把维护社会和谐稳定作为首要任务,依法严厉打击严重刑事犯罪,全面贯彻落实宽严相济刑事政策,积极参与社会管理创新,着力化解社会矛盾。共批捕各类刑事犯罪嫌疑人2669人,起诉2994人,同比分别上升2.9%和16.4%。一、依法严厉打击影响社会和谐稳定的严重刑事犯罪。积极开展“打黑除恶”和打击“两抢一盗”等专项斗争,共批捕有组织犯罪、带有黑社会性质的团伙犯罪和恶势力犯罪,杀人、抢劫、绑架等严重暴力犯罪,盗窃、抢夺等严重影响群众安全的“三类”重点案件1092人,起诉1148人,捣毁黑恶势力犯罪团伙5个,严惩了“姚丰胜、曹浪涛等38人黑恶势力团伙案”,增强了人民群众的安全感。严厉打击干扰重点项目建设、扰乱经济秩序等直接妨害发展的犯罪，共批捕侵财类犯罪案件1176人，起诉1241人。二、全面贯彻宽严相济刑事政策。依法对124名无逮捕必要的犯罪嫌疑人决定不批准逮捕；对124名涉嫌犯罪情节轻微、社会危害性较小的决定不起诉，提出检察意见并移送有关机关处理；逐步依法扩大不捕、不起诉范围，健全刑事和解制度，积极引导双方当事人消除矛盾，化解纠纷、促进稳定。当年共对97起因亲友邻里纠纷引发的轻微刑事案件依法作出了调解处理，实现案结事了、定分止争。三、积极参与社会治安综合治理。认真落实检察环节社会治安综合治理措施，积极参加打击“传销”、“赌博”等专项行动，成功办理了“三二五”78名非法传销组织人员暴力抗法案；主动参与对学校、幼儿园及周边治安秩序的专项治理和社会治安防控体系建设等工作；深入开展创建优秀“青少年维权岗”和“送法进校园”系列活动，共举办法制讲座和辅导报告会120余场次，受到社会各界的一致好评。

【查办职务犯罪】 把查办和预防职务犯罪作为深入推进三项重点工作的重要方面，紧紧围绕经济社会发展大局，组织开展了查办职务犯罪“雷霆行动”，不断加大办案力度，更加注重预防工作，更加注重服务经济平稳较快发展，更加注重保障民生建设、维护社会和谐稳定。共立案查处贪污贿赂、渎职侵权等职务犯罪嫌疑人207人，其中大案54件，要案1人；办案质量进一步提高，有罪判决率100%；通过办案，为国家和集体挽回直接经济损失665.4万元。一、深入查办贪污贿赂犯罪，加大对社会管理和行政管理领域职务犯罪的查处力度。共立案查处贪贿犯罪案件106件166人，其中立案侦查大案48件，县处级干部要案1人；侦查终结174人，提起公诉129人，起诉人数同比上升1.6%；法院作出有罪判决122人，实现了办案规模、质量、效率、效果和安全的有机统一。二、严肃查办渎职侵权犯罪，促进国家机关工作人员正确履行管理职责。2010年全市检察机关共立案侦查渎职侵权犯罪案件23件41人，立案人数同比上升10.8%，其中重特大案件6件，占立案数的14.7%，同比上升9.3%，侦结41人，提起公诉23人，法院作出有罪判决24人，立案规模和有罪判决位居全省检察机关前列。

【预防职务犯罪】 深化预防工作，努力遏制职务犯罪。积极开展重点领域行业预防、重大工程项目预防，对全市100余项在建重大工程建设项目，提供行贿犯罪档案查询服务385次，提供预防咨询265件次，派驻检察人员参与全程监督，帮助排查职务犯罪风险源点，健全完善内部监管制度，有效防止了工程项目建设中的职务犯罪。加强职务犯罪分析和预防调查，向各级党委、人大、政府及相关部门提出职务犯罪状况调查报告、预防对策建议160余份，促进从源头上预防腐败发生。积极开展社会化大预防，召开了全市第五次预防职务犯罪联席会议，安排部署了全市预防职务犯罪工作，促进了预防职务犯罪工作创新开展。两级检察院还利用办理的典型案件和各类警示教育基地，深入开展法制宣传和警示教育，进行警示宣传教育130余场次，帮助国家工作人员提高拒腐防变能力。通过预防，为国家、企业减少和挽回经济损失1.1亿元，预防职务犯罪工作连续十年走在全省检察机关前列。

【诉讼监督检察】 认真履行对诉讼活动的法律监督职责，深入贯彻《最高人民检察院关于进一步加强对诉讼活动法律监督工作的意见》以及陕西省人大常委会《关于加强人民检察院对诉讼活动法律监督的决议》，突出监督重点，加大监督力度，改进监督方式，增强监督效果。一、立案和侦查活动监督。共对侦查机关应当立案而未立案的监督立案130件，不应当立案而立案的监督撤销案件23件32人；对应当提请逮捕而未提请的，纠正漏捕110人，对应当移送起诉而未移送的，纠正漏诉28人；对侦查活动中的违法行为提出书面纠正意见351件次，防止了有案不立、有罪不究、以罚代刑、侵犯当事人人身权利等问题的发生。二、刑事审判活动监督。对认为定性不准确和量刑畸轻畸重等刑事裁判提出抗诉2件，提出纠正刑事审判活动违法99件次。三、民事审判和行政诉讼活动监督。共受理不服法院裁判的民事、经济和行政申诉案件268件，经审查立案111件，向法院提出抗诉18件，法院审结17件，改判14件，提出再审检察建议57件，法院已采纳32件，对作出不立案、不抗诉和终止审查决定的56件案件，注重做好当事人的服判息诉工作，积极化解社会矛盾。四、刑罚执行和监管活动监督。全市检察机关书面提出纠正公安机关超拘留期5人，已纠正5人，检察发现减刑、假释、暂予监外执行不当189人，已纠正189人，针对刑罚执行监管改造场所违法情况，提出书面纠正837人次，已纠正833人次；立案查处刑罚执行及监管人员玩忽职守等职务犯罪案件3件6人，保障了刑罚正确执行，维护了被监管人员的合法权益。

【队伍建设】　一、认真开展创先争优和“建设学习型党组织、创建学习型检察院”活动。建立了党员思想动态收集、分析、谈心制度；开展了“重温入党誓词”、“党组书记讲党课”，“七一”表彰先进党组织和优秀共产党员等活动，增强了党组织的凝聚力和战斗力。二、深入开展了“恪守检察职业道德，促进公正廉洁执法”主题实践活动。举办了“公正廉洁执法演讲赛”和“唱响公正廉洁”文艺汇演，组织了检察官宣誓，落实了《检察官职业行为基本规范》。三、开展了大规模检察教育培训活动。坚持集中与分类培训，岗位练兵与技能比武相结合。先后有165名领导干部参加了市级以上组织的各类培训班，241名干警参加了市检察院组织的各类业务培训和国家司法考试考前培训班，22名干警参加了在职法律研究生学习，先后举办了全市检察机关第四届十佳公诉人暨优秀公诉人业务竞赛，十佳侦查监督检察官评比会，规范公文和案件评查等一系列岗位练兵业务竞赛活动。四、紧紧抓住执法办案的重点岗位和关键环节，健全完善案件质量考评机制。落实同步录音录像和干警执法档案制度，对窗口部门、热点岗位进行明察暗访、执法动态考评，随机对办案执法活动进行动态督察，促进了公正廉洁执法。五、全面推行案件集中统一管理工作，打造检察工作品牌。全市检察机关所办理的2984件案件，通过案件集中统一管理机制的实施，实现了无错捕、错诉，无违反程序办案，无违法违纪问题和无新的涉检上访案件的发生。全年有26个集体、38名个人受到市级以上表彰奖励。其中，市检察院被省委政法委表彰为全省政法维稳系统信息工作“先进集体”；被市委、市政府表彰为2010年度全市目标责任考核“优秀单位”；蒲城县、合阳县检察院被省检察院评为“先进基层检察院”。

（肖世翔）

审 判

渭南市中级人民法院

党组书记、院长 张振伯

副 院 长 丁亚民 高 洁(女)

张小刚 田永华

张瑞生 傅桥舟

吕升学

【概况】 2010年,市中院紧紧围绕“社会矛盾化解、社会管理创新、公正廉洁执法”三项重点工作,自觉服从服务于全市工作大局,忠实履行宪法和法律赋予的职责,各项工作取得了新成效。全年共受理各类案件19513件,审(执)结18878件,结案率为96.75%。其中,市中院受理案件1918件,审(执)结1814件,结案率为94.58%。

【刑事审判】 紧紧围绕“平安渭南”创建活动,坚持“严打”方针,依法严厉打击危害公共安全、侵犯公民人身权利的严重暴力犯罪,审结故意杀人、故意伤害、绑架、强奸等暴力犯罪案件641件,判处罪犯937人;深入开展打击“两抢一盗”专项行动,严厉惩处多发性侵财犯罪,审结抢劫、抢夺、盗窃等案件605件,判处罪犯1421人;依法严惩职务犯罪及各类严重经济犯罪,审结贪污、贿赂、渎职等案件203件,判处罪犯282人;加大对传销行为的打击力度,公开审理了章成等79人传销团伙暴力抗法案,审结因传销引起的犯罪案件32件,判处罪犯191人。严格贯彻宽严相济的刑事政策,积极参与社会治安综合治理,维护了全市社会和谐稳定。全市法院审结刑事案件1692件,结案率为98.26%。其中,市中院审结297件,结案率为97.38%;办理减刑、假释案件2371件。

【民商事审判】 全市法院审结民商事案件13476件,结案率为96.48%。其中,市中院审结1010件,结案率为92.07%。审结婚姻家庭、财产继承和涉及教育、医疗、就业、住房、养老等关乎民生的案件7110件,依法保护了人民群众的合法权益;审结农民工劳动报酬、农村土地承包、农村集体经济组织收益分配等涉农案件396件,维护了农村社会和谐稳定,促进了社会主义新农村建设;特别关注妇女、儿童、老人、残疾人、下岗职工等弱势群体合法权益,尽可能为他们提供切实有效的司法保护和救助,2010年市中院被评为全国维护妇女儿童权益工作先进集体。紧紧围绕全市经济发展大局和中心工作,依法高效审结涉及招商引资、园区建设、项目建设及金融证券、企业改制破产、知识产权、经济合同等商事案件5970件,依法保护市场各类主体的合法权益,有效化解和防范金融风险,为全市经济发展大局提供了有力的司法保障。

【行政审判】 始终坚持保护行政管理相对人合法权益与监督支持行政机关依法行政并重的原则,积极探索有效化解行政争议的方法和机制,加大行政案件协调解决力度,妥善化解行政争议,促进依法行政。高度重视并稳妥审理好涉及土地征收、房屋拆迁、社会保障、自然资源开发利用和环境保护等行政纠纷案件。全市法院审结行政案件 273 件,结案率为97.85%。其中,市中院审结 58 件,结案率为 98.31%。

【执行工作】 认真贯彻执行市人大常委会《关于加强人民法院执行工作的决议》,在全市法院深入开展创建“无执行积案法院”活动,加大执行工作力度,强化执行工作措施,不断提高案件执结率和实际执行到位率,努力实现执行工作的良性循环。着重抓好执行工作长效机制建设,健全完善了执行案件流程管理、监督审查和执行信访督办等制度,不断加强执行联动威慑机制建设,有效提高了执行效率。全市法院共执结案件 3036 件,执结率为 96.6%,实际执行到位率为 87%,高出全省法院平均水平 3 个百分点。2010 年,全市法院代表全省法院接受了中央检查组对清理执行积案工作的检查,执行工作得到中央检查组的充分肯定。市中院被省委政法委评为全省清理执行积案工作先进单位。

【审判管理工作】 深入开展“审判质量管理年”活动,全市两级法院都成立了审判管理办公室,充实了审判管理力量,健全了审判管理制度,完善了公正、效率、效果相统一的审判质效评估体系,审判管理水平进一步提高。坚持每月开展案件质量评查,定期组织案件质量互查,市中院全年评查案件 1624 件,评查率为89.53%。全年召开了 7 次案件质量评析专题会议或经验交流会。针对全市法院审判工作中存在的普遍性问题,及时修订相关制度,制定司法指导性文件。扎实推进量刑规范化工作,依法对法官自由裁量权进一步规范。完善市中院领导包联基层法院和市中院各庭室负责人联系基层人民法庭制度,实行面对面带案指导,提高监督指导的针对性和实效性。通过加强审判管理,全市法院审判质量和效率有了新的提高,呈现出“两提高三降低”(结案率、调解率提高,上诉率、二审发回改判率、申诉信访率下降)的良好态势。市法院案件质效位居全省法院前列。

【诉讼调解工作】 始终坚持把化解社会矛盾,实现定分止争、案结事了人和、维护社会稳定作为审判工作的目标追求。全面贯彻“调解优先、调判结合”的原则,把调解贯穿于诉前、立案、审判、执行和信访各个环节。全市法院一审民商事案件调解结案率达 74%,高出全省法院平均水平 4 个百分点。全面推行诉前调解工作,全市两级法院都设立了诉前调解室,通过诉前调解解决纠纷 2625 件,及时化解了矛盾纠纷,减轻了审判工作压力和当事人的诉累。与近年来全国法院案件大幅上升的现状相比,渭南市法院连续两年新收案件数量下降,2010 年较上年下降了近 4%。进一步完善多元化矛盾纠纷调处网络,加强与行政调解、人民调解的有机衔接,全市法院在村组、社区、社团组织、行业协会聘请特邀调解员 3216 名,参与调处案件 2100 余件,司法调解机制与其他化解社会矛盾机制之间的协作配合得到加强和完善。

【能动司法】 市中院制定下发了《坚持能动司法,主动为大局服务的意见》(渭中法发〔2010〕8 号),重点从服务经济发展、社会稳定、社会和谐和保障民生 4 个方面制定了 25 项具体措施,强化司法保障,深化法律服务。建立了市中院领导班子成员和各部门负责人与重点企业、重点项目固定联系制度,帮助企业解决生产经营过程中遇到的法律问题;开展了全市法院法官干警“进千家门、暖万人心”活动,深入基层,深入群众,广泛征询对“平安创建”和社会治安的意见和建议;主动与司法行政部门、基层组织联系配合,深入开展“假释帮教一体化”和社区矫正工作,共同做好对被判处缓刑、管制、免予刑事处分及刑满释放人员的帮教工作,防止重新犯罪;建立大案要案报告机制、应急处置机制和审判风险预测评估机制，努力做好社会矛盾的预防控制；认真分析总结审判工作中发现的社会管理方面存在的问题，及时向有关部门提出司法建议，促进社会管理创新；密切联系群众，深入开展携卷下访、回访案件困难当事人等活动，全市两级法院共走访群众12000余户，回访案件当事人1100余人(次)，受到人民群众的普遍欢迎。

【司法为民】　全面加强立案信访大厅建设，强化诉讼引导、立案审查、立案调解、救助服务、查询咨询、材料收转、判后答疑、信访接待八项功能，为群众诉讼提供高效优质的司法服务。大力推进司法公开，积极开展"法院开放日"活动，让群众走进法院，让社会了解司法；加大法制宣传力度，弘扬法治精神，加强两级法院网站建设，与渭南电视台合作播出《与法同行》节目51期，全市法院在各类媒体刊发稿件722件，其中中央级媒体31件，省级媒体280件。市中院被评为全省法院宣传工作先进集体。深入开展审判工作"进农村、进社区、进学校、进企业、进军营"和征询旁听公民意见建议活动，通过"五进"方式就地开庭审理案件1843件，对1451件案件征询了旁听公民对案件裁判的意见和建议，汇集社情民意，吸纳群众智慧，扩大了司法民主，提高了司法公信力和社会认同度。审判"五进"和征询旁听公民对裁判意见工作受到省法院表彰，经验在全省法院推广。

【涉诉信访工作】　始终把解决涉诉信访问题作为工作的重中之重，一手抓信访案件化解，一手抓源头治理，坚持标本兼治，从源头上减少和预防涉诉信访问题的发生。全市法院对2007年至2009年审结的案件进行了全面摸排，对摸排出的涉诉信访案件或有信访苗头案件，逐案明确办案责任、结案标准和结案期限，及时妥善化解；对重点涉诉信访案件，由党组成员包案，业务庭长具体负责，逐案落实"五定一包"工作责任制，采取带案下访、巡回接访、公开听证、法律释明、司法救助等多种措施，经过全市两级法院的共同努力，中省交办的401件涉诉信访案件按照省法院要求全部办结；严格落实《信访责任追究办法》，对相关责任人进行严肃处理；认真分析涉诉信访问题产生的原因，从提升法官素质、提高案件质量、改进审判作风、增强化解实效、加大责任查究等方面，着力加强涉诉信访工作长效机制建设。市中院被评为全省法院涉诉信访工作先进集体。

(赵　勇)

司　法　行　政

渭南市司法局

党组书记　成晓民(12月离任)
　　　　　李俊杰(12月任职)

局　　长　成晓民(5月离任)
　　　　　李俊杰(5月任职)

副 局 长　翟红玉　王冬梅(女)　王进宏

【基层司法行政】　加强人民调解组织建设，全市达到省级标准化的调委会1600多个，100个调委会受到省司法厅表彰。以健全行业性、区域性调解组织建设为着力点，先后指导建立了医患纠纷调委会5个，交通事故纠纷调委会2个，企业调委会36个，大型集贸市场调委会23个。形成了县、乡、村、组四级调解组织网络。加强司法所建设，具备省级示范所标准的81个。先后4次在全市范围内组织开展矛盾纠纷大排查大调处活动，全市3607个调解组织，1.33万名调解员共排查民间矛盾纠纷18916件，调解18615件，调解率98%，调解成功率95%，防止“民转刑”案件658件，制止群体性事件52起1556人次。继续做好刑释解教人员回归教育和安置工作，全市新接收刑释解教人员487名，其中刑满释放316名，解教171名，帮教率达到98%，就业安置率85%以上，无重新违法犯罪，有效地维护了全市社会稳定。

【普法与依法治市工作】 大力开展主题宣传活动和送法下乡活动。围绕“社会矛盾化解、法治宣传先行”、“社会管理创新、法制教育奠基”、“公正廉洁执法、警示教育引导”三项主题教育宣传活动，举办各类普法宣传讲座150余场次，受众对象10万人次。开展送法下乡、送法进社区、进校园、进企事业单位活动，发放各类法律书籍92万余册。开通了手机短信发送平台，随时向用户发送普法宣传短信。为充分展示全市“五五”普法成果，以“一二·四法律宣传日”为契机，精心组织了一系列法制宣传活动，其中“振东杯”首届法制宣传书画展，充分发挥了传统文化在传播法治理念中的作用。

【律师、公证、法律援助、司法鉴定工作】 继续做好律师为省人大代表、政协委员担任法律顾问工作。以“百名律师下乡村，促进矛盾大化解”为主线，建立律师事务所与乡镇司法所结对帮扶制度。完善了律师参与信访值班制度，组织市直6家律师事务所选派40名律师在市政府信访大厅轮流值班，负责向来访群众提供法律咨询、法律援助。继续发挥公证职能作用，服务党委、政府重点项目建设。规范公证市场服务秩序，整合市、区两家公证资源，设立渭南公证金融服务中心，实现了市、区公证处在主要业务领域的联合办公，有效遏制了公证行业的无序竞争，走在了全省前列。全面开展法律援助业务，在全省率先出台了《法律援助案件管理办法》，推动了全市法律援助工作的有序开展。加强法律援助机构网络建设和规范化建设，市、县、乡、村四级援助网络体系已基本形成。精心组织法律援助宣传日活动，在城区550辆出租车LED显示屏进行了为期一个月的法律援助宣传。采取多种形式畅通法律援助渠道，开通了农民工维权绿色通道，对老年人、残疾人实行电话预约和上门服务。截至11月底，全市共办理法律援助案件1210件，其中农民工维权案件286件，办案数量比上年增长近29%。审核设立了市人民医院司法鉴定所，填补了渭南法医类司法鉴定空白。举办《陕西省司法鉴定管理条例》集中宣传活动，向社会宣传《条例》精神，为《条例》的顺利实施奠定了基础。

【司法考试工作】 圆满完成了2010年的国家司法考试工作。按照“从严治考、热情服务”的工作原则，严格把好保密关、考务组织关、考场纪律关，严密部署，精心组织，确保了整个考试无泄密、无组织差错、无违纪事件发生。2010年全市共489人报名考试，通过97人，通过率为19.8%。

（李　敏）

农业与农村经济

农　业

渭南市农业局
局　　长　张金荣
党委副书记　安奋强
副 局 长　王鹰林　范继省
刘　博　刘德学

【农业概况】　渭南市粮食总播种面积58.41万公顷,较上年增长2%,总产264.19万吨,增长7.8%。调整种植业结构,秋粮总产继2009年超越夏粮后,2010年再次超越,成为渭南市粮食生产和农业结构调整的一大亮点。水果面积14.77万公顷,总产254.25万吨,增长7%。优果率75%,商品果率85%以上。蔬菜总面积6.58万公顷,产量191.82万吨,增长11.1%。渭南市农业总产值167.18亿元,增长7%。农民人均纯收入4372元,增长22%。

【粮棉油生产】　渭南市夏粮面积31.51万公顷,比上年增长1.4%,产量126.27万吨,增长8%。秋粮26.9万公顷,增长2.8%,产量137.92万吨,增长7.5%。秋粮作物中玉米24.4万公顷,产量131.04万吨。其中春播地膜玉米6.73万公顷,总产55.47万吨。棉花4.48万公顷,总产6.2万吨,棉花种植面积2009、2010连续两年下降。油料3.18万公顷,总产6.6万吨。

【瓜果蔬菜业】　瓜果蔬菜产业向规模化、设施化、园区化发展。增加猕猴桃面积667公顷,总面积达到2134.4公顷,产量1.2万吨。冬枣、红提葡萄等时令特色水果面积2.05万公顷,产量39.8万吨。蔬菜产业政策、市场双驱动,菜农热情高涨,发展势头迅猛。2010年,渭南市增加设施面积4535.53公顷,其中日光温室1371.22公顷、大棚3164.31公顷。设施蔬菜面积达到2.19万公顷,占蔬菜总面积的三分之一;设施瓜类1.67万公顷,占瓜类总面积的58.1%。

【"一村一品"】　"一村一品"在新农村建设和现代农业发展中的重要作用日益显现。优化提高渭北优质苹果产业带、中部优质酥梨和中早熟水果产业带、中部百里百万亩果菜长廊、渭河沿线设施时令水果及瓜菜产业带。渭北葡萄产业园是集葡萄新品种生产、新技术展示和观光采摘休闲与贮藏加工于一体的现代农业产业园,至12月底,已完成园区的园林化设计、园区规划及评审、千亩优质葡萄生产区前期建设等工作。以大棚西瓜为主的蒲城县埝城村、以时令特色瓜果为主的大荔县黄营村等“一村一品”示范村农民人均年现金收入6000元以上。按照“种养结合、收入倍增、合作社牵头”的原则，推进“村域经济提升示范工程”，华县毕家乡钟张村、澄城县王庄乡水洼村、大荔县埝桥乡黄营村的村域经济发展水平显著提升。

【农业产业化】 以龙头企业和农民专业合作社为抓手，积极发展现代农业组织。至12月底，渭南市有市级以上龙头企业268家，2010年共申请政策性金融合作协议贷款20亿元。龙头企业采购农产品268万吨，采购金额为57亿元，共带动建设各类生产基地40.69万公顷，加工农产品220万吨，总销售收入为135亿元，带动各类农户数145万户次，带动农户总增收额为59亿元，户均增收4180元。

【农民专业合作社】 2010年发展农民专业合作社684家，总数达到2707家。入社成员19.9万户，成员出资20.8亿元，带动农户27.2万户，占农户总数的24.6%。合作社兴办各类实体566个，资产总额24.3亿元，申请注册商标182个，涌现了一批知名的合作社品牌。实施标准化生产的合作社217家，已有39家合作社取得了农产品质量认证。2010年合作社为成员采购、供应各类生产资料43.8万吨，共销售农产品300万吨。渭南市农业合作社被陕西省农业厅认定的首批陕西省百强示范社14家，占陕西省命名表彰总数的28%。

【农产品质量安全】 设立渭南市农产品质量安全监管局（为渭南市农业局内设机构），加强全市农产品质量安全监管工作。积极开展农产品质量安全专项检查，出动执法人员48次，检查单位50家、无公害农产品52个、绿色食品300个、有机农产品44个。组织10家企业、合作社申报无公害认证1974.32公顷，在蒲城县建设了400.2公顷高标准有机果品示范基地，其中葡萄66.7公顷、苹果133.4公顷、酥梨200.1公顷。至12月底，渭南市绿色食品面积达到5.79万公顷，无公害基地2.41万公顷，有机农产品面积667公顷。农业标准化生产程度和农产品市场竞争力进一步提高。

【农业行政执法】 相继开展了玉米种子、钾肥市场和农药市场专项检查，累计出动执法人员和科技人员5400余人次，印发各类宣传资料1.8万份，举办现场咨询培训7场次，培训3000人次，接受群众现场咨询1500多人次，对2120个农资经营户进行了检查，查处涉农违法行为754件，其中立案查处51件。

（贾凯峰）

农业综合开发与扶贫开发

渭南市农业综合开发办公室

主　任　万双社

副主任　丁运良　邓治平

【农业综合开发】 完成中低产田改造项目9380公顷，完成投资10881万元，其中财政资金10383万元。新建改造排灌站33座，衬砌渠道428公里，新打修复机井252眼。改良土壤7200公顷，新修和拓宽田间生产路213公里，建农田防护林787

公顷。农业产业化经营项目进展顺利,建设2009年度财政补贴的重点项目与一般项目11个,完成投资11801万元,财政贴息600万元。

【扶贫开发】 实施了整村推进重点村建设、“千村贫困人口搬迁”、“千企千村扶助行动”、“千村互助资金试点”、“雨露计划”、扶贫专项信贷、“两联一包”、科技扶贫及残疾人扶持项目等九大扶贫工作任务。共投入各类扶贫资金6.17亿元,其中中、省财政扶贫资金1.16亿元,市县财政配套资金0.09亿元,投放扶贫专项贷款资金4.72亿元,部门捆绑资金0.2亿元。通过实施九大类扶贫项目,使渭南市贫困地区农民人均纯收入从2009年的1400元增长到2010年底的2000元,实现了10万贫困人口脱贫任务。

【整村推进重点村建设】 2009年度71个重点村跨年度建设任务全面完成,共拨付中、省财政扶贫资金2310万元,占计划任务的94.1%(按规定预留5%的质保金待省级验收后兑付),初步实现两年变面貌的阶段性奋斗目标。2010年度启动的93个重点村跨年度建设任务已完成总投资任务的92%以上,全部完成建设任务的重点村有85个,占计划的91.4%。陕西省扶贫办随机抽查了潼关县和华阴市的4个重点村建设情况,两县4个重点村均获得优秀格次。

【“千村贫困人口搬迁”工程】 完成了2009年度的25个移民新村跨年度建设任务,入住率达到87%。共调整安排了宅基地35.64公顷,新建、购建房屋建筑面积9.4万平方米,投入了中、省财政扶贫资金2178.04万元,到户建房补助资金以“一卡通”的方式直接补助到贫困户手中。搬迁新村普遍实现了水、电、路、通讯、广电等基础设施“五到村”,贫困群众的生产生活条件得到了改善。启动了2010年度37个移民新村建设任务,截至12月底,有30个村完成了主体工程,占搬迁村的81%,7个村已完成宅基地平整,占搬迁村的19%。

【“千村互助资金试点”项目】 对2009年启动的121个互助资金试点村进行了专项考核,有40个村达到优秀等次,79个村运行良好,2个村需要调整。121个试点村已累计投放资金1800万元,无资金沉淀现象,项目管理运行良好。以2010年度“千村贫困人口搬迁”项目村为主要对象,投入中、省财政扶贫资金570万元,启动了2010年度互助资金试点村26个,已全部组建了机构,进行了培训,完成了注册开户,已有21个村初步开展了借贷业务。截至12月底,137个项目村共组建联保小组4751个,开借贷业务的132个,借贷2719.76万元,占资金总量的80.8%,借贷农户8491户,共中贫困户占到50.4%,已借贷到期709.2万元,回收率100%。

【“雨露计划”】 2009年度的“雨露计划”培训任务于3月31日完成,渭南市共培训贫困学员9750名,是年度计划8800人的110%。陕西省扶贫办下达渭南市培训计划7100名,投入中、省财政扶贫资金1227.5万元,由13所培训学校承担培训任务。6月12日,召开了渭南市“雨露计划”培训工作会议,全面安排部署了2010年度的“雨露计划”培训工作。截至12月底,渭南市已投入资金1411万元,完成招生8150名,是计划的115%,其中,培训期3个月2450人,6个月2830人,1年的2060人,学历教育810人。已完成报账4120人,占计划任务的58%,已安置就业3570人,安置就业稳定率98%以上。11月9日至11月10日,在渭南成功召开“陕西省雨露计划经验交流暨现场观摩会”。

【信贷扶贫】 2010年,渭南市信贷扶贫工作共投放了各类信贷资金4.72亿元,实施了两类项目。一是小额信贷到户超额完成资金投放任务。渭南市共投放小额信贷资金2.16亿元,是陕西省下达渭南市1亿元投放计划的216%。投放范围涉及渭南市的165个乡镇、421个贫困村、17590个贫困户,重点扶持贫困户发展大棚蔬菜、苹果梨套袋、特色养殖、地膜覆盖、农村小商贩等产业。二是完成了一批企业贴息贷款项目的申报工作。2010年,渭南市共上报陕西省扶贫办各类加工业贷款项目30个,申请扶贫专项贷款资金4.6亿元。7月20日,陕西省扶贫办审批渭南市加工业项目共28个。至12月底,已到位企业贷款项目21个,扶持龙头企业18家,落实贷款2.56亿元,新增劳动就业岗位5000余个,贫困地区农村产业结构得到进一步优化,龙头加工企业辐射带动作用明显增强,贫困地区经济发展和贫困户的收入水平得到有效提高。

【“千企千村扶助行动”】 2010年,渭南市共有277家企业帮扶367个低收入村。截至12月底,已有253家企业与343个村完成了村企对接,已确定帮扶项目103个,计划投资2242.7万元,有76个项目已在实施,已到位资金1831万元,帮扶效果明显。

【科技扶贫】 按照“实际、实用、实效”的原则,以贫困村为主战场,围绕当地的主导产业和特色产业,有针对性地举办以畜牧养殖、果树栽培、大棚蔬菜管理、病虫害防治等为主要内容的、形式多样的培训班120余期,发放技术资料10多万份,累计培训贫困人口22万人次,使他们掌握了1到2项实用技术,有效地提高了贫困地区群众的科技文化素质,使科技进步在促进贫困地区经济发展、增加贫困人口收入中的作用得到进一步发挥。

【“两联一包”社会扶贫】 2010年,按照陕西省扶贫办的安排,“两联一包”扶贫工作中,各包扶村与包扶单位已全面进行了对接。参加渭南市“两联一包”和社会扶贫工作有334个处级领导、804个省、市、县三级工作部门和企事业单位,其中,渭南市有26个市级领导、76个工作部门,共为贫困地区引进资金和物资折值2000万元。

【残疾人生产发展及培训项目】 2010年共投入财政扶贫资金14万元,支持渭南市农村残疾人生产发展项目,开设实用技术培训和生产技能培训,使其有一技之长,达到自食其力的目的。

(苏　波)

林　业

渭南市林业局

局　长　王万胜

副局长　张建芳(6月离任)

姜经济(6月离任)　王智峰

王升卯(11月任职)

【造林绿化概况】 渭南市实施国家林业重点工程,完善提高潼关陕西东大门绿化工程和渭南秦岭北麓南部台塬迎坡面绿化,启动实施西禹高速公路渭南段绿化,继续板块推进“三化一片林”绿色家园建设。

2010年共完成造林31646.7公顷，其中人工造林17246.7公顷，封山育林14400公顷。中幼林抚育13173.3公顷，组织完成义务植树1205.5万株。

【秦岭北麓迎坡面绿化】 陕西省重点绿化工程陕西东大门绿化工程潼关县在陕豫交界栽植雪松、女贞、元宝枫等5万株，加快了景观林建设。至12月底，总投资5000万元的陕西东大门绿化工程共栽植绿化苗木25.6万株，绿化面积1533.3公顷，打造了入陕的第一道生态绿色长廊，被国家"三北"局评为优质工程。渭南城区沋河东岸南塬绿化工程临渭区栽植侧柏等10.7万株。华阴、华县南部台塬迎坡面绿化分别栽植侧柏1.5万株和1.7万株。按照地埂边栽植常绿大规格苗木和埂内营建经济林同时进行的方式，推进南塬干杂果经济林建设，新栽经济林466.7公顷。

【"三化一片林"】 陕西省林业厅确定富平、蒲城、合阳等3县共35个行政村实施"三化一片林"板块建设。富平富淡路、蒲城三合、合阳路井等板块完成绿化面积266.7公顷，整体推进了35个村的庭院、村庄巷道、路渠绿化，营造了村旁片林，村容村貌明显改善。

【西禹高速公路绿化】 渭南市政府召开了西禹高速公路渭南段绿化工作会议，启动西禹高速公路渭南段绿化工作。渭南市林业局编制了《西禹高速公路渭南段防护林带建设项目可行性研究报告》。项目计划利用3年(2010－2012年)时间，投资1.95亿元，在西禹高速公路渭南段封闭网外两侧建成总长度173.03公里，宽度50米～1000米的公路封闭网外两侧防护林带，其中平坦地50米宽(10米防护树种、40米兼用树种)，台塬、沟壑1000米宽(全部为防护树种)。造林总面积3861.3公顷。至12月底，西禹高速公路渭南段迎坡面完成造林133.3公顷。

【林木育苗】 渭南市政府以50万元为专项资金扶持乡土树种育苗生产，要求各县(市、区)主管领导抓一个100亩(6.67公顷)以上新育苗示范基地，林业局长抓一处50亩(3.34公顷)以上的育苗示范点。共创建政府主管领导育苗示范点11个，育苗面积226.7公顷，林业局长育苗示范点11处，育苗面积86.7公顷。渭南各地以县(市、区)中心苗圃为骨干，以育苗大户规模育苗为主体，以合同育苗、定向育苗等方式为突破口，扩大行道树种、针叶树容器苗育苗规模，组织开展育苗生产。2010年完成育苗1600公顷。

【集体林权制度改革】 临渭、华县、潼关、蒲城、大荔和韩城等6县(市、区)完成勘界面积173993.3公顷，占应勘界面积的100%。确权面积172686.7公顷，确权率99%，其中自留山16506.7公顷，占确权面积的9.5%，家庭承包69746.7公顷，占40.1%，联户承包17066.7公顷，占9.8%，其他方式承包65400公顷，占37.6%，股份合作经营693.3公顷，占0.4%，集体统一经营3273.3公顷，占1.9%。签订完善林地承包合同60441份。调处林权纠纷533起，调处率91.6%。2009年已完成主体改革的华阴、白水、澄城、合阳、富平等5县(市)开展配套措施改革，发展林业专业合作组织，鼓励和引导林农发展林业产业。

【林业产业】 以贯彻落实陕西省政府《关于加快推进核桃等干杂果经济林产业发展的意见》为契机，渭南市委、市政府把林特产业作为促进农民增收六大工程之一。将核桃、柿子等经济林产业作为林业主导产业，加大工作力度，着力推进林业产业基地规模发展。2010年新增核桃等干杂果经济林10120公顷，改造10140公顷，其中，退耕还林巩固成果后续产业项目新建经济林5446.7公顷,改造6533.3公顷。新建采穗圃63.3公顷,良种繁育基地160.7公顷。新增核桃经济林7000公顷,名列陕西省核桃经济林建设速度前列。森林生态旅游快速发展。少华山森林公园总体规划通过专家评审,基础设施不断加强;森林公园接待游客56.3万人(次),收入490.8万元。林业产业总产值20.5亿元。

【森林防火】 把森林防火工作放在全盘工作的突出位置,渭南市政府召开了全市森林防火工作电视电话会议,成立了市级森林防火指挥部办公室,充实了人员,强化了监督管理。通过落实基层防火责任,严格火源管理,有效防范了森林火灾的发生。渭南市森林火情监测率在90%以上,火灾受害率控制在0.2‰以内。渭南市林业局被陕西省森林防火指挥部授予森林防火先进单位。

【森林资源管护】 严格执行森林采伐限额管理,2010年完成采伐蓄积总量6520立方米,出材量2150立方米。韩城褐马鸡自然保护区晋升国家级自然保护区已通过专家评审。高度重视松材线虫病防控工作,制定了预防方案和防控应急预案,开展了松材线虫病及其他有害生物普查和森林病虫害防治工作,完成有害生物防治2.87万公顷,灾害率控制在3.42‰。严厉打击破坏森林资源违法犯罪,组织开展"区域严打整治"、"严厉打击破坏野生动植物资源"等专项行动,共计查处各类林业案件331起,其中林业刑事案件4起,治安案件3起,林业行政案件324起,处理违法犯罪人员343人。

【西安世园会渭南展园建设】 2011西安世园会是建国以来在陕西举办的最高规格的世界性展会。渭南市政府确定由市林业局承担渭南展园的建设任务。渭南市林业局制定了展园建设工作方案,委托相关部门设计了多套建设方案,经渭南市政府专题会议审定并报世园会招展办审批后,进行了建设招标和施工。渭南展园建设以"人文渭南,山水渭南"为主题,以塑石假山和山系景观为主景观,以华山、黄河湿地、三圣人雕塑为主要展示内容,突出展示渭南作为华夏文明重要发源地的地域文化特色。渭南展园建设基本完成。12月20日,在渭南市中心广场成功举办了西安世园会吉祥物"长安花"雕塑渭南落地揭幕仪式。

【"十一五"林业概况】 "十一五"期间,渭南市林业坚持走生态产业型林业发展路子,生态建设速度明显提升,林业产业得到长足发展,森林资源规模进一步扩大,森林覆盖率提高到18.9%。渭南市林业局2007年被人事部、国家林业局授予"全国林业系统先进集体"称号,2008年被全国绿化委员会、人力资源社会保障部、国家林业局授予"三北防护林体系建设突出贡献单位"称号。

林业重点工程建设。"十一五"期间,渭南市累计完成林业重点工程造林132846.7公顷,其中人工造林67380公顷,封山育林56800公顷,飞播造林8666.7公顷。

重点区域绿化成就。2008年,采用大规格苗木塬区造林试验,成活率98%以上,取得了大规格苗木塬区造林成功的经验。2009年开始,在潼关陕西东大门、临渭区沈河以东、华县及华阴全面实施南塬绿化工程。到2010年12月底,渭南市域内连霍高速公路东西长110公里,南北宽1公里~3公里,总面积25466.7公顷的秦岭北麓南塬已栽植大规格苗木64.28万株,其中渭南城区段栽植大规格常绿苗木13.5万株。渭南市域内秦岭北麓连霍高速公路迎坡面栽植大规格苗木绿化任务基本完成,南塬绿色屏障初步形成。陕西省省长袁纯清接受中央电视台《东方时空》采访时提到"满眼绿色"的起点就是陕西东大门迎面坡台塬。渭南市完成渠路坝绿化 2.9 万公里,实现林网化农田面积 374733.3 公顷。"三化一片林"绿色家园建设活动实施 112 个行政村,整体推进富平上官、富淡路、合阳路井、澄城韦庄等板块建设 5 处,新增绿化面积 1200 公顷。完成渭河堤岸宽幅林带 158.32 公里,栽植杨树、核桃等林木 66.56 万株,面积 492.1 公顷,顺利通过省级竣工验收。实施了中心城市风景林带建设,栽植银杏、白皮松、中槐、油松等大规格苗木 1.5 万株,促进了城市建设。重点区域绿化的纵深发展,带动了城乡绿化水平进一步提高,提升了渭南城市形象。

林业产业发展。突出发展以花椒、红枣、核桃、柿子为主的经济林和以速生杨、泡桐、刺槐为主的用材林,至 2010 年底,全市建成 154426.6 公顷经济林基地,其中花椒 85133.3 公顷,红枣 31200 公顷,柿子 15786.7 公顷,核桃 20973.3 公顷。速生杨、泡桐、刺槐等速生丰产林新增 14666.7 公顷。同时,林业二、三产业蓬勃发展,富平成功举办"中国柿子加工(富平)论坛暨首届富平柿子节",渭南市唯一国家级森林公园华县少华山森林公园正式开园营业。2010 年,全市林业产业产值 20.5 亿元(不含水果)。

森林资源保护。以秦岭北麓和黄龙山系余脉为重点,加强森林防火和松材线虫、红脂大小蠹等病虫害监测防治,严厉打击破坏森林资源犯罪。建立陕西黄河湿地和韩城褐马鸡等 2 个自然保护区。389066.7 公顷国有和集体森林资源以及湿地资源得到有效保护。

集体林权制度改革。2007 年根据陕西省政府《关于推进集体林权制度改革的意见》和《陕西省集体林权制度试点实施方案》,在华阴市开展了集体林权制度改革试点工作。2009 年全面开展集体林权制度改革。至 2010 年 12 月底,11 个县(市、区)累计完成勘界面积 299226.7 公顷,占应勘界面积的 100%。确权面积 297526.7 公顷,确权率 99.4%。发放林权证面积 284780 公顷,占应发证面积 299226.7 公顷的 95.17%。签订完善林地承包合同 191473 份,调处林权纠纷 1093 起,调处率 94%,基本完成了明晰产权,承包到户主体改革任务,顺利通过了省级检查验收。在完成集体林权主体改革任务的同时,华阴等 5 个早先完成主体改革任务的县(市)探索开展了配套措施改革。

（党国刚）

农　机　事　业

渭南市农业机械管理局

局　长　陈勇刚

副局长　李宏才

【农业机械概况】　2010 年渭南市农业机械总动力 408 万千瓦,比上年增长 6%;拖拉机拥有量 7.04 万台,比上年增长 2600

台，增长3.8%；联合收割机拥有量7453台，比上年增长12%；农机经营总收入17.7亿元，比上年增长14%。完成机耕作业面积49万公顷，与2009年持平；完成机播作业面积48万公顷，比上年增长1%；完成机收面积36.7万公顷，比上年增长6%。

【农机具购置补贴】　2010年中央财政下达渭南市农机购置补贴资金1.89亿元，(含农机超市7100万元)，共补贴各类农机具3.8万台(其中农机超市7134台)，受益农户2.5万户，网上上报审批工作基本结束。在补贴的3.8万台各类农机具中，有拖拉机和手扶拖拉机5905台，玉米收获机1464台，免播机3045台，旋播机343台，旋耕机4583台，还田机1122台，犁1597台，微耕机3429台，饲料加工491台，卷帘机9623台，挤奶机9台，以及为农机超市补贴的农机具7134台。

【农机推广】　结合机械化秸秆综合利用项目，按照"综合统筹，板块推进，面上示范，整体推动"的原则，积极推广机械化秸秆还田、硬茬播种、饲草加工等先进的农机化技术，提高机械作业水平。发挥农机专业合作组织、农机大户和饲草加工利用企业(大户)的带动作用，实现整村利用，板块推进。机械化秸秆饲草加工量突破100万吨，比2009年80万吨增加26万吨，增幅32%。做好玉米联合收获技术的推广工作。加大地方财政投入，加快推广、应用步伐。共推广玉米收获机械814台，完成玉米机械收获10.36万公顷，玉米机械化收获水平达到35%。以部、省机械化保护性耕作项目实施为重点，推广机械化保护性耕作技术。渭南市示范面积新增0.66万公顷，机械化保护性耕作示范面积达到4万公顷，增长21%。

【机械化农业生产】　"三夏"期间，成立了"三夏"机收工作领导组，开通了24小时服务热线。各部门相互协作，做好服务工作。石油部门保证了"三夏"农业机械油料供应；公安部门确保了机车道路畅通；气象部门提供免费气象预报服务，帮助机手快速解决生活、作业、转移中遇到的困难；农机部门设立了28个机收接待服务站为机手提供全方位服务，免费发放农机跨区作业证5000张，引导机车合理流动，提高了机车作业效率，为机收会战赢得了时间。实行24小时值班制度，及时向机手发布作业信息，接受农民、机手的咨询和投诉，协调解决跨区作业中出现的各种问题，加快了收获进度。在麦收期间成立了3个督查组，对11个县(市、区)"三夏"机械化农业生产工作进行了全面检查，确保各项工作顺利开展。6月11日，由中国农机安全报社社长宋毅带队的农业部"三夏"农机化生产督导工作组，来渭南市督导检查"三夏"农机化生产工作，督导工作组视察了临渭区向阳办毕家村的麦收情况，察看了机械化收割、秸秆捡拾打捆、机械播种等情况，对渭南市的"三夏"农机化生产工作给予了充分肯定，"三夏"期间，渭南市累计投入"三夏"作业机具12万台，其中小麦联合收割机7000台，拖拉机6.3万台，播种机2万台。共完成机收小麦29.33万公顷，机收率93%，机播面积15.73万公顷，均超额完成计划任务。

"三秋"期间，以推广玉米机械化收获为重点抓好"三秋"机械化农业生产工作，借鉴小麦跨区机收的经验，围绕玉米机收、小麦机播和玉米秸秆综合利用，组织农机手成立农机专业服务队，开展玉米机收、小麦机播跨区流动作业和为缺劳户代耕代种服务。共组织11.5万台农业机械(其中玉米联合收获机1495台，小麦播种机3万余台)投入"三秋"农业生产，完成小麦机播28.93万公顷、玉米机收10.36万公顷。

【农机技能培训及行政管理】　对农机操作人员开展技术培训,培训各类农机技术人员14400人。开展农机职业技能鉴定工作,共组织技能鉴定705人次,鉴定合格333人次。开展农机维修管理规定落实情况大检查,并对农机维修管理机构人员、维修网点进行了全面调查和统计,加强对农机维修厂点的检查和监督,重点处理无证从业、超范围经营的现象。加强农机职业技能开发管理,规范、细化工作程序,强化监督,提高考评人员素质,确保农机职业技能开发质量。

【农机安全生产】　开展农机安全生产检查工作。落实农业部办公厅《关于立即开展农机安全生产大检查的通知》精神,结合渭南市农机安全生产工作实际,从4月下旬至5月下旬,在全市范围内组织开展农机安全生产大检查工作。组织人员对农机专业合作社、农机作业大户的拖拉机、维修场所、机库、农用柴机油存放点等重要场所和重要农业生产环节的隐患加强排查治理。安全检查活动中,共出动检查车210台次,出动人员800人次,查处无牌行驶304台次,无证驾驶220人次,违法载人126台次,超速超载1421台次,酒后驾驶172人次,其他违法行为575人次,补检拖拉机、联合收割机300台,排查一般隐患9项8287个,已整改8项,整改率88%。做好农机检验工作。通过推行目标责任制,层层签订目标责任书,落实了检审验任务。各级农机监理部门按照《拖拉机登记及年度安全技术检验技术规范》(DB32/T1176-2007)等标准,对农业机械性能进行全面检查。集中年检验期间,各县(市、区)农机部门到镇,服务上门,实行保险、登记、检测、收费、喷号一条龙活动。2010年共检验拖拉机19400台,联合收割机6100台。"平安农机"创建活动成果丰硕,经过2008、2009、2010三年的工作,已创建国家级"平安农机"示范县2个,省级1个,平安示范乡镇22个,示范村110个,示范户1600户。稳步推进农机风险互助保险工作。全市农机安全风险互助试点县扩大到10个,全市共发展农机安全互助会员3534名。

【农机信息宣传】　围绕农机补贴、农机生产、新技术新机具推广和《农业机械安全监督管理条例》的宣传工作进展情况,编辑印发《农机化信息》36期,《渭南日报》刊登有关农机方面的报道10篇,渭南政务信息网、陕西农机化信息网刊登20篇关于渭南农机方面的报道。中央电视台焦点访谈栏目采访组来渭南就国家农机购置补贴政策对农村经济的影响和带动农民致富方面的作用进行了调查采访,1月9日的中央电视台《焦点访谈》栏目中以"农机补贴惠万家"的标题播出了这期节目,对渭南农机购置补贴工作进行了褒扬。

(葛卫忠)

水 利 事 业

渭南市水务局

局　长　石正福

副局长　张民安　曾建全　王同春　史向民

【农村饮水安全项目】 2010年累计完成农村饮水安全项目投资25950.6万元，建成项目327个，打配套机井127眼，建设水厂26座、泵站63座/水塔98座、蓄水池206座、管理房153座，铺设干支管网3355.8公里，架设电力线路26.5公里，解决了46.8万人的饮水安全问题。

【水利基础设施建设】 实施项目带动战略，2010年中、省水利投资8.4亿元，确保了重点水利项目建设的顺利实施。提前完成了2009年扩大内需增加的东雷抽黄泵站改造和水保生态项目建设任务。加快防洪工程建设，汛前完成了罗敷河堤防退建加固、洛河护岸、南塬3号沟应急度汛工程建设任务，黄河小北干流大荔雨林上延抢险、渭洛河下游治理、三门峡库区移民防洪保安10个单元工程和灾后水毁修复工程完成年度建设任务。在建的22座水库除险加固工程完成建设任务，通过竣工验收。渭河流域综合治理、农业综合开发等水保生态项目完成治理面积354.4平方公里，超额完成年度任务。对东雷抽黄23.1公里总干渠进行了清淤和加固改造，共清理泥沙约50万立方米，总干渠过水流量恢复到60立方米/秒以上，是抽黄工程运行以来清淤最彻底的一次。

【防汛减灾】 坚持以防为主的工作方针，加快防洪工程和非工程体系建设，弥补防洪标准偏低的不足。汛前，召开了渭南市防汛工作和指挥部成员单位会议，开展了包括防汛责任制落实、抢险队伍组建、防洪预案修订、物料储备、堤防整修、河道清淤、抢险演练、河道专项执法、汛前安全大检查为内容的汛前准备工作。完成了防洪工程年度建设任务和12个移动及固定视频监测站建设任务，在南北山塬沟壑易发洪灾的66个重点村安装了77个雨量观测桶。进入汛期后，各级防汛部门，坚持24小时防汛值班，严密监测雨情、水情信息，及时传递汛情信息。"七·二三"局地暴雨和渭河洪水灾害发生后，及时撤离了受暴雨洪水威胁的群众，成功封堵了罗敷河决口，最大限度减少了灾害损失，确保了受灾群众基本生活和社会稳定。

【农田水利基本建设】 渭南市政府召开了全市夏季和冬季农田水利基本建设现场会，以点带面，推动农田水利基本建设。各县（市、区）和市属灌区以灌区田间配套工程建设为重点，依托大型灌区续建配套节水改造、大型灌区泵站改造、中省小型农田水利工程、退耕还林口粮田建设和中央增加的农资项目，集中连片，规模治理，加快灌区末级渠道更新改造步伐。全市衬砌各级渠道1192公里，新打修复机井399眼，增建修复抽水站25处，增加蓄水能力444.4万立方米，2010年发展节水灌溉面积1.33万公顷，增修改造基本农田0.21万公顷，增加恢复灌溉面积0.37万公顷。

【抗旱灌溉】 2010年渭南市发生了春、夏、冬三季干旱，农作物受旱面积49.36万公顷。渭南市防汛抗旱指挥部先后8次下发紧急通知，安排部署抗旱灌溉工作。各大、中型灌区利用水源优势，加强用水调度，实行"巡渠、浇地、送票、收费"一条龙服务，发挥抗旱主力军作用。整合2.9万处小型水利工程、2000处临时设施和各县（市、区）渠、井、库、站等抗旱水利资源，全力抗旱保增收。完成灌溉面积59.43万公顷次，挽回粮食损失45万吨，挽回经济损失9.2亿元，实现了大旱之年粮食增产。

【水利普查】 1月，国务院决定在全国范围用三年时间开展第一次水利普查工作，渭南市澄城县、合阳县及富平县被确定为全国试点县。按照水利普查总体方案的规定和要求，制定了实施方案，精心选聘了599名人员担任一线普查员和指导员，组织参加了专业培训,开展了现场清查登记,资料整理、汇集,按期完成了试点工作任务。渭南市水利普查工作受到了中、省普查办的充分肯定,澄城县在全国水利普查工作会议上作了经验交流发言。10月,开展了普查人员选聘工作,组织200余人参加了业务培训。

【水政管理】 加强水资源管理工作。严格节水型社会建设目标责任考核,向各县(市、区)和市级有关部门传达了节水考核任务,并对节水工作进行了全面考核;严格取水许可,加大饮用水源地保护,积极实施取水动态监测管理,全年征收水资源费3055万元。坚持依法治水,依法管水。加强重点饮用水源的水质监测工作,开展河道执法和水保监督专项活动,加强水产品市场监管,推进健康养殖示范场建设;开展煤气油资源开采水土流失补偿费征收,提前完成了3000万元的年度征收任务。加强水利工程项目建设管理工作。开展了水利工程建设领域突出问题专项整治活动,在30万元以上的水利项目全面推行项目法人制、招标投标制、建设监理制,确保了工程安全、资金安全和干部安全;对农村饮水安全项目的管材和重要设备实行了统一招标采购,保障了工程建设质量,为后续运行管理打下了坚实基础;严格验收程序,完成了农村饮水安全、防汛保安、病险水库治理、大型灌区续建配套节水改造和小型农田项目验收。

(华红安)

畜牧兽医事业

渭南畜牧兽医局
局　长　范继省
副局长　李坤乾　李　强

【畜牧产业发展概况】 截至12月底,渭南市存栏猪285万头、牛41.8万头(其中奶牛10.5万头)、羊103万只(其中奶山羊53万只)、家禽1608.7万只,比上年增长11.8%、13.6%(21.4%)、19.4%(26.5%)、23.3%;肉、蛋、奶产量达到31.6万吨、11万吨、35.1万吨,同比增长21.5%、10%、28.1%;实现畜牧业产值56亿元,增长24%。农民人均畜牧业收入670元,净增130元。畜牧业成为渭南市农村经济发展的主导产业和农民增收的重要增长点。

【财政资金支持畜牧业发展】 渭南市政府列支2000万元财政专项资金扶持发展畜牧业,并将畜牧业发展纳入各县(市、区)观摩考核内容,强力推进。各县(市、区)也把畜牧业作为农村经济和县域经济发展的支柱产业,加强政策引导,加大扶持力度,全力推动畜牧业发展。2010年各县(市、区)财政投入畜牧业发展资金6000余万元。合阳县制定出台了一系列奖补扶持政策,投入畜牧业发展资金1000多万元。蒲城县与正大、石羊集团合作,组织实施千万只肉鸡产业化项目,县财政列支专项资金550万元扶持肉鸡产业发展。大荔县确立了“百万生猪十万牛”的发展目标,整合各项支农资金600多万元扶持畜牧业发展等。财政资金的投入,有效带动了大量社会资本和信贷资金加速向畜牧业集聚。2010年社会资本和信贷资金累计投入畜牧业46亿元,其中信贷投入21亿元,社会投入25亿元。

【标准化规模养殖】 大量社会资本的注入,推动了标准化规模养殖的快速发展,渭南市引进和建设一大批带动能力强、示范效应大的大中型标准化规模养殖企业,成为畜牧业快速发展的生力军和农村经济发展的新亮点。2010年增加扩建规模养殖场和养殖小区365个,其中千头奶牛场5个,200头以上的奶牛养殖场(小区)25个;韩城盛大、大荔石羊等万头生猪养殖场10个,千头养猪场30个;万只以上的蛋鸡、肉鸡养殖场86个。共发展各类畜牧重点村127个,适度规模养殖和规模养殖场1.9万户,规模养殖畜禽饲养量占畜禽饲养总量的50%以上。

【畜牧大县建设】 全面实施澄城、临渭、大荔、白水4个百万头生猪大县,合阳、临渭两个10万头奶牛大县和富平、蒲城、大荔3个5万头奶牛县,富平百万只奶山羊大县和临渭、蒲城两个30万只奶山羊县及蒲城千万只肉鸡大县建设,加快畜牧业区域化、规模化、集群式发展。加快推进以万头养殖示范村建设为重点的澄城县百万头生猪大县建设,全县存栏生猪46.8万头,出栏63.5万头,养殖规模跃居陕西省第一;强力推进以标准化养殖小区建设为重点的合阳10万头奶牛基地县建设和奶牛养殖标准化示范县建设,引进澳洲进口奶牛3000头,全县奶牛存栏2.5万头,比上年增长37%。扎实推进富平县百万只奶山羊大县建设和奶山羊养殖标准化示范县建设,全县存栏奶山羊32万只,占陕西省近四分之一。积极实施蒲城县千万只肉鸡养殖模式示范县建设,大力推行"政府+公司+银行+养殖户"四位一体肉鸡代养模式,建成万只以上标准化肉鸡舍54栋,出栏肉鸡200万只。澄城百万头生猪大县建设模式、富平奶山羊标准化示范县建设模式、合阳奶牛标准化规模养殖小区建设模式、蒲城肉鸡"代养"模式成为陕西省示范推广的样板。

【龙头企业建设】 加大龙头企业引进和扶持力度,积极实施龙头带动战略。渭南雨润食品工业园项目一期工程已建成投产,日屠宰生猪1000余头,天津亚亿羊乳加工项目已完成投资4000万元。红星乳业、大荔景壁等19家畜产品加工企业和石羊、大农等86家饲料加工企业不断发展壮大,年产值近20亿元。渭南市市级以上畜牧业重点龙头企业65家,其中国家级2家,省级13家,龙头企业带动产业发展和农民增收的能力不断增强。

【疫病防控】 乡、村两级畜牧兽医管理体制改革取得重要突破,率先在陕西省解决了乡镇站人员遗留问题,村级防疫员和补助经费基本落实到位,市、县、乡、村四级动物防疫网络基本建立,防疫体系更加健全,防控基础更加牢靠。在周边地区疫情频发,局部地区病毒不断变异,自然灾害导致防控难度加大的情况下,渭南市重大动物疫病防控工作经受住严峻考验,疫情形势整体稳定,未发生一起重大动物疫情。

(许军红)

黄河小北干流治理

陕西黄河河务局

局　长　徐长锁

副局长　郭全明　田建文

黄保强　郑春宝

【黄河小北干流陕西河务局更名为陕西黄河河务局】　2009年12月31日,水利部以《关于印发〈黄河水利委员会主要职责机构设置和人员编制规定〉的通知》,确定黄河小北干流陕西河务局更名为陕西黄河河务局,级别为副局级。2010年2月23日,黄河水利委员会以《关于黄河小北干流陕西河务局更名升格的通知》正式批复陕西黄河河务局更名升格。2010年12月12日,黄委批复了陕西河务局"三定"(定机构,定编制,定职能)方案。更名后的陕西黄河河务局负责陕西省境内黄河河道管理范围内的水行政执法、水政监察、防汛抗旱、水资源管理、水利工程项目的建设与管理等工作。范围由132.5公里增加到716.16公里,由渭南市扩大为榆林、延安、渭南三市。

【黄河渭南段防汛工作】　陕西黄河河务局召开防汛工作会议,落实防汛责任制,签订防汛责任书,健全河道工程巡坝查险、防汛值班、洪水跟踪监测、揭河底冲刷监测等责任制,做到了任务明确,责任到人,保证防汛工作有序开展。细化和完善防洪预案、防汛应急预案、河道工程抢护预案及"揭河底"冲刷防御对策,组织编制了《渭南市2010年重大险灾抢堵指挥调度应急预案》,为防汛指挥决策提供了技术支撑和法律依据。汛前开展了工程普查工作,完成了韩城南谢、芝川工程的凌汛抢险和水毁修复、韩城南谢工程除险加固、合阳榆林工程除险加固、潼关七里村工程除险加固等4个应急度汛项目,共计完成石方0.94万立方米,土方0.52万立方米,投资240万元,补充了备防石、石料、铅丝等防汛料物,消除了空白坝。严格执行防汛值班制度和巡提查险制度。6月中旬,组织开展了防汛抢险技术知识培训和防汛演练,邀请黄委防办专家进行授课,提高了干部职工防汛技术理论水平和实战能力。6月下旬,对黄河防汛物资管理系统、黄委水情会商系统、陕西河务局办公自动化系统等防汛应用系统以及防汛视频异地会商系统、局域网及其配套硬件设备进行了专项检查,对检查中发现的问题进行了整改,并制订了具有实用性的防汛应用系统保障预案。2010年黄河渭南段安全度汛。

【利用并优化桃汛洪水过程冲刷降低潼关高程试验】　3月19日,黄河防总在陕西省渭南市召开"2010年利用并优化桃汛洪水过程冲刷降低潼关高程试验情况通报会"。3月24日12时至4月2日12时,黄委进行了利用并优化桃汛洪水过程冲刷降低潼关高程试验。按照黄委总体安排,陕西河务局制订了《利用并优化桃汛洪水冲刷降低潼关高程试验工作实施意见》和《河道防洪工程防守方案》,完成了工程的防守抢险和巡查监测等工作。试验后潼关高程降低0.11米。

【黄河水利工程建设】 完成了渭河入黄流路调整主体工程建设。工程质量优良，经受了桃汛洪水，黄河、渭河中常洪水的考验，顺利通过黄委验收。黄河禹潼河段近期治理工程建设用地问题，得到陕西省政府的批复。完成了雨林上延工程实施方案编制工作，组织召开了桥南下延工程专家论证会。

【黄河水利工程管理】 以工程绿化为重点，加强工程日常精细化、规范化管理。2010年共计植树13293株，完成草皮种植14.7万平米，杂草清除率接近100%，工程整体面貌得到明显改善。开展了标准示范段建设工作，完成了桥南工程、榆林下延续建工程、华原工程专项整修任务和桥南上延工程、七里村工程标准示范段建设。10月，陕西河务局通过了五年工程管理大检查，潼关河务局获全河工程管理先进单位。

【水政水资源管理】 按照黄委实施最严格的流域管理制度，加强了小北干流河段水政水资源管理力度，制定了《陕西黄河河务局实施最严格河道管理制度和水资源管理制度实施方案》。加强了河道巡查，共组织全小北干流范围内河道巡查及专项检查24次，发现并处理了大西高铁等河道内建设项目6起。完成了取水许可证的换发工作，4月22日，组织辖区取水单位召开了水资源管理工作座谈会，加大对实施最严格的水资源管理和流域管理制度的宣传力度，明确职责，落实责任，严格执行黄委水量调度指令，确保黄河不断流。开展了“世界水日”、“中国水周”和“一二·四”法制宣传活动，通过了黄委“五五”普法验收。6月下旬，陕西河务局、山西河务局联合举办专题培训班，系统学习黄委实施最严格的流域管理制度，全面提高了水政人员执法水平。

【水利部明确黄河小北干流河道为无堤防河道】 3月9日，水利部印发了《关于明确黄河小北干流河道为无堤防河道的意见》(水建管〔2010〕65号)，同时抄送山西、陕西省人民政府办公厅，山西、陕西省水利厅，对黄河小北干流河道性质作出了权威认定，明确黄河小北干流河道为无堤防河道，为黄河小北干流河道实行最严格的河道管理制度和水资源统一管理提供了重要依据。

【完成全国第一次水利普查试点工作】 国务院决定于2010年至2012年开展第一次全国水利普查工作，2010年4月至8月为水利普查试点时段。陕西河务局成立了水利普查领导小组和办公室，加强了对普查工作的领导。合阳河务局为黄委水利普查试点单位，完成了水利普查试点任务，并通过了验收。

【领导视察黄河水利工程】 6月8日，中共陕西省委书记赵乐际在陕西省水利厅厅长王峰等有关领导陪同下，视察黄河雨林护岸工程，调研陕西黄河防汛工作。现场听取了陕西省水利厅、陕西黄河河务局就陕西省防汛工作、黄河陕西段重点区域防汛预案的汇报，并察看了工程加固情况。要求，要高度重视防汛，立足防大汛、抗大洪、抢大险，扎实做好防汛工作，加强物资储备，完善应急预案，做到有备无患。要坚持工程防汛，进一步加大投入，加快堤防建设和支流病险水库加固，确保黄河、渭河安澜。8月9日，黄委主任李国英在陕西省渭南市市长徐新荣及陕西河务局徐长锁局长陪同下，考察了渭河入黄流路调整工程。现场听取了工程建设及运行情况的汇报，查看了工程面貌及黄、渭侧河势情况。

(袁小哲)

工业 建筑业

工业经济概述

渭南市国有资产监督管理委员会(工业局)
主　任(局　长)　杨社盈
党委副书记、纪检书记　王三平
副主任(副局长)　张　心　王建璋
党荣昌　李同政
柴社强

【"十一五"工业经济概况】　"十一五"以来,市委、市政府大力实施"工业强市"战略,着力推进新型工业化进程,加快项目建设、环境建设和工业园区建设步伐,促进了工业生产持续快速增长,工业结构进一步优化,工业经济运行质量和效益明显提高,在市域经济发展中的主导作用明显增强,工业已成为拉动全市经济持续快速增长的主导力量。一是工业总体实力跃上新台阶。2010年全市工业完成增加值340亿元,总产值1030亿元,其中规模以上工业完成增加值305.17亿元,总产值938.24亿元,分别是五年前的2.7倍、2.9倍,规模以上工业占GDP比重由五年前的36.15%提高到38.07%,净增1.92个百分点。工业运行质量和效益进入历史最好时期,为全市经济和社会加快发展提供了坚实基础和强大支持。二是工业规模持续扩大。全市规模以上工业企业540户,较五年前增加275户,工业各行业都取得了较快发展,其中煤炭、电力、冶金、小麦粉、果汁、医药、建材等行业规模较"十五"期间大幅度增长,钢材产能1100万吨,增加400万吨;煤炭产能2000万吨,增加700万吨;焦碳产能750万吨,增加300万吨;电力装机752.5万千瓦,增加372万千瓦;水泥产能900万吨,增加300万吨;果汁产能23.5万吨,增加10万吨;小麦粉产量增加100万吨,钼精矿产量增加3000吨。三是工业经济效益持续提高。2010年底,全市规模以上工业实现主营业务收入919.54亿元,较2005年增长2.05倍,净增618.46亿元,实现税金30.19亿元,较2005年增长53.63%,净增10.54亿元,工业经济效益综合指数持续保持在200%以上,创历史最好水平。四是骨干企业总体实力日益增强。2010年底,产值过亿元的企业105户,其中过5亿元的38户、过10亿元的16户,分别较五年前增加61户、31户、13户。涌现出了龙钢集团、金堆城钼业公司、三大矿务局(韩城、蒲白、澄合)、三大电厂(蒲电、韩二电、秦电)、三大化工(陕化、渭化、陕焦化)、八鱼油脂、陕富面业、尧柏水泥等一批在国内外同行业具有一定实力和影响力的龙头骨干企业。其中,陕西龙门钢铁(集团)有限责任公司2009年实现产值116.77亿元,成为全市首家产值突破百亿元企业;金堆城钼业公司2008年4月17日在上海证交所挂牌上市,成为全市首家上市企业,2010年实现产值112.34亿元,成为全市第二家产值突破百亿元企业。五是主要行业支撑作用明显。2010年,全市八大工业行业共完成工业总产值915.46亿元,同比增长34.6%,完成产值占全市规模以上工业总产值的97.57%。其中冶金、能源、食品、装备制造、化工五大行业累计实现产值870.89亿元,占辖区规模以上工业产值比重的92.82%,对全市经济增长起着明显的拉动作用。六是项目建设带动强劲。一批高标准、高质量的项目入渭建设。先后完成工业类重点建设项目150多个,累计完成工业投资809亿元,韩二电4×60万KW机组、蒲电三期2×66万KW、渭化"双醋"、韩城200万吨水泥、陕化60万吨合成氨52万吨尿素、金堆城钼业公司南露天矿开采、中联重科、紫兆环保、拓日太阳能等重大项目陆续开工建设,部分项目已经投入运营。这些项目的建成投产,将有力地拉动全市工业经济的快速增长。七是园区建设迅速发展。各县市区的工业园区得到迅猛发展。截至2010年底,全市已拥有渭南高新技术产业开发区、渭南经济技术开发区、渭南市卤阳湖现代产业综合开发区等13个产业园区,规划总面积506.9平方公里,园区内道路、电力、供水、供气等基础设施建设稳步推进,已入驻企业700多户,其中已投产企业500多户,实现工业总产值占到全市工业总产值的59.68%,渭南高新区晋升国家级高新技术开发区,渭南经开区列入省级经济技术开发区,园区的发展成为全市最具活力的经济增长点。八是产业结构不断优化。由于着力培育壮大优势产业,重点对冶金、能源、化工、装备制造等传统产业进行了技术改造,对煤炭行业实施了整合升级政策,对建材行业实施了关小上大、限劣扶优措施,对食品、医药、高新技术产业等大力扶持,初步形成了冶金、能源、食品、装备制造、化工、建材、纺织、医药等八大优势产业,高新技术产业也正在兴起,总体上产业结构趋于优化。从所有制结构看,国有、集体工业比重明显下降,股份制、民有等非国有工业快速增长。2010年底,国有、集体工业产值分别占全市工业总产值的14.18%、0.17%,较2005年底分别下降30.09、1.38个百分点,股份制企业比重由50.04%提高到79.16%,增长29.12个百分点,中省企业比重下降17.18个百分点,本市企业比重增长17.18个百分点,所有制结构渐趋合理。九是国企改革成效显著。根据渭南国企实际,市委、市政府明确提出了"国有资本退出、国有职工妥善安置"和"举债改革"的思路。自2005年以来,先后对华山冶金车辆厂等9户企业实施了政策性破产;对市热电厂等10户企业实施依法破产;对新黄工集团公司等6户企业实施了改制重组;对市重工物资站等3户企业实施了关闭;西北林机厂正在积极寻找战略重组方;韩城氮肥厂、蒲城氮肥厂、富平氮肥厂和华复工贸公司已下划相关县市并实施了依法破产;黄工集团陕西拖拉机有限责任公司已下划富平县管理。通过实施改革改制,累计安置职工1.5万余人,共计剥离企业银行债务21.4亿元,争取中省资金15.3亿元,解决历史拖欠职工工资1.1亿元、职工"三金"6.4亿元,为职工发放安置费、补偿金2亿多元,接收省属企业的中小学54所,接收安置教职工4250名,解决了企业伤残职工、职工遗属的待遇问题，企业的生活区、社区以及老工人、军转干部、离退休干部等在落实好有关待遇的前提下，已陆续移交相关县市区实施属地化管理。十是发展环境不断改善。市委、市政府从解放思想入手，着力转变观念，通过务虚会、研讨会、求真务实会、专题会等多种形式，提高了对“工业化”历史阶段的认识、对走新型工业化道路重要性的认识，为加快推进新型工业化进程创造了良好氛围。同时，坚持把改善和优化投资与发展环境作为生命线工程来抓，采取了得力措施，收到了良好效果，为工业经济快速发展创造了良好条件。

【经济运行】 坚持以科学发展观为指导，认真贯彻落实省委、省政府一系列决策部署，紧紧围绕加快推进新型工业化进程，建设新型工业大市的宏伟目标，不断深化国企改革，加大招商引资力度，推进工业园区建设，全力以赴做好调结构、上水平、促增长、保民生的各项工作，有力地保证了全市工业经济的平稳运行和快速增长。2010年，全市规模以上工业总产值938.24亿元，同比增长34.79%，工业增加值305.17亿元，增长23.1%，增速在全省排第四名，实现销售产值894.7亿元，产销率95.36%。累计发电量282.89亿度，增长9.01%，企业累计用电量87.41亿度，增长25.1%。全年完成工业固定资产投资329.3亿元，增长36.3%，占全社会固定资产投资的44.36%。主要情况和特点：一是工业生产持续快速增长。全年工业生产增速保持在31.2%以上，最快达到46.9%，12月底增速34.79%，高于全省平均水平1.3个百分点。其中股份制企业完成产值742.73亿元，同比增长35.82%，完成产值占全市规模以上工业总产值的79.16%；国有企业完成产值133.05亿元，增长26.27%；外商及港澳台企业完成产值42亿元，增长68.74%；集体企业完成产值1.64亿元，增长13.25%；股份合作制企业完成产值5.41亿元，增长5.13%；其他经济类型企业完成产值13.41亿元，增长8.34%。二是重工业生产情况好于轻工业。1—12月，从生产情况看，重工业完成产值804.09亿元，同比增长35.96%，轻工业完成产值134.15亿元，同比增长28.17%，重工业增速高于轻工业7.79个百分点。从销售情况看，轻工业实现产销率97.77%，重工业实现产销率94.96%，轻工业产销率高于重工业2.8个百分点。三是装备制造、纺织服装、建材等行业持续快速增长。1—12月，全市八大工业行业累计完成工业总产值915.46亿元，同比增长34.6%，占全部规模以上工业总产值的97.57%。其中装备制造行业完成产值61.74亿元，增长82.9%；纺织服装行业完成产值10.57亿元，增长62%；建材行业完成产值28.63亿元，增长58.8%；有色冶金行业完成产值346.48亿元，增长38.4%；能源行业完成产值306.32亿元，增长29.1%；化工行业完成产值61.09亿元，增长25.6%；食品行业完成产值95.25亿元，增长20.2%；医药制造行业完成产值5.37亿元，同比减少15.3%。四是各县(市、区)均保持两位数增长态势。11个县(市、区)和渭南高新区均持续保持了两位数增长态势，其中澄城县完成产值36.06亿元，增长62.46%；蒲城县完成产值79.38亿元，增长46.83%；高新区完成产值74.78亿元，增长46.04%；华县完成产值129.2亿元，增长45.69%；潼关县完成产值26.87亿元，增长37.54%；大荔县完成产值19.69亿元，增长34.19%；白水县完成产值18.98亿元，增长30.84%；华阴市完成产值43.73亿元，增长30.3%；合阳县完成产值17.04亿元，增长29.36%；韩城市完成产值350.18亿元，增长29.2%。富平县完成产值58.5亿元，增长25.83%；临渭区完成产值77.28亿元，增长24.83%；从完成全年任务情况看，蒲城县完成全年任务的128.04%、潼关县完成116.85%、高新区完成115.04%、白水县完成111.67%、华县完成110.43%、韩城市完成109.43%、大荔县完成109.41%、华阴市完成109.32%、合阳县完成106.49%、富平县完成104.46%，分别较计划进度超产，其余县(市、区)不同程度欠产。五是骨干企业产值保持快速增长。产值前30户企业中29户增长，1户下降，其中陕西尧柏水泥蒲城公司增长89.3%，韩城市新丰焦化公司增长81.08%，陕焦化工公司增长69.43%，金钼集团渭南金波工业公司增长69.16%，陕富面业渭南公司增长69%，海燕焦化公司增长66.93%，华阴蒲峪金矿增长60.55%，金钼集团增长59.79%，蒲白矿务局增长57.28%，陕西中联重科土方机械有限公司(原新黄工)增长56.86%，潼关中金冶炼公司增长55%，韩城市黑猫炭黑有限责任公司增长52.68%，蒲二电增长47.13%，黄河矿业增长35.06%，澄合矿务局增长28.23%，龙钢集团增长26.2%，华电蒲电增长22.09%。陕西渭河重化工公司下降5.4%。六是重点工业产品产量七成多增长。全市重点监测的30种工业产品中，22种增长，占73.3%，8种下降，占26.7%。其中增幅较大的产品有电解铝增长279.71%，机制纸及纸板增长98.13%，电子元件增长67.32%，白酒增长55.79%，印刷机增长37.50%，金属轧制设备增长34.41%，布增长29.11%，塑料制品增长27.03%，乳制品增长25.98%，纱增长24.46%，饲料增长21.93%；下降的产品有硫酸下降48.79%，食用植物油下降26.56%，啤酒下降13.07%，生铁下降9.55%，硫铁矿下降5.09%，洗煤下降2.36%，钼精矿下降1.87%，中成药下降1.67%。七是企业主营业务收入持续快速增加，亏损减少，实现利润大幅增加。全市规模以上工业企业累计实现主营业务收入919.54亿元，增长35.82%；亏损企业亏损额14.76亿元，同比减亏13.43%；盈利企业盈利额49.99亿元，同比增盈87.99%；实现利税总额65.42亿元，同比增长75.67%，其中税金总额30.19亿元，增长8.99%，利润总额35.23亿元，增长269.28%，净增25.69亿元。

【监测协调】　2010年，针对后金融危机影响对经济运行带来的不确定性，全力以赴落实“调结构、上水平、促增长、保民生”一系列具体措施，将应对后金融危机与推进工业结构优化升级相结合，与加速推进新型工业化相结合，不断提高经济运行调节工作质量。一是提早动手，认真安排部署。年初，认真组织筹备召开了全市工业经济发展工作会议，对全市2009年度工业经济发展情况进行了总结回顾，安排部署了2010年度工业经济发展各项工作任务。二是明确目标任务，层层抓好落实。及时制定印发了2010年全市规模以上工业生产调控目标任务，分别与各县市区和渭南高新区签订了工业经济发展目标责任书，并根据调控进度和逐月进度对照检查，督促落实。三是不断加强工业经济运行的综合协调。继续发挥工业保增长协调指挥中心职能和作用，坚持市级领导包联县(市、区)和重点企业，积极协调市直相关部门密切配合，定期召开工业经济运行分析会，加大对30户重点企业的监测、指导和服务力度，认真编发工业经济运行简报和工业保增长简报，有效促进了工业企业的生产经营和改革发展。四是认真监测分析，着力提高工业经济运行的质量和效益。在贯彻中、省各项宏观政策的同时，协调市统计局，每月衔接有关数据指标，收集整理，分析掌握，按时认真编发《工业生产月报》，加强对工业经济运行的监测预测和综合协调，并重点对一季度、上半年及前三季度的工业经济运行情况进行了适时系统分析，积极采取各种措施，解决工业生产中存在的困难和问题。五是不断强化服务意识，加大协调力度。积极联系协调各电煤生产、运输、管理等单位，采取加强考核、调整任务、组织煤源、重视监管等措施，多方组织协调当地电煤运输，加大电力供应协调，确保了供应正常，超额完成了省上下达的任务。同时不断加强运力、资金等企业生产要素综合协调力度，帮助企业争取铁路运力，争取中小企业流动资金贷款，帮助企业争取陕西省工业企业流动资金贷款贴息，起到了金融业和企业之间的桥梁作用。

【国企改革】 一是国企改革改制年度工作任务全面完成。华山金矿、杏林钢厂、乡企公司等3户企业依法破产工作已完成法律程序，市化工实业公司、针织厂、渭通农科股份公司等3户企业改制工作基本完成，重组后的市化、渭通公司等企业经营情况良好。11月30日，市人大常委会集中视察了全市国企改革工作，听取了市工信局关于国企改革工作的情况汇报，对全市国企改革工作给予充分肯定和高度评价。二是破产企业遗留问题得到妥善解决。企业办社会职能的移交工作基本完成，移交小区、社区7个，军转干部391名，离休干部189名。破产企业伤残职工、长临工养老统筹、接续职工社保关系、退休人员医保等有关遗留问题得到妥善解决，顺利推进了企业的改革改制工作进程。对下属单位二轻供销处、二轻工业学校、美术装潢彩印厂的历史遗留问题，积极采取措施进行处置，保持了行业和谐稳定。三是企业信访稳定形势逐步好转。以加快解决破产企业职工遗留问题为突破口，积极衔接协调财政、劳动、养老等部门，积极主动妥善解决职工切身利益问题。同时，认真落实稳定责任制，积极开展下访活动，安排专人与职工进行对话，极大地消除了不稳定因素，没有发生大的群体性事件。先后接待群众来访328批次、3648人次；处理各种信访件286件。

【招商引资】 采取有效得力措施，积极推进项目建设和招商引资工作。以破产企业重组为重点，成立招商小分队赴沿海发达地区叩门招商，积极招引有实力的境内外大企业、大集团参与重组，先后赴深圳、北京、江苏、河南等地招商引资，邀请深圳科健集团、陕西煤业集团、河南神火集团、北京意威公司、上海意尔公司等大批投资客商来渭考察和洽谈工作，对与全市产业发展弥合度高的企业进行了重点联络。2010年，招商引资实际到位资金2.3亿元。

【技术创新】 突出技术创新，努力促进企业技术进步。一是把提高企业技术创新能力，增强企业核心竞争力，作为企业技术创新的重要工作内容，坚持突出企业技术创新的主体地位，努力为企业技术创新创造良好的外部环境，积极协调市财政局，努力帮助企业争取国家、省、市相关技术创新扶持资金500多万元，引导企业自主创新资金投入，完成新产品开发项目6项，重大技术创新项目2项，有力地推动了企业技术创新工作。二是通过多种渠道宣传鼓励企业成立专门的研发机构，成立技术中心，招聘高级专业技术人才，提高科研经费投入，不断壮大企业技术创新队伍，实现技术突破，提高产品附加值，提高产品综合竞争力。三是坚持以企业技术中心建设为突破口，努力提升企业技术研发能力，积极引导企业发挥技术中心作用，开展各种形式的产学研联合，开发技术含量高、附加值高、拥有自主知识产权的特色产品。同时协助企业搞好技术进步工作。四是把发展高新技术作为改造提升传统产业的支撑，把改造提升传统产业作为企业技术创新的方向和市场，坚持以市场为导向，以企业为主体，以技术创新为手段，突出装备制造、能源化工等重点领域，提高企业的整体素质和竞争力，使企业技术装备水平不断得到提高，产品结构得到优化升级，市场竞争力不断增强。

【安全生产工作】 坚持“安全第一，预防为主，综合治理”方针，强化安全管理，夯实安全生产责任，有力地保障了人民群众生命财产安全，促进了全市经济发展和社会稳定。一是安全生产控制目标任务全面完成。国资委监管的直属企业和28处铁路无人看守监护道口事故死亡人数0人。一次死亡10人以上特大生产安全责任事故0起；一次死亡3人以上重大生产安全责任事故0起。二是进一步健全完善安全生产责任制。认真贯彻落实《安全生产法》、《陕西省安全生产条例》和相关法律、法规，逐级健全安全生产责任制，层层签订安全生产目标责任书，明确了各企业厂长(经理)为安全责任第一人，要求企业建立健全安全生产管理体系，做到重大安全生产问题及时研究解决。对重大事故危险源进行有效监控，对事故隐患加大整改力度，足额提取企业安全费用，按规定落实安全生产风险抵押金及安全生产责任保险等，加大对安全生产的投入力度，使安全生产工作日常化、制度化，形成长效工作机制。三是认真开展安全生产大检查。全年组织安全生产大检查5次以上，元旦、春节、五一、国庆等重大节假日来临之前，均专题研究部署安全生产等有关工作，下发通知，各领导负责所包联企业，排查事故隐患，限期进行整改，彻底消除事故隐患，防患于未然。根据安委会有关通知精神，开展了4次以上安全生产专项检查。四是加大宣传培训力度。各直属企业根据实际情况组织员工分别进行了1～2次安全教育培训、专业技能培训。市道口办配合西安铁路局有关部门和渭南车务段，对道口监护员工进行了两期培训。坚持企业管理人员、工人、道口监护员“先培训，后上岗”的原则，持证上岗率达到100%。结合市上开展的“安全生产月”活动，制作展板10余块，在市政府门前广场、中心广场、部分道口附近进行了展览宣传。通过散发传单、赠送宣传品等形式，在蒲城县、华阴等有关县(市、区)开展了两次铁路安全和综合治理宣传活动。

(范月丽)

煤 炭 工 业

渭南市煤炭局

局长、党组书记 张发印

副　局　长 贺双田

李明(7月辞职)

【基本情况】 全市有韩城、澄城、合阳、蒲城、白水五个产煤县(市)，其中韩城、澄城、蒲城、白水为全国重点产煤县(市)。共有地方煤矿104处，生产矿井44个，资源整合矿井51处,技术改造矿井5处,新建矿井3处,设计年生产能力1173万吨。从业人员13500余人。市煤炭局内设5个科室,下辖市煤炭执法支队和市煤炭运销有限公司。

【经济运行】 全市地方煤矿全年共生产原煤396万吨,其中地方国有煤矿99万吨,乡镇煤矿297万吨;完成中省市国有重点合同2万吨,补充计划全年完成190万吨。全年共供应省内电煤280万吨,省内煤炭和省外共销售390万吨,区内地方及民用销售100万吨。全年发生事故5起,死亡41人。

【安全监管】 每月安排一次安全大检查并针对问题编制安全生产简报,根据监管情况逐月写出讲评材料,进行讲评,取得较好的效果。市煤炭局负责特殊工种培训,县煤炭局负责全员、新工培训,凡未取得入井资格证的一律不得从事井下工作,并配合省煤炭局搞好矿长、管理人员的培训工作。全年共培训矿长及管理人员426人,培训特殊工种2176人次,并做到持证上岗,培训新工人13214人次。6月24日成立渭南市煤矿安全生产技术专家组,负责为煤矿提供技术指导,对全市煤炭开发规划和煤矿安全存在问题进行研究、分析、论证,提出合理化意见和建议;参与煤矿建设项目的技术审查和竣工验收;对煤矿企业现场安全生产条件进行评估和会诊;参与煤矿事故调查分析和鉴定,重大安全隐患检查认定和治理,积极推广应用新技术、新产品、新工艺,为全市地方煤矿管理水平提高发挥积极的作用。设立煤矿安全有奖举报制度,规范举报内容及办理程序。在《渭南日报》、渭南电视台公告和连续公布举报电话,得到了《华商报》、《西安晚报》、陕西新闻有关媒体的关注报道,被有关县市监察等部门引以借鉴。收到8起举报电话,均查处落实。制定下发了渭南市煤矿安全生产“三项行动”实施方案。坚持全面落实安全监管责任和企业主体责任,从安全监管机构、职责体系建设、监管内容等方面进行全面规范。在安全保障能力建设上,从基础建设着手,对各煤矿的安全基础设施、安全技术措施、井巷改造、采煤工作面规划等项目进行细化,使煤矿安全生产工作进入良性循环轨道。

【瓦斯治理】 一是推广回采工作面采用正规壁式采煤法;二是瓦斯抽采系统运行正常,区域防突措施到位;三是安全监控系统运行稳定,传感器数量充足;全市共有55个矿井进行了瓦斯鉴定工作,经市煤炭局审核同意,已上报省煤炭局。四是建立健全“一通三防”专门机构,按标准配足技术员、专职瓦检员、安监员、防突员,特别是高瓦斯矿建立专业的抽采、防突队伍。11月份与咸阳市煤炭局进行高瓦斯矿互检,针对韩城市五个高瓦斯矿井检查提出的问题,要求煤矿企业立即制订整改措施,落实了责任和资金,确保整改质量。

【打击非法生产】 8月中旬开始,由市监察局、市安监局、市煤监分局、市煤炭局组成联合工作组,对白水县煤炭非法开采现象、官煤勾结及事故隐瞒情况进行了检查和调查,发现6处非法生产窝点。对有关当事人进行了谈话训诫,对有关非法矿井进行了彻底关闭,打击了非法生产矿井泛滥现象。

【安全生产月】 一是组织专项现场隐患排查治理活动,重点检查煤矿安全生产法律、法规、规程、标准和相关规章制度的贯彻落实情况;二是关口前移抓现场,重心下移抓班组,现场重点抓违规;三是规范班组安全行为,以班组能力建设为重点,全面提高班组成员安全技能为核心的专业抽查活动。

【关闭整合】　按照“三不留一闭毁”要求，严格实施煤矿关闭工作，坚决杜绝擅自组织生产和建设。对已关闭煤矿进行全面的复查清理，逐矿落实监管措施，并坚持定期巡查，加大对关闭矿井的监管力度，严防死灰复燃。一是做好煤炭建设项目的日常业务工作，共审批资源整合矿井开采设计变更8处，上报技术改造项目13处；二是制定资源整合方案，做好资源整合方案编制工作，并由市人民政府上报省人民政府审批；三是做好第二轮资源整合关闭矿井工作，全市在年未进行第二轮资源整合前有合法矿井104处，整理上报第二轮资源整合关闭34处，其中：韩城市12处、澄城县6处、蒲城县3处、白水县13处。对保留的44处煤矿实行重组，其中26处煤矿由大集团公司兼并重组，企业法人不超过20人。

（郝文胜）

中小企业发展

渭南市中小企业促进局

局　长　刘忠生

副局长　贺小兵　贾世明　梁可莉

【概况】　2010年，全市中小企业、非公有制经济持续健康发展。截至年底，全市中小企业、非公有制经济营业收入955.22亿元，同比增长18.75%；总产值957.62亿元，增长17.46%；增加值350.74亿元，增长27.55%，占全市GDP的43.76%，非公经济增加值337.72亿元，占全市GDP的43.7%，比市上下达目标任务42.65%多0.5个百分点；上交税金25.93亿元，增长12.49%；从业人员达到80.14万人，比增长1.86%；利润总额48.49亿元，增长23.76%；劳动者报酬75.7亿元，增长24.79%；出口交货值8.07亿元。企业总数12.3万户，其中外出打工回乡创业企业791户，参与人员2166人。全年固定资产投资额131.97亿元，增长15.72%。创造就业岗位，吸纳城镇下岗失业人员6521人，提供的支农建农及补助社会性支出金额4530万元，成为新农村建设的主力军。中小企业、非公有制经济已经成为县域经济发展的重要支撑，成为推进县域工业化进程的主要力量，成为安置全社会就业和增加城乡居民收入的重要渠道。

【招商引资和项目建设】　继续实施项目带动战略，狠抓招商引资不动摇。一是搞好与大专院校、科研院所合作。加强与陕西农产品加工研究院、陕西工业技术研究院等有关院、所合作，收集、筛选了500多个适合渭南居民创业的好项目，建立创业项目数据库，在渭南中小企业网等新闻媒体上进行推介，帮助渭南居民创业和招商引资。二是参加各类经贸洽谈会。组织全市72户民营企业与香港贸促会进行项目对接，百余户企业参加了长三角及台商来渭项目推介会、东西部合作洽谈会、第六届中小企业技术博览会和第七届中国国际中小企业博览会，吸引外地客商到渭南市投资兴业。三是积极引进外资投资。招引陕西京华机电、浙江中厦房地产、华宝隆、陕西煤业集团等多家企业与渭南签订投资协议,其中到位资金2.2亿元,完成招商引资任务的113%。四是积极争取各类项目扶持资金。会同财政部门全年争取各类中小企业专项资金2971万元,其中国家中小企业专项资金870万元,国家工业中小企业技术改造项目中央预算资金100万元;省级中小企业发展专项资金945万元;省级中小企业信用担保机构专项资金56.56万元;市级中小企业发展专项资金1000万元。

【工业园区建设】 创新工业园区管理体制机制,激发园区工作活力,促进各类工业园区快速健康发展。一是市委市政府召开了全市开发区工业园区工作会议,组织有市级四大班子领导、市直有关部门、各县市区委书记或县市区长、工业园区主任70余人赴河南学习产业集聚区的典型经验,并召开了两次座谈会,找差距,添措施,话发展,开阔了眼界,提高了认识,统一了思想,为全市"十二五"规划编制座谈会奠定了基础。二是改革园区考核办法,与市考核办、市统计局联合印发了《全市开发区工业园区目标责任考核办法》,园区考核由上年存量考核改为增量考核,使考核更科学,更规范。三是起草了《关于加快渭南市开发区、工业园区发展的意见》,市政府研究后下发执行。四是完善园区考核评价制度。每月对园区情况进行排名,并在《渭南日报》公布,每半年进行一次观摩,使园区考核工作常态化。全市开发区、工业园区建设规模不断扩大,建设面积已达68平方公里,基础设施投资完成50亿元,同比增长13.5%和106.6%。园区硬件设施基本配备到位,基本满足了入园企业发展的需要。全市入园企业新增161户,累计710户;投产企业新增169户,累计601户;入园企业实现总产值560亿元,上缴税金23亿元,同比增长41.3%和21.7%;吸纳社会就业人员8.8万人,同比增长37.5%。全市开发区、工业园区已经成为县域经济发展的重要支撑。

【培植市场经济主体】 催生小企业,实施中小企业成长工程。努力培育个体工商户,把个体工商户培植成小企业,把小企业培植成规模以上企业,把规模以上企业培植成大企业。积极建设创业服务平台。编制了全市中小企业公共服务平台建设方案,完成了白水昌盛有限公司苹果电子交易平台等8个省级中小企业服务示范平台的申报工作。全年新增非公有制单位2661户,其中新增私营企业1021户,新增个体经营户1640户,分别完成全年目标任务的120.29%、102.1%和100.1%。全市新增规模以上企业107户,完成全年目标任务的107%。

【融资服务】 一是加强融资担保体系建设。年内全市新增小额贷款公司7户,累计11户;新增担保公司5户,累计18户。全市18户担保公司累计为1200多户中小企业、个体工商户提供担保,担保金额10.77亿元。其中韩城光大信用担保公司注册资本金3亿元,为23户企业担保金额2.24亿元。二是召开银政企对接会,促进银企合作。全市中小企业获得贷款70多亿元,其中,11户小额贷款公司提供贷款4.5亿元,工农中建四大商业银行提供贷款65亿元,有效缓解了中小企业的融资难题。

【人才队伍建设】 一是举办了为期五个月的"现代企业经营管理与发展的科学思维培训班",培训80余人次。二是组织参加了省中小企业局在汉中召开的全省中小企业局长培训班、在西安举办的"全省中小企业经营管理人才培训班"。三是举办了中小企业银河工程渭南培训班,培训人员200多人。四是组织企业参加了"企业家讲企业论坛”和“2011 年西部崛起企业经济大趋势论坛”，参加论坛企业家 50 多人。

【科技创新】 鼓励企业建立技术研发中心，争创驰名商标、著名商标、名牌产品。全市新增省级中小企业创新研发中心 4 个，累计 24 个；新增高新科技企业 4 户，累计 16 户；民营科技企业累计发展到 160 多户，开发新产品 21 项，获得专利 15 项，全市有 49 个产品获得省级名牌产品称号，有 6 个产品获得国家地理标志保护产品称号，有 8 家企业获得省级节能减排和循环经济示范企业称号。

【统计监测】 一是开展了统计工作实名制，及时全面准确汇总和分析企业运行情况。二是完善企业统计预警监测体系，预警直报企业发展到 293 户。三是加快企业信息化步伐，中小企业渭南网站工作获得省中小企业局和市政府优秀网站称号。

（王 军）

经 济 调 查

国家统计局渭南调查队

队 长 门世功

副队长 张建录 王 军

【农民工概况】 渭南市农民工监测调查的口径范围包括两部分：一是全年外出从业 6 个月及以上的农村劳动力（包括举家外出劳动力），称为外出农民工；二是全年从事本地（本乡地域内）非农活动（包括本地非农务工和非农自主经营活动）6 个月及以上的农村劳动力，称为本地农民工。

【外出农民工人数变化调查】 据全面统计数据显示 2010 年全市乡村人口447.8 万，乡村劳动力 284.7 万人，占乡村人口的 63.6%。随着农村经济结构不断优化，农业科技大量推广应用，农业产业化进程不断加快，农业机械化普及提高，加之在各级政府的正确引导和支持下，全市尤其是农村富余劳动力纷纷外出务工，外出务工收入不断增加，渭南已成为全省农民工的主要输出地之一。据对全市 11 个县（市、区）720 户农村住户和 76 个行政村的农民工监测调查结果推算，2010 年，渭南农民工总数为 99.1 万，占全市乡村劳动力的 34.8%，占比较上年提高 3.4 个百分点；其中：外出农民工 72.3 万，占全市农民工总数的 73%，占乡村劳动力的 25.4%，占比增加 2.7 个百分点；本地农民工 26.8 万，占农民工总数的 27%，占乡村劳动力的 8.6%。农民工人数较上年同期增加 10.5 万人，增长 11.9%；其中全市外出农民工增加 8.3 万人，增长 13%，占新增农民工总数的 79%；本地农民工增加 2.2 万人，增长 8.9%。

【外出农民工综合素质调查】 （一）外出务工主体以青壮年男性为主，文化素质及技能较为低下。外出农民工中男性接近七成。调查资料显示男性占外出农民工的 68.8%，女性仅为 31.2%，不到男性一半。外出人员年龄多以青壮年为主。资料表明 16—25 岁之间的农民工占到 38.5%，26—40 岁为 41.4%，41—50 岁占 15%，51—65

岁占4.8%,65岁以上者为0.3%。从文化程度看,以初中学历为主。外出农民工中,初中学历占66.3%,高中或中专学历的占20.8%,小学及以下占6.8%,大专及以上文化程度的仅占6.1%。从接受技能培训来看,培训情况不尽人意。监测结果表明外出农民工中接受培训的不到四成,仅占36.8%,未接受任何培训者占到63.2%。

【外出农民工务工地域调查】 务工地域分化明显,省内占比最大,其次是东部以及大中城市是流向重点。从务工的地域看,在省内务工者占到六成以上。从全市农民工务工的地域看,以外出到省内各地为主要流向地,占外出农民工总数64.9%,有46.9万人。其中流向乡外县内的农民工占外出农民工的27.4%,有19.7万人;流向县外省内的农民工占外出农民工的37.5%,有27.2万人。在省外就业的占35.1%,有25.4万人。其中省外流向以东部为主,占省外人数的75.9%,共有19.3万人;中部占9.7%,有2.5万人;西部占8.3%,有2.1万人;其他地区从业者1.5万人。从外出地区类型来看以省会城市和地级城市为主,其中省会城市占30.2%,地级市占24.7%。

【外出农民工从事行业调查】 全市外出农民工主要集中流向从事简单劳动和劳动密集型行业,绝大多数从事体力劳动,干的是苦、脏、累的工作,"蓝领"多,"白领"少;卖苦力的多,从事技术工作的少,工资偏低和生活条件差成为普遍的现象。2010年农民工监测数据显示:从事行业来看,全市外出农民工集中的五个主要行业由高到低如下:"建筑业"占20.3%;"制造业"占18.9%;"住宿和餐饮业"占18.6%,"居民和其他服务业"占10.4%;"批发与零售业"的占9%。从事的主要工作种类来看,"生产、运输设备操作人员及有关"从业者占31.3%,"服务业"从业者占29.3%。可见,虽然全市的外出农民工在数量上有所增长,但以从事苦脏累工作为主的状况依然没有改观。

【外贸农民工组织性调查】 据统计,2010年外出务工人员中,通过政府部门和社会中介组织输送的占11.8%。主要还是靠"三缘"关系输出,即"血缘、人缘、地缘",由家庭成员带领、亲朋好友介绍,以互帮互带的形式外出务工,存在较明显的自发性和盲目性。调查结果反映,通过"亲朋好友介绍"外出务工的,占54.8%;通过"自发"渠道外出务工的占28.3%。

【外出农民工劳动强度调查】 外出农民工每月平均工作26天,每天平均工作9小时,高于法定工作时间1小时。每天工作时间在8小时以下的占0.9%,8—10小时的占到了55%,其中8小时的占45.3%。10—12小时的占37.3%,12小时以上者占6.8%。外出农民工主要集中在建筑、制造、住宿餐饮业等劳动密集型行业,这是其劳动时间长的主要原因;其次大部分用人单位都是通过加班来给工人提供大部分收入,而农民工为了获得更多的报酬就得选择加班。

【外出农民工在外生存及社会保障情况】 农民工外出务工,促进全市经济快速稳定增长,带动了农民收入增加,解决了农村剩余劳动力的问题,促进了城市的发展,也使农民工自己开阔了眼界,增长了见识,有一部分农民工在城市安居;然而外出农民工的生存状况却不容乐观,农民工社会保障任重而道远。(一)有半数农民工与用人单位没有签订劳动合同。劳动合同是规范劳资双方关系的一项法律制度,也是农民工维护自身权益的重要法律依据,签订劳动合同对于农民工具有重要的意义和作用。全市有35.8%的农民工和用工单位订立了劳动合同;有56.7%的农民工没有与用工单位签订劳动合同;还有部分外出自营的农民工。由此看来,农民工的维权意识严重不足。提高维权意识不仅是农民工自己的事情,更要提高用工单位的法律意识,同时劳动监察部门要加强对企业用工的监督检查力度。(二)单位或雇主在提供食宿方面较好,但也存在不尽人意的地方。在提供伙食情况方面,53.7%的外出农民工享受了单位或雇主提供的伙食或者补贴,但仍有46.3%的外出农民工享受不到单位或雇主任何形式的伙食补助;在住宿方面,53.7%的外出农民工能得到单位或雇主提供的住宿支持,46.3%的外出农民工得不到单位或雇主提供的任何形式的住宿支持。(三)拖欠农民工工资现象大为减少。自2003年底国务院积极解决农民工工资拖欠问题以来,农民工工资如期发放受到全国各地劳动部门的重视,采取的措施也非常有效,拖欠农民工工资现象已经很少。调查显示,96.6%的外出农民工能够如期如数拿到自己的打工收入,仅有3.4%的农民工有工资拖欠,而且金额较少,时间较短。(四)权益保障较差,社会保险参加水平较低。调查表明,88.2%的农民工单位或雇主没有上缴养老保险,没有购买工伤保险、医疗保险、失业保险和生育保险等比例分别达到78.5%、81.4%、91.4%和94.5%。养老保险的缺失,使得未来由于年龄偏大,体力精力不济,无法正常打工的农民工生活来源产生困难;不购买工伤保险,对从事事故风险较高,且恰恰是全市农民工从业比例最大的建筑业和制造业这两个行业农民工来说,风险最大。缺乏工伤保险的保证,诸多权益难以保障。(五)绝大多数农民工没有缴纳住房公积金。调查显示,91.8%的农民工单位或雇主没有给其缴纳住房公积金,2.4%的农民工不知道用人单位是否缴纳住房公积金,只有5.8%的人明确表示缴纳了住房公积金。住房公积金的缺失,对城市生活充满希望和向往的农民工打击无疑是巨大的。

【外出农民工经济收入状况】 农民外出务工,拓宽了农民就业的渠道,解决了农村剩余劳动力,明显地促进了农村全面建设小康的步伐,是近年来农民增收和脱贫致富的主要途径。据全面统计数据显示:2010年全市农民人均纯收入4372元,比上年增长22%,其中农民外出务工收入为864元,约占纯收入的19.8%,较2009年外出务工收入635元增加229元,增长36%,增收贡献率为29.1%,增收贡献率比上年提高了4.1个百分点,外出务工已成为增加农民收入的重要途径之一。经过推算,2010年全市外出农民工平均年收入可达14570元左右。每月每人在外总消费384元(不含单位和雇主补贴),其中居住成本129元/月,而上年同期这一数据为114元/月,增长15元,增幅13.2%,居住成本的上升与城市房价涨幅居高不下有着直接的关系,可见房价高不仅对城市居民有压力,也使外出打工的农民工打工成本有所增加。外出农民工全年收入高于本地农民工全年收入2900元左右。寄带回现金方面,推算出2010年全市外出农民工寄带回现金为40.5亿元,为2010年全市地方财政的1.2倍;平均每个外出农民工每年寄回带回现金5600元,是农民人均纯收入的1.3倍。(一)全市外出农民工收入以中等水平为主。外出农民工月均收入为1500元,较上年的1190元增加310元,增长26.1%,低收入水平者减少明显。全市外出农民工1200元以下收入者大为减少,1600—2400元这个区间增加较为明显,这表明随着各地最低工资标准的上调，全市外出农民工收有了明显增加。（二）外出农民工日均工资待遇仍然偏低，每日平均收入不足60元，且过半农民工属于越时劳动。调查结果显示，全市外出农民工每日平均收入58元，并有47%的外出农民工每日工作时间超过8小时。由于2010年渭南市在岗职工工资尚未核算出，即使和上年这个数据相比，看起来上涨不少的农民工工资也依然偏低，而且农民工获得这一收入主要是靠加班劳动得来。据渭南市2009年统计公报显示，2009年全市在岗职工年平均工资为24589元，以同样每月上班26天来算，日工资折合约78.8元，全市外出农民工当年的日均收入尚为上年在岗职工收入的七成多，若按国家法定工作日来计算则更少。

电 力 供 应

渭南供电局

局　　长　林一凡

党委书记　连耀学

副 局 长　焦永军　蔡晓兰　韩述虎

【概况】　渭南供电局坚持“六个抓手”（战略规划、计划管理、标准化、信息化、绩效考核、教育培训）的基本工作思路，深化“三个建设”（党的建设、企业文化建设、职工队伍建设），强化执行落实，各项工作取得佳绩，圆满完成了世博保电、抗洪抢险及灾后重建等急难险重任务。全面完成全年各项目标任务，售电量完成86.16亿千瓦时，同比增长16.83%，完成年初计划的107.5%；平均售电单价完成447.61元/千·千瓦时，同比增加42.98元/千·千瓦时，比计划增加4.94元/千·千瓦时；线损率5.73%，与计划持平；其他各项指标均按计划完成。

【安全生产】　始终坚持“安全第一、预防为主、综合治理”的方针，以强化现场监督、标准化作业、全员教育培训为重点，扎实开展安全大检查和隐患排查治理，狠抓设备大修技改，老旧设备率下降13%，电网抵御风险能力显著增强。建立安全生产监管长效机制，管控能力持续增强。扎实开展三个不发生百日安全、安全周等专项活动，认真实施春秋季设备检修，完成各类检修工作4037项，消除缺陷806条（其中严重缺陷27条），消除国网层面高危及重要客户供电侧隐患9条。加强应急体系建设，共设置覆盖各类突发事件应急预案282项，举行应急演练4次，应急处置能力得到提升。全面落实迎峰度夏、过冬技防、人防措施，电网成功经受157万千瓦最大负荷、3280万千瓦时最大日供电量的考验。迅速恢复华阴、潼关地区受灾电力设施，广受社会各方赞誉。全力完成世博184天超长周期及神州飞船发射重大保电任务，获国家电网公司世博电力保障工作先进集体称号。年内实现三个安全百日，截至12月31日，累计连续安全运行1466天。

【电网建设】　确立了渭南电网是全省“750电网桥头堡、西电东送主通道、电源分布重基地、特殊保电主战场"的准确定位,配合省公司完成750千伏信义变建设投运任务。明析了"陕西领先、全国先进"的企业奋斗目标。持续加快电网建设,累计投资50.66亿元,建成330千伏变电站2座、110千伏变电站12座,容量278.81万千伏安,新增35千伏及以上线路76条、1767.9公里,其中,330千伏桢州输变电工程是省公司实行属地化管理首个项目,实现了当年开工、当年投产;尤其是在项目大、时间紧的110千伏包西铁路供电工程的实施过程中,按期实现投运,代表省公司郑重履行了对社会的承诺。

【优质服务】　认真开展"塑文化、强队伍、铸品质"供电服务提升工程,围绕省市重点项目不断深化全过程跟踪服务工作机制,与市政府签订《电动汽车充电设施建设战略合作协议》,提前完成中联重科、韩禹建材等一批项目供电任务,全年完成高低压报装459户、容量62.34万千伏安。新建小区电力配套政策已与市政府达成意向,为阶梯电价的执行奠定了基础。开展营销管理标准化建设,深化SG186营销业务系统应用,营销电费账务系统率先在省公司内成功上线运行,实现年度电费回收结零。扎实开展营销安全及业扩报装百日整顿活动及多次专项整治活动,营销服务领域的习惯性违章得以治理,业扩报装秩序更加规范。持续加强行风建设,在"人民群众满意基层站所"创建活动中,7个供电所受到市政府表彰命名;渭南供电局获市《环境热线》十佳单位,并连续5年保持行风测评第一。

【农电发展】　大力实施"三新"农电发展战略,圆满完成"户户通电"、电气化、农配网改造等重大任务,直管区域农户通电率达到100%,建成潼关、韩城、华阴、蒲城4个电气化集抄县,农村地区供电质量和服务品质稳步提升。积极探索新形势农电发展道路,国家电网智能农网试点项目落户蒲城,开启了渭南智能农网建设崭新一页。

【科技进步】　建立校企合作机制,与山东大学电气工程学院签订战略合作框架协议,在科技人才培养、智能电网研究、成果推广应用等方面展开合作,为企业科技创新建立良好平台。持续加大科技投入,《农村低压电网综合自动化系统应用》等34个项目分获省公司科技进步奖和四小成果奖,其中3项成果获科技进步一等奖,《提高变电二次设备接线合格率》项目获全国质协QC成果发布一等奖,为企业发展提供了科技支撑。积极开展人才评价和技能鉴定工作,评聘优秀信息人才7人,一大批专业人才通过职称评定和技能鉴定。强化对各类人员的实用性培训,全年举办各类培训98期,促进了干部职工队伍综合素质和业务水平的提升。

【企业文化】　积极开展企业文化建设,举办党员教育培训班22期,培训党员1060人次。制定《领导干部任前廉政法规考试制度》,完成干部廉洁从业风险库课题研究,惩防体系进一步健全。党风廉政建设卓有成效,没有发生党员干部违法违纪案件。国家电网企业精神和核心价值观深入人心,加强工会自身建设,开展职工代表巡视检查,职工代表提出的4条提案和19条建议全部落实,企业民主管理水平进一步提升。加强信访和维稳工作,敏锐、敏感、敏捷地排查处理各类不稳定因素,维持稳定大局。关注一线职工,解决职工困难,夏送清凉、冬送温暖,营造和谐氛围。

（李　娜）

地　方　电　力

陕西省地方电力(集团)有限公司渭南供电分公司

总 经 理　王金水

副总经理　关李民　张晓勇

【概况】　2010年,渭南分公司以现代化建设为主线,规范经营管理,推行营销服务新流程,加快电网建设步伐,提高市场占有份额,推行标准化作业,加大安全监督力度,推进创一流同业对标,推动管理创新和技术进步,开展企业文化建设,提升公司现代化管理水平,全面完成了各项年度任务,实现了扭亏增盈目标。全年售电量完成166994万千瓦时,同比增长20886万千瓦时,增长率达14.30%。售电单价完成467.95元/千·千瓦时,同比增长54.64元/千·千瓦时。综合线损率7.14%,同比下降1.06个百分点,节损电量2069万千瓦时。电费回收率100%。截至12月31日,分公司系统未发生人身、交通及火灾事故,未发生重大设备事故和大面积停电事故,全年供电安全、畅通、及时,实现系统安全运行1095天。

【安全生产】　围绕"标准化作业反违章,程序化作业防事故"主题,先后开展了安全签名、安全宣誓、隐患排查、标准化作业演练、安全知识竞赛等一系列安全月活动。以实施《标准作业卡》和《安全监督卡》为抓手,落实好生产、监督过程的每个环节,确保安全施工,使作业行为和监督行为更规范,安全措施及监督工作更精细,有力推动了标准化作业进程。制定下发了《隐患排查治理管理办法》,召开隐患排查治理推进会,明确了部门职责和工作标准。全年共查处各类设备隐患348处,开展演练172次,查出各类缺陷3260处;完成了8座变电站的保护定检,14座变电站的预防性试验,45座变电站的防雷设施周期性试验和82台主变的绝缘油色谱分析及简化试验;按照集团公司大修资金管理要求,对分公司系统高压配网大修资金实施了统一管理。全年共投资大修资金308万元,完成了6县180个项目的检修任务,为电网设备的安全运行打下了坚实基础。开展了打击盗窃破坏电力设施、电能专项行动和保护电力设施安全宣传月活动,预防"三电"犯罪工作收效显著,全年未发生盗窃、破坏电力设施等违法犯罪案件。举办了电力执法程序应用、隐患排查治理、两票管理及考核标准、驾驶员交通安全、触电急救等专题培训。完成了分公司系统内384名员工特种作业证的培训、考核工作,全员的安全生产能力持续提升,逐步树立了由"要我安全"到"我要安全,我会安全,我能安全"转变的安全意识。

【生产经营】　制定下发了《关于规范经营管理工作若干意见的通知》,明确了经营工作一票否决制度,分解下达了经营指标及节能减排指标,使目标明确、任务清晰、责任到人、计划到月,使营销管理工作有的放矢,使规范经营工作有序推进。组织实施0.4千伏理论线损计算,进一步夯实了低压考核线损指标,使超出10%线损指标的供电所由年初的49个下降到31个。开展春秋两季营业普查,彻底纠正了主业让利维管费现象,使维管费同比减少1771万元。认真落实集团公司《客户供电整套服务方案》和《市场营销服务流程再造》试点,安排部署了整套服务应用工作,明确了供电服务有偿收费工作要求,整套服务方案和有偿服务的实施共为公司增效664万元。积极开展第五次供电服务宣传月活动,先后组织了以提高授牌客户"两率"为主要内容的走访活动和当地政府、同行业、广大客户和其他服务行业四个层次人员参加的供电所开放日活动,加大了"96789"服务热线和企业品牌的宣传力度。活动期间,共涂刷服务热线193处、服务品牌204处,制作大型宣传牌14处。通过一系列宣传活动,获得了多方面的意见和建议,从客户不满意的地方改起,不断创新服务方式,优化服务流程。2010年,实现市场占有率22.67%,同比增长3.97个百分点。利润总额再上新台阶,彻底结束了渭南分公司长期亏损的历史,为渭南地电事业发展翻开了新的一页。

【市场开拓】 基本建设工程全面推动。35千伏富平吕村输变电工程、110千伏富平义合输变电工程、35千伏澄城寺前输变电工程等5项续建工程均已完工并顺利投运;110千伏合阳新城输变电工程、110千伏华县城东输变电工程、110千伏富平长春输变电工程等7项前期准备和新建工程均按计划顺利完成。全年基建工程完成投资5305万元,占年计划5155万元的103%。截至年底,基建工程已完成投资5305万元,占年计划103%。主网建设的推进,电源布点的完善,为市场开拓提供了有力的硬件支撑。特别是110千伏义合输变电工程的顺利投运,不仅为渭南地电争取到了省级重点工程——实丰水泥的供电权,也为分公司来年增加了73兆伏安的供电能力。中低压电网建设及更新改造工程稳步推进。完成了10千伏配网工程118个,投资3951万元;0.4千伏配网工程160个,投资2406万元,总投资占计划8100万元的78.48%。全面完成了第一批中低压电网建设与改造工程的验收和审核工作。分公司首次启动的白水县新农村电气化工程全面完成,先后通过了县级、市级和省级电气化村镇的考评验收。更新改造工程有序开展。主网更新改造工程除35千伏同家庄变、城南变、洽川变3项增容改造工程因招标设备未到货延缓工程进度外,其他14项工程已全部完工。新增补的26座变电站大门改造工程也已委托招标。全年累计完成投资1030万元。

【规范化、标准化站所建设】 全面开展规范化供电所创建工作。完成了大荔9个、华县4个规范化供电所的创建验收工作,至此,分公司系统138个供电所已全部完成规范化达标工作;完成了大荔官池、富平城关两个规范化供电所示范所和大荔、富平两个标准化电能计量检定所的创建及初验工作。进一步推进标准化变电站创建工作。完成了富平薛镇和白水西固两座标准化标杆变电站和110千伏杜康变等5座标准化变电站的创建工作;完成了5个县级保线站和6个县级调度所的标准化创建整改工作。全面复查了完成达标的30座标准化变电站。加快市级调度和保线站的建设进程。完成了分公司调度中心的建设、安装工作和调度人员的招聘、培训工作,积极筹备110千伏保线站的建设,已完成站址的确定,安全工器具、备品备件的计划正在拟定之中。

【企业管理】 全面推进创一流和效益对标活动。成立了创一流同业对标领导机构,6县分公司根据实际情况确定了对标指标和对标单位,基层站所通过“效益对标”,实现增效400万元。按季度召开经济活动分析会,对6县分公司的各项经营指标进行排名分析,对标单位找优势,树立了信心;找差距,查明了原因。全面推进技术进步与管理创新工作。2010年,公司系统年初计划项目课题共30项。确定重点上报项目课题9项,其中技术进步4项,管理创新5项,各项成果的形成与应用,使公司管理水平迈上了一个新台阶。强化财务预算职能,控制、监督力度明显提高。严格控制各项成本费用,精打细算,做到了事前有计划、事中有控制、事后有分析;成立了财务专项检查领导小组,对各县级分公司的会计信息质量、内部控制、金蝶软件运行情况等进行了专项检查,使财务管理更规范、更细致、更科学。人力资源开发管理取得新进展。制定了《分公司后备领导人员管理办法》,坚持正确用人导向,树立选人用人公信度;加强目标责任考核,规范对各级领导班子的监督与管理。强化培训力度,完成20余期累计2258人次的培训任务;薪酬管理和社保统筹工作逐步精细化、规范化、制度化。全面完成了6县级分公司辅业改造工作任务,县级辅业公司步入了良好的管理运营轨道。

【企业文化】 2010年是集团公司企业光谱文化宣传贯彻年,分公司先后制定了“企业文化建设三年实施规划”以及“十二五”企业文化建设规划,提出了“三级宣贯”思路。狠抓企业内训师培训,积极探索宣贯载体,通过分片集中学习、印发学习试题、制作“口袋书”、举办演讲比赛和知识竞赛等形式,做实了企业文化宣贯工作。分公司系统各级领导人员开展企业文化讲座共68场,参与学习人数达到95%以上。分公司机关、合阳分公司、华县分公司申报创建省级文明单位,已通过验收。富平分公司在省级文明单位基础上,积极完善各种资料、设施,申报省级文明单位标兵,进一步提高文明等级。分公司已创建国家级精神文明建设先进单位1个、省级文明单位3个、市级文明单位2个。政风行风测评成果显著,分公司获得渭南市政风行风测评优秀单位称号(公共服务行业第一名),大荔、华县为政风行风免评单位,合阳、富平、白水、澄城获得属地政风行风测评公共服务行业第一名。富平分公司代表集团公司参加省国资委举办的“厂歌嘹亮”歌咏比赛,获一等奖;各基层单位充分利用正月十五、“三八”妇女节、“五一”国际劳动节开展灯谜竞猜、拔河比赛、羽毛球比赛等职工喜闻乐见的文体活动,丰富了职工的精神文化生活。

建 筑 业

【概况】 截至2010年底全市共有建筑施工企业190余家,其中劳务企业20余家,建筑业从业人数4万余人。全年共完成建筑业总产值26.8亿元,其中勘察设计行业产值3.1亿元。深入贯彻落实中、省市关于开展工程建设领域突出问题专项治理工作的有关要求，集中开展严厉打击建筑施工非法行为和建筑工地“瘦身钢筋”的治理活动，积极推进住宅工程质量分户验收工作。树立以质量为核心，以安全为重点，以人为本的理念，切实加强对各建设工地的管理。加大建筑市场及施工质量安全生产监督执法检查力度，发现问题，及时处理。以争创“市级文明工地”、“市级优质工程”为抓手，全面提升全市建设工程的质量安全管理水平。通过完善工程招投标制度，规范招投标活动，使评标方法更加科学合理，“择优”原则得到充分体现，全市建设工程公开招投标率和招标进场率均达100%。全市建筑节能标准执行率大大提高，施工图的节能设计合格率100%。通过图纸中节能内容落实情况进行跟踪监督；对节能工程施工过程中的进场材料和设备复验、现场实体检测进行监督检查，进一步规范建筑节能检测工作，并规定节能验收不合格的工程不得进行单位工程竣工验收。同时，加大对监理企业的监管，严格执行监理人员旁站制度，把好工程监理关，提高工程质量。狠抓建筑业劳保统筹征收，全年共征收劳保统筹费2757万元，完成全年计划的202%。特别是开发区全年共征收劳保统筹费966万元，走在全市行业统筹的前列。建筑业劳保统筹费的足额收取，促进和保证了全市建筑行业的健康稳定发展。

【招投标管理】　全市共监督实施工程招投标394项，共计建筑面积300.65万平方米，总造价52.08亿元；其中市直管项目51项，建设面积21.97万平方米，中标价14.28亿元。全市工程招标率、公开招标率以及有形市场交易率均达100%。3月份完成对全市招投标代理机构的普查，开展以“2009工程量清单计价规划招标”为主题的建筑市场与招投标管理研讨活动；开展了有形市场和建设工程招标投标工作检查，不断提高有形市场服务水平；做好对评标专家进行招标法规、业务知识培训的前期准备。

【测绘管理】　全市共有15家测绘资质单位，其中乙级1家，丙级5家，丁级9家。加强对测绘行业的指导管理，通过聘请省局专家，对辖区内丙级资质单位进行了质量认可。并对2009年测绘项目成果进行了认真摸底调查，共收集成果目录13份，项目成果47个，发放汇交凭证13份。8月29日开展了测绘法宣传日活动，活动期间，共设置固定宣传点11处，累计共制作宣传横幅40多幅、宣传展板50多块、张贴宣传标语100多条，散发宣传资料10000余份、接收群众咨询千余人次、发送手机短信数万条。

【新建工程抗震与施工图审查】　抗震审查（施工图审查）覆盖率90%以上，抗震设防质量总体良好。全市共完成抗震与施工图审查79项，建筑面积43.79万平方米。通过政策性审查，审查合格率100%。纠正设计单位不符合技术管理行为5起，纠正勘察设计人员违规行为3起，纠正设计单位违法犯规行为5起，纠正违反强制性条文81条，违反一般性条文237条，通过审查，违反强制性条文现象明显减少，勘察设计质量进一步提高。组织全市勘察设计单位有关技术人员参加新编《抗震设计规范》宣贯会。勘察设计市场进一步规范，勘察设计质量显著提高，特别是带动和促进了县级勘察设计水平的进一步提高。

【建筑节能】　全市完成国家禁止使用实心砖工作任务，新建建筑全面执行国家建筑节能50%设计标准，新建建筑的节能设计标准达标率100%，施工中执行建筑节能标准率95.6%、在建商品房节能措施及指标公示率100%。城市规划区在建工程

±0.00 以上已全面实现禁止使用实心粘土砖，采用了新型墙体材料，积极组织新型墙体材料和节能产品的开发、应用，全市新墙材料产量 21 亿块标砖，新型墙体材料产量达到墙体总量的 57%，城镇新型墙体材料的比例 90% 以上。实现节能 13.02 万吨标准煤，节地 48 公顷，利废 58 万吨，争取陕西省新墙材示范项目 1 个。全市新墙材生产企业 185 家，其中通过省上确认等级的企业 35 家。

（陈　艳）

骨干企业选介

陕西龙门钢铁(集团)有限责任公司

董事长、总经理　张丹力
党 委 书 记　王连智

【企业概况】　陕西龙门钢铁集团有限公司于2002年由原陕西龙门钢铁总厂改制而来。公司位于陕西省韩城市龙门镇,已发展成为拥有8个控股子公司,3个参股子公司的大型钢铁联合企业,形成从采矿、烧结到炼铁、炼钢、轧钢为一体的完整产业链,构成了以西安钢材加工、销售和物流配送为中心,以韩城为钢铁生产基地、以陕南大西沟为原料基地的战略格局。随着四座1280立方米高炉的相继达产达效,龙钢年实际产能达到了700万吨,成为中国西部最大的精品建材生产基地,连续五年跻身中国企业500强,2010年上升至第382位。在省国资委对监管的26家企业综合绩效考核中,龙钢集团以90.97的高分,名列第五位,连续四年获得"PRA+优"的评价。2010年,龙钢集团克服了原燃料价格直线上涨、钢材市场剧烈波动、生产经营与项目建设相互交织、淘汰落后产能影响产量等重重困难,在全力支持全省钢铁板块整合重组的同时,装备水平全面提升,实现了历史性跨越,生产能力达到700万吨。全年生产粗钢406万吨,实现营业收入200.64亿元,完成工业总产值150亿元,实现利税6.51亿元,既为"十一五"发展划上了一个圆满的句号,又为"十二五"开好头、起好步,向现代化大型钢铁企业奋进奠定了坚实的基础。

【生产经营】　2010年,面对国际金融危机的余波和全球经济疲软的状况,龙钢一方面加快项目建设,力争早建成早投运,向新装备要成本、要效益;另一方面努力提指标,降消耗,挖内潜。随着龙钢新项目的相继竣工投产和各项管理的不断强化,不仅实现了吨钢成本降低300元的目标,而且全年取得了完成粗钢产量406万吨,生铁325万吨,钢材401万吨,实现营业收入203亿元,利润2.66亿元,税金3.9亿元的骄人成绩。

【技改工程】　2010年全力以赴加快两座120吨转炉、两台八机八流连铸机、一台400平方米烧结机、两座1280立方米高炉、145万吨棒线等重大工程项目的建设。加快了产业规模由小到大,装备水平由低到高,竞争实力由弱到强的发展进程。炼钢1#转炉和1#连铸机仅用8个多月时间率先竣工投产,创造了国内钢铁工业建设史上的奇迹。2010年底,经过一年多时间建设的二期工程全部建成投运,装备水平全部达到国家产业政策的要求,企业钢铁产能700万吨,实现历史性跨越。

【节能减排】 龙钢一直致力于低碳经济、循环经济、节能减排方面的自主创新和升级转型,特别是在提高铁矿石回收率、增加炼铁高炉富氧、喷煤量、降低炼钢钢铁料消耗、控制轧钢负差率、利用余压余气发电等节能减排方面下了很大的功夫,许多指标达到了国内先进水平,初步实现了负能炼钢。同时累计投入6亿余元资金,在整个系统配套先进的节能减排和环保设施,如烧结烟气脱硫工艺、高炉余压发电设施、炼钢转炉烟尘煤气回收、轧钢余热利用、工业"三废"循环利用等,通过这些措施的实施,实现了废水、废气、废渣、粉尘、余热的全面回收利用。

十一五期间,龙钢水的循环利用率98%以上,固体废物、高炉转炉煤气的回收率100%,完成"十一五"节能计划目标的185.68%,实现节能效益5.4亿元,取得了良好的环境效益、经济效益和社会效益。在进行装备升级的过程中,龙钢又淘汰7座205立方米高炉、3台50平方米以下小烧结机、4组70型小焦炉,累计淘汰落后炼铁产能170万吨,淘汰落后焦炭产能40万吨,完成了陕西省下达的淘汰落后产能任务。

(李红兵)

西北电建一公司

【企业概况】 西北电力建设第一工程公司始建于1952年,是陕西省电力公司直属的国家二级企业,单位从业人员1907人,注册资本金8100万元。具有国家建设部审批的建筑业企业资质证书,包含了电力工程施工总承包壹级、机电设备安装工程专业承包壹级、起重设备安装工程专业承包壹级等七项资质;具有《中华人民共和国对外承包工程经营资格证书》、《中华人民共和国特种设备检验检测机构核准证》等资质十余项。通过了质量管理、职业健康安全管理、环境管理以及测量管理等四项体系认证。

公司先后承担过70余台火电机组的建设,施工足迹遍布全国21个省市,曾远赴德国、科威特、伊朗等国参加援外工程建设,凭借优良的工程质量在国内同行业享有较高声誉,获包括五一奖状在内的国家、省、部级授予的各项荣誉百余项。

2010年,在国家能源结构调整不断深入,企业发展形势不断恶化的情况下,西北电建一公司全体职工团结一心、开拓前进,努力突破发展困境,确保了企业的和谐稳定,为地方经济的发展做出了积极的贡献。2010年公司获得了陕西省地方税务局、陕西省国家税务局联合颁发的"陕西省纳税信用等级A级企业"的荣誉称号。

【市场开发】 在火电建设市场持续低迷的不利形势下,公司大力开发新能源市场,初涉风电领域就取得显著成效,全年实现风电市场开发1.2亿元,填补了公司风电项目施工的空白。公司还积极拓展送变电及电厂检修市场，也取得一些成效。公司多元化发展迈出了新步伐。

【依法治企】 通过依法治企年活动的开展，提高了全员法律素质，梳理了经营管理各个环节的法律风险，完善了内控制度，规范了管理程序和行为，治理了经营管理中一些习惯性的问题，加强了企业的内部管理，进一步提升了企业预控经营风险的能力。

【员工培训】 公司举办了三期中层干部及后备干部脱产封闭培训班，加强领导干部作风建设，强化执行力。以突击队、“五个一”等活动为载体有效推进“创先争优”活动，明确党风廉政建设责任区，落实党风廉政建设责任制。落实全员“一岗双责”，强化审计监督，充分发挥基层监督作用。在青工中广泛开展安全、质量、素质教育、张思德青年志愿者及青年联谊活动，较好地发挥了团组织和团员青年的先锋模范作用。整合教育资源，成立西北电建一公司培训中心，全方位开展职工教育培训工作，共举办内部培训班45期，培训员工1890人次；外部培训23批216人次。

西北电建一公司在2008年获“全国精神文明建设工作先进单位”的基础上，提出了创建全国文明单位目标，制定了三年创建规划，并对照创建标准，认真找差距，抓整改，定计划，抓落实，积极出实招、抓实效，努力提升创建水平，各方面的工作已基本符合创建标准。

【职工权益保障】 广泛开展职工思想状况调研，为职工排忧解难。为代理职工办理了商业保险，代理职工意外伤害、看病等有了保障。高度重视工程衔接期间职工的上岗安置工作，加强施工现场食堂、住房等后勤保障和服务工作。关心困难职工，建立了困难职工档案，对长期待岗的女职工和生活困难职工，工会按月给予生活补助。出台《退休职工紧急救助预案》，对“空巢”退休职工进行救助。积极开展各种文体活动，营造和谐氛围，增强企业的凝聚力。

陕西北人印刷机械有限责任公司

董　事　长 张培武
党委书记、总经理 陈邦设

【企业概况】 2010年公司在面对严峻市场竞争的情况下，稳抓稳管，各项工作取得显著成果。干部员工团结一心，紧紧围绕六届三次职代会确定的目标任务，抢抓机遇、创新进取，超额完成北人股份公司下达的各项经营目标。销售收入、利润总额、应收账款及存货占用等主要经营指标均取得很大突破。同时2010年也是公司丰收的一年，总经理陈邦设获“中国包装行业突出贡献奖”，并当选为陕西省包装技术协会会长；公司获得“全国企事业知识产权试点单位”称号，被评为“全国印刷机械标准化先进单位”，获“渭南市思想政治工作先进单位”称号及“2010年度中国包装优秀品牌”。

【科技成果】 2010年公司完成科研攻关项目19项，工艺攻关10项，质量攻关52项。同时专利管理工作获得快速发展：全年组织申报了21项专利,其中7项发明专利。截至2010年底,公司共获得授权专利75项,其中2010年21项,是专利授权最多的一年。公司对外技术管理工作取得很大成绩,一是组织完成了“RXJ卷筒料卫星式柔性版印刷机”的科学技术成果鉴定工作,为后续产品营销以及享受国家有关扶持政策创造了条件;二是公司申报的陕西省外经贸发展促进资金项目通过了省商务厅组织的验收,并获得研发无偿资助资金55万元;宽幅卫星式柔印机产业化项目,获得国家支持330万元;获得陕西省企业技术中心创新新产品建设专项资金50万元等。并且公司多项产品获奖:组织申报的RXJ卷筒料卫星式柔性版印刷机获中国包装科技创新一等奖;申报的Y170机组式凹版印刷机获陕西省科学技术三等奖;FR300及烟包机产品获中国包装科学技术奖。

【市场开拓】 2010年公司以多签订优秀合同为主要目标,一方面加强市场调研分析,多方收集市场变化信息,为公司分析、制订新产品研发计划提供科学的依据,推动公司新品的研发和市场导入;另一方面采取各种办法加大新品的市场宣传,通过参加行业展会、举办公司新产品演示会等,尽快将研发的新品宣传给市场和客户,将新品变成企业未来新的市场增长点。公司的市场占有率不断提高,市场面不断扩大,产品销售覆盖全国30多个省市、自治区,并出口到东南亚、中东、中亚、中非、美洲等20多个国家和地区。

【企业管理】 年初开始在全公司范围内推行内控制度体系建设,经过一年的努力,公司完成了《内部控制手册》的编制,年底公司组织相关人员对内部控制的有效性进行评价,通过评价及时发现管理中存在的缺陷和风险,提出整改意见,达到管理提升的效果。同时公司推行的ERP项目取得阶段性进展:一是完成了设计资料流程的整理修订草案,已通过产品测试,标志着公司ERP已具备零件生产任务排产计划到各部门的能力;二是完成了报价管理模块的开发,该模块的开发实现了公司零件价格的实时计算功能,为系统快速计算汇总产品报价打下了坚实的基础;三是完成了采购模块的上线工作,制定了新的采购件操作流程,提高了工作效率。2010年公司通过了GB/T19001-2008质量管理体系、GB/T24001-2004环境管理体系、GB/T28001-2001职业健康安全管理体系认证,取得了认证证书,标志着公司质量、环境、职业健康安全“三合一”管理体系贯标工作取得阶段性成果,也标志着公司的管理向科学化、规范化、标准化方面又向前迈进了一大步。

(柏影娟)

中联重科土方机械分公司

【企业概况】 中联重工科技发展股份有限公司创建于1992年,2000年10月在深交所上市(简称“中联重科”,股票代码000157),是中国工程机械装备制造领军企业,全国首批创新型企业之一。主要从事建筑工程、能源工程、交通工程等国家重点基础设施建设工程所需重大高新技术装备的研发制造。

中联重科秉承“至诚无息 博厚悠远”的企业文化理念,内源式发展与外延式发展并重。生产经营基地分布于中国湖南、上海、陕西、广东以及意大利米兰等地,已形成中联科技园、麓谷工业园、泉塘工业园、常德灌溪工业园、望城工业园、益阳沅江工业园、汉寿工业园、上海工业园、陕西渭南工业园、华山工业园、意大利CIFA工业园等产业园区,总面积近300万平方米。2009年中联重科在全球工程机械行业排名第10位;在2010中国机械工业100强排名第五位;连续多年被评为“最具成长性”企业、最具影响力企业、全国用户满意企业;被评为中国机械工业现代化管理进步示范企业。获得全国五一劳动奖状、中国自主创新能力十强、中国最具影响力品牌、中华慈善事业突出贡献奖、全国抗震救灾英雄集体等奖项和称号。

【产品种类】 中联重科土方机械分公司是中联重科旗下主要事业部之一,主要生产系列挖掘机、推土机、履带式装载机、旋挖钻机、地下连续墙液压抓斗等工程机械产品。公司以渭南工业园为管理中心,形成跨上海、西安、渭南、华阴四地经营的格局。2010年投产的渭南工业园是西北地区最大的免涂装、流水线、大批量生产的挖掘机生产基地,具备年产大中型液压挖掘机10000台、小型液压挖掘机10000台的生产能力,可实现年收入上百亿元。

【市场开发】 中联重科土方机械产品已遍及能源、水利、冶金、建筑、矿山开采、铁路、公路、机场建设等行业,并出口到美国、加拿大、古巴等三十多个国家和地区。公司根据自身特点,以国际先进的事业部运作模式及分层管理理念,建立起分产品、跨地域的事业部体制运作模式和组织构架,设立推土机、挖掘机和桩工机械三个事业部,实施分层管理。公司高度重视员工发展和人才引进,建立起系统的、有竞争力的薪酬福利体系和完善的员工职业生涯发展规划,充分发挥员工的能动性和创造性,尊重人才,为人才提供良好的发展平台和工作环境。

【企业理念】 在中联重科的战略指引下,土方机械将成为中联重科新的经济增长点,公司依据市场形势和行业发展前景,制定了宏伟的战略发展规划目标:2010年实现销售收入20亿元,2011年实现销售收入40亿元,力争2015年成为中联重科百亿经营事业部。公司将成为中国本土品牌工程机械产品的主要研发、生产基地,秉承中联重科“思想构筑未来”的品牌核心理念,不断创新,为国内外广大用户提供优质的工程机械产品和服务,为推动中国机械产业发展而奋斗,为社会的和谐与进步做出新的贡献。

陕西华山化工集团有限公司

总 经 理 弥永丰 **党委书记** 张根锁

【企业概况】 陕西华山化工集团有限公司组建于1997年8月，是由陕西煤业化工集团控股的国有大型化工企业。公司地处华县，现有员工3000多人，总资产15.6亿元，年产合成氨26万吨、尿素32万吨、硫酸15万吨、磷酸二铵14万吨、磷酸一铵10万吨、甲醇3万吨、三元素复合肥5万吨、1,4-丁二醇3万吨、编织袋1600万平方米。公司先后获全国化肥生产先进单位、陕西省管理示范企业等称号，跨入"中国化学工业500家最大化工企业"行列。2010年通过ISO9001国际质量管理体系认证。主导产品"华山"牌尿素和"陕复"牌磷酸二铵均属陕西省优质产品、陕西省名牌产品、陕西省著名商标以及消费者信得过产品，尿素产品被国家质监总局评为国家首批免检产品。

2006年6月与陕西煤业集团公司实施战略重组后，公司抢抓机遇，积极实施项目带动战略。3万吨/年1,4-丁二醇(BDO)项目总投资6亿元，是陕西省重点建设项目，也是陕西省重要的精细化工项目，已于2010年5月建成投产，经济效益显著；陕化节能减排技术改造项目总投资55亿元，建设年产40万吨合成氨，52万吨尿素联产60万吨甲醇，建设工期2—3年，建成后年产值26亿元，税后利润6.3亿元。集团公司2010年累计实现销售收入13亿元，实现工业总产值10.94亿元。

【企业管理】 2010年在计划统计管理、经济责任制考核、固定资产管理、质量管理、计量管理以及企业运行协调等方面进行企业管理改造，认真履行管理职责，保障了企业各项管理工作的顺利推进。4月份，成立集团公司保卫处，统一管理集团公司治安保卫工作，做好了公安处移交地方后企业内保的接续工作。完成了股份公司质量管理评审工作和尿素、磷酸二铵两个名牌产品的现场审核工作，并完成了陕西省质监局要求的省名牌企业质量比对工作。以金融市场提供的信息为重要依据进行理财活动，公司融资能力不断提高，有效缓解了流动资金紧张的局面。

【技术改造】 2010年，陕化节能减排技改项目总体进展平稳。全年完成投资额11.6亿元，累计完成投资21.5亿元；签订合同总金额19.7亿元。合成氨全煤消耗控制再创历史新记录，达到了全国同行业先进水平，有效降低生产成本，生产效益显著提高。公司向陕煤化集团推荐了四名优秀科技工作者，申报了化肥厂一期常脱系统改造、财务管理软件开发等六项科研成果，均获得陕煤化集团奖励。

【职工培训】 10月份，承办了陕西省"华山化工杯"钳工职业技能大赛，推进了技术人员技能水平的整体提升，大赛的成功举办赢得了省石化工会的好评。

【企业荣誉】 3月31日，被省企业信用协会评为"3A(质量　信誉　服务)联盟会员单位"。11月9日，中化化肥专业委、中化信息协会联合授予公司"2010中国化肥企业100强"、"2010中国化工企业综合实力100强"和"2010陕西省化肥企业5强"称号。

潼关中金黄金矿业有限责任公司

【企业概况】　潼关中金黄金矿业有限责任公司位于秦、晋、豫三省交界的潼关县桐峪镇,有陇海铁路、连霍高速及310国道经过,距潼关县城23公里,距西安——潼关高速30公里,交通极为方便。

公司注册资本金总额4878万元,中金黄金股份有限公司以原陕西东桐峪金矿净资产2488万元作为出资,拥有股权51%,潼关县国有资产经营管理公司以所属李家金矿和大猫峪金矿的净资产2390万元作为出资,拥有股权49%。公司于2006年5月完成了机构整合。2010年11月,根据公司发展需要,对原有机构进行了重新调整,公司下设采矿工程部4个,选矿工程部2个,冶炼车间1个,生产支撑部门10个,机关部室8个。公司选矿处理能力为1065吨/日,年产黄金1.3吨左右。

公司前身中金黄金股份有限公司陕西东桐峪金矿曾是全国年产黄金超吨的主要黄金矿山企业,1998年利润超亿元。自新公司成立以来,2004年10月至2010年12月,累计生产黄金9024.52千克,实现销售收入15.01亿元,上缴县财政税费1.75亿元,为县域经济的发展做出极大贡献。公司曾先后获得“中金黄金股份有限公司科技进步奖”、“中国黄金协会科学技术奖”等26项奖项。多次被省、市、县等上级部门评为“诚信单位”、在各项活动中被评为“先进企业”。

【安全生产】　2010年6月10日,潼关中金矿业公司举办安全生产月图片展。将安全理念贯穿于具体的工作和生活中,使安全理念成为职工的自觉意识与行动。6月11日,潼关中金矿业公司举办安全演讲活动。通过此次活动,增强了员工及施工队人员的安全防范意识,为促进公司安全生产发挥了积极的作用。8月3日,潼关中金矿业公司举办了上半年安全生产工作会。对上半年安全工作进行总结,并表彰奖励了上半年安全达标突出单位,同时对下半年安全工作进行了安排。8月18日,潼关县代县长一行到公司检查指导工作。现场检查和听汇报后,对潼关中金矿业公司提出了指导意见和建议。8月26日,举办了中层干部安全达标知识培训班。

【探矿增储】　1月12日,潼关中金矿业公司对在2009年度选矿工艺技改项目建设、地探增储工作和工程管理上卓有成效的4个先进单位和2名先进个人进行表彰,并分别给予重奖。3月5日,潼关中金矿业公司召开2010年井下残采工程竞标会。通过竞标,有效地规范管理秩序,为公司发展起到了很好的作用。4月14日,潼关中金矿业公司举行2010年残采合同签字仪式。5月25日,中国黄金集团公司副总经理杜海青一行到公司检查指导工作。一方面了解潼关中金矿业公司的探矿进展情况,另一方面深入八公里工程部进行实地考察。8月20日至23日,潼关县和潼关中金矿业公司联合召开小秦岭地质找矿研讨会。为小秦岭地区的探矿找矿、资源开发指明方向,提供科学有力的依据。

【职工培训】 4月21日,潼关中金矿业公司举办首期法律法规培训班,增强公司职工的法律意识,提高法律观念。在工作中依据相关法律自觉、认真地履行合同的条款,维护公司的利益,有效地避免了不必要的合同纠纷。5月15日,举办党风廉政建设学习班,增强了党员的党性观念。8月26日,举办了中层干部安全达标知识培训班。

【企业文化】 企业核心价值观:为股东创造红利、为政府创造税收、为社会创造和谐、为员工创造幸福,并公平分配。企业精神:忠诚、敬业、创新、和谐。企业经营理念:管理增效求生存、扩权增储谋发展。8月1日,潼关中金矿业公司、中共潼关县委、县政府、62141部队联合举办庆八一联欢晚会。9月10日,潼关中金矿业公司与驻潼62141部队联合举办了篮球友谊赛。9月29日,参与了潼关县矿业杯篮球友谊赛。

【企业社会责任】 4月19日,潼关中金矿业公司开展向青海省玉树灾区献爱心捐款活动。共计捐款26100元。6月23日,积极参与潼关县2010年防御山洪灾害演练。7月23日,援建包联村秦东镇南街村,参加抢险救灾和灾后恢复援建工作。共计为灾区捐款223575元。

【企业远景】 2010年9月,由潼关县人民政府主办,潼关中金黄金矿业协办,召开了小秦岭地区探矿研讨会,多数专家认为潼关小秦岭地区资源潜力巨大,预计黄金资源潜力在150吨~200吨。实现对潼关境内的黄金资源实现统一规划、统一开发,中国黄金集团公司注入3亿元专项先期资金,用于建设潼关黄金基地,计划从资源整合、地质勘探、开发利用、黄金冶炼、产品加工等实现规模化经营。实现潼关东部资源整合,预获黄金储量30吨~50吨,年产金3吨左右,销售收入7.5亿元,实现利润2亿元;实现潼关区域全部黄金资源整合,预获黄金储量70吨~100吨,建设形成3000吨~5000吨/日的选矿生产能力,年产金5吨~8吨,销售收入18亿~24亿元,实现利润5亿~10亿元。

（高　冠）

韩城矿业公司(局)

【企业概况】 韩城矿业公司、韩城矿务局位于陕西渭北煤田的东北段,行政区划在韩城市境内。2010年6月完成矿业公司与存续矿务局的分离工作,韩城矿业公司正式挂牌成立(以下简称为“韩城矿业公司(局)”)。至2010年底,韩城矿业公司(局)下辖二级单位15个。其中3对生产矿井:即桑树坪煤矿、下峪口煤矿、象山矿井。桑树坪煤矿和下峪口煤矿各配套建有一座选煤厂,下峪口煤矿选煤厂主产瘦精煤,年入洗能力120万吨;桑树坪煤矿选煤厂主产高炉喷吹煤,年入洗能力150万吨。非煤生产和辅助单位12个:即局机关多种经营公司、煤矸石电厂、西安煤矿安全仪器厂、渭南煤矿专用设备厂、天久注浆勘探公司、高岭土厂和救护大队、物资供销中心、医疗卫生中心、生活服务中心、陕西能源技工学校、局党（干）校。现有职工 16012 人。韩城矿业公司(局)现有合资企业(托管单位)1 个:即陕西龙门煤化工有限责任公司。由神木县国有资产运营公司和韩城矿务局投资建设的张家峁矿井,现由陕西陕煤化工集团神南公司管理,韩城矿业公司(局)按出资额控股受益。

【生产经营】 全年原煤产量 423.21 万吨,洗精煤 91.33 万吨,实现销售收入22.3亿元,人均工资 4.97 万元,同比人均净增 1.5 万元,增幅 45.5%;安全实现“零死亡”,创历史最好水平。陕西陕煤韩城矿业公司正式挂牌成立,隆重举行了韩城矿务局建局 40 周年庆典,在召开的第七次科技大会上重奖了科技有功人员,提出了“争当渭北四局领头羊,成为陕煤集团排头兵”的战略目标。瓦斯治理和 2#煤开采难题得到成功破解象山矿井升级改造和选煤厂建设竣工在即,生产布局调整初见成效;王峰矿井和陕北柳壕沟矿井等新项目建设积极推进;沉陷区治理和棚户区改造加快推进;企业经营管理水平不断提升。

【企业党建】 韩城矿业公司(局)党委以党的十七届四中、五中全会精神为指导,以“抓作风、强党建、保调整、促发展”为总要求,深入贯彻落实科学发展观,以加快生产布局调整和促进发展为主线,坚持“融入中心、服务大局、抓党建、促发展”的党建工作方法,深入开展建设学习型党组织和“创先争优”活动,带领各级党组织和广大共产党员以争创“四好”领导班子、建设“四强”党组织、争当“四优”共产党员为目标,全面加强各级党组织的先进性建设,不断深化企业文化建设,持续推动和谐矿区建设,有力地发挥了党委的政治核心作用、党支部的战斗堡垒作用和党员的先锋模范作用,完成了陕西煤化集团公司下达的各项工作任务。先后在 3 月份由工信部、中国工业报社、中共中央党校党建研究室等单位联合举办的第六届“中国工业论坛”上,公司(局)获“中国工业党建优秀单位”称号;5 月份获“陕西省思想政治工作先进单位”称号;8 月份,获陕西省国资委“厂务公开民主管理先进单位”称号。公司(局)坚持“保安全、重调整、强管理、谋发展、促稳定”十五字方针,以深入开展学习型党组织建设和创先争优活动为契机,紧紧围绕科学发展观这个主题和加快转变经济发展方式这条主线,团结和带领矿区职工在应对挑战中前行,在克服困难中推进,在化解危机中发展,超前预防抓落实、强基固本保安全,坚定不移抓调整、大干快干上水平,扑下身子抓管理、持续改善求创新,实心实意惠民生,共同谱写了韩城矿区安全发展、科学发展、多元发展、和谐发展的新篇章。以“手指口述”、“岗位描述”活动为突破口的企业文化建设不断深入;和谐矿区建设取得新成效。矿区呈现出人心思进、祥和安定、生机盎然、欣欣向荣的喜人局面。2010 年在中国煤炭工业协会开展的企业信用等级评价活动中,韩城矿业公司(局)再次获得企业 AAA 级信誉;在着力打造“规范 + 创新”的韩煤文化中,获得“全国企业文化建设百家重诚信单位”称号。

陕西陕煤澄合矿业有限公司(澄合矿务局)

党委书记　李永刚
总经理、局长　樊志斌
副总经理、副局长　乔建华　叶东生　屈永利　杨晓民　杨百锁

【企业概况】　陕西陕煤澄合矿业有限公司(澄合矿务局)地处澄城、合阳两县,是国有大型煤矿企业。矿区东西长67公里,南北宽30公里,总面积1718平方公里。公司筹建于1970年2月,成立于1974年,原隶属煤炭工业部,1988年8月划归陕西省管理,现为陕西煤业化工集团有限责任公司的全资子公司。陕西陕煤澄合矿业有限公司因澄合矿务局改制注册成立于2008年12月31日,为陕西煤业股份公司的全资子公司。两个经营主体均具有法人资格,分块经营,独立核算,实行一套领导班子、两块牌子的管理体制。矿区地理位置优越,铁路、公路等交通便捷;煤炭资源储量丰富,地质储量85.8亿吨,其中详查6亿吨,煤查10.6亿吨,生产矿井保有3.2亿吨;煤种主要为优质贫瘦煤,局部出现焦煤,原煤灰分18.04%,挥发份为15.51%,发热量5000~7400大卡。企业现有在册职工10980人,管理与专业技术人员1628人,下辖24个二级单位,其中生产矿井6对。

【安全生产】　通过持续开展安全质量标准化管理,狠抓瓦斯水患等自然灾害预防,矿井安全生产装备水平不断提高。深入开展隐患排查治理行动,加大安全教育培训力度,强化安全基础管理考核,矿井安全生产形势整体稳定。2010年原煤产量突破500万吨,安全投入1.09亿元,生产矿井原煤百万吨死亡率下降到了0.189。矿井监测、预防、抵御自然灾害的水平不断提高。

【经营管理】　企业牢牢抓住行业发展机遇,紧紧依靠管理和装备升级,2010年销售收入突破20亿元,资产总额达40亿元,澄合"十一五"发展规划的各项主要目标任务实现。按照陕煤股份公司上市和集团板块重组的要求,深化内部改革,规范经营管理。评估分离了拟上市公司和存续矿务局相关资产,初步理顺了运行体系;狠抓销售市场开拓,坚持铁路与公路并重,较好地保持了产销平衡;加大融资力度,为新区建设、企业兼并收购、民生工程建设等提供了有力的资金保证。

【新区建设】　整合兼并和新建矿井项目的安全、质量、效益、进度各项指标完成良好。合阳新区建设稳步推进。重组整合的百良旭升煤矿、安阳煤矿正在实施技改扩建,控股收购的董东煤矿机械化首采工作面安装到位,已经进入试生产。

【科技创新】　2010年新投入综采设备4套,综掘设备6套,综采机械化水平92%,综掘机械化水平82.5%。实施了矿井数字化改造,分批安装了机电运输"信集闭"系统、井下人员定位系统和井下有害气体监测系统。通过自主研究和校企合作,开

展了矿井水害防治、煤层自燃预防、煤巷锚网支护、建筑物下条带开采等课题研究，为安全生产夯实了基础。

【循环经济】 企业按照“壮大非煤产业、发展循环经济、延长产业链条”的思路，不断优化产业结构。投入资金3500万元，完成了新型建材厂建设、加油站改造、矸石电厂三号锅炉建设等项目，非煤产业实现收入6.2亿元。积极实施环保节能计划，先后启动实施了变频技术应用、设备节能改造、煤场挡风墙、污水处理场等重点工程，减少了废水、废气、固体废弃物的排放。超额完成了“十一五”节能减排目标。

【民生工程】 以“让职工快乐工作、体面生活”为理念，坚持维护和发展职工的根本利益。职工收入大幅增加，采煤沉陷治理和棚户区改造项目加快推进。采煤沉陷治理工程西七路小区24栋2124户已全部开工，棚户区改造项目合阳金水小区累计开工69栋3100户。投资6000余万元，用于矿井“两堂一舍”改善、工作环境美化和社区生活设施改造，职工居民的生产、生活、居住和文化生活条件较大改善。持续开展困难职工帮扶工作，不断深化平安矿区创建活动，强化矛盾纠纷排查治理，实现了矿区和谐稳定，职工安居乐业。

【企业荣誉】 2010年企业物质文明、精神文明与社会文明齐头并进，知名度和社会美誉度进一步提升。企业先后获中国企业联合会“最具成长型企业”、煤炭工业协会“AAA级信用企业”、“省属国有企业四好领导班子”、“陕西省厂务公开民主管理工作先进单位”等称号。

【企业远景】 在2010年“第三届澄合发展论坛”上，公司领导班子集思广益，审时度势，确定了把澄合建设成为全国一流安全高效节能环保现代化煤业的宏伟目标，制定了企业“十二五”规划，即原煤产能两千万，工业产值超百亿，职工收入上十万的“211”工程。为实现这一宏伟目标，澄合人将继续全力推动矿区科学发展，再创澄合新辉煌。

（姚富强　肖春来）

陕西陕煤蒲白矿业有限公司

【企业概况】 陕西陕煤蒲白矿业有限公司由原成立于1959年1月的蒲白矿务局改制成立，属国有大二型企业，现隶属陕西煤业化工集团。公司下属共有21个单位：7对原煤生产矿井、5个非煤生产单位和9个后勤社区单位。公司辖有两个矿区：蒲白矿区（老矿区）和蒲白黄陵新区（新矿区），蒲白矿区交通便利，南邻西禹高速，西与包茂高速相连，与古都西安相距110公里，渭清公路横贯矿区南北。自营煤炭铁路运输专线102公里，经由铜蒲东环线三级国铁至西延线与国铁干线接轨。黄陵新区位于黄陵县腰坪乡境内，包括黄陵建庄矿业有限公司和陕西建新煤化有限责任公司。公司主要业务涉及煤炭、电力、水泥、高岭土等，产品销往上海、江苏、江西、浙江、湖南、湖北等省市及陕西境内秦岭电厂、蒲城电厂等用户。公司现有职工近1

万人,职工家属6万余人,企业资产总额43.95亿元。2010年,蒲白矿业公司煤炭产销量570万吨,营业收入21亿元,其中煤炭19亿元、水泥0.85亿元、电力0.45亿元、高岭土0.13亿元,实现利润1.68亿元,工业产值突破20亿元。

【安全生产】 安全作为煤炭生产企业的天字号工程,蒲白矿业公司始终把安全作为重中之重来抓,在公司上下树立起零敲碎打事故是可以避免的思想,通过狠抓基础管理,高标准实施质量标准化,认真开展专项治理,严格人的行为控制,强化现场管理和领导带班,扎实推进班组自主管理,为安全工作筑牢基础。同时,不断加大矿井科技投入,积极实施企业升级改造,使公司机械化程度达到91%以上,公司安全形势得到明显改善。

【扩大再生产】 在"以煤为主、多元发展"战略思想的指导下,蒲白矿业公司坚持做大做强煤炭主业,为解决好资源问题,蒲白矿业公司积极实施"走出去"的战略,成功控股了年产120万吨的榆阳煤矿,并将通过技术改造使其达到300万吨/年的生产能力。在黄陵县腰坪乡境内投入建设的建庄和建新两个矿井,也已经分别于2010年7月、9月投入试运转,计划在"十二五"期间,对这两对矿井进行技改扩能,把生产能力提高到600万吨以上,打造安全、高效的现代化矿井,公司的业务范围正稳步地从蒲白拓展到延安、榆林等地。蒲白老区也在逐步向中深部延伸,白水雷衙、尧禾井田已在勘察当中,投入建设后将建成年产600万吨的现代化矿井。

煤炭主业在拓展的同时,蒲白积极发展壮大非煤产业,先后形成了电力、水泥、高岭土、LED节能灯等多个产业,各非煤单位在陕西煤业化工集团专业版块下各显其长,争相做大做强,并不断努力寻求对外合作,为今后的发展寻求更广阔的市场。

【企业人力资源管理】 按照"科技兴局、人才强企"的战略目标,蒲白矿业公司高度重视人才队伍建设,确立起员工是企业的财富而不是包袱的思想,很好的解决了冗员问题。蒲白矿业公司紧紧抓住引进、培养、用好人才三个环节,树立人力资源是第一资源的理念,切实加大人才引进和培养力度,创新培训方式,全面提升职工素质,认真完善职工结构,优化人才队伍。2010年,共招聘各类专业大学生90余人,几年来累计招收大学生300余人,为企业的健康发展注入了强劲的动力,其中部分大学生已在各自的岗位上成长为业务骨干。

【企业民生工程】 蒲白矿业公司现有职工家属6万余人,为了充分使发展成果惠及广大职工群众,职工收入实现了连年增长,2010年职工人均收入4.7万元,计划2012年人均收入6万元,"十二五"末可达到8万—10万元。2010年共发放资金500余万元实施扶贫帮困工作,同时积极改善职工福利待遇。投资400多万元,改善了职工活动基础设施,投入26万元开展赠书活动,充实了基层职工书屋。实施的沉陷治理及棚户区改造工程,有效缓解了职工住房紧张的问题。投入7000余万元完成的热电联产项目,供热面积70余万平米,有效提升了职工生活质量,改善了矿区环境,实现了节能减排。

中冶陕压重工设备有限公司

【企业概况】 中冶陕压重工设备有限公司是中冶集团暨中国冶金科工股份有限公司旗下的重型设备研发制造企业,公司冷热加工配套齐全,工艺制造能力先进,具有设备成套、工程项目总包能力。企业以生产大型精密板带轧机和板带处理成套设备、大型锻压成套设备、锻钢轧辊、大型铸锻件为主要产品,是中国西部乃至国际、国内都有着广泛影响力的大型国有企业。

企业具有三标一体管理体系和资质,(GB/T19001 质量管理体系、GB/T24001 环境管理体系和 BG/T28001 职业健康安全管理体系),并具有国家批准的进出口贸易经营权。企业可以按国际标准、欧洲标准和国外公司标准制造设备。

企业建立了完整的技术创新体系,有独立的新产品开发能力,从市场开拓、产品研发、产品设计、工艺技术研究、生产制造、质量控制到售后服务,具有严格的运行管理体系。在企业 3300 多名职工中,拥有教授级高级工程师、高级工程师以及各类工程技术人员 800 余人。公司具有强大的冷、热加工能力,技术实力雄厚,产品主要涉及钢铁、有色金属、矿山、电力、石油、化工、汽车、船舶、机械等行业,拥有广泛的国内外市场并有着良好的产品业绩和口碑。

【产品种类】 公司已形成年产冶金及锻压设备 50000 吨的生产能力,主导产品形成了 15 个系列,200 多个品种规格。主导产品有:各种黑色、有色板带轧制设备,板带连续处理设备以及板带精整设备。代表产品有大型冷、热板带轧机,平整机,开卷与卷取机,矫直设备,热镀锌、镀锡机组,连续退火机组,酸洗机组,板带纵、横剪切机组,板带矫直设备,各种飞剪、液压剪,方坯、板坯连铸设备。大型锻压设备有:金属挤压机、锻造液压机、操作机、液压压力机;硬齿面传动箱;各种大型冶金备件等。大型锻钢轧辊和铸锻件,具有年生产 2 万吨成品锻钢轧辊(单件轧辊最大直径 1650 毫米,最大重量 65 吨),2 万吨大型精密铸钢件(最大单重铸钢件可达 200 吨),4.5 万吨锻件(最大单重锻钢件可达 75 吨),以及 9 万吨锻造用钢锭的生产能力。

【生产经营】 2010 年,在国际金融危机和行业市场不景气的情况下,公司完成工业总产值 11.44 亿元,机器产品产量 34480 吨,分别比 2009 年增长 114.37% 和 120%。公司致力于打造为国民经济提供重大装备的国内一流、国际知名的专业化冶金设备及大型成套设备的研发、制造基地,打造中国西北地区最大的锻钢轧辊生产基地,以及大型铸、锻件生产基地。公司以新的起点和高度,竭尽全力为客户提供适用的精品、名牌、成套、创新产品,让企业的产品为社会创造价值并使客户获得利益,使企业在为社会和客户服务的过程中同时得到持续发展和提升。

(于大明)

交通运输 邮电通信

公 路 交 通

渭南市交通局
党委书记、局长 陈春明
常委副书记 张明亮
副 局 长 王平勋 权景西
王普辉 张晓平
王自茂

【概况】 全年共完成交通基础设施建设投资67.09亿元，渭蒲高速公路、西潼高速公路改扩建工程先后竣工通车，渭南客运中心站建成运营。干线公路完成路网改造项目7个，实现优良路率89.5%，优良路里程699.69公里。农村公路完成建设项目385个，里程796公里，县、乡公路优良路率分别达到82.47%、57.64%。道路运输完成客运量10211万人次、旅客周转量560006万人公里、货运量8763万吨、货物周转量2478193万吨公里，分别比上年增长17.9%、19.9%、18%、20%。运输安全四项指标为零，为五年来最低值。

"十一五"以来，全市共完成交通基础设施建设投资162亿元，是"十五"的8.3倍，占全市总投资的11.6%。阎禹高速、西潼高速改扩建、渭蒲高速相继竣工通车，市境内高速公路达到326公里，11个县(市、区)中9个与高速公路联结。"三桥两路"通车，G310城区过境段一级公路、沿黄公路开工建设，干线公路的通行能力全面增强。新增农村公路1.17万公里，相当于"九五"和"十五"总和的3.8倍。全市100%的建制村、70%以上的自然村通上水泥路或沥青路。深入开展质量管理年、质量"回头望"活动，工程优良率保持在90%以上，合格率保持100%。至2010年底，全市公路总里程达17660.8公里，公路密度为135.33公里/百平方公里，平均万人拥有公路32公里，居西部之首。一个以渭南城区为中心，以高速公路、干线公路为主骨架，以县道为次骨架，以乡村公路为脉络，层次分明、城乡协调的区域公路交通网络基本形成。

【交通运输】 以"投资多元化、管理公司化、运营规范化"为基本思路，因地制宜，分步实施，努力营造公平、竞争、规范、有序的道路运输市场体系。提高通达深度，优化运力结构，发展现代物流，城乡运输一体化明显加快。跨市高速客运、市内快速直达客运和农村客运相互衔接，综合规范的运输网络体系初步建立。至2010年底，全市拥有道路运输业户3.9万户，营运车辆

8.72 万辆,营运线路 593 条,辐射 10 多个省、自治区、直辖市。乡镇通班车率达到 100%,建制村通班车率达到 96%。五年来完成客运量 37350 万人次,旅客周转量 2043383 万人公里,分别较"十五"增长 85.6% 和 50.8%;完成公路货运量 28758 万吨,货物周转量 7048118 万吨公里,分别较"十五"增长 129.2% 和 373%。道路运输对全市 GDP 的直接贡献率超过 2%。

【养护管理】 以"实现一流路况、一流服务"为目标,全面实施精细化养护、规范化管理、人性化服务。五年间,干线公路共投入养护资金 15.1 亿元,实施大中修工程 514.6 公里,建成养管示范路 436.5 公里,优良路率达到 89.3%。农村公路投入养护资金 2.9 亿元,建成省市交通示范县 4 个,县乡路优良路率分别达到 82.28%、57.44%,村公路全部纳入列养范围,实现了有路必管、有路必养。全面开展超限治理工作,建立了"政府主导、部门联动、源头监管、路面控制、标本兼治"的治超长效管理机制。五年共检测车辆 519.6 万辆,查处超限车辆 27.82 万辆,卸分载货物 63.8 万余吨,干线公路、农村公路车辆超限超载率分别稳定控制在 2%、3% 以内,有效保护了公路路产路权。

【行业改革】 实行大部制改革,市交通局更名为市交通运输局,正式履行城市出租、公交管理职能,大交通格局初步形成。干线公路以"养管分离、事企分开"为抓手,机制体制改革稳步推进,收效明显。农村公路以落实县乡政府责任为重点,流程规范、运行顺畅、管理高效的管理体制初步形成并日趋完善,全省现场会在渭南市召开,中央电视台新闻联播予以报道。通行费征收方面,撤并 5 个收费站,5 年征收通行费 7 亿元,较"十五"增收 2 亿元。交通企业面向市场,深化改革,经营状况持续向好。

【安保工程】 全力实施安保工程,干线公路加固危桥 24 座,处治隐患 204 处 278.6 公里。农村公路加固危桥 18 座,处治隐患 723 处 667.9 公里。道路运输安全"严把三个关口,搞好一个监督",进一步完善"谁签字、谁负责"的安全管理机制。积极实施科技兴安战略,对全市 559 辆危运车辆和 2148 辆客运车辆安装 GPS 车载终端,实现了动态监管,安全生产指标稳中有降。海事安全监管以旅游船舶为重点,落实乡镇安全管理责任和水运企业属地管理责任,对重点时段、重点水域严防死守,水运安全形势持续稳定。

（原欢武）

邮 政 事 业

渭南市邮政局

局 长 王理生

副局长 柴英池 贺志华 张海峰

【概况】 全市邮政系统完成邮政通信总量 2.596 亿元。完成省公司收入计划的 110.57%,排名列全省第三位。全员劳动生产率 17.2 万元。市邮政局、市邮政银行分别获得全国通信行业"用户满意企业"称号,市邮政局被全国质量协会授予"全国用户满意企业”称号，蒲城县邮政局被省委、省政府授予“省级文明单位”称号。

【经营发展】 全市邮政系统在经营发展方面不断优化业务结构，狠抓重点业务、重点客户、重点市场及重点区域的发展，实现了个专业、个县局及三大板块的协调发展。金融类业务到6月底全市邮政储蓄余额一举突破100亿元大关，年末余额108亿元。理财类业务销售6.92亿元，保险销售44062万元，发放个人贷款8.12亿元，金融类业务完成收入2.66亿元。邮务类业务按照“突出效益，突破瓶颈”的发展思路，以项目为抓手，采取复制营销，典型引路的方法，实现了突破性的发展。函件业务全年收入1560.8万元，增幅9.68%。报刊发行业务全年收入1420.9万元。集邮业务全年收入784.94万元。代理信息业务全年收入644.88万元。速递物流业务收入2300万元。包裹业务收入204.69万元。

【企业管理】 企业管理以经营发展为中心，围绕经营发展不断强化各项管理工作。一是按照以项目带动发展的思路，对项目实行精细化管理，制定和完善了非金融类业务项目分级管理和责任管理办法，并结合省公司确立的六大项目确立了全市26个经营项目，加强对项目的全程跟踪考评，促进经营项目实现新跨越，全市项目实现收入5622.27万元。二是不断加强营销体系建设，全市邮政营销人员56人，对营销队伍通过请专家教授、优秀营销员讲课的方式，进行营销理论、营销技巧、商务礼仪、业务知识的培训，使营销员的整体素质不断提高。在建立用户数据库的基础上，重视对大客户及客户经理的管理，对客户经理从收入贡献、客户稳定率、客户开发率等重要指标进行考核，建立客户信息反馈机制，全市营销人员营销创收1756.48万元。三是完善视检体系建设，强化监督检查工作，年初成立了监督检查部，对临渭区、韩城、蒲城、富平四个局充实了检查力量，全市配备专职视检人员3人、兼职视检人员15人，全年视检人员深入基层检查346次，发整改通知书32份，出具视察报告书192份，及时纠正了经营中的不规范行为，确保了邮政经营的正常运行。四是财务管理工作按照“保生产，促发展”的原则，注重费用的科学化管理，通过预算编制的方式细化了人力成本、采购成本、车辆成本和其他费用成本的管理，严格执行费用申报制度；对局所网点损益核算进行试点；对应收账款通过清理、催缴、通报、考核等措施进行清收，保证了企业增收节支及资金运营。五是人力资源管理继续深化盘活人力资源，规范用工，制定了机构设置、管理岗设置方案，对生产岗位推行“双定”制度，完善考核管理激励制度，对领导干部制定科学的考核测评制度，对劳务工制定了派遣用工管理制度，从招聘、合同签订、日常考核、报酬、社会保险缴纳、退出做了详细规定。

【企业形象建设】 将局所形象建设当作精神文明建设的主要内容来抓。年初印发了《关于全市邮政系统“创文明行业、建满意窗口”暨精神文明建设工作安排意见》和《2010年全市邮政系统精神文明建设工作考评办法》，把创建工作与优质服务、企业文化建设、职工道德教育有机地结合起来，推动了创建活动的深入开展。2010年度完成一类网点装修改造21处，二类网点装修改造101处，更换门头主体253.2平方米，更换利率牌、局所名牌、营业时间牌、告示宣传牌65个。局所有网点所需的桌椅、点钞机、打印机、终端机等设施全面配置到位。122处二类网点的监控、防弹玻璃、联动门配备安装到位，并与公安机关

110 报警网络联网。完成了渭南市区朝阳路电力住宅小区 9 栋住宅路的 366 户信报箱配装工作。使全市邮政的服务水平、服务质量有了进一步的提升，受到用户的好评。

（曹兆瑞）

电　信　事　业

中国电信股份有限公司渭南分公司
党委书记、总经理　郭秦奎
副　总　经　理　陈平乐　王小宁

【概况】　2010 年，中国电信渭南分公司按照集团公司聚焦客户的信息化创新战略，转变发展方式，调整发展结构，以业务融合为中心，打造精品网络，深化精确管理，优化资源配置，努力推动移动、宽带等重点业务快速发展，实现了经营收入稳步增长，完成收入预算目标，同比增长 5.3%。EBITDA收入率 48.63%，名列全省第二。分公司被陕西省地方税务局授予“税务贡献突出企业”称号，分公司团委被评为“中央企业五四红旗团委创建单位”。

【全业务经营】　在移动业务发展中，中国电信渭南分公司结合渭南市场特点，根据工作进度，区分不同时节，细分市场和客户群，量质并重，开展了系列营销竞赛活动。紧抓社会热点，积极拓展政企客户的行业应用需求，率先在全省与公安系统签约了“警务 e 通”业务，受到了省公司的表扬和推广。加快 3G 终端销售，通过政策倾斜，激励社会代理销售 3G 终端，以员工为种子用户带动 3G 终端销售等方式，加快了 3G 终端的市场渗透和 3G 业务的推广应用。中国电信渭南分公司充分发挥电信宽带网络优势，积极拓展宽带业务发展市场。坚持无条件受理，满足用户业务需求。加强新建驻地网项目签约建设，从能力上支撑宽带业务发展。开展了跨越整年的“抢机遇、超常规、实现宽带跨越大发展”竞赛活动。截至 12 月底，宽带用户完成省公司计划的 112.5%，同比增长 38.8%，名列全省第二。

【渠道服务工作】　完善社会渠道基础管理工作，降低企业运营风险，不断提高渠道运营质量。对全市合作厅以上代理资质进行了重新审核，与符合要求，业务操作规范、社会信誉度高的代理重新签订了业务代理协议。客户服务感知不断提升。以集团、省公司提出的“满意度高、忠诚度高，离网率低、投诉率低”为目标，积极落实新版全业务服务标准。坚持源头治理和事前预防相结合，制定了服务前置审批制度，解决因市场营销、系统升级、网络维护等引发的服务问题。针对影响经营发展的服务问题，抓关键环节，促服务提升。经过持续不断地努力，客户投诉处理及时率、首次回应、宽带预处理率等指标全部达标。

【网络性能】　树立天翼精品网络形象，持续提升 C 网网络质量及网络覆盖率。全年 3G 基站占比由 2009 年底的 48% 提升至 67%，3G 业务乡镇及乡镇以上覆盖率达到 100%。优化了国家级高速、省道以及重点景区的网络覆盖。全年 C 网基站日均断站率1.1%，指标全年居全省前列，且远高于全省平均水平。在年终第三方测评中，渭南电信天翼网络质量名列第一。强化宽带提速提质工作，使乡镇2M以上覆盖率达到90.40%、4M以上覆盖率达到78.14%，有效支撑了农村宽带发展较快地区用户的业务受理需求。在城市加快城域网建设步伐，以大带宽、高速率不断适应全业务发展需要。城区4M以上网络覆盖率达到98%、8M以上网络覆盖率达到92.04%、12M以上网络覆盖率达到76.85%，电信宽带网络的优势持续领先。干线维护通过落实维护责任，开展预检预修，圆满完成了两会通信保障等18次重要通信保障工作。全年一、二级干线光缆未发生责任性全阻障碍，本地网光缆障碍与上年同比下降58%。

【内部管控】 坚持效益导向，优化资源配置。持续压缩行政管理费用，大力开展节能降耗，推进企业有效发展。优化员工岗位设置结构，使专业9岗以上岗位设置比例达到了45%，为更多具备条件的低岗员工晋升创造了提升通道。加大节能减排工作力度，通过关停高能耗设备，实施定额管理、杜绝跑冒滴漏等措施，全年实现节电约50万度。

（王新宇　龚艳艳）

中国联合通信有限公司渭南分公司

总经理、党委书记　白智乾
副　总　经　理　张建昌　袁知明
赵雷平　林　壬

【增收提效】 分公司通过对营销体系、激励体系、产品体系等的优化，开展年中劳动竞赛、校园营销、冲刺四季度等多项促销活动、加强企业内部管理等措施，加快2G、3G以及宽带用户的发展，扩大了公司的用户规模，提高了企业的收入水平，上缴地方税金941万元。

【网络覆盖】 不断加大网络建设力度，促进网络质量不断提高，为广大用户提供顺畅、健康的网络服务。公司本地网光缆线路4763.48皮长公里，线路通达所有县（市、区）。网络已覆盖11个县（市、区）和重要交通干道。数据、长途、互联网等网络建设均做到了适度超前。

【整体服务】 以提升客户感知为切入点，完善服务管控体系，形成经营、服务、支撑良好协同、规范有序的服务大格局；持续开展了总经理接待日、营业厅达标、四大服务短板整治工作，解决用户关注热难点问题，降低用户申投诉数量，对3G用户实行专属服务，开展了丰富多彩的俱乐部活动，公司的整体服务水平得到很大提升。

【履行社会责任】 先后投资500余万元对市区光缆线路进行了整治，美化城区环境；利用自身网络优势，配合市创模办进行创模宣传，发布创模公益短信6次共计180余万条，为推动创模工作营造了良好的氛围。

（屈伟民　冯秀杰）

中国移动通信集团陕西有限公司渭南分公司

党委书记、总经理　张西华
副　总　经　理　李安宁　张伟明　杜　进

【概况】　2010年,渭南移动突出"正德厚生　臻于至善"的核心理念,全面服务地方经济发展,提升移动信息化水平,积极促进企业快速健康发展,各项指标保持了平稳快速的增长,实现了企业和社会效益双提升。移动客户发展再创历史新高,移动客户总数突破220万户,收入完成近12亿元,全年向地方纳税4118万元。渭南移动被中共渭南市委、渭南市人民政府授予全市目标考核"优秀单位"称号,获得省公司2010年度网络运行质量特别奖,大荔、富平分公司获全省综合排名十强县。

【经营发展】　围绕"全球通"、"神州行"、"动感地带"三大品牌,紧抓节日和热点事件,加强常态化营销。先后开展了一季度劳动竞赛、二季度宽带专线竞赛、服务质量提升竞赛等活动;策划了"移动之春主题营销"、"预存赠费,移动真情齐分享"等系列营销活动;开展了中高端及校园市场等专项市场营销。全年渭南移动净增客户20万户,分公司移动电话普及率超过40%。

【客户服务】　紧抓窗口服务和投诉控制,客户投诉不断减少,客户满意度持续提升,全年万名客户投诉量较2009年下降5.2件。在自有渠道开展服务优势评选、"微笑天使"评选等活动;在代理渠道开展手拉手帮扶、服务达标活动,并明确1—3星级代理渠道的服务标准,通过建设培训基地,对新聘人员进行岗前培训,对代理渠道人员进行素质强化培训,营业厅暗访成绩稳步提升。深入开展"焦点投诉专项改善活动",健全投诉热点月、周、日立体化通报分析体系、完善跨部门联席会议制度。

【网络建设维护】　网络传输线路超万公里,基站超过1700个。网络性能各项现场测试考核指标均达到优秀值。积极开展传输网安全隐患整治,成环率达到90%以上,彻底消除了全网长单链。在网络优化上,组织开展校园网优化、TD接通率提升、交通干线网络优化、数据网络质量等专项提升活动。城区覆盖率100%,建制村覆盖率95%,实现了市、县、乡、村的层层覆盖。渭南移动积极为"两会"、航空节等重大活动和抗洪抢险提供卓有成效的应急通信保障服务,同时还主动服务大西铁路、渭蒲高速等项目市场,有力支撑防汛抗洪等各项应急通信保障任务。

【移动多彩业务】　在提供高质量移动通信服务的同时,积极发展各项移动数据业务和信息化业务,满足客户多种需要,推进数字渭南建设。第一,持续满足客户多样化和个性化需求,重点围绕短彩信及手机上网业务开展深度运营,数据信息业务收入2亿多元。第二,强化统一运营,开展多样营销宣传。先后开展了新业务路演、MM百万青年创业计划等活动。第三,加大重点业务的营销力度。加强手机上网业务的精确营销及核心应用产品的推广,手机上网客户、短信普及率、彩信普及率、彩铃普及率均超过了50%。投资730余万元,建设华阴、韩城电子政务网等重点信息化项目,建成中联重科、交警队警务通、运管处出租车监控等多个信息化项目。

【企业内部管理】 不断加强基础管理,综合管理水平不断提升。一是启动县公司效率效益评价体系,从盈利能力水平、资源配置效率、业务发展效率三个方面综合评价县公司的经营效益。二是完成了基站电费、重要营销费用等九项专项检查和整改工作,有效降低了经营风险。三是制定年度资产循环盘点方案,应用资产实物管理系统,结合日常巡检工作,执行双周通报制度,提高了资产管理效率。四是对各单位职位设置及编制职数进行了调查摸底,形成适应于公司经营、服务的职位体系。五是全年组织举办各类培训22次,参培人数1457人次。六是大力改善办公环境,华县、潼关分公司搬迁到新的办公大楼。七是完成实业公司改制,实业员工纳入上市公司管理,存续事务管理实现有序、平稳衔接。

【企业文化建设】 立足于创新精神的培养,以"责任文化"为主题,将企业文化渗透至基层班组和员工。全年开展创新、QC项目17个,一个QC项目获全国通信行业及集团优秀奖。2010年,公司获"全国通信行业用户满意企业"称号,还获得2个省级文明单位,1个市级文明单位标兵,同时还获得了1个省级"模范职工小家"及8个市级"模范职工小家"。

(常卫强)

商业　贸易

商　品　流　通

滑南市商务局
局　长　张选民
副局长　李栓囤　王晓莲(6月离职)
赵兴南(6月离职)　孙兴华
王进民

【市场运行监测】　渭南市社会消费品零售总额实现231.83亿元,比上年增长18.6%,是陕西省完成目标任务的3个地市之一。新增监测样本企业7户,开通1个县的商务预报信息网。加强市场运行监测,督促企业及时上报生活必需品、重点生产资料、样本监测企业信息数据,企业信息数据上报率98%以上。“商务天气预报”发布各类信息702条,点击率36万人次。做好黄金周、节假日及特殊时期日报工作,密切关注市场变化,做好市场监控工作,及时统计上报信息数据,给政府决策提供可靠依据。市场监测工作在陕西省综合评比得分96.14分,列陕西省第一。渭南市商务局获“全省市场监测工作先进单位”称号。

【商贸名县商务精英评选活动】　弘扬正气,表彰先进,激励更多的商贸流通业精英挖掘潜力,创新创业,促进渭南商贸流通业再上新台阶。渭南市商务局联合中共渭南市委宣传部、渭南日报社、渭南电视台组织开展了渭南市商贸名县、商贸精英、服务明星评选活动,于2010年1月15日举行了盛大的明星企业颁奖典礼。

【行业管理】　抓好成品油市场监管工作,按照商务部2006年23号令《成品油市场管理办法》,按时完成了渭南市496户成品油经营企业的年审和换证工作;健全完善了成品油信息网,每月按时传报信息数据及时掌握全市成品油销售供应情况;推进非油品经营业务工作开展,组织召开了全市成品油管理工作会议及协会全体会员大会。抓好典当、拍卖行业和二手车交易的管理工作。按照商务部典当行业管理办法、拍卖行业管理办法、二手车交易管理办法,加强对全市典当、拍卖、二手车企业的管理,规范其经营行为,同时为企业搞好服务。完成了典当拍卖企业的年审工作。

（许文辉）

粮　油　商　业

渭南市粮食局

局　长　赵英歌(6月离职)
　　　　李建民(6月任职)

副局长　陈成功　郭新华(6月离任)
　　　　王社斌

【流通体制改革】　截至12月底,11个县(市、区)共组建新企业73个,其中国有资产管理公司7个,国有独资公司15个,国有控股公司20个,民营企业31个。7个县(市)粮食部门全面完成了附营企业改革和人员分流任务。完成了渭南市直属粮食企业改制中的“三金”交纳、再就业、遗属生活补、工伤保险落实等遗留问题,渭南市国有及国有控股粮食企业通过诉讼减债等形式,在2010年化解债务9.4亿元,占陕西省粮食行业诉讼减债总额的一半以上。

【粮食购销】　各类粮食企业共收购粮食9.72亿公斤,占年度目标任务的190.49%,比上年增加0.15亿公斤。销售粮食12.81亿公斤,占年度目标任务的232.82%,增加0.11亿公斤。渭南市粮食流通统计以及军粮供应和油菜籽托市收购等政策性粮油业务工作都得到了落实。

【粮食宏观调控】　加强粮食宏观调控,构建粮食安全保障体系。渭南市共建立原粮储备0.66亿公斤,其中市级储备3000万公斤,县级储备3600万公斤。粮油成品储备719.6万公斤。市级食用油成品储备300万公斤,面粉储备120万公斤,大米储备20万公斤。县级成品粮油储备为面粉188.6万公斤,大米44万公斤,食用油47万公斤。建立了粮食应急体系,制定了应急预案及其实施方案。加强粮食流通统计和安全预警监测机制。根据市场情况适当增加了县级粮油市场价格监测点及大米等品种的监测范围,维护了市场价格的稳定。

【清查粮库】　全面调查清楚库存粮食数量,落实政府宏观调控措施,促进粮食仓储规范化管理,提高科学保粮水平。3月下旬至4月上旬,渭南市粮食局联合市财政局、农发行在各县(市、区)粮食局及各存粮企业对库存粮食按照“有仓必到、有粮必查、查必彻底、有违必纠”原则在自查的基础上进行了复查。复查结果表明:截至3月31日,渭南市国有和国有控股企业库存粮食1018344吨,其中中央储备粮442700吨,地方储备粮179048吨,商品粮155466吨,国家临时存储备粮241130吨。与粮食保管账、统计账、会计账衔接一致,数量真实,账实相符。存储的各类粮食均在国家规定的储存年限内,品质宜存率100%。9个中储粮承储企业均取得国家粮食局承储资格并能按照中省下达的轮换计划按时完成轮换任务。库存的中储粮、地方储备粮、其他政策性粮食和临时进口粮食全部在三等及以上等级,商品粮中大多达到三等水平,水分、杂质、不完善粒均在国家标准以内,符合国家卫生标准,无生虫、发热、霉变现象,粮食质量良好,存储安全。粮食信贷资金与农发行贷款相互对应,资金占用合理。政策性粮食补贴及时足额拨付。各粮食经营企业都能按照各自制定的《安全生产管理制度》、《突发安全事故应急预案》,实行安全生产目标责任管理,层层签订安全生产目标责任书。

【策划粮食产业项目】 渭南市粮食局策划包装粮食产业项目 34 个,总投资 144134 万元。其中粮食流通基础设施项目 16 个,总投资 52005 万元;粮食市场体系建设项目 11 个,总投资 49222 万元;粮油加工业项目 7 个,总投资 42907 万元。34 个项目中,完工项目 3 个,实现固定资产投资 19590 万元。在建项目 3 个,总投资 12683 万元。其中市级重点项目渭南市粮食储备库已完成投资 1930 万元,合阳中心粮库项目已完成投资 900 余万元,秦粮一库改扩建项目完成投资 550 万元。

【渭南市粮食行业协会成立】 渭南市粮食行业协会成立暨第一次会员代表大会于 5 月 14 日召开。渭南市粮食行业协会的成立是粮食流通体制改革和发展的重要成果,是转变职能的有益尝试,是粮食流通市场化、经营主体多元化的需要,对于增强渭南市粮食企业的市场竞争能力,发挥行业整体优势,促进粮食产业化发展,建立统一、竞争、有序的粮食市场秩序,推进市场经济法治化进程具有重要作用。行业协会在 2010 年的夏秋粮收购中发挥了服务、自律、协调和监督作用,沟通了行业与政府、企业与企业间的联系,维护了粮食企业合法权益,推动了渭南市粮食行业深化改革和科学发展,有力地服务了农业生产者、粮食管理者和城乡消费者。

(蔺 娜)

供销合作商业

渭南市供销合作社

主　任 宁百川

副主任 刁忙俊 柳建云(6 月离任)

【概况】 渭南市供销合作社有 11 个县级供销联社,83 个县级社属专业公司,167 个基层供销社。市级社属企业有 7 家,1 所供销干部学校,4 家行业协会。2010 年,渭南市供销部门围绕新农村建设,创新服务方式,全面推进"新网工程",规范发展各类合作经济组织,提高为农服务水平,促进农村经济发展和农民增收。全年完成商品购进 17.68 亿元,比上年增长 14.9%;完成商品销售 18.33 亿元,增长 10.2%;汇总盈利 85 万元,增长 9%。

【新网工程】 "新网工程"是国家为扶持供销社的发展,实施的一项重要工程,主要是在农村恢复农资、日用消费品、农产品、再生资源利用等经营网络。"新网工程"实施以来,供销系统坚持"行政推动、市场化运作,项目带动、多元化发展"的原则,"新网工程"建设已具规模,构建了具有渭南区域特色的农资经营服务、日用消费品经营、农副产品购销、再生资源回收利用、烟花爆竹专营的五大经营网络。农资网络共建农资经营网点 3300 个,年销售各种化肥 60 万吨,市场占有率 70% 左右,有 6 家企业被列入国家"新网工程"农资项目实施单位，共争取新农村现代流通服务网络工程专项资金629万元；日用消费品经营网络按照“小超市、大连锁”“小网点、大网络”的思路培育扶持了合阳北方大厦、澄城冯原供销社、韩城龙鑫超市、富平庄里商城、蒲城荆姚商业街等企业；再生资源回收利用网络依托协会和县级公司共建经营网点728家；烟花爆竹网络坚持“归口经营、一县一批”，渭南市11家专营公司基本实现了连锁配送，年销售花炮3500万元；农副产品购销网络专业社和协会营销能力逐步增强，2010年销售的各类农产品在2亿元。

【合作经济组织建设】 发展各类农村合作经济组织，完善为农服务体系是新时期供销社的一种常态工作。各县(市、区)供销联社立足当地产业、资源优势，按照自愿、民主的原则，采取多种形式发展各类农村合作经济组织，全方位参与农业产业化经营，完善为农服务体系，提高服务水平，帮助农民增加收入。全市供销合作社累计共建专业社186家，其中52家专业合作社完成工商登记，“丰翔花椒”“洋阳柿饼”“山里情豆腐”“九州红瓜果”“三省手织品”等已成为专业社具有代表性的品牌；累计共建各类协会46家，各协会积极向单位会员、个人会员提供行业信息，技术指导，技能培训；共建村级综合服务站960个，不仅开展农资、农副产品、日用消费品经营服务，还积极开展加工、信息、中介、培训、娱乐、餐饮、洗浴等系列服务；渭南市已培育和扶持龙头企业31家，成规模化经营，龙头企业销售额已占到全市供销社销售额的60%。

【供销企业改革改制】 2010年，着重抓好基层供销社的改造和棉花企业的改制。各县市区供销联社因地制宜，因企施策，采取股份制改造、重新组建、整体兼并、场地租赁、破产等形式，推进基层社改造和社有企业改制，至12月底，改制企业及基层社完成13家，累计完成改革改制213家，改制面占独立核算社有企业240家的88%以上。

（宋渭清）

烟　草　专　卖

渭南市烟草专卖局

（陕西省烟草公司渭南分公司）

局长、经理　孙新增

副　局　长　张澍杰

党委副书记　丁　力

副　经　理　王春林　王林生

【烟草机构】 渭南市烟草专卖局、陕西省烟草公司渭南市公司组建上划于1986年。行业实行“统一领导、垂直管理、专卖专营”的管理体制、“两块牌子、一套班子、政企合一”的组织形式和“电话订货、电子结算、网上配货、现代物流”的网络运作模式。主要职能是宣传、贯彻、执行《国家烟草专卖法》及其《实施条例》，组织渭南市卷烟经营和烤烟生产经营。

【卷烟经营】 2010年渭南市销售卷烟19.29万箱，比上年增长3.14%，增幅为

2006 年～2010 年 5 年间最大的一年。其中销售低档卷烟 58848 箱。卷烟单箱销售收入 12900 元，提高 1670 元，增长 14.88%。实现税利 36355 万元，提高 8875 万元，增长 32.3%，高于陕西省平均水平 3.3 个百分点。其中，实现利润 14528 万元，提高 979 万元，增长 7.23%；实现税金 26477 万元，提高 8780 万元，增长 49.61%。销售“20＋10”重点骨干品牌卷烟 57653 箱，增长 18.56%，占总销量比重的 30%，提高 4.6 个百分点。销售陕西省以外品牌卷烟 61330 箱，省际间卷烟销售比例达到 31.7%，提高 3.53 个百分点。渭南市共销售品牌卷烟 29408 箱，增长 42.6%；实现销售收入 10.45 亿元，增长 39.9%，两项增幅均高于陕西省平均水平。

【烟草业现代流通建设】 通过电子商务网站订货客户达到 12771 户，占 2010 年总客户数的 72.6%。全面引入物流标准化管理，共建立作业标准 25 项，涉及流程 36 项。渭南市烟草专卖局被陕西省烟草专卖局确定为物流中心 GIS 系统（地理信息系统）试点单位。至 12 月底，GIS 系统的各类基础信息的采集和录入全面完成。至 12 月底，渭南烟草局累计配备流动服务车辆 26 台，更新客户经理电脑 42 台，保证了零售客户的服务到位。并且调整客户业态分类标准，使卷烟投放更加公平合理；强化营销创新，所开展的“卷烟品牌价值倍增模式的探索与应用”项目被列为省级创新项目；开展“我的店铺，我的经验”、“百场万户”品牌宣讲等主题活动，零售终端建设得到加强。据第三方市场满意度调查显示，渭南市烟草客户对全市的烟草业物流系统满意度达到 89.4%。

【烟叶生产】 种植烟叶 733.7 公顷，户均种植 1.09 公顷，同比增加 0.09 公顷。收购烟叶 2.9 万担，完成 2010 年计划的 96.7%。发布并实施了《渭南烤烟综合标准体》，330.03 公顷示范田全面实施了标准化作业。渭南市集约化育苗面积达到 95.5%，商品化育苗达到 80.2%。共投入基础设施建设资金 558 万元，建设密集式烤房 80 座，购置烟用机械 32 台（套），新修烟田机耕路 16 公里，建设育苗大棚 21 座。稳步发展现代烟草农业，专业合作社、家庭农场、种植专业户三种组织形式的烟田占示范区面积的 90% 以上。

【卷烟市场整顿】 开展打假破网“百日”专项行动等三个专项行动，推进卷烟市场整顿规范。累计查处各类涉烟违法案件 959 起，查获各类违法卷烟 1663 万支，涉案金额 449 万元。其中，2 万元以上案件 58 起，5 万元以上案件 19 起。大荔“一一·三”、“九九”网络案件案值超过百万元。华县“七二二”真烟网络案件案值超过千万元。各类案件共刑事拘留 20 人，逮捕 12 人，判刑 7 人。特别是经过烟草和公安部门近一年的悉心经营，一举查获了横跨多省市、产销一条龙，涉案金额巨大的城区“一二·一六”假烟网络案件。深入开展无证经营专项整顿，共取缔无证户 1158 户，新办证 1369 户，辖区内无证经营现象得到有效控制，渭南市卷烟市场净化率达到98.48%。

（刘　勇）

盐业管理

渭南市盐务管理局
局　长　张均洲
副局长　牛新成　高志刚　高存章

【盐业经营】　2010年，盐品总购进32738吨，其中食用盐购进24023吨，工业盐购进8715吨。销售盐品33628吨，销售收入7703万元，净利润57万元。库存盐品8110吨，其中食用盐7630吨。探索经营新路子，在保障原有普通食盐供应的基础上，组织引进了营养食盐和绿色食盐两大系列四个品种上市销售，丰富了食盐供应品种。富平、临渭两县（区）省级3000吨储备盐管理工作已进入正常运行管理阶段。

【盐业管理】　在元旦、国庆和春节等重要的节假日期间，持续开展食盐市场检查和整顿活动；同时结合“三一五”消费者权益日、“五一五”防治碘缺乏病日宣传主题，开展盐业法规政策宣传，营造干净放心的盐业市场环境。渭南市集中开展食盐市场专项整治活动5次，开展大型宣传活动2次，2010年累计出动盐政执法人员14091人次，出动执法车辆2480台次，开展市场检查2478次，查处涉盐案件222起，查获涉案盐品43.26吨，收缴私盐28.27吨。从食盐零售和使用的关键环节入手，组织开展食盐专项市场整顿活动，严厉查处和取缔违法、违规经营和使用食盐单位，严厉打击涉盐违法活动，营造良好的食盐专营氛围。渭南市民的盐业法规政策和碘缺乏病防治知识知晓率98.63%。食盐市场的碘盐覆盖率99.53%，碘盐合格率99.52%、合格碘盐食用率99.45%，食盐“三率”指标连年超过陕西省和渭南市政府95%以上的要求，食用盐检测率100%，批发企业食用盐合格率100%，没有出现质量事故，完成了防治碘缺乏病阶段性目标任务。

（李奇峰）

贸易促进

渭南市国际贸易促进委员会
（中国国际商会渭南商会）
会长　李养忠

【概况】　2010年，渭南市贸促会组织参加国内外经贸洽谈活动50次，完成了第十四届西洽会组展布展工作、牵头组织了渭南市参与2010年上海世博会相关活动、第六届东北亚机械产业城市联合市长会议等大型经贸活动,落实招商引资到位资金3.6亿元。

【参加第十四届“西洽会”】 第十四届“西洽会”期间,渭南市贸促会负责渭南团的组展布展工作并举办了“渭南市国际经贸合作洽谈会”专场活动。展馆布置充分展示2008年以来渭南市各个方面取得的重大成就,重点突出园区建设、文化旅游、城市建设、优质资源、设施农业等方面。展馆接待咨询参观的客商达到8000人次,发放项目册、投资指南、光盘等宣传资料30000余套(份)。布展工作位列第二名(除西安市以外,咸阳市之后),受到了陕西省政府的表彰。“渭南市国际经贸合作洽谈会”邀请了欧盟、加拿大、台湾等国家和地区的60户企业的经理及渭南市50户企业负责人参会,设置了台湾区、欧盟区等共8个洽谈区,会议达成了5个合作意向。

【召开“第六届东北亚机械产业城市联合”会议】 “东北亚机械产业城市联合”,由中国陕西省渭南市、山东省威海市、江苏省无锡市、安徽省马鞍山市和铜陵市,日本的宇部市和大垣市,韩国的昌原市、安山市、浦项市和始兴市,俄罗斯的阿穆尔共青城市等4个国家的12个城市组成。5月份和9月份,渭南市先后举办了局长会议和市长会议,会议以“加强经贸交流合作,推动城市繁荣发展”为主题,先后促成签订了俄罗斯阿穆尔国立人文师范大学与渭南师范学院两校友好合作协议书、渭南市与铜陵市两市友好城市协议书、渭南市与韩国安山市、昌原市共同建设“中韩渭南工业园”的协议书,陕西北人印机有限责任公司与俄罗斯北风印刷厂设备进口协议书;在农副产品和其他方面也达成了若干合作意向:渭南市雅典家具公司与俄罗斯奥林波斯家具公司合作意向、渭南经开区管委会与威海瑞亿投资公司、铜陵市天奇蓝天公司合作意向、渭南市粮油土产进出口公司和渭南市进出口公司分别于韩国昌原市和日本大垣市就渭南市出口韩国、日本的苏籽、芝麻、柿饼、苹果等商品贸易达成合作意向。“第六届东北亚机械产业城市联合”会议是渭南市第一次主持召开的政府间大型国际组织会议。

【参与2010上海世博会活动】 8、9月份渭南市先后参与2010年上海世博会渭南活动旬及陕西活动周活动。渭南活动旬期间,在上海举行了一系列文化经贸旅游推介活动,同时成功举办了“世博会陕西馆渭南旬活动启动仪式”、“渭南—上海台商联谊促进会交流合作恳谈会”、“渭南市与美国GE(中国)公司合作交流会”等活动。陕西活动周期间,渭南市代表团团长、渭南市市长徐新荣带领由渭南市各行业的劳动模范、先进个人、有突出贡献的人物及解放军抗洪救灾英雄等50人组成的成员,参加了世博会陕西周的文化、经贸交流推介活动,并参观了美国GE公司、普华永道中天会计师事务所有限公司及友好座谈交流等一系列招商活动。

【贸促活动及成果】 以“招商引资和项目推介”为中心,做好对有投资意向的客商信息服务、项目衔接及落户工作。渭南市贸促会邀请接待了韩国贸易协会区域研究室室长(原驻中国上海总代表)宋昌仪、西京电气总公司总经理李延波等境内外22个团组、428人次来渭南考察参观,先后组织企业参加了“第九届中国西部国际经济合作洽谈会”、第十六届兰洽会、北京举办的“中国国际服务贸易博览会”“第十五届澳门国际贸易投资展览会”“第七届世界华商高峰论坛”、上海“中国关中—天水经济区国际经贸合作高峰对话会”等20次经贸交流活动,建立了300人的“客商信息库”，签订正式合同1个，总投资33.85亿元，合作意向24个，签订战略合作协议1个，2010年共落实到位资金3.6亿元，其中包括：韦罗实业有限公司投资的韦庄至罗敷高速公路BOT项目、白水东鹏财富中心大厦项目、合阳县解庄奶牛养殖场建设项目、华亿石材开发销售项目、澄城秦雅木业等项目。

【经济协作】 加强友好城市对口支援工作，通过交流与协作，搭建招商引资平台，推动产业转移与项目合作，充分发挥了友好城市经济协作职能。渭南贸促会积极联系与江苏省镇江市有关部门，促成支援协作项目6个，总投资613万元。其中农田灌溉项目2个，人畜饮水项目1个，奶山羊养殖项目1个，农民脱贫及信息网络建设2个。通过2010年江苏对口援建项目的实施，解决了35个村的人畜饮水问题，直接受惠群众2.01万人，大牲畜饮水25万头，灌溉农田1080.54公顷，解决了9289户奶山羊专业户的种羊问题，奶山羊存栏达到2.7万只。4月6日，镇江市政府办副主任严竹波率团一行11人来渭南市考察交流，并进行了友好交流座谈会。12月1日，渭南市长徐新荣率团在参加“苏陕企业家座谈会暨合作项目签字仪式”活动期间，对镇江知名企业、重点城市建设项目、城市规划馆等进行了经贸考察。渭南贸促会分别组织专人前往湖北十堰、江苏镇江、安徽铜陵、山东威海等城市开展项目对接活动5次，寻找合作机遇。

（郭　锐）

对外经济贸易

【进出口概况】 2010年渭南市进出口总值完成16926.8万美元，较上年增长47.12%。其中，出口10110.2万美元，增长19.59%；进口6816.8万美元，增长123.38%，实现贸易顺差3293.4万美元。渭南市进出口总值在陕西省10市排名中列第5位，进出口增速列陕西省第3位。渭南市商务局被陕西省商务厅评为“2010年度进出口贸易工作先进单位”。

【外贸主要特点】 一般贸易、加工贸易、外商投资企业进口的设备、物品均大幅增长。一般贸易进出口7042.6万美元，增长32.1%，占进出口总值的41.61%。其中，出口5082.2万美元，增长14.1%；进口1960.4万美元，增长1.2倍。进料加工贸易进出口总值6867.9万美元，增长22.2%，占进出口总值的40.57%。其中，出口5022.5万美元，增长25.5%；进口1845.4万美元，增长14.1%。外资企业作为投资进口设备、物品3003.5万美元，比上年增长4.5倍。香港、美国、德国、新加坡为渭南市主要贸易伙伴。对香港进出口贸易总值3713.4万美元，增长73.29%；对美国进出口贸易总值2185万美元，增长82.08%；对德国进出口贸易总值2177万美元，增长373.13%；对新加坡进出口贸易总值1442.7万美元，增长40.61%。国有企业、私营企业、外商独资企业、中外合作企业进出口值均大幅增长，中外合资企业略有下降。外商独资企业进出口总值

11632.8 万美元,增长 93.03%;国有企业进出口总值 1072.2 万美元,增长33.45%;私营企业进出口总值 1521.3 万美元,增长 47.20%;中外合作企业进出口总值 15.4 万美元,增长 325.83%;中外合资企业进出口总值 2685.1 万美元,下降 26.2%。机电产品、农产品和有机化学品为三大出口商品。机电产品出口 5808 万美元,增长 67.7%,占出口总值的 57.5%;农产品出口 3219 万美元,下降 23%,占进出口总值的 31.9%,其中苹果汁出口 1908 万美元,下降 33.7%;有机化学品出口 946 万美元,增长 31.7%。进口以机电产品为主。机电产品进口 6151 万美元,增长 1.3 倍,占进口总值的 90.5%。

【进出口企业基本情况】 截至 12 月底,渭南市拥有自营权的进出口企业(含三资企业)共 128 家,较上年增加 21 户(其中新批外商投资企业 5 户)。进出口总值达 5 千万美元以上的企业有陕西线艺电子有限公司 1 户,7949.1 千万美元,增长 58.29%。进出口总值 1 千万美元 ~5 千万美元的企业 2 户,分别是空气化工产品(陕西)有限公司 3221.7 千万美元,增长 321.54%;白水安德利果蔬汁有限公司 1454.1 千万美元,下降 10.99%。进出口总值 5 百万美元 ~1 千万美元的企业 3 户,分别是渭南顶好食品有限公司进出口总值 568.9 万美元,增长0.32%;华阴市锦前程药业有限公司进出口总值 539.4 万美元,增长 16.97%;陕西北人印刷机械有限责任公司进出口总值 524 万美元,增长 67.27%。进出口总值 1 百万美元 ~5 百万美元的企业 9 户,分别是交大瑞森渭南化学工业有限公司进出口总值 391 万美元,增长 60.41%;陕西黄工奥尔德机械有限公司进出口总值 255 万美元,增长 509.6%;韩城中鲁果汁有限公司进出口总值 253.5 万美元,下降 79.68%;陕西渭南大荔富达实业有限公司进出口总值 249.6 万美元,增长 75.53%;韩城盈达气体有限公司进出口总值 193.1 万美元;白水县宏达建筑果业有限责任公司进出口总值 154.2 万美元,增长 1724.76%;埃德鲁(陕西)机电设备有限公司进出口总值 126.9 万美元,下降 0.73%;陕西路孚特食品有限公司进出口总值 126.4 万美元,增长 59.92%;路易(陕西)食品有限公司进出口总值 107.9 万美元,下降 39.92%。

(张迎春)

旅 游 业

滑南文物旅游局
书 记 成江海
局 长 李东平
副局长 徐月凤 张 泽 习黎光 刘 煜

概 述

【概况】 2010年,渭南市接待国内外游客1328.52万人次,比上年增长19.41%。其中海外游客15.04万人次,增长65.75%;国内旅游者1313.48万人次,增长19.03%。旅游外汇收入2707.69万美元,增长65.75%。旅游综合收入67.56亿元,增长31.36%;其中国内旅游综合收入65.75亿元,增长30.66%。

【荣誉奖励】 2010年,渭南市旅游各项工作取得突破。2月获陕西省政府颁发的"渭南市2009年接待旅游者突破1000万人次"奖牌;7月义乌全国旅游商品展华县薛宏权皮影、华县粮食画、临渭区闻福良蛋雕作品、华山"天下第一腔"获全国优秀旅游商品二等奖;10月在陕西省第三届旅游商品博览会中,获最佳组织奖、最佳布展奖;11月在由陕西省旅游局、陕西省文物局、陕西省建设厅和陕西省林业局主办,三秦都市报承办的"大美陕西发现之旅—我眼中最美的陕西旅游"活动中,渭南市获"最美的历史文化旅游名城奖",华县、韩城分别获"最美的历史文化旅游名城",少华山国家森林公园获"最美的山水风景区";在陕西省第三届金秋旅游节上,少华山景区获"陕西十佳旅游形象口号",合阳县获"最美的绿色园林旅游城镇",洽川风景区获"最美的山水风景区",处女泉景区获读者"最喜爱的旅游休闲项目";12月在由联合国亚太城市研究中心、联合国人居环境发展促进会、中国城市建设发展促进会、中国旅游业联合会、中国特色旅游城市调查研究中心、商务时报品牌研究中心联合举办的"中国最具特色魅力旅游城市"荣誉表彰大型公益活动中,渭南市获"中国特色魅力旅游城市",渭南市市长徐新荣获"中国特色魅力旅游城市建设优秀市长",渭南市文物旅游局局长李东平获"中国旅游城市建设杰出贡献人物";12月在被誉为中国旅游界“奥斯卡”奖的“荣耀陕西2010中国旅游品牌总评陕西分榜”评比活动中，渭南市名列榜首，获“2010年度最佳旅游城市”；12月华山景区获国家旅游局颁发的5A级旅游风景区桂冠。

【旅游项目建设】 旅游重点项目建设取得重大进展。2010年渭南市市级重点建设项目2个(包含8个子项目)，华山景区基础设施项目和华县少华山国家森林公园项目。总投资10.4亿元，计划投资4.5亿元，完成投资4.94亿元，占年度计划的110%。其中，华山景区基础设施项目(7个子项目)计划投资3.3亿元，完成投资3.75亿元。项目包括华山论坛及生态广场，华山瓮峪游客中心，华山巨灵客运索道及瓮峪旅游公路工程，华山数字化工程，华山自然与文化遗产地保护项目，华山仙峪广场及景点恢复项目，华山仙峪旅游道路及灵虚湖建设项目7个子项目，各项目进展顺利，工程总体进度情况良好。少华山森林公园计划投资1.2亿元，已完成投入资金1.19亿元。职工餐厅工程主体，石门宾馆1号至3号主体，九龙潭至石板河通信工程，索道设备安装、佛寺中心一层主体、杜牧台南步道基础工程已完成。少华山度假山庄项目已完成开工前的各项准备工作。同时，渭南市旅游资金投入不断增加，截至11月底累计投资60648万元，其中旅游基础建设投资27082万元，旅游景区投资7783万元，宾馆饭店投资23480万元，旅游车船投资933万元，其他设施含乡村旅游建设投资1370万元。

【区域旅游合作】 渭南市和河南三门峡市，山西临汾、运城、阳泉市，河北石家庄市，咸阳市联合签署了《晋冀陕豫四省八市百家景区旅游“一证游”区域合作协议书》，并组织实施了幅射达3000万人的“一证游”惠民政策，拉动了渭南市旅游市场的快速升温。同时，渭南市与沿黄河流域的运城市、临汾市、郑州市、开封市、阳泉市、三门峡市及西安市8市成立了“黄河之旅”旅游联盟，以实现区域旅游共同发展与繁荣，为渭南旅游经济持续健康发展奠定了良好基础。

【旅游宣传】 外出宣传，举办旅游行业宣传促销活动。通过国内旅交会、西洽会、旅游博览会等各种机会开展宣传促销等活动。赴杭州、合肥、郑州、张家界、济南、广西、东北等地进行国内旅游促销活动，以各类旅游会议为促销契机和展示平台，通过搭建特色展馆、发放宣传资料、开展业务洽谈、组织演出活动，全方位展示国际山水文化旅游城市魅力；通过网络、新闻媒体加大海外旅游市场的宣传营销。举办节庆活动，大造宣传声势。成功举办了渭南市第二届文化旅游节(周)、关中天地社火彩街巡游、“百家景区齐聚渭南，共同结盟华山宣言”万人签名及自驾游启动仪式、“纪念司马迁诞辰2155周年系列活动”和2010年庚寅年祭祀仓颉等丰富多彩的系列活动。丰富宣传品种类，强化品牌宣传。制作编印了“看世博、游渭南”、《玩转渭南》旅游宣传专刊、《渭南旅游专题纪念典藏册》等宣传品2万余份，宣传折页1万份；在中省旅游报刊、网站刊发旅游稿件35条，在中央电视台、陕西卫视打华山、韩城旅游形象宣传广告，扩大景区知名度；华山、少华山、洽川、韩城、陶艺村等景区(点)在西安及连霍、京昆等高速路、国省道增加设立户外旅游广告牌15块。

【发展乡村旅游和旅游纪念品】 出台了《渭南市农家乐管理暂行办法》(渭政办发〔2010〕48号文)，为做大做强渭南市乡村旅游产业提供政策支持。白水县北井头乡富卓村被授予国家乡村旅游示范村称号。申请乡村旅游项目3个，至12月底项目资金已经落实。对渭南市旅游商品纪念品进行了普查,并组织参加了西洽会、陕西省首届旅游商品展、陕西省第三届旅游商品博览会、杨凌农高会、义乌全国旅游商品展等活动,参展种类50种(类),产品1000多种。

【旅游行业管理】 2010年,批准华县隆华宾馆为二星级饭店,取消华县交通宾馆二星级饭店资格。对渭南市星级宾馆饭店进行复核整顿。完成了各旅行社分社、服务网点的备案登记工作。报批成立旅行社2家,旅行社总数44家,旅行社分社、网点总量达21家。4月份,对400多名在册导游人员进行年审和培训。组织参加了"陕西省旅游推广大使选拔赛"及"陕西省导游大赛选拔赛"。加大创建国家A级景区品牌力度。向陕西省旅游局起草申报6家争创A级的景区,10月份国家旅游局已完成对华山创建5A级旅游景区暗访验收工作。对韩城市博物馆、华县渭华起义纪念馆等4个创建3A级旅游景区进行了初审验收。加强旅游安全生产。成立了渭南市和各县旅游安全生产领导小组,并配备专兼职安全管理人员,做到机构健全,人员到位。督促各涉旅单位建立健全安全生产责任制,做到制度健全,责任明确。制定了渭南市旅游景区突发公共事件应急预案,确保无重特大旅游安全事故的发生。加强执法监督,强化投诉管理。根据陕西省旅游局《关于加强旅游质量监督和执法检查的通知》精神,渭南市各级旅游管理部门共出动执法人员346人次,检查导游人员150人次,对44家旅行社和10余家门市部进行规范治理。2010年渭南市旅游行政管理部门共接到投诉12件,受理12件。

旅游景点选介

【华山景区】 华山是中国著名的五岳之一,位于陕西关中平原东部的华阴市南,西距西安市120公里,东临潼关,南依秦岭,北环渭水,以山势险峻称雄于世,自古以来就是负有盛名的旅游胜地。华山共有五峰,即东峰朝阳,西峰莲花,中峰玉女,南峰落雁,北峰云台,五峰中南峰最高,海拔2160.5米,为五岳中最高峰,西峰最险,海拔2082米,北峰最低,海拔1614.7米。高峰耸立,远眺如同一朵盛开的石莲花,其四周由坚硬的花岗岩组成,游览面积约150平方公里。华山山体倚天拔地,四面如削,更有千尺幢、百尺峡、苍龙岭、鹞子翻身、长空栈道等十分险峻之地,被誉为"奇险天下第一山"。

华山是中国四大道家名山之一。(其他三座道教名山是:湖北武当山、四川青城山、山东崂山。)道教文化在这里源远流长。华山著名的道观有被列入全国重点道教宫观的玉泉院、东道院、镇岳宫。著名道人有陈抟、贺志真等。与道教有关的神话传说更是丰富多彩,让人耳熟能详的有《吹箫引凤》、《博台对弈》、《巨灵劈山》等。1982年华山被列入首批国家级重点风景名胜区,在创"三山"活动中被评为国家级"卫生山"、省级"文明山"、"安全山”。1990年10月被列入全国十大文明风景区示范点。2000年12月被评为国家级“4A”级风景区。2006年被评为“最值得外国人旅游的50个景点”之一。2002年5月华山已通过ISO14000环境管理体系认证。2010年,华山成功晋升为5A级景区。

游人登华山自玉泉院入华山峪,经青柯坪、千尺幢、百尺峡、老君犁沟、上天梯、苍龙岭、长空栈道、鹞子翻身等奇景险道,直趋绝顶。由峪口到峰顶相距不过10余公里,而高差竟达1700余米。登临绝顶,俯首四望,附近诸山都在其脚下。山石景致融自然与人工为一体,构成一连串千奇百巧、鬼斧神工的奇境。

【玉泉院】 位于华阴市玉泉路最南端的华山脚下,是华山道教活动的主要场所,也是游客从华山峪游览华山的必经之地。玉泉院为园林建筑,设计精巧,布局严整。院内巨石盘陀、玉泉萦回、古树虬蟠、绿荫蔽日;更有长廊,碑石题记,雕梁画栋,亭榭相望。院内的石舫、无忧亭、山荪亭、无忧树、玄峡、希夷洞、华陀墓碑、希夷祠、七十二窗长廊、十二洞等胜迹。

【西岳庙】 位于华阴市区东2公里处,距西岳华山玉泉院8公里,是历代帝王祭谒华山的场所。西岳庙是国家重点文物保护单位,是华山风景名胜区重要组成部分。西岳庙始建于汉武帝初年(前134),清乾隆42年(1774)修葺后占地12.41公顷。庙内存有陕西最大的古建筑灏灵殿,还有许多木石牌坊、石碑等。因其建筑风格、格调酷似北京故宫,故名曰“陕西故宫”。庙内有数千株古柏,挺拔、苍劲,因是西晋太康九年弘农太守魏君实所植,故称“晋柏”。

【党家村】 位于韩城市东北方向,距城区9公里,西距108国道1.5公里,东距黄河3.5公里,主要由党、贾两族组成。全村320户人家,其中住四合院的有220户,全是明、清两代民宅,是韩城四合院的典型代表。民居地方特色显著,建筑质量高、实用美观,坚固耐用。结构大多为单层砖木结构,平面构图基本是长方形四合院。具体有三种形式,一是街门在中间,二是街门在偏旁,三是分前庭后院。

党家村四合院是明、清四合院的一处较典型的代表,可以和北京四合院相媲美,并且在空间建筑上更多地融汇了京、冀、晋、秦等地建筑特点,具有布局紧凑,做工精良,风貌古朴典雅,文化气息浓厚的特色。党家村民居前檐墙面花格窗,垂花门基本是砖雕,门楼雕刻异常精细,门额字联约有400余条,多以三字额为多。村里还建有城堡、暗道、风水塔、节碑、家祠、戏楼、哨楼等,富有很高的历史价值和观赏价值。

陕西建筑学会和日本建筑学会共50余名专家、学者多次联合考察,一致认为党家村是中国古代传统民居建筑中的一颗明珠,“东方人类古代传统居住村寨的活化石”。陕西省已将党家村列为“历史文化保护村”,并列入“国际传统民居研究项目”。

【泰陵】 泰陵是唐玄宗的陵墓。唐玄宗李隆基,为唐睿宗李旦第三子,是唐朝第六位皇帝。公元712年,李旦禅让,李隆基即位称帝,是为玄宗。他励精图治,任用贤能,使社会经济有了较快发展,出现了“开元”盛世。公元762年病故,终年78岁。

泰陵位于蒲城县东北15公里处,五龙山余脉保南乡金粟山南麓。以山为陵,山腹中建造墓室,四周绕陵筑墙。泰陵陵园宽广辽阔,封内38公里,下宫去陵2.5公里,其布局仿唐长安城,分内外两域,内城四面各开一门,分别为青龙门、白虎门、朱雀门、玄武门。墙四角建有角阙,陵内建有献殿、下宫、阙楼及陵署等。陵园建筑已荡然无存,只留下一些石刻和“唐元宗泰陵”石碑一通。陵山宛若盘龙,四门石刻风格高雅,手法细腻,外观华丽,形象逼真。泰在1956年被列入省级重点文物保护单位。2001年被国务院公布为全国重点文物保护单位。

重 大 事 件

【渭南市第二届文化旅游节成功举办】 4月15日至4月20日,举办第二届渭南文化旅游节,活动分主会场和华阴市、韩城市、白水县、富平县、大荔县等景区(点)5个分会场。此次活动是由中共渭南市委、渭南市人民政府主办,由市委宣传部、市外事旅游局、市文化局、华山景区管委会、市城建局、市广电局、市体育局、渭南日报社、渭南电视台、渭南体育馆、《西部之旅》报社、各县(市、区)人民政府承办,由市财政局、市文物局、市公安局、市交通局、市卫生局、市创卫办、市综合执法局、市民族宗教局、市供电局、越野E族渭南分队、渭南市摩协协办的一次大型庆典活动。

此次活动是以“华夏之根·山水渭南”为主题,活动的主要内容有:2010年渭南市第二届文化旅游节开幕式,关中天地社火彩车巡游,晋陕豫冀4省8市百余景点“一证游”、自驾游启动仪式,“百家景区齐聚渭南,共同结盟华山宣言”万人签名活动,渭南市旅游产业发展大会。通过此次活动,旨在借举办第二届文化旅游节之际,扩大旅游宣传,展示渭南市的特色旅游产品和民俗文化,提升旅游形象,提高渭南的旅游知名度,构筑晋陕豫冀大旅游圈的合作概念,吸引更多的游客来渭南观光游览,做大做强文化旅游产业,扩大对外开放,进一步促进渭南市的经济发展。

4月15日上午,渭南市第二届文化旅游节主会场开幕式在市体育馆开幕。中共渭南市委、市政府主要领导和100多家新闻媒体媒体单位、100余名摄影师及众多的旅行商参加了开幕式。开幕式上表演了锣鼓、踩高跷、古战船、富有神秘色彩的“抬神楼”等以展示关中原生态风情的民俗文化节目。开幕式结束后,各县(市、区)进行了彩车巡游活动。

随后,在渭南市中心广场举行了晋陕豫冀4省8市百余景点“一证游”、自驾游启动仪式,来自晋陕豫冀甘等各地的旅游界人士,旅行商、渭南市各地旅游管理部门等参加了启动仪式。首先就“一证游”做了具体的解释,“一证游”,是指山西省太原市、阳泉市、临汾市、运城市,河北省石家庄市,陕西省渭南市、咸阳市,河南省三门峡市等4省8市的常住居民,持本人身份证、驾驶证、居住证和学生证等有效证件,在对方行政区域划定的旅游景区景点进行游览,享受半价门票的优惠政策。“一证游”的景区景点共134个。有效期为一年,自2010年4月3日开始实行,至2011年4月2日截止。随后,在中心广场进行了“百家景区齐聚渭南,共同结盟华山宣言”万人签名活动。

第二届文化旅游节的隆重举办，通过宣传推介渭南丰富的民间文化资源和民俗风情，进一步寻找旅游与文化、民俗与文化、历史与文化、名人与文化、经济与文化的结合点，推进文化旅游产业更好更快发展。

4月15日，在渭南市光明大酒店召开了渭南市旅游产业发展大会。会上，陕西省旅游局局长董宪民，中共渭南市市委书记梁凤民出席会议并作重要讲话。渭南市副市长刘宝琴代表渭南市政府与渭南市各县（市、区）签订了目标责任书。陕西省旅游局局长董宪民在讲话中对渭南市举办文化旅游节的做法表示高度肯定，希望渭南充分发挥旅游资源禀赋，区位优势明显的潜力和优势，力争形成在陕西省领先、在关中率先发展的态势。市委书记梁凤民在讲话中指出，渭南市文化旅游业的发展处于黄金时期。各级各部门要抓住机遇，乘势而上，加快发展，努力实现旅游资源大市向旅游强市、旅游名市的转变。一要高点定位，科学规划。二要整合资源，打造品牌。三要加大投入，重点抓好大华山秦岭山水精品旅游区、黄河风情原生态旅游区等八大旅游区项目建设。四要切实解放思想，创新理念，进一步优化管理体制，积极探索适应市场经济要求、顺应现代文化旅游业发展规律的管理体制。五要不断改进促销手段和方式，加强联动，拓宽市场。六要严格服务质量标准，强化管理，优化环境。著名旅游创意专家、中国香港旅游设计院院长、渭南旅游高级顾问郑建平就渭南市旅游产业发展作专题报告。报告详细分析了渭南市旅游业面临的机遇和挑战，提出要创造性地开发资源，借助大华山、洽川湿地等品牌做文章，谋求旅游发展新突破；要把旅游业发展融入到城镇化、三农改造等进程中，实现旅游产业由外在向内涵的深刻转变。

（姚　霓）

城乡建设 环境保护

城 乡 规 划

渭南市城乡规划管理局

局 长 史大荔

副局长 罗安忠 张福强

李曙升(挂职)

【编制城乡规划】 以做大做强中心城市为目标,按照《关中—天水经济区发展规划》、关中城市群规划、西安大都市规划,组织编制完成了新一轮渭南市城市总体规划。该规划确定了“一城、三区、五大组团”(一城即渭南中心城市、三区即主城区、华州区、卤阳湖开发区,五大组团即中心区、高新区、经开区、华州区、卤阳湖开发区)的空间结构。提出了到2020年城市人口达到102万人,建设用地规模达到114平方公里的城市发展目标,为渭南跨入百万城市行列,实现跨越式发展,奠定了坚实的基础。按照加快新型工业化、推进城镇化的战略部署,以完善城乡功能联系、培育城乡一体化发展为目标,完成了市域城镇体系规划和城乡一体化规划,确定了“一主四副、两横两纵、三大板块”的空间布局结构(一主即渭南中心城市,四副即韩城、华阴、蒲城、富平副中心城市;两横即陇海城镇发展轴和西韩城镇发展轴,两纵即主城区—蒲城—白水城镇发展轴和罗夫—大荔—澄城城镇发展轴;三大板块即核心发展区[包括中心城市、大荔、华阴、潼关]、东北发展区[包括韩城、合阳、澄城]和西北发展区[包括蒲城、白水、富平])及城镇规模等级、城镇职能结构,为统筹城乡科学发展,引导县市扩容改造和关中百镇建设,将发挥重要作用。

【编制详细规划和专项规划】 围绕中心城市扩张,加大详细规划和专项规划编制力度。完成了西潼高速渭南城区段两侧景观规划、沈河两侧区域及渭南高铁站周边区域项目策划的编制工作;编制完成了渭南市主城区基础教育及公共医疗设施布局规划、2011年西安世界园艺博览会渭南园展区规划设计方案、渭河渭南市城区段生态治理规划、老火车站片区修建性详细规划;审查了鸿基世业大酒店、六泉路里坊社区、陕铁院新校区、渭双花苑、苏园丰景绿荫苑、上上国风、信达现代城花园小区等14个项目的规划设计方案;完成了市区2座独立式公厕、7个移动式垃圾中转站、6个环保公厕和2个生活垃圾中转站等的选址;审批了污泥处置项目、生活垃圾填埋气发电项目和文化艺术中心、中心区文化园、市博物馆、市体育中心等公共服务设施项目;完成了沈河、西滨河大道、东入口等城市基础项目的规划审批;完成了李家堡村拆迁安置房建设项目、丰荫村安置小区项目、槐衙安置小区项目、民生路安置小区项目等的拆迁安置选址工作。指导编制了渭南市韩马村、穆屯村、员张村、车雷村、李家堡、双王村、沈西村等7个城中村改造的详细规划。

【村镇规划编制和加强风景名胜区规划管理】 加强对各县市区规划工作的指导,积极推进全市重点镇规划工作,全市省级重点镇规划修编工作全面完成。继续推进全市社会主义新农村村庄建设规划工作,加强村庄规划工作的业务指导和督促检查力度,严格执行建设项目分级审批制度,服务于项目建设,认真落实审核选址方案、查勘现场制度。举办了全市城乡规划管理人员岗位培训班,邀请省市专家教授讲授城乡规划方针政策、法律法规和专业技术规范,进一步提高了全市城乡规划管理水平。积极加强全市风景名胜区的规划管理,指导各景区抓紧规划编制,强化管理,整治景区环境,不断提高整体水平。

【依法行政】 认真实施《城乡规划法》,坚持依法行政,加强规划管理,严格规划审批,修订完善了规划管理制度,继续坚持“四项制度”,严格执行“一书三证”制度和“五线”制度,认真审核各项规划技术指标,保障公众利益。同时,强化服务意识,变管理为服务,积极主动地为建设单位服务,促进项目建设。按照住房和城乡建设部、监察部和省住房和城乡建设厅、监察厅关于开展房地产开发中违规变更规划调整容积率问题专项治理工作方案,对渭南市区房地产开发项目进行了一次全面彻底的自检,迎接了省级检查,未发现有违反规定,随意调整容积率的现象。在工程规划审批中,始终严格执行城市总体规划、详细规划,认真贯彻城乡规划强制性条文和有关规范标准,认真审核建筑物间距、建筑密度、容积率、绿地率、停车位和退让道路红线距离等各项规划技术指标,把好建筑设计方案关。全年共办理《建设项目选址意见书》44份,核发《建设用地规划许可证》61份,核发建设工程规划许可证64个,有力地推进了建设项目的实施。

【规划宣传】 进一步加大规划宣传力度,积极组织开展了《城乡规划法》宣传周,参与了“科技之春”宣传月、六五世界环境日、“政风行风”宣传、“一二·四全国法制日”等宣传活动,通过发放宣传资料、现场咨询、规划图板展示和讲解规划项目等多种形式,广泛宣传法律法规和规划编制情况,先后发放宣传资料15000份,接待咨询群众千余人次,并将规划成果制作成影视宣传片,通过渭南电视台、政府网站向社会进行宣传。以规划局网站、规划展示馆为平台,展示规划成果,公示建设项目,发挥规划的招商引资作用,从而提高广大市民和社会各界的城市规划意识和法律意识。在规划督查方面,坚持每周二至周五上午巡查,每月底写出巡查报告。通过日巡查、周检查,共发现违法违章建设6处,并通过函的形式通知市综合执法局进行查处,确保规划顺利实施。充分发挥市城乡规划委员会的决策监督作用,做好规委会的日常管理工作,全年共召开专家组会议9次,评审44个项目;召开规委会全体会议7次,审议33个项目。

【创卫创模工作】 在创建国家卫生城市活动中,强化措施,狠抓落实,及时完成了市区有碍观瞻建筑拆除图册,提出了拆后整治意见,完成了主干道沿街建筑刷新改造方案,及时审批了三处绿化用地规划,绿化面积455.33公顷;按照《城镇环境卫生设施规划规范》,及时办理了环卫设施项目规划选址手续;牵头负责的信达体育广场建设项目已全面竣工投入使用;包联路段按照"十净"要求,做好日常保持街容街貌整洁亮丽工作,重点整治门牌匾,确保达标。在创建省级环保模范城市工作方面,编制了城市绿地规划,充实完善了新修编的渭南城市总体规划对城区集中供热部分的专项规划,完善了城市燃气管网配套的规划。在规划编制和审批中,以城市环境保护和生态建设为目标,严格落实规划绿地面积,在城市规划中逐步扩大绿地面积,确保市区人均公共绿地面积达到7.5平方米以上。

(赵宝平)

城 乡 建 设

渭南市住房和城乡建设局

局　长　陈双牛

副局长　姜大进　王耀利

　　　　　魏日意　吴民娃

【住房保障与房地产管理】　2010年,全市共开发建设各类住房260万平方米,投入资金40亿元。市区建设各类住房70万平方米,投入资金12亿元。制定出台了《渭南市经济适用房货币补贴实施办法》和《渭南市经济适用房货币补贴实施细则》等政策规定。全市共计建设经济适用住房12.8万平方米、1280套、完成投资10亿元,廉租住房开工建设43.8平方米、8680套、投入资金5846万元,完成省上下达任务的102%。全市发放租赁补贴1057户,保障人口3170人,租赁补贴完成全年任务的100%。加快住房权属登记工作,促进二手房市场健康发展,共完成房地产交易额8.8亿元,交易面积62万平方米,办理房地产交易过户手续5910户;办理商品房预售登记33宗,预售面积70万平方米;完成房屋发证5677件,发证面积143.85万平方米。

【项目建设】　2010年以创建国家卫生城市、省级园林城市、省级环保模范城市为目标,中心城市共安排实施大城建项目118个,总投资164.3亿元,年度计划完成投资74.2亿元。由市住建局负责组织实施的项目45个,总投资50.15亿元,年度计划完成投资22.7亿元。其中,滨河大道绿化、渭河南堤绿化、310国道绿化、东湖公园绿化、大树进城、行道树改造、东风大街中段改造、站北路、韩马街改造等11个项目已经完工;胜利大街中段、杜化路中段、三贤路中段、金水路中段、仓程路南段二期、民生路北段、前进路北段、西岳路中段、310配套设施建设等29个项目正在施工。截至2010年底,共完成投资22.9亿元,占年度计划的100.9%。

【园林绿化及城市亮化】　中心城市及各县(市、区)都把实施绿化作为改善人居环境、提升城市品位的重要抓手,强势推进,常抓不懈。完成了滨河大道、渭河南堤、东湖公园、310国道两侧及大树进城等工程。累计栽植高大乔木5万余棵、各类灌木30

万余株，新增绿地面积133.33公顷，人均公共绿地达到11.8平方米。2010年2月份和12月份，为进一步美化亮化城市，营造喜庆的节日气氛，投资1300万元，对西入口、市区中心广场等十余处广场、绿化带进行了LED亮化。12月10日至12日，渭南市创建省级园林城市工作顺利通过省考核验收专家组的考核验收。

【城镇化建设】 为推动渭南市重点镇和关中百镇建设工作，组织全市重点镇参加了2010年西洽会，成功签约10个小城镇（省级重点镇）建设项目，签约资金共6.5亿元。全市13个重点镇共争取省财政资金11747万元，11个县（市、区）134个村村庄道路共投资2124万元，争取省级补助共402.5万元，列入省级补助项目的农村村庄道路规模80.5公里；共改造农村困难群众危房6698户，争取中省资金5394.6万元。全市34个关中百镇建设项目已全部完成，并积极做好环境整治工作。13个重点镇共完成投资5.076亿元，均完成了年度3000万元投资额的目标任务；农村村庄道路建设项目全部完成。

【建筑市场管理】 深入开展"建筑安全生产月"和"质量月"活动，狠抓建筑施工安全生产和工程质量监管，对特种作业人员进行考核。全年共完成建筑企业总产值35亿元，同比增长16%；实现建筑业净产值13亿元，同比增长17%。全年全市共创建省级文明工地4个，市级优质工程1个，市级文明工地44个。全市共监督实施工程招投标226项，共计建筑面积99.98万平方米，总造价8.98亿元；其中市直管项目33项，建设面积26.99万平方米，中标价为2.66亿元。全市工程招标率、公开招标率以及有形市场交易率达到了100%。全市共完成抗震与施工图审查79项，建筑面积43.79万平方米，审查合格率达100%。全市完成国家禁止使用实心砖工作，新建建筑节能设计标准达标率达到100%，施工中执行建筑节能标准率达到95.6%，完成建筑节能改造项目7个，面积5.1万平方米；全市新墙材产量达到21亿块标砖，新型墙体材料生产比例达到墙材总量的57%，城镇新型墙体材料的比例达到90%以上。

【城市公用事业】 市政设施完好率达到了97%以上，自来水水质综合合格率达到98%，供水覆盖率96%。城市路灯照明设施装置率达到97%。亮灯率保持98%以上，设施完好率达96%以上。加强城市供水管网改造工作，完成国债投资359万元，铺设管网长度3.7公里。全力抓好"防、抢、撤"等工作，加强了防汛值班责任制，对险工、险段等处进行改造，消除了隐患，确保了城区"防内涝"安全。完成地热资源一号、二号和三号地热勘察井钻探工作，预计可实现供热面积60万平方米。12319城建服务热线中心共受理群众各类来访信息9168条。信息完结率达到99.7%，及时率达到99.4%，群众满意率达到99.2%，回访率达到100%。

（陈　艳）

城 市 管 理

渭南市城市管理综合行政执法局

局　长　曹生俊

副局长　杨民仓　刘碧娥(女)

赵德茂　任继成　王建中

【文明规范执法】　为规范执法队员的执法行为和执法程序,制定了《渭南市城市管理综合行政执法局行政处罚案卷评查制度》和《渭南市城市管理综合行政执法局行政处罚案卷评查标准》,对案卷的实体标准、主体认定、执法程序、法定期限、归档管理等内容进行规范,强化案卷管理员的责任心,提高了各执法大队案卷管理水平。法律文书管理是做好依法行政工作的一项重要基础性工作。对各执法大队的法律文书管理工作情况进行了8次评查,对评查中发现的制度不健全、案卷填写不规范、案卷中涂改现象比较严重、执法人员未落实两人以上执法等问题,均进行了纠正,并提出了整改要求。3月份,市行政执法局被市政府评为"全市依法行政工作先进单位"。11月份,《渭南市城市建筑工地扬尘管理办法》、《渭南市社会生活噪声污染控制办法》已通过市政府常务会议,即将颁布执行。

【城管执法】　按照《城管执法工作检查实施办法》,对临渭、高新两区城管执法工作进行日检查、周汇总、月排名。根据阶段性突出问题,适时安排两区组织专项集中整治,要求两区结合辖区实际情况,制定整改方案,确定整治重点,明确解决的问题和整治目标,周密安排,精心组织实施。全年检查市容市貌41次,发现督办问题506处,已限期整改398处,整改率为78%;检查建筑工地62个,发现多个建筑工地存在建筑材料堆放无序、施工现场污水乱流、围挡彩喷不到位、出入口未硬化、无冲洗平台等问题,针对存在的问题,向两区下发了督办通知78次,责令限期整改达标。经督查督办,市容市貌和建筑工地管理均有了较大改观。

【查处违法建设】　落实城区村居民建房的规划管理,保障城市建设和城中村改造总体规划的顺利实施,促进城市建设和经济社会的和谐发展,有效控制城区村居民私搭乱建、未经批准违章建房等行为,使全市城区村居民建房布局合理,不断加大对村居民建房的管理力度。一是进村入户加大政策宣传;二是加大昼夜监控工作力度;三是对影响较大反复劝说无效的违法违规建设依法组织强制拆除。全年对违规违法建设组织强制拆除10余次,出动人员1500余人(次),相关部门配合500余人次,动用装载机、挖掘机等车辆100余台(次),拆除违规建房130余户,拆除面积约9000余平方米。对村居民乱搭乱建行为形成了有效管理,较好地遏制了村居民违规无序建房。

【发挥执法职能】　4月,清运朝阳公园南侧无主垃圾,通过召开会议、制定方案、抽调骨干力量现场勘查、测量计算,寻找专业清运公司,工作人员加班加点,克服种种困难,共清运建筑垃圾5.3万余立方米。在拆除奥林体育发展中心中,召开专题会议,制定工作方案,多次入户调查,宣传政策。经过千方百计做工作,全部完成拆除任务。同时,督促督办临渭、高新两区拆除渭南客运中心门前两侧50间违法建筑。

（雷　鸣）

住房公积金管理

渭南市住房公积金管理中心
党组书记、主任　郭俊宏
副　主　任　刘建军　屈宏印

【概况】　截至12月底,全市(不含市本级财政供养人员)当年新增公积金缴存人数26826人,完成目标任务的537%,缴存职工总人数达到258797人,覆盖率达92%;当年归集住房公积金9.23亿元,完成目标任务的205.11%,公积金缴存总额29.54亿元,缴存余额20.63亿元;当年职工提取住房公积金3.48亿元,比上年同期增长92.48%,累计提取住房公积金8.01亿元;当年发放住房公积金个人住房贷款1488人、1.82亿元,完成年度目标任务的260%,累计发放住房公积金个人住房贷款3.75亿元,个贷余额突破3.15亿元,无项目贷款和逾期贷款发生。通过住房公积金贷款为4588户职工解决了住房困难,提高了居住水平。公积金制度为全市干部职工改善住房条件,特别是解决中低收入职工家庭住房困难发挥了巨大作用。市住房公积金管理中心连续五年获全省设区市住房公积金管理机构年度考核优秀等次,2010年,被省住房和城乡建设厅评为"2010年度全省住建系统创佳评差先进单位"。

【规范县级财政供养人员住房公积金缴存基数和缴存比例】　2010年,在全市县级财政供养人员全面建立住房公积金制度的基础上,根据各县市区实际,分类指导,采取有力措施,狠抓落实,进一步规范县级财政供养人员住房公积金缴存基数、逐步提高公积金财政奉陪比例。个别区、县已达到市级财政奉陪比例,提前实现了五年县级住房公积金财政奉陪部分达到市级标准的要求。其中,临渭区住房公积金财政奉陪比例由上年度10%提高到20%;韩城市财政奉陪比例由上年度5%提高到10%;蒲城县财政奉陪比例由上年度5%提高到10%;白水县财政奉陪比例由上年度5%提高到7%,大荔县将财政供养人员津补贴部分纳入公积金缴存基数,成为全市除市级外唯一按照国家政策规定将津补贴纳入住房公积金缴存基数的县。高新区、华县、华阴、潼关、富平、澄城、合阳7县市区财政供养人员公积金财政奉陪比例和缴存基数提高工作正在进行,预计2011年可取得进展。

【公积金制度覆盖面】　市公积金中心始终围绕"应建尽建"的目标,不断加大公积金行政执法力度,将公积金行政执法、催建催缴和公积金政策宣传有机结合起来,有力推动了全市住房公积金制度的扩面工作。一是改进宣传方式,提高公积金宣传的有效性。利用半年时间，分县市区和远离城镇大型中省驻渭单位，对所有公积金缴存单位联络员和未建立公积金制度单位负责人全面进行公积金政策和缴存、提取、贷款、查询业务知识培训，共举办培训会13场次，参训人数达3000余人，有效带动了住房公积金制度的扩面工作，规范了住房公积金业务办理，取得了良好成效。在渭南人民广播电台每天黄金时段播报住房公积金知识问答，及时解答听众的热点问题。多次在《渭南日报》、《渭南宣传》和渭南人民广播电台《环境热线》栏目专题介绍住房公积金政策和知识问答。二是加大公积金行政执法和催建催缴工作力度，严格依法行政，促进住房公积金制度的全面建立。通过行政执法和催建催缴，共有190个单位为26826名职工建立了住房公积金制度。三是着力抓好非公企业和进城务工人员住房公积金制度的建立工作，先后有富平水泥有限公司、韩城黑猫炭黑有限公司等非公单位规范建立住房公积金制度，部分单位雇佣的进城务工人员也逐步建立住房公积金制度。四是中省驻渭单位全面规范建立住房公积金制度，自建自管住房公积金的情况得到全面纠正。五是继续推行住房公积金专管员制度和住房公积金年检制度，寓服务于管理，从制度上保障了公积金缴存单位按时规范缴存住房公积金，杜绝了公积金断缴现象。

【公积金贷款投放】 2010年，市公积金中心积极探索，不断创新公积金贷款体制机制，狠抓住房公积金贷款投放，使公积金贷款在改善全市干部职工住房条件，特别是解决中低收入职工家庭的住房困难方面发挥了积极作用。一是扎实落实“应贷尽贷”的住房公积金贷款目标，制定相应的考核办法，凡是职工投诉或中心检查发现拒绝公积金贷款的管理部和工作人员，在年度考核中一票否决，有力推进公积金贷款投放。二是就如何加强贷款制度创新、扩大贷款投放，给每个科室、管理部分解贷款业务调研课题，举办住房公积金贷款业务研讨会，集思广益，立足便民原则，不断实施贷款制度创新，优化贷款的流程和程序，及时完善贷款管理的各项制度，在贷款的受理、风险评估、审批、发放、归还等环节都进行了改进和完善，实实在在地简化贷款程序，降低贷款门槛，切实提高办事效率和服务水平，为全年贷款业务的快速发展奠定了基础。三是积极实施异地购房使用公积金贷款，扩大贷款受益面，先后为陕西压延设备厂等单位100余名职工办理了异地购房使用公积金贷款。四是进一步加强和公积金贷款委托银行的协调，在工、农、中、建四大商业银行各县市区支行全面开展住房公积金贷款业务，使借款职工能够就近直接办理公积金贷款的合同签订、资金划转，贷款归还手续，方便了县、市、区职工。五是取消贷款的保险环节，大幅减轻职工贷款成本。六是在对楼盘项目进行摸底的基础上，深入楼盘预售现场，宣传住房公积金贷款业务，和受托银行、公证机构等联合现场办公，受理住房公积金贷款业务，提供一条龙服务。七是为避免同一楼盘借款人重复索取房地产开发商期房有关（城建、规划、土地等部门）证明材料，对楼盘资料和开发商资质实施备案登记制度，简化了借款人提供楼盘资料和开发商资质环节。即将编撰付印的《渭南市住房公积金政策汇编》和《渭南市住房公积金贷款手册》，将使单位能够很好地掌握中省市住房公积金的有关政策规定，使职工明白如何办理住房公积金的缴存、提取和贷款手续，把政策送到广大干部职工手中。通过以上措施，使更多职工能够充分享受到公积金制度带来的实惠，使徘徊在公积金贷款门前的职工增强了使用公积金贷款的勇气和信心,使住房公积金贷款在促进全市经济社会发展中发挥了积极作用,有力推动了全市民生工程建设。

【试点推行成规模住房公积金个人住房贷款业务】 市住房公积金中心在严格执行国家住房公积金政策的前提下,积极探索住房公积金制度如何在拉动内需、改善民生、促进区域经济发展方面发挥辐射带动作用,试点推行成规模住房公积金个人住房贷款,支持政府财政供养人员小区、教师和乡镇干部小区、工矿企业棚户区和沉陷区改造小区等重大民生工程建设。在实施过程中,提前办理贷款手续,提前发放贷款,完善配套措施,搞好跟踪服务和全程监督。和陕西压延设备厂签订了成规模住房公积金个人住房贷款协议,已为近300名职工办理了公积金个人住房贷款。华山管委会、临渭区政府、大荔县政府的成规模住房公积金个人住房贷款工作正在协商之中。

【保障公积金安全完整】 在住房公积金各项业务快速开展的同时,市住房公积金中心始终把确保公积金安全完整放在首位,妥善处理好保障职能发挥和风险控制之间的关系,通过内控机制建设,有效预防和化解资金风险。一是加强公积金贷款的风险管控。完善借款人信用风险评估和监测体系,逐步建立借款人信用信息库,充分利用人民银行征信系统对借款人信用情况进行核查;建立贷款调查评估制度,确保贷款资料的真实、合法、有效,对房地产开发商资信及楼盘项目风险进行客观评价,有效规避贷款风险;建立逾期贷款月报制度,严密监测贷款质量,分析原因,及时采取有效措施;制定严格的贷款责任追究制度,确保贷款用途符合规定,相关资料真实、合法、有效,程序符合要求,杜绝违规贷款和骗贷行为。同时,不断探讨和研究进一步加强风险防范的措施和办法,认真落实《贷款责任终身追究制》和《重要资料传递登记管理办法》,防范贷款风险。全市已发放的住房公积金贷款没有一笔逾期发生。二是加强财务管理和会计核算。根据全市公积金管理和运行模式实施"三级一平行"对账制度(即:一级对账:公积金缴存单位和职工的对账由各管理部负责实施。二级对账:管理部和中心公积金管理科定期对账。三级对账:中心财务会计科和受托银行定期对账。平行对账:中心公积金管理科和财务会计科定期对账),明确了公积金缴存单位和职工、各县(市、区)住房公积金管理部、住房公积金管理科、财务会计科、公积金业务委托银行的对账主体责任,形成制度,确保公积金账账相符、账表相符、账实相符,杜绝了各种原因产生的账务差错,保证了职工住房公积金账务的及时登录和公积金信息的真实、准确、及时发布。三是建立分工合理、职责明确、相互制衡的内控机制。根据市住房公积金运行模式提出了机关科室作为职能管理层,行使"指导、监督、协调、服务"职能,管理部及营业窗口作为操作层直接服务于广大公积金缴存单位和职工,行使日常公积金业务的受理、办理、报批等职能。进一步探索充分发挥管理部作用,实现责权利相一致的管理模式,切实提高办事效率和服务质量,管理层和操作层建立交叉验证、相互制衡的机制,消化和防范资金风险。实施"不相容职务"分离控制,明确在住房公积金汇缴、提取、查询、核算、贷款等业务办理过程中不相容职务点,通过工作流程和操作规范明确不相容职务的职责权限,起到相互检查、相互制约、相互促进作用。四是进一步完善住房公积金缴存、提取、贷款、行政执法、财务管理、行政管理、行风建设等制度、办法和程序，落实《首问负责制》、《限时办结制》、《责任追究制》等制度，通过制度规范住房公积金管理各项业务工作，规范工作人员的行为。同时，完善自律机制，严格住房公积金资金调拨和使用的合规、合法性。五是积极配合监管部门监督，促进公积金安全运行。加强住房公积金监管网络建设，实现与中省监管部门联网，使中省监管部门能够对全市住房公积金进行实时监管；严格执行审计部门社保资金审计联席会议制度，按照要求和市审计部门进行联网，使审计部门能实时监督住房公积金的使用情况；自觉接受各级审计、纪检和财政部门的监督检查。在中省纪检、纠风、审计部门进行的专项检查中，市住房公积金管理工作受到充分肯定，同时，渭南市审计部门也按审计署和省审计厅的要求，对全市住房公积金管理工作进行了年度审计监督检查。全市住房公积金未发现和发生违规违纪资金的人和事。

【信息化建设】 2010年，市住房公积金中心改造和升级了公积金信息系统的软件和硬件设施，借助工行、建行银联卡平台，推出住房公积金牡丹卡联名卡、住房公积金龙卡联名卡。公积金缴存职工持联名卡可以在全省范围工、建两行所有ATM（自动取款机）、CRS（自助存取款一体机）、BSM（自助服务终端）等自助设备以及电话银行查询一年之内的个人住房公积金缴存明细、缴存余额、提取明细、提取余额、转移明细、计息明细等职工个人住房公积金的缴存和提取信息。职工发生住房公积金贷款，可以在联名卡查询一年期间住房公积金贷款的还款明细（包括每次还款的还款本金、还款利息）、贷款余额等信息。职工申请住房公积金贷款，可以使用联名卡作为还款账户。联名卡的发行使职工查询住房公积金的方式更加灵活，查询的内容更加全面，查询地点更加方便，公积金数据更新做到了同步、及时，极大地方便了住房公积金缴存职工。同时，加快住房公积金管理自动化、信息化和电算化进程，实行住房公积金提取机制票据和网上银行支付操作，逐步实现住房公积金缴存机制票据，最大程度方便单位缴存住房公积金，方便职工提取住房公积金。

（行　文）

环　境　保　护

渭南市环境保护局

党委书记、局长	李宏选
党委副书记、纪检书记	李德成
副局长	罗文虎　王宽盈 王建忠

【污染减排】 年初市政府与各县市区签订了减排目标责任书，以市政府办名义印发了《关于下达2010年污染减排和环保十件大事任务的通知》，把减排任务分解到具体企业、项目，对重点减排项目提出了明确的要求和时限。将污染减排列为经济社会综合考核中约束性指标，实行“一票否决”，同时把污水处理厂建设运行工作作

为重点减排工程单列一项进行考核。为了加强日常考核,市政府、市创模办先后三次通报污水厂进展情况,并在市委全会上及时公布各县市区半年减排工作考核情况。以火电企业烟气脱硫设施、县级污水处理厂为重点,加大督查督办力度,并协调有关方面,帮助和指导企业解决重点难点问题;对重点项目的建设运行,多次开展部门联合督办,并通过下发预警函、督办函、约见重点企业法人代表等形式督促解决问题。为了加快污水处理厂工程进度,召开了污染减排与创模工作推进会,对韩城等县市污水处理厂实行了挂牌督办,市政府领导又专门致信各县市区长,推动工作进展。围绕重点污染源和重点减排企业,加大了执法监管力度,严肃查处各类偷排直排、擅自停运治理设施等环境违法行为,确保设施正常运转。同时,市政府印发了《城镇污水处理厂运行监督管理试行办法》,对污水处理厂建设和运行作出明确规定。市级在线监控平台和7个县级在线监控平台已经建成,82家重点污染源全部安装了在线监控设施,实现了全市重点污染源在线监控全覆盖。金堆城钼业公司完成了低浓度烟气制酸工程,结束了长期对空排放的历史。蒲城电厂一期脱硫工程通过省环保厅验收;渭南市一期4万吨中水回用工程正式建成启用,二期4万吨污水处理工程建设进展顺利;大唐韩城二电脱硫扩容改造工程正式开工。经国家环保部核查已超额完成全年减排任务。

【建设项目环境管理】　开辟“绿色通道”,做到特事特办,急事急办,推动项目尽快落地,市级共审批各类建设项目59个,完成验收项目18个。对“两高一资”等影响经济发展质量的项目筑起“防火墙”;对已审批项目加强监管,落实总量控制指标要求,做到了新增建设项目不增污染排放,促进产业升级和经济增长方式转变。以生态设计、产业链接、污染控制为方向,督促13家工业园区和经济开发区开展了规划环评,已完成11家规划环评的审查,园区规划环评执行率达到85%,在全省处于领先位置。

【环保十件大事】　拆封城区各类燃煤锅炉134台;高新区集中供热工程完工;建成11座县级污水处理厂全部通过了环保竣工验收,市污水处理厂二期工程正在建设,经开区污水处理厂开工建设;澄城、潼关、韩城垃圾填埋场投入使用,蒲城垃圾资源化处理厂设备正在调试,合阳、大荔、富平垃圾填埋场正在建设;全市共淘汰落后水泥产能254.8万吨,焦化产能50万吨;投资3.7亿元,实施了韩城阳山庄矿区生态恢复工程、白矾河治理工程,下峪口环境整治工作和龙门工业园区骨干道路建设,生态环境得到明显改善。通过对环境热点难点问题的有效整治,渭河水质得到持续改善。

【环保专项行动】　开展了重金属企业、饮用水源检查,安全隐患、尾矿库、汛期水安全、涉煤企业粉尘污染整治、危险化学品、沿河化工企业排查,造纸、果汁等重点行业10多次专项执法检查活动,有效解决了一批环境污染问题。协调华阴、华县政府坚决整改大敷峪河道滥采滥挖生态破坏问题,编制了石材开采专项规划,关闭开采点6处,拆除非法采石加工企业5家。督促富平、蒲城取缔土法石灰窑183家、粉灰厂116家,积极推广环保型石灰窑建设,推进产业升级。在秸秆禁烧工作中,组织执法人员采取有效措施确保无大面积秸秆焚烧现象,提高秸秆综合利用率,使城区空气质量进一步改善。全年市区空气质量优良天数达313天,同比增加9天,超额实现年度290天的目标。

【产业结构调整】　充分发挥环保在经济结构调整中的杠杆作用，加快渭南能源资源产业转型升级。一是坚持“关小上大”。在坚决淘汰落后产能的同时，支持韩城新上大型焦化产能970万吨、合阳新上100万吨、省焦化公司新上95万吨；支持富平、韩城、蒲城建成新型干法水泥生产线共计550万吨；优先审批了4家大型环保石灰窑，提升了全市传统产业的生产规模和技术水平。二是积极引导新能源产业和先进制造业发展。为经开区引进陕西紫兆环保产业公司，投资6.2亿元，建设生活垃圾资源化处理设备生产线。协调有关方面，为拓日新能“一厂三站”光伏项目无偿办理了环评报告，并优先审批，加快了全市经济结构的转型。三是大力开展招商引资。为大荔县引进蔡伦纸业集团，投资35亿元，建设年产100万吨造纸生产线。积极组织重点环保项目参加西洽会推介，获得了省环保厅的最佳组织奖。

【生态保护与建设】　贯彻落实全省农村环保工作会议精神，开展饮用水源保护、畜禽养殖污染防治、生活污水垃圾治理等农村环境综合整治专项活动。积极指导督促合阳、大荔两县加大创建生态示范县工作力度，两县均完成创建指标并通过省环保厅的技术评估。生态示范乡镇和生态村建设逐步推进，白水县林皋镇、蒲城县孙镇省级生态乡镇及白水县杜康镇和家卓村、北井头乡上徐村国家级生态村创建通过上级验收、公示。指导各县区积极申报2010年中央及省级农村环保专项资金项目，8个村完成了申报工作，共争取资金1388.25万元，项目实施方案得到省环保厅批准，部分基础项目开工建设。

【环保宣传教育】　环保宣传活动有声有色。“六五”环境日期间，联合市教育局在全市中小学生中开展了以“倡导低碳生活，呵护生态家园”为主题的创模征文比赛活动，取得明显成效。全市53家单位在市区开展了宣传活动，设立宣传点49处、展出展板230块、发放宣传材料26000份。市委书记、市长向全体市民发出了环保倡议信，副市长在《渭南日报》发表了署名文章，推动公众参与环境保护。同时，开展了“科技之春”宣传月活动，发放《农村环保小常识》300册、宣传材料1000份；利用市中心广场户外电子屏进行了创模、创卫、第二届文化旅游节等9次影像宣传。全年在市以上媒体刊稿1175篇，渭南环保网编发工作动态600余条，编辑《渭南环保》18期，取得了良好的社会效果。

【创模工作】　认真履行牵头部门职责，分解落实全市年度创建全省环保模范城市重点目标任务，制订阶段考核、资料建档、督查督办等制度；组织编制经济社会发展、环境质量全面达标等7个创模专项规划，全市创模总体方案在省内率先通过评审。开展业务培训，加大宣传力度，强化督查督办，实施阶段考核，碧水、蓝天、宁静、洁净安全、绿色生态等8大创模工程有序推进，区域环境噪声平均值、受保护地面积、人均公共绿地面积等指标均率先达标。在市四届人大常委会三次会议的测评中，对创模工作的满意率达到100%。

【环保能力建设】　狠抓队伍教育培训，扎实开展环保法律知识、污染减排数据更新、污染源在线监控、绿色示范工程创建、环境执法及创模业务等培训活动，通过聘请教授集中辅导、现场答疑解惑、开展大比武等形式，提高了学习质量，提升了干部职工业务能力和执法水平。坚持落实环保系统行政效能制度，用制度和机制保障各项工作规范开展。通过设立环保公开栏、播放户外电子屏和开通网络平台等形式，实行排污收费、环评审批和环境监测的政务公开。

不断完善污染投诉有奖举报制度，提高公众参与环境监督的积极性。持续开展环境监察机构与重点企业“双公开、双承诺”活动，深入开展行风评议，自觉接受社会监督，树立了环保部门文明执法的良好形象。全年市级共受理12369污染投诉226起，办结率100%，奖励举报人20人，维护了广大群众的环境权益。

（王同德）

财政 税务

财 政

渭南市财政局

局 长 王荣举(5月离职)
蒋秀侠(5月任职)

副局长 蔚沛霖 董义才 王化运
张养民 辛香娥(女) 刘天顺

【财政收支】 2010年,全市财政总收入达到74.9亿元,增长14.51%,是"十五"末的3.6倍,其中地方财政收入达到34亿元,增长20.39%,是"十五"末的3.8倍。全市财政支出达到154.3亿元,增长32.42%,是"十五"末的5.3倍。全市收入规模过亿元县市区达到11个。收入质量逐步改善,税收收入增长25.13%,增幅高于上年24个百分点;耕地占用税、契税等地方小税种增收贡献突出,占全市增收总额的16%以上。

【支持经济发展】 围绕全市发展大局,切实转变财政投入方式,采取财政贴息、以奖代补等形式,撬动金融资金,吸引社会资金,支持经济发展。财政投入4亿多元,支持了中心城市道路、绿化亮化、供水供热等城市基础设施,市垃圾填埋场投入使用,全市所有县市污水处理厂基本建成运行,进一步改善了城市环境,提升了城市品位,增强了城市功能。筹措资金2.3亿元,支持了招商引资和项目策划、包装以及体育中心、中心医院等市级重点项目实施。全市13个工业园区新增入园企业200户。全市36个在建和52个投产运营财源建设项目进展顺利。安排资金1.36亿元,支持了有色金属、装备制造、物流等优势产业和新兴产业发展,促进了焦化、水泥、电力等行业淘汰落后产能及企业节能改造项目实施。拨付贴息资金2654万元,撬动各类金融资金12.7亿元,缓解了59户企业的流动资金紧缺问题;争取中小企业改制发展资金1.8亿元,支持了企业改制、职工安置和技术升级,促进了企业良性发展。大幅度提高了家电下乡产品最高限价,增加汽车、家电下乡品种,扩大补贴范围,兑付家电下乡等补贴资金1.96亿元,位居全省前列。

【支持民生工程】 2010年,全市民生领域投入资金126.5亿元,占财政总支出的81%,其中"十大民生工程"投入资金48.1亿元,各级财政投入资金42.5亿元,较上年增长32%。义务教育生均公用经费补助标准进一步提高。"两免一补"等政策得到较好落实,全市64.3万余名中小学生和职业学校学生享受到了各类补助。“蛋奶工程”、中小学校舍安全工程，大荔、蒲城教育专项资金整合试点工作顺利推进。投入资金10亿元，完成了年度新医改任务。筹措并拨付新合疗补助资金2.9亿元，参合率达到95.6%。拨付资金3393万元，城镇居民、职工医保参保人数达到99万人。投入资金1.9亿元，在全省率先完成了3221个村卫生室规范化建设。投入资金6268万元，全面实施了农村妇女免费住院分娩、育龄妇女健康检查等工作。发放低保金3亿元，城乡37.2万人享受到低保政策。韩城、华县新型农村养老保险试点工作顺利实施。6.6万名60岁以上老人全部领到养老金。投入资金1.78亿元，城乡困难群众、五保供养对象、受灾群众的基本生活得到较好保障。拨付大中型移民后期扶持资金4448万元，各项移民政策得到较好落实。建设廉租房43万平方米，解决了8600户低收入家庭的住房问题。提高了公务员津补贴和事业单位绩效工资标准。争取上级补助资金2.99亿元，累计扶持下岗失业人员和返乡农民工再就业3.6万人。投入资金3000多万元，支持了40个乡镇综合文化站及2675个村、26个社区文化中心和文化活动室建设，丰富了农民群众业余文化生活。

【支持新农村建设】 围绕农民增收“六大工程”，2010年，全市共投入“三农”资金90.3亿元，增长35.7%，有力地促进了农业发展、农民增收和农村稳定。投入小型农田水利建设资金2.9亿元，新增有效灌溉面积1万公顷，新建农村沼气池2.45万口，解决了40万人的安全饮水问题；完成了南塬绿化二期工程，改善了农村生态环境。富平县在全省率先实施高标准农田示范工程建设项目。投入资金1.3亿元，实施了现代农业苹果项目二期工程建设。投资7639万元，建设设施蔬菜大棚4800公顷。财政投入贴息和以奖代补资金6000万元，吸引和带动金融及社会资金5亿多元，支持建设畜牧养殖场300多个。实施了澄城、白水两个百万头生猪大县建设项目。农民进城落户工作稳步实施，11万农村居民顺利进城落户。各项惠农补贴政策较好落实，农民人均增收440元。“一折通”发放方式改革工作顺利推进。蒲城县成立了全市首家惠农补贴兑付中心，走出了一条更加便民、更加透明、更加安全的惠农补贴发放新路子。投入资金1.04亿元，扶贫开发整村推进重点村建设和扶贫移民搬迁工作进展顺利。

【争取上级支持】 利用各种资源，及时捕捉信息，多方汇报，扎实做好基础工作，争取上级支持取得显著成绩。“十一五”期间，累计争取各类转移支付322亿元，人均财力由2005年的1.4万元提高到2010年的3.8万元，市县财政困难状况有所改观，支持经济社会发展有了资本。2010年，省对渭南市的各类补助资金达到109亿元，较上年增长34.6%，占财政支出的比重达到70%以上。经过积极争取，大荔、蒲城纳入国家财政支农资金整合试点和教育专项资金整合试点县，富平县在全省率先实施高标准农田示范工程建设项目，合阳、临渭等六个县区纳入全省小型农田水利建设重点县，韩城市、华县纳入国家级新型农村养老保险试点县，三个县纳入省管县改革试点，澄城县纳入省级千村互助资金试点县。

【财政管理】 部门预算改革稳步推进，预算编制流程进一步规范，预算约束力明显增强，预算执行管理进一步强化。国库集中支付制度改革试点有序进行。非税收入管理工作成效显著。全年市级非税收入完成5.2亿元。政府采购行为进一步规范。

国有资产管理进一步加强。完成了资产管理信息系统建设,健全了制度,规范了程序,摸清了底子。农村综合改革稳步推进。村级公益事业一事一议财政奖补试点全面铺开,村级组织运转经费保障机制不断完善。"金财工程"建设不断加快,城域网已覆盖所有一级预算单位,网络建设实现省市县乡联网贯通。财政监督检查、投资评审、"小金库"治理工作顺利推进。政府性债务管理等各项工作都在创新中取得了新的成效,得到进一步加强。财政干部依法理财、科学理财、民主理财的观念不断强化,财政支持经济发展方式不断转变,财政运行机制更加科学,财政管理体制进一步完善,财政改革全面深化,资金使用效益明显提高,对全市经济社会快速发展发挥了积极的促进作用。

国　家　税　务

渭南市国家税务局

党组书记、局长　于连升

副　局　长　卢永彦　王卫平　安京学

【税收收入】　大力提升组织收入工作的质量,通过实行组织收入领导包联责任制、实行收入讲评会和红黑牌制度、加大对重点税源企业的监控力度、加强税种管理以及加大税务稽查工作力度等一系列措施和手段,促进税收收入的增长和收入质量的提升。全年完成了44.5亿元,较上年同期增长12.46%,增收4.93亿元,占省国税局下达计划的106%,收入规模列全省国税系统第6位。

【税源管理】　全市认真落实重点税源企业监控管理办法,随时掌握重点税源企业生产经营和税收变化情况。进一步加强对钼业、电力、煤炭等重点行业税源的监控分析,加强预警监控。强化税源普查和纳税巡查,进一步加强发票管理、税基档案管理和欠税目标管理,税源管理的实效得到提升。

【税种管理】　增值税专用发票"汉字比对"系统推进的步伐进一步加快,在全省率先实施,并得到省局的肯定和表扬。所得税管理上实施监管、汇算、审批三结合的管理方式,税收优惠政策管理得到强化,汇算清缴工作圆满完成,管理质量全面提升。大企业管理"1234"体系框架初步形成,实现了建立1个网络、落实2级控管、实现3级联动、做到4个结合的立体式管理框架。出口退税管理继续加强,全年实现退免税7818万元。

【征收管理】　税收执法考核系统运行平稳。征管质量考核得到强化,全市准期申报率99.9%,入库率98.5%,滞纳金加收率86%。税收征管分析与风险管理系统成功上线运行,采集录入财务报表数据1839户,对全市1614户增值税一般纳税人进行了财务报表数据采集培训,圆满完成了风险数据核查工作任务。风险管理工作取得了突破,干部税收执法风险意识得到提升。综合征管软件运行状况良好。信息的采集和应用水平进一步提高。税务稽查工作成效显著，打击制售假发票和违法代开发票专项整治活动以及对汇总纳税企业和重点税源企业、重点行业的税收专项检查深入开展。实现了信息管税的新突破，管理质量和水平的新提升。

（赵铁昌）

地方税务

渭南市地方税务局

党组书记、局长　郭章献（4月任职）

副　局　长　孙永才　郑高良

刘效强　殷永峰

【组织收入】　全系统共组织各项税费收入35.64亿元，同比增长14%，增收4.41亿元。其中：入库地方税收221051万元，完成省地税局计划的105%，同比增长23.76%，增收42443万元；市县级入库149805万元，完成市政府任务145000万元的103.3%，同比增长28.02%，增收32790万元；累计征收社保费和各项基金135316万元，同比增收11923万元，其中养老保险98058万元，完成年初计划的103.8%，同比增收7064万元；失业保险4531万元，完成企业部分计划的146%，同比增收667万元；医疗保险费13726万元，同比增收1667元；女工生育保险271万元；工伤保险1740万元；水利建设基金5032万元，完成计划的129%；煤炭价格调节基金6648万元；文化事业建设费64万元；散装水泥专项资金163万元；工会经费836万元；水土流失补偿费3193万元；残疾人就业保障基金191万元，价格调节基金863万元，入库教育费附加9676万元。

【收入措施】　一是合理分解税收计划。上级计划下达后，立即结合各县市局上年度税收计划完成情况及税源实际，对计划进行了科学合理分解，各征收单位也把收入计划结合实际层层分解到位。二是深入实际开展税源调查。深入到基层一线开展调查研究，了解情况，查找问题，研究对策，督促进度，税源管理部门对一些重点税源的生产、经营、纳税等情况进行了实地考察，掌握了税源的基本情况，并及时撰写了税收计划执行情况报告，主动向当地政府领导汇报工作，争取政府主导，部门联手，同时争取大型企业等纳税人的理解与支持，做到应收尽收。三是继续强化征收措施。提出“对内建机制、对外用手段”的工作策略，积极运用税收征管法赋予的权力，从健全完善税收分析、纳税评估、税源监控和税务稽查“四位一体”互动机制入手，全面加强税收征管职能，充分调动干部职工抓收入工作的积极性。四是严格执行组织收入纪律，认真贯彻落实组织收入原则，保证了各级次收入及时、足额入库。五是深化社保费和各项基金管理。认真落实费源、费种管理制度，不断完善“税费同征”的征管模式，积极推进费源、费种管理信息化建设，社保费和各项基金管理质量不断提升。

【税收征管】　健全完善了税源管理工作机制，认真落实省地税局《关于进一步加强税收征管规范化建设的意见》，做到了征管各环节制度健全,操作规范。6月份,选派人员参加全省征管业务系统流程优化工作,分类处理了145个问题,并结合实际提出81个优化方案。规范税务登记管理和涉税事项认定工作,市、县两级认真开展联合办证,将新开户纳税人全部纳入征管业务系统进行规范管理,全年共实施联合办证2167户,通过信息比对清查漏征漏管户326户。规范税收管理员管理,税收管理员占到总人数的50%以上,全市税收管理员达790人;认真落实两个“一口清”,编印了《税收管理员工作手册》,开展了“税收征管能手”评选活动。全面实施分类专业化管理,在总结完善潼关黄金企业专业化管理取得成功经验的基础上,在煤炭资源比较丰富的渭北五县搭建了煤炭生产企业税收一体化管理监控和信息共享平台,实现了坑口计量的信息化、规范化监控管理;对房地产以“先税后证”为核心,健全了房地产一体化管理协作机制;对建筑企业以“源泉控管”为抓手,实施全程监控,完善了代征代扣制度;对出租车税收由税务机关分类核定、出租车公司代收代缴,建立征管数据库和欠税底册,与交警和运管部门建立协作机制,做到信息共享;对餐饮业采用保本经营推算的方法,合理确定其营业额,形成餐饮业核定税款参数表,先行对餐饮大户的定税进行了大幅度、大范围的调整。扎实开展纳税评估,成立纳税评估委员会,组建专业的纳税评估队伍,确定了房地产业、建筑业、广告业、客运业、采矿业、各类教育培训机构等六类行业为重点,科学构建评估模型,深入开展专业评估和日常评估。全年实施评估的40户纳税人有35户产生了评估税款,税款总额达到4573万元,评估税款占各纳税户同期间已缴纳税款的均比为17.36%,最高的达到393%。

【纳税服务】 健全完善纳税服务体系和制度,引导干部职工树立“纳税人至尊”的理念,以纳税人满意度为准则,做到征纳沟通无距离、服务质量无差错、文件之外无收费、服务工作无投诉;大力创建“星级办税服务厅”,全系统县级以上办税服务厅均达到了“三星级”标准;对全系统办税厅工作人员进行了以规范化管理为专题的培训,举办了办税服务厅人员知识竞赛;广泛开展税法宣传,充分利用门户网站、12366服务热线、办税服务厅等内部服务平台和省、市电视台、党报党刊等新闻媒体,加大宣传工作力度,同时建立了登记、受理、核实、查处和反馈等纳税服务的投诉和举报工作机制,保护纳税人的合法权益。大力优化纳税服务方式,开通了12366纳税服务热线,制定了热线管理办法,建立12366咨询问题库,强化纳税咨询;加大纳税评估工作力度,认真查找纳税人利润率低的真正原因,从税收的角度为纳税人提供帮助;不断优化申报征收方式,全系统纳入财税库银横向联网的纳税人217户,实行“双简”户18341户,占到个体工商户总户数的71.84%;开展了纳税信用等级评定工作,共评定各类纳税人19781户,其中A级纳税人79户,B级纳税人17482户,C级纳税人1851户,D级纳税人9户。

【发票管理】 进行了发票换版,采取分步实施的方式,先在每个行业选户进行试点,10月底全面推行,至年底各类新版发票全部印制到位,全市共发放新版发票34.1万份。推行网络开票,分三期对全市312户建筑业、销售不动产纳税人,系统内375个发票管理员、税收管理员进行了开票使用专题培训,网络在线发票运转正常。建立受票方核查机制,与审计、财政等部门协作,在全市范围内建立起受票方核查机制,从财政核算中心和审计部门等源头环节强化审核,进一步规范重大建设项目建筑业发票管理，解决了跨区域开票问题。认真实施发票协查工作，建立了与稽查部门发票核查联动机制，做好发票日常鉴定，全年共鉴定发票2800余份。开展发票专项检查，在全市范围内开展了为期四个月的普通发票检查活动，做到了实施检查一批，缴销旧票一批、推行新版发票一批。

【税政管理】 全面推行不动产、建筑业营业税项目管理，加强货物运输业税控系统监管，严格自开票纳税人认定，营业税管理水平不断提高。扎实开展企业所得税汇算清缴工作，通过管理系统申报的纳税人达516户，较上年增加了30户。加强个税代扣代缴登记管理，重点加强年所得12万元以上个税自行纳税申报管理和完税证明开具工作，全市共有825名纳税人进行了申报，完成了年任务的110%，比上年申报人数增加了112人，补缴入库个人所得税126.7万元。积极推广应用个人所得税管理系统，安装运行企业所得税纳税申报及评估系统，加强对全市货物运输业税控系统的升级维护，税政管理的信息化、规范化水平不断提高。

【信息管税】 经过多次由地税局牵头筹建"第三方信息平台"，市政府专门下发了《关于开展电子政务基础资源共享试点工作的通知》，公安、金融、土地等九部门全力配合，积极提供28类、27种表格囊括的各类信息，实现了各行政执法部门之间的信息共享，增强了社会管税的合力。开展了企业所得税汇总纳税管理系统、CA数字认证系统、12366纳税服务系统和个人养老保险委托银行代收系统等应用项目的建设推广工作。不断加强应用支持，整合运维资源，规范运维流程，明确运维职责，不断提高运维工作的质量和水平，保障各类信息应用系统安全、稳定、高效运行。

【税务稽查】 一是抓好税收专项检查，尤其是重点行业税收检查工作，扎扎实实做好自查辅导。二是继续深入开展打击发票违法犯罪活动，将此项工作长效化、常态化。三是把坚决查处重大税收违法案件作为工作重点抓好落实。四是优化管理，通过完善管理，强化效能建设，提升稽查形象。五是在人员、经费、装备和外部环境方面强化稽查执法保障，促进稽查工作再上新台阶。六是进一步加强稽查成果宣传，展示税务机关打击涉税违法活动的成效，震慑少数不法分子，扩大稽查效果。全市稽查部门共组织检查105户，查补地方收入8079万元，入库7792万元，入库率达96%。其中：市局稽查局实施检查31户，查补地方各税收入6465万元（含自查），加收滞纳金133万元，罚款730万元。

【行政管理】 实施规范化管理，全面梳理、修订完善近年来各项规章制度，编印了《管理制度汇编》，涵盖了党务人事、行政管理、党风廉政、税费管理、财务资产管理等5大类100项规章制度。为保证制度的贯彻执行，一方面组织干部职工反复认真学习各项制度，吃透制度的精神，努力提高制度的知晓度；另一方面，要求各级领导干部充分发挥表率作用，做带头学习的模范、自觉遵守的模范和自觉接受监督的模范，做到知行合一，努力提高制度的执行力。综合政务工作水平进一步提高，所有公文全部通过公文处理系统运转，公文运作更加规范、高效；在省级以上刊物刊发稿件近30篇，在省局网站刊发123篇，门户网站作用发挥明显，政务公开和政府信息公开工作深入开展，被市政府评为"优秀网站"，机关档案管理更加规范，软硬件设施齐全，成功创建省级AAA档案室。

（王新彦）

金融　保险

中国人民银行渭南市中心支行

行　长　康　峰
副行长　马小明　庞晓飞(3月任职)
王凯俊

【概况】　2010年末,全市金融机构各项存款余额998.47亿元,较年初增加151.24亿元,增长17.85%;各项贷款余额471.52亿元,较年初增加85.14亿元,增长22.04%;全市累计现金净投放55.27亿元,较上年同期少投放3.56亿元。保险业保费收入32.26亿元;证券市值15.27亿元,投资者39122人。经济金融运行态势良好。

【货币政策执行】　一是传导货币政策,突出及时性。以《送阅件》等形式及时向地方党政传达分行工作会议精神、宣传适度宽松货币政策的新内涵,促进货币政策与财政政策、产业政策的协调配合。前三季度分别组织召开了以房地产、中小企业、金融稳定为主题的经济金融运行分析会,由一般性情况通报转变为专题问题的探讨,会议地点由金融机构走向企业,引导全市金融机构做到准确把握和积极作为。适时利用地方新闻媒体等多种途径,适时准确宣传货币信贷政策最新动向、工作措施,帮助市场主体形成合理预期。二是加强窗口指导,突出针对性。围绕全市经济社会发展的重点项目、关键产业和薄弱环节,拟定了《渭南市"十二五"金融业发展专项规划》,编制了《金融支持地方经济发展规划》,提出了总体目标、发展思路和主要任务。制定下发了《货币信贷政策操作指引》,引导金融机构以促进货币信贷合理增长、保持信贷均衡投放为重点,全面落实"稳增长、调结构、促消费"的调控方针。设立了货币政策传导绩效监测点20个,民间借贷监测点5个,建立了货币政策效应快速反馈机制。三是服务推动发展,突出实效性。组织召开项目推介会、签约会10次,120家企业与40家银行分支机构分别签订贷款合同、意向150份,签约232.64亿元,覆盖了电力、城建、建材、教育、旅游等8个行业。全市建立小额贷款公司9个,重点支持了种植业、养殖业和农产品加工业的发展。四是县域金融服务,突出特色性。为了认真贯彻落实总行《关于进一步加强人民银行县(市)支行建设意见》,在全辖10个县(市)支行启动并开展了金融支持渭南经济发展"一行一特色"综合试点,力争通过努力,促使货币政策传导走出新路子、金融生态环境建设取得新成效、农村金融服务工作开创新局面、支付结算体系建设实现新突破，破解支行在履职中的困境和难题，支持县域经济平稳较快发展。

【金融生态环境建设】 一是强化风险监测评估。加强对地方中小金融机构流动性分析监测，坚持按旬监测，及时预警，消灭风险隐患。建立了系统性金融风险监测评估体系。密切关注跟踪金融机构改革后的风险控制问题，提高了风险评估分析的科学性、准确性和前瞻性。与辖内市级金融机构签订了金融稳定责任书，夯实了维护金融稳定的责任。起草的《金融生态环境建设三年规划》，得到市委市政府领导的肯定和好评。二是强化征信管理。协调长安银行制定了接入征信系统方案，引导商业银行通过查询中小企业信用信息系统挖掘优质客户。做好百户企业融资推介和百户企业信用培植“双百”工作，确定了103家中小企业作为信用培植对象。与市中级人民法院联系建立了“征信威慑机制”，市级四大班子领导视察人民银行征信系统时给予高度评价。征信知识培训基地在渭南技术学院揭牌，征信知识进校园进课堂在渭南师范学院启动，“2010年陕西省征信知识宣传周活动”在渭南启动，推动了征信知识的宣传和征信系统的推广应用。

【金融服务创新】 一是加强外汇管理服务。举办了主题为“诚实做人、诚信立业、健康规范、和谐发展”的诚信兴商宣传签名活动。加强国际收支统计监测分析，强化进出口核销日常管理，探索做好涉外主体监管试点工作，完成国际收支和个人结售汇业务的现场核查。经总、分局批准，尝试开展了资本项下境外人民币投资个案试点，提前完成了市政府下达的年度3000万元招商引资任务。截至10月末，全市国际收支总额15257万美元，同比增长2.27%，实现国际收支顺差4661万美元。二是畅通支付结算渠道。举办了“刷新生活，卡动五月”推广使用银行卡有奖刷卡消费活动，加快了非现金支付工具的推广应用。组织了全市金融机构现代化支付系统业务知识竞赛活动。在华山风景区开展了主题为“接轨世园盛会，优化结算环境”创建活动，改善了辖区支付结算环境。组织开展了改善农村支付环境“示范县”创建活动和“商银通”转账POS推广工作。移动公司资金归集纳入集中代收付业务，扩大了集中代收付业务服务领域。截至11月20日，累计分别办理大、小额支付业务443.6亿元、1.726亿元，成功发起集中代收付业务2.21亿元。三是提高货币发行管理水平。开展了“人民币流通管理优质服务年”活动，编制了发行基金调拨计划，现金投回预测准确率达到95%以上。开展了“迎接世园会，优化券别结构，改善使用环境”活动。组织开展了“送反假知识下基层”系列宣传活动，加强了反假货币“三师队伍”建设，增强了公众反假货币意识，提高了公众识别、防范假币的能力。全年残损币回收17.67亿元、送销17.2亿元，超额完成了任务，净投放现金46.57亿元。四是强化经理国库职能。就《预算法》(修改稿)积极向市人大专题汇报，赢得了理解和支持。对全辖10家支库进行了国库会计业务实地检查，规范了业务操作。对辖区两家国库经收处的违规入库情况进行了经济处罚，严肃了国库监督管理的权威性。开展了“十乡百村千户”国债知识下乡活动，得到总行国库局领导的充分肯定。11月1日TCBS顺利上线运行，扩大了横向联网(TIPS)系统业务范围。截至10月末，办理低保资金直接支付业务2238万元，同比资金量增加4倍，受惠群众增加近6倍。五是丰富反洗钱监管方式。建立了“CEMCPU”风险评估体系，对辖区33家市级金融机构的反洗钱日常工作进行了综合评价和排名，发挥了风险评估的警示作用。对风险等级较高的8家保险业金融机构负责人进行了约见谈话，对改制和新设的4家金融机构进行了实地走访，对12家金融机构进行了现场检查，差异化的持续监管促使各金融机构逐步健全了组织机构，完善了内控制度和操作流程。继续完善“分片联查”、“查防结合”、“四个重在”工作机制，推行监管部门与被监管单位“双承诺制”，增强了监管双方的行为自律，提高反洗钱工作水平。

【创新争优】 试点工作：取得西安分行试点工作13项，主要是陕西省内重点城市房地产市场监测、案件防范试点行；会计集中核算系统前置机集中整合工作试点；社保基金依托TIPS平台纳入国库收支改革试点；残损人民币兑换监督卡试点；民事合同审查跟踪服务试点；党建工作联系单位；农民专业合作社监测试点；黄金市场监测试点；部分涉外企业实施主体监管试点；陕西省金融消费者保护工作试点；关于个案试点香港智光兴业有限公司以人民币投资陕西光兆新能源有限公司试点；陕西省改善农村地区支付服务环境示范县（区）建设等。文件批转：为了支持区域经济又好又快发展，中支拟定的金融业支持商贸流通业发展的意见；2010年货币信贷增长指导意见；加快推进渭南市农村金融产品和服务方式创新的意见；金融支持农村消费市场发展指导意见；金融支持渭南市节能减排工作的指导意见；加大金融支持城乡统筹发展夯实农业农村发展基础的意见；创新金融服务机制实施意见；支持小企业融资意见；金融支持渭南重点产业调整振兴和抑制部分行业产能过剩指导意见等11份指导性文件被市政府办公室以正式文件批转。通报表彰：西安分行对中支农村金融教育培训试点市县工作；财税库银横向联网系统运行工作；2009年国库直拨业务试点工作；人民银行研究系统业务竞赛情况给予通报表扬；农村金融教育培训试点得到中国金融教育基金会领导肯定；办公室、后勤服务中心分别在支持地方经济发展、卫生单位创建等方面得到市政府的通报表扬；全年共获分行及地方政府各类荣誉14项。调研成果：形成了50余篇调研文章，其中，有2篇得到国办领导批示；在《中国金融》、《金融时报》、《金融电子化》、《金融博览》、《金融参考》、《经济参考》等国家级刊物上发表文章18篇，省级以上刊物发表文章40多篇，《对渭南市保障性住房建设的调查与思考》等5篇调研报告被市长批示。

（袁学文）

中国银行业监督管理委员会渭南监管分局

局　长　李　鹏

副局长　党宏明　刘新宏　刘　卫

【概况】 2010年，渭南银监分局结合渭南辖区实际，抓重点，攻难点，发挥各种监管手段的协同效应，着力提高科学履职水平，各项工作取得明显成效。全辖金融运行平稳,银行机构抗风险能力明显增强,发挥了对地方经济发展的支持、服务作用。在内部管理上,渭南分局继2009年获银监会精神文明单位后,2010年又获银监会系统先进集体、陕西银监局2010年度工作目标及绩效考核先进集体、渭南市招商引资先进单位称号。

【贷款新规贯彻落实】 组织辖内市级银行业金融机构开展了“三个办法一个指引”知识竞赛;根据“三个办法一个指引”的核心内容设计了宣传标语,组织各银行业金融机构营业网点通过电子显示屏播放,或制作成宣传横幅进行悬挂,提升了社会效应;组织对辖内银行业金融机构1523名高级管理人员、信贷人员进行了“三个办法一个指引”知识测试,测试面占辖内银行业金融机构从业人员的20%;组织市级8家银行业机构负责人、8家大型企业集团及中小企业代表共计30余人召开了座谈会,达到了相互促进落实贷款新规的目的。四是把银行业金融机构贯彻落实“三个办法一个指引”的情况纳入全年现场检查的重点内容,达到以检查促落实的效果。

【金融风险防范】 制定了防范融资平台信贷风险工作实施方案,成立了领导小组,通过组织各金融机构开展自查,摸清了渭南市政府融资平台贷款情况和风险状况;对发放政府融资平台贷款的工行、建行、农发行、长安银行4家机构政府融资平台贷款的风险状况、担保抵押落实情况、还款来源的稳定性进行了重点检查,涉及全部政府融资平台贷款6户20笔164785万元,查出问题4个,提出监管建议5条。在每季召开的全市经济金融运行分析会上,结合渭南房地产业发展过程中出现的新情况、新问题,加强政策引导,对银行业金融机构房地产开发商贷款、住房消费贷款提出了具体要求;对开发商、二套及以上房贷政策执行情况进行了监督检查,督促银行业金融机构严格落实房贷政策,规避信贷风险;组织人员对渭南市房地产发展状况调查,就规避房地产贷款风险提出3条建议。把农村信用社作为工作重点,强化监管措施,积极防范法人机构流动性风险,专门建立了农村信用社贷款投放台账,每月实施动态监测,及时发出监管提示,促其合理把握信贷节奏,加强流动性管理,至2010年末,全市农村信用社各项存款余额193.9亿元,较年初增加34.2亿元,增长21.44%,流动性总体较为充足。建立了各银行业金融机构“两高一剩”行业贷款台账,全辖银行业金融机构不良贷款余额较年初减少3.43亿元,不良贷款率较年初下降了3.19个百分点,实现了不良贷款“双降”。先后制定下发了2010年案件防控工作的意见、通知、实施方案等,明确了工作目标、职责分工,制定了有力的工作措施,结合各银行业机构的特点,每季度做好对案件风险排查的抽查工作,针对存在问题进行风险提示,并提出整改意见和监管要求,运用延伸检查权,查处自分局成立以来涉案金额最大的渭南“奥陶春”企业骗贷案,做法在银监会“宁波银行业案件防控工作专题培训会”上作了经验介绍,受到与会领导和人员的一致好评。

【金融服务】 一是督促指导银行业金融机构加强“三农”金融服务。制定下发了《关于进一步推进渭南农村信用社农户小额信用贷款工作的实施意见》,渭南市政府办公室对《实施意见》进行了转发,明确了各级机构的职责和具体工作要求。至年末,渭南农村信用社农户贷款余额64.1亿元,农村企业及各类组织贷款余额16.12亿元;农业贷款余额较年初增加12.52亿元,农业贷款比例74.09%,较年初上升15.51个百分点。二是组织推动银行业金融机构支持小企业发展。制定了《支持小企业发展的监管目标和措施》、《渭南银监分局2010年促进小企业贷款工作方案》,强化"窗口指导",引导辖内银行业机构加大对小企业信贷支持力度。截至年末,辖内银行业金融机构小企业客户较年初增加57户,小企业贷款余额较年初增加158247万元,增长55.05%。三是开展了"送金融知识下乡活动月"活动和"银行业公众教育服务日活动",提升了公众金融安全意识,推动了银行业持续履行社会责任,促进了银行业健康有序发展。四是率先在陕西银监局系统制定了《渭南银监分局领导班子成员"包县域、抓项目、促发展"工作方案》,得到省局党委的充分肯定,并转发省辖各分局学习交流。分局领导班子成员结合渭南辖区市情、县情,结合各银行业金融机构经营中存在的突出问题,结合渭南各级地方政府经济发展规划,结合银监会、省局的监管工作要求,根据分工每个人分别确定了工作项目,并按照《工作方案》的要求,积极做好所包项目的组织推动和具体实施工作,并取得良好效果。五是积极做好引银入渭工作,完善多层次、多元化的银行业体系。在市政府的高度重视和渭南分局积极协调下,引银入渭工作取得历史性突破,2010年12月14日、12月16日富平东亚村镇银行、浦发银行韩城村镇银行顺利开业,中信银行在渭南设立分行所有手续已全部办结,2011年3月份将开业,渭南多层次、多元化的银行业体系正在形成,经济金融协调发展的格局已经显现。

（廖学军）

中国农业发展银行渭南市分行

行　长　薛智勇

副行长　郭伟民　雷兰军　况凤生

【概况】 2010年,农发行渭南市分行提出了"履行职责、有所作为、讲求实效、构建和谐"的16字经营理念,大力化解矛盾,着力强化管理,取得了良好的工作成效。年末各项贷款余额72.2亿元,较年初增加7.1亿元;全年累计发放各类贷款33.2亿元,同比多放1.9亿元。

【信贷支农】 一是支持农产品收购。至年末,累计发放中央及地方储备贷款68903万元,支持企业收购及轮换粮食35102万公斤;发放夏粮收购贷款83788万元,支持企业收购小麦29758万公斤、油菜籽7841万公斤;发放秋粮收购贷款6830万元,支持企业收购玉米320万公斤、大豆1027万公斤、棉籽726万公斤;发放跨年度及新棉收购贷款11550万元,支持企业收购棉花22.7万担。二是支持老客户持续健康发展。至年末,累计发放商业性短期贷款212027万元、中长期贷款26897万元,解决企业正常生产经营、技改、扩建等合理的资金需求,帮助企业改善经营管理。三是支持新农村建设取得明显的成效。市行建立了人才库,制定了《客户维护和营销工作细则》,整合全市人力资源,开展贷款营销和调查评估工作;召开了包括渭南市及三区(临渭区、高新区、经开区)政府领导及部分企业法人参加的"新农村建设贷款营销座谈会",深化银政合作;充实了项目库,一批各级政府关切、承贷主体规范、支农成效显著的农业农村基础建设项目逐步入库管理。至年末,累计发放贷款5.27亿元,支持了县域城镇建设等项目18个;上报省行有关农村土地整治等项目5个,涉及金额8.3亿元;项目库中正在培育农村集中住房建设等项目4个,涉及金额14.95亿元。

【信贷管理】 一是促销收贷进度明显。累计收回2008、2009年度粮油准政策性贷款73387万元,其中收回2009年度贷款44250万元、收贷率100%,收回2008年度贷款52597万元、收贷率89.68%;累计收回2009年度棉花准政策性贷款43951万元,收贷率84.93%,基本实现了准政策性贷款"双结零"。二是贷款结构和客户群体合理调整。信用贷款得到控制,担保贷款占各项贷款比例达到43.15%,较年初上升了12.54个百分点;客户群体逐步优化,政府主导项目贷款较上年增加了31400万元,增幅达3倍之多。三是客户维护和续贷管理有效加强。对全市5000万元(含)以上大客户制定了具体的维护方案,从市行领导成员到基层客户经理层层落实了监管责任,并实行了机关中层包企业责任制。制定了《信贷业务办理流程时效规定》,提高办贷效率,促进新老贷款的无缝衔接。

【运营能力】 一是低成本资金增加。全年组织单位定期存款205000万元,同比增加78050万元,筹资成本率2.72%,同比下降0.06个百分点,节约利息支出427万元。二是中间业务均衡发展。保险代理收入114.46万元,同比增加16.66万元;国际业务收入0.17万元,实现了零的突破;人民币结算和外币汇兑收入9.41万元,收益渠道不断增加。三是财务挂账补挂和财政历年欠息清收取得较大进展。一方面,分行与渭南市政府已分别向省行和省政府专题上报了关于补挂政策性财务挂账的请示,正在待批。另一方面,关于财挂欠息问题,分行与市财政局达成共识,并制定解决方案。四是资金结算手段明显改进。累计办理牡丹金山卡478张,安装POS机6台;开办网银账户109个,占全市正常结算账户的60%;企业通过网银结算资金达90亿元,收购资金非现金结算达33亿元,占全部收购资金的78%。

【不良贷款清收处置】 加强了风险监测和法律审查,建立了风险贷款快速反馈机制,定期开展风险排查,综合整治贷款逾期和欠息问题,基本遏制了新增不良势头。至年末,累计现金清收不良贷款1489万元,同比多收1275万元;申报呆账核销项目108个、金额56115万元,已核销46个、金额20838万元。

(王芳 王博)

中国工商银行股份有限公司渭南分行

行　长　王引平
副行长　仪彦龙　李　毅　问世雄
　　　　李晓峰(1月任职)

【概况】　2010年,实现拨备前利润3.51亿元,各项存款较年初增加20.91亿元,各项贷款较年初增加15.06亿元,实现中间业务收入1.05亿元。销售各类理财产品283亿元;代理保险2.36亿元。累计清收处置不良贷款653万元,不良贷款余额2832万元,不良占比0.33%,较年初下降0.11个百分点。银行卡、电子银行和国际业务等新兴业务迅速发展,取得了较好成绩。

【资产业务】　突出重点,强化营销,加快创新,实现了公司、个人贷款业务协调发展。结合区域经济特点,不断扩大在大客户、大项目、优势行业上的同业占比,先后向中冶陕压、天时房地产、海兴房地产、黑猫焦化等项目和企业发放贷款213笔、18.20亿元;加快业务创新,将国内贸易融资、小企业贷款作为调整信贷资产结构的重要手段,为陕西龙钢、黄河矿业、韩城钢铁炉料、陕西金紫阳农业科技集团累计办理贸易融资45笔、7.89亿元,贸易融资余额达到5.66亿元,当年净增4.37亿元;积极参与渭南市招商引资工作,与渭南浙江商会签订了业务合作协议,逐步建立和完善了中小企业信息库,向三秦"一村一品"实业、白水源兴、渭南光大种业、蒲城凯达木业、富平鸿发花炮、澄城县城百贸易等55户小企业发放贷款4.15亿元,净增1.89亿元,小企业贷款余额达2.82亿元。评估上报了舜天能源、拓日新能、中冶陕压、天时房地产、明泽房地产、信达房地产、中心医院、华山景区8户企业的项目贷款,涉及融资金额8.9亿元;推荐上报了澄合矿务局山阳矿井建设项目、西卓子矿井建设项目和陕西龙门煤化工公司"焦化技术改造"项目;储备了豪润御城(Ⅱ)期项目、大西客运专线项目、韦罗高速项目、罗玉高速项目、渭南城投公司城中村改造项目和渭河南岸城区段生态综合治理项目、陕煤化工集团渭北东陈煤化工园区烯烃项目、中联重科渭南工业园项目等22个市级重点建设项目,涉及融资需求100多亿元,保证了信贷业务持续发展。以个人消费和经营类贷款为重点,累计发放个人贷款10024笔、25.61亿元,新增12.88亿元,完成省行年度任务的207.7%,余额和增量继续保持同业领先。

【负债业务】　深入开展了各类营销竞赛活动,其中在个金业务代发工资、理财金账户和向中高端客户配发信用卡营销活动中,新增代发工资单位216个,代发人数31687名,累计新增代发额5896万元,配发E时代卡31466张;新增理财金账户4258户,向中高端客户配发信用卡10927张,中高端客户渗透率达到19.45%,较年初提高了6个百分点;在双营销活动中,新增个人客户6.77万户,其中5万元以上中高端客户净增5027户,总数达57183户;

中高端客户占比 6.89%，同比提高 0.73 个百分点，中高端客户资产占比达 73.41%。营销信用卡 34176 张，完成省行任务 5000 张的 683.52%，被省行评为“双月发卡营销超百万”信用卡专业优秀团队一等奖。开展了对公结算账户、客户结算积分奖励营销活动，以积分奖励带动了结算套餐、财智账户卡、账户信使、企业网银、电子回单柜等重点产品的营销，其中新增尊享客户（1000 万元以上）20 户、账户信使 167 户、企业网银 526 户；充分发挥团队营销的作用，新增公积金存款 7000 万元。

【中间业务】 充分发挥个贷的引领作用，在提高议价能力的同时，带动了银行卡、电子银行等业务的发展。继续开展了刷卡消费和信用卡分期付款活动，增加了回佣收入。年末实现个人中间业务收入 5499 万元，占全行 52.39%。以业务创新为突破口，在积极营销贸易融资、小企业信贷业务的同时，深度挖掘客户资源，承诺、企业信息服务等业务得到快速发展。公司类中间业务收入达 1158.59 万元，同比增加76.76 万元。积极开展了结算积分营销活动，通过现金管理、法人理财等业务的营销，带动了账户、客户、收入的有效增长。进一步扩大贵金属、代理保险、资产托管等重点新产品对中间业务收入的拉动作用。年末，销售对公理财产品 267.81 亿元，实现中间业务收入 1984.41 万元；销售贵金属 3258 千克，实现收入 45.91 万元；代理保险 2.15 亿元，实现收入 757 万元，业务量及业务收入同业市场占比第一。同时继续强化中间业务“一把手”工程，加大了对目标任务完成情况问责力度；严格执行总行收费标准和减免审批权限，有效防范操作和经营风险，促进了中间业务再上新台阶。

（马静悦）

中国农业银行渭南分行

行　长　张　勇

副行长　张宏乾　聂　彬　初卫东

【概况】 2010 年，渭南分行各项存款存量居同业之首，各项实体贷款增加 18.75 亿元。分行获总行首届“全国农行文明单位”称号、渭南市“工业经济持续快速增长工作先进单位”、“农业农村工作先进单位”、“目标责任考核良好等次”和“政风行风建设先进单位”。富平、前进路支行分别获市级“文明单位标兵”和“文明单位”；临渭区、朝阳路、白水支行获省农行“文明单位”；渭南前进路支行乐天花园分理处获省农行“青年文明号”。

【支持地方经济】 2010 年，渭南分行以地域资源优势及当地重点建设项目为依托，在信贷计划紧缺的情况下，积极争取政策支持，加大对重点客户、重点项目的营销和信贷投放。一是主要支持重点客户、重点行业和重点项目的发展。二是重点支持有市场、效益好、成长性好的中小企业发展。三是加快发展个人住房贷款业务，实行名单制管理，为支持渭南县域住房经济做出了积极的贡献。

【三农业务】 全年累计向省级龙头企业发放贷款近3亿元,投放小企业自助可循环和简式贷款2.9亿元,支持农业产业化经济和优质小企业发展;创新担保模式,在采取整村推进,稳步发展惠农卡和农户小额贷款业务的同时,及时推出农村个人生产经营贷款,先后重点支持农业产业化基地建设,促进农民增收和农村经济发展;信用村试点建设受到省行表扬;加强支付渠道建设,积极在重点乡镇投放ATM机,安装POS机、"支付通",配备惠农服务车等,有效解决了农村小额取现问题。CCTV7、《中国城乡金融报》、《渭南日报》、市政府金融办和总行、省行多次刊登该行支持农村经济发展的典型做法。

（马林生）

中国银行股份有限公司渭南分行

行　长　王利锋

副行长　张　渭　党亚曙　董义军

【概况】 2010年,全行以加强客户基础建设为主线,以负债和中间业务为重点,全面落实"调结构、扩规模、防风险、上水平"的经营方针,积极转变经营策略,创新管理方式,各项业务取得全面进步,为完成三年业务发展规划的既定目标奠定了坚实的基础。年末,人民币一般性存款余额76亿元,较上年新增9.5亿元,其中:企业存款余额39.9亿元,较上年新增5亿元;储蓄存款余额36.3亿元,较上年新增4.5亿元。人民币同业存款余额6188万元,较上年新增800万元。外币一般性存款余额1658万美元,较上年新增437万美元。人民币各项授信余额30亿元,较上年新增6.5亿元,其中:公司贷款余额21.6亿元,较上年新增8.1亿元;零售贷款实现翻番,余额达1.8亿元,较上年新增9288万元,增幅为105%;叙做票据贴现交易量30亿元。全年各项收入2.8亿元,各项支出1.5亿元,账面利润1.3亿元,经营利润1.1亿元,实现了建行28年来首次利润过亿元。

【负债业务】 分行以行政事业单位和金融机构存款为突破口,以拓展个人有效客户为抓手,以代收付、代发薪业务为着力点,以标杆超越和市场份额考核为手段,大力拓展有效客户,扩大核心存款规模,提高个人中高端客户及其金融资产占比,负债业务规模稳步扩大。年末,活期存款占比由上年的51%上升至53%,提高了2个百分点。

【授信业务】 认真落实总行、省行信贷管控和贷存比管理要求,统筹规模管理,将有限的信贷规模优先用于支持优势行业、重大项目及个人住房贷款、汽车消费贷款、个人投资经营贷款,大力发展票据业务,实现了授信业务快速发展。公司贷款当年累计投放11.68亿元,相当于2007—2009三年投放之和。向金堆城钼业集团公司开立1亿美元保函,通过"内保外贷",支持企业走出去战略,帮助企业全额收购了加拿大育空公司铅锌矿,为加拿大分行创造了1亿美元的授信机会。全年大授信累计接近50个亿。

【中间业务】 分行通过缩短考核区间，配置专项营销费用和人事奖励费用，加大激励力度，及时考核兑现，加快新产品推广，加强联动营销和交叉销售，积极拓宽中间业务收入领域和渠道，实现中间业务收入大幅增长。全年中间业务收入3301万元，同比增加980万元，增幅为41%，完成省行计划118%，系统贡献率8.21%，分别在省辖排名第2和第4。代销中银基金、贵金属销售、企业网银和个人网银覆盖率、养老金账户数、单位银行结算账户数等六项指标完成情况居全省第一，代理保险业务量居省辖第三，中银卡发卡名列全省前茅。

（庞响涛）

中国建设银行股份有限公司渭南分行

行　　长　王有续
副 行 长　惠晓阳　韩英儒

【概况】 2010年，全口径存款余额151亿元，较年初新增33亿元；各类贷款余额77亿元，较年初新增17.79亿元；实现中间业务净收入6649万元；实现考核利润2.13亿元。先后获全省建行“先进单位”和渭南市金融支持中小企业发展“先进单位”称号。

【资产业务】 在符合总行风险偏好和结构调整要求的前提下，充分运用利率等价格杠杆缓解规模与需求的矛盾。累计投放公司类非贴贷款37.98亿元，新增14.78亿元，期末各项贷款余额达77亿元；票据贴现办理量26亿元。以专业化的小企业经营中心为平台，优化劳动组织模式，充分利用“速贷通”及“成长之路”两个小企业特色产品，通过信贷投放、办理银行承兑汇票、保理等方式，扶持了同鑫煤焦、盛捷实业等37家小企业的健康发展，小企业贷款投放量3.3亿元，金融服务品牌逐步得到客户认同。房金业务步入健康发展轨道，全年共申报楼盘50多个，额度13亿元，开贷支持了“青青家园”经济适用房项目，为地方安居工程做出了贡献，个贷投放达到了历史最好水平。个人贷款余额6.68亿元，较年初新增3亿元。

【负债业务】 密切跟踪招商引资和大客户项目信息，积极参与政府和客户重大项目的实施过程；及时分析客户资金走向，加大对大型客户及其上下游客户的营销服务；依托验资通平台，加大与工商部门的联系与合作，健全信息责任制，确保目标客户的及时有效介入；持续做好增量账户营销和存量账户维护工作，加大存款结构调整，账户营销工作成效显著，对公负债的发展能力不断增强，企业存款余额达69亿元，当年新增18.2亿元。坚定个人负债业务的战略地位不动摇，加强与客户的联系，抓维护，抓提升，抓拓展；依托借记卡、基金、信用卡、第三方存管、黄金等产品发展客户，吸引客户，扩大客户产品覆盖度；建立高端客户行长负责制；组织了六场次个人高端客户大型系列答谢活动；加强公私联动，开展代发业务竞赛活动，个人客户群体不断壮大，个人负债业务稳步增长。全年个人负债产品累计销售59.38亿元；个人存款余额达 81.2 亿元，当年新增 14.8 亿元。

【中间业务】 依托账户新增和资产业务优势，人民币结算收入增长较快，票据承诺、电子银行和代理资金清算业务收入均超过 2009 年同期；加快对公网点转型步伐，加大对公结算产品营销考核力度，对公网点转型取得了明显成效；积极营销基金、保险、黄金、利得盈等产品，各网点产品销售能力进一步增强。全年实现中间业务收入 6649 万元。

【资产质量】 积极加强对额度授信用信、楼盘准入及抵押物核实等环节的平行作业，建立风险预警机制，实施对关键风险点的监控检查，强化专业化运作，贷后管理工作逐步向程序化、标准化流程过渡。全行不良贷款余额 32.84 万元，不良率为 0.004%，资产质量居全省前列。

（张宏明）

长安银行渭南分行

党委书记、行长 丁仁兴
副　行　长 王世海　李　德

【基本情况】 长安银行是经国家银监会批准，省委、省政府领导的国有控股的股份制商业银行，是在合并重组陕西省境内原宝鸡市、咸阳市城市商业银行和渭南市、榆林市、汉中市城市信用社基础上，成立的一家地方性商业银行。长安银行的成立改变了各并入机构资产规模小、抗风险能力低、发展后劲不足的问题，为客户提供了结算便利条件。长安银行成立后，并入机构之一的原渭南市城市信用社更名长安银行渭南分行。

【网点建设】 推进金融服务向县域经济延伸，2010 年 1 月 20 日，长安银行渭南第一家县级支行——韩城市支行隆重开业，长安银行行长毛亚社、渭南市副市长潘洁为该支行揭牌。韩城市支行自开业以来，不断拓宽服务领域，自 7 月开办贴现业务，累计办理贴现业务 80800 万元，在当地形成了一定的竞争优势，投入当地实体经济资金 10 亿元。

【业务发展】 长安银行渭南分行 2005～2010 年主要业务指标对比表

单位：万元

业务指标	2005 年末	2010 年末	增减倍数
各项存款	60684	323942	增长 4.34 倍
各项贷款	50430	157619	增长 2.13 倍
不良贷款	25114	209	降低 99.16%
不良占比	49.80%	0.13%	下降 49.61 个百分点
各项收入	1942	19470	增长 9 倍
实现利润	-985	6943	增长 7928 万元
贡献税收	120	1500	增长 11.5 倍
百元收息率	3.97%	11.09%	上升 7.12 个百分点
利息收入	1759	15647	增长 7.9 倍

【队伍建设】 按照“三定”方案的要求，采用“软着陆”的办法，改革业务部门运行，坚持把优势信贷营销人才资源集约化管理，先行引入管理职能，于当年 12 月实行前后台分离，承担分行主要盈利指标的三个业务部门，业务发展和改革两不误。当年收回贷款利息 15177 万元，同比增加

5688万元，增长59.94%。通过公开报名、公开竞聘、现场演讲的办法，为10家支行配备了行长助理，并给竞聘成功的人员压实了“三个一”的担子，即一流的管理效力、1000万元存款任务、1000万元贷款任务。

【新业务开拓】 2010年7月23日，长安银行新一代计算机核心业务系统上线运行，实现省内西安、宝鸡、咸阳、汉中、渭南、榆林通存通兑。依托核心业务系统，长安银行“长长卡”（银联卡）和理财产品登陆渭南，12月初开始至年底，发行银行卡1022张，发行“长盛理财”产品2期，金融服务实现了“全面、高效、快捷”的目标。

（刘 明）

中国人民财产保险股份有限公司渭南市分公司

党委书记、总经理 于建营

副 总 经 理 王习习 贺五顺 张培莉（女）

【业务发展】 2010年，全市累计实现账面保费31950.7万元，同比净增7945万元，增幅33.10%，完成年计划的121.49%，提前25天突破了3亿元大关，实现了全年挑战目标；累计实现实收保费31992.5万元，同比净增7088.4万元，增幅28.46%，完成年计划的123.05%。市场份额42%，基本保持稳定。为全市上千家企业、近20万户家庭、近4万台车辆提供着550多亿元的风险保障。

【理赔服务】 公司下辖12个支公司、6个二级营业部、1个直属营业部，代理机构遍及城镇、乡村和各行各业，服务网络已深入社会生活的各个层面。以电子技术为先导，公司实现了从承保、报案、理算、支付赔款等环节的全自动电脑操作，95518保险服务专线与全国联网调度，不管在何时、何地只要拨通95518，都能在最短的时间内获得公司的优质服务。公司拥有丰富的人力资源，180多名各类专业技术人才随时提供承保、防灾、防损、定损等服务，在重大工程建设项目的承保中有得天独厚的优势，曾成功地为渭南天然气工程、新力电厂、蒲城电厂、韩城矿务局、澄合矿务局等大中型国有企业提供了良好的保险服务，在渭南饲料添加剂厂爆炸事故、秦东农药厂火灾事故、韩城矿务局山洪原煤流失、陕化爆炸事故、澄城尧头斜井瓦斯事故、渭运集团“九一二”效能事故的处理中发挥了保险理赔的积极作用，为大中型建设项目的承保、防灾、理赔积累了丰富的经验。

【业务构架】 公司经营财产保险类五十多个主险、三百多个附加险的业务。开办的住房贷款保证保险以及“金锁”家财系列保险等业务有力地促进了渭南消费水平的提高，形成了以机动车辆险为龙头，企财险、家财险、各类责任险全面发展业务构架。

【服务三农】 公司以承担社会责任、服务

三农为己任，虽然改制为股份公司但“人民保险造福于民”的宗旨始终没改变。全力支持渭南城乡经济发展，特别是在农业保险大面积亏损的情况下，积极探索与政府合作，发挥财政支农放大效应，在渭南辖内主要乡镇建设农村保险服务站60多个，为广大农民朋友提供方便、快捷的保险服务。积极开展政策性农业保险，在全市率先开办了政策性能繁母猪保险和苹果保险，为6000余养猪户10万余头能繁母猪提供了1亿多元的风险保障。为白水县近5333公顷优质苹果提供了8000万元的风险保障。

（李益民）

中国人寿保险股份有限公司渭南分公司

党委书记、总经理 李 彬

副 总 经 理 李 柏 屈朝升 何增栓

【业务快速发展】 渭南国寿积极发挥行业引领作用，公司保费收入连年提升，依托覆盖全市城乡的服务网络，致力于向社会大众提供优质的保险产品和服务，竭诚在人身保险领域全面满足广大客户需求。2010年共实现保费收入11.19亿元，市场份额达到45.38%，为渭南市271万人次提供了1078亿元的保险保障。

【诚信经营服务】 不断深化诚信服务建设，完善客户服务体系和外部监督机制，竭诚为广大客户提供规范及时的理赔和完善的保险保障服务。坚持在销售队伍中开展职业诚信教育，在全市系统广泛开展“诚信我为先”主题教育活动，使销售队伍的诚信教育工作制度化、日常化和规范化，不断提高销售人员的诚信品质。结合渭南市是关中农业大市的实际，在农村营销服务部开通了VPN专线，方便服务于广大农村客户。

【完善管控机制】 不断完善法人治理结构，建立了完备的、多层次的内部控制与风险管理体系，业务管理上积极推行“零现金、零手工、零返单率、零废旧单证、零积案、零投诉”的“六个零”业务管理目标。并成立销售督察机构，增设了岗位和人员，开展“遵章守纪、合规经营”等主题教育活动，扎实推进《内控手册》执行，加强反洗钱工作的扎实落实，为公司规范管理、防范风险、健康发展提供了重要保障。完善的内部服务体系、外部监督机制，有效防范了经营风险。渭南国寿2010年获渭南市预防职务犯罪先进单位称号，公司党委书记、总经理李彬被陕西省政法委评为全省预防职务犯罪先进个人。

【品牌形象建设】 继续加强与主流媒体的战略合作关系，加强新闻宣传、普及保险知识、宣传企业文化，以品牌促发展；通过大型户外广告和墙体广告宣传公司，提升形象；实行统一的柜面标准化服务，开展“柜面标准化服务百日竞赛”、“三一五”宣传等活动，以及“满意度评价体系”的开通，进一步扩大影响，树立品牌，提升公司形象与地位，赢得了客户的认可。

中国太平洋财产保险股份有限公司渭南中心支公司

总 经 理　辛录才

副总经理　窦静　庞杰　景磊

【概况】　中国太平洋财产保险股份有限公司是中国太平洋保险(集团)股份有限公司旗下的一家专业子公司,为客户提供全面的财产保险产品和服务。公司总部设在上海,中国太平洋保险集团是A股和H股同时上市公司。在"21世纪亚洲保险业竞争力排名"中位列亚洲非寿险业竞争力第3名,国内综合竞争力第2名,并被评为"2010年最佳稳健非寿险公司"。同时,2010年太平洋产险第四次问鼎由中国质量协会评选的全国实施用户满意工程的最高奖项——全国用户满意企业奖,成为金融业唯一连续四度蝉联此项殊荣的财产保险公司。

【业务经营】　中国太平洋财产保险股份有限公司主要承保人民币和外币各种财产保险、短期健康保险和意外伤害保险业务。公司承保业务涉及电力、汽车、机械、化工、电子、水利、建筑、桥梁、公路、铁路以及高科技产业等各行各业、各个领域,为业务发展提供持续的保障支撑。2010年太平洋财险渭南中心支公司实现保费收入6351万元,同比增长57%,主要经营指标在全市保持稳步增长。

【保险服务】　渭南中心支公司坚持"诚信天下、稳健一生、追求卓越"的公司核心价值观;以"开拓进取,锐意创新"的经营理念",坚持"用心承诺,用爱负责"的保险服务理念,为客户提供全方位的优质、高效、规范的风险保障服务。2010年度获中国太平洋财产保险股份有限公司陕西分公司"经营考核二等奖","核心业务一等奖"。

(韩雷雷　安艳飞)

中国平安财产保险股份有限公司渭南中心支公司

总经理　张晓丽

【业务经营】　支公司经营财产损失保险、责任保险、信用保险、货物运输保险、意外伤害保险、短期健康保险、保证保险等经中国保监会批准的保险业务。采取渠道化经营方式，全方位为客户提供保险服务。2010年实现保费收入5253万元，同比增长69.5%，累计赔款支出2031.57万元。市场份额6.91%，市场地位提升两名，业务高速发展。

【队伍建设】 支公司保险从业人数55人，设立部门分布为：市场管理部、人事行政部、业务部、财务部、客户服务部共计5个职能部门，在渭南中心支公司总经理室的带动下，充分发挥团队的合作精神，将平安的优质服务撒向渭南大地，为渭南保险市场提供优质便捷的服务，落实平安的企业责任。

【理赔服务】 “平安车险，万元以下，资料齐全，一天赔付。”渭南支公司已设立韩城、富平、蒲城、澄城、华县五个县级机构，将理赔查勘的范围覆盖整个地区，保证理赔查勘的时效性。客户出险后通过拨打95512报案，公司强大的后援平台会锁定距离客户最近的查勘人员在第一时间到达现场，并为客户提供人性化服务。让客户在出险后感到温暖。

（韩　方）

中国大地财产保险股份有限公司渭南中心支公司

总 经 理　雷　宏
副总经理　程喜峰

【业务发展】 2010年，业务发展实现了新跨越，实现保费收入7963万元，完成计划的150.7%，增速78%，较2009年绝对值增加3500万元，保费贡献度13.6%，较上年增加2.5个百分点，精算满期赔付率60.14%，较上年下降2.83个百分点。随业务的快速发展和管控能力的不断提高，公司盈利能力大幅提升，承保利润由2009年的239万元，快速增加到2010年的654.13万元，利润率8.2%，较上年提高了2.9个百分点，综合成本91.7%，低于全省平均92.8%的1.1个百分点，超考核利润530万元的124.13万元，利润贡献度位列全省第三。另外，全省系统增速排名第三，主体市场份额10.48%，排位第二，较上年份额增加2个百分点，排名上升一位。各项经营管理指标良好。

【公司品牌】 2010年，公司业务快速发展，盈利能力大幅提升，市场份额显著增加，主体排名上升一位，公司美誉度和社会影响力不断扩大，品牌建设得到进一步巩固和提升。在第一届由陕西保监局、陕西省行业协会开展的行业发展先进评比中，渭南中支获先进单位称号，连续两年获全省公司系统先进单位和宣传先进单位称号。大荔支公司翟福全获第一届行业评比先进个人称号，综合部蒋建辉获全省公司系统宣传先进第一名称号。还有许多优秀的单位和员工受到了有关部门的表彰和奖励，为公司争得了荣誉，促进公司品牌进一步彰显。

（蒋建辉）

经济综合管理

发展与改革

渭南市发展和改革委员会

主　任　褚锦锋

副主任　王世德　智西茜(女)　翟玉宝　王　斌　石　杰

【国民经济发展情况】　2010年,渭南市抓住国家实施新一轮西部大开发和《关中—天水经济区发展规划》机遇,加快推进型工业化、城镇化和农业现代化,经济社会持续较快发展。生产总值实现801.42亿元,完成年度计划770亿元的104.1%,比上年增长15%。其中第一产业增加值128.94亿元,增长7.3%;第二产业增加值394.55亿元,增长20.7%;第三产业增加值277.93亿元,增长10.6%。全社会固定资产投资完成742.25亿元,增长45.7%,增幅居陕西省第一。其中城镇固定资产投资完成606.65亿元,增长32.7%。财政总收入完成74.92亿元,增长14.5%;地方财政收入完成34亿元,占年度预算33亿元的103%,增长20.4%。全社会消费品零售总额完成231.8亿元,占年度计划226亿元的102.5%,增长18.6%。进出口总额完成1.69亿美元,占年度计划的128%,增长47.1%,其中出口1.01亿美元,增长19.6%。城镇居民人均可支配收入15918元,完成年度目标的99.6%,增长16.6%;农民人均纯收入4372元,完成年度目标的104.1%,增长22%。城镇新增就业人数7.34万人,较年度计划6万人目标多出1.34万人;登记失业率控制在3.3%,低于年度计划4%目标0.7个百分点。万元GDP能耗同比下降5%,超额完成年度计划4.8%的目标任务;万元GDP二氧化碳排放量同比下降4%。

【项目建设】　为促进新建项目开工,组织了5次重点项目集中开工仪式,促使了华县瓜坡省级重点镇、潼关物流港等100多个总投资300亿元的新建项目如期或提前开工。建立项目责任制,实行市级领导包联重点项目责任制、主管部门和县市区责任制、项目业主责任制,建立重点项目周协调、月促进、季汇报、半年观摩会制度。掌握项目进展情况,召开市级重点建设项目汇报会、"西洽会"签约合同项目履约情况汇报会、城建项目和社会事业项目汇报会,研究制定加快项目建设的具体措施,对每个项目的进度情况做到一月一调度,一季一通报,促进了项目建设进度。着力破解项目难题。实行重大项目审批代理制,促成了富平陕汽物流园、韩城煤层气管线项目的批准实施;开辟重点项目落地"绿色通道",为蒲城东陈70万吨烯烃、富平红星乳业等30多个总投资113亿元的项目完善了备案、环评、土地等有关手续。两次向12个市级包联领导发送督办函,市上主要领导先后5次到项目建设一线督查建设进度,协调解决项目建设中的困难和问题。优化项目建设投资环境。开展重点项目投资环境专题暗访,制作了大西铁路暗访片和未开工项目专题片,进行公开曝光;对重大项目进度实行点评和新闻通报,向30个重点项目派驻政府特派员,配合中、省检查组开展渭南市工程领域治理和扩内需项目检查,保障重点项目顺利实施。渭南市180个重点建设项目完成投资525亿元,占年计划520亿元的101%,比上年增长25%。170个重点前期项目有20个项目提前开工建设,50个市级领导包联重点建设项目完成投资261亿元,占年度计划267亿元的97%。

【招商引资措施】 利用第十四届"西洽会"这一平台,开展投资洽谈工作,共签定合同项目292个,总投资759.3亿元,合同引资714.6亿元,累计到位资金119.46亿元,履约率达99.65%。为促进招商引资工作,积极抓好重大项目的策划和推介工作。实行重大产业项目策划工作目标责任制,充分发挥县(市、区)项目策划主体作用,共策划包装各类项目466个,估算投资1800亿元。邀请北京北大纵横管理咨询公司对渭南市产业发展方向、发展战略以及发展模式等进行专项研究,形成了《渭南市产业发展研究工作及研究成果汇报》,并在第十四届西洽会上成功举行了新闻发布,进行重点推介招商。

【节能降耗】 大力推进节能技术改造。制订了2010年度重点节能项目计划,组织各重点用能企业积极包装策划节能项目;共组织上报国家非电行业烟气脱硫示范项目1个,陕西省发改委节能专项资金项目10个,对部分节能技改项目进行检查,对白水新元集中供热锅炉系统改造等项目开工、竣工情况进行了督催。淘汰落后产能工作进展顺利。全面实施节能减排,强化64户重点用能企业监管;对落后产能企业开展调查,推进"关小上大"工程,淘汰落后产能水泥269万吨、钢铁69万吨、电力13.25万千瓦、铁合金1.5万吨、造纸33.42万吨。

【改革工作】 加强改革工作指导。根据陕西省2010年关于深化经济体制改革工作意见的主要精神,结合渭南市实际,制定了《渭南市2010年深化经济体制改革工作的意见》,下发各县(市、区)和各部门执行。推进医药卫生体制改革工作。县镇一体化改革试点、县级公立医院改革试点和基层医疗卫生机构人事分配制度改革工作积极推进,城镇职工、居民医保及新农合工作稳步实施;遴选确定了4家配送企业;202个乡镇卫生院和3221个村卫生室全部配备使用国家基本药物,实行了药品"三统一"管理、零差率销售,乡镇卫生院药品配送率达91%;建成社区卫生服务中心15所,社区卫生服务站66所,以街道办为单位,社区卫生服务中心已实现全覆盖。文化单位体制改革快速推进,新组建的渭南市演艺、电视、广播、电影传媒、民间艺术、秦腔剧团、歌舞、剧院管理等8家文化公司已挂牌运营。

【"十二五"规划编制】 在客观分析渭南市"十一五"期间经济与社会发展情况的基础上,形成了"十一五"规划总体评估报告,以此对"十二五"规划编制形成借鉴。制定了《渭南市"十二五"规划编制工作实施方案》，分解落实了27个前期课题展开学术研究和专题攻关。引进北大纵横高端咨询机构，对渭南市产业状况进行调查研究，形成了6大类12项产业规划研究报告。围绕规划编制，策划启动了“发现渭南”系列宣传报道活动，通过媒体报刊、信息网络等平台发布意见和建议征询公告，让民众充分参与规划，进一步深化市情认识，群策群力谋划发展。累计征集和吸纳意见、建议521条。经过反复讨论和修改完善，“十二五”规划方案提交渭南市四届人大二次会议并得到审议通过。

【协调铁路建设】 全力做好郑西客运专线、西包铁路、黄陵—韩城—候马铁路、西安—运城铁路和西安—南京铁路二线工程五条铁路的建设协调工作。多次赴国家发改委、铁道部和国家黄委，就线路在渭南市境内走向、并线和站舍设置、等级标准和跨渭河方案，专程进行汇报、衔接。协调铁路部门及有关企业完成了渭南铁路北货场场站的搬迁、交接工作及城区铁路道轨的拆除工作；对渭南市辖区内铁路专用线、支线情况进行了摸底调查，确定了铁路支、专线“十二五”规划项目。

（王兴华）

统　计

渭南市统计局

书　记　雷林芳

局　长　雷林芳(5月离任)

魏四新(5月任职,10月离任)

王志斌(10月任职)

副局长　尹折桂

【统计服务】 强化进度预警分析，定期召开县(市、区)统计局长会议，共同分析研究渭南市经济运行态势、特征和存在问题，并有针对性的提出措施建议。开发统计服务产品，及时更新2010年《渭南综合统计月报》内容，如期发布《全市国民经济和社会发展统计公报》、《渭南市第二次经济普查公报》，印发了千余册《用数据说话　为决策服务》“两会”统计宣传手册，编印了《渭南经济要情》和《渭南统计年鉴》等统计资料。开展统计调查分析研究，共编写统计报告52期，其中《渭南GDP与财政定量关系分析》被评为陕西省2010年优秀统计分析报告二等奖。渭南市统计局撰写统计信息320篇，其中国家、陕西省统计信息网采用260篇。

【专业统计和各项监测工作】 以GDP数据质量为中心，加强专业数据评估，全面提高统计数据质量，专业统计工作取得突破，综合、核算、农业、服务业、非公调查等10多项专业统计工作在陕西省2010年评比中获奖。严格执行国家统计制度方法，以基本单位名录库建设为突破口，在工业、贸易、建筑业等限额以上单位做到应统尽统，不重不漏，为提高数据质量奠定基础。坚持统计数据指令性评估。修订和完善了GDP、固定资产投资、城乡居民收入等主要统计指标评估办法；坚持工业、投资、城乡居民收入等专业数据评估与GDP评估联动机制，综合使用财政、税务、金融、交通、邮电等10多个部门数据，科学评估统计数据，使统计数据指令性评估工作更加规范化、制度化、科学化。推进各项统计监测，开展了能源监测、县域经济社会发展考评监测、服务业监测、特色农业监测、贫困监测、非公经济调查、乡镇农民收入调查等多项监测和调查工作。加强部门协作，统计局与发改委、建设局等部门联合制定了《固定资产投资和建筑业施工企业管理信息抄送制度》，对市级重点项目进行核查，各县（市、区）核查规模以上工业企业数。

【第六次人口普查工作】 第六次全国人口普查是2010年统计工作的重点，按照陕西省统一部署和要求，2010年渭南市政府召开了第六次人口普查工作会议，制定了《渭南市第六次人口普查成员单位职责分工》，与各县（市、区）政府签订了目标责任书，市县乡均成立了普查工作机构。渭南市统计局制定了《第六次人口普查宣传方案》，明确了各媒体的宣传任务，开通了渭南市第六次人口普查网和电话彩铃，开展了普查宣传月活动，将人普知识向全社会发布和宣传。共选聘普查员和普查指导员3.5万人，组织了189期业务培训。渭南市人普办对各县（市、区）人普工作开展了两轮督查工作。11月1日渭南市普查领导小组在中心广场举行了渭南市第六次人口普查入户登记启动仪式，标志着渭南市人普登记全面展开。

【统计基础建设】 2010年，全市加强统计基础建设取得较大成效。乡镇统计工作进一步规范化。按照《陕西省乡镇统计基础工作验收评比办法》，进行了渭南市乡镇统计基础验收评比，117个乡镇均达到了“八有八化”的标准；规范了乡镇统计制度，配发了统一的《乡镇统计台账》，解决了长期以来乡镇统计台账格式指标设置不规范的问题；下发了《关于在乡镇机构改革中加强统计工作的通知》，保证了乡镇机构改革中统计队伍的相对稳定。部门统计工作不断加强。完善了部门联席会议制度，加大统计部门与财政、交通、税务、金融等部门的沟通与协调，建立了信息资料共享的合作交流平台；6月、10月和12月三次组织召开了渭南市部门统计会议，制定并向市级各部门发了《渭南市部门统计报表制度》，对部门统计工作提出规范性要求。统计信息化建设迈上新台阶。完成了市县统计网络基础扩建工作，投入了近50万元购置了3台PC服务器、1台防毒墙、2台48口千兆交换机和20台PC机，维修升级了两台光电录入机；陕西省统计局配发了2台光电录入机、2台交换机和18台PC机，为人口普查数据处理创造了优越硬件环境；安装了网络防病毒系统，加强了网络安全保密工作，为各项统计业务工作提供了技术保障。加强统计教育培训，通过考试向600名统计员发放了统计从业资格证，组织107名统计人员参加了统计职称资格考试。

【统计法制宣传与执法工作】 向市县两级统计部门发放新《统计法》、《处分规定》读本700本、宣传画300份。组织统计干部系统学习了新《统计法》和《处分规定》，举办了学习新《统计法》专栏，开展了《统计法》知识竞赛活动；利用新闻媒体开展《统计法》宣传活动126次，组织上街宣传31次，发放宣传资料58100份，增强各级统计人员的法制意识，营造良好的统计工作环境。渭南市统计局联合市监察局、司法局和国家统计局渭南调查队到各县（市、区）、企业、乡镇，重点对工业、投资等8个主要专业统计工作开展了为期10天的统计执法大检查；市县两级共检查539家统计单位，其中有违法行为的单位288

家，立案249件，结案206件。（刘春侠）

审　计

滑南市审计局
（陕西省审计厅渭南审计处）

局长、处长 王俊杰
副局长 马德民 王忠义 朱福秦
审计处副处长 党进拴

【概况】 2010年完成审计项目1032个，审计查出违规资金210305万元，发现侵害人民群众利益金额3467万元，损益（收支）不实金额28535万元，审计后增收节支2284万元，核减投资（结算）金额2479万元。提出审计建议1777条，被采纳1283条，提交审计专题、综合报告554份，被批示采用198份，公告审计结果16项。

【财政审计】 注重揭示和反映保增长、调结构、促改革、重民生政策措施执行情况，把是否有利于促进经济发展，作为揭示问题、分析原因和做出处理的重要原则，确保各项政策的落实和资金的安全有效。共完成审计单位104个，查出违规行为资金62618万元，审计决定应上缴财政资金220万元，应归还原渠道资金15036万元，应调账处理金额42028万元。

【行业和专项资金审计】 渭南市统一开展了政府债务和融资平台业务审计调查、政府外债审计调查、中小学教育资金审计调查、计划生育资金审计调查、农村最低生活保障专项资金审计调查、新型合作医疗基金审计调查、节能减排专项审计调查、中小学校舍安全建设审计调查、建筑施工人员意外伤害保险返还资金审计调查、退耕还林还草专项资金审计、渭河流域综合治理污水和垃圾处理项目资金审计等11项审计和审计调查，审计专项资金总额224918万元，查出违规金额26530万元，审计促进拨付资金到位5377万元。

【政府部门审计】 政府部门审计以规范财务管理，促进依法行政、公正执法，提高财务管理水平为目标，共对638个行政单位的财务收支进行了审计，查出违规金额69373万元，管理不规范资金41803万元，损失浪费金额170万元。

【经济责任审计】 规范和深化了经济责任审计内容，制定了《渭南市党政领导干部经济责任审计整改工作暂行办法》等项制度，实行审计后谈话制度，县委书记、县长同步审计，“公检法”三长一并审计。重点关注领导干部在推进新型工业化、城镇化和新农村建设，以及在文化教育、公共卫生、社会保障、基础设施、环境保护、节能减排等方面履行经济责任情况。共完成党政领导干部和企业领导人员经济责任审计项目131个，审计经济责任人165名。查出违规金额45425万元，管理不规范金额9127万元，损失浪费金额94万元。

【党政交办事项审计】 围绕政府经济工作中心和社会热点、难点问题，完成渭南市委、市政府交办的渭南市土地税费征收情况审计调查，渭南市自来水公司资产负债损益审计,城镇职工基本医疗保险基金审计,工程建设领域突出问题专项治理等项目;开展了抗震救灾、抗洪救灾募集资金审计,2009年度县级财政收支及民生十大工程资金核查工作。

【重点建设项目审计】　加强审计力量整合,抽调和外聘工程造价专业人员,突出了对关系群众切身利益的重点建设项目的审计。共完成固定资产投资审计项目104个,查出违规资金4099万元,核减工程造价3453万元。

【企业审计】　以保障国有资产安全、增值,促进国有企业完善内控制度、提高企业经济效益为目标,以效益审计为突破口,抓住财务核算的真实性、财务收支的合规合法性以及国有资产的安全完整性,开展企业审计工作。共审计国有企业15户,查出违规资金2260万元,损失浪费金额76万元,管理不规范金额1232万元。

【内部审计】　渭南市现有内审机构50个(专职机构29个),内审人员86人(专职人员53人)。2010年完成内部审计项目241个,查出损失浪费金额137万元,提出建议被采纳46条。

【绩效审计】　共开展绩效审计项目312个,查出损失浪费金额314万元,违规改变资金用途1615万元,资金滞留闲置406万元,审计提出建议327条,被采纳277条。

(马笃祥)

质量技术监督

渭南市质量技术监督局

局　长　董广利

副局长　王正科　杨占利

【质量兴市】　开展争创"质量兴省先进市(县、区)"活动深入,蒲城县通过了质量兴省先进县验收;11家企业的12个产品获得了陕西省名牌产品,渭南市的名牌产品达到37个(中国名牌3个,陕西省名牌34个);确定陕西渭河重化工有限公司等3家企业为陕西省质量管理奖培育单位,陕西拓日新能源科技有限公司等35家企业为陕西名牌产品培育单位;在渭南电视台、《渭南日报》开辟名牌产品企业宣传专栏,在渭南"两会"期间进行了集中展示。

【标准化工作】　新建了蒲城酥梨、华阴樱桃等5个国家级和省级农业标准化示范区,渭南市已建立国家级示范区19个,省级示范区6个;临渭区红提葡萄示范区,面积由示范前的200公顷扩大到334公顷,收入也由每公顷12万元增加到每公顷19万元;起草了蜜枣等5个省级地方标准和无公害红提葡萄等13个市级地方标准;陕富面业等4家企业通过AA级标准化良好行为确认考核验收。蒲城花炮、大荔黄花菜、华县大葱获得国家地理标志产品保护,陕西金盛食品有限公司、富平流曲张老八琼锅糖厂经国家质检总局批准,获得使用流曲琼锅糖地理标志产品保护专用标志。渭南电视台《农家四季》栏目对地理标志产品保护工作进行了专题宣传,普及了地理标志产品保护知识。

【计量工作】 龙钢、渭化等5家重点耗能企业通过能源计量器具配备对标验收；洛东水泥列入了测量管理体系认证评审计划；机动车安全性能检验机构检验行为得到了规范；"关注民生、计量惠民"活动和"推进诚信计量、建设和谐城乡"主题行动全面开展，"光明计量进校园""公平计量进市场""健康计量进社区"活动不断深入，检查加油站、酒店、超市、集贸市场等300余家，没收不合格计量器具286台(件)，商用衡器、出租车计价器、加油机等强检计量器具定检率达95%以上，医用计量器具、民用四表定检率大幅提高。

【食品质量安全监管】 食品安全工作有序开展。组织召开了360名食品企业法人代表、从业人员和监管人员培训会，与12家乳品企业法人逐一约谈，签订了乳品质量安全承诺书，增强了食品企业的主体责任人意识；为300家获得许可证企业和其他食品生产企业建立监管档案；打击违法添加非食用物质及滥用食品添加剂等专项整治活动和问题乳粉排查清缴行动有效开展，检查食品企业2000家次，发出整改通知1000份，抽查产品1200批次，合格率95.9%，查处各类食品违法案件120起；邀请人大代表、政协委员、媒体记者、行风监督员走进陕西八鱼公司、富平美可高特乳品公司等4家企业进行了4次"质检邀你看企业，食品安全大家行"观摩活动，增强了社会各界对食品生产企业质量安全状况和监管工作情况的了解。

【特种设备安全监管】 特种设备安全运行。培训安全监察员、协管员和特种设备作业人员3650人次；韩城、合阳、白水、潼关4县顺利通过特种设备安全达标县验收，渭南市在陕西省率先全部通过验收。澄合矿务局锅炉进行了节能改造，煤、电、水节能效果明显；修订完善渭南市特种设备事故应急救援预案，开展了电梯等不同类别特种设备事故应急演练，提高了应急救援处置能力；气体充装和气瓶检验单位、移动式起重机械、压力容器，压力管道元件等专项整治活动成效明显，依法查处了违法生产、使用和非法充装行为，取缔非法气体充装站3家，销毁报废气瓶2360只，消除了事故隐患。2010年渭南未发生特种设备安全事故。

【执法打假】 对农资、建材等5大类59批次产(商)品进行监督抽查，总体合格率94.9%；开展了农资、建材、食品、家电下乡、3C认证产品等专项执法检查，12365投诉热线开通运行，受理投诉举报案件78起，查处各类违法案件1097起，进一步规范了市场经济秩序。

(王友学)

食品药品监督管理

渭南市食品药品监督管理局

局　长　王银龙

副局长　孙正平　杨良俊　马源萍(女)

【开展药品安全专项整治】 按照"五不放过"(假劣药品来源去向不查清不放过；涉案单位责任不查清不放过；案件产生原因

不分析透彻不放过；涉案人员未得到应有惩处不放过；今后的防范措施不落实不放过）的原则，围绕重点地区、重点环节、重点品种开展了整治非药品冒充药品、互联网销售假药、非法买卖含麻黄碱类复方制剂等专项执法检查，监督检查药品生产经营企业和重点医疗机构3462家次，办理案件2662件，检查覆盖率100%、案件查办率100%、结案率95%。完成药品抽验1020批次、药品快检1216批次、医疗器械抽样43批次，抽验类别覆盖面100%。药品检验实验室改造和检测设备更新全面完成，并于6月15日通过省级计量认证。

【规范药品市场秩序】　渭南市政府印发了《关于食品药品监管体制调整后进一步落实药品安全监管责任的通知》。在3家高风险品种生产企业实行驻厂监督员制度，在19家生产企业推行质量受权人制度，完成认证跟踪企业5家，完成GMP认证企业9家，对24家生产企业进行了监督检查。520个品种药品批号完成再注册，焕发23家药品生产许可证和10家医疗机构制剂许可证。53家新开办药品经营企业取得经营许可证，63家企业变更88个项目许可事项，165家零售企业获得GSP认证，427企业家完成换证，78家医疗器械企业完成换证变更，对23家经营企业、44家连锁门店跟踪检查。上报不良反应监测报告1017份。130人参加了执业药师考试，241人参加了药学职称考试。2010年渭南市未发生药害事件。

【开展餐饮服务安全整顿】　强化对重点场所、重点环节、重点时段餐饮服务企业的监管，共实行量化分级管理436家，查处违规行为1320起。抓好“一街一城一线”示范点建设，制定了金水路饮食一条街、双元商场小吃城、关中环线城区段农家乐群餐饮服务示范点创建活动方案。临渭区、高新区以整顿后厨操作间为突破口，打造规范化、标准化、区域化饮食服务亮点。渭南市区561家餐饮企业换发了新的《餐饮服务许可证》。食品安全综合监管职能及餐饮服务环节监管职能，由原来的卫生部门划转到食品药监部门。

【药品“三统一”民生工程】　在全面考察学习的基础上，制定了药品“三统一”（统一采购，统一价格，统一配送）实施方案。在纪检监察部门全程监督下，按照陕西省政府要求，面向全国公开遴选了药品配送企业，召开了市县乡村四级干部及基层医疗机构负责人参加的动员大会，并于10月28日召开了统一配送启动仪式。截至12月底，498种1545个品规的基本药物乡镇卫生院配送面达到100%，配送总额247万元，药品零售价格与国家零售指导价相比，平均降幅达46.14%。

（魏　伟）

物　价　管　理

渭南市物价局

局　长　杨根成（5月离任）
　　　　赵英歌（6月任职）

副局长　郝智敏　程金民

【价格调节基金征管】　下发了《关于进一步做好煤炭价格调节基金征收管理工作的通知》。截至12月底，韩城、合阳、大荔、蒲城、白水、潼关、华阴、华县、澄城等9县（市）已经开征了价格调节基金，市级交通部门代征的价格调节基金已开始征收。2010年共征收煤炭价格调节基金7896.59万元，价格调节基金4664.8万元。从市级煤炭价格调节基金中拿出2000万元用于煤矿整顿关闭和煤炭资源整合工作，并投放400万元用于渭南城区集中供热补助。韩城市物价局制定了《关于运用价格调节基金扶持种植养殖基地的实施方案》，并投放550万元用于粮食储备，大棚蔬菜建设，扶持规模养殖等。

【价格改革】　完成了第三步水价改革；污水处理费改革已到位，征收标准达到渭南城区0.80元/吨，其他县（市）0.6元/吨的目标。调整了天然气价格。临渭区调整后的居民类用气由1.75元/立方米调整到1.98元/立方米，提高0.23元/立方米；非居民用气由1.75元/立方米调整到2.30元/立方米，提高0.55元/立方米。对渭南城区出租车运价每运次增加0.50元的燃料附加费。按照车用天然气价格与90号汽油最高零售价格0.6比1的比价关系，渭南市车用天然气价格由2.65元/立方米调整到3.55元/立方米，提高了0.90元/立方米。核定了华县、白水、韩城等县（市）压缩天然气销售价格及居民用户安装工程工料费标准，对蒲城、合阳、大荔、潼关4县的压缩天然气价格进行了调整。调整了韩城市煤层气价格。加强对廉租房住房租金以及经济适用住房价格的管理，审批了惠园、百合园廉租房租金标准，按使用面积2.86元/平方米进行收取。落实药品“三统一”政策，审核公布了2期5893品次药品零售价格，5013个品种的医用卫生耗材价格，每年可减轻市民用药负担约5000多万元。

【价格监管】　加强收费管理，开展《收费许可证》的年审工作。2010年渭南市共审验《收费许可证》3500本，审核收费金额6.01亿元，审核收费单位1391家，年审验率100%。在审验过程中，对明令取消停止执行的收费项目予以注销，对审验单位在收费过程中存在的超标准收费行为，予以纠正，落实了中、省公布取消和停止执行的100多项行政事业性收费项目。强化市场价格监管，整治市场价格秩序。下发了《关于进一步加强价格调控监管工作的紧急通知》，要求做好市场价格检查工作，重点打击恶意囤积、哄抬物价、串通涨价等价格违法行为。共查处粮食、化肥、教育、医疗服务以及物业收费等各类价格违法案件1536件，经济制裁总金额543.69万元。组织召开了渭南城区48家生产、经营企业代表参加的稳定市场价格提醒告诫会，下发了《渭南市物价局稳定市场价格提醒告诫书》，要求企业在经营活动中要加强价格自律。

【价格服务】　价格工作的重心由调定价管理转移到为市场主体服务和营造良好发展环境上来。2010年共受理各类价格举报423件，在查处价格举报案件中，实施经济制裁121.61万元，退还用户（消费者）117.41万元，罚款4.2万元。提高成本监审工作的效力，对渭南市2009年蔬菜分品种种植面积进行了专题调查，对富平温泉中学、公交运营、集中供热定价成本进行了监审，为科学调定价提供依据。推进价格鉴证业务和“双认定”（对价格评估机构资质认定和价格评估人员执业资格认定）工作，共完成各类价格鉴定业务3730件，鉴定标的总案值1.88亿，同时推动“双认定”以及对价格行为、价格水平合法性、合理性的价格认证服务工作。开展了“价格服务进万家”活动和创建“价格诚信示范单位”活动。

【价格宣传】 在2010年初,宣传了资源性产品价格改革政策,突出宣传稳价安民的具体措施。韩城市与价格协会共同组织开展了“价格工作如何促进市域经济发展调研活动”,形成调研文章18篇;合阳县针对食盐新品种上市,部分群众认为“食盐要涨价”,市场出现恐慌心理和抢购现象,及时通过电视台等媒体进行宣传,消除了群众的恐慌心理,稳定了市场预期。在中、省关于加强价格监管,稳定市场价格的通知下发后,渭南市宣传稳价安民措施,渭南市物价局在陕西省价格信息网刊发了《渭南市物价局快速行动采取措施稳控市场价格》。《华商报》先后刊发《渭南市物价局重点打击恶意囤积、哄抬物价、串通涨价》和《渭南多举措重拳整治价格市场》;《渭南日报》一月内6条头版消息,先后刊发《市物价局五举措稳定物价》《我市菜价稳中有降》《蔬菜价格持续回落》;在“渭南新闻网”醒目位置刊发了《渭南市出台13项禁令,限制企业价格违法行为》。

(段亚晖)

工商行政管理

渭南市工商行政管理局

局　长　张自录

副局长　杨田生　柳　林　李双平

【流通环节食品安全监管】 以建立进销货台账和索证索票为重点,开展大规模的宣传和培训工作,促进在食品经营户中各项监管制度的落实。根据季节和消费热点变化,集中开展食品安全整治28次,检查经营户38806户(次),市场1213个(次),取缔无照经营409户,查处销售假冒伪劣食品案件304件,培育建立示范店538户。

【打击传销活动】 在打击传销专项行动中,共取缔传销窝点402处,遣散参与传销人员9109人,解救被困人员1311人,移交公安机关185人,行政拘留出租业主20人。

【打击虚假违法广告和商标侵权】 从查处广告主入手,加强对媒体广告的监测和监管。开展了为期两个月的户外广告专项整治活动,共规范各类广告发布行为262起,发放行政告诫书392份,办理户外广告登记801户,责令拆除违法和破损广告牌177块,查处各类违法广告案件453起。开展了保护世博会标志、华润服务商标、太白酒商标等专项打假维权活动,在城区大商场建立名牌商品经营户档案,规范品牌经营行为。共查处各类商标侵权案件169起。

【服务经济举措】 在渭南工商部门全面推行工商干部联系服务卡制度,落实服务承诺。在成规模的园区全部设立工商服务室,对重大招商引资项目实行专人跟踪服务。起草了《渭南市实施商标品牌的奖励意见》,调动企业申报驰著名商标的积极性,“陕富面业”、白水杜康、韩城“大红袍”

争创中国驰名商标,龙首山等31户企业商标争创陕西省著名商标。2010年渭南市依法新登记各类企业2850户,其中注册资本500万元以上的企业261户。共发展农民专业合作社616户,累计达到2723户,占陕西省的三分之一多。

【"两站"与行政约见制度建设】 采用"一周一联系、一月一见面"的方式,工商部门加强与消费者协会投诉站负责人的联系,以培训、座谈、节日慰问等形式增强"12315"申诉举报联络站联络员的责任感和荣誉感。2010年渭南市"12315"投诉点共受理消费者咨询3万余人次,消费者投诉4162件,为消费者挽回经济损失290万元。同时渭南工商部门探索行政指导新方法,积极开展行政约见活动。制定了《渭南市工商局行政约见实施办法》,2010年共进行行政约见58次,发出行政告诫书1220份,行政建议书1800份,行政警示书920份,行政提醒书2000份。

（高　铖）

国土资源管理

渭南市国土资源管理局

局　长　庞建军

副局长　赵　磊　卜建华

杨建仓　吴　峰

【耕地保护】 坚持把耕地保护纳入各级党委、政府年度目标责任考核之列,逐年签订目标责任书,落实了各级政府的耕地保护责任。在建设用地审批中,将耕地补充方案是否落实到位作为前置条件,对耕地补充方案不合理、补充耕地不能落实到具体地块的建设用地,一律不予上报审批,对不符合规定和超出用地定额标准的报件,按照规定核减或退回,确保耕地占补平衡。至12月底,渭南市基本农田面积56.49万公顷,耕地保有量57.36万公顷,超额完成了年度耕地保护目标任务。全年渭南市共争取和实施中、省土地开发整理项目8个,总投资1.36亿元,实施规模7583.79公顷,恢复新增耕地504.72公顷;市、县两级耕地开垦费投资项目273个,新增耕地1647.49公顷。在2010年汛期因灾导致部分县(市、区)耕地毁坏后,争取到灾毁耕地复垦补助项目资金1.2亿元,其中灾情较为严重的潼关县争取到4000万元,同时争取到陕西省政府新增建设用地有偿使用费土地整理项目资金2.3亿元。

【建设用地保障】 全年完成建设用地预审293件、1727.53公顷,审查上报70个批次、1780.89公顷,获批33宗、947.14公顷,供应114宗、466.9公顷。先后完成了西郑客运专线、西潼高速改扩建、渭蒲高速、兰郑长成品油管道工程、310国道改扩建、渭南750千伏输变电站、澄城光伏产业园和西包铁路、西延铁路扩能等重点项目用地的审批上报,以及黄-韩-候铁路、大西客运专线等重点项目建设先期用地的报批工作,确保了渭南市经济社会发展的用地需求。

【地籍地政管理】 结合第二次土地调查,

全面完成了农村土地调查、城镇地籍调查、数据建库、基本农田上图、市(县)接边等各项工作任务。根据“二调”统计,全市耕地面积由62.96万公顷调整为57.36万公顷,基本农田面积由58.7万公顷调整为56.49万公顷,这一调查结果得到陕西省政府认定,为渭南市经济建设预留了充足的用地空间。在陕西省首家启动了土地利用规划修编工作,市级《土地利用总体规划》已经陕西省政府正式审批,是陕西省第一家被审批通过的市级土地利用总体规划,11个县(市、区)《土地利用总体规划》已全部通过陕西省国土资源厅组织的技术评审并报陕西省政府待批。土地规划修编工作的全面完成,为解决建设预留地布局不合理问题做好了基础工作。

【土地市场建设】 经渭南市政府常务会议研究通过,确定了渭南城区基准地价调整方案,为地价管理工作的正常开展和实行房地产市场宏观调控提供了可靠依据。严格落实经营性和工业用地以及探矿权、采矿招拍挂制度,组织招拍挂出让土地158宗,出让面积773.72公顷,成交金额22.6亿元;对韩城市龙门镇磁铁矿和华县草坪铁铜多金属矿、罗洞铁锰多金属矿3宗探矿权进行了挂牌出让,成交金额166万元。积极盘活存量土地,2009、2010两年对渭南城区的53宗22.43公顷划拨国有建设用地进行了协议出让,补征出让金2977.6万元,盘活了国有土地资产,提高了土地使用效益。

【土地矿产资源执法监察】 开展了“案件督察督办年”、土地卫片执法、改变土地用途专项执法和建设用地审批及批后实施情况清查专项行动,至12月底,累计发现土地违法行为183件、立案调查183件,已结案174件,拆除、没收违法建筑11.3万平方米,收回并复耕复绿土地11.63公顷,收缴罚款1477万元,追究刑事责任8人,给予党政纪处分33人。开展了打击非法生产和秦岭北麓采石业专项整治活动,累计出动人员1000余人次、车辆500余台次、铲车50余台次,炸毁、关闭非法矿山100余处,摧毁非法生产工棚45间,烧毁矿柱1000余根,查扣各类车辆11辆、选矿机械10台,遣散务工人员300余人,抓捕非法开采嫌疑人7名;对华阴、华县境内所有采石企业全部实施了停产整顿,其中212省道沿线可视范围内企业全部予以彻底关闭,其余企业要在两县完成采石业发展规划编制、企业整合重组并通过审查验收之后方可恢复生产。

【矿产资源管理】 推进矿产资源整合工作,完成了第一轮整合任务,渭南市地方煤矿由139家减少到39家,年生产能力由870万吨提高到1287万吨,潼关、华县两县非煤矿山由56家减少到39家;第二轮资源整合实施方案已编制完成并报陕西省国土资源厅待批。寻求地质找矿新突破,举办了小秦岭地区地质找矿研讨会,邀请国家科学院、工程院院士和有关专家教授,就小秦岭地区成矿理论、成矿条件和找矿机制重点进行了研究,为进一步加快小秦岭地区地质找矿步伐,促进矿业经济持续发展理清了思路、指明了方向。加强矿产资源开采日常监管,建立了矿山企业生产台账,每季度深入生产一线对开采行为进行现场实测,及时发现和纠正个别企业超层越界开采等不规范生产行为,维护了良好的资源开发秩序。

【地质灾害防治】 加大地质灾害治理项目争取和实施力度。申报中、省地质环境和地下水污染治理项目8个,总投资2.5亿元;已获批的8个地质环境治理项目中,潼关县桐峪矿山、华阴市华山金矿矿山2个项目主体工程完工,华山-少华山废弃采石场、韩城矿务局桑树坪煤矿、蒲城县会通－清泉群采煤矿3个项目已在按计划全面推进，其余3个项目完成施工设计；整合各类支农资金，对全市51个重点隐患点392户农户实施了搬迁，使1813人摆脱了地质灾害威胁。加强汛期地质灾害监测。修编完善了地质灾害防治方案和应急预案，在《渭南日报》对危及30人以上的重点隐患点进行了公告，在渭南市电视台《天气预报》栏目中开展了地质灾害气象预报；严格执行汛期值班、应急调查、险情巡查、灾情速报和"零报告"制度，在2010年渭南市发生的29起地质灾害中，由于监测到位、发现预警及时、撤离迅速，最大限度地减少了人员伤亡和财产损失，保护了人民群众生命财产安全。

（卫尚公）

招 商 引 资

渭南市对外经济技术合作局
局　长　刘筱萍
副局长　闫忠民　吉渭强　李智民

【机构改革】　原渭南市招商局更名为渭南市对外经济技术合作局，主要职责：负责渭南市对外开放、招商引资、外事工作、经济合作工作，并代管市政府四个驻外办事处。

【招商活动】　坚持"走出去与请进来"相结合，"借台"与"搭台"相结合，广泛组织和参加各类招商活动。先后组团参加第十四届"西洽会"、第十四届"厦洽会"、苏陕经贸合作洽谈会、中国企业家领袖年会等陕西省组织的招商活动16场次；赴上海、浙江、江苏、福建等地自主举办活动18场次；指导和支持县（市、区）举办专场主题活动12场次。在渭南市成功举办了长三角产业转移对接会、福建商会进渭南等专场推介会6场。先后有陕西福建商会、陕西江西商会、江苏陕西商会、深圳投资商会、郑氏总商会、深圳陕西校友会等多家商会和企业社团52批500多名客商来渭考察，并达成了一批投资意向和合作项目。渭南市承接东部产业转移成效显著，得到陕西省政府的肯定，被授予2010年陕西省承接产业转移示范奖。

【超额完成引资任务】　2010年共签订招商引资合同项目368个，项目总投资840.77亿元，实现到位资金230.35亿元，比上年增长20.86%。提前两个月完成了年度200亿元招商引资目标任务。到位资金占到"十一五"期间招商引资总到位资金的40%，占到城镇固定资产投资的40.24%。

【项目投资】　在建的526个项目中，投资在1亿元～5亿元的项目共161个，占在建项目数的30.6%；投资5亿元以上的项目共41个，占在建项目数的8%。规模以上项目所占比重提高。在渭投资的大型企业中，共有世界500强企业1家（中石油），实现到位资金5.6亿元；有中国500强企业8家（中冶、陕煤、华能、华电、中金、中联重科、雨润、金钼集团），投资项目

21个，实现到位资金74.04亿元。装备制造、高新技术、基础设施、农业、服务业外来投资比重有较大提高；工业领域引进外来投资增长迅速，主导地位更加突出，以工促农、以工活商作用显现。2010年在建项目中，共有工业类项目336个，到位资金184.58亿元，占总到位资金的80%。初步形成“能源、化工、冶金、装备制造、光伏产业、生态旅游、涉农加工”七大主导产业。

【与商会合作】 成立了渭南浙江商会，创建了渭南市第一家异地商会。和18家驻陕商会和12家陕西境外商会建立长期战略合作关系，并取得了初步成果。与陕西广东商会联合招商共建渭南广东工业园，已落户企业5户。渭南市荣获“2010年浙商重点推荐投资城市”“2010年粤商最佳投资城市”称号。

（赵育红）

外 资 利 用

【利用外资】 2010年，渭南市批准外商投资企业5户，办理增资的外商企业2户，合同利用外资金额5559.99万美元，实际利用外资金额3341万美元，较上年4470万美元有所下降，完成年度目标3000万美元的111.4%，在陕西省10市中列第4。

【外商投资企业参加联合年检】 渭南市正常运作的外商投资企业46户，参加联合年检的外商投资企业39户，参检率为85%；其中2户企业在陕西省商务厅参加年检。37家参加渭南市年检企业中，独资企业15家，合资企业17家，合作企业5家。37家企业投资总额43308.85万美元，注册资本额26361.95万美元，其中中方占19%，外方占81%；实收资本总计25385.58万美元，其中中方占20%，外方占80%。在37家参检企业中，投产开业企业27家，占73%；筹建企业9家，占24%；停业企业1家，占3%。37家参检企业职工人数为6504人，其中外籍人员23人，职工人数比上年同期增长266人，外籍人数比上年同期减少7人；37家参检企业营业收入146847.08万元，纳税总额12021.33万元，利润总额10631.64万元；37家参检企业中，香港、台湾是渭南市外商投资企业的主体。

【外派劳务】 外派劳务工作进展顺利。2010年，渭南市外派劳务人数为51名，主要派遣国别为日本，劳务人员主要从事印刷线路板制造、电子元器件检修、手工家具制作。连前累计，截至2010年12月底渭南市向境外累计派遣劳务总人数为886人。

（刘宏刚）

精神文明建设

渭南市精神文明建设指导委员会办公室
主　任　李永朝
副主任　雷卫全

基本情况

【市民文明素质教育】　按照创国卫对市民教育的要求，为进一步提升市民文明素质，市文明委在《渭南市提升市民文明素质行动计划30条》（渭文明委〔2009〕6号）的基础上，制定印发了《渭南市2010年提升市民文明素质主要工作任务》（渭文明委〔2010〕2号）的通知。策划安排了23项具体活动，涉及两区及市直22个部门单位，并对每项活动的责任部门提出了明确要求。结合要求，5月8日、6月5日分别在《渭南日报》上刊登了《积极投身“一城双创”为城市文明进步添光彩倡议书》和《争创省级环保模范城，共建和谐美好新家园—市委书记、市长〈致全体市民的一封信〉》，渭南人民广播电台、渭南电视台《新闻栏目》也同时播出。7月14日，组织召开了渭南市提升市民文明素质教育现场会。会议组织参观了市公交公司、朝阳公园、临渭区杜桥街道办事处盈田村、高新区崇业路街道办事处新二路社区和高新区渭化社区等五个市民教育现场，临渭区文明委、高新区文明委分别就市民素质教育工作开展情况作了经验交流，市住房和城乡建设局就公交设施管理、出租车、公交车司乘人员文明用语、文明礼仪培训等活动开展情况作了发言。两区及市直相关部门主要负责人60余人参加了现场会，市委常委、宣传部长郭勇格参加会议并作了重要讲话，广泛动员全社会人人参与，共享共建国家卫生城市和省级环保模范城市。

【开展模范活动】　一、根据中省市两年评选表彰一次道德模范的总体安排，结合2010年道德模范宣传年，市文明办对上年评出的“渭南市十大道德模范”先进事迹进行收集、整理，选定由省、市首届道德楷模、澄城县军退干部张清海、华县莲花寺镇东罗村党支部书记吉三刚等5人组成“渭南市道德模范”先进事迹报告团，在全市开展巡回报告活动。4月20日，在渭南师范学院举行了首场报告会，400余名师生冒雨参加,在广大师生中引起强烈反响。同时,临渭区、大荔、合阳等县(市、区)分别举行了报告会。6月24日,市文明办制定了《渭南市"道德模范基层巡讲"活动实施方案》,把巡讲活动不断引向深入。华阴市组织宣讲团深入各乡镇(办)、学校、机关、社区、企事业单位宣讲24场次。澄城、潼关、华县也结合各自的实际,分别开展了灵活多样的宣讲活动。据统计,至年底全市共组织巡讲活动70余场次,参与报告的道德模范10多人,听众达15余万人次。另外,全国一等残疾退伍军人、省级道德模范张清海,身患重疾,行动不便,全年先后在北京理工大学、西安政治学院、渭南武警支队等单位作报告43场次,听众达6万余人次,省武警总队还为他颁发了"当代革命军人核心价值观"政治辅导员聘书。新华网、中央人民广播电台、中国文明网、中国军网等中省媒体对他的事迹进行了报道。10月27日,张清海参加了由省委宣传部、省文明办、陕西电视台联合录制的全省道德模范先进事迹电视报告会,随后并将报告会碟片发放到了全省各基层单位。二、继续组织开展"我推荐、我评议身边好人"活动。印发了《关于深入开展"我推荐、我评议身边好人"活动的通知》(渭文明办〔2010〕8号),同时和有关媒体协商,确定华山网为全市该项活动的门户网站。各新闻媒体均开设了"好人好事专栏",各县(市、区)、各有关部门积极开展评选活动,据统计,全市共推荐各类身边好人50多名。根据省文明办有关文件精神,市文明办向省上推荐了6名身边好人侯选人。

【未成年人思想道德建设】 年初,市文明办印发了《2010年为未成年人办好10件实事的通知》(渭文明委〔2010〕3号),重点组织了"加强中小学生德育工作,强力净化社会文化环境,加强青少年校外活动中心的建设、管理和使用"等10件实事,逐一落实牵头单位,定期督查。全年,10件实事扎实推进,达到了预定目标要求。组织青少年积极参与第十七届读书教育活动和第十八届青少年"历史的选择"爱国主义读书教育活动。"六一"前夕,启动了全市2010年经典童话剧演出季,受到广大少年儿童的热烈欢迎。组织开展了"传唱优秀童谣、做有道德的人"网上签名寄语活动和全省未成年人思想道德建设工作先进个人和"文明好少年"评选活动,渭南市的郭莉、颜欣萍、辛雄飞、苏汉亭等四人获全省未成年人思想道德建设工作先进个人称号,党亦同、吴新仪、田居璞等六名学生获"陕西省文明好少年"称号,受到省文明委表彰。在白水县组织召开了全市未成年人思想道德建设现场经验交流会,参观了白水县青少年校外活动中心、白水县欣缘网吧、白水县北关逸夫小学等四个未成年人思想道德建设示范点,听取了白水县文明委、市教育局、市关工委对未成年人思想道德建设工作的经验交流,各县(市、区)文明办、教育局、公安局、工商局、文化局、团委、妇联、关工委等主要负责人150余人参加了会议,表彰了渭南市未成年人思想道德建设工作先进集体、先进个人及"文明好少年"。印发了《渭南市进一步加强和推进未成年人思想道德建设任务分工》(渭文明委〔2010〕6号)和《关于表彰渭南市未成年人思想道德建设工作先进集体、先进个人和"文明好少年"决定》(渭文明委〔2010〕5号)。市委常委、常务副市长、市文明委副主任雷超武参加并主持会议,省文明办专职副主任沈卡利,市委常委、宣传部长、市文明委副主任郭勇格参加并分别作了重要讲话。10月21日,省未成年人思想道德建设工作督察组在渭南市督查，听取了全市未成年人思想道德建设工作汇报，并深入临渭、合阳、大荔学校、青少年校外活动中心、儿童福利院及网吧等进行了实地查看，对全市未成年人思想道德建设工作给予肯定。10月26日，全省关心下一代工作表彰会在西安召开，全市12个集体、19名个人受到表彰。渭南市文明办被评为全省先进单位。

【群众性精神文明创建活动】 围绕“一城双创”，深入开展群众性精神文明创建活动。年初，对各县(市、区)印发了《群众性精神文明创建活动目标任务书》，对全市群众性精神文明创建活动进行了全面部署。2月1日，市政府督查室给市文明办抄转了市长徐新荣在《媒体信息摘报》第3期刊登的“渭南投巨资建起的朝阳公园遇尴尬市民不文明公园很‘受伤’”的批示后，文明办立即组织人员先后两次到朝阳公园进行了调查和核查。情况基本属实后，及时和市城建局、朝阳公园管理处、浙江环宇建筑公司沟通协商，明确责任，督促其制定了朝阳公园管理制度。5月25日，市政府督查室再次抄转了市长徐新荣在《媒体信息摘报》第110期刊登的“公共场所健身器材损坏严重”和“路面坑洼铁轨突出没有路灯西南京路西段陷井多”的批示。要求文明办联合有关部门和媒体加大对市民的文明素质教育，爱护城市公共设施。文明办随即到南京街西段和城区朝阳大街与解放路交界处的休闲广场进行核查，同时与市城建局、市体育局、临渭区政府联系，进一步明确了相关职能部门和单位的职责。根据批示精神，市文明委专门召开了会议，要求《渭南日报》、渭南电视台分别开设“不文明行为大家评”和“不文明行为大家谈”栏目，实行正面宣传和舆论曝光相结合，曝光不文明现象和行为。截至年底，《渭南日报》“不文明行为大家评”栏目已办了40多期。同时渭南电视台与有关部门先后开展了文明家庭评比、寻找文明市民活动，发挥了正面典型的榜样示范作用和反面典型的警示作用。按照动态管理要求，文明办对往年命名的省、市级文明单位进行了一次集中登记，对5年届满和不符合文明单位要求的取消文明单位称号。5月初对全年申报的省、市级文明单位进行了统计摸底，20日在渭河花园酒店举办了为期两天的文明单位培训班，市委常委、宣传部长郭勇格参加并作了开班讲话，邀请有关专家、教授分别就精神文明建设的新形势和新任务、“讲文明礼仪创文明单位”、如何认识和把握文化的政治经济属性和生态文明与低碳经济作了专题辅导和培训。经过单位自愿申报，县市初查筛选，市县重点培养，年终测评验收，有近100个省、市级文明单位(机关)、文明校园、文明村镇、文明社区通过各级验收。

【文明行业创建活动】 按照省上统一安排和《渭南市创建文明行业活动实施细则》”(渭文明办〔2009〕32号)，市文明办重点在人社、教育、卫生、金融、电力等36个行业部门开展文明行业创建活动。印发了《关于在全市窗口行业(系统)扎实开展文明行业活动的通知》(渭文明办〔2010〕6号)，要求各有关部门“以创建文明行业，树立行业形象”活动为主题，突出抓好优质规范化服务和加强行业作风建设两个重点，扎实开展思想道德教育和职业道德教育，大力推行优质规范化服务活动。全年有15个行业部门报送了创建文明行业年度工作计划和三年规划，并提出创建文明行业的申请报告。同时，有17个行业部门申报了35个“文明示范窗口”。10月份，印发了《关于对申报的文明行业进行考核测评的通知》(渭文明办〔2010〕26号)。

年终对申报的行业部门和文明示范窗口进行了考核测评。

【开展文明村镇路建设竞赛活动】　农村环境综合整治特别是国省道沿线村镇及周边环境综合整治是全市农村精神文明建设的一项重点工作。市文明办通过开展文明村镇路建设竞赛活动有力地促进整治工作持续深入开展。会同市委政研室、市交通局联合组成农村环境综合整治办公室，加强领导，强化措施，下功夫抓好整治工作，并取得明显成效。印发了《关于在全市开展"农村环境卫生百日集中整治"活动实施意见》，6月17日，市委副书记王晓明召集有关部门，就整治农村环境卫生工作进行了研究部署；6月22日至9月30日在全市开展了"农村环境卫生百日集中整治"活动。市长徐新荣先后两次对整治工作作出重要批示，市委副书记王晓明主持召开了整治工作联席会。渭南电视台以明查暗访的办法，对公路沿线存在的"脏乱差"现象曝光8次，《渭南日报》开设了为期一个月的"县市区长谈农村环境综合整治"专栏。澄城县制定下发了《农村环境卫生长效机制管理办法》，对乡村职能、机构设置、队伍组建、设施建设、运行管理、标准要求、资金筹集、组织保障等工作进行了细化。大荔县高明镇西高村提出"每户每天一毛钱，专门用于清理垃圾"办法实施后，每天凌晨3点专人清理垃圾，确保了垃圾不过夜。11月11日，市长徐新荣对西高村的做法予以充分肯定，并批示"市级媒体应予以宣传"。全年各县（市、区）通过财政拨款等渠道投入到环境综合整治的资金累计达到3000多万元，投入的增大、奖励资金的增多，有力调动了基层整治工作的积极性。截至12月底，有100%的乡镇和40%的建制村落实了卫生保洁员的工资。整治活动中全市累计清理"三堆"（粪堆、柴堆、土堆）50万余立方米，拆除违章建筑6万平方米，整顿马路市场23处，清理门前和道路两侧不规范厕所1200余个，清理排水沟1800余公里。一批垃圾带、垃圾山得到处理，环境面貌大为改观。在环境综合整治的同时按照文明样板路标准，继续在国省县道开展文明路建设竞赛活动。全市共申报达标文明路220公里，年终组织力量对申报创建的市级文明路段进行考核验收，并命名表彰100公里文明路段。这项活动是全市一项特色的主题创建活动，9月份、10月份《精神文明报》第二版和《人民日报（市政专辑）》分别刊载了创建经验。11月，陕西省向中央文明办编辑的《精神文明创建工作典型经验评析一书》推荐两个在农村精神文明创建工作方面的典型，渭南市创建"千里文明村镇路"活动作为其中之一向中央文明办推荐。

【渭南市志愿者活动】　印发了《关于深入开展志愿服务活动的实施意见》（渭文明委〔2010〕3号），以市文明办、市民政局、市总工会、团市委、市妇联的名义联合下发了《关于深入开展"迎世园讲文明树新风志愿服务活动"的实施方案》（渭文明办〔2010〕21号）。成立了渭南市志愿服务活动协调小组，并把目标责任分解到每个部门。为了进一步推动志愿服务活动的科学化、规范化、专业化和社会化水平，成立了以市人大原副主任薛景民为组长的渭南市志愿者协会筹备小组。12月3日，召开了渭南市志愿者协会第一次会员代表大会，选举产生了渭南市志愿者协会理事会，通过了《渭南市志愿者协会章程》，选举产生了渭南市志愿者协会会长、副会长、秘书长及理事人选。渭南市志愿者协会是全省首家成立的，协会的成立标志着全市志愿服务活动进入了一个新的阶段。截至12月底,全市共有各类志愿者组织40多个,志愿服务人员25000多人,正式注册的志愿者组织5个,志愿者人数9000多人,主要包括青年志愿者、科普志愿者、巾帼志愿者、"扶残救残"志愿者、社区志愿者等。其中由团市委牵头的青年志愿者2万余人,主要参加大学生西部助学、义务植树、科普宣传、社会公益等方面的志愿服务。市残联牵头的"一对一帮扶"志愿服务队,主要由机关干部、学生和社区义工组成,定期对残疾人和敬老院进行服务。市妇联牵头的妇女儿童维权志愿者服务队,主要是参与保护妇女儿童的合法权益;心理咨询志愿服务队与渭南人民广播电台,共同建立了"心灵有约"栏目,每天晚上播出。渭南市阳光青年志愿服务队,建立了阳光志愿服务网和阳光志愿服务QQ群。

【实施"西部开发助学工程"】 一、严格按照中、省文明办资助贫困大学生和高中生的有关推荐程序和要求,全年推荐资助了12名贫困大学生、11名贫困高中生,当年资助金已全部发放到位。二、为推动西部地区教育事业发展,满足中小学生学习知识的需要,丰富基层群众文化生活,中央文明办、教育部、文化部联合下发了《向西部地区送电脑活动的通知》,全市争取到电脑650台,按照要求,通过合理制定分配方案、认真调查摸底、全程公示公开等工作,将650台电脑安全顺利地送到贫困中小学校和乡镇文化站、社区文化站,为丰富群众文化生活、帮助群众科技致富提供了条件。

(田永昭)

2010年度精神文明建设先进集体名单

一、市级文明单位标兵(4个)

蒲城县环境保护局

中国移动通信集团陕西有限公司潼关分公司

韩城市人民检察院

中国农业银行富平县支行

二、市级文明单位(36个)

临渭区中医医院

陕西省地矿局综合地质大队

中国农业银行渭南前进路支行

韩城市市容环卫管理处

陕西省煤田地质局一三一队

韩城市地方税务局车站税务所

韩城市邮政局

华阴市人民法院

华阴市财政局

华阴市人民检察院

大荔县邮政局

大荔县新华书店

大荔县工商行政管理局官池工商所

蒲城县公安局交通管理大队

蒲城县国家税务局党睦税务所

蒲白建安处社区管理委员会

富平县邮政局

富平县农业技术推广中心

中国邮政储蓄银行澄城县支行

澄城县国家税务局城区税务分局

澄城县供电分公司王庄供电所

合阳县人口和计划生育局

合阳县人民检察院

合阳县粮食局

白水县邮政局

白水县气象局

华县市容环境卫生管理局

华县新华书店

潼关县民政局

潼关县计划生育服务站

渭南市国家税务局车辆购置税征收管理分局

渭南市环境保护监测站

中国人民银行渭南市中心支行

渭南市兴盛烟酒有限公司

渭南职业技术学院

中国邮政储蓄银行渭南市分行

三、市级文明机关(4 个)

中共华阴市委、市人大常委会机关

中共潼关县委机关

蒲城县人大常委会机关

澄城县人民政府机关

四、市级文明村镇(15 个)

合阳县王村镇

蒲城县城关镇

澄城县庄头乡

华县瓜坡镇

潼关县桐峪镇

韩城市新城街道办事处潭马村

华阴市玉泉街道办事处河南村

大荔县城关镇西婆合村

富平县东上官乡牛村

澄城县交道镇杨家村

澄城县刘家洼乡翟尚村

合阳县黑池镇南社村

华县柳枝镇丰良村

潼关县安乐乡马吉村

高新区崇业路街道办事处王贺村

五、创建文明行业先进单位(12 个)

渭南供电局

渭南市国家税务局

渭南市环境保护局

渭南市邮政局

中国邮政储蓄银行渭南市分行

渭南市工商行政管理局

渭南市民政局

渭南市地方税务局

中国移动通信集团陕西有限公司渭南分公司

渭南市文物旅游局

渭南市教育局

渭南市农业局

教育 科技 文化 新闻

教　育

渭南市教育局
局　长　张洪涛
副局长　王建国　惠孟虎

【教育概况】　全市有各级各类学校2606所,其中普通本科高校1所,专科高职院校2所,成人高校1所,中等专业学校1所,普通高中77所,职业学校73所,初中313所,小学1362所,幼儿园575所,特殊教育学校6所,乡镇成人文化技术学校195所。全市各类学校在校学生89.3万人,其中普通高中在校学生15.8万人,小学在校生34.3万人,初中在校生23.2万人,职业学校在校学生7.4万人,幼儿园在园幼儿8.5万人,特殊教育学校在校学生623人。全市各级各类学校专任教师58017人,其中小学23624人、初中18521人、高中8958人、职中2710人、幼儿园4204人。全市各级各类学校校舍总面积675万平方米,其中中小学校舍总面积629万平方米,小学生均7.11平方米,初中生均8.94平方米,高中生均11.18平方米。

【义务教育】　全市城乡全面实现免费义务教育。公用经费补助标准,初中每生每年由550元提高到650元,小学每生每年由350元提高到450元。按照标准全市落实公用经费36206万元,其中中、省资金36080万元,市、县两级财政126万元。按照规定标准,全市12392名小学学生、28881名初中学生享受了贫困寄宿生的生活费补助,补助金额3817.5万元,其中,中央承担1908.75万元,市、县承担1908.75万元。全市免费提供教科书1054265套,总计金额5156.93万元。全市推行义务教育控辍保学"五项制度",各县、校装框上墙,严格执行。组织开展"无辍班、无辍校、无辍乡镇"创建活动。在全省率先建立起督学责任区制度,做到督学责任全覆盖,随时发现和监控学生辍学情况。全市小学未发现辍学现象,初中辍学率为0.51%,达到省政府控制在2%以内的要求。

【高中教育】　全市普通高中招生5.5万人,高中阶段入学率达到80%以上。全市基本实现了省、市、县、校四级普通高中学籍管理层级管理机制。当年渭南高级中学、华县铁中、富平蓝光中学3所学校通过省级标准化高中验收,临渭区瑞泉中学、合阳中学、韩城象山中学3所学校通过省级示范高中验收。在全市开展了省级标准化高中管理评看活动，促进相互学习，共同提高。在深化课程改革的同时，认真组织高三复课研讨、全市教学质量模考和统计分析，指导和促进了高中教学质量的提高。全市高考再次取得优异成绩，本科上线人数达到36014人，比上年增加了10677人，增长率为42.13%。其中，一批本科上线5150人，比上年增加452人，二批本科上线16144人，比上年增加了3382人。全市文理两科类各批次上线人数继续处于全省前列。

【职业教育】　全市完成职教招生33721人，完成省上下达目标任务的107.1%；完成人人技能培训15441人，完成下达任务的118%。职教中心和职业学校建设进展顺利，蒲城县职教中心被授予省级示范中等职业学校。韩城职业中专创建国家级示范中等职业学校，投资1400万元建成8000平方米的综合楼。澄城县职业中专积极创建省级示范中等职业学校，对学校的各项管理制度、部室进行了充实完善，投入400多万元建成专业实训大楼。富平县职教中心新扩征土地1.33公顷，投入100余万元对学校水电设施进行了改造，建成4000多平方米的实训大楼。富平城建职业中学建成4000多平方米的学生公寓。华阴市职教中心建成6000多平方米的教学大楼。合阳县职教中心建成1000平方米数控专业实训车间。华县职教中心、合阳县坊镇职中、白水职业中专建起了学生餐厅。当年中、省在渭南市投资建设的精品示范专业6个，涉及6个县校，共投资900万元，6个专业都达到了省级精品、示范专业标准。职教园区建设进展顺利，已完成投资3亿元，16所院校相继申请进入园区。渭南职业技术学院一期18栋建筑即将竣工，陕西铁路工程职业技术学院已完成60公顷土地征用，西北烹饪培训学院和渭南电力能源高级职业技术学校已经完成勘测定界，土地征用手续已经报省审批。

【成人民办教育】　全市各地按照“积极鼓励，大力支持，正确引导，依法管理”的方针，规范民办教育的办学行为，促进了民办教育健康发展。年初，依法取消年检不合格民办学校39所，责令35所学校限期整改。安排部署了民办学校换发办学许可证工作，严格审批了学校的广告、简章。开展了民办学校安全督查，重点对民办幼儿园进行核查，坚决停办不达标、查封无证非法办学的幼儿园。全市农村成人教育工作继续围绕建设社会主义新农村的目标，通过广泛开展多种形式的培训活动，努力提高广大农民的科技文化素质。广泛开展了“科教兴国”战略宣传和农民实用技术培训，全年培训农民29.6万人次，完成任务的296%。

【素质教育】　全市各级各类学校继续以德育工作为龙头，全面加强中小学学生素质教育，促进了学生健康成长。开展了评选三好学生、优秀学生干部活动，组织了影视教育进学校、“春芽杯”中小学生艺术比赛、“党在我心中”作文竞赛、“争做遵纪守法小公民”征文比赛和“三生”教育等10余项活动，推动学生全面发展。狠抓了《学生体质健康标准》的落实工作，组织和参加了省市安排的体育活动8项，促进学生体质提高。开展理化生实验操作考核，将体育成绩计入中考总分，逐步实施初中毕业生综合素质评价等，积极探索与素质教育相适应的评价机制。创建省级示范家长学校110个，市级示范家长学校220个。开展了青少年活动中心建设管理评看活动，积极发挥青少年活动中心的作用。围绕提高教育质量，狠抓教学研究工作，创造实施素质教育的优质环境。

【远程教育】　全市925所中小学完成了

陕西省基础教育专网接入任务。全市67所高中和高新区、合阳县、华阴市、临渭区、潼关县初中全部接入教育专网。高中多媒体教室建设累计达1547个,义务教育段学校累计建成“班班通”教室4114个,校园网377个,建成数字化图书管理系统39个。按照新课程标准和新教材对实验教学提出的新要求,全市有11所省级标准化高中建成数字化虚拟实验室31个,全市省级标化高中建成通用技术教室31个。全市有16件多媒体课件、58件自制教具获省级基础教育科研成果奖励。渭南教育网于12月30日正式开通投入使用。

【队伍建设】　在全市教师中开展了深入贯彻落实胡锦涛在全国优秀教师代表座谈会上的重要讲话精神和《中小学教师职业道德规范》学习活动,与渭南电视台联合举办名师展播活动,在渭南电教网开展了省级师德先进网络学习投票活动,大力弘扬“学为人师、行为世范”的高尚精神。组织各级各类学校集中开展了师德教育活动,重温《陕西省中小学教师职业道德行为规范》、《陕西省中小学教师行为八不准》。继续在教师职称评审、考核、晋级和评优树模中实行师德一票否决。严格教师资格认定和管理,全面实施教师资格制度,完成各类人员教师资格认定3977人。继续改进中小学教师职务晋升办法,向一线教师倾斜,向优秀教师倾斜,当年共有1838名教师晋升中、高级职称。继续实施城乡教师交流服务期制度,积极开展送教下乡、送培下乡活动。不断完善教师绩效考核办法,鼓励各县(市、区)在绩效工资中设立山区、农村教师津贴,促进城乡教师资源合理配置。76名校长参加了省级专题提高培训,168名校长参加了省级送培下乡培训,217名校长参加了市级专题培训。全年国培、省培计划培训教师6000名,继续教育培训教师3300名,“阳光师训”、送培到县培训教师1万名,各县(市、区)累计培训小学教师2万名。积极开展了评优树模活动,向省教育厅评选推荐师德标兵7名、特级教师33名。

【校舍建设】　全市完成新建、加固改造校舍面积141.4万平方米。其中加固改造面积36.7万平方米,重建新建面积104.7万平方米,占市政府下达目标任务的101.5%,占省上审定三年校安工程规划改造总任务的94.4%。促成了合阳县与陕西宏业实业有限公司签订了合阳县第三初级中学建设项目,合阳县第三初级中学土建及附属设施建设总投资1.5亿元,2010年投资9346万元。

【蛋奶工程】　“蛋奶工程”运行安全,全市实施学校694所,受益学生290255名,占全市义务教育阶段公办学校学生数的56.1%,全市义务教育公办寄宿制学校实现全覆盖,潼关县实现义务教育公办学校全覆盖。当年,省、市、县财政共拨付蛋奶工程经费10244万元,80%家长承担2561万元,总费用为12805万元。年内实现了7500万人次安全无事故,全市评出规范化管理学校22所。渭南市的蛋奶工程全程安全管理操作规范要求被推广到全省。

【教育经费】　全市教育经费总收入427788万元,比上年370756万元增加了57032万元,增长率为15.38%。教育部门教育经费总收入391002万元,比上年342281万元增加了48721万元,增长率为14.23%。全市教育经费总支出428812万元,比上年372578万元增加了56234万元,增长率为15.09%。其中,教育部门总支出390535万元,比上年342689万元增加了47846万元,增长率为13.96%。全市预算内教育经费支出308480万元,财政支出1543008万元,预算内教育经费占财政支出的19.99%,较上年减少2.86个百分点。全市国内生产总值为8014200万元,国家财政性教育经费372579万元,占国内生产总值的4.65%,比上年减少0.29个百分点。

【表彰奖励】 2010年,市教育局获3项省级以上表彰奖励,12项市级奖励。市教育局精神文明建设连续第五年评为全省教育系统"创佳评差"最佳单位,政风行风测评连续第五年获优秀格次。在省考核办组织的渭南市工作满意度民意调查中,群众对教育工作的满意度评价名列前茅。全省基础教育工作会议、全省教研工作会议、全省校安工程建设现场会、全省蛋奶工程建设现场会、全省电教工作会议、第五届全省校园科技节启动仪式和全省青少年校外活动场所建设与管理工作现场会在渭南召开,教育关工委工作、督学责任区实施工作经验在全国会议上交流。

（王　军）

渭南师范学院

党委书记　张金安
院　　长　丁德科
党委副书记　赵伏友
纪委书记　任　健
副 院 长　王君龙　程书强　李海龙

【学院概况】 渭南师范学院是以教师教育为主的陕西省省属普通本科高校,具有学士学位授予权。校园占地面积86.77万平方米,建筑面积50.05万平方米。现代化教学科研仪器设备值10090万元,馆藏图书172.28万册。学科涵盖理学、文学、工学、历史学、管理学、教育学、经济学、法学等8大门类,下设10个二级学院、29个教学系部、48个专业、25个研究中心,学科结构趋向综合化。面向31个省、市、自治区招生,全日制在校生16216人。共有教职工1198人,专任教师879人,正、副教授占35%,主干学科具有硕士、博士学历的教师分别占教师总数的52.7%和23.1%,涌现出一批在学术界有影响的"渭华学者"和教学学术骨干,其中有博士生导师、省部级有突出贡献专家、享受政府特殊津贴专家、省级"三五"人才和省级教学名师等。2010年获"陕西省后勤保障工作先进集体"、"大学生社会实践先进单位"、"陕西省师德建设先进集体"等称号。

【学科专业建设和教学管理】 学院重视学科建设,拥有省级重点学科、国家级特色专业和省级特色专业、省级精品课程、省级双语教学示范课程、省级创新实验区、省级实验教学示范中心和省级教学团队,在学术研究和决策咨询、培养高级专门人才、服务区域经济社会等方面,发挥了积极的作用,得到各级党政和社会各界的公认和好评。2010新增学前教育、软件工程、材料科学与工程3个本科专业;完成了高职高专专业置换,将行政管理、体育教育、应用英语专业置换为艺术设计、物流管理、软件技术3个专业。英语本科专业被批准为省级特色专业建设点。财务管理课程被评为2010年省级精品课程,物流管理本科专业被批准为2010年战略性新兴产业相关专业。学院狠抓日常教学工作，强化实践教学环节。学院重视对课堂教学秩序的管理和督促，督促各系加强课堂教学管理，加大对课堂教学情况的检查力度，要求教师有效组织课堂教学，充分调动学生学习积极性，提高课堂教学质量。对教师的教学资料、本科毕业论文（设计）教学工作、“质量工程”项目实施方案及建设情况进行了重点检查。同时，加大实验室和教学实践基地建设力度。新增实习、见习基地27家，涉及面广，有学校、企业、政府机关等。这些实习基地的建立，进一步拓展了学生接触社会的渠道。学生在全国和省级各类专业竞赛中获得40多项奖励，应届毕业生考研上线率达到15%，在全省名列前茅；毕业生就业率超出全省平均水平。

【科学研究】 2010年，学院科研立项工作成绩突出。全年共组织申报各类纵向项目122项，院级项目116项，资助总经费81万元；申报中省共建项目7项，其中2个重点学科、1个研究基地获得了300万元的中省共建资助经费；副院长王君龙与西北大学、中国兵器工业集团212研究所合作申报的“酞菁催化锂/亚硫酰氯储备电池技术研究”项目经中国人民解放军总装备部批准立项，研究总经费900万元。批准项目数量、资助经费额度均创历史新高。全年全院教师共发表论文1044篇，其中在核心期刊发表357篇，4大索引检索61篇；出版专著5部。邀请国内外知名专家、学者作学术报告60多场，促进了国内外的学术交流。

【师资队伍建设】 将师德建设作为思想政治工作的重中之重，大力弘扬“以真为根、以信为本、以德为先”的敬业奉献精神，要求教师认真学习职业道德理论，培养高尚的人格，并在实践中做到知行统一，身正德高，争当表率。全年共有52人次受到省厅以上各种奖励，评选出校级教学名师5名，省级优秀教学团队1个，省级教学名师1名。进一步加大引进高层次人才力度，重点加强博士引进力度，在“优化学缘结构、优化学科结构”的基础上注重从“211”、“985”院校引进人才。全年引进教师35人，其中博士5人；与20名教师签订了在职攻读研究生学位（其中博士10名，硕士10名）的协议，教师学历层次和学历结构进一步改善。选拔多名教师赴国内外访学。全院硕士研究生以上教师占教师总数的比例增长到40%，高级职称教师增长到35%；这些教师中有省级教学名师、陕西省“三五”人才、陕西省“师德标兵”、省级教学团队等，初步形成了一支结构合理、素质较高、能力较强的人才队伍。与西安理工大学、陕西科技大学、陕西师大等校联系联合培养研究生工作，签订联合培养硕士研究生协议书。

【对外交流】 学院重视对外交流与合作，继续深化与美国犹他州立学院、韩国培才大学、新西兰克赖斯特彻奇综合技术学院、韩国加耶大学等大学的交流与合作。2010年对外合作与交流实现了新突破，同英国伯恩维尔学院、俄罗斯阿穆尔国立人文师范大学、澳大利亚国立巴拉瑞特大学、台湾明新科技大学就合作与交流达成了框架性的协议。首次推行了“大学生暑期赴美带薪实习项目”，7名学生签订了项目协议，正在进行实习岗位确认和手续办理。

【招生与就业】 继续完善学院招生“阳光工程”，认真履行招生工作检查职责，保证招生工作健康有序地进行。大力向社会、考生及家长宣传办学特色、专业特色和办学优势，2010年录取新生4782人，其中本科3621人、专科1161人。新生报到率达95%。下大力气做好就业工作。全年举办大型招聘会2场,小型多样的校园专场招聘会超过94场次,接待用人单位超过500家,提供就业岗位近10000个,全院2010届毕业生初次就业率达到86.73%,毕业生离校文明有序。

【学生管理与资助】 “让每一个学生成才”是学院的培养目标。组织全院学生开展社会实践活动,学院获省2009年大学生社会实践优秀组织单位。组织学生参加“高教社”杯建模竞赛、全国多媒体课件大赛、“CCTV”全国英语大赛、“用友杯”全国大学生ERP创业设计暨沙盘模拟经营大赛等,获得好成绩。继续完善以国家奖学金、助学金为主、“奖、贷、助、补、减”相结合的贫困生资助工作机制,做好奖学金评定和发放工作。全年共评定、发放各类奖学金、助学金2500多万元;为6000多名学生办理生源地信用助学贷款约2100万元。全年培训勤工助学上岗学生约4000人次,发放勤工助学费用约50万元。

【建校50周年庆典】 2010年学院建校50周年,以“弘扬精神、展现成就、提升理念、扩大影响、凝聚人心、加快发展”为主题,积极做好庆典筹备工作。学院制定了以建校50周年庆典、高师教育高峰论坛、学术报告为主要内容的庆典工作方案,成立了工作机构,动员学院各方力量进行了大量艰苦细致的筹备工作,于5月9日成功举办了庆典活动,通过校庆展示了办学实力和“育人为本、艰苦创业、励志图强、追求卓越”的学院精神,全面总结了50年办学经验,展示了50年辉煌成就。

【和谐校园建设】 学院始终坚持依法办学,依法治教,坚持民主集中制的原则,凡涉及发展改革的重大事情,均由党委集体研究,注意在决策前及实施中征求教职工及民主党派意见。坚持校务公开,扩大师生员工的知情权、参与权及监督权利。学院把解决干部师生中存在的困难和问题作为头等大事来抓,切实为师生办实事办好事,创造良好的工作、学习和生活环境。

（屈　琦）

职　业　教　育

渭南职业教育园区

主　任　雷民康

副主任　李会田

【园区概况】 渭南职业教育园区建设办公室设立于2009年2月份。这是市委、市政府针对全市职业教育发展所面临的新形势、新任务,着力提升职业教育档次,整合做大渭南市职业教育品牌的具体措施,也是一项重要的民生工程。加快职教园区建设,对完善中心城市功能,推动城镇化建设,聚集中心城市人气,拉动第三产业,发挥职教优势,提升全市职业教育发展水平,带动区域经济社会快速发展具有十分重要的意义。渭南职教园区位于渭南市中心城市西北方向,东起石泉路,西至零河东岸,北至乐天大街,南临东风大街。职教园区总面积5.24平方公里,规划总建筑面积4384500平方米,总投资67.8亿元。其中:一期(起步区)规划建筑面积1093790

平方米，计划投资 19.6 亿元。园区围绕“一个中心”，完善“两个体系”，发挥“三大功能”，坚持“四项服务”，建设 21 世纪具有中国特色的职教园区。到 2012 年完成职教园区起步区基础设施和规划范围内的 6 所学院建设，中、高等职业技术学院在校生达到 5 万人。2015 年末园区总人口达到 12 万人，各类技术培训每年 20 万人次。

【组建机构】 按照 2009 年 2 月 4 日渭南城区职教领导小组会议精神，及时从市规划、国土、财政、教育、临渭区、高新区等部门和单位抽调人员，组建成立了职教园区建设办公室，落实办公场所，实行集中办公。办公室下设综合计财、征地拆迁、规划建设和招商宣传 4 个小组。园区办明确了内设机构的工作职责，制订了月计划、周安排的工作运行机制。为科学、高效抓好职教园区建设，使各项工作规范化、制度化，制订了《渭南职业教育园区建设办公室工作规则》，明确了园区各成员单位工作职责。

【编制规划】 园区办会同市规划局、城建局、发改委、国土局、临渭区、高新区等部门和单位，立足园区规划要高起点、高水平的定位，合理划分板块，综合考虑基础设施，编制完成了园区 5.24 平方公里控制性详规和一、二期修建性详细规划。新修编的规划充分体现了资源共享的理念，为园区空间资源的合理配置，为园区及后续更好地建设发展能够高效、有序、持续地按照既定规划进行，提供了可靠依据。

【入驻园区的职业院校】 制定了《渭南职教园区入园优惠办法》，以市政府办文件下发。通过宣传和政策引导，申请入园的 16 所院校中有 2 所院校开工建设，职业技术学院一期主体工程已完工。陕铁院已完成土地征用及批复，于 11 月 12 日举行开工典礼。西北烹饪培训学院、渭南电力能源高级职业技术学校已完成规划定点选址、勘测定界、征地委托，进入土地征用及上报审批。渭南普田工程机械学校、渭南市机电工程学校、渭南印刷机械学校、渭南金融职业技术学校、渭南幼儿师范学校、陕西渭南商贸技工学校、渭南汽车工程技术学校、渭南计算机信息工程学校等 8 所院校已完成项目立项审批，正在办理规划定点和规划方案审批、旧校区资产处置、筹集建设资金。爱莉丝艺术学校、渭南兴华职业技术学校、西北理工职业学校、渭南市医科专修学院等 4 所院校已批准入驻园区，正在办理项目立项审批和教育部门有关审批手续。

【基础设施建设】 职教园区一期建设规模：工程规划面积 1.87 平方公里，建筑面积 1093790 平方米，道路长度 13 公里（红线宽度分别有 60、50、45、40、30 等）。建设内容：东西 6 条主干道、南北 3 条主干道的道路建设和相关配套设施（包括给排水、绿化、照明、供电、供气、供热、通讯管线和管沟建设）。其中：东西向包括乐天大街 0.93公里、新区北街0.93公里、胜利大街 0.93公里、敬贤街0.93公里、东新街0.93公里、东风大街0.93公里，南北向石泉路 2 公里、新区东街 2 公里、秦裕路1.99公里。地面停车场 23 处等配套设施。总投资5.7亿元，其中：建安工程费用 4 亿元，其他费用 1.7 亿元。园区共规划了“四横四纵”8 条道路，计划开工建设石泉路、胜利大街、秦裕路和园区东路等 4 条主要干道。同时完成园区东路、园区西路两条道路的设计。

【招商引资】 编制了园区起步区基础设施建设项目可行性研究报告，策划包装了职教园区商办综合体、实训基地、青少年活动中心、商服中心、弘职宾馆、职教医院等 6 个经营性项目和起步区路网建设项目，编制成项目册，积极做好项目推介和对外宣传工作。职教园区与10多家投资企业和入园院校达成初步合作意向，并在西洽会上签约3个较大项目，其中北京中融投资控股公司签约5亿元、浙江城建集团建设有限公司签约3亿元、德国莱茵职业大学签约5000万元，总计签约8.5亿元。

（杨维维）

科　学　技　术

渭南市科学技术局

局　长　秦　渝（5月离任）

　　　　　张向民（5月任职）

副局长　王振杰

【科技机构】　全市共有科技机构23家，其中市属科学研究与技术开发机构4家，科学信息与文献机构1家，县属研究与开发机构18家。2010年度23所科研机构拥有从业人员990人，从事科技活动人员715人。全年经费总收入2910.1万元，其中政府资金2448.3万元；经费总支出2852.4万元，其中科技经费支出2640.2万元；承担课题17项，课题经费内部支出222.8万元。

【科技创新】　截至年底，全市共有各级生产力促进中心11家。全年在渭南科技信息网上共发布信息330次（信息量660MB），数据库检索205次（信息量1379MB），网络信息检索213次（信息量460MB），从网上获得信息805次（1560MB）。承担陕西省"13115"重大科技创新工程项目3项，省级重大科技创新项目11项，实施渭南市"722325"科技创新工程项目25项。

【科技计划】　全年累计申报中省科技计划项目80项，立项70项，争取部、省无偿资金2346万元（其中科技部立项10项，资金740万元；省科技厅立项56项，资金1572万元，省知识产权局4项，资金34万元）。2010年度渭南市科技计划共安排科技项目45项，经费225万元，其中渭南市"722325"科技创新工程共计25项，经费56万元。

【农村科技】　印发了《渭南市农技110大荔荔民模式建设标准》和《渭南市大荔模式推广计划》，统一了各县的推广标志牌，指导临渭区和韩城市启动了大荔模式推广启动仪式。截至年底，已有8个县（市、区）全面展开推广工作。全年共有50多家省内外科技管理部门和18家企业赴大荔学习大荔模式推广经验，开展星火科技12396信息服务热线宣传，整理规范宣传标语18条，制作宣传彩页3万份，全年通话总量达到12403分钟，居全省第一位。制定印发了《渭南市农业科技专家大院认定标准》和《渭南市农业科技专家大院考核标准》，完成了市级农业科技专家大院的考核认定工作，认定市级专家大院14个，新认定省级科技专家大院4个。截至年底，共拥有省级专家大院10个。新认定省级优秀科技特派员3人，组织4名科技特派员承担的项目参加了在杨凌举办的中国农业科技创新创业大赛。当年新发展市级农业科技示范基地2个,全市省级现代农业科技创业示范基地累计达到4家。

【高新技术及产业化】 9月26日,国务院以国函〔2010〕109号文件正式批准渭南高新区晋升为国家级高新区。11月23日,渭南国家高新区建设推进大会暨授牌仪式隆重举行,科技部原党组书记、副部长李学勇,省委副书记、代省长赵正永出席并作重要讲话,标志着渭南市高新技术产业发展进入快车道。根据《高新技术企业认定管理办法》的要求,2010年全市通过高新技术企业认定的有渭南容厦药业股份有限公司、陕西标正生物科技有限责任公司和渭南高新区海泰新型电子材料有限责任公司等3家公司。据统计,截至年底,全市共有高新技术企业6家,其中上亿元企业3家,全年总产值达到99501万元,技术开发经费2199万元,上缴税金4587万元,开发新产品8个,专利授权量57件。

【陕西渭南国家农业科技园区】 全年投资171.5万元,用于改建、扩建澄城圆顺红、华县龙源2个秦川牛标准化育肥小区及新建大荔众康家畜良种繁育和荔民农技综合服务专家大院2个,培育大荔张家秦川牛育肥专业村1个。全面实施了蔡伦大道一期绿化、排水及通讯杆线建设工程,园区110KV变电站已开工建设,进一步优化核心区发展环境。新签订入园项目合同4个,投资总额4.6亿元,壮大了园区的企业集群。

【民营科技企业】 2010年度全市民营科技企业总数157家,职工总数6966人,其中科技人员1649人。全年民营科技企业开发新产品18项,授予专利45项,开发非专利技术7项,研究与开发费用19245.4万元。民营科技企业全年技工贸总收入达到302803.6万元,其中技术性收入2098.5万元,全年净利润15127.2万元,上缴税费总额5953.2万元。年技工贸总收入(或产值)达到1000万元以上的19家,5000万元以上的6家,1亿元以上的5家,10亿元以上的1家。

【科学成果】 根据《渭南市科学技术奖励办法》规定,市政府对渭南市2009年的19项科学技术成果进行了表彰奖励。2010年全市获陕西省科学技术奖项目5项,其中二等奖4项,三等奖1项。完成了2010年度渭南市科技奖的征集、评审工作,全年征集科技奖项目33项,其中19个项目通过了资料审查、实地考察、专业评审、奖励委员会审定。全年完成科技成果登记12项,完成科技成果鉴定10项。提出了渭南市《技术合同认定登记管理办法》,全年登记技术合同4份,技术合同成交额达到165万元。组织丁启东等4人参加首届"陕西省发明创业奖"的竞争,有3人获奖。

【知识产权】 组织执法人员深入各大商场、超市,查处以医药、高档电器等为重点的假冒专利产品,顺利调处了3起专利纠纷案件。成功举办了全省知识产权宣传月开幕式,在渭南技术学院举办了知识产权专题讲座,组织各县(市、区)参加全省知识产权管理人员培训班,强化了知识产权指导工作的科学性和针对性。争取陕西省知识产权强县工程、专利孵化项目、知识产权优势企业培育工程、发明创业奖、专利创业富民工程等项目10项,组织11家企业参加第十九届全国发明博览会,组织6家企业参加2010年杨凌农博会。全年专利申请量达到426件,其中发明专利申请量77件;全年专利授权量205件,其中发明专利36件。

【科技宣传】 3月在临渭区崇宁镇组织参加了"科技之春"宣传月暨科技文化卫生三下乡活动启动仪式,4月组织了知识产权活动周,5月中旬组织了以"携手建设创新型渭南"为主题的科技活动周活动。3次活动共组织宣传展板30面,设立专利、实用新技术推广等咨询点20个,印发各类科技宣传资料1.8万多份,接受群众现场咨询1200多人次。编印《渭南科技信息》10期30多条信息,及时反映了全市最新的科技动态和成果,通报了工作情况,交流了各地科技工作经验。

(王　彬)

文　化　事　业

渭南市文化广电新闻出版局

党委书记、局长	华惠民
副局长	王淳　雎泾治 雷振宇
党委副书记、纪委书记	魏国强
党委副书记	李　军
总工程师	任正龙

【文化事业建设】　文化设施建设有较大进步。投资743万元(其中中央投资504万元、省配套239万元),完成了30个乡镇文化站建设。文化信息资源共享工程完成合阳县1个支中心,临渭区故市镇等28个乡镇基层服务点建设任务。争取文化基础设施建设维修项目经费60万元;完成了33个乡镇综合文化站、3个社区文化中心、30个社区文化活动室、184个村级文化室的文化器材配送,共计645.4万元;完成了第四批公共图书馆的评估定级工作,临渭区等6个县(市、区)图书馆被国家文化部命名为三级图书馆。全市11个县(市、区)的文化信息资源共享工程支中心全部完成。投资5000万元,完成了渭南市文化艺术中心建设项目开工前的各类手续报批、项目监理招标、项目建设招投标等工作,计划春节后动工。农村公益数字电影放映41200场,超额244场完成全年任务。同时,新增配发放映设备40台,对全市127台放映设备安装了定位系统。建立农村数字电影服务站11个、农村示范流动电影放映队157支,实现电影数字化100%覆盖。争取"村村通"设备45764套,建立标准化"村村通"工作服务站1826个。《直播卫星村村通用户管理系统》全市已录入用户信息17243条(每个用户一条),设备安装到位18966户。9月初,开通了城市公共应急广播,为西北地区首家。广播电视设备更新改造投入加大。投资150多万元搭建了都市频道制作网,新增了三频道字幕播出系统,添置了前期摄像机,招标采购了CMMB编码器,为发展手持电视业务奠定硬件基础。农村中央广播电视节目无线覆盖工程验收全面完成,中央人民广播电台《中国之声》节目无线覆盖由20%提高到92%以上,中央电视台第一套节目无线覆盖由35%提高到85%以上,中央电视台农业频道节目无线覆盖从无到有,覆盖率达到83%以上。加大扶持力度,为5个演出班(社)配送了4万余元的文化器材。加强制度建设,强化人员培训,采取超常措施,确保安全播出,实现了"高质量、不间断、既经济又安全"的目标。

【广电新闻宣传】 主题宣传力度加大。围绕“扩大渭南影响、提升渭南形象、促进渭南发展”目标，以服务大局，学习宣传贯彻党的十七大精神为主线，以市委、市政府工作为中心，精心组织策划了深入贯彻落实科学发展观、关注社会民生、十七届五中全会、招商引资、重点项目建设、城市创卫、新农村建设、和谐渭南建设等重大主题宣传报道活动。相继开设了《奋进中的渭南·喜迎市“两会召开”》、《辉煌十一五》、《乡村访谈》、《创国卫　兴渭南》、《点击作风》、《名牌产品企业展播》等专题专栏，为全市改革开放、经济建设和创卫工作营造了良好的舆论氛围。外宣工作成绩突出。两台在中央台发稿 43 条，超额完成了任务；市电视台在省台发稿 493 条，位居全省第二。省台用稿 204 条，全省排名第三。宣传活动有声有色。承办了“2010’渭南市文化旅游节”，策划了“渭南鼓王争霸赛”、“青岛啤酒拉拉队选拔赛”、“渭南市太极拳王电视大赛”、第五届红飘带行动—2010 爱心送考等 12 场大型主题活动；现场直播了“2010 中国武术散打超级联赛”，举办的新洲杯·渭南首部 20 集室内情景剧主角海选活动，得到了广大观众的广泛参与。创优工作成果喜人。获省级以上奖项 20 个，其中国家级 5 个。《激情成就创业梦想》获第十届全国对农节目评比专题类二等奖，《农家四季》获第十届全国对农节目评比栏目类三等奖，社教节目《陶缘》获第四届中国小康故事电视节目好作品奖，《末路夫妻》获中广协创优法制节目专题类三等奖，广播剧《郭孝义》获中国广播剧专家评析会铜奖；《环境热线》节目主持人畅琴获得 2010 年度中国播音主持最高奖项“金话筒”奖，成为全国唯一一个地级市获此奖项的人员。

【艺术创作】 《隋文大帝》、《桥弯弯　月圆圆》、《大唐女巡按》3 部精品剧目参加第五届中国秦腔艺术节暨首届陕西秦腔艺术节，并获得多项大奖。长篇小说《烟雾》、散文集《黄河入海流》、诗歌集《芦苇之恋》及《西岳文丛》(5 卷)已经出版；老腔《关中古歌》参加了 2010 年文化部春节晚会演出；长篇电视剧《智取华山》的前期论证和故事梗概已初步完成。少儿数字电影剧本《国旗手》基本完成。结集出版了《东秦放歌》一书，谱写了渭南市歌曲创作的新篇章。拍摄的儿童电影《爸爸妈妈你们在哪里》、MV《沉重的母爱》获得渭南市精神文明建设“五个一”工程优秀作品奖。合拍的第六部电视剧《胡杨女人》于 10 月相继在央视八套、一套播出，成为央视下半年电视剧收视冠军。“周末一元剧场”得到中宣部和《人民日报》、新华社等国内重要媒体充分肯定，《光明日报》11 月 23 日头版头条以《渭南：一元剧场　惠泽民生》为题进行了专题报道。“周末一元剧场”商标注册已得到国家工商总局批准。这一享誉全国的公益文化活动品牌的衍生产品如网络版、手机版、声讯版正在筹备之中。

【群众文化活动】 策划组织实施了以“华夏之根、人文渭南”为主题的第二届文化旅游节开幕式演出及彩车巡游活动，组织举办了以“华彩渭南　魅力秦东”为主题的大型摄影展览，共展出作品 350 余幅。策划了大型《红楼梦》全版主题音乐会的演出，收到了非常好的社会效益。合阳提线木偶、同朝皮影戏等参加了上海世博会渭南活动旬的演出，获得了中外游客的高度赞誉。文化下乡活动，共出动人员 100 余人次，车辆 8 台次，送戏 2 台次 6 小时、数字电影 2 部、图书 9660 册(价值 1.3 万元)，发放宣传资料 2000 余份，受益群众近万人。开展了以“我爱我家，快乐成长”为主题的第六届书信征文活动，“走进读书世界，共建人文渭南”正版图书销售月活动，“多读书、读好书”和“倡导全民阅读，实现科学发展，学习促进发展，阅读丰富人生”为主题的全民读书月和图书馆服务宣传周活动。组织了“我的书屋，我的家”全市农家书屋阅读讲演大赛，参加了“关天经济区七市一区书画摄影联展”等活动。持续开展了以“扬时代旋律，谱和谐乐章”为主题的群众自娱自乐活动。渭南演艺集团排演的“紫气东来，潮涌渭南”汇报演出，让城市更热闹，让市民更高兴。选送《农家乐》等6个节目参加全省第二届农民文化节演出，并参加了《放飞三秦》第二届农民文化节颁奖晚会演出，获10余项大奖。市文化广电新闻出版局组织的《渭南市文化旅游节》、《陕西十大怪》等11件作品在第二届陕西省群星奖评奖中分别获一、二等奖。组织举办了余派传人专场、张爱莲舞台生涯52周年艺术成果展演、河南豫剧专场、阿宫腔专场等优秀剧目展演，展现了专业艺术团体弘扬戏曲艺术、打磨艺术精品的创新进取精神，为艺术表演团体适应文化体制改革提供了较好的锻炼平台。

【非遗保护】　推荐上报了43项71人为省级第二批非物质文化遗产传承人，有8个类别18人入选，列全省第一。全面完成省级第二批非物质文化遗产项目及传承人图典资料的整理和上报工作。经过认真评审，公示公布了市级第二批非物质文化遗产项目10大类85项；参加省文化厅组织的“人类非物质文化遗产代表作名录——中国剪纸艺术展”、西安西部民间艺术博览会演出。华县皮影戏获首届中国非物质文化遗产博览会银奖。在全国第五个“文化遗产日”，组织举办了以“非遗保护，人人参与”为主题暨国家级非物质文化遗产项目代表性传承人余巧云徒弟大型演唱会，60余名非物质文化遗产保护项目传承人进行了技艺展演展示，展出非物质文化遗产项目展版98块，提高了城乡居民对乡土文化资源的认知感、荣誉感。组织了非物质文化遗产保护项目皮影戏汇演，演出第一次由女演员着戏装走向前台演唱，令观众眼前一亮。投资500余万元，建成了渭南市非物质文化遗产博物馆并免费对外开放。

【文化产业】　在文化产业发展中，不断突破人才瓶颈、资金瓶颈、政策瓶颈等诸多困扰，坚持资源融合、资本融合、生产方式融合、管理模式融合的基本思路。完成了关天经济区文化合作与发展研讨会；完成了全市第四批国家级文化产业示范基地的申报工作，富平陶艺村被命名为第四批国家级文化产业示范基地；配合省电视台《我们这十年》栏目完成了全市文化产业发展资料的搜集整理与拍摄工作；高规格组团参加了文化部、国家广电总局、新闻出版总署和省政府共同主办的中国西部(西安)文化产业博览会，渭南市参展的11个企业近百种展品和《华州老腔》、《华县皮影戏》两个演出，获组委会最佳组织奖和最佳展示奖。全市共有文化产业企业715家，其中国有文化企业或单位34家，民营文化企业681家，从业人数1.8万人，年收入2.22亿元，利税1065.4万元。

【文化市场管理】　文化市场管理措施得力，网吧管理秩序良好。聘请了937名社会义务监督员对网吧进行经常性监督。成立了网吧协会，强化行业自律。公布了文化市场举报电话12318，全年共处理省厅督办案件3件、市长热线电话3条、举报电话19条，做到了登记及时、查处迅速、回复快速。对全市合法网吧的名称、地址、法人在报纸上进行了公告。对社会反映强烈的网吧、游戏厅违法经营进行专项整治，全年共累计查处违法违规网吧 478 家,其中取缔黑网吧 147 家,经济处罚 124 家,停业整顿 85 家,吊销许可证 6 家。开展了“秦风”行动,关闭非法游戏厅 11 家,销毁游戏机 125 台。开通了市级和县(市)网吧监控平台,安装了《净网先锋》网络文化管理系统。全面推行实名上网制,使未成年人上网的问题得到有效遏制。集中整治,市场环境得到净化。根据“扫黄打非”工作安排部署,集中时间和人力,对全市销售盗版出版物、网上低俗等违法违纪行为进行抽查。组织开展专项整治行动,重点对书店、印刷企业、音像制品店、交通运输枢纽等场所进行检查。6 月,根据群众举报,联合公安等部门共查封非法出版物 15869 本。对辖区内违规开展 IP 电视业务行为进行专项治理活动,对接收境内外卫星电视节目的单位和个人进行清查和年检。对不良广告进行清理整顿,净化了荧屏声频。及时销毁清理,游商地摊得到遏制。参加“全国侵权盗版及非法出版物集中销毁活动陕西分会场活动”,共销毁非法出版物 30000 余张(盒、本),有力地震慑了违法犯罪活动,较好地保护了知识产权。针对城区游商地摊有所回潮的现象,及时组织行政执法人员进行了清理,共取缔游商地摊 45 家,取缔非法经营户 8 家,检查出版物经营单位 1379 家次,查处违法违规出版物 50000 余本(张),处罚经营单位 68 家,移交司法机关案件 1 起,净化了出版物市场。加大宣传力度,营造良好氛围。利用文化科技卫生“三下乡”活动、知识产权保护周、安全生产宣传日、法制宣传日等时机,设立咨询台,对群众关心的文化广播电视有关问题进行解答。同时,针对社会各界提出的网吧、新闻出版、“扫黄打非”等方面的问题,做客《环境热线》与听众进行互动沟通交流,共解答群众提出问题 30 余条。印制《互联网上网服务营业场所管理条例》、营业时限警示牌,对未成年人上网起到了很好地警示作用。通过《渭南日报》公布了文化市场和“扫黄打非”举报电话和宣传口号,提高全民关心下一代、保护知识产权意识。

【文化体制改革】 市直经营性文化服务单位转企改制工作全面完成。按照“创新体制、转换机制、面向市场、增强活力”的要求,于 8 月 31 日,成立了渭南市演艺集团总公司、渭南市电视传媒总公司、渭南市广播传媒总公司、陕西华典民间艺术开发有限责任公司、渭南市电影传媒有限责任公司、渭南市秦腔剧团有限责任公司、渭南市歌舞团有限责任公司、渭南市剧院管理有限公司 8 个公司。公益性文化单位改革日益深化。按照“责任明确、行为规范、富有效率、服务优良”的要求,对 3 家公益性文化单位进行了整合,使公共文化服务体系不断完善,人民群众基本文化权益不断满足。新闻媒体改革稳步推进。本着最大限度减少管理层人员和合理配置新闻采编人员的原则,渭南电视台、渭南人民广播电台完成了制播分离,电视台 80% 人员进入渭南电视产业公司及其下属的子公司;渭南人民广播电台 70% 人员进入渭南广播产业总公司及其下属的子公司。文化市场综合执法改革工作顺利实施。在原文化市场稽查大队的基础上,组建了渭南市文化市场综合执法支队。经过改革,文化企业的活力增强,社会效益和经济效益日益凸显。渭南市演艺集团总公司暨渭南市歌舞团有限责任公司成立汇报演出成功举办。陕西华典民间艺术开发有限责任公司通过代销企业产品,自主研发生产微雕拴马桩、民间刺绣等方式,推销产品收入达 10 万元,开创了非遗项目生产性保护的新局面。渭南电视传媒产业公司组织开展了“新丝路少儿模特大赛”等八大主题活动，提升了知名度，完成了创收任务。相继成立的渭南欢乐购物文化传播有限公司等7个产业公司，与企业集团加强合作，收效显著，文化产业经营收入已占到收入的27.96%。渭南电影院线公司与“康师傅集团”等著名企业签订广告业务，强强联合，实现了影企双赢。华山舞台设备厂全年共完成延安圣地大剧院、陕西歌舞大剧院等20个单位的设备销售，销售收入92.27万元，超额完成全年目标任务。

（王大鹏）

文　物　博　物

【文物安全】　全市文物安全形势继续好转。文物安全工作纳入市政府对各县（市、区）政府的年终考核。市、县两级政府和文物部门狠抓工作落实，实现了古建无火灾，馆藏文物无被盗，田野文物无重大安全事故的目标。市、县两级公安文物部门坚持联手打击文物犯罪活动，共侦破案件8起，抓捕24人，收缴涉案文物11件，收缴作案工具一批。督促蒲城、富平上报唐陵巡查制度，制定市文物旅游局唐陵督查办法，确保唐陵治理成果。同时各县市政府普遍加强了文物稽查队伍和文保员队伍建设，形成了明与暗、保护与打击紧密呼应的四级保护网络。精心开展“文物消防安全年”活动。投资600余万元完成对蒲城清代考院、蒲城县杨虎城纪念馆、渭南市中心文物库房等6处文物单位的技防、消防工程。

【文物普查】　第三次全国文物普查资料整理工作圆满结束。全市共收录文物点4402处。年初，市普查办对富平县政府等3个田野调查先进集体和王保东等28个先进个人进行了表彰奖励。参与了省文物局普查纪实——《踏遍青山》的编写工作（已出版发行）。按照省普查办的安排和要求，从5月12日开始，从全市各业务单位抽调15名业务骨干开展资料整理工作，转换、校验和修改完善表格，补充资料，已完成6个县的资料整理工作，并已汇总上报至省文物局，通过了国家文物局的检查验收。

【文物保护工程】　依托文物大市的资源优势，全力以赴推进项目建设。全年共争取中省资金3200多万元，完成投资1060万元。实施文物保护维修工程15项，总投资2327万元，其中投资1047万元完成了韩城北营庙古建群保护维修、韩城庆善寺环境整治工程、韩城东营庙维修、韩城文庙西碑林抢救维修工程、王鼎纪念馆后殿厢房维修、蒲城景陵文管所、泰陵文管所、魏长城韩城城南段除险加固工程等9项文物保护工程。总投资300万元的桥陵基础设施建设项目，定陵、元陵、章陵、简陵、桥陵、泰陵封堵工程正在加紧实施，即将完工。庆善寺环境整治方案、临渭区文庙大成殿油饰及排水工程保护方案、大荔丰图义仓护坡加固立项报告、华阴关帝庙维修方案基本编制完成，次年可以开工建设。同时向省文物局筛选上报文物保护、古建维修项目83个。

【考古发掘】 做好基本建设中的文物调查和考古勘探、发掘工作。先后完成了渭蒲高速公路,兰、郑石油管道潼关段,蒲城海泰新材料产业项目征地等工程的考古勘探工作,完成了蒲城唐景陵下宫遗址的文物调查及考古勘探,大西高速铁路和西韩输气管道的考古调查,联合省考古研究院完成了魏长城遗址的考古调查。对富平县到贤镇和逸山中学古墓葬、合阳县王村镇南寨元代墓、华阴明代古墓葬、澄城战国古墓葬、白水汉代古墓葬、大荔汉代古墓葬、临渭区清代古墓葬及潼关近代墓葬进行了抢救性发掘。全年共完成考古勘探面积48万平方米,考古调查面积80余万平方米,发现各类文物遗址及古墓葬50余处,共清理文物40余件组。

【博物馆建设】 以市博物馆建设前期准备工作为重点,推进全市博物馆管理再上新台阶。积极做好市博物馆工作。完成市博物馆部分用地清表工作,竖立了项目宣传广告牌,砌筑了部分围墙。《渭南市博物馆初步设计文件》经过省发改委组织专家评审并批复通过,建设开工在即。完成数据库采集工作。积极开展馆藏一般文物调查及数据库建设数据采集合成工作。共完成20056件(组)文物的数据采集,其中文本信息20056册(180504页),图像信息36102张,已向省文物数据中心上报部分审核结果,为渭南市文博信息化建设奠定了坚实基础。认真开展博物馆的免费开放工作。向省文物局上报2010年博物馆与社会文物类项目47项,共计2186.5万元;全年对外免费开放的博物馆有6个:渭华起义纪念馆、澄城博物馆、蒲城博物馆、王鼎纪念馆、清代考院、杨虎城纪念馆,共争取中省博物馆、纪念馆免费开放专项经费1270万元。博物馆全年共免费接待近300万人次,其中未成年人28万人次。对外开放的文博单位还开展诚信建设活动,推行服务承诺制,对未成年人、老年人、军人、残疾人减免开放等活动。编纂《陕西碑刻总目题要》、《渭南市历史文化丛书》〈文物古迹〉分册,收集整理了大量资料,上报拓片248份。

【文物宣传】 实施文物保护大宣传战略,动员全社会力量保护文物。在第五个“文化遗产日”,开展渭南中心广场万人签名活动,在“五一八”国际博物馆日,免费开放全市博物馆、纪念馆,当日受教育者2万余人。各县(市、区)在唐陵保护区、文物犯罪多发区,通过宣传车、标语、横幅、会议、资料等形式,向群众开展文物法规宣传,动员群众与违法犯罪作斗争,提高全社会对保护文物遗产重要性的认识。全年被《中国文物报》、汉唐网、《警钟长鸣》以及《渭南日报》、渭南电视台采用的各类新闻信息稿件共287篇。

(姚 霓)

报 纸 宣 传

渭南日报社

社长、总编辑 陈永久

副 社 长 李 平 毕品淼

副总编辑 魏来顺 毕品淼(兼) 张 博

【正面宣传】 围绕贯彻十七大、十七届四中、五中全会精神以及学习实践科学发展观等,策划实施了以解放思想、明确思路为主题的系列宣传;围绕全市中心和重点工作,策划实施了以市委三届九次、十次全会、"两会"、项目建设、新型工业化、招商引资、十大民生工程、创卫创模创业创建园林城市、南塬绿化、新农村建设、创先争优、包村帮扶以及西洽会、文化旅游节、农高会、通用航空节等为重点的专题宣传报道,先后开设了"聚焦全委会"、"转变增长方式推进新型工业化"、"聚焦航空节"、"辉煌十一五"、"创意农业在渭南"、"聚焦郑西高铁"、"专业合作社在东秦"、"聚焦中国渭南第二届旅游文化节"、"聚焦招商促进发展"、"深入开展创先争优活动"、"创建园林城市改善生态环境"、"聚焦第十四届西洽会"、"考察归来话发展"、"渭南人才"等栏目;同时,根据形势和任务的需要,先后开展了玉树、舟曲抗灾救灾、上海世博会、亚运会等专题宣传。通过专题报道、动态新闻、开设栏目等手段,使报纸在关键时期、重点环节充分发挥了主流媒体强势有力的引导作用。编辑部记者采写的《结构型农业鼓起农民钱袋子》一文宣传了渭南市农业产业化的典型经验,受到中宣部新闻局工作刊《新闻阅评》的充分肯定。

【民生新闻】 配强了民生新闻部的力量,将原有3名记者增加到7人,突出了民生新闻的选题策划,要求记者周周有策划,天天有稿件。开通了24小时新闻热线,对新闻线索第一时间作出反应。同时加大对民生稿件的编辑和选用,真正把精力投向民生,把版面留给民生。先后策划开设了《市长与市民》、《远去的手艺》、《姐妹进社区》、《特别关注》等民生专栏,采写刊发了一大批喜闻乐见的好稿件,其中《我市杂粮价格一路上扬》、《校园周边安全》、《从秦腔说起》、《相亲这回事儿》等受到读者关注。策划开设的摄影专版,既满足了广大读者对读图时代的要求,又开创了民生新闻图片解说新方式。摄影专版先后刊发的《黄土涅槃成大器》、《溢蜜时节追花人》、《西峪深处有人家》、《一个老知青和一座山》等,受到广大读者的一致好评。

【名牌栏目】 《东秦百姓》、《党报热线市长专线 民声通道》、《话说渭南》、《特别关注》、《新闻漫侃》、《我的旅游故事》等专栏已经拥有一批相对稳定的读者群,重点在如何做好做精下功夫,其中《东秦百姓》共采写刊登舆论监督及关注百姓生活稿件150篇,回复率98%以上;《党报热线 市长专线 民声通道》刊发稿件200多条;《话说渭南》刊登稿件40篇,挖掘宣传了渭南的人文地理、风土民情等,有力地弘扬了渭南文化,宣传了渭南精神。

【报纸评论】 除原有栏目《朝阳时评》、《新闻漫侃》外,《五岔路口》栏目,即评论专版也于5月顺利开栏,在每周二七版刊发。同时还建立起一支由社外30名精挑细选的人员组成的特约评论员队伍,依托评论专栏和专版,围绕全市工作大局和时事热点,适时刊发社论和评论员文章,引导社会舆论,为中心工作鼓劲添力。配合全委会、两会和宣传思想工作会议等配发了《再创崭新业绩谱写华彩乐章》、《向更高的目标奋进》、《总结经验 继往开来》等近40篇,得到市委、市政府领导的充分肯定,也受到广大读者的广泛赞誉。

【编采创新】 先后策划实施了"中国地市报第八届论文(论著)奖定评会暨全国知名报社老总渭南文化之旅"和"秦晋豫黄河金三角联合采访"以及凤县新农村建设系列报道三项大型采访活动。6月22日,由中国地市报研究会主办、渭南日报社承办的中国地市报第八届论文(论著)奖定评会在华山脚下隆重开幕。来自全国30多家地市报社社长、总编辑参加了会议,渭南日报社在会议期间策划组织了全国知名报社老总渭南文化之旅活动。先后组织老总们深入华阴、合阳、蒲城、白水、韩城进行文化采风,切身领略"华夏之根、文化之源、河山圣地、人文渭南"的风采与人文内涵。在随后两个多月的时间里,全国30多家地市报对渭南做了宣传推介。老总们通过手中的笔和镜头,将山水渭南、人文渭南的风光和厚重文化播撒到长城内外,大江南北。绿源报社总编辑的文章《华山道上》还刊发在《人民日报》(8月14日8版);《闽西日报》、《孝感日报》以整版形式图文并茂地刊发了《华夏之根河山圣地——渭南文化之旅掠影》和《地灵人杰看渭南》。7月,渭南日报社经过缜密研究策划,与运城日报社、三门峡日报社联合组建采风团,实施"秦晋豫黄河金三角大型文化采风活动"。在历时25天的采风中,采风团一行跑遍了3省3市20余县(市、区),有20余名总编辑、编辑、记者参与了这次采访活动。采风团成员们亲身感受到了渭南市、运城市和三门峡市灿烂的历史文化、秀美的自然风光、精彩纷呈的民风民俗和丰富的文物古迹,记录下了秦晋豫三地市开拓进取、蓬勃发展的经济成就,展示了黄河金三角的魅力和巨大潜力。先后刊发稿件130余篇、照片150余幅。10月下旬,报社派出记者前往宝鸡凤县做了详情采访。记者走进凤县多个乡镇和村落,采访当地人民在新农村建设中的亲身经历和感受,以当地基础设施建设、农村居住环境、学生上学、农民看病养老、农民就业创收等问题为切入点,深入采访了新农村建设给当地人民带来的巨大实惠。并于11月17日至27日在《渭南日报》推出了"凤县新农村建设看点"系列报道,引起了社会各界的广泛关注。

【对外宣传】 围绕宣传展示渭南主题,报社的编辑记者在完成本报采编任务的同时,还积极向中、省媒体投稿。年初制定了本报2010年中、省级媒体上稿任务分配表,明确由各分管领导牵头,部门主任负责,确保全面完成上稿任务。全年报社在中、省级媒体上稿共计35篇(幅),超额10篇,扩大了渭南的对外宣传。

【数字报和新闻网站】 渭南日报数字报和渭南新闻网站,提高了《渭南日报》的传播速度和范围。在数字报和网站建设上,主要是以追求宣传社会效益最大化为目标,加大硬件投入,加强人才培训,发挥优势,实行报网互动联动。年初,渭南新闻网以庄重大方、色泽斑斓、内容丰富的崭新页面展现在读者面前。改版后的渭南新闻网放大精彩图片,突出本地特色,精选境外新闻,增加服务资讯,增强开放互动,更好地体现了"真实、共享、互动"的宗旨。相继推出了《本站聚焦》、《综合新闻》、《县市频道》、《东秦百姓》、《分类信息》等新闻栏目。同时,不断开阔思路,发挥优势,让渭南新闻网站走在改革的前列。积极探索新媒体发展经验,树立经营网站的理念,发挥党报优势,坚持策划引领、品牌制胜,建立和完善网络与报纸的良性互动机制,以优质的新闻产品提升网站的品牌影响力,以响亮的党报品牌推进报社经营再创佳绩。2010年,报社对网站率先实行独立核算、独立运营、自负盈亏,激发了内在活力和创新精神。下半年,由网站策划的渭南市首届医疗系统十佳、渭南十大创业明星评选等渭南网上系列活动,既配合了工作,又拉动了网络点击率。

【《渭南时讯》】 在文化体制改革中,渭南日报社顺应广大市民要求,整合资源,出版了都市报形式的《渭南时讯》。《渭南时讯》主打社会新闻,关注民生民意,集知识性、趣味性、故事性、服务性、休闲性和人文性为一体,力求以新鲜、深度的资讯引导社会广大市民的精神文化生活。《渭南时讯》为四开16版,彩色印刷,每周二至周五出版。

【报社改革】 按照中、省、市文化体制改革的总体部署和要求,渭南日报社雷厉风行,借力改革。在巩固报纸改革和机制体制创新成果的基础上,于6月成立了报社文化体制改革领导小组,设立了办公室。通过学习考察和内部调研确定改革思路,先后多次召开文改领导小组会议,两次召开社委会专题会议,讨论研究报社文化体制改革的思路和办法。按照要改就彻底改,改就改出生机与活力的思路,经过与省新闻出版局、市工商行政管理局沟通,拿出了渭南日报社文化体制改革总体框架。成立"渭南日报报业集团",全面负责经营报纸工作,下设渭南报业发行有限责任公司、渭南报业印务有限责任公司、渭南报业广告传播有限责任公司、渭南新闻旅行社有限责任公司、渭南新闻网传媒科技有限责任公司和渭南市朝阳16号拓展训练基地有限责任公司等6个子公司。

【印刷设备】 报社唯一的印报设备PJ2787－02型胶印轮转机,是1990年出厂、1995年从长江日报社购回的该社失火退役的二手机器,运行已达20多年,性能十分落后,设备高度老化磨损且严重超限使用,处于边用边修运行状态。经多方努力,报社争取市财政拨付一部分和报社自筹一部分的办法对设备进行了更新。通过市政府采购中心公开招标,与上海高斯签订了M40无轴彩色轮转印报机的采购合同,厂方已经履约加紧装配调试,三个月以内将安装到位。

【报社荣誉】 报社获"金长城传媒奖·2010中国十大创新地市报"奖。有23件作品获省市新闻和中国地市报新闻奖;栏目《聚焦招商　促进发展》和《话说渭南》获"优秀栏目"奖。社长、总编辑陈永久获得"金长城传媒奖·2010中国传媒年度经营人物"称号。

(姜向阳)

体育　卫生　计划生育

体　　育

滑南市体育局
局　长　王建军
副局长　赵　岗

【概况】　2010年,市体育局先后获得全国群众体育先进单位、全国全民健身日活动先进单位、陕西省体育人才输送奖、陕西省第十四届运动会优异成绩代表团、陕西省论文评选优秀组织奖等,受到中、省体育局的表彰奖励。全市运动员多次在国际、国内大赛上取得优异成绩,共获世界冠军3个;获亚洲冠军2个、亚军1个、季军1个;获全国冠军3个、亚军1个;获省级比赛金牌95枚、银牌26枚、铜牌46枚。建成193个农民体育健身工程,投入资金579万元;建成25个城市社区健身广场,投入资金250万元;建成乡镇农民体育健身工程8个,投入资金128万元;争取国家体育总局"雪炭工程"2个;市体育中心、市体校暨市优秀运动队训练基地工程开工建设。举办了全市第五届中学生篮球运动会、市第二届少儿田径运动会等大型赛事和活动30多次,协办2项国家级赛事,获组织工作"突出贡献奖"。举办了2期社会体育指导员和体育裁判员培训班;市体校向省上各项目中心输送队员25名。获全国先进集体5个、全国先进个人7人、省级先进集体8个、省级先进个人8人、省优秀活动站点5个。"六支体育人才队伍"建设得到加强,"六大体育品牌赛事"健康开展,体育公共服务体系不断完善,体育理论研究、科普宣传、法制教育及党风廉政建设工作完成全年任务。

【群众体育】　深入贯彻《全民健身条例》,掀起全民健身新高潮。全市群众体育工作蓬勃开展,成绩喜人,先后组织举办了渭南市第五届中学生篮球运动会、第二届少儿田径运动会、"农行杯"迎新年越野赛、首届"少华山杯"百名巾帼登山大赛、首届旅游汽摩表演大赛、首届太极拳王电视大赛等重大赛事,以及陕西省体育大拜年暨渭南—铜川农民篮球赛启动仪式、"体彩杯"全民健身日系列活动暨千人社会体育指导员技能辅导启动仪式、体育科普宣传等大型群众体育活动30余次。组队参加山西省运城市太极拳邀请赛、陕西省领导干部运动会取得优异成绩,在陕西省第五届少数民族传统体育运动会上以2金2银3铜的好成绩,实现了渭南在历届少数民族运动会金牌零的突破,并获大会组委会体育道德风尚奖。成功举办了秦晋豫黄河金三角体育协作区第十一次会议。全年重点群众体育活动有:4月份在渭南市第二届文化旅游节活动期间,市体育局与西部之旅等单位合作,筹集资金100万元,在大荔县沙苑举行了2010年渭南市首届旅游汽摩表演大赛,来自山东、北京、山西、河南及陕西省的300名汽车运动爱好者参加比赛;8月8日第二个“全民健身日”活动期间,进行了千人太极拳、千人健身秧歌、千人健身气功展示活动,50人的国民体质监测队伍义务为1500名群众进行体质测试,200名社会体育指导员义务为群众进行太极拳、健身气功、健身秧歌等项目的辅导。同时还在博奥乒乓球俱乐部、信达城市体育广场、杜桥中学、市体校等处组织举办了乒乓球、羽毛球、篮球比赛和青少年跆拳道、柔道、射击、水上赛艇等比赛,参与人员及观看群众达2万人次;8月18日~10月29日举行的渭南市首届太极拳王电视大赛历时两个月,在全市11个县(市、区)举行了11场初赛,在市中心广场举行了半决赛、决赛,活动规模大、人员多,近千名太极拳爱好者踊跃报名参赛,在秦东大地掀起了一股太极热,活动影响深远;10月19日在韩城市象山中学举行的渭南市第五届中学生篮球运动会开幕式大型文体表演,全部由韩城市9所学校的5000名中学生完成,气势恢宏,场面壮观;12月31日在310国道渭南城区段举行的“农行杯”迎新年越野赛吸引了40多个市直部门、30多个中省市企业和大专院校参与,人数达2200人,规模创历年之最。

【竞技体育】 竞技体育“精品”战略初见成效,竞赛成绩实现新的突破。参加省运会取得优异成绩。陕西省第十四届运动会于2010年7月18日~9月8日在西安举行,历时53天。渭南市组成了442人参加的体育代表团,参加了田径、游泳、举重等17个大项338个小项的比赛,共获得奖牌160枚,其中金牌93枚、银牌24枚、铜牌43枚,总分7122分,金牌总数、奖牌总数均列全省第五名,比上届进了两位,金牌、奖牌均创近年来参加省运会最好成绩。以武柳希为代表的一批优秀运动员在国际、国内大赛中争金夺银,成绩斐然。射击运动员武柳希分别获得2010年射击世界杯悉尼站、中国站3枚金牌,广州第十六届亚运会2金1银1铜;举重运动员姚舜获得全国青年举重锦标赛105公斤级金牌,全国举重锦标赛抓举第六名、总成绩第八名;赛艇运动员徐宁获得全国赛艇春季冠军赛第四名;艺术体操运动员伍迪获得2010年全国艺术体操集体项目锦标赛少年组2金1银的优异成绩。2010年9月12日,在第一届环中国国际公路自行车赛西安至渭南华山赛段的比赛中,渭南市获组织工作“突出贡献奖”。9月24日,2010年“中国华山白水杜康杯”武术散打超级联赛在渭南体育馆隆重开赛,来自各省的8支代表队进行了5个级别16场的比赛。全国15家省市级电视台直录播本次比赛。

【体育基础设施】 城乡体育健身工程扎实推进,体育基础设施条件有效改善。积极实施体育设施六大惠民工程:投入资金579万元,建成193个农民体育健身工程,安装器材895件;投入资金128万元,建成8个乡镇农民体育健身工程,安装器械176件;投入资金250万元,建成25个城市社区健身广场,安装器械550余件;投入资金80万元,建成大荔、韩城、潼关、华阴、蒲城5个县市城市健身器材亮点工程;争取国家体育总局“雪炭工程”2个,投入资金300万元;引资3200万元建成信达城市体育公园,争取资金200万元、引资2000万元,启动建设渭南沋河健身公园。投资7.2

亿元、占地30.93公顷、建筑面积13万平方米的市体育中心、市体校暨市优秀运动队训练基地工程于11月8日开工。

【体育队伍】 体育组织和人才队伍建设得到加强,体育公共服务体系不断完善。先后举办了110人的社会体育指导员培训班、170人的羽毛球、乒乓球、门球裁判员培训班;组织10名教练员参加了全省教练员培训班;向省体育局选送10篇优秀体育论文,获二等奖3个、三等奖4个;制定下发了《渭南市青少年体育运动学校中专班招生工作的安排意见》,与渭南职业技术学院签署了联合办学协议,解决了市优秀运动队的运动员入学问题;市体校向省上各项目中心输送队员25名;完成了渭南市体育总会的换届工作。加强干部选拔任用工作,严格按照组织程序,对试用期满的两名市体育局下属单位领导进行了民主测评,通过公开竞聘选拔任用副主任科员一名。

【体育产业】 体育产业管理得到加强,对经济的拉动力日益显现。狠抓了《渭南市体育经营活动管理办法》的贯彻落实工作,5月份,由市体育局牵头,会同市工商局、公安局对城区体育经营场所进行了综合检查。对有关项目从业人员进行了培训,加强了对体育项目、体育从业人员的指导、管理和技能考试认证工作。加强了以"数量、质量、发行量"为目标的体育彩票管理工作,体育彩票发展势头迅猛,投注点达到350多个,进入全省前四名,市体彩站获全省体彩系统"2010年增机扩点先进单位"和"2010年度销售增长奖"。以"六大体育品牌赛事"为平台,完善赛事组织和制度建设,积极与企事业单位开展合作,带动渭南各行业系统年举办体育比赛30多次。对全市体育器械、服装业、体育赛事业、体育彩票业的经营情况进行了统计,全市共有体育器械和服装业经营户200多户,从业人员300多人,营业额超过5000万元;俱乐部和彩票从业人员1200多人,营业额达1.3亿多元;体育产业拉动市内消费1亿多元;群众体育活动拉动市内消费4亿多元;体育产业年产值达到6.8亿元。

(王小锋)

卫　生

渭南市卫生局

党委书记、局长	苌占民(5月离任)
	金敏学(5月任职)
副 局 长	孙希平　田生华
	徐公社　杨玉霞(女)
党委副书记	张西源
纪检书记	张新峰

【卫生设施建设】 市中心医院建设项目住院楼主体已于8月中旬实现封顶,科研办公楼、食堂报告厅等分项工程按招标程序正在进行,已累计完成投资2.135亿元。市中医医院门诊综合楼已封顶验收,累计完成资金投入1612万元。华阴、富平、蒲城、合阳、华县等5个县级医院、25所乡镇卫生院及2个社区卫生服务中心建设全面完成年度建设任务。此外,完成了13所标准化社区卫生服务中心机构建设任务,为

临渭区6所标准化社区卫生服务中心配置了304台(件)医疗预防保健设备,总价值1038万余元,13所中心和30个站完成了视觉识别系统建设,达到标识与形象的统一。

【城市社区卫生服务】 坚持“合理布局,方便就近”的原则,构建社区卫生服务网络。全市已设置社区卫生服务中心18所、社区卫生服务站81所,社区卫生服务机构覆盖率达到100%。各区(市)积极完善社区卫生服务功能,将疾病预防、妇幼保健、慢病管理、残疾人康复和计生指导等工作逐步移交社区卫生服务机构承担。据统计,全市已建立居民个人健康档案49.8万份,建档率90.2%;开展健康教育活动452人次,受教育人数145230人;儿童七苗接种率达96%;为孕产妇系统保健管理病人建立了健康档案;为4523名病人开展了精神和心理健康指导,开展了23564人(次)的老年人残疾预防和自救指导,还为3287人开展了残疾人社区康复指导。另外,60所社区卫生服务机构还开展了计划生育指导咨询,指导人数9711人次。

【新型农村合作医疗】 加强新农合制度的宣传工作,提高农民群众对新农合制度的知晓率和参合积极性。全市参合人数394.79万人,参合率95.62%,比2009年提高了1.52个百分点,各县(市、区)参合率均巩固在90%以上。全年共有348.36万人次享受合疗补偿,总受益年达到88.24%,其中住院补偿31.62万人次,住院受益年达8%,全年累计补偿5.44亿元。确定了渭南市中心医院等13家定点医疗机构作为首批市级定点医疗机构报销直通车试点单位,于7月1日正式开通。

【传染病防治】 切实做好手足口病和甲型流感防治。面对手足口病和甲型流感的疫情,紧紧围绕“确保不发生大的流行,确保最大限度减少危重病人和死亡病例”的工作目标,开展了疫情防控工作。采取了7条防治措施:一是加强疫情监测。在全市各级各类医疗机构实行“零报告”、“日报告”和“24小时值班制度”,设立疫情监测点1900余个,早期分析和报告疫情;二是实行疫情防控包联制度。抽调3400余名医务人员驻点包联全市3221个村和175个社区,指导群众做好消毒和预防;三是切实加强传染源管理。规范监管所有传染源,指定专人负责每个手足口病患儿的隔离治疗和居家管理;四是开展甲型流感疫苗接种。累计接种60.03万人次,有效控制疫情蔓延;五是严格执行接转诊制度。规定非定点医疗机构不得医治发热患者,严肃处理了违规收治病人的3个乡镇卫生院和12个村卫生室(个体诊所);六是全力做好重症病例救治。按照集中资源、集中专家、集中病人的“三集中原则”,购置医疗设备135台件,成立专业检测实验室1个,全力做好重症病人的诊治;七是大力开展宣传和培训。通过电视、广播、电台等媒介和设点咨询、散发宣传单、入户宣传等多种形式,形成广覆盖、多角度的宣传,动员全民参与疫情防控。另外,开展规范化门诊建设。制定下发了《关于加快全市规范化接种门诊建设的通知》,并组织各县(市、区)赴延安宝塔区和江浙考察学习,共建成规范化接种门诊223家,规范建设率达100%。全市免疫规划疫苗基础接种率和加强接种率(复种率)均在99%以上,流动儿童接种率在97%以上,建证率、建卡率均达到100%,无一起免疫规划针对传染病暴发流行。

【地方病防治】 完成了95个乡镇380个村的碘盐监测,监测碘盐3180份,碘盐覆盖率99.53%,碘盐合格率99.52%,合格碘盐使用率99.01%。甲肿治疗共完成投药3658人,疗效判定3310例,治愈2186例,有效865例,总有效率92.18%。继续开展地方病示范县建设活动,确定临渭区、蒲城县、合阳县为示范县建设经验推广县。3县制定了方案,明确了任务,成立了领导小组及技术小组,进行了相关培训。截至年底,11个县(市、区)全部完成了地方病防治示范县建设经验推广工作,进入巩固提高阶段。全市地方病防治建立起了“领导主导,部门配合,社会参与,经费保障”的长效稳定的工作机制,同时完善了“本底清楚、网络健全、宣教到位、措施落实”的防治模式。

【医政管理】 继续落实《陕西省卫生厅关于加强医疗安全的十条意见的通知》精神,结合开展“医疗机构百日安全竞赛”和医疗质量安全检查活动,加强对重点部门、重点科室、重点环节、重点设备的排查,杜绝重大安全事故的发生。完成了对口支援11个县级医院,基层医疗单位服务能力得到普遍提高。组建了2000多人的无偿献血预备队,有效地防范了突发公共卫生事件的临床用血。全市无偿献血率稳定在100%,成分输血在95%以上,保证血液质量和临床用血安全。超额完成“百万白内障”复明工程任务。积极开展等级医院创建达标活动,市中心医院顺利通过“三甲”评审,渭南市一院等8家县级综合医院和3家厂矿医院通过“二甲”医院复审。同时,积极参加青海玉树抗震救灾工作。全体医疗队员克服海拔高、气候变化大、高原反应强等困难,发扬连续作战不怕牺牲的精神,11天内累计转运伤员119人,完成了医疗救治任务,受到省卫生厅的通报表彰。

【卫生执法监督】 按照依法行政、高效便民的原则,对卫生许可流程、审批标准、执法行为、执法文书等不断进行规范。截至年底,全市公共场所住宿行业单位共有420家,开展实施公共场所卫生监督量化分级管理的单位232家,量化实施率达55.2%,其中市直管公共场所量化分级实施率达100%。对全市6家集中式供水、二次供水单位的卫生管理情况及生活饮用水水质卫生状况进行全面监督监测,并按照《职业病防治法》和部门职能分工的要求,对28家大中型用人单位实施劳动者健康监护情况进行监督检查。继续深入开展严厉打击非法行医及整顿和规范医疗服务市场的专项整治活动,加大对医疗机构的监督力度,共监督检查各级各类医疗机构125家,监督覆盖率达100%,城乡医疗市场秩序明显好转。

【妇幼保健】 认真落实《母婴保健法》,规范保健技术服务市场,对从事母婴保健技术服务的机构和个人实行了严格的准入制度。同时,加强《出生医学证明》的管理和使用,实行专人管理、证章分离、详细登记。孕产妇死亡率为25.52/10万,婴儿死亡率9‰,5岁以下儿童死亡率为11‰,出生缺陷发生率为60/万,无新生儿破伤风发生。此外,继续实施农村孕产妇免费住院分娩项目,截至12月底,补助29548人,补助金额2115.2万元,补助率达98.3%,全免率为96.3%,人均补助716元。发放叶酸人数26409人,叶酸服用依从率60.63%。宫颈癌项目已普查农村妇女32250人,检出各种妇科疾病患病率45%,确诊宫颈癌32例,均已住院接受正规治疗。

【健康教育】 开展了健康教育宣传培训。利用“五三一”国际禁烟日发放宣传画及“无烟医疗单位标准手册”共1000余册,邀请省上健康教育专家对全市各行业健康教育骨干进行了健康教育工作培训。以项目带动为重点,积极实施《陕西省烟草控制项目实施方案》,全面推进创建无烟医疗卫生系统工作。下发《全民健康生活方式行动示范创建工作实施方案(试行)》,充分调动各行业积极性,营造健康生活方式,提高居民健康水平。

【医学教育】 开展了形式多样的学术活动20余次,参加人员2000余人。完善了远程网络教育升级,在规范"好医生"网络教育的基础上增加了北京大学的华医网,丰富了专业人员网络学习范围。组织63人参加了省卫生厅举办的社区卫生人员岗位培训,完成120名全科医生和社区护士的临床培训。启动"陕西省基层医疗机构万名医生培训项目",选派124名乡镇医生参加培训学习。此外,完善了国家基本药物制度工作人员基本信息登记表,并为省卫生厅推荐陕西省基本药物专家库入库专家30人。

【干部保健】 组织对88名市级现职、离退休领导干部和78名局机关干部进行了健康体检,并对每个干部的体检结果由专家进行综合分析,逐一做出体检结论和健康指导。还组织专家赴临渭、大荔、合阳、富平4个县(区)上门对享受副省级医疗待遇离休干部进行医疗保健巡诊服务,针对每位离休干部的不同情况制定了具体治疗保健方案,并建立健康档案,帮助老干部解决了困扰身心健康的问题。大力普及干部保健知识,全年赠阅干部保健知识合页和《新保健》等刊物3000余份。同时,积极争取资金改善保健基地设施条件,投资近50万元为市中心医院购置了血压动态监测仪等保健宣传设备6台,为市妇幼院购置健康管理软件1个、便携式B超1台。

【红十字会工作】 坚持开展"人道、博爱、奉献"的红十字精神宣传,全力开展备灾救灾。先后为青海玉树地震灾区募集善款415.57万元,为洪涝灾区募集善款26.6万元。并为全市洪涝灾区下拨救灾款13万元,下拨救灾物资价值26.6万元。年初为临渭、华阴等6县(市、区)贫困乡村发放救助物资价值20余万元。此外,还接受山东省红十字会捐赠款20万元,定向为富平县贫困乡村援建6个博爱卫生站。同时,对高危作业人员的现场应急救护培训也取得了新进展。

【双创工作】 坚持阶段性督导与重点检查相结合的原则,及时发现工作中存在的薄弱环节,采取有效措施进行整改。传染病防治组、食品公共场所生活饮用水卫生组、健康教育组和病媒生物组等专业项目组于3月中下旬分别举办了创国卫业务培训会,邀请专家详细讲解创卫标准及省考中应注意的问题,提升了专业人员的业务水平。各专业组抽调专业人员以随机抽查、现场检查、查看资料的方法对涉及单位创国卫工作进展情况进行了专项督导检查,提出整改可行性建议。编制了《水污染突发公共事件应急预案》,有效应对生活饮用水污染事故的发生,确保市民饮用水安全卫生。同时,根据创建环保模范城市要求,成立"创模"工作领导小组,实行层级负责制,主要领导负总责,分管领导亲自抓,并将责任落实到各部门。至年底,医疗废弃物和医源性污水处理均符合国家有关要求。

【队伍建设】 深入开展创先争优活动,全市卫生系统党建工作迈上新的台阶。以"加强基层组织、完成医改任务、促进医患和谐、保障人民健康"为主题,组织市直卫生系统30个支部、627名党员深入开展了创先争优活动,同时对全市卫生系统132个基层医疗卫生机构党组织的创先争优活动进行行业指导。在11月30日省委召开的关中片创先争优活动推进会上,市卫生局作了题为"突出实践特色,抓好四个结合,努力促进创先争优活动深入开展"的经验交流发言，国家卫生部、省卫生厅以简报形式对其经验进行了转发。狠抓思想政治建设，服务和保障作用得到加强。抓好民主集中制建设，完善了《党委议事制度》、《党委民主生活会制度》、《党委中心组学习制度》，不断强化党委的核心领导作用。积极开展"学理论、学业务、读经典、推进建设学习型党组织"活动，组织集中学习12次，购置发放《划清四个重大界限学习读本》、《理论热点面对面2010》等共220余册。扎实搞好党员、干部、人才三支队伍建设，能力素质和先锋模范作用得到新的提高。完成了机构改革任务，内设机构和挂靠单位增加到15个，落实了"三定"方案，设立了"人才工作站"，组建了"市管拔尖人才服务团"，相继为市、县、乡招聘引进技术人才170余名，编制完成了《全市卫生事业十二五人才规划》。加强行风建设，会同渭南日报社、渭南新闻网联合在全市卫生系统开展了"十佳"系列评选活动。

（吴 丹）

卫生城市创建

渭南市创卫办
主 任 柴树明
副主任 李晓平 徐 俊 王建中

【概况】 市创卫办是市委、市政府设立的临时机构。主要职责是对三区（临渭区、高新区、经开区）、主要涉城职能部门及各县（市、区）创卫工作的任务下达、综合协调、检查指导、督查督办、考核考评等。该办2005年4月成立，内设效能考核科、人秘后勤科、县市创卫指导科、综合信息科、项目督查科、市容环卫督查科、市场和窗口单位督查科、新闻宣传科、宣传教育科及资料管理科等10个科室。有干部职工46人。创卫办成立后，开始实施创建省级卫生城市工作。经过近3年努力，2008年1月，省政府授予渭南市"省级卫生城市"称号。此后，市委、市政府决定实施创建国家卫生城市工作。

【完善城市功能】 紧紧围绕硬化、绿化、美化、净化、亮化"五化"要求，把城市基础设施建设始终放在优先发展的重要位置，高起点规划、多渠道投入、高标准建设，城市面貌发生了翻天覆地的变化。实施市政重点工程。坚持经营城市的理念，运用市场机制推进城市"扩容提质"。全市通过市场融资20多亿元，新修道路10多条，打通断头路7条，整治背街小巷500多条，建设污水处理厂2座、垃圾填埋场1座，整修改造公厕114座，建设了2座高标准的生活垃圾中转站。市委、市政府按照"项目带动、负债创卫"的超前理念，实施创国卫22项重点工程。其中沋河橡胶坝、燃煤锅炉拆除改造、沋西干渠、朝阳公园、郑西火车站广场、信达城市公园、滨河大道等一大批创国卫重点项目产生了强烈的社会效应。实施绿化美化工程。城区加快实施大树进城、景观绿化、项目绿化、庭院绿化、道路绿化、人工造湖等工程，打造了渭清路景观绿化长廊、南塬北坡绿色屏障、渭河南岸生态绿化等一批生态环保效应十分明显的绿化工程。高标准改造建成公园3个、游园8个、街头绿地32个。大规模实施拆房植绿、拆墙透绿、拆栏亮绿“三绿”工程。城区主干道大多数沿街单位实施了绿地社会共享。通过创卫带动,新增绿化面积近667公顷。同时,还创建成园林式单位140个、园林式居住区19个。拆除沿街有碍观瞻建筑、超期临建500多处20000平方米,刷新改造沿街建筑600多处30000平方米。在亮化方面,按照“一街一风格、一路一特色、一楼一景观”的要求,使渭南城市面貌焕发出新的光彩和迷人的魅力。实施蓝天碧水工程。在城市环境保护方面,以水、气、声、尘污染防治为重点,把工业污染防治和城市环境综合整治结合起来,着力防治污染、保护生态。依法加强城区饮水源保护区的监督管理,对沋河水库实施了隔离保护措施,加固了堤坝,水源区内建设沼气池500口。城区新建加气站2个,拆除燃煤锅炉253台,烟尘控制覆盖率达到100%。区域环境噪声大幅度下降。

【市容环境卫生综合治理】 始终按照“贴近群众、贴近实际、贴近生活”的要求,着力解决城市管理中的薄弱环节和市民反响强烈的热点难点问题。理顺市容环卫体制。创卫期间,按照“执法主体下划,监管重心下移”的原则理顺了城管、环卫执法体制,市上成立了综合行政执法局,城区8个办事处分别成立了城管执法大队,共有执法人员490人。原来由市城建局主管的环卫局下划区上管理,变多把扫帚为“一把扫帚扫到底”。新体制充分发挥了各区在创卫中的主力军作用,收到了明显效果。同时,环卫工人已增加到1310人,实现了全天保洁,机械化清扫率始终保持在20%左右。初步建立了市、区、街办、社区四级网络管理机制。从根本上解决了城市管理中多头执法、相互扯皮的问题。在实际工作中,重点整治背街小巷、建筑工地、铁路沿线、居民小区、阳台楼道和店外洗车等薄弱环节和突出问题,城区生活垃圾基本实现了密闭化收集运输,日产日清。强化除害防病工作。在病媒生物防制工作中,重点抓好垃圾点、公厕、水体、“六小”门店等场所的“四害”综合治理,实行统一时间、统一购药、统一消杀的原则,使城区“四害”密度大幅度下降。在健康教育方面,重点抓好医院、学校、社区等重点人群健康教育工作,通过在城区设置健康教育长廊和媒体开设的健康教育专栏,极大地提升了健康教育“两率”。据统计,城区居民健康知识知晓率达83%,城、郊区中小学学生健康知识知晓率达90%,城区职工相关卫生知识知晓率达85%。加强农贸市场整治。按照“政府牵头、属地管理、业主负责、部门参与”的原则,城区新建改建农贸市场23个,取缔马路市场18个。创国卫期间,政府通过“以奖代补”政策,对农贸市场进行升级改造。工商部门加强农贸市场日常监管,实行工商干部驻场管理,挂牌监督。城区创建了一批诚实守信、竞争有序、公平交易的农贸市场。加强城中村和城乡结合部整治。城中村和城乡结合部始终是创卫工作的重点和难点。经过专项整治、示范带动、“五化”达标等多项措施的推动,22个城中村55个社区都建立落实了环卫清扫保洁队伍,14个城乡结合部拆除违章建筑、违章建房,消除卫生死角,规范家禽畜饲养。城中村和城乡结合部生活垃圾收集、中转和处理纳入城区统一管理。

【建立长效机制】 建立健全长效规范管理制度。先后制定下发了《渭南市城市容貌标准》、《渭南市园林绿化管理办法》、《渭南市城市综合执法管理办法》、《渭南市城区垃圾管理办法》、《渭南市门前四包责任制管理办法》、《渭南市禁止乱张贴乱涂写暂行规定》、《渭南市养犬管理办法》等30多个规范性文件,为建立长效管理机制打下了坚实基础。建立健全全民参与机制。始终秉承"全民创卫"的理念,精心设计创建载体,引导、动员广大市民参与到创建活动中,形成人人关心创卫、人人支持创卫、人人参与创卫的良好局面。从创省卫到创国卫,在城市硬化、亮化以及市场建设等方面涌现出了一大批可歌可泣的感人事迹,掀起了轰轰烈烈的全民创卫热潮。建立健全严格的考核奖惩机制。市委、市政府把创卫工作纳入目标责任考核。在考核项目中,创卫分值权重较大(市直部门共分四类,分值分别为:20分、15分、10分、8分,县市分值为:4分),中、省驻渭单位也一并纳入创卫考核。同时,对在创省卫中做出突出贡献的先进单位和个人,拿出100万元给予奖励。市创卫工作初步建立了"市考核、区管理、街道落实、社区服务"的创卫目标考核新机制。

【县市联创】 创国卫之初,就确立了"以市带县、以城促乡、城乡联动、整体推进"的工作思路。在推动渭南中心城市创建的同时,带动创建一批卫生县城(城市)。市委、市政府决定对获得省级、国家卫生县城(城市)的单位分别奖励100万元、300万元。韩城市、蒲城县、合阳县、大荔县、华县等5县(市)先后获"省级卫生县城(城市)"称号。同时,这些县(市)乘势而上,迈开了创建国家卫生县城(城市)的步伐。潼关、澄城、白水、富平等4县正在接受省级卫生县城考核验收。华阴市以创建省级卫生城市为目标,同时开展"一城四创"活动。经过长期不懈的努力,全市基本实现了卫生县(市)群全覆盖,成为全省创建工作的一大亮点。

【创卫成果】 城市生活垃圾、粪便无害化处理达到90%。马家沟垃圾处理场总投资3695万元,服务年限20年,日处理生活垃圾500吨,城区生活垃圾日产日清处理。城区共有公厕114座,旱厕已全部改为水厕。城市生活污水集中处理率达到83%。城区共有2座污水处理厂,一座是日处理能力为6万吨的市区污水处理厂,另一座是新建成日处理能力为3万吨的西区污水处理厂。生活污水基本实现了统一归集,集中处理。经初步测算,城区共有绿地1215.8万平方米,绿化覆盖率、绿地率、人均公共绿地面积分别达到36.6%、31.3%、8.52平方米。市区空气质量逐年改善。2008年、2009年全年达到国家环境空气质量标准二级以上的天数分别为305天、310天,超过了全年天数70%的标准要求。2010年,城区空气中API指数小于100的天数达到313天。经省疾控中心连续三年监测,城区鼠、蚊、蟑螂三项指标达到全国爱卫会规定标准,苍蝇没有超过国家标准的2倍。创卫期间,相继出台了《渭南市实施〈陕西省爱国卫生条例〉办法》、《渭南市除"四害"管理暂行办法》、《渭南市公共场所禁止吸烟暂行规定》等地方性法规,使全市爱国卫生工作做到了有法可依、有章可循。经过专项整治和日常监管,建城区无烟草广告。2008年以后,城区未发生过重大食品安全事故。2009年以后,全市无甲、乙类传染病暴发疫情。经市城调队抽样问卷调查,城区居民对卫生状况满意率为85%。

(张银虎)

人口与计划生育

渭南市人口和计划生育局

局　长　程忠义

副局长　侯雪静(女)　范鸿翔　李西京

【概况】　2010统计年度,出生人口54270人,死亡26018人,全市期末总人口为5520772人,人口出生率和自然增长率分别为9.85‰和5.13‰,出生人口政策符合率为98.42%,期末总人口比“十一五”规划少14.92万人,连续20年完成了省、市下达的目标任务,低生育水平持续保持稳定。

【落实目标责任】　市委常委会、市政府常务会先后三次研究部署人口和计划生育工作。市委、市政府下发了《渭南市稳定低生育水平考核办法》,开展了两次人口抽样调查和专题反馈,把稳定低生育水平的责任真正落实到县乡党委、政府和相关部门。组织召开了全市人口和计划生育工作会议,总结工作,签订2010年目标责任书,落实奖惩。对2009年度人口和计划生育工作完成较好的县(市、区)和单位进行了奖励,对主要工作质量指标未达到目标责任要求的3个乡镇给予黄牌警告,8个乡镇给予通报批评。将人口和计划生育领导小组更名为市统筹解决人口问题领导小组,进一步明确了成员单位的职责。市级计划生育经费在2009年的基础上增加275万元,达到1880万元,为各项工作提供了保障。开展了“十一五”人口发展规划评估,客观总结评估人口和计划生育工作,科学规划“十二五”工作。11月,国家人口计生委巡视组到渭南市督评人口发展“十一五”规划工作,给予高度评价。

【综合改革】　市政府下发了《渭南市关于深化综合改革建立以县为主统筹解决人口问题体制机制的实施意见》,成立了组织机构,围绕“六大机制”建设,加强检查指导。韩城市作为省级试点单位,积极实施强基固本、终生服务、家庭创业、阳光计生“四项工程”,建立了“党委政府统一领导,计生部门牵头抓总,相关部门齐抓共管”的工作机制,在全市树立了典型。临渭、大荔、潼关、高新区在区域内积极探索婚姻登记、婚前检查、孕产期保健、信息化服务、政策衔接等方面的资源整合和责任落实,加快统筹解决人口问题步伐。

【民生工程】　按照“政府主导、全市联动,宣传先行、科学倡导,依法推进、规范操作,改革创新、分类指导,以人为本、优质服务”的工作思路,全力推进母亲健康工程和优生促进工程。全市累计接受免费生殖健康服务190.9万人次,实施治疗62.9万人次,接受免费婚前检查9.9万人次,孕前筛查10.8万人。11月份,省政府在渭南市召开了全省开展两项工程、提高出生人口素质工作现场会,总结推广渭南市开展两项工程的经验。各县(市、区)结合优势产业和“一村一品”规划,积极实施计生家庭创业工程。富平县作为全省首批试点县,积极整合部门资源,努力扩大计生家庭受益面。仅涉能奶山羊养殖一项,惠及农村计划生育家庭937户，户均增加收入1400元。蒲城县为每个乡镇补助1万元，建成了塑棚瓜菜种植和肉鸡养殖两大示范基地，扶持计生家庭1000余户。全市共投入188万元，树立各类计划生育家庭创业典型712户，起到了很好的示范带动效应。协调相关部门出台了《关于城市独生子女父母退休补助金发放办法》，并进行安排部署。2010年度，全市共为51.9万人兑现各类奖励扶助金2140万元，兑现独生子女保健费885万元，办理独生子女人身意外保险5.6万人，理赔475起82.15万元，提高了群众实行计划生育的积极性。

【依法行政】 召开了全市计生系统党风廉政建设暨基层文明执法、信访工作会议，安排部署反腐倡廉和文明执法工作。扎实开展党员干部职工生育状况清理清查工作，全市共查处干部职工违反政策生育173人，受理计生信访案件305件，全部按期查结。华县在县人民法院设立计划生育执法办公室，加强了计生执法工作；澄城县实行科级领导挂牌、群众点名接待制度，建立了信访长效机制。在全市政风行风评议中，市、县两级人口计生部门均名列前茅，人口计生工作的整体形象不断提升。

【综合治理】 开展了流动人口计划生育“村村清”和创建先进社区等活动，参加了“黄河金三角”流动人口计划生育服务管理协作交流会议，进一步强化了晋、陕、豫三省三市流动人口协作长效机制。合阳县在澄合矿务局王村矿区挂牌成立了流动人口计划生育服务管理办公室，为全市企业流动人口的管理摸索出一套有效的管理模式。各县(市、区)普遍成立了出生实名登记工作协调机构，建立了相关部门定期会商、信息反馈和责任落实制度，联合开展打击“两非”专项行动。大荔县建立了计生、卫生、公安出生实名登记共用网络平台，严格工作流程，细化信息录入，确保了工作扎实有序开展。

【宣传教育】 以《公开信》发表30周年为契机，召开了全市纪念《公开信》发表30周年暨计划生育工作“双先”表彰大会，开展了文艺汇演、慰问等宣传纪念活动；参加了全省纪念《公开信》发表30年成就展，渭南展馆获得最佳内容奖、最佳设计奖及最佳组织奖；参加了全省两个《条例》知识竞赛，渭南市获得二等奖，2名队员代表省上参加了全国知识竞赛；举办了全市计划生育药具“三基”知识竞赛，在全省比赛中，渭南市获一等奖；承办了国家人口计生委“三下乡”送温暖活动启动仪式，营造了全社会关心、支持人口计生工作的浓厚氛围。

【信息化建设】 全市坚持工作重心下移，落实乡、村两级工作责任，完善经常性工作机制，不断提高优质服务的能力和水平。合阳县创国优工作顺利通过验收，全市7个乡镇计划生育中心服务站达到省级标准；命名表彰市级新农村82个，受到省级命名表彰11个。华阴市深入开展村民自治示范村建设，对“难点村”实行重点管理，群众自治工作得到进一步加强。市级计划生育信息中心投入200万元，完成了中心机房、培训教室、视频会议室的硬件建设和全员人口数据库、信息应用平台、视频会议系统等软件应用，软硬件建设在全省达到一流标准。市级信息化项目和潼关、合阳均通过省级验收。全员人口数据库入库533.77万人，占统计报表的97%，达到了全省平均水平。为2009年新农村示范村配备了计算机，举办了新农村示范村信息员培训班，提高了村级信息化管理水平。

【队伍建设】 加强人口计生系统领导班子和干部队伍思想政治建设，增强了职工干部“对不起”的责任感、“慢不得”的紧迫感、“坐不住”的危机感。举办各类法律知识、政策业务培训班9期,培训人员1200人。成立了市计划生育信息化办公室,增加事业编制5名。兑现了2009年村组干部绩效工资100万元。临渭区、韩城市、白水县为村级专干办理了人身意外保险。澄城县对连续3年工作成绩突出的4个乡镇分管领导给予享受正科级待遇。合阳县将乡镇服务站长确定为副科级设置,提拔了10名县乡优秀计生干部。华县不断完善考核奖惩机制,激发了计生干部的工作积极性。

(刘朝辉)

社 会 生 活

气 象 服 务

渭南市气象局
局　长　段昌辉
副局长　张忠平　白作金

【年内气候特点及影响】　全年气温总体偏高，除4月和8月份外，其他月份气温均较常年偏高。降水量华县、华阴、潼关、大荔偏多2至3成，其余县市基本正常。1月至2月及12月出现了冬季干旱；4月份出现了历史上少有的倒春寒和晚雪，5月底和6月上旬出现了阴雨过程，影响了夏粮的正常收获；6月中下旬出现了夏旱和持续10天的高温，对秋粮播种出苗造成影响；7月份遭受了5年少有的暴雨洪涝灾害；8月中旬和9月上旬遭受了阴雨低温寡照。透雨偏早，出现2次沙尘天气，冰雹和雷电灾害相对较轻。

【气象服务】　一、面对严重旱情，2月上旬及时组织市人影办抓住有利时机，由副市长郭伯权现场指挥，全面启动了全市范围春季抗旱增雨作业，有效缓解了旱情，市政府发了贺信给予表彰。二、在4月12日—15日低温雨雪冻害气象服务中，组织市台和农气与生态中心提前发布了果树花期冻害警报、霜冻黄色预警信号和低温、霜冻重要天气消息，通过电视台、电台、报纸、短信、电子屏等多种手段向社会公众发布预警和应对措施。同时，市政府高度重视，连夜发明传电报，要求各级政府全力以赴做好防御工作，确保农业生产安全。三、全力以赴做好汛期气象服务工作。汛期(7月23、8月12日、8月18日)渭河流域出现了多年少有的大范围强降水，渭河先后两次出现洪峰，南山支流突发性暴雨引发泥石流造成陇海铁路潼关段中断、华县罗敷河决口、金堆钼业公司水库漫坝等多种水患灾害。面对严重的汛情，先后8次启动应急响应，4次进入最高工作状态，4次发布流域暴雨预警消息，为政府决策及社会公众提供了全面、准确的气象服务。四、为农气象服务能力全面提升，特色鲜明。加大遥感卫星产品的应用研究，开展沙尘、干旱、高温、林火监测、秸秆燃烧、植被指数等监测服务；修订完善了农业气象周年服务方案，围绕关键农事季节，做好干旱、果树花期冻害、秋季连阴雨、冬季暴雪等农业气象服务工作，重点做好为设施农业的气象服务工作；及时发布粮食及苹果产量预报，及时发布农业气象灾害的监测公报、预警预报和灾害评估，全年发布各类服务材料

82期，与电视台合作制作发布《农家气象站》电视专题栏目144期。全面启动气象灾害应急准备认证工作，完成了澄城县庄头乡、王庄镇等5个乡镇的灾害准备认证工作，向1000余户农民发放了气象灾害防御明白卡；建设完成白水苹果、澄县大棚樱桃、大荔县沙苑农场和华阴台头村共4个气象服务和农村防灾减灾示范点，实现了电子显示屏、自动站、气象预警广播、人工增雨火箭或高炮的覆盖。五、积极开展地面高炮火箭增雨防雹作业。全市共组织实施地面人工增雨（雪）作业9次，42县次，248炮（箭）点次，发射炮弹5248发、火箭弹615枚，影响面积1.03万平方公里；增加地面降水约8300万吨，实施人工增雨可增加经济效益8300万元；共组织实施防雹作业16次，66县次，234炮（箭）点次，发射炮弹6610发、火箭弹217枚，防雹保护面积7028平方公里，实施人工防雹可减少经济损失1.58亿元。

【现代气象业务体系建设】 大力推进基础设施建设，气象现代化建设突破发展。完成了渭河流域气象预警中心业务楼建设。围绕现代气象业务体系建设和新业务楼建设确立了9大重点工程建设及业务开发项目。市气象局流域预警中心综合业务平台、公共气象信息服务平台、生态与农业气象服务平台、市级人影指挥中心平台、技术保障与网络通讯监控平台、天气预报演播室及局史馆全面建成投入使用；渭河流域暴雨监测预警系统开发和陕西省气象用户服务中心渭南分中心全面建成。“渭南市人工防雹增雨基地建设项目”全面建成，包括6个县级指挥中心完成建设，4部雷达、24部固定火箭和4部车载火箭全部配发到位，气象现代化水平进一步提高。

（门树春）

地　震　测　报

渭南市地震局

局　长　范忠亮

副局长　尹卫东

【概况】 2010年，全市防震减灾工作按照全国、全省防震减灾工作会议精神，以防震减灾三大工作体系建设为主线，高度重视监测预报工作，进一步加强抗震设防管理，努力提升城乡抗震设防能力，认真落实地震应急防范措施，加大防震减灾宣传力度。在年初全省防震减灾工作评比中渭南市获全省防震减灾工作先进集体第二名，震情分析工作获省评优秀，获得地震应急工作单项奖，韩城地震办获全省县级防震减灾先进单位奖，华阴市地震办获全省县级防震减灾工作单位优秀奖。市地震局“科技之春”宣传连续第十一年获市组委会组织奖。

【贯彻落实中、省会议精神】 年初组织召开了渭南市防震减灾工作领导小组会和各县、市主管县（市）长参加的全市地震办主任会议。会上传达了中、省地震局长会议精神，安排部署了2010年度防震减灾工作，通报了震情趋势并对2009年度先进集体和个人进行表彰。下发《渭南市人民政府关于进一步加强防震减灾工作的意见》(渭政发〔2010〕45号),提出了全市防震减灾工作指导思想、工作思路和具体要求,统筹规划,全面推进防震减灾事业的发展。

【"十一五"重点项目建设】 一、渭南市朝阳公园应急避难场所是陕西省"十一五"突发公共事件应急体系建设规划的重点建设项目。朝阳公园应急避难场所占地面积约10万平方米,建成后可容纳4万余人应急避险。项目内容包括应急厕所、化粪池、应急供水井、应急照明设备、应急发电设备、应急消防设施、应急物资供应点、应急通信及广播设备、应急停车场,在避难场所周围设置了指路标志,在公园内部设立应急设施指示标志牌等。至年底,避难场所项目的土建工程按规划设计建设完成,其他仪器、设备、标志牌等已安装到位,土建工程的验收事宜已经完成,初步对外开放。二、11个县(市、区)地震应急避难场所建设工作也正在积极开展,全市已初步建成9个避难场所。潼关县应急避难场所是渭南市第二个县级应急避难场所,占地1.57万平方米,规划建设了应急棚宿区、应急供水等6大功能区,并建有应急停车场2处,交通便利、场址安全、空间开阔,可安置受助人员万人以上。至年底,潼关县还有一个占地1万平方米的应急避难场所正在建设之中。三、渭南市地震小区划项目进展顺利。截至11月底,承包单位已全部完成项目实施内容,实现了项目设计目标,完成了所有报告和图件;监理单位认真对施工质量与进度进行了监督检查。全年组织监理会议6次,及时通报研究工程质量与进度。至年底,正在按照省地震局《关于做好关中四城市地震小区划项目单位工程验收的通知》要求,抓紧组织单位工程验收。

【地震监测预报及短临跟踪工作】 一、制定了《渭南市地震短临跟踪工作方案》,完善震情跟踪工作措施。韩城市成立地震异常综合分析专家组,专家组成员由资历较深的地震、水利、地质灾害等方面的10名专家组成。科学合理地分析处理各种异常,排除气候、病虫害等各种干扰因素,真正捕捉地震前兆信息。二、坚持24小时震情值班制度,坚持月会商和紧急会商制度,及时编发震情通报、简报。全年召开月会商会11次、紧急会商4次;至年底,编写震情简报11期,紧急通报4期,半年度震情趋势研究报告1份,年度震情趋势研究报告1份,落实各种异常17次,上报异常落实报告3份。三、进一步完善了群测群防网络制度。因地制宜地建立群众性地震测报网络,进一步发挥群测群防在防震减灾,尤其是地震短期和临震预测中的作用,努力提高地震预测水平。在各县(市、区)地震主管部门的不懈努力下,全市各乡镇建立了宏观观测点和乡镇助理员。市、县两级地震部门采取不同形式,对县(市、区)"三网一员"人员进行专业培训,不断提高群测群防人员的业务素质。四、加强双王井动态数字化观测仪器的维护和日常监测工作,做好全市各观测手段监测数据的收集和建库工作。华阴地震办改造了竹屿观测台自喷井,安装了SD-3A型自动测氡仪,经调试已正常工作。五、市地震局台网中心建设已全面完成机房功能分区、线路改建等工作。测震虚拟网已全面建成投入使用。在省地震局的大力支持下同时建立了信息发布平台系统。

【抗震设防】 一、地震局与发改委、建设局、规划局联系,就全市抗震设防工作进行了协商,将抗震设防要求纳入市基建程序。下发了《关于开展全市执法监督检查工作的通知》和《关于加强建设工程抗震设防要求备案工作的通知》,要求各县(市、区)

加强建设工程抗震设防要求和备案管理，保证建设工程达到国家规定的抗震设防要求。二、依法加强重大建设工程、生命线工程以及交通、水利、电力等重大基础设施和学校医院抗震设防要求的监管，加强对建筑物抗震设防要求工作的检查和指导，依法严格做好"安评关"，对市体育中心、市第一医院建设项目进行安评督查。根据《陕西省防震减灾工作领导小组关于开展全省大中城市城中村抗震设防要求检查的通知》精神，渭南市防震减灾工作领导小组7月下旬对城中村抗震设防进行检查。全面详细听取有关单位城中村抗震设防情况汇报，认真查阅立项、审批、设计、施工等建设文件、图纸，奔赴施工现场查看抗震设防施工过程及现场管理。正在施工建设的郑家村、大闵村搬迁安置工程，是2009年启动的首批城中村改造项目，经检查，这两项工程均按8度抗震设防进行设计，经过抗震设计审查，纳入基本建设程序进行监督管理，分部分项工程验收合格。由省地震局等部门组成的联合检查组在渭南市检查了城中村抗震设防工作，省检查组对渭南市城中村抗震设防工作给予了充分肯定。联合市教育局，结合中小学校舍安全工程，加大对新建、改建校舍的抗震设防要求监督管理。华阴把抗震设防执法重点放在服务上，对所有建设工程抗震设防进行了全面检查，对重点建设工程督促做地震安全性评价工作。韩城地震办在陕西省千村贫困人口移民搬迁工程中为22户居民住宅在选址和抗震设防方面提供技术指导和建议。华县对全县28家建设工程单位的立项报告、工程地质勘察报告、施工图纸、抗震与施工图审查备案通知书等内容进行了检查。蒲城对施工图审查备案的共有16家，并对学校的建设工程做了专项图审工作。三、加强抗震设防安全性教育和对农村民居建造和加固的指导及技术培训等措施，指导农民对旧房子进行抗震设防的加固。逐步改善农村民居基本不设防的局面，提升农村地震综合防御能力。全市新建农居工程示范点5个，分别是临渭区双王办许村拆迁安置小区、渭南高新区的郑家新村和大闵新村3个、韩城1个、蒲城1个。华县金堆钼业公司尾矿库移民搬迁项目是该县的第一个地震安全农村民居工程示范点，已基本竣工。四、按照省地震安全社区指标体系的要求，结合实际，规范管理，不断加强地震安全社区创建活动。全市共新增5个安全社区。编制了小区地震应急预案，成立了小区防震减灾领导小组和小区地震应急救援志愿者队伍。

【地震应急】　一、积极应对地震突发事件。2010年6月24日9时10分富平县与三原县交界区发生3.0级地震后，市委、市政府领导高度重视，书记梁凤民要求地震部门继续监测按程序上报信息。市地震局积极应对，有序开展应急工作。启动了应急工作方案，按照分工，各司其责。由局长带队，配合省地震局到地震现场进行考查。富平县地震办及时通过与乡、镇和"三网一员"网络联系，了解灾情和宏观异常情况。组织召开紧急会商会，并与省地震局及时沟通，分析判断震后趋势，并及时发送了震情通报。同时，要求富平地震办加强24小时值班，保障信息畅通，密切注意震情。二、市地震局、市应急办、市教育局等有关部门联合在三马路中学成功举办了地震应急疏散演练，三马路中学1500多名师生参加演练。副市长刘新兴、省地震局副局长姬丁义、省应急管理办公室调研员陈铁军等领导应邀观摩演练。在演练现场总指挥郗百达的指挥下，随着"地震"报警哨的急促响起，正在教室上课的老师组织学生迅速钻到桌子下面；"震动"过后，在老师的引导、保护下，学生用手紧护头部，按照预定的路线迅速撤到学校大操场，整个过程用时 1 分 20 秒。师生们完成了避震—疏散逃生—清点核对人数—师生自救互救—医疗救护等科目的演练。整个演练过程紧张有序，达到了紧急疏散示范项目设计要求。三、指导中国人民银行渭南中心支行进行了地震应急疏散演练。通过演练，检验了该单位应急预案可操作性，为组织紧急避险积累了经验，提高了员工的防震意识和科学避险技能。各县（市、区）也开展了地震应急避险演练活动。全年共开展中小学校应急演练活动 570 场次。四、与相关部门协调沟通，认真落实地震应急储备专项资金，建立地震应急救援物资的储备系统，储备城市地震应急救援工作所需的专用设备和救生器械。同时，下发了《关于开展地震应急工作检查的通知》，对全市各县（市、区）的地震应急工作进行了一次全面检查。五、为了加强全市地震应急避难场所规划、建设和管理工作能力，下发了《渭南市关于做好应急避难场所规划建设工作的通知》（渭政发〔2010〕54 号）。全市新建应急避难场所 11 处。六、成立渭南市应急救援队。依靠消防支队为主要力量，和驻渭部队、武警支队、公安四家建立了反应迅速、突击力强的地震应急救援体系，并将地震应急工作纳入了全市联动的应急反应体系。

【防震减灾宣传教育】 加强法律法规宣传。深入开展《防震减灾法》、《陕西省防震减灾条例》学习活动，深化对地震部门职责的认识。搞好“科技一条街”和“科技三下乡”在澄城县交道镇的宣传活动。在第二个“防灾减灾日”，组织开展形式多样的防震减灾知识宣传活动。制作画板一套，并请省地震局处长王彩云讲解《陕西省防震减灾条例》。5 月 18 日，组成 12 人的宣传组深入到韩马社区，通过展出画板、散发资料、悬挂横幅、设立咨询点等解答群众的问题，增强群众对防震减灾科普知识和地震谣传事件的基本辨别能力，有效防止地震谣传现象，维护社会正常秩序。韩城利用各乡镇和城市社区元宵节闹社火的习俗，同芝阳镇政府联合在民间社火表演活动中，开展农村民居抗震设防知识宣传活动。华县在城关中学举办了地震中自救互救知识专题报告会，并向全校学生赠送防震减灾科普知识读本。白水在原有北关逸夫小学科普教育示范学校的基础上，又新增了一所示范学校。华阴新增一处县级防震减灾科普教育基地。据统计，全市共举行各类宣传教育活动 80 多场次，受众达 80 多万人次，制作、展出画板 100 余块，编印各种宣传资料 7 万余份，共散发各类防震减灾宣传资料、图册 60 多万份（册），悬挂横幅 50 多条，出板报 140 余块，张贴标语 200 余条，出动宣传车 15 辆。

【十二五规划编制工作】 年初成立了工作机构，科学谋划全市“十二五”防震减灾规划编制工作。“十二五”规划的重点项目分四大部分，共计需投资 6096 万元。其中监测预报体系列了监测台网建设、台网中心建设、信息网络建设、预报系统建设 4 个项目，共 1300 万元；地震灾害预防系统列了活断层探测、震害预测、小区划 3 个项目，共 2416 万元；应急救援体系列了地震应急避难场所建设、地震应急专业救援队伍、疏散演练、地震现场应急设备购置 4 个项目，共 2250 万元；人才培训 70 万元，科普教育基地 60 万元。规划编制全面完成，已上报待批。潼关、韩城、大荔、白水等县也分别完成了“十二五”规划的编制工作。

（张启明）

关心下一代工作

渭南市关心下一代工作委员会

主　　任　郭勇格
常务副主任　梁星浩

【概况】 2010年,市关工委以科学发展观为统领,急党政所急,想青少年所需,尽关工委所能,各项工作广泛深入开展,取得显著成效。第三次获全省、全国先进集体称号。

【"五爱"教育活动】 年初,市关工委针对未成年人实际,提出开展"爱自己、爱父母、爱他人、爱老师、爱祖国"教育活动,进一步把社会主义核心价值体系教育引向深入。市关工委和市教育关工委联合印发了《关于在青少年中开展"五爱"教育活动的通知》,并编写了《让生活充满爱》的宣讲提纲。各县(市、区)和乡镇、村、校关工委对这项活动作了详细安排部署。全市共制作横幅1421条、标语牌5316个、宣传栏7021块、手抄小专栏8130块、"五爱"宣传卡381470张。各级"五老"宣讲3852场次,受教育青少年81.94万人次。全市共举办班、团、队会活动54318次,文艺演唱会、诗歌朗颂会1782场次。参与学生839107人次,写"五爱"征文703521篇。

【创建关教先进村活动】 至年底,全市共创建先进村764个,占全市3234个村的23.6%,并有针对性地抓了3个问题。一、村级图书室阵地建设有了重大突破。市关工委于11月11日在潼关县召开了"全市关工委办好村级图书室,促进新农村建设现场会",号召全市各级关工委学习潼关经验,努力奋斗3年,又好又快地搞好全市村级图书室建设。二、创建关教先进村工作越做越细越深。各县(市、区)关工委普遍做到了年初有安排、年中有检查、年末有总结,对创建质量更加重视,促进了创建关教先进村工作再上新台阶。三、加强对挂牌关教先进村的提高工作。各级关工委深入已挂牌的先进村查不足找漏洞,进行检查整改,促其调整充实领导班子,健全制度档案,建立新的活动载体,做到组织建设上纳新,思想观念上更新,活动载体上创新,老先进面貌更新。学区关工委建设、关爱留守儿童工作都步入经常化轨道,稳步开展。

【"五老"网吧监督工作】 加强网吧监督员队伍建设。调整工作责任心不强或年老多病不便工作的网吧监督员185名,对新任监督员共培训101场、3118人次。引导未成年人远离网吧。各地注意疏堵结合,用两手抓的办法做好工作。各县(市、区)始终坚持组织"五老"深入学校向师生和家长作专题报告,配合学校利用主题班会和团会,举办集体签名宣誓等形式,对未成年人进行远离网吧教育。争取有关方面支持。针对部分业主因利益驱动不愿配合的问题,各级关工委建立了与文化、公安、工商、电信等职能部门的联席会议制度,形成了职能部门和"五老"相互配合,共同监督网吧的机制,有效地增强了工作力度。各县(市、区)关工委注意树立典型,激励后进,促进监督工作全面推进。全市838名"五老",对405所网吧累计监督26917次,教育制止未成年人进网吧 14274 人次，发现问题并整改网吧 266 个，建议相关部门查处黑网吧 95 个，未成年人进入营业性网吧情况得到了有效遏制。

【“蛋奶工程”教育监督工作】 全市各级关工委按照4月30日市委常委会将“蛋奶工程”纳入关工委教育监督范围的指示，做了大量工作。市关工委、教育局合发了《关于选派“五老”教育监督员对实施“蛋奶工程”进行教育监督的意见》。8月25日，市关工委、教育局联合召开全市实施“蛋奶工程”教育监督工作会议，市委常委、常务副市长雷超武出席并讲话。各县(市、区)关工委选聘热心关教事业，办事公道正派，有责任心，工作能力强，家庭负担小，身体健康的退二线或退休的学校领导和教师担任实施“蛋奶工程”教育监督员。全市共选聘监督员 750 名，培训 15 场、1800 人次。各县(市、区)关工委共召开经验交流会、现场会 26 次，促使“蛋奶工程”安全有效运行，全市实施“蛋奶工程”的 694 所中小学校无 1 例不安全事故

【宣传工作】 市、县、乡关工委调研 216 次，写调研材料 105 篇；市和市以上媒体刊载、报道全市关心下一代工作情况 96 篇次。市关工委和《渭南日报》联合开辟了《托起明天的太阳》专栏。为青少年办实事做好事，救助贫困生 8665 人，安置高考落榜生 13312 人，介绍农村青年外出务工 121600 人，帮助失足、有劣迹青少年 4895 人，其中安置就业 2853 人。市关工委、华阴市关工委获全国关心下一代工作先进集体称号，7 人获全国关心下一代先进工作者称号。市关工委在大会上作了书面发言，这是第 8 次在中关工委召开的会议上发言。10 个县(市、区)关工委获全省关心下一代工作先进集体称号，25 人获省文明办、省关工委突出贡献奖、功勋奖和先进工作者称号。

(杨秦锋)

民族宗教

渭南市民族宗教事务局

局　长　李俊杰(5月离任)

熊绮芬(女，5月到任)

副局长　褚鹏程

【民族团结教育】 认真贯彻落实《关于开展民族政策宣传教育活动的实施意见》，进一步加强民族宗教政策的宣传教育工作，积极开展民族政策理论进机关、进党校、进课堂、进社区、进农村、进宗教活动场所“六进”活动，努力营造民族团结进步的浓厚氛围。不断拓展创建载体，搭建民族团结进步工作平台，各县(市、区)在工作中大胆创新，积极行动，创建了 20 多个民族团结进步型社区，促进了民族团结进步创建活动深入开展。夯实民族基层基础工作，在全市开展少数民族基本情况调查，全面掌握少数民族人口、从业、收入、婚姻、社保、教育科研、宗教信仰、少数民族干部、少数民族文化及资源等情况，为全面了解全市民族工作面临的新情况和新问题，进一步做好民族工作奠定坚实基础。加大城市

民族工作力度,深入贯彻全省做好新疆少数民族群众在陕务工经商服务管理工作专题会议精神,及时召开县(市、区)民宗局长会议,全面安排部署新疆少数民族群众在渭南务工经商服务管理等项工作。对在渭南经商的新疆少数民族群众进行了扎实调查摸底,协调相关部门有针对性地开展了新疆少数民族群众在渭南经商的各项服务管理和保障工作,有力地促进了全市民族团结稳定。

【民族体育事业】 大力发展民族体育事业。9月份,参加了在榆林市举办的陕西省第五届少数民族传统体育运动会。针对这次运动会规格高、时间紧、任务重的实际,及时成立了筹备领导小组,制定了实施方案,并多次召开会议,精心研究各个阶段的工作任务。组织召开了全市参加全省第五届少数民族传统体育运动会动员会,与运动员签订了目标任务书。成立了由副市长刘宝琴为团长,市民宗局局长熊绮芬、市体育局局长王建军为副团长,市民宗局、市体育局有关人员及市县区各级教练员、运动员共计43人的参赛团队。在运动会上共参加了武术、花样跳绳、押加、蹴球、板鞋竞速5个大项和19个小项的比赛,经过顽强拼搏,夺得男子太极拳、女子太极拳、女子太极剑3金和押加70公斤、男子太极剑2银及押加80公斤以上、男子对练2铜的好成绩。实现了渭南市在历届全省少数民族传统体育运动会上金牌零的突破,渭南市代表团获得了“体育道德风尚奖”。

【民族项目建设】 贯彻落实陕西省第六次民族团结进步表彰大会会议精神,深入开展全市辖区内少数民族三年脱贫致富发展规划调研,积极落实少数民族发展各项帮扶措施。认真做好2009年蒲城县城关镇北关村1200米×4.5米水泥路硬化及上下水改造项目、韩城市新城办潭马村1000米×5米水泥路硬化项目、华县莲花寺镇高家河村2000米×3.5米水泥路硬化项目、白水县冯雷镇白堡村5000米×4.5米水泥路硬化项目、临渭区桥南镇庙底村486米×3.5米水泥路硬化项目、大荔县朝邑镇朝邑村900米×4.5米水泥路硬化项目和渭南市少数民族300人劳动力转移培训7个少数民族发展资金项目监督检查和实施工作,完成总投资224万元,年底全部通过竣工验收。积极争取到2010年华县高塘镇南麦村U型渠建设工程、临渭区大王乡张村道路硬化工程、蒲城县翔村乡八福村无公害韭菜生产基地建设工程、大荔县朝邑镇社区巷道硬化工程、潼关县城关镇周家城村一组道路硬化工程5个少数民族项目资金77万元,预算总投资158万元,均已立项开工。组织蒲城华星食品有限公司、韩城市金马焦化有限公司、韩城市金太阳有限公司等民族企业及市伊斯兰教协会有关人员参加了4月份在西安召开的西部贸易洽谈会和9月份在宁夏召开的2010中国(宁夏)国际投资贸易洽谈会暨首届中国·阿拉伯国家经贸论坛,蒲城华星食品有限公司在展会上与宁夏、甘肃、青海等地商家签订了194万元的订单合同和70万元的销售意向。

【清真食品管理】 加大全市清真食品生产经营监管力度,及时下发了《关于做好清真食品安全工作的通知》,并转发了省民委《对全省清真食品生产经营行业进行检查的通知》,指导各县(市、区)加强对节日期间清真食品的安全管理工作,联合工商、技术监督、食品监督、公安等部门对全市清真食品超市、商场、餐馆、摊点、企业、大中专院校开展了集中检查整顿,印发《陕西省清真食品生产经营管理条例》单行本500多册、宣传资料3000余份,对全市289处涉及清真食品的各类市场、餐馆、摊点、企业进行了统一造册登记，建立了台账，进一步促进了清真食品生产、经营和市场管理工作。8 月份，省民委对渭南市清真食品的生产经营状况进行了检查，对清真食品管理工作给予充分肯定。

【宗教事务管理】 按照《宗教活动场所设立审批和登记办法》相关条款严格宗教活动场所审核审批工作，依法审批了韩城市横山观道教活动点和 6 个基督教固定处所、大荔县城关镇道教和张家乡佛教 2 个固定处所，考察了蒲城县罕井天主教和陈庄镇富新村基督教 2 个固定处所，依法审核报批了蒲城县洛滨镇庆兴、原任乡原任、苏坊乡大联 3 个基督教堂改扩建工程，加强了宗教活动场所的依法管理工作。深入开展创建和谐寺观教堂活动和科技知识进教堂活动，努力提高少数民族和信教群众科技文化素质，引领他们走共同富裕的道路。4 月份，转发了国家宗教局《宗教活动场所财务监督管理办法(试行)的通知》、《陕西省创建和谐寺观教堂达标考核办法》、《陕西省创建和谐寺观教堂评分办法》等文件，加强对创建活动的指导。坚持以创建活动为抓手，不断丰富创建内容、创新活动形式、完善工作机制，辐射带动创建活动深入持久开展，有力地提升了宗教活动场所的规范化管理水平。据统计，全市共举办各类科技知识培训活动 30 多场次，参训人数达到 8000 余人次；印发活动宣传单 6000 多张，设立宣传专栏、宣传橱窗 480 多个，各种新闻媒体报道活动 30 多次。11 月份，省委统战部、省宗教局检查组深入大荔县、澄城县、韩城市检查了“五五普法”、民族宗教依法行政及创建和谐寺观教堂活动，充分肯定了渭南市取得的阶段性工作成果。按照“统一认识、分级负责、归口管理、限额审批、综合治理”的朝觐组织工作方针，严格把关，扎实做好朝觐工作。教育引导穆斯林群众开展有计划、有组织的朝觐活动，实现了零散朝觐零目标的工作目标。2010 年，市宗教局被省宗教局评为朝觐工作先进集体。

【维护稳定工作】 针对全市回族人口多的实际，元月上旬，利用 3 天时间组织举办了全市伊斯兰教协会班子成员、清真寺管委会负责人及教职人员培训班，邀请省宗教局及省伊斯兰教协会的领导和专家分别就民族问题、民族宗教政策及法律法规进行了专题辅导，使广大伊斯兰教教职人员加深了对党的民族宗教政策及法律法规的理解，增强了依法从教意识，提升了各清真寺的民主管理水平。5 月，组织召开了第三届“和谐杯”民族宗教界上层人士座谈会，参观了华县宁山寺和潜龙寺，积极探索宗教与文化旅游相结合的新路子。11 月，市宗教局慰问了部分天主教神职人员，为他们送去了棉衣棉被、取暖炉及煤炭等物品，进一步增进了友谊，促进了和谐。积极协助配合天主教三原、榆林教区祝圣助理主教工作，确保渭南天主教教区主教按期参加了中央统战部、国家宗教局在北京组织举办的“中青神职人员培训班”，并顺利参加了全国天主教第八届代表会议。高度重视民族宗教领域矛盾纠纷，不断完善民族宗教领域矛盾纠纷排查调处工作机制，稳妥处置各类突发事件。先后妥善处置了潼关县回民坟地赔偿纠纷、华阴市清真寺与西邻华兴酒楼界墙纠纷、华阴市二运司一回族退休老人的社会保障问题、临渭区城隍庙教职人员被打及教产落实问题、六姑泉道教固定处所教产落实问题等 10 多起不稳定事件。认真做好大型宗教活动安全检查及宗教活动场所安全稳定工作，确保了华阴玉泉院古庙会、华县十字山天主教朝圣等大型宗教活动安全有序实施。

(赵军锋)

人　物

先进模范人物

梁星浩　男,汉族,1942年1月生,中共党员。2001年任市关工委常务副主任,满腔热情地投身关心下一代工作,组织带领领导班子和办公室人员坚持每年两次深入各县(市、区)和基层村(社区、学校)进行调研,每年都形成一批调研材料和典型经验材料,有力地促进和推动了全市关心下一代工作的不断深入发展。近5年来带领工作人员深入县、乡、村(校)开展调研126次。在全市开展了"创建关教先进村(社区)"活动及"常怀感恩之心,不忘孝敬父母,我为构建和谐社会添光彩"教育活动、"远离网吧、做文明少年"主题教育活动、"庆祝新中国建立60周年作文朗诵大赛"等系列关心下一代活动。还先后召开了全市性的"创建关教先进村合阳现场会"、"加强阵地建设华阴现场会"、"办好科技学校服务新农村建设大荔现场会"。他为了做好3次现场会上的工作报告亲自深入3县36个村看现场,召开座谈会,掌握具体情况,总结新经验。他勤奋好学,在市关工委工作的9年写学习笔记10万字,写各类材料100多篇,在全国性的关心下一代工作会议上5次发言。他高度负责的精神和取得的成绩,得到了各方面的好评,被省委、省政府授予"未成年人思想道德建设先进个人"称号,省委组织部、省委老干部局授予"离退休干部先进个人",市关工委连续多次被中、省关工委授予"关心下一代工作先进集体"。他带头为青少年办实事、做好事。先后资助两名孤儿完成初高中学业。面对生命垂危的两名女孩,他积极组织市关工委全体人员捐款,同时给市委写了《送阅件》,使两名女孩得到资助,恢复上学。二华遭水灾后,他捐款1000元,又以关工委名义给受灾小学捐款10000元和4500本图书。汶川大地震发生后,他带头捐款1600元,听说北川灾区的3名孩子在白水上学时,立即专程看望并送去了慰问金。2010年6月,中国关工委、中央文明办授予其全国关心下一代先进工作者称号。

王伟志　男,汉族,1952年生,中共党员,市关工委办公室主任。从1995年担任华县老干局局长、县关工委秘书长到2002年担任渭南市关工委办公室主任15年,一心扑在关教工作上,在市、县关工委的建设上,做出了显著成绩,先后多次被评为县、市优秀共产党员、先进工作者和省、市关心下一代工作先进个人。2002年调任市关工委办公室主任后，充分发挥“承上启下、联系左右、当好参谋、搞好服务”的作用，多次受到中、省、市表扬。2002年至2006年，关工委就只他1名在职干部，关工委的大小活动，外出调研，到基层开现场会，他是老同志的“勤务兵”。他严于律己，宽以待人，发挥了一名共产党员的模范带头作用。他严格执行各项规章制度，生活上耐得寂寞，工作上乐于奉献，努力当好单位的“管家”，公物坏了，自己尽量修修补补，如修电路、修桌凳等。关工委和其他单位比，经费少、名声小，外出办事难，但他能正确对待，不厌其烦地办好一切事务。作为关工委里的“年轻人”，他把照顾好老同志作为应尽义务，不让老同志辛劳。他负责《中国火炬》、《童话世界》的征订工作，每到一县都详细过问、研讨推荐、宣传及用刊情况，年年受到中关工委表彰。关工委的老同志一致赞扬说：“伟志同志工作连身躺，几个人的工作一人担，是个雷锋式的好干部!”他为全市关教工作不断深入发展做出了贡献。2010年6月，中国关工委、中央文明办授予其全国关心下一代先进工作者称号。

何天祥 男，汉族，72岁，中共党员，临渭区关工委常务副主任。1998年退休后担任区关工委常务副主任。12年来，带领区关工委一班人，急党政所急，想青少年所需，尽关工委所能，不断推动全区关教工作全面发展。自1999年以来，先后受到中、省、市、区四级的表彰奖励32次。其中：中关工委、中国文化扶贫会和中国家庭教育研究所14次；省关工委、省精神文明办、团省委10次；市委、市政府、市关工委、市精神文明办、市妇联6次。受到区委、区政府表彰奖励2次。2005年被省关工委授予关心下一代工作先进工作者，2006年被市关工委授予关心下一代工作先进个人；2006年以来，连续四年被区委授予优秀共产党员称号。自担任关工委常务副主任以来，每周一组织驻会人员集体学习上级关工委的文件以及各地的典型经验，坚持每月一次例会，向“五老”进行思想培训，把全区的“五老”思想统一到党的路线方针上来，使全区的关教工作紧密围绕党的中心工作开展活动。不断健全各级关教组织网络建设，全区28个乡镇、办、495个建制村、51个社区和40个区直部门，全部建立了关工委。全区有284所中小学校、176个事企业单位，250多个居民楼院和780个村民小组都建立了关教组织。动员离退休老同志参加区乡两级讲学团，并设立思想道德、法制、科技、家教四个分团，并亲自担任讲学团长。组建227名网吧义务监督员队伍，并一身作则，多次深入网吧检查监督，纠正违规行为，营造青少年良好的学习环境。围绕创卫工作，组建319人的“五老”义务监督员队伍。全区共参加关教活动的总人数达到35900人，其中“五老”28000人。从事关教工作12年来，一直敬业爱岗，忠于职守，严格要求自己，亲自动手拟订工作计划、工作报告、讲话110多篇，总结典型材料61份，给培训干部作报告210多场次，其无私奉献忘我工作的革命精神，受到区上领导和同志们赞誉。2010年6月，中国关工委、中央文明办授予其全国关心下一代先进工作者称号。

王毅 男，汉族，74岁，中共党员，白水县关工委常务副主任。1997年退休后担任县关工委常务副主任，已13年。他一上任从搭台子、组班子、起步子，到创新发展，全面推进，使县关工委组织网络化、机关规范化，实现了“三步走”的工作目标。2000年、2002年市、省关教工作现场会在白水召开，先后获市、省关教工作先进单位，2005年获省委、省政府表彰的未成年人思想道德建设先进集体，全国关心下一代工作先进集体，连续9年获全国关心下一代宣传工作先进集体。他本人获市、省关教工作先进个人。他坚持学习，与时俱进，近几年来以科学发展观为指导，带领县关工委一班人创新发展，在实现“三结合”教育、学区关工委建设和关爱留守子女、办好农村科技学校、帮助农民致富等，创造了新经验，受到省、市关工委的肯定。他十分重视关工委队伍建设，全县三支关教队伍不断壮大，有工作队伍1832人，骨干队伍9871人，参与队伍16750人。他亲自抓“五老”骨干队伍培训先后讲课27次。他带领县关教讲学团深入基层给青少年讲思想道德课、法制课，给家长上家教课，给青年农民讲科技课。他在13年亲自备课，讲课98场次，受教育的家长和青少年达11万人次。他特别重视青少年中特殊群体的关爱工作。十多年来，在他的带动下由老同志牵线搭桥共引资筹资捐资2634万元，新建中学2所、小学2所、幼儿园1所，设立奖助学金会11个，奖励优秀生3124人，救助贫困生3121人次，救助留守儿童465人，帮助教育转化失足青少年126人，购置图书3.1万余册，其中由他出面从港台引资298万元。2008年，为汶川地震灾区捐款1000元，交纳特殊党费1000元。他经常深入基层，搞调研，发现和培养典型，主持召开各种现场会87次，使白水县关教工作年年有进展。2010年6月，中国关工委、中央文明办授予其全国关心下一代先进工作者称号。

李万长　男，汉族，76岁，中共党员，大荔县关工委常务副主任。他是1996年参加关教工作的，14年来以高度负责的精神把心血倾注于青少年的成长，善于钻研，乐于奉献，为县关教事业做出了贡献。县关工委两次被评为省市先进集体，他个人多次获省市先进个人，使关教工作得到社会的承认，广大群众的好评。他带头和组织关教干部学政治、学业务。五次邀请领导和知名人士就科学发展观的精神实质和重大意义以及如何统领关教工作作报告，受教育人500余人。据统计全县参加学习达700人次，写心得体会30余万字，举办专栏400余块。他多次深入乡(镇)村就如何壮大“五老”队伍调查研究指导关教工作，先后总结了伯士、埝桥、羌白等乡镇发展壮大“五老”队伍的经验，并召开会进行交流，使“五老”队伍由开始1500人发展到16500余人。他明确提出，农村关工委要为新农村建设培养懂科学、会管理、会经营的农村新人，使群众科技意识增强，农民收入不断增长，有些村人均纯收入达6000余元。他关心弱势群体，营造良好的成长环境。一抓法制教育，使广大青少年学法、懂法、守法，特别是学校学生中的犯罪率和暴力行为大大减少；二抓网吧监督工作，使网吧环境得到明显改观，受到社会各界好评；三抓关爱留守儿童，全县留守儿童工作发展态势良好，全社会关心留守儿童的氛围已经形成。2010年6月，中国关工委、中央文明办授予其全国关心下一代先进工作者称号。

卜崇民　男，汉族，72岁，中共党员，富平县关工委常务副主任。担任县关工委常务副主任12年来，带头实干，忘我工作。在工作中，突出重点，集中精力抓创建关教先进村。到2009年，经县委、县政府命名的关教先进村72个，市级关教示范村2个，省级关教先进村1个。团结带领一班人，抓各级关工委的工作班子建设、“五老”队伍建设、阵地设施建设、规章制度建设，积极争取各级党委、政府对关心下一代工作的领导支持，初步建立起全县关心下一代工作长效机制。他尊重老同志，团结一班人，克服种种困难，扎实工作，在县委、县政府的领导下，使全县关心下一代工作呈现出新的面貌，踏上新的台阶。1998 年县关工委被渭南市关工委评为“六有六好”关工委；2000 年被陕西省关工委评为全省关心下一代工作先进集体；2001 年、2006 年先后两次被渭南市评为全市关心下一代工作先进集体。他本人也多次被评为省、市关心下一代工作先进个人。几年来，卜崇民在指导和安排全县关教工作时，把创建关教先进村作为关心下一代工作的一个始终不变的重点抓住不放。在不断提高社会各界、关工委和“五老”对创建关教先进村重要性的认识，提高创建工作自觉性、主动性，不断提升关教先进村的档次和水平。2010 年 6 月，中国关工委、中央文明办授予其全国关心下一代先进工作者称号。

雷有生　男，汉族，中专文化，家住韩城市王峰乡刘儿岭村一组，现年 61 岁，党员，全家共 7 口人，四世同堂，老母亲 86 岁高龄。他的家庭是一个文明、团结、有活力的家庭。曾多次被市、乡评为“精神文明家庭户”和“平安家庭示范户”。他曾任十四、十五、十六届刘儿岭村村长，担任韩城市司马迁学术研究会名誉主席，韩城市老年学学会会长，渭南市三届、韩城市十六届人大代表。他是一个小型企业家，出身在一个贫苦的农民家庭，在创业的漫长道路上始终把孝敬老人作为创业的基石，再苦再累也不忘记赡养、孝敬老人。“人生五伦孝为先，自古孝是行源，父母恩情深似海，人生莫忘报亲恩”。他在父母的熏陶和教育下，在艰苦岁月里学会了怎样孝敬老人和关爱、教育子女，他对父母体贴无比，照顾周到，父亲在世时，年老常有病，他从生活上照顾，精神上鼓励，思想上开导，使老父亲度过了一个幸福的晚年。父亲去世后，他从思想上更加增强了母爱，一心一意为母亲的身心健康着想。在他的用心照顾下，老母亲身体健康，心情舒畅，出行不用拐杖，步伐矫健，精神饱满，看上去比实际年龄要小十多岁，2008 年 12 月，86 岁高龄的老母亲走上文艺舞台，参加了陕西电视台组织的陕西碎戏“想起了老妈妈”节目表演和清明节司马迁祭祖大型活动，并上了韩城电视台，使老母亲在欢乐中安度晚年。创业富了，不仅关心自家老人，还孝敬社会老人。在村里，雷有生不仅细心照顾老人，和睦邻里，村里老人看病他都给出钱，当谁家有困难时，他都会热心帮助，和他相处过的人，无不称赞他的美德，无论大小事，只要他能帮忙的，他都不厌其烦，一帮到底。大家都十分尊重他，称他是大家的贴心人，孝敬老人的好儿子。2010 年在和谐中国年度峰会上获“和谐中国年度十大公益人物”、“中国公益事业形象大使”殊荣，同时全国老龄办、民政部、教育部、国家广电总局、共青团中央、全国妇联、中国关工委授予雷有生“全国孝亲敬老之星”称号。

县(市、区)概况

临 渭 区

区委书记　杨炳拓
副书记　张普选
区纪检委书记　张纪平
区人大常委会主任　安申生
副主任　孟汝钧　牛焕萍　陈广义　弋经建
区长　李县平(2月任职)
副区长　张志斌　郭桂国(2月任职)　石军武　王锁牢　雷立新
　　张斐(2月离任)　徐　俊　杨美玲　郭兴林　朱铁萍(5月离任)
区政协主席　周新民
副主席　张苏良　冯建平　李　由　李小艾　姜雪芳

【概况】 2010年,全区生产总值完成125亿元,比上年增长15.6%,是2005年的2倍。区级财政总收入8.1亿元,增长26%;地方财政收入1.73亿元,增长30%,是2005年的3.7倍。固定资产投资131.35亿元,增长39.4%,是2005年的2.1倍。社会消费品零售总额实现48.2亿元,增长18.7%,是2005年的2.8倍。城乡居民收入分别达到16495元和4565元,增长17.8%和22.2%,是2005年的2.3倍和2.1倍。

【重点项目建设】 20个区级重点项目完成投资18.3亿元,超年度投资计划0.3个百分点;10个市级重点项目完成投资11.5亿元,超年度投资计划5个百分点。全力配合做好大西铁路、渭韩煤层气管道铺设等中省市重点项目征地拆迁和环境保障工作,确保了项目顺利实施。把招商引资工作重心转移到城市开发和渭北葡萄产业园建设上,全年新招引项目20个,合同引资66亿元,其中上亿元项目10个,新开工建设项目17个,到位资金4.66亿元。争取到位中省投资项目资金4.9亿元。

【中心城市建设与管理】 按照重点改造城中村、加快开发老街区、大力发展服务业、全面建设宜居城市的思路,全力推进城市大拆迁、大改造、大建设、大发展。城市建设以征地拆迁安置和城中村改造为重点,实施城建项目53个,实行"一个项目、一套班子、一套方案",区级四大班子一线包联,抽调10个部门一把手、10个镇办党委副书记、100余名后备干部组成工作组全力推进,城建项目完成投资7.8亿元,征地250多公顷,拆迁1024户34个单位36.5万平方米;开工建设槐衙千亩安置小区等6个安置小区,40栋安置楼24.1万平方米安置房正在建设之中。14个城中村完成修建性详规的编制和报批,实施城中村改造项目12个,许村完成整体拆迁。郑西客运渭南北站广场、三贤路、杜化路、民生路等省市重大项目进展顺利。城市管理以创国卫、创省模、创省园为载体,实施城市精细化管理,建立了暗访常态化、考核标准化、评比制度化、监督社会化、管理规范化的城市管理"五化"新机制,实行城市管理投诉举报奖励办法,充分调动了社会各方参与城市管理的积极性。城市执法管理坚持开展违规建房、市容管理的动态巡查和整治,乱摆摊点、乱搭乱建等"八乱"得到有效控制,依法强制拆除违章建筑4.5万平方米。环卫基础设施完成投资2500多万元,建成渭蒲桥生活垃圾中转站,租设环卫工人道班房30个,新改建公厕28个。创环境模范城市工作扎实推进,先后拆改燃煤锅炉262台。配合开展大树进城活动,新增绿地330公顷,创建园林式单位和小区各30个,实施渭河近堤绿化和渭北渠路绿化361公里,南塬北坡绿化24公里1200公顷。依托城建项目搭载式发展城市服务业,招引投资商实施街区整体开发改造,招引知名品牌企业入驻,实施服务业重点项目16个,完成投资7.5亿元,信达城市体育运动广场、沈河水岸新城等项目投入运营,城市快捷酒店、仓程路、金水路等街区服务业及近郊农家乐项目迅猛发展,带动城市近郊旅游业快速发展,航天测控装备博物馆、秀龙山生态休闲旅游中心等旅游产业项目相继投入运营或开工建设,城市品位和形象有了新提高。城区各类批发零售商品流通网点发展到1.2万个,恒基商业中心等大型综合商场20多个,交通物流企业45个,商务酒店、桃园酒店等餐饮住宿服务企业1028个,海阔天空等休闲娱乐服务企业182个,吸纳从业人员9万多人。以城市服务业为主的第三产业增加值达到57.4亿元,逐步占据经济增长的主导地位。

【工业经济】 全力服务辖区工业发展,对中省市属企业着重抓外围环境保障工作,妥善处理了青岛啤酒租赁纠纷、华仁制药土地纠纷等问题,协调帮助5户企业争取流动资金贴息贷款116万元。以妥善安置职工为前提,稳妥推进区属企业改革,新核销债务1.9亿元,妥善解决了11044名国有集体企业职工、临时工养老统筹问题和6232名关闭破产国有企业和困难企业退休职工医疗保险参保问题。全年新增规模以上工业企业7户,总户数达到55户。规模以上工业企业总产值77.3亿元,比上年增长24.8%。

【农业经济】 推进"一村一品"工程建设,在南塬地区开展"送技术、兴产业、促增收"活动。以渭北葡萄、南塬核桃、全区畜牧为龙头的十大特色产业发展格局基本形成。生猪存栏达到51.1万头,奶山羊8.5万只,奶牛3.1万头,笼养鸡354万只,肉鸽8.7万对,建成养殖小区和规模养殖场416个;核桃面积突破6000公顷,猕猴桃1300公顷,冬枣4330公顷,设施蔬菜5300公顷,香菇1000万袋,苗木花卉基地建成20公顷,获全国粮食生产标兵县、中国无公害果蔬十强区称号。6个农产品通过绿色农产品基地和无公害基地认证,无公害红提葡萄标准综合体填补了全市空白,注册“渭乐天”等特色农产品品牌7个，发展农民专业合作组织427个、乡村农业信息综合服务站298个、农业产业化龙头企业59户。治理改造中低产田930公顷，新打、修复机井33眼，衬砌渠道138.5公里，新增节水灌溉面积2660公顷。启动渭北排碱清淤治理工程，清淤疏通干沟8.25公里、分沟13公里，开挖排水沟2.31公里，新建桥梁4座，铺设穿路涵管86处，及时排除3800公顷农田内涝明水，保证群众及时耕种。

【渭北葡萄产业园建设】 启动建设渭北葡萄产业园，招引葡萄物流、保鲜等项目7个，完成土地流转70.8公顷，引进栽植新品种葡萄67.4公顷，建成6公里“四纵三横”园区路网，形成渭北葡萄产业基地。全区葡萄面积突破8600公顷，居全省第一，先后获陕西葡萄之乡、中国葡萄之乡称号和首届中国渭南葡萄节暨全国第17届葡萄学术研讨会承办权。

【民生工程】 以实施民生工程项目为重点，着力解决群众最关心、最直接、最现实的利益问题。53个民生工程项目完成投资4.9亿元，区财政配套5800万元。全年向农民发放各类补贴1.53亿元，发放城乡低保、特困对象救助等资金7078万元。新型农村社会养老保险扩面1050人，发放养老保险11.1万元。城镇居民医疗保险扩面到7.2万人。高考各批次上线人数居全市第一，义务教育均衡发展合格区创建通过市级验收。投资1200万元的青少年校外活动中心、投资1000多万元的人力资源市场建成运行。创建国家级创业型城市，建立5个创业孵化基地、3个实训基地、3个示范企业，发放小额贷款2436万元，带动就业1万余人。开发公益性岗位1800个，城镇新增就业20239人，农村劳动力转移就业16万人。新农合参合率达到95.6%，补偿参合患者50.34万人次7354.9万元，免费为全区65岁以上老人进行了体检。深入推进农村居民进城就业和落户工作，城中村村民已整体转为城市居民。计生优质服务深入开展，农村母亲健康工程、优生促进工程、计生家庭创业工程扎实推进，惠及19万育龄妇女，人口自增率控制在5‰以下。农村社会化公共服务机构建设取得新进展，投资1200多万元，新建6个乡镇计生服务站、7个乡镇综合站、84个农家书屋、67个农民体育健身工程、57个村级组织活动场所、47个服务站、4个城市社区服务中心、29个农村社区服务中心。开工建设廉租房6.5万平方米，发放廉租住房补贴638.42万元。3个地质灾害危险区整村搬迁项目和4个移民村整村搬迁项目有序进展，291户群众喜迁新居。

【安全稳定】 以平安临渭、和谐临渭建设为主题，开展信访稳定大排查、安全生产大检查、道路交通安全大整治、非法传销大清除、“两抢一盗”严打击等专项活动，全区安全稳定形势明显好转，社会治安满意率退出全省后十位。组建全省首个县级社情民意调查中心、全市首家信访接待大厅，区财政投入1000余万元用于平安建设，所有镇办设立了平安综治中心，为城区6个街道办增配了专职政法副书记，乡镇增配兼职政法副书记，为社区招配51名综治专干，将1040名环卫工人发展为兼职社会治安员，公安巡特警队员由100名扩充到260名，为全区20多万部固话用户开通平安建设宣传彩铃，城区800多辆出租车开通平安建设提示语，设立平安建设固定宣传栏600余块，印发6万份社会治安综合治理挂历、4.8万张平安建设年画、2万份平安知识宣传册、33万张警民联系卡、8万份平安倡议书，新建治安查报站和治安岗亭18个,新装视频监控600多个,新添巡逻车辆45台,每天安排不少于150名警力上街巡防,乡村建立专门治安巡逻队,人民群众安全感不断提升。公安机关共破获各类刑事案件2246起,打掉犯罪团伙50个;捣毁传销窝点410个,遣散传销人员7600人,刑事拘留72人。安全生产四项指标全面下降,未发生较大安全事故。信访总量、集体访批数等较上年呈下降态势,全区信访形势总体趋好。

(惠友胜)

韩城市

市委书记　姚双年
副书记　张建中　张建华
市纪检委书记　张海乾
市人大常委会主任　张可欣
副主任　薛武辰　相里力　王云章　贾效民　文养浩
市长　张建中
副市长　王勇(8月离任)　樊益民　周甲午　梁军民　王凯民
苗振兴(8月离任)　孙虎敬　刘　莉　张　龙
市政协主席　郑铁成
副主席　赵耀武　王秀兰　里　民

【经济概况】　2010年,全市实现生产总值145亿元,比上年增长18.2%。其中,第一产业增加值9.4亿元,增长6.9%;第二产业增加值103亿元,增长22.2%;第三产业增加值32.6亿元,增长9.2%。地方财政收入6.98亿元,增长26%。城镇居民人均可支配收入18600元,增长20%;农民人均纯收入5720元,增长18%。市域经济实力连续七年进入西部百强县(市),连续四年进入陕西十强县(市),入围西部最具投资潜力百强县(市)。

【农业经济】　全市农林牧渔业总产值实现16亿元,比上年增长11.6%。粮食总产8.6万吨,略低于上年;花椒总产1900万公斤,产值7.6亿元。果业生产稳定,总产11.23万吨,产值2.2亿元。蔬菜播种面积2800公顷,总产13.1万吨,产值1.45亿元。畜牧产业稳步发展,肉、蛋、奶产量分别达到13167吨、5000吨、1400吨,实现产值3.12亿元。生态林业发展态势良好,新栽花椒200公顷,新栽核桃533公顷,完成造林绿化4370公顷,园区绿化106公顷,实现林业产值0.4亿元。农业基础设施进一步改善,建成通村油路48.2公里,铺设巷道28公里,新修基本农田300公顷,改造中低产田146公顷。

【工业经济】　加大保增长、促转型力度,支持重点企业和重点行业加快发展,产业升级取得实质性突破。龙门煤化500万吨焦化、中石油煤层气开发、煤层气管道工程等产业化项目建设顺利，阳山庄200万吨新型干法水泥、裕隆100万吨焦化和合力100万吨焦化一期工程正式投产，建成龙刚3号、4号炼铁高炉，黄河煤化16.5万吨煤焦油深加工生产线，侃达300万吨洗煤生产线。主要产品产量钢材410.6万吨，增长13.3%；焦炭394.2万吨，增长8.0%；水泥47.3万吨，增长0.3%；纱8041吨，增长24%；发电量120.5亿千瓦时；原煤539.3万吨，下降12.0%。全年规模以上工业企业实现总产值330亿元，比上年增长26%；销售产值326亿元，增长25.3%，产销率96.1%。

【节能减排】 全年关停焦化生产线4条，淘汰产能70万吨；关停水泥生产线3条，淘汰产能33万吨；关停炼铁小高炉3座，淘汰产能69万吨；关停小火电13.25万千瓦。建成污水处理厂和垃圾处理场，对23家重点企业实施在线监控，年实现二氧化硫减排5.69万吨，削减化学需氧量575吨。积极争取国家节能项目投资，全年争取环保节能专项资金300万元，建成龙钢烧结余热发电等节能项目3个。全市综合能源消耗量630万吨标准煤。

【工业园区建设】 加大园区基础设施建设，完成投资5.57亿元。滨河路工程开工，108国道北段一级路改造及平安路、西昝路、禹门330kV变电站等项目建成投用。清理“三堆”物品5万余吨；完成59家洗煤厂扬尘污染治理；对园区41家重点企业进行绿化，栽植各种苗木30余万株，绿化面积达100公顷，园区生态环境得到初步改善。园区工业总产值268亿元，循环经济产值超过90亿元。

【项目建设】 以重大项目为抓手保持投资快速增长，全市52个重点建设项目完成投资89亿元，龙钢集团高炉富余煤气发电、盈德气体公司制氧、越红纺织二期3万锭纺纱等项目竣工投产。十项重点工程和十项为民办实事项目进展顺利，完成投资54.6亿元。57个前期项目全面完成年度目标任务，其中15个项目已开工建设。全年招商引资签约合同16个，到位资金29.66亿元。全年策划申报项目88个，共争取农村沼气、农村安全饮水、水土流失治理、城市供水、污水处理配套管网、土地整理、保障性住房建设、抢救性文物保护、校舍安全建设、社区卫生服务中心建设等各类建设资金4.2亿元。全社会固定资产投资完成94.7亿元(含龙钢投资项目为119亿元)，比上年增长35.4%；其中城镇固定资产投资完成83.8亿元，跨区域项目完成投资9.7亿元，农村私人建房完成1.2亿元。

【城镇建设】 全力开展“三城联创”活动，修编城市总体规划。改造龙门大街、乔南路西段等城市道路，建成城市污水处理、垃圾处理等城市配套项目，实施太史大街东段绿化、龙门大街绿化、盘河路南段绿化等工程，投资330万元完成昝村镇道路绿化美化工程，投资3600万元启动龙门镇禹门大街南段道路工程、龙钢西大门道路等工程。龙门、西庄、昝村、芝川四镇创卫取得成效，镇区和国道环境面貌明显改善。

【民生工程】 积极实施民生和社会事业项目，完成投资3.22亿元；其中基本建设类完成1.44亿元，政策补贴类完成1.78亿元。完成司马迁中学教学楼、芝川初中师生食堂建设，农村安全饮水工程、广播电视村村通工程、农村社区服务中心建设、廉租房建设、乡镇综合文化站建设、社区服务体系建设、移民后期扶持项目、重点扶贫村建设、平安韩城工程建设项目进展顺利。实施义务教育阶段寄宿制学校“蛋奶工程”，补助632.4万元。全力落实就业促进政策,多渠道开发公益性就业岗位,新增就业6000人。新型农村社会养老保险试点工作顺利实施,已补助2327.4万元。实施城乡最低生活保障,对全市城、乡低保户发放生活补助3862万元。提高新型农村合作医疗地方补助标准,发放补助1699万元。

【旅游业】　坚持把发展文化旅游作为带动三产的突破口,狠抓旅游开发和文化宣传,实施了梁代村遗址文物陈列馆、古城三庙贯通、司马迁祠环境整治等7大文物保护工程。与陕西文化产业投资有限公司合作,组建韩城文化旅游开发公司,投资50亿元的古城——司马迁祠景区项目前期准备工作就绪。加大宣传促销,成功举办梁代村考古发掘央视直播、民祭司马迁、全国锣鼓大赛等大型文化活动,提升了韩城文化旅游的知名度和影响力。2010年,接待游客突破100万人次,旅游综合收入3亿元。

(孙振强)

华　阴　市

市委书记　党德才
副书记　卢发兴　程　军
市纪检委书记　张　喜
市人大常委会主任　杨怀强
副主任　龚国宪　党学民　蔺西川　孟月亭
市长　卢发兴
副市长　段孟海　王春生　唐雷鸣　张红丽　高江宏　张　开　李发生　单根荣
市政协主席　高　鹏
副主席　雷松江　刘华斌　石立东

【概况】　2010年,华阴市经济社会保持较快发展态势,全年生产总值实现48.75亿元,比上年增长15.2%。其中,第一产业增加值3.57亿元,增长6.5%;第二产业增加值26.94亿元,增长18.1%;第三产业增加值18.24亿元,增长13.6%。全社会固定资产投资完成59.1亿元,增长43.1%。地方财政收入1.58亿元,增长30.4%。社会消费品零售总额12亿元,增长25%。城镇居民人均可支配收入16470元,增长21%;农民人均纯收入4453元,增长17.1%。人口自然增长率5.29‰。

【农业经济】　2010年,全市实现农林牧渔业总产值60345万元,比上年增长6.7%。其中,农业产值44984万元,增长6.8%;林业产值1195万元,下降21.9%;牧业产值8316万元,增长27.6%;渔业产值1917万元,下降26.3%;农林牧渔服务业产值

3933万元，增长5.1%。全年粮食产量97623吨，增产2119吨。其中，夏粮总产量37184吨，增产1438吨；秋粮总产60439吨，增产681吨。瓜果总产44741吨，增产3985吨。油料总产1534吨，减产52吨。蔬菜总产37186吨，增产594吨。棉花总产1549吨，减产289吨。全年完成造林面积3266公顷，比上年增长133公顷；四旁植树65万株，与去年基本持平。年末水产养殖面积145公顷，增长22.8%；水产品产量1520吨，增长33.5%。年末大家畜存栏6413头，增长1.4%。全年肉类总产量2672吨，增长14.9%；牛、羊奶产量2547吨，增长16.3%。农田水利基础建设继续加强，农业综合开发力度加大。全年改造中低产田5333公顷，完成总投资591万元。新打机井47眼，修复配套机井18眼，新修渠道10公里，全年新增有效灌溉面积310公顷，累计有效灌溉面积8750公顷。

【工业经济】　完成工业增加值23.62亿元，比上年增长18.5%。工业总产值62.70亿元，增长12.5%。其中规模以上工业企业完成工业总产值43.73亿元，增长30.3%。市属工业企业完成总产值18.97亿元，下降14.5%。定期深入企业调研，重点协调解决企业煤、电、运、油等生产经营问题，优化企业生产环境。积极衔接省市优惠政策，为中联重科、博华、磊森等5户企业申办技术改造、技术创新、新增产能达效等贴息贷款和技术改造设备进口免税。全年新增规模以上工业企业6户，全市规模以上工业企业总数达到19户。

【非公有制经济效益大幅提高】　全市中小企业和非公有制经济实现利润1.04亿元，上交国家税金9443万元，分别较上年增长93.4%和167%。中小企业和非公有制经济实现增加值20.4亿元，增长74.7%，中小企业和非公有制经济增加值占到全市生产总值的42.48%。

【重点项目建设】　坚持项目建设作为“扩内需、保增长、调结构”的重要举措来抓，成立20个由市级领导分别任总指挥的项目建设指挥部，建立重点项目建设联席会议制度和全程跟踪督查、定期通报制度，及时全面掌握项目进展情况，解决项目建设中存在的各种困难和问题，确保项目建设顺利开展。支撑固定资产投资的59个项目完成投资59.1亿元，较上年净增16.1亿元。项目建设保持高强度、大规模的良好势头。

【招商引资】　紧跟国家投资方向，健全完善工作机制，全年共策划包装重大项目39个，计划总投资123.5亿元，筛选确定重点前期项目30个。争取落实国家各类资金3.4亿元，到位3.2亿元，较上年增长5%。采取以商引商、组团招商和小分队招商的办法，先后赴福建、广东、山东等地上门招商，组织参加第十四届西洽会、第十七届农高会等经贸洽谈活动，宣传华阴，推介项目。新签城市文化公园、动感温泉等项目24个，合同引资71.55亿元，到位资金4.62亿元。续建华山世知度假酒店、华山温泉大酒店等项目20个，完成投资25.77亿元。

【城市基础设施建设】　“东扩南接，城景一体”的城市发展战略稳步推进。累计投资1亿余元，完成华山北站站前广场、污水处理厂、长城路、书院路、宝莲商业街等工程，开工建设城市文化公园、天然气站及管网、八一路、东环路、滨河大道、杜峪河公园等项目，市政设施和服务功能日趋完善。高起点、高标准完成“华”文化广场、长城路西延、杨震路南段、南环路等项目设计。累计投资1亿余元，加快建设盛世名门、东方名城、凤凰城、五岳一品、广厦锦园等房地产项目,竣工面积16.89万平方米。

【一城四创】 实行市级班子包路段、部门包区段、产权单位包门前的三级包联工作机制,开展声势浩大的"一城四创"主题宣传,营造创建活动氛围。狠抓硬件建设,投资1555万元,完成市区绿化亮化、人行道铺设,建成5座公厕。扎实开展市容市貌综合整治,刷新门头889处,规范门头牌匾600余个,取缔店外经营250余户、流动摊点400余个、明火亮灶40余户,拆除不规范广告牌450余块,清除野广告10万余条(张)。扎实开展城中村环境整治,规划实施城东建材专业市场建设,大力开展农村改厕,严格规范机动车和非机动车管理。城市四创建工作取得明显成效,省级卫生城市创建工作顺利通过渭南市级全面考核鉴定和省级初步技术调研,创建省级环境模范城市、省级园林城市和旅游示范市工作顺利完成年度目标任务。

【旅游业】 旅游基础设施投资加大。累计投资4亿元,完成华山生态广场、华山巨灵索道及瓮峪进山公路、华山世知度假酒店、兴和度假山庄、华山温泉大酒店等项目年度建设任务,市客运汽车站、瓮峪游客中心、仙峪游客中心项目启动建设。宾馆、酒店、农家乐等数量和规模不断扩大,旅游要素日益完善。新增和规范旅游标识85处(个)。华山五村拆迁工程进展顺利,华苑安置小区一期工程11栋45600余平方米住宅已全部竣工并交付使用。先后举办了北京媒体旅行社华山采风踩线、走进大秦岭生态论坛、"名人拜华山——中国文化名家走进华山采风"、"中国名家华山论坛"、"镜美中华——与名家同行摄影"等活动,参加世博会渭南团、华山旅游进台湾、第二届渭南文化旅游节等旅游宣传推介活动;参与组织环中国自行车大赛、中国武术散打超级联赛等有影响的活动,宣传华山,推介华阴。华山创建5A景区经国家旅游局验收批准,创建省级旅游示范市工作完成年度任务。华山御温泉、鸵鸟王生态园申报3A景区工作进展顺利。加大对景区经营秩序的日常督促检查整治力度,处理游客投诉案件6起,彻底整治强拉强卖、欺客宰客、无证经营等不法行为。加强景区环境卫生综合治理,教育引导各经营户合法经营、文明经商。华山主景区、西岳庙、仙峪景区实行联票制。全年旅游总人数252万人次,比上年增长20%;其中华山登山人数153万人次,增长49%。

【抗洪救灾】 科学修订度汛预案,备足备齐防汛物料,认真排查度汛隐患,扎实做好各项备汛工作。面对突如其来的"七二四"特大暴雨洪水,迅速撤离受地质灾害及洪水危胁地区的群众9692人次。罗敷河西堤发生决口后,靠前指挥,众志成城,经过47小时的英勇奋战胜利封堵决口,最大限度的减少灾害损失,实现大灾面前无一人伤亡。全力开展灾后重建工作,迅速查灾、报灾,制定《七二四特大暴雨洪涝灾害损毁农村民房恢复重建实施方案》,积极争取上级水毁项目和资金。扎实开展抽排积水、灾民建房、水毁道路修复、灾后人饮重建等救灾工作,共抽排积水600余万立方米,修复水毁堤防260米、道路30公里,解决华阳管区4500人的安全饮水问题,完成305户受灾群众的建房任务。

【社会稳定】 全面实施推广信访矛盾纠纷综合调处工作机制,建立社会稳定风险评估机制,启动信访接待大厅,全年接访266批1280人(次),受理信访案件48件,案件报结率96%。平安华阴创建扎实开展。加大平安创建宣传和治安技防体系建设力度,在全市学校安装视频监控443个,初中以上学校建立警务室21个,配备专职保安50名,为校园安全保驾护航。扎实开展“春季严打整治”、“打击两抢一盗”、“打击毒品犯罪”、“酒后驾驶”等专项整治活动，人民群众安全感得到增强。侦破刑事案件415起，打掉犯罪团伙24个。深入开展食品安全专项整治与检查、整顿和规范药品市场专项行动，检查涉药涉械单位120余家次，查处涉药涉械违法案件88起。扎实开展安全生产执法、隐患治理、宣传教育三项行动，开展安全生产大检查8次，全年各项安全指标均控制在规定范围之内，未发生一起重大安全责任事故。加大秦岭北麓生态环境保护，集中开展大敷峪石材开采集中整治，全部取缔可视面采点7处，规范石材开发秩序。

【社会事业】 民生工程完成投资2.71亿元，占年度计划的113%。教育质量稳步提高，高考文理科二本以上上线458人，中考成绩跃居渭南市第3名。全市“蛋奶工程”受益学生7635人。华阴市医院2号住院楼主体封顶。巩固省级计划生育优质服务市创建成果，积极实施母亲健康、优生促进、计生家庭创业三项工程，全市人口出生率9.82‰，自然增长率5.29‰，低生育水平保持稳定。创建省级现代农业科技创业示范基地1个、省级农业科技专家大院1个。成功创建渭南市双拥模范城。“华阴老腔”先后参加文化部春晚演出、中央电视台“心连心”艺术团慰问演出、台湾“陕西文化季”演出、“上海世博会—世界音乐周”演出。全面完成节能减排工作任务，关停华能陕西省秦岭发电公司1号2号机组，万元GDP能耗6.04吨标准煤，较上年下降6.5%。

【社会保障】 投资1758万元，建设廉租房234户1.3万平方米。47495人参加城镇居民医疗保险，为1327名城镇职工补助医疗费177.02万元，为1144人兑付农村养老金4.1万元。发放城市和农村低保金3800万元，惠及2.3万人。172048人参加新农合，参合率95.33%；为8858名参合农民补偿医药费1585.87万元，人均补偿1790元，补偿达到封顶线78人。扩大门诊统筹范围，全市共审批定点村卫生室168家，门诊统筹补偿95727人，补偿金额316.84万元。实施下岗失业人员创业小额贷款政策，累计为409户发放贷款1824万元，完成年度任务228%；新增城镇就业8988人，完成年度计划180%，城镇登记失业率3.7%。

（张彩燕）

潼关县

县委书记	金敏学（6月离任） 何树茂（6月任职）
副书记	何树茂（6月离任） 王青峰
县纪检委书记	张毅峰
县人大常委会主任	梁光钦
副主任	郭瑞苗（女） 赵锦绒（女） 郭启峰 廖长德
县长	何树茂（6月离任） 王青峰（6月任职）

副　　县　　长　白高振　闫华锋　王根娃　李含存　严晓慧(女)
　　　　　　　　赵志杰　王根宝(11月离任)

县 政 协 主 席　顾金孝

副　　主　　席　陈宗茂　范智慧　秦敏丽(女)

【经济概况】 2010年,全县生产总值20.3亿元,比上年增长15.1%。其中,第一产业增加值1.92亿元,增长6.4%,占生产总值的9.5%;第二产业增加值9.6亿元,增长23.5%,占生产总值的47.3%;第三产业增加值8.78亿元,增长12.1%,占生产总值的43.2%。全县人均生产总值13217元。固定资产投资21.94亿元,增长67.95%。社会消费品零售总额6.06亿元,增长18.4%。

【农业经济】 全县农林牧渔业总产值完成3.59亿元,比上年增长6.5%。其中,农业产值2.21亿元,增长1.3%;林业产值418万元,下降65.8%;畜牧业产值1.09亿元,增长42.5%;渔业产值341万元,增长2.5%;农林牧渔服务业产值2050万元,增长4.3%。年末农业机械总动力84673千瓦,化肥施用折纯属量8826吨。粮食生产连续七年丰收,总产量5.3万吨,增长0.01%。其中,夏粮2.82万吨,增长20.78%;秋粮2.47万吨,下降16.4%。油料总产0.53万吨,增长30.2%。发展日光温室43公顷346棚,大、中、小棚蔬菜27公顷435棚,发展设施蔬菜示范基地5个。苹果总产0.94万吨,增长14.01%。实施陕西东大门绿化建设项目二期工程,完成造林面积3866.67公顷,育苗146.67公顷,道路绿化50公里,四旁植树55万株,被国家林业局评为“三北防护优质工程”。集体林权制度改革全面完成。年末全县生猪存栏13万头,新增养殖重点村3个,新扩建规模养殖场14个。肉类总产量7340吨,增长91.3%;禽蛋产量638吨,增长3.4%。水产品产量360吨,增长2.86%。建成下汾井村、周家城村“畜沼菜”循环农业基地,前进循环农业示范园沼气项目实现集中供气,是西北地区唯一一家为农户集中供气的大型沼气工程。水利建设投资2753.8万元;其中安全饮水工程投资650万元,新打机井7眼,新建水塔5座,蓄水池9座,铺设干支管网88公里,解决了20个村1.3万人的安全饮水问题。恢复灌溉面积400公顷,扩大灌溉面积66.67公顷。太峪水库除险加固全面完成并投入运行,水利工作获“陕西省水利振兴杯”。农业综合开发,改造中低产田400公顷,衬砌渠道22公里。平整土地3086.67公顷。

【新农村建设】 制订以窑上村、西姚村、桃林寨村为重点的10个新农村试点村建设年度目标任务,调整窑上村、桃林寨村、西姚村3个市级重点村包联部门。对310国道、高速公路及引线沿途进行“三清”(清路障、清污染、清垃圾)、“两建”(建垃圾池、建垃圾堆放点)、“五化”(绿化、亮化、硬化、净化、美化),对沿线路肩、边坡和绿化带草木进行整修,公路两侧脏乱地段覆盖,新建垃圾池300座,清运、掩埋垃圾2.2万余立方米,路旁树木涂白套红196公里,清运垃圾8300余吨,村容村貌集中整治100余次。建立农户信用档案22997户,评定信用户8830户,发放贷款证8611户1374万元。在南头乡下汾井村开展农村土地流转试点和扩大农村有效担保物试点工作,流转土地3.6公顷发展大棚蔬菜27棚,为农户增收120余万元。建立授信农户信息档案132户,其中优秀户19户,优良户70户,一般户43户,信用户贷款额度由1万元提高到3万元,共发放贷款70余万元。开展农户房屋产权证、宅基地使用证发放工作,完成农户房产测量、农户宅基地使用权认证。制定《关于加快统筹城乡发展推行"六到村"工作机制的意见》,统筹城乡发展实现"五个明显"(村级班子建设明显加强、主导产业发展明显提升、人居环境明显改善、农村社会事业明显进步、城乡统筹发展步伐明显加快)"六到村"(领导干部到村、资金投入到村、科技服务到村、部门(企业)帮扶到村、督查考核到村、工作机制发展规划到村)。

【工业经济】 辖区规模以上工业企业总产值27.65亿元,较上年增长41.5%;实现增加值8.55亿元,增长25.6%。黄金产量9.65吨,增长7.3%;其中,成品金6.37吨,增长7.77%;含量金3.28吨,增长6.46%。金矿地探投入1.27亿元,掘进74429米,增储4.1吨。生产机砖3.5亿块,增长34.62%;酱菜10630吨,增长653.9%;铁精粉7.5万吨,增长226.09%。实施中金矿业和太洲矿业公司探矿项目,中金冶炼公司200吨难选冶金精矿项目投产运营,太洲矿业公司1000吨选矿厂建设进展顺利。制定《潼关县黄金产业五年规划》,成立黄金产业科学发展工作领导小组,出台矿石化验、开采计量、税费征收等规范性文件,在各峪道安装监控计量设施,强化对矿山企业生产经营的监管。

【矿产资源管理】 持续巩固矿产资源开发秩序整顿成果,由县矿管局、公安局、安监局、黄金局、电力局、整顿办等部门联合开展矿业生产经营秩序执法专项整治活动4次。封堵违法违规生产坑口52个,拆除工棚170余间,遣散非法务工人员360余人,拆毁非法生产设备6台套。下发责令整改通知书8份,签订目标责任书33份。年检"采矿权"单位52个,"探矿权"单位23个,完成矿产资源补偿费征收。开展矿山储量动态监测,办理采矿权延续3宗,坑口挂牌13个,撤牌62个,恢复坑口挂牌17个,变更坑口名称9个。完成52个矿业权实地核查和23个探矿权室内核查工作;完成25个金矿、1个铁矿资源储量利用现状调查项目,办理县级发证范围的采矿延续2宗,收取采矿权价款6万元;完成矿产资源储量检测核实说明书35份。调处矿业权属纠纷5起,界定矿权范围2起,调查矿山安全事故3起,实施动态巡查112人次,制止违法行为6起,立案查处矿产资源违法行为3起。举办小秦岭(潼关)地质找矿研讨会。国土资源部将潼关县列入全国46个找矿重点区域之一。编制《2010年度地质灾害防治方案》、《2010年潼关县突发性地质灾害应急预案》,开展汛前检查和隐患排查,在电视台发布地质灾害气象预报,开通地质灾害气象预警信息短信群发业务。险情巡查200余人次,发布预警信息50余条。举办地质灾害知识培训班8期,参训105人,张贴宣传挂图300余张,发放科普宣教材料5000余份。"七二三"特大暴雨,撤离安置群众496户4249人,全县纳入监测范围的56处地质灾害隐患点无灾害,无事故。

【招商引资】 立足资源优势,加大宣传力度,积极开展会展招商,上门招商、平台招商、网上招商、产业招商、链条招商、以商招商,利用长三角、珠三角地区产业升级与转移的有利时机,依托矿业、风能、旅游、物流等优势资源,不断提高潼关的知名度。组织参加"西洽会",通过互联网和电信传媒,向外推介招商项目,展示潼关的优势资源和发展潜力。获渭南市招商技能竞赛二等奖。成立潼关县投资服务中心,开辟

“绿色通道”帮助客商解决实际困难,对项目实施包揽式服务,定期走访,对签约项目实施跟踪。全年签约项目45个,实际到位资金8.78亿元。其中,新签项目23个,已开工项目17个,实际到位资金4.91亿元;续建项目22个,实际到位资金3.87亿元。9个市级重点项目,总投资14.7亿元,完成投资8.9亿元;48个县级重点项目完成投资17.04亿元。全年共争取国家各类项目建设资金和政策性扶持资金6.57亿元,较上年增加2.3亿元。

【旅游开发】 编制完成《潼关县旅游产业发展总体规划》、《潼关古城遗址保护规划》和《潼关古城景区项目总体规划》。按照“政府主导、规划先行、项目支撑、市场运作”的旅游业发展思路,以潼关古城和沿黄渭河景区开发为重点,规范黄河风景区的管理,与西安协和置业有限公司签订潼关古城景区开发项目,签约资金2.5亿元。东山景区完成土地征用工作;古城景区项目完成南街和潼河两岸居民、商铺入户调查和评估,完成旅游中心占地拆迁工作;雄关城楼项目完成地质勘查及项目区道路建设;杨震廉政教育基地项目完成主体建设工程。召开黄河湿地设计方案评审会。加强旅行社和星级宾馆管理,制定《潼关县旅游秩序专项整治方案》。全年接待游客17万人次,实现旅游收入340余万元。

【劳务输出】 建立县级创业指导中心2个,乡镇创业指导中心8个;建设创业项目库,组建专家指导团,收集创业项目156个,开展指导服务648次;建设农民创业示范园区4个,创业孵化基地2个,创业实训基地2个。制定《创业促就业小额贷款工作实施方案》、《小额担保贷款实施细则》,全年扶持171户农民创业,发放贷款1320.6万元,带动就业1360人。人力资源市场建设主体完工。加强农村劳动力转移组织网络建设,成立乡镇组织领导机构,组建县、乡、村三级网络机构,84个行政村、4个社区设信息站长,518个村民小组、12个社区小组设信息员。继续巩固与广东、深圳、顺德及福州、北京、上海、西安等驻外劳务输出机构的联络与交流,与东莞、苏州及洛阳建立劳务输出网络,完善安置、跟踪服务及工作协作机制,实行全年跟踪服务,建立安置跟踪服务卡,建立回访制度,为务工人员排忧解难。加强对流动就业人员的规范化管理,随时纠正企业拖欠克扣工资、使用童工等违法违规行为,解决劳资纠纷,化解用工矛盾,维护农民工合法权益。开展劳务输出前的技能培训和创业培训,全年完成培训22391人,其中引导性培训20462人,技能培训1108人,创业(SYB)培训821人。全年转移农村劳动力36830人,其中有组织输出12432人次,增加农民收入2.6亿元。

【财政金融】 全县地方财政收入10018万元,较上年增长37.84%;其中国有资产经营收入营业税收入为主要收入项目,占总收入的52.75%。财政支出60068万元,增长34.95%。年末金融机构各项存款余额35.5亿元,比上年增长21.95%;其中个人储蓄存款27.9亿元,增长17.2%。各项贷款余额11.01亿元,下降1.92%。净回笼现金1026万元。全年各类财产承保金额10.37亿元,下降24.6%;人寿保险承保金额0.44亿元,下降9.9%。全年财产保险理赔金额307万元,下降1%。人寿保险理赔金额103.4万元,增长9.5%。

【交通运输邮电】 全县交通系统完成货物运输量151.3万吨,货物周转量11866万吨·公里;旅客运输量130.8万人,旅客周转量9464万人·公里。年末固定电话用户33938户,比上年增加5109户;移动电话用户116339户，比上年增加7532户。全年电信业务量7823万元。全年邮政业务总量445.66万元，其中函件23.69万件，报刊发行226.26万份。

【社会事业】 全面完成农村初中进城工程，全县各级各类学校由原来的73所撤并为52所，3258名农村初中学生进城读书。"蛋奶工程"实现公办义务教育阶段全覆盖，受益学生数14988人。高考创24年来新高，一、二本上线人数751人，二本上线万人比率居全市第二位。改造城区文川小学及太要小学取暖设施。实施青少年活动中心建设项目。继续落实"两免一补"政策，为义务教育阶段学生拨付教育经费599万元，补助经济困难寄宿生生活费136.2万元，为911名贫困大学生发放贷款540万元。南头乡成人技校被评为省级示范技校。创建省级平安校园1所，市级平安校园3所。年末全县专职教师1758人，其中普通中学780人，小学978人。实施太要镇门诊综合楼、秦东镇门诊医技综合楼2个中心卫生院项目。实施农村孕产妇免费住院分娩等基本公共卫生服务项目，全面启动基层医疗机构药品统一管理工作。年末全县拥有医院、卫生院13所，卫生技术人员650人。人口低生育水平保持稳定，全县共出生1447人，人口出生率9.27‰，人口自然增长率5.36‰。创建省级卫生县城工作通过省级考核鉴定。2010年共申报各类科技计划项目8个。建成市级农业科技示范园2个，县级科技示范园10个，培育科技示范户80余户，示范园辐射带动全县8个乡镇84个建制村。全年共申报专利12件。实施高桥乡、南头乡文化站建设项目，建立8个乡镇文化信息资源共享工程服务点，33个村级服务点。建成农家书屋30个，村级文化活动室10个。建成8000平方米的潼关县文体活动中心，内设塑胶羽毛球场地9个、乒乓球场地6个，室外排球场地2个、篮球场地2个。"万盛园酱菜"、"五虎张踩高跷"、"南街背芯子"、"潼关古战船"获省级非物质文化遗产保护项目。成功举办"陕汽杯2010全国超级卡车大赛总决赛"。城镇新增就业5958人，城镇登记失业率3.51%。加强对重点行业、重点企业节能减排监管，环境污染治理完成投资2338万元，工业废水和工业烟尘排放达标率100%。

【省级卫生县城创建】 开展四次环境卫生大整治活动，重点解决城乡结合部和城中村脏、乱、差问题。设置10个密闭式垃圾箱，建成中型压缩式垃圾中转站一座，实现县城垃圾收集全封闭。落实专人清理背街小巷野广告、绿化带内的垃圾杂物，与沿街1700余家商户签订门前环境卫生"四自一包两禁止"责任书。集贸市场配备垃圾收容器，安装给、排水设施，专职清洁工全天侯保洁。投资1000余万元，更新改造城区环卫设施。组织医务人员开展咨询服务活动9次，对公共场所负责人及从业人员进行两次集中培训和业务知识测试，检查指导从业人员的个人卫生和操作程序，组织卫生、药监、工商等部门对城区"六小"门店进行拉网式排查整治，取缔不达标经营户100余家，规范中小餐馆"三防"设施，消灭卫生死角。取缔无证行医诊所3个；两个月巡查一次，建立打击非法行医长效管理机制。创建省级卫生县城工作通过省考核验收团的考核验收。

【人民生活】 全县城镇在岗职工年末人数12784人，比上年增加558人。工资总额26649.2万元，增加5434.6万元；人均年工资20937元，增加3400元。农民人均纯收入4302元，增长22.1%；城镇居民人均可支配收入15394元，增长15.6%。新农合参合农民10.07万人，参合率92.1%，

80919 人次享受合作医疗补助,补助金额 1457.75 万元。城镇参加医疗保险 14751 人,征缴基金 1031 万元。城镇参加失业保险 17760 人,参加生育保险 7003 人。城镇参加基本养老保险职工 10447 人,农村参加养老保险 3387 人。城镇居民享受最低生活保障人数 4558 人,农村居民享受低保人数 8375 人,全县支付低保金 1783.93 万元。8008 人参加住房公积金统筹,比上年新增 1317 人,共统筹住房公积金2389.83 万元。

（董怡倩）

华　县

县委书记　薛东江(4 月离任)　杨森明(6 月任职)
副书记　杨森明(6 月离任)　朱福俊(6 月任职)　吴培育(8 月离任)
县纪检委书记　张润民
县人大常委会主任　王红旗
副主任　张兴中　卫爱社(女)　潘增禄　史绪选
县长　杨森明(6 月离任)
代县长　朱福俊(6 月任职)
副县长　简录民　王强国　蔡学明　董研强　杨翠红(女)　康彦虎　高战田
县政协主席　吴新亚
副主席　吕育坤　刘毓斌　田川虎

【发展概况】　2010 年,全县生产总值完成 77.01 亿元,较上年增长 15.7%。其中,第一产业增加值 5.84 亿元,增长 7.8%;第二产业增加值 58.3 亿元,增长 18.4%;第三产业增加值 12.87 亿元,增长 6.8%。第一、二、三产业增加值占生产总值比重分别为 7.6%、75.7% 和 16.7%。全县财政总收入 8.97 亿元,地方财政收入 4 亿元,其中专项收入 1.9 亿元。财政支出 11.5 亿元,在地方可用财力减少 2.75 亿元的情况下,支出仍较上年净增 3.1 亿元。城镇居民人均可支配收入、农村居民人均纯收入分别达到 16364 元、4288 元,增长 15.1% 和 19.1%。全社会消费品零售总额 9.5 亿元,增长 17.8%。十一五期间,全县生产总值年均增速 14%,较第十个五年计划高出 3.7 个百分点;经济社会发展综合排名由全省第 48 位上升到第 27 位。2010 年先后被评为西部最具投资潜力百强县、中国最具特色经济发展潜力县。

【农业】　2010 年,全县农林牧渔业总产值完成 10.15 亿元(现价),剔除价格因素,比上年增长 8%。其中,农业产值 8.29 亿元,增长 6%;林业产值 0.22 亿元,增长 5.7%;牧业产值 1.35 亿元,增长 23.1%;渔业产值 0.04 亿元,下降 9.3%;农林牧渔服务业产值0.25亿元，下降1%。农业、林业、牧业、渔业、农林牧渔服务业产值分别占总产值的81.7%、2.1%、13.4%、0.4%、2.4%。全年农作物播种面积5.25万公顷，增长1.7%。全年粮食总产量14.79万吨，下降1.6%。其中，夏粮播种面积1.59万公顷，下降0.4%；总产6.97万吨，增长6.5%。秋粮播种面积1.51万公顷，增长4.6%；总产7.82万吨，下降7.8%。蔬菜种植面积达1.75万公顷，增长2.7%；蔬菜总产量52.53万吨，增长21.9%。水果总产量8.34万吨，增长30.7%。按照"南部山区生态公益林，塬区沟坡干杂果经济林，夹槽大坝速生丰产林"的林业生产布局和"深山封、浅山造"的思路，全年完成造林4400公顷，四旁植树180万株，绿化路渠坝85公里。加大对畜牧业的政策扶持力度，群众养殖信心增强，畜产品产量有所提高。全年肉类总产量6715吨，比上年增长1.9%。大家畜、羊、猪、家禽存栏分别为1.02万头、3.06万只、6.97万头和76万只，分别增长2.9%、0.2%、16%和8.1%。农业生产条件不断改善。全年农用机械总动力21.6万千瓦，比上年增长30.9%；农田有效灌溉面积1.91万公顷，增长20.12%；农用化肥施用折纯量2.64万吨，增长0.9%；农膜使用量37.09万公斤，增长0.9%；农药使用量6.39万公斤，增长0.2%。

【工业】 全年辖区规模以上工业企业总产值129.19亿元，比上年增长45.69%。其中，县属企业3.11亿元，下降3.43%；大中型企业119.38亿元，增长43.88%；轻工业1.06亿元，下降32.02%；重工业128.13亿元，增长47.08%。分经济类型看，国有企业1.2亿元，下降2.57%；股份合作企业0.27亿元，增长33.97%；股份制企业127.42亿元，增长46.46%；其他经济类型企业0.3亿元，增长22.62%。全年规模以上工业企业实现产品销售收入124.47亿元，增长42.04%；其中县属企业产品销售收入2.43亿元，增长56.01%。全年规模以上工业企业实现利润7.23亿元，增长44.55%；税金总额4.75亿元，增长45.9%。工业企业布局逐步向工业园区集中，工业园区工业产值占规模以上工业总产值58%。

【建筑业】 2010年全县有资质等级的建筑施工企业5个，实现产值3.79亿元，比上年增长70%。房屋施工面积32.95万平方米，增长119%；房屋竣工面积30.74万平方米，增长104.6%。

【固定资产投资】 2010年，全县全社会固定资产投资65.96亿元，比上年增长49.9%。其中跨区域投资14.57亿元，增长4.82倍。城镇固定资产投资49.6亿元，增长24.4%。城镇固定资产投资中，第一产业投资0.78亿元，增长8.79%；第二产业投资25.44亿元，下降21.49%；第三产业投资23.38亿元，增长2.46倍。城镇固定资产投资项目127个，比上年增加47个，增长47.67%。

【旅游业】 2010年，全县各景点共接待游客60多万人次。少华山森林公园创建国家4A级景区工作通过省旅游局初评，全年累计接待游客41万人次，实现旅游综合收入4100万元，获陕西"最美的山水风景区"称号。渭华起义革命旧址入围全国红色旅游经典景区名录，成为渭南市首家国家级红色旅游景区，全年接待中小学生和省内外游客20万人次。

【社会事业】 全年筛选20项科技含量高、竞争力强，具有一定影响的科技项目，推荐申请中、省、市科技计划项目和创新专项经费支持。其中，省科技攻关计划和创新计划项目3项25万元；省重大科技创新专项计划项目2项,争取无偿资金40万元,贴息贷款60万元。全年专利申请总计20件,其中已授权14件。年末各类在校学生41722人,较上年下降5.3%。其中,小学在校学生20387人,增长0.38%;普通中学在校学生18525人,下降10.6%。高考一、二本上线人数644人,三本上线人数1579人,大专、高职上线人数2536人。县职教中心、校安工程等项目进展顺利,寄宿制学校增长,铁中晋升为省级标准化高中,2万名学生吃上了营养早餐。5所乡镇文化站及一批村文化活动室、基层文化信息服务点建成使用。三级医疗卫生服务网络不断健全,县医院、铁路医院晋升为二甲医院,245所村卫生室完成标准化建设,实现了"镇镇有卫生院、村村有卫生室"目标。8.6万名农村育龄妇女享受到免费健康检查。企业退休职工养老金、新农合报销比例、五保户供养标准不断提升,城乡低保实现了应保尽保,新型农村养老保险试点走在了全市前列。县城建设实施了"九路两渠一桥和五个广场"建设,开展了豪华示范一条街创建活动,人均绿地面积达到5.6平方米,县城建成区面积达到12.5平方公里。社会保障覆盖面扩大。年末参加养老保险117380人,比上年净增87990人。其中城镇参加养老保险22567人,农村参加养老保险94813人。城镇参加失业保险24442人,比上年增加299人;城镇参加医疗保险91756人。城镇新增就业人员5674人,下岗失业人员再就业1744人,开发公益性岗位300个,城镇登记失业率2.69%。全县农村劳动力转移就业83317人。积极推进污染减排工作,二氧化硫削减6492.8吨,化学需氧量削减446.04吨,均大幅超额完成全年任务。以创建"平安华县"为奋斗目标,狠抓事故隐患排查和整改,有效杜绝了重特大事故,减少了一般事故的发生,安全生产形势总体平稳。全年共发生各类事故22起,14人死亡,19人受伤,直接经济损失63.8万元。

(刘润泉 张平)

大荔县

县委书记 王春阳(5月离任) 孙云峰(6月任职)
副书记 孙云峰(6月离任)杨林(6月任职) 李占春(12月离任)
县纪检委书记 李军政
县人大常委会主任 聂郝礼
副主任 王金保 冯智敏 李振法 穆根英(女)
县长 孙云峰(6月离任) 杨林(6月任职)
副县长 陈振江(6月离任) 马荣界 张纪文 朱新红(女) 任润民 种逢康 王民峰 王存孝 张德林(1月离任) 鹿继明(2月任职)
县政协主席 孙忠社
副主席 赵淑琴(女) 李广利 丁少平 李西林

【经济概况】 2010年,全县生产总值63.79亿元,较上年增长14.5%。其中,第一产业增加值18.27亿元,增长7.4%;第二产业增加值12.91亿元,增长21%;第三产业增加值32.61亿元,增长14.7%。完成固定资产投资43.66亿元,增长40.5%。地方财政收入7239万元,增长30.7%。社会消费零售总额29.22亿元,增长19.2%。城镇居民人均可支配收入15431元人,增长15.9%;农民人均纯收入4660元,增长21%。人口自然增长率5.48‰。

【工业经济】 完成大荔科技产业园整体规划修编,实施园区蔡伦大道、晨光大道绿化和排水工程,启动创业大道及110千伏变电站建设。新引进港信果蔬、山东中际电工有限公司果品包装材料及果品包装机械制造、陕西新森源木业有限公司5万立方米胶合板生产、地宝复合肥等4个投资5000万元以上项目,累计入驻园区企业30户;19户建成投产,销售收入18亿元。加大对30户成长型企业的扶持力度,组织召开政企、银企对接会,为长石电子、大地棉业等17户企业协调贷款7.2亿元。顺利完成县砖厂、乳品厂等5户企业改制任务。全县新增规模以上工业企业15户,规模企业总数达到47户,实现工业总产值18.5亿元,比上年增长18.6%。

【农业经济】 抵御低温春寒、大风等自然灾害,全县农业实现稳定增长,完成农林牧渔业总产值33亿元。全年粮食总产34.7万吨,创历史新高,农业总产值33亿元。实施设施蔬菜工程整乡整片板块推进,新建标准化示范园10个,新增设施农业面积1200公顷。畜牧业稳步扩张,新(扩)建规模养殖场(区)及重点村155个,牛、猪存栏分别达到8.39万头和52.09万头,生猪出栏74.28万头。积极实施品牌战略,大荔冬枣、高石脆瓜市场信誉不断提高,大荔黄花菜获国家地理标志保护产品认证,无公害整县环评顺利通过国家农业部验收。新增农民专业合作社169家,西部宏源兔业、兴旺果蔬、荔民专业合作社分别被确定为部、省级示范合作社。落实惠农政策,共发放粮食直补、移民后扶等补贴资金2亿元。安排"一事一议"财政奖补资金2000余万元,新(改)建县乡村公路106公里,硬化巷道215公里,新建沼气池2000口,建成村级信息服务站64个,实施了惠及4.5万人的安全引水工程。

【城镇建设】 大华公路拓宽改造主车道工程如期竣工,东环路北拓、108国道城区段改造和垃圾填埋场项目全面完成,洛河城区段综合治理工程及东府广场建设启动实施,县城污水处理厂调试运营。围绕"三城联创"加大绿化、亮化力度,实施了洛滨大道环岛绿化工程,对东环路等7条道路进行绿化增植补植,城区新增绿化面积10万平方米,绿化覆盖率达到32%。硬化人行道4万平方米,新安装路灯224组。强化市容市貌整治,组织开展以打击三轮车非法载客为重点的交通秩序整顿,对出店、占道经营等"十乱"现象进行治理,全面落实"两扫全保"和"两班倒"工作制,市容环境卫生有效改观。

【项目建设】 坚持以项目建设和招商引资为抓手,积极筹划包装、衔接争取项目,共落实农田水利、社会事业等国家投资项目120个,总投资1.26亿元。围绕73个重点项目,落实特派员派驻、项目代理等制度,定期督查进展情况,及时协调解决问题,蔡伦纸业、紫阳小麦淀粉、成泰机械等49个重点建设项目累计完成投资30亿元。24个重点前期项目中,文化体育用品专业街、东新街道路综合工程等4个项目提前开工。组织科级领导干部赴高陵、河津等地学习考察,积极参加西洽会、农高会等10余次招商节会,全年共引进域外投资项目25个,总投资31.48亿元,到位资金16亿元,义乌海苑客货运站、进鑫良种猪养殖等4个项目建成投入运营。

【民生工程】 围绕"学有所教、劳有所得、病有所医、老有所养、住有所居"目标,组织实施民生工程40余项,完成投资7.3亿元。整合教育专项资金,实施了26所学校校安工程,西长小学开工建设,原大荔师范校区整体移交大荔县,中小学蛋奶工程受益学生4万多名。强化卫生服务体系建设,26所乡镇卫生院改建项目全部竣工,城乡居民健康档案建档率92.6%,新型农村合作医疗参合率95.4%,为4.4万名群众补偿医疗费7012万元。落实就业再就业政策,开发公益性岗位1529个,城镇新增就业8265人,下岗失业人员再就业3062人。健全社会保障和救助体系,累计发放各类社会保险补贴1200万元,城乡低保资金5486万元。加大困难群众住房保障力度,建设廉租房3万平方米,经济适用房12万平方米。为13万农村育龄妇女进行免费健康检查,兑付计生奖扶资金445万元。积极开展"双拥共建"活动,大荔县被评为省级双拥模范县。

【和谐大荔建设】 深入开展领导干部大接访、下访活动,切实解决了一批信访突出问题,最大限度减少了越级访,确保了中省市重要节会和重大活动期间的社会稳定。落实安全生产监管责任,重点加强学校安全防范,为中小学配齐专职保安人员及防护设备,对校园周边网吧、娱乐场所进行清理,组织开展5次全县安全生产大检查,隐患整改率95%以上,安全生产形势保持平稳。积极创建"平安大荔",加大社会治理力度,"秦风战役"、"打黑除恶"等专项行动成效明显,社会治安环境进一步优化。

（董　辉）

蒲　城　县

县委书记　张建军
副书记　高尚
县纪检委书记　高云岗
县人大常委会主任　李兰州
副主任　马进友　韩建民　霍茂盛　刘毓章　姚永顺
县长　高尚(3月5日任职)
副县长　杨公平　张斐(2月27日任职)　李全友　袁广荣(2月27日辞职)　张全才　刘巧莲(女)　刘万年　焦小忠　智建峰
县政协主席　陈志云
副主席　赵福生　张素芬(女)　左高亮

【概况】 2010年,全县生产总值83.86亿元,较上年增长16.5%;其中,第一产业增加值16.74亿元,第二产业增加值36.07亿元,第三产业增加值31.05亿元,分别增长7.6%、24.5%和11.2%。人均生产总值11043元,年增长20.7%。地方财政收入2.56亿元,较上年增长30.6%。

【农业和农村经济】 全县农林牧渔业总产值28.49亿元,比上年增长7.6%。其中,农业产值22.43亿元,增长10.7%;林业产值0.27亿元,增长1.6%;牧业产值4.09亿元,下降6%;渔业产值0.05亿元,下降2.3%;农林牧渔服务业产值1.65亿元。全县粮食总产40.59万吨,较上年增长3.3%。其中,小麦24.62万吨,增长9.5%;玉米15.92万吨,下降2%。油料总产0.42万吨,增长69.8%。棉花总产1.8万吨,下降71.8%。蔬菜产量6.45万吨,增长9.8%。龙池镇埝城村西甜瓜示范园列入国家农业部蔬菜标准园建设项目。设施农业面积发展到1.16万公顷,产值7.4亿元。水果总产58.49万吨,比上年增长0.3%。酥梨总产值16.8亿元,出口量扩大。苹果首次出口澳大利亚。林业生产方式发生转变,经济林快速发展,林业生态和经济效益双丰收,全年完成造林面积2733公顷。畜牧规模养殖户发展到5325户,建成万只标准化肉鸡舍102栋。牛、猪、鸡存栏分别达到5.3万头、22.9万头和334万只。肉类总产量1.17万吨,比上年增长23.2%;奶类产量3.3万吨,增长0.3%。水产品415吨,增长8.4%。全县农民专业合作社发展到395家,建成359个村级农业信息综合服务站和24个畜牧兽医站。农业生产组织化程度和科技服务水平进一步提高。全年农业和农村基础设施建设累计投入8000多万元,农村生产生活环境有了较大改善。

【工业经济】 全县工业增加值31.59亿元,比上年增长25.8%。其中,规模以上工业增加值28.47亿元,增长27.24%;规模以下工业增加值3.12亿元,增长10.9%。规模以上工业企业总产值79.38亿元,增长46.76%;产品销售收入77.04亿元,增长46.76%;实现利润总额5.2亿元,实现利税总额9.59亿元。全年生产原煤641.99万吨,增长63.1%;水泥285.8万吨,增长31.3%;发电量117.1亿千瓦时,增长27%;食用植物油4380吨,下降74.4%;奶粉40.92吨,下降90.5%;小麦粉14.38万吨,增长11.8%;机制纸4.77万吨,增长51.4%;方便食品4113吨,下降38.3%;混配合饲料16.59万吨,增长36.8%。蒲城工业园累计完成投资13亿元,入驻企业28家,建成投产21家,实现产值11亿元,承载和集聚能力进一步增强。一批大型工业项目顺利实施。尧柏150万吨水泥生产线项目竣工投产,银河纺织公司迁建项目完成设备安装,投资179亿元、年产180万吨甲醇、70万吨聚烯烃项目厂前区建设基本完工;投资8亿元的海泰新材料产业基地项目和投资3.2亿元的太阳能光伏电站项目开工建设。花炮产业全面步入公司化发展轨道,企业总数达到142家。全县规模以上企业总数64家。

【建筑业】 全年建筑业完成增加值4.4亿元,比上年增长20.37%。资质以上建筑企业实现产值16.46亿元,增长40.47%。全年全社会固定资产投资100.83亿元,比上年增长34.8%。其中,城镇投资额76.63亿元,增长17.5%;农村固定资产投资5.46亿元,增长12.2%。商品房销售额1.57亿元,增长172.14%。

【公路运输】 全社会货运量208万吨,比上年增长13.3%;货运周转量13134万吨公里,增长39.1%。客运量592.9万人,增长20.7%;客运周转量40919万人公里,增长36.9%。11月9日上午,陕西省“十一五”期间重点公路建设项目——渭南至蒲城高速公路建成通车。渭蒲高速从华县的赤水镇到蒲城县东转弯村,全长53公里,设计时速每小时120公里,是陕西省首条开工建设的省级高速公路,也是渭南至黄龙联络线的重要组成部分。

【项目建设】 84项重点建设项目完成投资71.15亿元,占年度任务的106%。23个产业类项目中,大奇饲料、韦尔奇农药等6个工业类项目建成试产,万亩现代苹果示范园、设施瓜菜工程等8个农业类项目超额完成年度投资任务。城南新区新城大道、小型农田水利重点县建设、县医院综合住院大楼等50个基础设施类项目和11个社会事业类项目均完成年度投资任务。中、省项目中的渭黄高速公路、西包铁路蒲城段建成运营。尧柏集团年产150万吨水泥生产线建设项目、洛滨天子果品公司年产1000吨果干、祥塬肉食品有限公司机械化生猪屠宰生产线建设项目等重点工程竣工投产。全年共签订招商项目合同69个,到位资金38.9亿元,完成全年任务的210%。投资2390万元,新修通村公路103.8公里。9月12日,中国·白水蒲城国际苹果酥梨文化节转型升级项目推介会上,蒲城签约项目6个,投资额12.2亿元。11月1日,蒲城县参加2010年杨凌农高会签约项目资金9.5亿元,其中与西安天胜有限公司和县农业局签订蒲城天来生态农业开发项目,总投资9亿元。

【城镇建设】 坚持以“双创”为目标,全年实施城镇基础设施建设项目20多项,完成投资8亿元以上。其中渭黄高速引线、红旗街、延安街东段改造等工程全面竣工,垃圾处理场运行。大树进城、千亩景观园、宽幅林带建设等城镇绿化工程顺利推进,城区新增绿地40万平方米,新建街头广场3个。城南新区新城大道、紫荆公园等基础工程完成年度建设任务,新区路网骨架基本形成。孙镇、荆姚镇两个重点镇基础设施建设快速推进,完成投资6000余万元。城区主干街道“三拆”、街景亮化、清扫保洁及国省道沿线环境卫生综合整治等工作成效显著。城镇化水平达到43%。5月12日,城南新区建设举行奠基仪式,规划总面积5.6平方公里、人口5万人,3至5年内建成集生态居住、行政办公、商业休闲于一体的绿色、文明、宜居的现代化新区。

【社会事业】 “两基”教育巩固提高工作进一步加强,教育质量稳步提高。年末全县有普通中小学236所,在校学生100845人。其中,普通中学45所,在校学生54407人;小学191所,在校学生46438人。幼儿园73所,在园幼儿14117人。高考二本上线人数较上年增加464人,居全市第三。年末企事业单位专业技术人员10549人。专利申报数108个,居全省首位。8月7日上午,“2010陕西航模大会暨青少年航空夏令营”在西安阎良国家航空高技术产业基地蒲城通用航空产业园开幕,这是陕西省举办的首次大规模航模赛事,来自美国、瑞典、中国台湾和香港地区及省内外20多个代表队(个人)参赛,40余家国内知名航模企业和社团参展参会。年末有各类文化机构40多个,文艺团体和职业剧团5个,广播电台1座,电视台站34个,有线电视入户率40.4%。乡镇文化服务站5个,村级服务中心21个,群众性文化活动丰富多采。建成村级体育场所31个。年末全县有卫生机构30个,床位1695张,卫生专业技术人员745人;卫生防疫人员143人。婴儿死亡率4.24‰。总投资2139万元的23个乡镇卫生院基础建设项目全部竣工。全县符合政策生育率98.5%,人口自然增长率4.18‰。12月

17日召开的中国计生协会第七次全国会员代表大会暨先进表彰会上，龙池镇埝城村被国家计生委、中国计划生育协会评选为全国首批“人口和计划生育基层群众自治示范村（居）”。

【旅游业】 龙首黑峡谷景区、林则徐纪念馆获得国家AA级景区称号。杨虎城将军纪念馆获得国家AAA级景区称号，并与王鼎纪念馆同时被确定为全国免费开放单位。全年旅游接待65万人次，比上年增长25.9%；实现旅游综合收入3800万元，增长34.8%。

【财政金融】 全年财政总收入4.09亿元，比上年增长11.7%；其中地方财政收入2.56亿元，增长30.6%。财政支出15.15亿元，增长31.2%。年末金融机构各项存款94.57亿元，比上年增长22.2%；其中居民储蓄73.34亿元，增长21.7%。各项贷款余额76.96亿元，增长15.6%。10月25日至26日，全国财政系统依法行政依法理财工作座谈会在北京国家会计学院召开，县财政局作为全国唯一的县级财政部门应邀参加，蒲城县依法理财工作经验被作为典型在大会进行交流。

【机构改革】 县乡机构改革全面完成，政府组成部门由原来的36个精简到32个。撤并7乡镇，改制后保留高阳镇、永丰镇、兴镇、苏坊镇、党睦镇、龙阳镇、罕井镇、陈庄镇、洛滨镇9个建制镇不变，其余乡镇并为城关镇、翔村镇、孙镇、桥陵镇、荆姚镇、椿林镇、龙池镇、上王镇8个镇。

【人民生活】 持续开展政府“为民办十件实事”活动，全年民生工程总投资超过5亿元。解决了4.18万人的安全饮水问题，异地搬迁326户1635人，解决了78户农村贫困群众住房问题，第三高中如期开办，桥山中学一期建设及校安工程全面完工，建成经济适用住房、廉租住房共计5.6万平方米，城镇累计新增就业11342人。社会保障体系不断完善。城镇居民医疗保险扩面41916人。年末全县参加合作医疗农民590516人。农村新型合作医疗补偿标准提高到50%。全县3445户8999人享受到城市低保，10951户40100人享受到农村低保，累计发放保障金5018万元。1605人享受到农村大病救助，救助资金712万元。年末参加基本养老保险的职工16699人，参加医疗保险的职工50173人，参加失业保险的职工27800人。城镇居民人均可支配收入16033元，比上年增长19.1%；农村居民人均纯收入4388元，增长22.4%。居民住房条件继续改善，城镇居民人均住房建筑面积44.98平方米，农村人均住房面积27.86平方米。全年居民消费价格总水平比上年上涨4.6%，商品零售价格上涨5%。年末全县从业人员45.34万人。其中，城镇从业人员7.08万人，下降4.1%；乡村从业人员38.26万人，增长0.7%。

【民主法制】 自觉接受人大及其常委会的依法监督，加强与人民政协的联系，积极采纳各界人士的合理建议和意见，办理人民代表议案、建议22件，政协委员提案55件。“五五”普法通过省、市验收，全民法制观念明显增强。以烟花爆竹安全生产为重点，持续开展了煤矿、非煤矿山、道路交通等行业安全生产专项整治，安全生产形势稳定好转。认真落实信访工作联席会议制度和县级领导信访接待日制度，共受理信访案件453件，协调解决320件，交办处理133件。全县建成7个社区警务室、359个农村警务室，在城区设置了“四门卡点”，社会治安防控体系进一步健全，群众安全感明显增强。蒲城县被省政府评为“质量兴省先进县”，顺利通过“全国商务综合行政执法试点县”达标验收。校园安全、平安建设等工作取得显著成绩,全省校安工程现场会、社会治安防控体系建设推进会先后在蒲城召开。

(郭昭明)

富　平　县

县委书记　贺　韧(6月离任)　郑成瑞(6月任职)
副书记　郑成瑞(6月离任)　王建平(6月任职)　朱福俊(6月离任)
县纪检委书记　白泉朝
县人大常委会主任　赵升良
副主任　丑恪谦　刘智杰　杜　平　屈　林
县长　郑成瑞(6月离任)　王建平(6月任职)
副县长　郑树新　吴海军(10月离任)　严忠民　白惠敏(女)　李雷平　张宏哲　赵明强(6月离任)　任教训　宁双喜(6月任职)
县政协主席　郑建设
副主席　王稳正　冯小平　梁梅(女)

【经济概况】 2010年,全县经济持续快速健康发展,完成生产总值60.43亿元,比上年增长14.4%。其中,第一产业增加值16.96亿元,增长7%;第二产业增加值19.68亿元,增长22.4%;第三产业增加值23.79亿元,增长12.1%。三次产业占比分别为28.07%、32.57%和39.36%。

【农业和农村经济】 2010年,坚持“稳粮、扩柿、优果、增菜、强畜”的农业发展思路和“一村一品、一乡一业”的布局,不断壮大特色产业,提升发展水平,促进农民增收。全县农林牧渔业总产值28.6亿元,比上年增长7.3%;实现增加值16.96亿元,增长6.96%。其中,农业产值17.66亿元,增长9.41%;林业产值1.37亿元,增长5.15%;畜牧业产值8.5亿元,增长12.69%;渔业产值150万元,增长9.71%;农林牧渔服务业产值1.05亿元,增长3.26%。全年粮食播种面积9.38万公顷,其中夏粮种植4.95万公顷,秋粮种植4.43万公顷。粮食总产45.05万吨,比上年增加2.9万吨,增长6.9%,创历史新高。其中,夏粮23.45万吨,增产1.95万吨,增长9.1%;秋粮总产21.6万吨,增产9500吨,增长4.6%。新增柿子面积733.33公顷,总面积达7333.33公顷,总产4万吨,与上年基本持平;加工柿饼8000吨,出口2000吨,产值1.26亿元。新增苹果面积333.33公顷,果园种草133.33公顷,果实套袋5000万只,苹果总面积达13333.33公顷,各类果品总产30万吨,其中苹果总产24万吨,果品总产值6.8亿元。2010年11月,富平县获中国中早熟苹果之乡称号。新增设施蔬菜大棚504.13公顷,日光温室87.33公顷,全年累计种植各类蔬菜9733.33公顷,产量29.5万吨,产值7.5亿元。造林绿化2800公顷,其中人工造林1400公顷,封山育林1400公顷,绿化道路110公里,育苗140公顷。规模养殖不断扩大,新建规模养殖场(小区)45个,机械化挤奶站42个,建设奶山羊示范村12个,各类专业村25个,青贮饲草12.8万吨,全县奶山羊、奶牛、生猪、家禽存栏分别达到31.8万只、1.8万头、25万头和265万只,肉、蛋、奶总产量分别达到3.3万吨、1.8万吨和13.8万吨。农业产业化经营取得新进展,全县市级以上龙头企业23家,其中省级8家,市级15家;新建各类农民专业合作社30家,累计建成各类农民专业合作社169家;新增"一村一品"示范村16个,累计达到69个。新增"一乡一业"示范乡镇3个,累计达到6个。示范村、示范乡镇数量居全省、全市第一。

【工业经济】 坚持把工业园区作为聚集优势产业、引领县域经济发展的战略高地,进一步创新管理体制,强化经营理念,不断做大做强园区经济。实施庄里工业园区总体规划修编和详规编制,实施基础设施项目8个,完成了工业二路绿化和工业三路道路、照明、绿化工程,富觅路、工业大道排水工程,幸福二路和华达路道路工程,累计完成投资1.08亿元。以构建西北最大的花炮基地为目标,加大老庙和美原两镇花炮产业集中区科技研发和安全监管力度,积极推广机械化生产,健全销售网络体系,打造富平花炮品牌,推动花炮产业逐步实现标准化、安全化、规范化发展,全面完成工区公司化改造,花炮公司累计达到82家,总产值突破2亿元。围绕省市产业调整和振兴规划,在项目用地、优惠政策等方面给予重大工业项目全方位倾斜,中冶陕压轧辊项目、实丰200万吨水泥项目、陕焦化工改扩建项目、龙钢50万吨型材项目、天和2亿条编织带生产线等一批重大工业项目建成投产。加强工业经济运行预警监测和应急协调,以技改创新、调整结构、开拓市场为重点,促进重点企业强势扩张、骨干企业做大做强、中小企业升级晋档;加快国有企业改制步伐,依法稳步推进县氮肥厂和立新水泥厂的破产工作,做好黄板纸厂、包装箱厂和黄工集团陕西拖拉机有限责任公司等企业的破产前期准备工作,稳妥处理好企业尾留工作,坚决杜绝国有资产流失,促进传统工业焕发活力。2010年,全县辖区工业总产值完成92.5亿元,比上年增长27.6%;其中县属工业总产值完成69.05亿元,增长24.35%;实现工业增加值16.78亿元,增长18.92%;产销率92.6%。新增规模以上工业企业20户,总数达到53户,规模企业新增户数位列全市第一;辖区规模以上工业企业实现工业总产值58.49亿元,增长25.83%;实现工业增加值15.63亿元,增长19.48%;产销率92.6%。

【非公有制经济】 坚持把非公有制经济作为县域经济发展的主要取向,放宽政策,降低门槛,优化服务,倾力支持。坚持培训主导,加快体制、科技和管理创新,不断解放思想,更新理念,提升非公有制企业经营管理水平。以创建省级农民工返乡创业示范县为契机,引导返乡农民工自主创业,激发全民创业热情。认真落实《富平县鼓励在外务工经商人员回乡创业的意见》,进一步提升曹村柿子创业示范区、南韩商贸创业示范区发展水平,为全县经济发展增添新的活力。2010年,全县新增个体工商户1015户,累计发展到8925户;新增私营企业186户,累计发展到1455户。全县非公有制经济总产值、增加值和营业收入分别完成81.59亿元、28.16亿元和78.70亿元,增加值占全县生产总值的47.32%。

【国内贸易】 充分发挥房地产开发、餐饮娱乐、家电汽车销售等在扩大内需中的积极作用,大力发展连锁经营、物流配送、购物超市等新型流通业态,继续实施“新网工程”、“万村千乡”市场工程建设,进一步拓宽城乡市场,扩大农村消费。房地产业快速增长,房地产开发投资完成3.13亿元,比上年增长145.32%,商品房销售面积45122平方米,增长83.34%。“万村千乡”市场工程建成标准化农家店100个,通过省级验收51个,累计建成各级各类标准化农家店451个,覆盖率100%,商品配送率70%。家电下乡工程销售各类产品88640台(件),完成销售额1.94亿元。2010年,全社会消费品零售总额实现28.12亿元,比上年增长18.6%。居民消费价格指数和零售商品价格指数分别为103.4和103.2,分别增长3.4%和3.2%。辖区电力供应完成47277.07万千瓦时,比上年增加6690.19万千瓦时,增长16.48%;售电收入21574.25万元,增加5831.11万元,增长37.04%。

【招商引资】 2010年,共争取南雷路、县乡公路改造、农村公路通达工程、廉租住房、污水处理厂、垃圾填埋场、农村饮水安全、小型农田水利重点县、农业综合开发、巩固退耕还林成果、中小学校舍安全工程、特殊教育学校、农村学前教育推进工程试点、乡镇卫生院建设等项目,争取各类中省政策性资金8.11亿元,其中项目资金3.36亿元。积极参加各种招商活动,持续开展组团招商、专题招商,强化以商招商、网上招商、以情招商,着力营造招大商、大招商、全民招商的良好氛围。全年共签订招商引资项目合同81个,合同总金额135亿元,实际到位资金21.5亿元。获省政府招商引资先进县和2010年浙商投资重点推荐城市。新引进项目中,32个已开工建设,天和2亿条编织袋生产线、奥盛年产800万套包装纸箱生产线等10个项目建成投产。

【项目建设】 2010年,全社会固定资产投资完成46.5亿元,增长41.2%。市县重点项目完成投资30亿元,其中11个市级重点建设项目完成投资27亿元。农业方面,农村安全饮水工程完成投资4048万元,新建人饮工程36处,新打机井10眼,建蓄水池12座,铺设供水管网547.1公里,新建、改造集雨水窖6056眼,解决了15个乡镇52个村8.2万人的饮水安全问题;农业综合开发项目衬砌渠道162公里,新打机井15眼,新修机耕路30公里,完成投资2438万元;农村能源沼气及服务网点项目建成沼气池420口,服务网点已完成,完成投资200万元。工业方面,中冶陕压轧辊项目建成投产,年内完成投资2.14亿元;中冶陕压重大冶金成套设备技术改造项目完成投资5600万元;陕焦化工20万吨甲醇项目和130万吨焦化项目完成投资11.87亿元;实丰200万吨水泥项目建成投产,完成投资2.35亿元;天和包装厂年产2亿条编织袋生产线项目建成投产,完成投资4500万元;新型环保白灰立窑项目6家建成投产,2家即将完工,完成投资2500万元。基础设施方面,市政道路建设累计完成投资1.8亿元,为历年最高,重点实施了车站大街东延、南二环东段、东一环南段、环北路东段、温泉路等5条主干街路建设和城南休闲广场、富阎友谊路亮化工程及3条城区截污干管等重点工程;县乡道路建设工程完成投资3391万元,完成县乡公路改建34.597公里,重点实施了富淡三级公路改建、施到四级公路改建、富北林带路畅通工程、由老路大修改造、文宗路三级改建、县城西二环二级路建设、西铜高速庄里引线、富淡公路石川河桥保畅工程;通村公路建设工程开工建设项目48个,建成通村水泥路113公里,完成投资3825万元；垃圾填埋场开挖土方5万多方，完成投资800万元；盖村和义合变电所110千伏输变电工程建成投运，110千伏华盖输电线路完成线路架设工程，累计完成投资4260万元；35千伏长春输变电工程主控室主体、设备区基础已完成，完成投资1500万元。

【财政金融】　全年地方财政一般预算收入14491万元。积极争取上级财政支持，争取上级补助131094万元及地方政府债券转贷资金收入1780万元。全年财政一般预算支出159496万元，加上上解支出2909万元，当年财政总支出162405万元。支持工业强县和项目带动战略，积极办理5户再生资源企业增值税退税563.2万元，落实企业发展财政补助300余万元，支持企业升级转型、节能减排、发展壮大；及时拨付全县重大项目资金5577万元，推动陕汽物流、工业园区等项目建设，支持富平县承接东部产业转移示范园前期工作；支持现代农业苹果产业、中央财政小型农田水利重点县建设、淡村现代农业产业园等大型支农项目实施；积极落实小城镇项目建设资金，推进村级公益事业建设"一事一议"财政奖补试点；支持道路交通、市政基础设施建设和创卫、创模等工作。加大支农投入，支持扶贫村建设、移民搬迁、中央财政小型水利重点县建设、农村安全饮水等基础设施项目2787万元，现代农业苹果产业项目、百万亩设施蔬菜项目、农业产业园等农业项目6000万元，巩固退耕还林后续产业项目2893万元，农民专业合作组织等支农项目支出1200余万元，发放粮食直补、退耕还林等各类惠农资金8226万元，落实家电下乡和家电以旧换新政策财政补贴3513万元，落实村级公益事业建设"一事一议"财政奖补资金2170万元。突出保障民生，全县公务员津补贴执行最新标准，事业单位绩效工资提高到人均1.4万元；累计拨付民生工程资金3.36亿元，其中县级配套4691万元。加大政府采购力度，累计完成采购金额2100万元，节约资金340万元，节约率达11%。2010年全县金融机构存款余额75.63亿元，比上年增长20.18%；全县金融机构贷款余额32.08亿元，增长28.2%。

【城镇化建设】　编制县城总体规划及控制性详规、修建性详规，启动城乡一体化规划修编，县城总体规划和城乡一体化规划通过专家评审；完成22个乡镇的集镇规划和36个村庄规划的修编。实施了车站大街东延、南二环东段、东一环南段、环北路东段、温泉路等5条主干街路和城南休闲广场、富阎友谊路亮化工程及3条城区截污干管等重点工程，累计完成投资1.8亿元。进一步加强亮化、绿化等市政基础设施建设，新增路灯300多盏，路灯总数达到2870盏，同时对城区主要街路及8条背街小巷实施亮化；对乔山路等部分主干道路行道树进行更换，县城区新增绿地面积4万平方米，绿地总面积达48万平方米；新建公厕2座，增加流动公厕5座，公厕总数达19个；安装果壳箱100个，果壳箱总数达1000个。切实加强城市管理，加强建筑市场检查，规范整顿城区私人建房，强行拆除违章建筑9000多平方米；积极改善环卫设施，投资140万元购置垃圾收集车5辆、垃圾压缩车1辆、卫生保洁车50辆、园林绿化车1辆、路灯高杆车1辆，实现了城市环卫由人力向机械化为主迈进；强化卫生清扫保洁，以城区主干道、城乡结合部、公共场所、集贸市场、居民小区为重点，实行定人、定岗、定段、定任务、定标准的"五定"责任制，集中抓好清扫保洁，县城区保洁面积57万平方米，总长度29公里，管理小区36个、20多万平方米；积极开展环境卫生综合整治活动,严厉打击垃圾随意倾倒行为,出动人力5000余人次,机械车辆300余台次,清运垃圾3万多方,彻底根除了垃圾围城现象,城市品位进一步提升。2010年11月30日,创建省级卫生县城工作顺利通过省级验收。紧抓省市关中百镇建设机遇,完成庄里镇老城改造、南北大街和东西大街景观工程、幸福二路新建工程,美原镇南新街拓宽改造,流曲镇东西南北大街道路硬化,淡村镇老街改造,薛镇东西南北大街建设、老庙镇菜市北街、文化街建设等工程,累计完成投资2640万元。扎实开展农村环境卫生综合整治,拆除旱厕8000余座,建沼气厕所3000余座;清运垃圾30余万方,新建垃圾台1000多座;绿化农村道路500公里,设立路灯500多盏,农村卫生面貌进一步改观。

【生态建设】　实施退耕还林、封山育林和天然林保护工程,完成封山育林533.33公顷,人工造林800公顷,退耕还林和荒山造林8333.33公顷,治理水土流失面积38平方公里,生态防护林达19280公顷,森林覆盖率21%。开展绿色文明示范工程和生态示范创建工作,3个单位通过省级绿色示范工程验收,15个单位通过县级绿色示范工程验收,3个镇完成生态示范镇的创建规划工作,10个村正在开展创建工作。扎实开展省级环保模范城市创建工作,加大节能降耗减排工作力度,强化对陕焦化工、富化化工、中冶陕压等重点用能企业的监管,淘汰奥荣纸业落后产能3.7万吨,削减化学需氧量609吨、二氧化硫434吨。开展环保专项整治活动,拆除小白灰窑68家,取缔违法粉灰厂49家。

【人口和计划生育】　2010年,全县共出生7306人,人口出生率9.41‰,人口自增率4.15‰,符合政策生育率97.9%,出生人口性别比107。加快县乡计生服务站建设,县计生服务站综合服务楼建设六层主体已封顶,建筑面积3800平方米,完成投资530万元;新建乡镇计生服务站8个,改扩建、修缮9个,累计完成投资125万元。开展计生集中整治活动,检查23.8万人次,落实节育措施936例;全面推进关爱女孩行动,查处"两非"案件2起,取消二孩生育指标1个;加强流动人口管理,出台《富平县流动人口计划生育工作管理办法》,全县共流出33118人,流入937人。实施农村母亲健康工程,投资302万元,为14.9万名育龄妇女进行免费健康检查,查出妇女病10.5万例,免费治疗各种妇科病4.5万例,治愈4.1万人,普查普治率85%以上。开展违法生育清理清查,清查违法生育对象138例,征收社会抚养费83万元。全面落实计划生育奖励帮扶政策,新增国家奖扶对象165人,特别扶助对象5人;新增农村放弃生育二孩家庭71户,52749名计生家庭人员免费享受农村合作医疗,1964名独生子女及农村双女绝育户子女享受中考加10分奖励,为10100户独生子女家庭办理全家福意外伤害保险,落实农村独生子女父母保健费30.3万元。开展农村计生家庭创业工程,出台《富平县农村计生家庭创业工程实施意见》,全力推进项目实施,扶持流曲镇867户计生贫困家庭的2040只莎能奶山羊长势良好,年实现利润324万元,年人均增加纯收入1400元;同时,采取公司+基地+农户的发展模式,扎实开展富平县计生创业工程绿之源示范基地和王寮镇双杨村家庭创业工程奶山羊养殖示范点建设,实现了计划生育和创业发展互利共赢。9月14日,郑小明副省长调研富平计生创业工程时给予高度评价。

【教育】　2010年,全县小学入学率100%,小学无辍学;初中适龄学生入学率

99.8%，辍学率0.76%。高考一本上线709人，比上年增加138人；二本上线2463人，比上年增加859人。新建公办幼儿园26所，招收幼儿2600名。落实义务教育“两免一补”公用经费4486万元，补助高中特困生助学金78.3万元、中等职业学校国家助学金173.08万元、中等职业学校农村家庭困难学生和涉农专业学生免学费补助金128万元。办理生源地信用助学贷款学生5306人，贷款金额3016.47万元。完成职业教育招生4851人，人人技能工程培训3632人；完成农民实用技术培训16895人，农村劳动力转移培训16314人；开展民办学校招生专项整顿活动，取缔不符合条件的民办幼儿园5所，下发限期整改通知书65份、停止办园通知书55份。积极推进学校体育卫生艺术教育，在6月份召开的全国阳光体育推进会上，富平县获全国阳光体育先进县称号，受到教育部表彰。重点工程进展顺利，实验中学迁建工程AB、CD栋教学楼和科技实验楼、图书综合楼、教学区辅助工程完成竣工验收，后勤综合楼和师生公寓楼完成主体封顶；7所中小学灾后恢复重建工程完成工程建设任务；6所中西部农村初中改造工程完成工程建设任务；投资1350万元的东上官初中和投资1170万元的王寮初中校安工程建设项目完成一层主体建设；6所幼儿园建设工程正在进行图纸设计和规划方案专家评审；投资300万元的县职教中心实训楼和投资440万元的王寮职中学生公寓楼建成投用。中小学蛋奶工程进一步扩大，覆盖全县24个乡镇99所中小学校、41616名学生，覆盖率达51.3%。

【卫生】　项目建设进展顺利，总投资3806万元、建筑总面积17300平方米的县医院外科住院大楼全面竣工，6月底正式投用；总投资300万元、建筑面积2000平方米的曹村中心卫生院住院楼，总投资96万元、建筑面积800平方米的美原卫生院住院楼及总投资108万元、建筑面积1200平方米的杜村镇卫生院住院楼全部完成建设任务；投资200万元、建筑面积1500平方米的张桥镇卫生院住院楼，投资220万元、建筑面积1500平方米的庄里镇卫生院住院楼及投资230万元、建筑面积1500平方米的薛镇卫生院住院楼工程开工建设；县中医医院整体搬迁工程已落实建设用地。扎实实施农村孕产妇免费住院分娩项目、降低孕产妇死亡率和消除新生儿破伤风项目、增补叶酸预防神经管缺陷项目和农村妇女宫颈癌检查项目等公共卫生项目，全县共补助农村住院分娩孕产妇5571人，补助总金额410.27万元，人均补助736元；发放叶酸片13946瓶，服用人数5562人；检查农村妇女宫颈癌1.61万人；全年孕产妇死亡2例，死亡率为25/10万，无新生儿破伤风死亡病例；开展了65岁以上老人健康体检，共体检58360人，体检率93.16%。疾病防控进一步加强，免疫规划疫苗接种率达90%以上，投资100万元启动了7个省级示范接种门诊建设；实行传染病零报告和日报告制度，累计报告手足口病发病615例，治愈4例重症病例；接种甲流疫苗93129份，接种率99.3%；开展艾滋病检测干预工作，检测2031人；开展全球基金疟疾项目基线调查，调查1800人。开展新生儿疾病筛查，共筛查新生儿3145例，对2例患儿进行了对症治疗。新型农村合作医疗运行规范，全县参合人数588991人，参合率96.17%，筹集合疗资金8835.36万元，补助参合住院患者37894人次，补助金额5180.76万元，人均补助1367元。积极开展卫生先进单位创建，共创建省级卫生先进单位4家，市级卫生先进单位6家，县级卫生先进单位8家，省级卫生示范村9家。

【文化体育】　建成乡镇综合文化站6个,争取乡镇综合文化站15个,在全省率先实现镇镇都有综合文化站的目标。建成村级活动室33个,农家书屋55个,文化信息资源共享工程村级服务点150个。建成农民体育健身工程22个,全民健身路径工程2个,社区体育健身工程1个。组团参加全国门球冠军赛陕西省分区赛获得银牌,参加陕西省第二届少儿运动会获县市团体第三名,组织承办了陕西省农民体育大拜年活动及各类群众体育活动。积极举办群众文化活动,开展文化下乡,全年送戏下乡180场次,送书下乡2万余册,文艺辅导20余次。阿宫腔大型历史剧《青天女巡按》参加第五届中国秦腔艺术节,获优秀剧目奖;积极开展非物质文化遗产保护工作,老庙老鼓申报国家非物质文化遗产,黄帝荆山铸鼎、柿饼加工工艺、琼锅糖制作技艺等11个项目申报省级非物质文化遗产;积极申报文化产业示范基地,汉唐石刻艺术产业园成为省级文化产业示范基地,陶艺村晋级国家级文化产业示范基地。加大校园周边文化市场专项整治,查处违规经营网吧、游戏厅12家,收缴盗版光盘3352张,收缴淫秽和非法出版物2300余册,规范了校园周边文化市场经营秩序。

【民生工程】　2010年,全县农民人均纯收入4329元,比上年增长20.9%;城镇居民人均可支配收入15718元,增长17.2%。城镇职工基本养老保险新增扩面2014人,累计参保33431人,办理未参保集体企业超龄人员768人,共收缴养老保险费770.8万元,发放养老金311.4万元;农村养老保险新增参保86人,退保28人,累计参保21957人,退保2298人,支付保费4.3万元;城镇职工基本医疗保险参保37051人,征收基金2450万元;失业保险新增扩面254人,累计参保24583人;工伤保险累计参保10796人,其中农民工2210人;生育保险累计参保4395人,征收基金60万元;803名未参保集体企业超龄人员享受每月480元的养老补贴,发放军转干部解困资金55万元。新增输出农村劳动力1.98万人,累计输出19.09万人,收入10.1亿元,被国家人社部确定为全国劳动力转移就业工作示范县。城镇新增就业9307人,其中下岗人员实现再就业2923人,就业困难人群就业653人,城镇登记失业率3.8%。农民创业示范园建设完成规划设计、项目报批等前期工作,12家入园企业已完成立项;农村居民进城落户工作进展顺利,1020户3147人转为城镇户口。经济适用房建成面积10.8万平方米,在建5.6万平方米;廉租房建成面积1.5万平方米,在建3万平方米;发放廉租补贴1042户71.3万元。发放救灾救济款962.5万元、面粉41.89万公斤、棉衣1648套、棉被3356床,16.87万名灾民及困难群众得到救助。发放城市低保金1881.25万元、农村低保金3173.75万元,城乡低保对象分别达4073户9005人和12590户41402人。发放城乡困难群众医疗救助金491.82万元,救助困难群众1726人;发放农村五保供养金169.36万元,供养五保户734人;县城中心敬老院和薛镇敬老院建成投用,全县5所敬老院入住五保户139人。移民搬迁45户193人,解决了8.2万人的饮水安全问题。渭北农机补贴超市被确定为全省首家县级农机补贴超市,全年发放农机购置补贴8711户、4930万元。广播电视“村村通”工程安装设备7878套,解决了303个自然村“村村通”问题,放映数字电影4152场。

【安全稳定】　突出烟花爆竹、非煤矿山和危险化学品等重点,加强安全生产监督管理。严厉打击烟花爆竹非法生产,集中开展打击行动13次,查处户外非法窝点87

处，拆除非法窝点43处，行政拘留97人，销毁成品、半成品800多万头；10月，被省安监局授予全省烟花爆竹安全监管先进单位。规范非煤矿山开采，在全市率先启动采石企业标准化创建工作，全县67家采石企业中有46家已取得安全生产许可证；加大对非法加油站点的打击力度，取缔非法加油点3处；积极开展安全生产检查，全面排查事故隐患，限期进行整改，全年共发现各类事故隐患912处，基本得到整改。2010年，全县共发生各类事故544起，比上年下降7.64%；死亡23人，下降14.81%；受伤425人，下降4.28%；经济损失50.2万元，下降27.63%，安全生产四项指标全面下降，无较大以上生产安全事故发生。扎实开展矛盾纠纷排查化解工作，共组织4次矛盾纠纷大排查大化解活动，排查出各类矛盾纠纷300多件，基本得到解决；全县共发生赴县上访366批2212人次，进京、赴省市上访40批256人次；共承办上级交办案件15件，报结15件；办理网上交办信访事项23件，办结23件；信访案件息诉罢访率达80%；受理群众来信224件，办结224件，信访案件到期结案率100%。组织开展以打击“两抢一盗”为重点的专项行动，全年共破获各类刑事案件857起，批捕163案151人，起诉157案178人，摧毁犯罪团伙20个，抓获逃犯104名。全年共立经济案件16起，破案8起，抓获犯罪嫌疑人21人，挽回经济损失370余万元。全年受理治安案件1078起，查处1039起，治安处罚1292人。全年共发生交通事故447起，死亡19人，受伤456人，直接经济损失32.9万元，与去年同期相比分别下降3.2%、5%、1.73%和0.3%，顺利通过国家级“平安畅通县”创建检查验收，公众安全感和满意度明显增强。

（张铁民）

合阳县

县委书记 樊存弟(6月任职)
副书记 陈振江(6月任职)　樊涓娟
县纪检委书记 刘志稳
县人大常委会主任 雷新昌
副主任 康宗耀　张彩霞　雷满盈　贾申龙
县长 陈振江(6月任职)
副县长 雷哲生　雷　秦　杨武民　李成民(西藏挂职)　冯西英(女)　高中仓　王满堂　黄家安
县政协主席 王忠新
副主席 贾培义　杨培民　吕淑芳

【经济概况】 2010年，合阳县以抓项目、强招商、调结构、增收入、兴旅游、惠民生、保稳定、促发展为重点，深化县城创国卫、创建省级园林县城和环保模范县城工作，坚持做大煤炭、做强果畜、做靓县城、做响旅游、做好园区、做优环境，推进农业产业化、新型工业化和城镇化进程，县域经济社会呈现良好发展态势。全县生产总值40.27亿元，较上年增长14.3%。其中，第一产业增加值7.77亿元，增长8%；第二产业增加值11亿元，增长23%；第三产业增加值19.8亿元，增长13%。地方财政收入1亿元，增长59.7%。

【项目建设】 全社会固定资产投资32.05亿元，比上年增长56.1%。全年开工建设项目48个，完成投资34.2亿元，占计划投资任务的101%。生态田园景区、县城道路排水改造、垃圾处理场等13个项目建成投入使用。机关公共服务设施用房建设、储备土地开发、110万吨煤焦化生产等项目顺利实施。10万头奶牛基地、棚户区改造、第三初级中学等9个市级重点项目完成投资19.5亿元，占计划投资任务的126%。141个乡镇重点建设项目完成投资3.5亿元，占计划投资任务的102%。大西铁路客运专线、黄韩侯铁路、韩渭西煤层气管网等中省市重点项目进展顺利。

【招商引资】 坚持“走出去，请进来”战略，选择有投资意向重点客商进行叩门招商，抢抓源头招商主动权。全年接待来合考察洽谈客商52批次200余人，签订项目合同21个，总投资64亿元，到位资金14.3亿元，为市上下达任务的132%。黄河大桥、家居建材市场等10个项目与中航长城华龙工程建设等集团公司达成初步合作意向。

【工业经济】 紧扣建设煤炭工业重县目标，加大招商引资力度，签订煤化工业园建设、煤炭资源开发和煤炭产业延长、煤制气等项目合同6个，煤炭资源开发及煤炭资源勘探项目协议书4份。加快9个煤炭重点项目建设步伐，累计完成投资18.95亿元。安阳煤化工业园主副风井进尺1970米，地面河道改造、综合楼地基全部动工；山阳煤化工业园主副风井进尺1463米，3栋公寓楼、办公楼等主体完成；知堡煤化工业园主副风井进尺1809米，4栋单元楼主体封顶；平政煤矿斜井井筒进尺850米，办公大楼、职工食堂和宿舍投入使用；百良旭升煤矿回风巷进尺800米，修理车间主体和混合立井掘进完成。甘井循环经济工业集中区总体规划6月份获省发改委批复。入驻企业14户，春德110万吨煤焦化项目投资1.4亿元，镁基合金项目完成投资4500万元。积极推进创业辅导、信用担保等服务体系建设，完善企业财务统计制度，建立中小企业运行监测机制，全力扶持中小企业健康发展。全县规模以上工业企业总产值17.04亿元，比上年增长29.36%。

【农业和农村经济】 围绕农民增收核心，大力发展果业、奶畜、设施大棚等特色产业。全年新增水果面积3330公顷，其中苹果1330公顷，红提葡萄2000公顷，全县水果总面积达到3万公顷。投资6200万元，建成万亩高标准现代农业苹果示范区。全年新增奶牛4000头，3001头进口澳牛顺利落户养殖小区，全县奶牛存栏2.4万头。完成20个标准化养殖小区改造，5个千头奶牛场投入使用。全年新增设施大棚211公顷，其中日光温室136公顷。发展旱塬清水莲菜34公顷。全年粮食总产27.8万吨，推广地膜玉米1.41万公顷。水利建设投资7550万元，治理水土流失38平方公里，发展节水灌溉面积1300公顷，恢复改善灌溉面积3100公顷。扶贫开发争取资金1184万元，完成20个村和4个新村搬迁任务，发放扶贫贴息贷款95万元。农业综合开发完成投资1129万元，改造中低产田1066公顷。西农(合阳)葡萄试验示范站完成投资1000余万元,栽植大田葡萄4公顷,建成现代化育苗温室4棚0.8公顷。新建农民专业合作社36个。林业生态工程完成人工造林1730公顷,新发展经济杂果林2000公顷。集体林权制度改革完成各项配套改革任务,发证率100%。

【城镇建设】 坚持统筹城乡一体化发展,全面加快城乡建设步伐,县城建成区面积扩大到8.6平方公里,县城人口8.2万人。创建省级园林城市和生态示范县创建活动通过省级技术调研。扎实开展"三城联创"活动,累计投资4.8亿元,完成《城市绿地系统规划》和《城北森林公园规划》编制,污水处理厂和垃圾卫生填埋场投入使用,凤凰西路西段等城市主干道路建成通车,太姒路、九龙大道、建设路等道路开工建设。西环路、东大街、西大街等14条路段亮化节能改造顺利完成。城区绿化面积2.5万平方米,人均绿地8.1平方米。扎实开展集贸市场、背街小巷、"探头市场"等区域环境专项整治,加大城区噪声综合治理。推广城区清洁能源380户。按照《陕西省农村村庄规划建设条例》和村镇标准规范,完成和家庄、王村等7个乡镇总体规划评审和路井、坊镇20个村庄建设规划。上报各类小城镇建设项目13个,投资8500万元,完成交通道路、集贸市场、排污水、绿化等公益性基础设施和文化休闲场所等重点项目。坊镇、路井等乡镇以商贸流通、农副产品加工为主的小城镇集约化发展初具规模。有条件农村居民进城落户工作有序开展。

【洽川旅游】 洽川旅游全年接待游客30万人次,比上年增长40%;实现旅游综合收入5200万元,增长15%。通过多方协调,顺利从西旅公司收回处女泉景点经营权。新更衣室主体建设、南轩改造和爱情广场基础工程完成。夏阳瀵景点正在进行八卦水池围堰的基础回填。游客中心实施室外广场和景观绿化。福山景点寺内修缮和福山大门等建设完成,万福广场浮雕和山路亮化安装到位,全年景区累计投资3550万元。自然生态园投入8000余万元,14栋农庄别墅、温泉会所和乡村俱乐部已向游客开放。梁山景区完成旅游资源调查,正在编制景区旅游规划。围绕"生态之旅、情诗之源"旅游品牌,在上海世博会渭南旅游宣传活动中,成功举办洽川旅游专场推介。在《陕西日报》、《中国旅游报》等媒体进行专题宣传,进一步提升洽川知名度。洽川景区获"大美陕西·发现之旅——我眼里最美的陕西"系列评选活动"最美的山水风景区"称号。

【现代服务业】 城镇和景区商贸流通、餐饮住宿、休闲娱乐、现代物流等服务业发展态势喜人。秦晋大酒店地基处理工程已完成工程量的90%。县中心粮库正在进行墙体砌筑。家电、汽车、摩托车等下乡产品销售金额累计1.6亿元,享受财政补贴1870余万元,各项惠农政策深入人心。万村千乡市场工程验收通过40户,大庄头物流配送中心、南街摩托车城、甘井农贸市场等建成投入使用。全县社会消费品零售总额15.4亿元,比上年增长14%。

【社会事业】 创建国家计划生育优质服务先进县和省级信息化项目建设县通过验收。对全县2.48万名育龄妇女进行健康检查,发放独生子女费169万元。全县出生人口4302人,人口出生率9.57‰,低生育水平保持稳定。新农合为26.9万人补偿医疗费3951万元。投资230万元,完成甘井等4个乡镇卫生院住院楼和门诊楼改扩建工程。县医院、中医院相继被评定为二级甲等医院。"两免一补"免除学生课本费494万元,补助公用经费、寄宿生生活费3154万元。发放贫困生、大学生生源地等资助款2800余万元,资助学生8700多人。全县21个中心校、142所幼儿园通过达标验收。县体育综合训练馆和24个村级体育场建成投入使用。3个乡镇文化站、42个行政村农家书屋、37个自然村广播电视村村通工程全部完成。开展民主法治村创建活动,共创建民主法治示范村(社区)155个,市级示范村8个。积极开展"秦风战役"严打专项行动,全年抓获各类犯罪嫌疑人167人,逮捕141人,抓获逃犯88人,摧毁团伙19个。促进社会救助、社会保险、社会福利事业与社会慈善事业相互衔接,社会保障体系进一步健全。31万人次享受城乡低保待遇。养老保险参保11242人,医疗、失业、工伤、生育保险参保7.9万人。发放各类社会救助资金5000余万元。"农村低保"和"扶贫开发"两项制度有效衔接,完成10.8万贫困人口登记工作。开发公益性就业岗位112个。全年共培训外出务工人员1.7万人次,转移农村劳动力9万人次,实现劳务收入5.6亿元。新建廉租房和经济适用房4万平方米。县城中心敬老院平面设计图和鸟瞰图通过评审。全年城镇居民人均可支配收入15380元,比上年增长18%;农村居民人均纯收入3761元,增长25.07%。

(蒋　博)

澄　城　县

县委书记	吴蟒成(12月离任)　郭永峰(12月任职)
副书记	郭永峰(12月离任)　薛楠(12月任职)　问康美
县纪检委书记	王宏运
县人大常委会主任	王文波
副主任	王进升　党王科　袁红森　张忙趁
县长	郭永峰(12月离任)
代县长	薛楠(12月任职)
副县长	宋晓彤　赵少锋　韦红革　杨建囤　杜俊华　张银仓　屈三成　张存年　李红伟
县政协主席	安忠坤
副主席	杨仲斌　王鹏毅　李长宏　杨培忠　毛丰莲

【经济概况】　2010年,澄城县坚持实施项目带动战略,培育形成光伏新能源、煤电铝、涉农加工三大产业集群,深入推进全民创业,全年实现生产总值50.16亿元,比上年增长16.8%。其中,第一产业增加值12.03亿元,增长7.3%;第二产业增加值23.82亿元,增长26.3%;第三产业增加值14.31亿元,增长10.5%。第一、二、三产业增加值分别占生产总值的24%、47%和29%。全社会消费品零售总额14.6亿元,

增长19.1%。城镇居民可支配收入15751元,增长17.3%;农民人均纯收入3936元,增长20.3%。

【农业和农村经济】 粮食生产克服低温干旱等灾害天气影响,总产21.2万吨,比上年增长16.6%。苹果、生猪、经济林、劳务输出四大特色产业增势强劲。苹果产业大力推广四大优果关键技术,加大有机苹果示范认证,全县果园面积发展到2.9万公顷,总产量29.29万吨,增长2.27%。围绕“百万头生猪大县”发展目标,不断落实政策、资金和项目,全面加快养殖示范村和规模养殖场建设,全县生猪存栏和出栏分别达到55万头和61.5万头,全省百万头生猪大县现场会在澄城县召开。全年新增核桃、花椒、柿子等经济林面积2000公顷,新发展设施农业133公顷。完成劳务培训4.3万人,在外务工人员达到7.8万人次。农业产业化进程持续推进,涉农加工集群迅速壮大,产业化龙头企业发展到80家,新发展“一村一品”专业村29个,组建各类农民专业合作社118家。新农村建设成效显著,铺设改造县乡村道路108公里,硬化巷道120公里,新建沼气池2000口,改造中低产田866公顷,治理水土流失30平方公里,绿化造林2730公顷,完成永内、胜利等5座水库除险加固工程,实施了惠及3.8万人的安全饮水工程,完成27个扶贫开发重点村建设任务。2010年全县农林牧渔业总产值20.69亿元,较上年增长32.3%。

【工业经济】 不断加大对企业的扶持力度,及时协调解决企业生产经营中的困难和问题,工业经济逐步走出金融危机影响,步入良性发展轨道。顺昌焦化、金元铝业、劲星棉业、龙首油脂等一批骨干企业强化内部管理,加大技改投入,加快产品开发,经济效益不断提升。全年新增规模以上企业7户,累计达到32户。规模以上工业总产值36.06亿元,比上年增长62.46%,增幅居全市第一位。工业园区围绕产业升级、基础设施配套和招商引资,积极开展二次创业,促进了工业经济平稳快速增长。工业园区秦202线路段改线完工,110千伏镇基变电站建成投用。先后引进华鑫铝型材、鑫合酒店及物流、陕西汇丰、华秦铸造等多个项目入园落户,产业集聚程度不断增强,以光伏太阳能为核心的新能源产业基地和以煤电铝一体化开发为基础的新材料产业基地加速形成。园区工业总产值28亿元,占全县规模以上工业总产值77.65%。全民创业活动深入开展,中小企业规模不断壮大,全年新增非公有制企业232户,发展十小项目经营户4356户,非公有制经济成为县域经济发展的主力军。

【招商引资】 全年先后组织开展小分队叩门招商活动15次,成功举办澄城昆明招商推介会,澄城杭州优势产业推介会,组织参加第十四届西洽会的各类投资促进活动32场次,接待客商100余名,全县共签订各类招商引资项目26个,合同总金额67.06亿元,19个项目开工建设,到位资金7.67亿元;续建项目17个,到位资金17.23亿元。全年实际到位资金24.8539亿元,完成市上下达任务的127.46%,省际联合项目到位资金16.9854亿元,完成市上下达任务的124.44%。项目开工履约率达到73.08%。全年共争取农业、交通、城建、社会事业等方面的中、省投资9.96亿元。

【项目建设】 继续实行县级领导包联重大项目责任制和“五个一”工作机制,不断强化督察检查,积极协调解决问题,有力的促进了项目建设快速进展。全县确定的16个市县重点项目,总投资216.53亿元,年度计划投资25.37亿元,实际完成投资

33.17亿元,占年度投资计划的130.8%。

【全民创业】 制定出台了《鼓励发展十小创业项目20条优惠政策》和《关于深化全民创业全面加快非公有制经济发展的意见》。冯原镇农产品加工贸易区、庄头乡建材食品区、交道镇休闲观光农业区、雷家洼乡工业区、刘家洼乡生猪养殖区等各具特色的14个乡镇创业园区累计入驻企业130余户,完成投资4.5亿元,韦庄镇创业促就业示范园区暨澄城县农民工创业聚集区被列为全国五个农民工创业示范园之一。鼓励群众集中发展"三来一加工"(来料加工、来件装配、来样定做和农副产品加工)等创业项目和土布、刺绣、食品等小加工、小手工、小制作等"十小"项目。14个村级聚集区初具规模,23户十小项目实现了企业化运营,初步形成"县有园区、乡有创业园、村有聚集区"的发展格局。

【财政金融】 全县地方财政收入完成16320万元,比上年增长30.03%。财政支出102863万元,增长28.59%。严格落实各项惠农政策,累计发放救灾救济、城乡低保、移民后期扶持、城乡困难群众住房补贴、农机具补贴、家电补贴以及"一卡通"资金1.53亿元。年末各项存款余额65.68亿元,增长15.22%;其中城乡居民储蓄存款47.04亿元,增长21.2%。

【城乡建设】 和谐广场及商住楼、祖师庙巷旧城区域改造、怡园景观长廊、青年路和城区支道等多个市政重点建设项目进展顺利,人力资源市场基本完成,《县城新区规划》通过评审,投资1.5亿元的县城新区开发协议签订,省级卫生县城创建顺利通过验收,城市建设实现了新跨越。小城镇建设加快推进,以韦庄、交道、冯原三镇为重点,道路建设、给排水工程、农民安居、绿化亮化和返乡农民工集聚区等重点建设项目启动实施。

【国内贸易】 现代服务业发展迅猛,餐饮、娱乐、汽车、房地产、网上购物等热点消费增势强劲。豪利隆汽贸物流、丰园酒店等一批服务业项目开工建设或建成投用,小餐饮、小超市等服务网店不断增多,服务种类更加齐全。家电下乡、农机具购置补贴等多项拉动消费的政策得以落实,"万村千乡"市场工程加快实施,覆盖全县的商贸流通网络基本形成。

【社会事业】 十大民生工程进展顺利,完成投资3.13亿元,占年计划2.8亿元的110%。教育教学质量不断提升,高考本科万人上线比率连续三年居全市第一,"蛋奶工程"、"两免一补"等惠民政策全面落实,青少年活动中心科技馆和艺术馆启动建设,校安工程加快实施。就业再就业工作得以加强,城镇新增就业9268人,失业人员再就业5961人,城镇登记失业率3.2%。城乡低保做到应保尽保,共发放补助资金3491万元,县城中心敬老院前期工作正在进行,冯原区域敬老院正式运营。完成100户农民安居工程建设任务,发放住房租金补贴128万元。药品统一管理工作启动实施;新型农村合作医疗参合率达到95%,报销补偿金额2464万元;交道中心卫生院改扩建项目建成投用,中医院改造、妇幼院门诊楼以及王庄中心卫生院改扩建项目正在抓紧施工。低生育水平得以稳定,全县符合政策生育率达到98.5%。农家书屋配送工程、村级农民健身场所工程等项目进展顺利。

【卫生县城建设】 在电视台设立了"直击创卫"栏目,制作播出创卫新闻片80余期;在政府网站开设了"靓化古徵"专栏,设立了创卫网站,共编发创卫信息120余条;编发《创卫动态》183期,发送160多家单位;拍摄制作《我的城市我的家》、《差距》、《正视问题、寻求突破》等8部创卫专题片;编印发放创卫画册一套共300余份;编印发放《创卫资料汇编》共六册200套。举办了"万人签名"、中小学生创卫知识作文竞赛、创卫知识电视大赛、"小手拉大手同创卫生城"等活动;积极组织各专业项目组利用各类节日开展群众性宣传活动。11月26日顺利通过省级卫生县城考核验收并颁发了鉴定证书。

【平安建设】 制定《关于开展县乡村三级联创信访工作"三无县"活动的意见》,出台《处置信访突出问题专题会议制度》、《乡镇部门信访工作责任追究承诺制度》和《信访稳定工作责任追究办法》等各项制度,成立了信访法制教育培训班,设立了信访扶贫基金,深入开展县级领导大接访活动和"百村千户万人"矛盾纠纷排查化解活动。不断完善《安全事故责任追究试行办法》和《进一步落实企业安全主体责任暂行办法》,实行安全稳定一票否决、责任追究和挂账销号制度,在道路交通、煤矿、非煤矿山、危险化学品、烟花爆竹、建筑施工等行业领域深入开展安全专项行动和制度建设,有效预防了各类不安全事故的发生,全县安全生产四项控制性指标全部达标。继续完善电子警察系统基础上,投资558万元建设了视频指挥系统、110报警服务台更新改造等技防系统,加强城区防控,各项工程进展顺利。组织开展治安大清查,严打"两抢一盗"犯罪,确保全县社会发展大局的安定稳定。

【党政建设】 以"升级晋档、科学发展"、"创先争优"为主体,不断提升执政能力,密切联系干群关系,切实推动经济发展。一是机关作风建设常抓不懈。继续实施县委中心组学习制度,深入开展了"读点经典"活动。推行完善了县级领导、乡镇部门负责人"联乡包村蹲点"制度,不断健全"月讲评、季排名、半年观摩、年终考核、日常督查"考核管理机制,实行领导干部引咎辞职制度。完善重申优化投资与发展环境的"三大纪律、八项承诺"和"十条规定",扎实开展机关春训作风整顿活动,干部作风明显转变,服务意识普遍强化。二是干部队伍建设全面加强。坚持推行干部队伍建设"三三"工作机制,修改完善了有效监督县委书记用人行为试点工作11项制度,认真落实《澄城县乡镇和部门行政正职选拔任用工作办法》,积极探索建立干部选拔任用"全程差额"制度,推行全委会票决干部的做法,公开、公平、公正选拔有关乡镇主要领导,全年共提拔领导干部15人。建立干部问责机制,严格执行《党政领导干部引咎辞职暂行规定》,将规范干部选拔任用提名制度和推行差额选拔干部制度列为全县干部人事制度改革的主攻方向。三是基层组织建设扎实推进。以"创先争优"为主题,以强基工程为抓手,深入开展"创先争优"等主题党建活动。突出抓好村级组织活动场所建设、"升级晋档"等重点工作,建立了基层创先争优活动联系点,完成84个村组织活动场所建设。继续推广安里乡驻村干部记写驻村日记并定期进行展评的做法,组织开展"驻基层、促创业、帮民富"活动。抽调选派150名优秀乡镇党员领导兼任三、四类村党组织书记或第一书记,扎实开展乡镇干部驻村工作,切实增强基层党组和党员干部的"带"、"创"能力。全县一二类村党组织达到128个(一类村30个、二类村98个),占村级党组织总数的48.1%。四是党风廉政建设深入开展。成立构建惩防体系工作领导小组,设立构建惩防体系工作办公室,制定出台了《澄城县贯彻落实〈建立健全惩治和预防腐败体系2008—2012年工作规划〉实施办法》等文件,将惩防体系建设纳入到全县经济社会发展总体规划。建立了构建惩防体系工作联度会议制度,召开全体党员领导干部警示教育大会,组织全县党员干部观看警示教育片。重点建立和打造了4个廉政教育基地和12个廉政文化示范点。继续推行了科级领导干部向纪委全委会述职制度。不断深化完善村民监督各项制度,4月份,中央纪委考察组来澄城县考察推行村民监督委员会制度的工作情况;5月份,中纪委委员、农业部党组成员、驻农业部纪检组组长朱保成率驻农业部纪检组监察局以及四川、重庆、甘肃、河南、宁夏、湖北、陕西、山西等省(市)农业厅(委)纪检监察机构负责人,深入澄城县考察村民监督委员会建立运行情况。

(梁　璐)

白　水　县

县委书记	叶珺(女)
副书记	刘振强　任恒志
县纪检委书记	郭世英
县人大常委会主任	吴金谋
副主任	张喜成　王存成　管鹏军　万可岗　党建明　薛文祥　刘智杰
县长	刘振强
副县长	秦　峰　王纪安　苏新会　刘存虎　李卫东　马西亮　刘建成　张晓康
县政协主席	杨永丰
副主席	王有民　王爱琴(女)　屈晖(女)

【经济概况】　2010年,白水县生产总值37.85亿元,比上年增长15%。其中,第一产业增加值13.19亿元,增长8.2%;第二产业增加值10.4亿元,增长19.5%;第三产业增加值14.26亿元,增长17.3%。城镇固定资产投资25亿元,增长64.5%。社会消费品零售总额10.5亿元,增长17%。地方财政收入1亿元,增长33.3%。城镇居民人均可支配收入14000元,增长7%;农民人均纯收入4250元,增长32.9%。

【农业和农村经济】　新建标准化养殖场4个,新扩建养殖重点村20个,全县生猪存栏80万头。新建沼气池3010口,总量达到2.4万口。新建日光温室1216座,总面积发展到1060公顷,形成反季节蔬菜、时令水果和食用菌等特色鲜明的设施农业基地。种植地膜玉米9000公顷,全县粮食总产量13.73万吨。建设北塬、雷村、西固3处万人以上集中供水工程和20多处单村供水工程,解决了3.5万人的安全饮水问题。集体林权制度改革全省领先。

【苹果产业】　全年苹果产业化项目完成投资2800万元。新建苹果优质矮化新品种幼园1530公顷，实施间伐2130公顷，完成改型1.46万公顷，涂白10660公顷，推广果园种草600公顷，应用幼虫带110余万个，悬挂粘虫板5万余张，安装振频式杀虫灯2800余盏，配发优质补贴套袋500余万只。建设以收水乡为核心的有机苹果示范园，有机果园发展到4000公顷，认证1600公顷，有机果园建设工作位居全省前列。全县苹果总产量50万吨，出口10万吨，产值15亿元，农民人均果业纯收入3200元。全县涌现出亩产值上万元的果农348户，8000元～10000元果农1393户。新增现代化气调库5座，全县机制冷藏能力达到21万吨，居全省第一。2010年中国·白水蒲城国际苹果酥梨文化节成功举办，白水籍著名影视明星闫妮应邀参加并担当白水有机苹果形象代言人。苹果作务能手曹谢虎在美国哈佛大学登台演讲，受到中省市各级媒体的广泛关注。全省苹果矮化栽植暨无公害苗木繁育现场会、全省优质苹果科技示范基地建设现场会、国际苹果学术研讨会等会议在白水县召开。

【工业经济】 总投资1.8亿元的康惠粮食果品物流项目18万吨面粉生产线建成投产；总投资1.2亿元的白水安德利五期建设项目提前竣工，果汁生产能力跃居全国第一；总投资5500万元的兴华脱水苹果生产线项目全面完成并投入生产；总投资2.66亿元的杜康酒厂二期扩建、总投资1亿元的硅锰二期生产线等项目进展顺利。依托杜康逆断层以北优势煤炭资源，高起点、高标准规划建设"煤、电、载能工业"一体化的白水雷公循环经济产业园，全面完成资源普查和雷牙井田110平方公里详查工作。总投资10亿元的200万吨煤矿建设完成年度建设任务，总投资1.3亿元的园区快速干道建设项目各项前期工作准备到位，总投资7亿元的电解镍、总投资6亿元的高碳铬铁等项目前期工作进展顺利。全县规模以上工业企业发展到17家，全年总产值18.09亿元，比上年增长24.7%。

【项目建设】 总投资47.84亿元、2010年完成投资18.96亿元的37个重点建设项目全面完成年度任务；其中，13项市级重点建设项目完成投资13.8亿元，占年度任务11.5亿元的120%。利用"西洽会"、"中外企业项目对接会"、"陕韩经济合作论坛"等推介平台累计签约项目42个，涉及总投资51.1亿元，到位资金23亿元。围绕能源循环经济产业规划，策划包装新项目154个，涉及总投资398亿元。

【城镇建设】 按照"东扩北进"的城市发展战略，着力构建以县城为中心、新区为补充、两个产业园区为延伸、重点镇为基础的"一城一区两园四镇"城镇化发展格局。总投资15亿元的11个城区新建项目和6个续建项目扎实推进。污水处理厂和垃圾填埋场运营良好，在线监测正常。省级重点镇林皋镇完成投资3800万元，尧禾、史官、杜康等城镇建设步伐进一步加快。创建省级卫生县城一举成功，县城建成区面积发展到6.9平方公里，城镇化率达到33%。

【社会事业】 教育发展、就业和再就业、公共卫生、社会保障、住房保障、农村基础设施建设、文化体育设施、社区服务体系建设、扶贫和移民开发、采煤沉陷治理等十大民生工程，累计完成投资3.73亿元，占年度任务3.5亿元的107%。高考二本上线人数比上年增长27%。校安工程、蛋奶工程顺利实施，总投资8000万元的仓颉中学建设项目超额完成年度任务。14个乡镇卫生院和186个规范化村级卫生室投入使用，实现县乡村三级医疗机构全覆盖。计划生育省级综合服务先进县顺利达标。国家级创业型城市创建顺利通过验收,新增城镇就业岗位6015个,下岗失业人员再就业1127人,转移农村劳动力6万人。经济适用房全部销售到户,一、二期廉租房建设全面完成,农民创业示范园投入使用,全市首家农民小区工程顺利竣工。

(李　彬)

渭南高新技术产业开发区

党工委书记　郭志英
副　书　记　周庆文　朱忠效　王美丽
纪工委书记　吕焕定
管委会主任　周庆文
副　主　任　罗玉杰　王　谦　朱忠效　徐发成

【发展概况】　2010年,渭南高新区紧紧围绕"创新活区、环境立区、产业强区、和谐兴区"四大主题,推进国家级高新区、国家卫生城市、省环保模范城市创建工作,区域经济持续快速发展。全区经营总收入102亿元,比上年增长33.3%。生产总值48.5亿元,增长25.3%。工业总产值75.34亿元,增长46.03%。完成全社会固定资产投资68亿元,增长51.1%。区级财政收入1.03亿元,增长31.2%。

【晋级工作】　着眼长远发展,紧抓国家启动省级高新区晋级机遇,科学制定发展规划,明确"以升促建"目标任务,积极实施规模扩张和内生发展双轮驱动战略,着力建设国家级创新型特色产业园区。携手北京长城战略咨询公司,认真编写了晋级汇报材料,邀请省社科院、省政策研究室、省科技厅专家调研论证,形成较高质量的创建国家级高新区汇报材料。积聚产业发展实力,依托精细化工和装备制造两大特色主导产业,集中引进配套项目15个;注重内生资源培育,投入资金200万元,带动社会资金4000余万元,不断完善生产力促进中心、企业孵化基地、创新服务体系建设,助推企业加快技术创新和技术改造步伐。全年共孵化科技型企业8家,实施科技项目23个,新增产值3.2亿元。建立晋级工作联席会议制度,先后18次会同省市领导赴科技部汇报衔接,充分利用一切中省人脉资源,争取到更高层面的认可,确保了各项晋级申报工作圆满成功。9月26日经国务院批准,渭南高新技术产业开发区正式升级为国家高新技术产业开发区,11月23日隆重举行了渭南国家高新区建设推进大会暨授牌仪式。按照国家高新区建设要求,加快"以升促建"步伐,力求在推动特色产业集聚发展、加强科技创新支撑作用、优化园区空间布局、完善创新创业环境、促进城乡一体化建设等方面实现突破,打造陕西东部重要的产业集聚基地、自主创新基地和科技成果转化基地。

【招商引资】　借助新一轮西部大开发、

关—天经济区建设和秦晋豫“黄河金三角”协调发展三大战略机遇，围绕产业升级和提高区域竞争力的目标，把精细化工、装备制造等优势主导产业和以房地产为龙头的现代服务业等作为项目策划的重点，突出项目的优势和潜力，并专门聘请专家学者来区实地考察论证，有效提高了项目签约的成功率。充分借助“第十四届中国东西部投资与贸易洽谈会”、“陕西—长三角产业转移合作项目对接会”等平台和契机，围绕重大项目、重要工作、比较优势等制作了精美的展版和招商引资宣传资料，广泛开展宣传高新、展示高新、推介高新等活动，吸引了客商的关注，大力提升了高新区的知名度和影响力。特别是西洽会期间，举办了“渭南高新区投资环境说明会暨项目签约仪式”，发放宣传资料1000余份，邀请客商300余人，正式签约15个合同项目，总投资额21.18亿元。强化驻外办事处职能，密切与重点区域、重点行业的商会和企业联络，充分发挥企业招商的主体作用，大力推行以商引商、产业链招商等有效方式，参加了省市组织的“赴台湾经贸交流活动、陕西长三角产业转移项目洽谈会、渭南与江苏产业转移项目对接会等。不仅搜集到大量的项目信息，使得一些知名企业加大了投资高新区的兴趣，而且为签约项目寻找配套项目奠定了良好基础，积极促进了招商引资工作的进展。

【项目建设】　坚持项目包联、现场办公、强力督查、有序征迁等有效做法，保证了项目建设顺利推进。报请成立高新区城中村改造工作办公室，集中人力、物力、财力，进村入户宣传政策，规范征迁工作程序，统一补偿标准，实施拆迁500多户，推进了310国道改线、陕铁院、体育中心、城投大厦、中联配套工业园等市区重点项目。分解细化项目建设包联任务，明确时限和工作标准。项目包联领导把更多的时间和精力投入工地现场办公，协调项目落地建设、设施配套、征地拆迁、清表交地等棘手问题。先后召开各矿现场办公会40余次，有效解决了中联重科用电、陕煤LED和渭化精细化工园项目用地等诸多焦点、难点问题。加强督查力量，确定由区党工委常务副书记牵头负责，组织督查室、考核办、监察局等单位负责人，坚持对部门包联项目、土地征迁、信访稳定等重点工作情况进行督查，通过跟踪落实、督办通报、奖惩兑现、责任追究等具体办法，强势推进重点项目的实施，在全区形成了“一切围绕重点项目建设、一切促进项目发展”的良好氛围。24个重点建设项目累计完成投资45.8亿元，完成年计划的116%。中联重科正式投产，已下线中小型挖掘机370台；舜天能源设备调试基本完成，试投产圆柱形锂离子电池4批；渭化双醋、美国空分、青锋机电、国际会议中心等其它10个市级重点项目累计完成投资40.9亿元，完成年度计划的118%。

【城市建设】　适应“一城三创”需要，抓重点、显亮点、攻难点，加快推进基础设施建设，改善城市形象。服务重点项目，修补修复朝阳大街西段等主次干道路面11181.69平方米，新建城市道路4条3.6公里，新盛路至渭清路310国道配套工程竣工验收，中联大道、石泉路北段、东兴街东段等道路工程建成投用。高品位实施城市亮化、绿化和美化工程，动员区内20余家单位绿化庭院，实施并完成东兴街东段和丰庆路北段等新修路段绿化工程，新增绿地面积10万余平方米；栽植行道树860株、大树1170株，对崇业路中央隔离绿化带进行重点改造，形成新的城市街景；完成中级法院、金城大厦等10家单位的楼体亮化任务。投资40万元为42个村民小组配置了密闭式垃圾斗,为64名村组保洁员配发统一服装,集中开展农村环境卫生综合整治,建立长效管理机制,推进“城中村”环卫提升工作,310国道沿线及城乡结合部的环境卫生大大改观。在拓展“四纵五横一绿环”新区框架的同时,实施水、电等配套设施建设。国际会议中心建设进度加快,综合办公楼和综合服务楼顺利封顶。中心广场前期准备工作全部到位开工在即。投资1000万元,落实中联重科电力和给水配套。西区污水处理项目厂一期工程如期完工,通车试水实现稳定达标且正式通过环保部门验收。垃圾中转站建成投用,日收集量约10余立方米。渭南西区集中供热工程建成,热网覆盖面积13.3平方公里。

【民生工程】 以“创先争优”为主题,进一步加大财政对民生工程的投入,着力解决事关广大群众切身利益,影响社会稳定的热点、难点问题。改善办学条件,麻李中心小学完成整体规划设计,良田实践餐饮综合楼主体工程完工,渭南高级中学操场基本完工,渭南高级中学教师公寓和高新中学学生公寓正在实施。巩固南塬绿化成果,进一步调动群众养林、管林、护林积极性,及时为1700余户村民发放了林权证。因地制宜,规划先行,加快城中村改造步伐。通过试点带动,引导村民生产生活方式根本转变。大闵、郑家新村即将建成,白杨新村正在建设,张东、张西、红星等安置点已经确定。投入319.4万元用于被征地农民就业培训和社会保障,安置被征地农民转移就业1087人。为1826名符合条件的被征地农民发放养老补助211万元。基层医疗机构药品统一管理工作正式启动,投资1215万元的崇业路社区卫生服务中心项目主体竣工并完成验收,区级财政承担了新农合3.7万人的统筹基金及配套经费130多万元。基本养老保险扩面人数1206人,完成任务的100.5%。

(刘　成)

产业园区建设

卤阳湖现代产业综合开发区

管委会主任 高远洋
副 主 任 陈虎成 周世林 孙伟民
张建军 郑成瑞
蔚沛霖(10月离任)

【概况】 卤阳湖开发区是经陕西省人民政府批准设立的省级开发区,位于关中—天水国家经济区腹地,横跨蒲城、富平两县,属西安1小时经济圈内,规划总面积191平方米,距离省会西安78公里,渭南中心城市35公里。

【发展目标】 开发区以绿色、生态、现代为基本内涵,按照保护生态性、体现亲水性、追求高端性的要求,遵循大绿、大水、大空间的开发思路,结合当地独特的盐湖生态环境,以通用飞机制造、运营服务和航空为主题的体验旅游为主,全力打造生态、生活、生产和谐发展,田园、人居、产业魅力独具的城乡一体化发展典范。区内以卤阳大道为主轴线,北部发展工业产业类项目,南部发展生态旅游业。其中现代制造业板块将充分发挥开发区土地和空域资源优势,以通用飞机总装制造为主导产业,建设通用航空产业园。

【基础设施建设】 卤阳湖开发区以"建设国际化、现代化、人文化的绿色工业城市"为目标,坚持规划为纲、基础先行、重点突破、整体推进,立足城市点线面、经营城市水陆空、打造城市精气神,全力加快城区、园区、景区建设。累计完成投资10多亿元。编制了天卤湖(航天航空主题公园)、城乡一体化等5项规划及创业大楼、中心广场等19项施工图设计。投资8000万元完成应急排碱清淤一、二期工程,实施干沟清淤8000米;投资5.1亿元完成卤阳大道、天阳大道、渭蒲高速引道建设任务;投资8000万元完成曙光广场硬化、绿化、亮化、美化等工程;投资2.1亿元完成天骄湖湖面工程73公顷,建设雁楼望卤、焰火水街等8个景点。深入推进开发区排碱设施、基础设施、公用设施、旅游设施、文化设施和配套服务设施建设。

【招商引资】 扎实开展"招商引资年"活动。按照"产业带动、项目支撑、企业引领"的思路,紧紧抓住央企、省企产业转移的机遇,积极招引航空装备制造和生态旅游类项目。打破"环渤海"、"长三角"区域招商的传统模式,通过定向招商、意向招商、以情招商、以商招商等方式,在航空产业、生态旅游和配套服务等项目落户上实现质的突破，带动相关企业落户开发区。中首钢结构制造、卤阳湖中心医院、天和熙圆商业住宅、富鑫时代街区、液化天然气(LNG)调峰工厂等5个项目成功签约，总投资20.45亿元。

（马文举）

渭南经济技术开发区

党工委书记 王荣举(8月离任)
冀会康(8月任职)
副 书 记 薛清军
纪工委书记 薛清军
管委会主任 李 玲
副 主 任 李彦龙 李哲宏

【经济概况】 2010年是渭南经济技术开发区进一步加快发展和建设的起步年，在各项体制机制还不健全的情况下，经开区党工委、管委会以"规划为刚，基础先行，新兴产业引领，生态环保立区"的发展思路，努力推动经开区各项事业跨越发展、科学发展、和谐发展。全年共实现工业产值31亿元，完成固定资产投资22亿元，实现税收2400万元，规模以上工业企业达到30家，较去年同期分别增长了59%、94%、75%、176%，各项经济指标保持了较快发展的态势。

【发展规划】 依据渭南中心城市总体规划，先后投入资金600余万元委托上海同济大学规划设计院，按照"工商并举、生态宜居、低碳环保"的现代化城市定位，遵循高端性、生态性、人文性理念，精心编制了经开区144.5平方公里、其中建设用地50平方公里的控制性详规及道路、供排水、综合管线等专项规划。规划区以"一心、两轴、两片"为基本空间布局，分为东西两个区域，西部35平方公里工业区重点发展节能环保及新能源、机械电子、现代物流和农副产品深加工等四大主导产业，东部15平方公里为居住商务、文化旅游休闲区。委托西安建筑科技大学编制了4.74平方公里西部物流园和6平方公里商务居住区控制性详规，其中物流园的规划编制工作已初步完成，正在等待市规委会审批。

【基础设施建设】 作为经开区的第一个"基础设施建设年"，采取政府投资、企业垫资、土地融资等多种形式，按照高标准、全配套的要求，完成了工业大道中段景观改造工程，启动建设建业路、振兴路及永兴路工程，年度完成投资2950万元。委托长安大学工程设计研究院等3家设计机构对南环路、科技路等11条道路进行平面设计和施工图设计。进一步加快城市配套建设，启动建设经开区中心小学、建科城市花园广场、社区卫生服务中心和3万平方米廉租房项目。

【招商引资】 2010年，共签订招商引资项目26个，合同引资额156.4亿元。累计签约项目122个，合同引资额245.11亿元，建成投产或部分投产的企业53个，在建企业39个。坚持把招引投资规模大、产品附加值高、财税贡献多和环境污染小、单位能耗低的项目作为重点，共招引新型光电、环保装备、微排锅炉等低碳新兴产业项目5

个,总投资额达115.2亿元,其中紫兆环保装备制造基地和海浪微排锅炉项目被省政府列为全省首批环保产业重点项目。聘请有关专业人士根据经开区的发展现状和发展规划策划包装项目,编制总投资249亿元的项目62个,有效增强了招商引资工作的针对性。其中污水处理工程项目、中心小学项目、廉租房项目等共争取国家投资1.26亿元。

【企业服务】 继续坚持四项保姆式服务制度,财政、国土、环保、工商、税务等部门相继入驻。建立了投产企业联系员制度,实行领导包联重点项目制、限时办结制和督办通报制,进一步增强了服务意识,提高了服务水平。

【机制创新】 制订《党政联席会议议事规则》,简化议事程序,提高了工作效率。实行公开招聘,竞争上岗,在全社会招聘专业技术人才。按照"板块式开发、多区域联动"的思路设立了物流园建设管理办公室,代表管委会统一实施物流园的开发建设工作。

(王 佩)

韩城市龙门工业园

【概况】 2010年,园区紧扣新型工业化进程这一主题,加快产业调整步伐,实施项目带动战略,集中精力优环境,千方百计抓服务,使龙门工业园区保持了平稳、快速的发展势头,园区工业总产值268亿元,循环经济产值超过90亿元,工业增加值70亿元,税收13.6亿元。

【项目建设】 通过参加"西洽会"、外出招商等方式,充分调动企业的招商主体作用,全年引进招商引资项目3个,到位资金4.06亿元。其中龙钢综合利用煤气发电工程3亿元,龙钢集团球团工程8600万元,中源洗煤2000万元。积极开展在建项目的跟踪服务。园区在建的重点工业项目共9个,项目总投资91.4亿元,累计完成投资47亿元。其中,龙钢集团系统优化改造项目,包括炼铁系统技术改造二期工程和炼钢系统技术改造工程,总投资33亿元,工程量已完成95%以上。龙门煤化工500万吨焦化项目,总投资38.5亿元,累计完成投资16.3亿元。兴龙热电三期工程项目,总投资3.29亿元,完成工程总进度的96%,已进行试运行。盈德气体46600立方米/小时制氧项目,计划投资4.4亿元,25600立方米/小时制氧机组已建成,具备开机条件,已开机试运行;21000立方米/小时制氧机组正联动试车。合力煤焦100万吨焦化项目,总投资4亿元,焦炉一期工程已进行试产,累计完成投资2.8亿元。裕隆焦化100万吨焦化项目,总投资4亿元,一组焦炉已基本建成投入试生产,化产回收系统除脱硫、硫胺系统正在施工外,其他均已完工,废水处理系统已完工正在培训员工,即将投运,累计完成投资2.2亿元。黄河煤化焦油深加工项目,总投资1.3亿元,累计完成投资1.24亿元,主体工程完工,进行试生产。丰义轧钢技改项目,总投资8000万元,建成投产。侃达煤焦300万吨洗煤技改项目,计划投资3亿元,累计完成投资3亿元,土建安装工程全部完工,附属的地面硬化工程完成90%。

【优化发展环境】 全年完成基础设施建设投资5.57亿元。其中,总投资700万元的平安路、西昝路工程,投资2.7亿元国道北线改造工程完工,并投入使用。投资2.8亿元的禹门330千伏变电站建成。对龙钢煤专线以西堆煤场进行了彻底清理,清理"三堆"物品5万余吨;完成园区内59家洗煤厂的露天煤场加装隔尘防护栏工作。投入500多万元,对园区重点企业厂区进行全面绿化,完成绿化面积3000多平方米。先后协调解决了桥南村民阻挡龙钢原料场出口事件、马庄村民阻挡兴隆煤矿生产、西贾村民阻挡黑猫建陶工程施工、下峪口村民封堵龙钢南大门等10多起村企矛盾纠纷,调处率达到100%,缓和或化解了企业与村组、村民的矛盾,改善了园区的投资环境。

（孙振强）

华阴市罗敷工业园区

【概况】 2010年,华阴市罗敷工业园区围绕"打造西部最大的花岗岩石材加工基地目标,以"抢抓机遇,强化保障,加大招商,加快发展"为主线,以招商引资和项目建设为核心,以基础设施建设为重点,突出华阴特色,优化投资环境,克服金融危机影响,园区经济建设和各项社会事业取得较好成绩。至年末,园区入驻规模以上企业19户;完成固定资产投资21.4亿元,占全市固定资产投资的47%;实现工业产值26.7亿元,占全市工业产值的70%;实现利税1.52亿元;吸纳城乡劳动力9000余人。新签约项目7个,续扩建项目4个,项目总投资20余亿元,现已完成投资21.4亿元,占年度计划投资的107%。

【投资环境】 3月份,园区投资60余万元委托西北综合勘查设计院按照"高起点规划、高标准建设、高水平配套"和"突出产业、完善功能"的思路,重新修编罗敷工业项目区总体规划、控制性规划。不断加大资金投入,着力提高基础设施和配套能力,园区基础设施投资突破7600万元。投资6000余万元新征储备土地116公顷;投资800余万元,新修道路2条共计1.1公里;投资200万元铺设高压输电线路1.8公里;投资160余万元衬砌整理河道、排水道3公里;投资500余万元新建拥有图书阅览、体育健身、游泳垂钓多功能文化休闲娱乐广场一处。建园3年来,园区已累计投入资金近1.5亿元,基本完成2.9平方公里基地基础设施建设。

【项目建设】 园区办积极创新招商方式,拓宽招商渠道,紧扣项目引进,强力推进招商引资工作。继续以石材及相关产业开发为重点,开展招商工作;构建社会化,市场化,专业化招商网络,在传统的"请进来","以情引商","以商引商"等招商方式基础上,开创"产业招商"、"园区招商"、"网上招商"、"委托代理招商"等新路子。引进华亿、鼎鑫、名宸、秦通、鑫丰、华胜、真源等企业7家,引进资金5亿元;5家已经开工建设,完成投资1.55亿元。秦通水泥厂完成投资6500万元,占计划投资的54%,部分设备已开始安装;华阴市名宸石业有限公司完成投资1200万元,完成10公顷土地的平整工作;华阴市鼎新石材有限公司完成投资3500万元,一期厂房已搭建完毕,正在进行设备安装;华阴市华亿石材有限公司完成投资3300万元,已完成办公楼、宿舍楼搭建,现正进行厂房搭建;华阴市鑫丰石材有限公司完成投资950万元。续扩建项目4个,其中华能秦电已完成投资18亿元,宏发矿业有限公司累计完成投资2.9亿元,华阴市泉石石材有限公司累计完成投资1亿元,华阴市塔星石材有限公司完成投资1.2亿元。对已入驻园区的项目,抓紧跟踪服务。对已建成的项目,抓达产,抓管理;对在建的项目,抓服务、抓进度;对签约的项目,抓报批,抓开工;对意向性项目,抓协调,抓签约;对有线索的项目,紧盯不放,积极做好前期准备工作。

(张彩燕)

潼关县工业园区

【基础设施建设】 园区累计征地13.33公顷,签订建设合同18份,共计2440万元。累计投资7000万元,完成金城路硬化、绿化、路灯安装、桥梁架设等尾留工程;完成园区服务中心篮球场硬化、绿化、文化石刻制、健身器材安装和服务中心综合楼设计评审工作;完成移动基站架设,贯通园区通信网络;投资1020万元,完成2.4公里供排水管网铺设及路基填方;106米桥梁工程完成桥桩桥柱浇注和45片桥梁板制作,占工程总量的60%;河滨北路入园路至蜈蚣岭段投资195万元,完成路基填方1800立方米供排水管网铺设和路基压实,占工程总量的80%;投资1000万元的河道治理项目,完成500米河床改道,300米河道平整、上下两侧河堤加固和护堤、暗堤修筑,完成投资300万元;完成园区金城路绿化和供水蓄水池建设任务;与灵宝市豫灵产业聚集区联手打造跨省园区工作全面启动。

【招商引资】 加强"四库"(资源库、人才库、项目库、信息库)建设,竖立园区大型展板3块。设立园区网站,发布招商信息,实现与外界企业信息及时沟通和对接。参加西洽会、福建招商会、关天经济区先进制造业和服务业融合博览会,推介项目15个,散发宣传彩页1000份,接待客商400人次。西洽会签约项目5个,全部入园建设。采取广收信息、网络筛选、电话联系、实地考察等措施,紧紧追踪意向入园企业。联系石材、铜冶炼、生物制药、尾矿综合利用、金精矿冶炼、电解铅项目、铁冶炼项目、昆仑机械和县印刷厂扩建等项目,赴商洛镇安、宝鸡凤县、湖北大冶、河南三门峡、福建晋江等地考察适合园区发展的项目,全年工业园区入驻企业8家,总投资1.5亿元。

【项目建设】 金塔公司全年完成投资760万元,实施围墙和大门建设,氰化车间试产成功,制砖设备安装到位;富源公司投资

1350万元完成设备安装、道路硬化;志诚公司投资130万元,完成氰化车间基础建设及制砖车间土地平整;朝林金属贸易公司投资600万元,实施技术改造和设备更新;设立中小企业孵化基地20公顷,为自主创业项目提供便利条件。

(董怡倩)

华县工业园区

【概况】 华县工业园区经华县人民政府批准,建立于2006年12月。园区东起南山大道,西至陕化集团,总规划面积5.7平方公里。陇海铁路、郑西高速铁路、连霍高速公路、310国道东西贯通园区。2010年末,园区共有企业49户,其中2010年新入驻企业6户;完成招商引资任务1.7亿元;基础设施建设投资0.63亿元,累计投资1.56亿元;项目建设投资9.4亿元,累计投资24.4亿元;实现工业总产值75亿元,财政收入2.1亿元。

【重点项目建设】 金堆城钼业公司南露天矿开采项目二期工程投资1.5亿元,完成投资0.91亿元,完成岩石铲运154万吨。金堆城钼业公司北露天矿排土场建设项目,计划投资0.5亿元,完成投资0.94亿元,完成西川排土场初设审查,农民搬迁楼已封顶。金堆城钼业公司选矿工艺升级改造项目,计划投资0.9亿元,完成投资0.5亿元,碎矿车间完成设备安装。金堆城工业氧化钼技改项目,计划投资0.6亿元,完成投资1.3亿元,2台多炉膛试生产正常,采暖工程正在施工。金堆城氧化铁球团矿项目,计划投资1.2亿元,完成投资0.65亿元,球团矿工程地质勘探工作完成。陕化节能减排技改项目,计划投资20.25亿元,完成投资3.81亿元。陕西嘉诺生物科技有限公司华县产业园项目,计划投资0.4亿元,完成投资0.38亿元,办公、宿舍楼完成钢屋结构,3个厂房已建成。康师傅方便面项目,计划投资0.4亿元,完成投资600万元。宏发石材加工项目,年计划投资1.26亿元,完成投资0.48亿元,厂房主体建设完工,机械设备安装完成。新世纪石材加工项目,年计划投资770万元,完成投资470万元。港龙福华石材加工项目,计划投资1800万元,完成投资900万元。兴华石材加工项目,计划投资800万元,完成投资70万元。腾飞龙石材、华达盛石材、凯达化工有限责任公司建设项目及丙烯工业化技术开发项目,已建成投产。

【优化投资环境】 园区负责建设的南环路、潜龙中路2010年分别计划投资500万元,龙源路计划投资400万元,已完成勘探设计等前期工作及招投标工作。潜龙东路续建工程投资260万元,于11月份竣工验收。续建的龙山路当年完成投资200万元,管网、路基铺设完成90%,水泥路面铺设完成70%。续建的康嘉路投资400万元,已竣工。供排水建设完成投资3000万元,建成水厂一座,完成5公里管网铺设,自打深水井8眼。电力通讯建设投资2300万元,建成城东110变电站一座,已通电试运营。园区管委会2010年加强了对企业的协调服务工作,从项目洽谈、立项、上报、审批、企业选址、验资、办理相关手续、动工建设投产各个环节进行跟踪服务,及时解决项目建设中出现的各种问题,及时为企业提供市场信息,帮助企业拓展业务。开展投资环境整治活动,围绕“项目服务零距离,项目审批零收费,项目施工零干扰”目标,协同国土资源局、杏林镇、瓜坡镇共征得土地33公顷,拆迁民房6户,迁移坟墓400多座,拆移通信电杆39处;协助企业迁改线路500米;解决了港龙石材的打井用电问题。

(刘润泉　张平)

大荔县科技产业园

【概况】 大荔县科技产业园区入驻企业30户,累计合同引资73.9亿元,累计完成投资37.3亿元。其中,19户企业建成投产,10户企业正在建设,1户企业开始筹建。形成农副产品加工、棉纺加工、纸业板材、机械电子、现代物流五大主要产业。

【规划编制】 3月份,委托陕西中晟规划设计研究有限公司对园区总体规划进行修编。将园区总体规划面积扩大到20平方公里,确定以农业产品加工和棉纺工业为主导产业,设置农业产业、畜牧产业、棉纺产业、机械电子和综合工业五大功能区,将园区纳入大荔县城市发展总体规划。

【招商引资】 新签订入园项目合同4个,分别是陕西港信果蔬有限公司投资1000万美元的农副产品加工储藏销售项目,山东中际电工有限公司投资1.8亿元的果品包装材料及果品包装机械制造项目,昆宝钾肥有限公司陕西分公司投资5985万元的缓释长效复合肥项目,陕西新森源木业有限公司投资1.5亿元的5万立方米胶合板生产项目,签约项目均已开工建设。济南丰利达经贸有限公司氨纶包覆丝项目、连成国际集团厦门有限公司汽车配件及家用电器生产线项目、上海第一开关总厂电力设备制造项目等签订了协议书。

【项目建设】 14个项目全面开工,其中市级重点建设项目3个:紫阳小麦淀粉项目、生产车间、成品库及配套设施已基本完工,部分自制设备已加工安装到位。蔡伦纸业造纸制浆项目1.2万平方米机械加工总库房、2000平方米餐厅竣工,10公里厂区道路、给排水工程和低压线路完成。成泰机械电动大棚卷帘机项目,7月底建成投产。县级重点建设项目3个:长石电子绝缘板生产线项目,生产车间办公楼工程完工,开始安装生产设备。振兴粮油食用油生产线建设项目,棉籽库、生产车间、成品库主体建成,脱绒设备安装到位。园区创业路建设项目,完成东段单幅主车道工程。

【基础设施】 全面实施了蔡伦大道绿化工程,栽植塔柏357株、木槿360株、高山黄杨球2400株;加强晨光大道绿化日常养护,及时除草施肥灌水,确保绿化植物成活率。做好大华公路园区段拓宽改造,确保工程全线顺利施工。实施了全长3公里的蔡伦大道排水工程。回收创业路工程建设用地13公顷,确保了工程于6月初如期顺利动工建设。投资4000万元的园区110千伏变电站工程开工建设。

（董　辉）

大荔县商贸产业园

【概况】 大荔县商贸产业园年内引进龙首山豆奶、四星级酒店、针棉市场、精品超市及商业步行街等9户企业，合同引资9.6亿元。固定资产投资4.6亿元，招商引资5.25亿元，社会商品零售总额63772万元，上交各类税费365.8万元，安置就业2454人。

【项目建设】 园区在建项目17个，其中新建项目7个，续建项目10个。新建项目包括文化用品专业街、龙首山矿泉豆奶生产线、针棉市场、红荔汽贸、盛世嘉园、同州花园、东府广场及支线道路。续建项目包括大荔宾馆、客货中心、综合市场、万华二手车、春江花月、彩印中心、亿融商贸城二期、时代新城、义乌三期、亿丰现代城。实施基础设施项目5个，其中东府项目完成投资3500余万元；西新街西段、文化路、春江路等专线道路铺设工程基本完成。

【车城建设】 围绕汽贸产业发展积极开展调查研究、规划调整、宣传招商等前期工作。有26户汽贸企业申请入城，与远程公司等4家企业达成投资意向，协议引资8.1亿元。

【和谐园区建设】 抓好园区基层党组织、工会组织建设和管理，推进企业安全生产和环境保护工作。联合公安、城管、国土等部门和城关镇重点整治了园区周遍环境，打击了一批违法犯罪分子，拆除一批园区范围内的违章建筑。及时调处了劳资、工伤等各类矛盾纠纷，经常性开展环境卫生集中整治活动，提升了园区整体形象。

（董　辉）

蒲城县工业园区

【概况】 园区位于县城南5公里，紧邻京昆高速（西禹段）与渭清公路，交通便利，区位优势明显。园区总体规划面积10平方公里，首批核心区规划面积5平方公里。分两期建设，一期规划100公顷，建设15家以上大中型农化企业。二期用地57公顷，增加15家左右的大型农化企业。园区以“服务现代农业，惠及亿万民众”为宗旨，以“打造中国西部农药航母，创建一流农化工业示范区”为目标，以“高起点规划、高标准要求、高质量服务、高效益运行”为经营理念，以“立足陕西、面向全国、走向世界”为发展方向，利用8—10年时间建成省内一流、国内先进的大型综合农药生产基地。从2005年起累计投资2800余万元，完成5条道路4.5千米，架设专用供电线路20千米。安装供水管道6.2千米，铺设排水管道4.5千米，通信光缆、广电网络等配套设施已全面到位。委托华陆工程公司（原化工部第六设计院）编制园区总体规划；委托陕西省环境科学研究院编制园区规划环评报告已通过陕西省环保局审批；委托陕西省地矿第二勘察院进行了详细地质勘察并作出相关报告。入驻企业有西安美邦、美尔果、绿盾生物、绿桥、韦尔奇、兴盛、兴海、石羊、蓝深树脂、大奇、唐明、勇奔、鑫宝、中燃、瑞联等公司，总投资13亿元，全部建成后年产值30亿元，可实现利税3亿元以上，提供直接就业岗位4000多个。2010年完成工业总产值11亿元，启动生产性建设项目3个，完成固定资产投资1.5亿元，新增规模企业2户。完成基础设施投资300万元。

【规范管理】 加快内部管理机制完善和创新，将原有农化园、食品园、机械园予以整合，成立蒲城工业园区管理委员会。

【完善基础设施】 对园区内纬一、纬二、纬三路及经五、经六路进行全面维护，更换40个排水井盖、80个雨水篦子。种植各类风景树500棵，总计绿化面积达35000平方米。针对园区下游不畅，清淤2300米、清除淤泥1440立方米，完成投资300余万元。

【招商引资】 在成功引进西安瑞联近代电子材料有限责任公司的基础上，联系其下游生产商及供货商，使年产5000吨燃料乙醇等5个项目达成落户园区意向。

【重点项目】 总投资8亿元的西安瑞联新材料产业基地完成投资6900万元，完成餐厅活动中心、6层宿舍楼基础槽灰土回填，12月底，中心和宿舍楼框架二层建成；5个生产车间全部开挖，进行灰土回填。12万吨大奇饲料生产线扩建项目完成投资658万元，完成设备安装和调试、职工食堂扩建工程、办公楼、配电设备安装等工作，已投产运营。韦尔奇农药生产制剂扩改建项目完成投资1700万元，完成3个车间、2个库房等建设任务，全部完成投资建设，已投产运营。园区3个重点建设项目完成总投资9258万元。

（郭昭明）

蒲城县渭北煤化工业园

【概况】 园区位于县城东15公里处，坚持“大集团引领、大项目支撑、集群化推动、园区化承载”发展理念，以工作计划为总揽，以资源整合为主线，以煤化工项目为抓手，加强园区基础设施建设，加大招商引资力度，围绕180万吨甲醇及下游产品项目开展建设工作。12月14日，渭北煤化工业园被陕西省科技厅以〔2010〕171号文件命名为陕西省可持续发展实验区。

【编制总体规划】 召开180万吨甲醇项目建设协调指挥部会议18次，投资200余万元委托化工六院开始高标准、高起点编制煤化工园区规划。园区规划分南区、北区，总规划20平方公里，其中煤制烯烃核心区约占10平方公里，年产540万吨甲醇、200万吨烯烃；下游产品深加工、乡镇企业配套服务区5.9平方公里，黄河水处理区1.36平方公里，综合建材区2平方公里。

【项目调整】 100万吨二甲醚项目正式调整为180万吨甲醇、70万吨烯烃项目。10月14日，陕西省发改委以陕发改产业函〔2010〕989号文件正式将原项目备案调整，明确园区名称为渭北煤化工业园，为关中三大煤化工的主要园区。

【项目建设】 完成项目厂前区四通一平工程。新修拓宽了龙蔡路至厂前区临时道路700米，并对洛西干渠上寨桥进行改造加固。完成了龙阳变至厂前区高压供电线路改造。厂前区生活用水和施工用水全部到位。累计完成投资600余万元，厂区新建临时用电工程开始建设。启动180万吨甲醇项目装置区土地征迁。装置区共占地226公顷，涉及平路庙乡4个村16个组，完成所征村土地的青苗和地面附着物赔偿兑付，土地款兑付接近尾声。装置区内伏龙1组搬迁正在进行中。完成物流通道、专用铁路和新增用地勘界和地面附着物兑付，开始兑付地款。完成园区接渭清路宽24米、全长10.5公里专用道路的立项审批、设计、栽桩放线，通道征地正全面展开，装置区的地质勘探和文物普探工作全面开始。装置区内涉及的330千伏渭高线、110千伏韦下线的电力杆线改线工程全面开始。与省、市电力部门协商，确定改线方案。330千伏、110千伏电力杆线路规划审批文件通过国土、林业、规划等部门审批，新改线路已开始施工。35千伏下段线正报规划、国土等部门审批。项目厂前区全面开工，所有单体工程已封顶，开始内部装修。为加快土地报批，和蒲城化工公司上报5个项目通过县经发局审批，涉及的109.76公顷土地审批文件已报县国土局。全面完成市、县下达的固定资产投资任务，累计完成投资15.7亿元。投资5000余万元的商混站项目，已投入运营。4月，与美国AP公司（中国公司）正式签约寒气装置项目，投资3.5亿美元。

（郭昭明）

富平县庄里工业园区

【概况】 富平县庄里工业园区是省政府重点扶持的100个县域工业园区之一，规划建设面积11.78平方公里。2010年，入驻各类工业企业30户，基本形成了以新型建材、煤化工、冶金机械三大产业为主、相关产业配套发展的产业格局。到2010年底，园区内企业实现工业总产值33.59亿元，占全县工业总产值的57.43%；实现工业增加值7.72亿元。

【规划编制】 2010年1月，县工业园区管委会委托长安大学城市规划研究院对庄里工业园区总体规划进行修编。规划顺利通过专家评审并上报待批，在全市率先通过规划环评，为入园企业环评审批赢得了政策支持。

【基础设施建设】　园区全年实施基础建设项目8个，完成投资10752.5万元。其中，华达路北段道路项目完成投资650万元，幸福二路道路工程项目完成投资2020万元，工业三路道路建设项目完成建设任务，完成投资1130万元，富觅路排水项目完成投资1100万元，工业大道排水项目完成投资510万元，5个工程全面完工；园区110kV变电站项目完成土建任务和设备定制，完成投资2584万元；天然气项目完成一期3200万元的陕压轧辊项目供气及部分民用管道铺设工程，完成投资7200万元；通讯杆线迁移项目完成工业二路、三路通讯线路迁移合并，完成投资42.53万元。

【项目建设】　全年实施工业重点项目5个，累计完成固定资产投资1.4亿元。西化优质材加工项目完成清表及围墙建设任务，完成投资3200万元；盛豪物流项目完成清表任务，完成投资6212万元；宏建机械制造项目完成清表及部分围墙建设任务，完成投资5940万元；奥盛包装800万套纸箱项目建成并投入生产，完成投资3000万元；龙钢建设项目完成建设任务并投入生产，完成投资6500万元。

（张铁民）

富平县现代农业示范基地

【概况】　国家级杨凌农业高新技术产业示范区富平现代农业示范基地，是全省确定建设的五个现代农业示范基地和省市“十二五”期间重点建设项目之一，是一个以设施蔬菜为主，兼农作物新品种试验展示、畜牧养殖、产品交易等农业元素在内的高标准现代农业综合性示范基地。该项目规划建设地点为富平县淡村镇，建设期限5年，占地3633公顷。基地按照“设施现代化、设备智能化、技术标准化、工艺流程化、管理科学化”的思路和“一轴六区”的布局进行规划建设，重点建设产业大道中轴线，高新技术示范区、行政服务及加工储藏交易区、设施蔬菜生产区、畜禽养殖示范区、特色水果种植区、小城镇建设等六个区。其中核心区1万亩，主要包括高新技术示范区、行政服务及加工储藏交易区、部分设施蔬菜生产区、特色水果种植区和小城镇建设区。

【项目建设】　项目总投资36.42亿元，其中争取中省投资6.6亿元，地方财政配套4.2亿元，银行贷款3.5亿元，企业自筹和社会筹资22.12亿元。项目建成后，预计年销售收入9.85亿元，农业科技贡献率达到60%以上，绿色食品生产率100%，实现示范基地内农民人均纯收入10000元以上。项目已完成投资5292.8万元。一是流转土地285公顷，平整土地26.67公顷。二是建设日光温室550棚、耳房56间，配备卷帘机300台。三是育苗中心建成标准化智能育苗温室15座，内部道路4条1600米、围墙1600米，占地3960平方米的连栋式育苗温室主体结构安装已完成80%，占地10000平方米的新品种研发示范中心已完成设计和招标，已开工建设。四是水电路等基础设施进展顺利。新打机井4眼，铺设输水管网4000多米；新架200千伏安变压器4台，架设输电线路1400米，整理通讯线路180档；新铺水泥路5200米、泥结石生产路2000多米。五是农民培训工作已经启动，带领项目区近百人赴泾阳县参观学习，并同西北农林科技大学达成了合作培训意向。六是招商引资扎实推进。经与省外专局衔接，由省外专局协调两家企业投资8000万元，在园区内建设200公顷特色果蔬基地(引智示范园)，已流转土地100公顷，并开始育苗；陕西秦富源实业公司投资1460万元的2万头生猪养殖示范场项目已完成可研；陕西绿标生物科技有限公司投资1000万元的有机肥加工厂项目、省奶牛中心与银桥乳业联合投资7000万元的高标准奶牛场项目已达成建设意向。七是小城镇建设总体规划已经完成，建设所需的33公顷土地已流转到位。

(张铁民)

合阳县循环经济工业园

【概况】 合阳县循环经济工业园成立于2006年元月，是省级重点建设县域工业园、全省第一家低碳循环经济工业示范园。园区分为城区工业园、甘井循环经济工业集中区和轻工业集中区。城区工业园创建于2006年，规划面积5平方公里，以农副产品深加工、高科技、高附加值电子器件工业为主导，以信息服务、商贸流通等服务业为辅助。园区水、电、路、讯、网络、物流和土地平整“六通一平”，可满足入驻企业正常生产生活需求。2008年在县城西北7.5公里建设甘井循环经济生态工业园，园区规划面积7平方公里，以煤化工、煤电力为主，涵盖冶炼、铸造等产业，5月，《合阳县甘井循环经济工业集中区总体规划》通过省发改委批准。10月县委、县政府决定在县城西北、九龙大道与山阳煤矿连接道路建设轻工业集中区，地形勘测、规划设计已经完成，控制性详细规划和产业发展规划已做好并通过专家评审。

【投资环境】 合阳县委、县政府分别制定出台优化投资环境工作制度和《乡镇、村支持项目建设促进县域经济发展财政奖励补助办法》等规范性文件，对集中区企业实行“一站式管理”、“一条龙”和“一个窗口”对外的服务管理办法，全程代办项目立项、土地征用、工商注册、税务登记等手续，及时解决项目建设、企业生产中存在的问题和困难，为集中区企业提供法律、法规方面的服务，全力为企业的软环境建设做好保障，努力使优惠政策兑现到位，优质服务落实到位。

【基础设施建设】 总投资3000万元的甘井循环经济工业集中区东环路、春德路3公里道路建设，油面铺设已全部完成，正在进行绿化及路灯安装。运煤专线建设道路总长5.7公里，道路油面铺设已完成，正在进行绿化带征地等工作。电力设施甘井赵庄35千伏变电站完成增容1万千伏安。市供电局投资建设110千伏变电站，已完成立项、勘测设计等工作，正在进行征地前期准备工作。

【项目建设】 投资3.5亿元镁基合金项目开工建设,项目前期征地工作全面完成,基础设施全面到位,企业办公大楼正在进行地基建设,生产区设备安装到位,部分设备正在调试中。投资10.8亿元的春德110万吨焦化生产项目,完成投资1.4亿元,焦化可研制作、环评制作、安全预评、生产线设计等工作完成,六层2000平方米办公大楼主体建成,正在进行外围墙砌筑。

（蒋　博）

澄城县工业园区

【概况】 2010年,工业园区以招商引资为中心,以项目建设为重点,狠抓内部管理,优化投资环境,各项工作稳步推进,已累计完成固定资产14亿元,实现工业总产值28亿元。

【招商引资】 4月,园区管委会组织机关全体领导及企业代表30余人,参加第十四届西洽会,签约了华鑫铝型材3.5万吨铝型材建设项目和鑫合酒店及物流公司2个项目,总投资4亿元。签约了由渭南市浙江商会牵头组建,投资10亿元,占地33公顷的浙江籍电动车及其配件厂家共同投资建设的电动车产业园项目,签约投资8000万元、占地2公顷的陕西澄城长城钢构工程有限公司机械加工项目。

【项目建设】 投资4800万元的长宏铝业铝板带项目,完成设备更新和试验,6月份开始生产铝棒;完成投资1.7亿元的华鑫铝型材项目,厂房主体建设基本完成;投资1.5亿元的弘运物流项目建设进展顺利;投资2800万元的恒大生物饲料开工建设;投资5000万元的陕西澄城长城钢构项目工程量过半;110千伏变电站项目全部建成并投入使用;勤诚汽摩轮毂项目建设进展顺利,办公楼主体建设完成,第一车间地面沟槽、熔炉底座建设完成;豪利隆4S店2000平方米厂房钢构基本建成,宿舍楼正在装修;多晶硅2500平方米厂房、办公楼、宿舍楼基本建成;金元铝业新增22台电解槽,5月份建成投产。

【经济运行】 各企业面对金融危机的严重影响,采取多种办法保证企业正常运行。长宏铝厂一分厂152台电解槽,先期启动109台,于三月底前将另外43台电解槽全部启动;二分厂90台、三分厂62台电解槽在年初都满负荷运行;群生电厂于5月份启动了另一台机组,实现了双机组满负荷运营。适应国家宏观产业结构调整政策,企业通过技改,扩大产能,将现有的电解槽,由150千安改为国家最新标准的300千安或450千安。园区劲星棉业、野川管业等规模企业都实现满负荷运行。

（梁　璐）

澄城县农业产业化示范园区

【概况】　全年园区内企业完成工业总产值11.5亿元。完成固定资产投资25.01亿元，其中基础设施建设完成投资2217.6万元，在建项目完成投资24.79亿元。争取各类国投资金700多万元。

【基础设施建设】　以园区恒达投资开发公司正式运营为标志，基础设施建设步伐明显加快，累计完成投资2217.6万元。一是多方争取上级扶持，多渠道筹集建设资金，完成光伏太阳城一期道路油化、排水(污)管网、供水加压和绿化亮化等配套工程。二是完成108国道南侧容积为6000立方米的临时排污渗坑工程，架设了污水提升专用电路和程控系统。三是建成蓄水能力为1万立方米的太阳城西侧集雨湖和明渠工程。

【招商引资】　坚持以招商引资为抓手，抓大项目，大抓项目，积极实施项目带动战略。一是创新招商理念，实行全员招商、叩门招商、以商招商、产业招商、网络招商、亲情招商，把招商引资工作列入干部年终考核重要指标，实行一票否决，形成“人人有任务、个个抓招商”的工作氛围。二是坚持“走出去、请进来”招商，先后赴西安、湖北、蒲城及韩城等地考察洽谈益海嘉里粮食仓储、2万吨华秦铸造、中储粮渭北中心以及150万吨焦化等项目；主动邀请北京京科伦设备有限公司、上海众发食品有限公司、江西商会、云南陕西商会、中石化等负责人来园区考察投资。全年共引进各类招商引资项目10个，到位资金19.47亿元。三是坚持项目建设责任制，对园区重点建设项目实行“领导分工、部室负责、跟踪服务”，全面加强与项目企业的联系，及时帮助解决项目建设和客商生活中遇到的困难和问题，以亲情和实际行动增强了客商投资信心。四是项目建设进展顺利。拓日太阳城项目8栋厂房已全部建成，两条玻璃生产线成功投产，从砂到电的完整光伏产业链全面贯通；凯峰农业科技建成全市首条玉米烘干生产线，解决了群众玉米晾晒难的问题。

【资源整合】　大力推行“企业+基地+农户”模式，优化整合园区产业优势，引导企业之间形成专业化分工、错位发展、优势互补的共生耦合关系，初步形成以海升果业为龙头的苹果—果汁—果渣—饲料—养殖，以龙首油脂为龙头的粮棉油—油脂—饲料—养殖，以浩海菌业为龙头的植物秸秆—食用菌—生物专用肥，以新天地科技为龙头的农业科技推广—生态农业观光—旅游餐饮，以顺昌焦化为中心的焦煤—煤气—镁—镁合金建材，以光伏太阳城为中心的超白玻璃—太阳能电池—太阳能热水器—太阳能装备制造—光电一体化光伏电站等六大循环产业链条。园区内企业年消化残次果36万吨，综合利用玉米、棉花秸秆32万吨，安置城乡富余劳动力就业6100余人，带动农户10余万户，增加农民收入3亿多元。农业园区作为陕西省唯一代表赴上海市参加全国农业产业化区域合作座谈会，并作了经验交流。

（梁　璐）

白水县苹果科技产业园

【概况】 苹果科技产业园区是一个以杜康酒、浓缩果汁、苹果深加工和苹果仓储为主的工业经济园区，规划总占地面积6平方公里，建成面积2平方公里。园区规划范围内共有人口4500人，其中非农业人口3600人。2004年，白水苹果科技产业园被列为全市重点工业园区之一；2005年，由西安建筑科技大学城市规划设计研究院完成整体规划工作；2007年，被列为陕西省科技厅“13115”科技扶持项目；2009年3月，被列为全省首批40个重点工业园区。

【项目建设】 园区共有各类涉农、涉果企业和单位12家。6家重点企业分别为：亚洲最大的苹果贸易和包装物流中心——陕西昌盛实业集团有限公司，亚洲最大的浓缩果汁加工企业——白水安德利果蔬汁有限公司，陕西省农业产业化优秀企业——宏达果业公司，全国百家大型农产品流通企业深圳市源兴实业集团投资兴建的白水源兴果业公司，由西北农林科技大学建设、全国惟一的苹果科技试验站，全国500家最大饮料酿造生产企业——陕西白水杜康酒业有限责任公司。园区内的浓缩苹果汁、苹果鲜果两种产品出口国际市场，仓储能力10万吨，已经成为渭北苹果重要的储藏和加工集散地。

（李　彬）

附　　录

重要文件目录

1月11日　渭市发〔2010〕1号　中共渭南市委2010年工作要点

1月8日　渭市发〔2010〕2号　中共渭南市委关于加强领导干部作风建设推进科学发展的实施意见

1月20日　渭政发〔2010〕1号　关于实施现代农业示范工程的意见

1月29日　渭市字〔2010〕7号　中共渭南市委关于传达贯彻落实胡锦涛同志在陕重要讲话精神情况的报告

2月1日　渭市字〔2010〕8号　中共渭南市委、渭南市人民政府关于表彰全市村民监督委员会工作先进单位和先进个人的决定

2月2日　渭政发〔2010〕2号　关于认真做好2010年渭南年鉴编纂工作的通知

2月4日　渭政发〔2010〕3号　关于2009年度办理市长信箱和人民网网友留言工作先进单位先进个人的表彰决定

2月9日　渭政发〔2010〕4号　关于表彰全市督查工作先进单位和先进个人的通报

2月10日　渭市字〔2010〕10号　中共渭南市委、渭南市人民政府关于表彰2009年度重点项目建设先进单位的决定

2月10日　渭市字〔2010〕11号　中共渭南市委、渭南市人民政府关于表彰2009年度纳税增收千万元以上企业及工业产值增速前十五位企业的决定

2月26日　渭政发〔2010〕5号　关于加强卤阳湖现代产业开发区和华山风景名胜区规划管理的通知

3月2日　渭政发〔2010〕7号　关于表彰荣获2009年陕西省名牌产品生产企业和地理标志产品保护单位的决定

3月5日　渭人发〔2010〕2号　关于调整部分县(区)的渭南市四届人大代表名额的决定

3月8日　渭市发〔2010〕4号　中共渭南市委、渭南市人民市政府关于贯彻落实《关中—天水经济区发展规划》的实施意见

3月11日　渭政发〔2010〕8号　关于表彰2009年度水利兴渭杯竞赛活动先进单位的通报

3月11日　渭政发〔2010〕9号　关于优先发展城市公共交通的意见

3月17日　渭政发〔2010〕10号　关于2009年度科学技术奖励的决定

3月17日　渭政发〔2010〕11号　关于印发《渭南市科学技术奖励办法》的通知

3月17日　渭政发〔2010〕12号　关于表彰2009年度安全生产先进单位和个人的决定

3月19日　渭政发〔2010〕13号　关于表彰2009年全市地方财政收入完成奋斗目标任务的通报

3月22日　渭政发〔2010〕14号　关于表彰2009年度全市依法行政先进县市单位和先进个人的通报

3月24日　渭市字〔2010〕24号　中共渭南市委、渭南市人民政府关于加快渭南经开区建设发展有关问题的通知

3月29日　渭政发〔2010〕15号　关于表彰秦腔现代戏桥弯弯月圆圆演出剧组的决定

3月31日　渭政发〔2010〕16号　关于下达2010年地方财政一般预算收入任务和奋斗目标的通知

4月12日　渭人发〔2010〕3号　关于渭南市第四届人民代表大会选举结果的报告

4月12日　渭政发〔2010〕17号　关于印发渭南市2010年重点项目计划的通知

4月13日　渭政发〔2010〕18号　关于印发创建省级环保模范城市环境质量全面达标等七个专项规划的通知

4月15日　渭政发〔2010〕19号　关于加快渭南高新技术产业园区建设国家级高新区的实施意见

4月20日　渭市发〔2010〕5号　中共渭南市委、渭南市人民市政府关于加快我市重点镇建设的意见

4月20日　渭人发〔2010〕4号　渭南市人大常委会2010年工作要点

4月23日　渭政发〔2010〕21号　关于印发渭南市2010年国民经济和社会发展计划的通知

4月26日　渭人发〔2010〕5号　关于市四届人大常委会主任副主任秘书长分工的通知

4月27日　渭政发〔2010〕22号　关于表彰2009年度节能先进单位的决定

4月28日　渭市字〔2010〕31号　中共渭南市委、渭南市人民政府关于表彰劳动模范和先进工作者的决定

4月28日　渭政发〔2010〕23号　关于组建综合应急救援队伍的通知

4月29日　渭市发〔2010〕6号　中共渭南市委、渭南市人民市政府关于加大统筹城乡发展力度进一步夯实农业农村发展基础的意见

5月11日　渭政发〔2010〕24号　关于印发渭南市突发事件应急预案管理办法的通知

5月15日　渭市发〔2010〕7号　中共渭南市委关于在全市党的基层组织和党员中深入开展创先争优活动的实施意见

5月18日　渭政发〔2010〕25号　关于加强应急管理办事机构建设的通知

5月26日　渭人发〔2010〕9号　关于《渭南市人民政府关于卤阳湖开发区城镇基础建设二项工程项目建设资金向金融机构融资的议案》的决定

5月27日　渭政发〔2010〕26号　关于加强全市供热计量改革工作的通知

5月27日　渭政发〔2010〕27号　关于印发渭南市发展热泵系统的指导意见的通知

6月4日　渭政发〔2010〕28号　关于建立行政争议协调机制的意见

6月13日　渭市字〔2010〕38号　中共渭南市委关于贯彻落实赵乐际同志在渭

调研重要讲话精神情况的报告

6月18日　渭市字〔2010〕39号　中共渭南市委、渭南市人民市政府关于命名表彰第六批渭南市有突出贡献专业技术拔尖人才的决定

6月21日　渭政发〔2010〕29号　关于确保全年净增100户规模以上工业企业和1000户小企业的意见

6月22日　渭政发〔2010〕30号　关于表彰高新区提前八天完成上半年财政收入目标任务的通报

6月25日　渭政发〔2010〕31号　关于表彰澄城县华阴市提前六天完成上半年财政收入目标任务的通报

7月1日　渭人发〔2010〕10号　关于设立农业和农村环境和资源保护工作委员的通知

7月3日　渭政发〔2010〕32号　关于公布渭南市第二批非物质文化遗产保护名录的通知

7月15日　渭市字〔2010〕43号　中共渭南市委、渭南市人民市政府、渭南军分区关于命名模范城(县、区)表彰爱国拥军拥政爱民模范单位和个人的决定

8月10日　渭政发〔2010〕33号　关于表彰公安机关成功破获华阴6·20爆炸案件的通报

8月19日　渭政发〔2010〕34号　关于维护东雷抽黄工程设施安全的通告

8月20日　渭政发〔2010〕35号　关于表彰上半年培育新增规模以上工业企业单位及企业的决定

8月26日　渭政发〔2010〕36号　关于对抢修7·23洪灾损毁道路做出重要成绩的全市交通部门和有关县市政府的通报

8月27日　渭政发〔2010〕37号　关于印发7·23特大暴雨洪涝灾害损毁农村民房恢复重建实施方案的通知

8月27日　渭政发〔2010〕38号　关于撤销《关于李振明与李俊明宅基土地使用权争议的处理决定》的决定

9月1日　渭人发〔2010〕13号　关于组织在渭省十一届人大代表开展专题调研活动的情况报告

9月2日　渭政发〔2010〕39号　关于加强节能降耗调控工作的通知

9月3日　渭政发〔2010〕40号　关于促进房地产市场健康发展的意见

9月7日　渭政发〔2010〕41号　关于调整市无线电管委会组成人员的通知

9月8日　渭政发〔2010〕42号　关于加大力度推进有条件的农村居民进城就业和落户若干政策的意见

9月15日　渭政发〔2010〕43号　关于对老货运站区域实施拆迁改造的通告

9月26日　渭政发〔2010〕44号　关于表彰上半年渭河流域水污染防治工作先进部门和单位的通报

9月27日　渭政发〔2010〕45号　关于进一步加强防震减灾工作的意见

10月8日　渭政发〔2010〕46号　关于印发渭南市城区经济适用住房货币补贴实施办法的通知

10月20日　渭政发〔2010〕47号　关于表彰2010年春季大树进城绿化工作先进集体的决定

10月22日　渭市字〔2010〕60号　中共渭南市委关于认真传达贯彻党的十七届五中全会和省委常委(扩大)会议精神的报告

10月26日　渭政发〔2010〕48号　关于印发渭南市临时救助暂行办法的通知

10月27日　渭政发〔2010〕49号　关于开展第六次人口普查工作的通告

10月29日　渭人发〔2010〕14号　关于批准渭南市2009年市级财政决算的

决议

10月29日 渭人发〔2010〕15号 关于批准追加渭南市2010年市本级财政支出预算的决定

10月29日 渭政发〔2010〕50号 关于印发渭南市城镇职工基本医疗保险实施方案的通知

11月1日 渭政发〔2010〕51号 关于严厉打击非法生产经营和建设行为的通知

11月9日 渭政发〔2010〕52号 关于印发《渭南市人工影响天气管理办法》的通知

11月9日 渭政发〔2010〕53号 关于印发《渭南市防雷减灾管理办法》的通知

11月23日 渭政发〔2010〕54号 关于做好应急避难场所规划建设工作的通知

11月24日 渭政发〔2010〕55号 关于加快民间投资的实施意见

12月1日 渭政发〔2010〕56号 关于表彰合阳县提前一个月完成全年财政收入奋斗目标任务的通报

12月7日 渭政发〔2010〕57号 关于成立渭南市应急救援支队的通知

12月10日 渭市发〔2010〕11号 中共渭南市委、渭南市人民市政府关于印发《渭南市中长期人才发展规划(2010—2020年)》的通知

12月15日 渭政发〔2010〕58号 关于表彰富平县提前18天完成全年财政收入奋斗目标任务的通报

12月17日 渭政发〔2010〕59号 转发陕西省人民政府关于公布2010年第二批关闭煤矿名单的通知的通知

12月24日 渭政发〔2010〕60号 关于表彰射击运动员武柳希和市体育局的决定

12月30日 渭政发〔2010〕61号 关于进一步调整产业结构淘汰落后产能的实施意见

12月31日 渭政发〔2010〕62号 关于印发渭南市城镇居民养老保险试行办法的通知

12月31日 渭政发〔2010〕63号 关于问题乳品清查有关事项的紧急通告

12月31日 渭政发〔2010〕64号 关于明确重点工作分工加快民间投资的通知

主要经济指标

基 本 情 况

县市区	常住人口（万人）	行政区划面积（平方公里）	乡（个）	镇（个）	街道办（个）	村委会（个）	居委会（个）
渭南市	543.18	13134	6	123	13	3222	180
临渭区	91.88	1221	0	16	6	487	51
华　县	35.32	1127	0	10		242	15
潼关县	15.36	526	1	5		84	9
大荔县	72.08	1766	0	18		415	10
合阳县	44.40	1277	0	11		353	9
澄城县	38.54	1112	2	8		266	14
蒲城县	75.94	1564	0	17		359	8
白水县	27.58	920	3	7		194	11
富平县	76.63	1233	0	17		337	9
韩城市	39.47	1621	0	10	2	275	23
华阴市	25.98	817	0	4	2	186	16
高新区			–	–	3	24	5

注:1. 常住人口为2009年数据,临渭区包含高新区。2. 临渭区行政区划面积包含高新区。

生 产 总 值

指　　标	单　位	2010年	同比±%
渭南生产总值	亿元	801.42	15.0
第一产业	亿元	128.94	7.3
第二产业	亿元	394.55	20.7
#工业	亿元	339.71	21.8
第三产业	亿元	277.93	10.6
人均GDP(常住人口数)	元	14738	14.9
结构			±百分点
第一产业	%	16.09	0.30
第二产业	%	49.23	3.01
#工业	%	42.39	3.33
第三产业	%	34.68	-3.31

农业生产情况

指　　标	单　位	2010 年	同比 ±%
一、农林牧渔服务业总产值	万元	2276063	7.5
农业产值	万元	1671767	7.0
林业产值	万元	35564	26.0
牧业产值	万元	457781	8.5
渔业产值	万元	14801	19.8
服务业产值	万元	96150	5.5
二、农作物播种面积	万公顷	77.38	2.5
三、主要农业产品产量			
粮食总产量	万吨	264.19	7.8
夏粮	万吨	126.27	8.0
秋粮	万吨	137.92	7.5
油料	万吨	6.61	0.8
棉花	万吨	6.15	-19.0
蔬菜	万吨	191.82	11.1
水果	万吨	254.25	7.0
苹果	万吨	182.6	4.3
肉类总产量	万吨	17.83	12.8
禽蛋产量	万吨	8.57	10.1
奶类产量	万吨	33.56	13.2

农村基本情况

指　　标	单　位	2010 年	同比 ±%
一、乡村从业人员	万人	253.16	0.71
农林牧渔业	万人	173.87	-2.97
工业	万人	14.86	17.16
建筑业	万人	15.68	11.46
交通运输业	万人	8.65	7.6
信息传输计算机服务	万人	1.23	54.02
批零贸易业	万人	6.9	14.15
住宿和餐饮业	万人	22.12	9.22
其他	万人	21.87	-2.01
二、年末实有耕地面积	万公顷	52.1	0.18
水田	万公顷	0.03	0.00
旱地	万公顷	52.07	0.18
#有效灌溉面积	万公顷	36.22	2.86
三、农用机械总动力	万千瓦	402.35	5.48
农用拖拉机	万千瓦	116.96	1.65
联合收割机	万千瓦	32.69	8.82

规模以上工业企业总产值(一)

指　　标	单 位	2010年	同比±%
总　　　计	亿元	938.24	34.79
一、按登记注册类型分组:			
内资企业	亿元	896.24	33.53
国有企业	亿元	133.05	26.27
集体企业	亿元	1.64	13.25
股份合作企业	亿元	5.41	5.13
联营企业	亿元	0.32	26.02
有限责任公司	亿元	559.54	40.12
股份有限公司	亿元	80.65	18.69
私营企业	亿元	114.37	26.44
港、澳、台商投资企业	亿元	2.44	3.28
外商投资企业	亿元	39.56	75.61
二、在总计中:国有控股企业	亿元	557.7	31.65
在总计中:农村企业	亿元	7.2	41.57
在总计中:轻工业	亿元	134.15	28.17
重工业	亿元	804.09	35.96
在总计中:大型企业	亿元	330.54	32.09
中型企业	亿元	307.35	27.12
小型企业	亿元	300.35	47.19
三、按行业大类分			
煤炭开采和洗选业	亿元	94.9	34.49
黑色金属矿采选业	亿元	5.18	52.01
有色金属矿采选业	亿元	14.99	7.68
农副食品加工业	亿元	70.23	18.18
食品制造业	亿元	4.33	55.08
饮料制造业	亿元	17.76	24.14
烟草制品业	亿元	2.93	7.04
纺织业	亿元	10.15	63.31
纺织服装、鞋、帽制造业	亿元	0.42	35.81
木材加工及木、竹、藤、棕、草制品业	亿元	1.66	-40.41
造纸及纸制品	亿元	6.44	31.48
印刷业和记录媒介的复制	亿元	0.16	15.14
石油加工、炼焦及核燃料加工业	亿元	93.89	41.67
化学原料及化学制品制造业	亿元	57.44	25.55
医药制造业	亿元	5.37	-15.31
橡胶制品业	亿元	1.15	2.65
塑料制品业	亿元	2.5	42.35

规模以上工业企业总产值(二)

指　　标	单　位	2010 年	同比 ± %
非金属矿物制品业	亿元	28.63	58.82
黑色金属冶炼及压延加工业	亿元	181.97	26.97
有色金属冶炼及压延加工业	亿元	144.35	60.91
金属制品业	亿元	2.72	214.63
通用设备制造业	亿元	5.49	72.66
专用设备制造业	亿元	33.32	68.33
交通运输设备制造业	亿元	1.81	42.54
电气机械及器材制造业	亿元	18.4	112.85
通信设备、计算机及其他电子设备制造业	亿元	5.34	54.79
工艺品及其他制造业	亿元	6.38	174.39
废弃资源和废旧材料回收加工业	亿元	1	10.48
电力、热力的生产和供应业	亿元	117.54	17.1
燃气生产和供应业	亿元	0.72	37.94
水的生产和供应业	亿元	1.08	13.23

注:本表为规模以上工业快报数。

规模以上工业企业主要经济指标

指　　标	单　位	2010 年	同比 ± %
企业单位数	个	436	24.2
#亏损企业个数	个	115	-1.71
工业总产值	亿元	938.24	34.79
工业销售产值	亿元	894.70	32.02
主营销售收入	亿元	919.54	35.79
工业增加值	亿元	305.17	23.10
利税总额	亿元	65.42	75.70
#利润	亿元	35.23	269.28
亏损企业亏损额	亿元	14.76	-13.43
资产总计	亿元	1284.01	20.50
#流动资产平均余额	亿元	505.75	22.49
负债合计	亿元	794.66	26.71
职工平均人数	万人	13.74	2.26

注:1.本表为规模以上工业快报表。2.工业增加值同比 ± % 按可比价计算。

规模以上工业主要产品产量(一)

产品名称	单 位	2010 年	同比 ±%
原煤	吨	18844052	16.1
洗煤	吨	3609140	-2.4
铁矿石原矿	吨	450924	-0.1
铜金属含量	吨	1202	-1.8
铅金属含量	吨	2933	-33.1
钼精矿折合量(折纯钼 45%)	吨	29927	-1.9
硫铁矿石(折含硫 35%)	吨	463303	-5.1
小麦粉	吨	865780	17.5
饲料	吨	369958	21.9
精制食用植物油	吨	137694	-26.6
方便面	吨	4113	-38.3
乳制品	吨	9787	26.0
罐头	吨	6917	-30.5
饮料酒	千升	75798	-10.6
软饮料	吨	238611	14.8
卷烟	万支	400000	0.0
纱	吨	37252	24.5
布	万米	1448	29.1
服装	万件	94.5	13.0
人造板	立方米	87248	50.4
机制纸及纸板(外购原纸加工除外)	吨	91631	98.1
纸制品	吨	103937	8.0
润滑脂	吨	336	-3.4
焦炭	吨	4908611	12.5
硫酸(折 100%)	吨	367793	135.0
盐酸(氯化氢,含量 31%)	吨	7606	-55.8
烧碱(折 100%)	吨	10562	-51.8
碳化钙(电石,折 300 升/千克)	吨	22360	358.1
精甲醇	吨	264370	45.7
合成氨(无水氨)	吨	427718	-5.2
农用氮、磷、钾化学肥料总计(折纯)	吨	437477	0.4
磷酸铵肥(实物量)	吨	10913	6.1

规模以上工业主要产品产量(二)

产品名称	单 位	2010年	同比±%
化学农药原药(折有效成分100%)	吨	4059	532.0
涂料	吨	8853	-16.4
合成洗涤剂	吨	21927	0.0
中成药	吨	235	-2.0
塑料制品	吨	12472	27.0
水泥熟料	吨	3655132	3.3
水泥	吨	5232126	19.1
水泥混凝土排水管	千米	90.27	10.2
水泥混凝土电杆	根	29252	-23.6
石膏板	平方米	1923	-17.7
瓷质砖	平方米	5328449	188.2
耐火材料制品	吨	31620	-4.5
生铁	吨	3253941	-9.6
粗钢	吨	4080700	9.4
钢材	吨	4599055	12.7
十种有色金属	吨	75171	223.5
精炼铜(电解铜)	958	13.8	
铅	吨	5499	3973.3
原铝(电解铝)	吨	62364	279.7
镁	吨6350	8.8	
黄金	千克	6331.69	7.2
白银(银锭)	千克	5272.76	-32.6
工业锅炉	蒸发量吨	2572	11.0
混凝土机械	台564	10.4	
金属轧制设备	吨	30852	34.4
粮食加工机械	台250	27.6	
印刷专用设备	吨	5137	37.5
小型拖拉机	台4435	28.6	
交流电动机	千瓦	116245	0.0
电子元件	万只	160713	67.3
发电量	万千瓦小时	2828895	9.0
自来水生产量	万立方米	6068.08	15.4

交通、邮电

指　　标	单　位	2010年	同比±%
一、交通			
1. 全社会客运量	万人	10260	18.56
客运周转量	万人公里	567990	21.71
全社会货运量	万吨	8784	18.27
货运周转量	万吨公里	2479647	18.07
2. 民用汽车拥有量	辆	277820	84.15
#载客汽车	辆	147885	37.15
#私人汽车	辆	214345	100.71
3. 年末公路里程	公里	17716	2.03
#等级公路	公里	14628	3.14
二、邮电			
邮政业务收入	亿元	1.99	18.98
电信业务收入	亿元	20.97	13.29
固定电话用户数	万部	86.6	-5.59
无线移动用户	万部	327.08	19.91
互联网宽带接入用户	万户	31.39	52.90

固定资产投资

指　　标	单　位	2010年	同比±%
一、全社会固定资产投资	亿元	742.25	45.71
1. 国有投资	亿元	261.56	9.02
民间投资	亿元	480.69	78.38
2. 城镇固定资产投资	亿元	606.65	32.73
农村非农户固定资产投资	亿元	1.60	-29.20
农村私人建房	亿元	26.97	16.85
跨区域投资	亿元	107.02	296.37
3. 新增固定资产(城镇投资口径)	亿元	326.14	172.49
二、房地产开发			
商品房销售额	亿元	24.70	55.44
商品房销售面积	万平方米	139.72	39.19
商品房施工面积	万平方米	389.06	20.25
#新开工	万平方米	232.63	35.94
竣工面积	万平方米	75.33	-4.91

国 内 贸 易

指 标	单 位	2010 年	同比 ± %
社会消费品零售总额	亿元	231.83	18.56
一、按销售单位所在地分			
1. 城镇	亿元	170.29	18.20
其中:城区	亿元	105.54	23.16
2. 乡村	亿元	61.54	19.57
二、按行业分			
1. 批发业	亿元	31.03	28.73
2. 零售业	亿元	172.78	169.40
3. 住宿业	亿元	4.75	19.96
4. 餐饮业	亿元	23.27	17.09

外 贸 旅 游

指 标	单 位	2010 年	同比 ± %
一、对外贸易			
海关进出口总额	万美元	16926.8	47.12
进口	万美元	6816.7	123.39
出口	万美元	10110.1	10.59
二、利用外资			
新批外资企业	个	5	66.7
合同利用外资	万美元	5560	155.75
实际利用外资	万美元	3051	-31.74
三、旅游经济			
旅游总收入	亿元	67.56	31.36
国内旅游收入	亿元	65.75	30.66
旅游外汇收入	万美元	2707.7	65.75
四、接待游客人数	万人次	1328.5	19.41
国内旅游者	万人次	1313.5	19.03
海外旅游者	万人次	15.04	65.75

金融保险情况

指　　标	单　位	2010 年	同比 ± %
一、金融			
1. 金融机构存款余额	亿元	988.47	17.85
#企业存款	亿元	229.41	17.67
储蓄存款	亿元	651.49	17.31
2. 金融机构贷款余额	亿元	471.52	22.04
#短期贷款	亿元	196.30	8.35
中长期贷款	亿元	245.88	45.97
3. 金融机构现金收入	亿元	2318.98	13.88
4. 货币回笼(－)投放(＋)	亿元	55.27	－6.05
二、保险			
1. 保费收入	万元	322573	34.04
#财险	万元	76048	38.38
寿险	万元	246525	32.75
3. 赔付金额	万元	41713	31.74
#财险	万元	35079	32.89
寿险	万元	6634	26.00

文化教育

指　　标	单　位	2010 年	同比 ± %
一、文化教育			
公共图书馆个数	个	11	0.00
公共图书馆藏书数	千册件	895	2.87
剧场、影剧院数	个	15	7.14
体育场、馆数	个	25	0.00
体育馆数	个	18	0.00
二、广播电视			
电视人口覆盖率	%	99	0.10
广播人口覆盖率	%	98.9	0.30
三、教育			
各类学校数		1825	－12.60
职业中学	所	73	－10.98
普通中学	所	390	－1.76
小学	所	1363	－15.35
在校学生数	万人	80.67	－5.96
职业中学	万人	7.4	－1.73
普通中学	万人	39.02	－7.88
小学	万人	34.25	－4.57
学龄儿童入学率	%	99.54	－0.24

卫生福利

指标	单位	2010年	同比±%
一、卫生			
卫生机构数	个	626	5.03
#医院、卫生院数	个	278	-0.36
卫生技术人员	人	15943	8.88
#医生	人	5955	18.70
卫生机构床位数	张	13950	5.08
#医院床位数	张	9649	-26.48
每万人拥有医生数	人	10.95	18.51
每万人拥有医疗床位数	张	25.65	5.12
二、社会福利			
敬老院个数	个	27	-10.00
敬老院床位数	张	1850	36.73
入住人数	人	1334	1.75
老年福利机构	个	25	0.00
福利院数	个	2	0.00
福利院床位数	张	300	0.00
福利院收养人数	人	375	7.14
城镇居民最低生活保障人数	人	97155	0.12

价格指数

指标	单位	2010年	同比±%
居民消费价格总指数	%	103.9	3.9
非食品价格指数	%	101.2	1.2
服务项目价格指数	%	101.4	1.4
扣除鲜菜鲜果总指数	%	102.9	2.9
消费品价格指数	%	104.5	4.5
一、食品	%	109.6	9.6
二、烟酒及用品	%	100.9	0.9
三、衣着	%	101.1	1.1
四、家庭设备用品及维修服务	%	100.4	0.4
五、医疗保健和个人用品	%	102.2	2.2
六、交通和通信	%	100.9	0.9
七、娱乐教育文化用品及服务	%	99.7	-0.3
八、居住	%	102.6	2.6
商品零售价格总指数	%	103.9	3.9
农业生产资料价格指数	%	103.5	3.5

人 民 生 活

指 标	单 位	2010 年	同比±%
一、城镇居民生活			
1. 城镇居民可支配收入	元	15918	16.6
2. 城镇居民人均消费性支出	元	10130	17.7
#食品支出	元	3216	14.0
3. 恩格尔系数	%	31.75	-1.04
4. 人均住房总建筑面积	平方米	34.78	3.2
二、农村居民生活			
1. 农民人均纯收入	元	4372	22.0
2. 农村居民人均消费性支出	元	3273	8.0
#食品支出	元	1035	11.0
3. 恩格尔系数	%	31.62	0.87
4. 人均住房总建筑面积	平方米	32.7	3.5
三、城镇在岗职工年平均工资			
#企业	元	29657.0	15.6
#事业	元	28305.0	19.2
#机关	元	26148.0	14.3

注:恩格尔系数同比±%为增减的百分点数

县市区主要经济指标(一)

县市区	常住人口(万人)	生产总值		第一产业增加值		第二产业增加值		第三产业增加值		人均GDP(元)
		实际数(亿元)	同比±%	实际数(亿元)	同比±%	实际数(亿元)	同比±%	实际数(亿元)	同比±%	
渭南市	543.18	801.42	15.0	128.94	7.3	394.55	20.7	277.93	10.6	14738
临渭区	91.88	125.00	15.6	21.41	7.3	46.21	19.0	57.38	15.3	
华县	35.32	77.01	15.7	5.84	7.8	58.30	18.4	12.87	6.8	21931
潼关县	15.36	20.30	15.1	1.91	6.4	9.61	23.5	8.78	12.1	13203
大荔县	72.08	63.79	14.5	18.27	7.4	12.91	20.5	32.61	14.7	8840
合阳县	44.40	40.27	14.3	9.45	7.5	11.00	22.1	19.82	13.3	9060
澄城县	38.54	50.16	16.8	12.03	7.3	23.82	26.3	14.31	10.5	13000
蒲城县	75.94	83.86	16.5	16.74	7.6	36.07	24.5	31.05	11.2	11031
白水县	27.58	37.85	15.0	13.19	8.2	10.40	19.5	14.26	17.3	13709
富平县	76.63	60.43	14.4	16.96	7.0	19.68	22.4	23.79	12.1	7877
韩城市	39.47	141.22	14.6	9.37	6.9	99.24	17.0	32.61	9.2	35738
华阴市	25.98	48.75	15.2	3.57	6.5	26.94	18.1	18.24	13.6	18739
高新区		48.53	25.3	0.20	1.6	34.87	26.1	13.46	23.3	

注:常住人口为2009年数据,临渭区包含高新区。

县市区主要经济指标(二)

县市区	粮食总产量		水果总产量		规模以上工业总产值		规模以上工业企业用电量	
	实际数(万吨)	同比±%	实际数(万吨)	同比±%	实际数(亿元)	同比±%	实际数(万千瓦时)	同比±%
渭南市	264.19	7.78	254.25	6.98	938.24	34.79	874137.16	25.12
临渭区	42.99	8.37	22.77	12.95	77.28	24.83	67509.97	4.31
华县	14.79	-1.60	2.25	15.38	129.20	45.69	78022.62	8.53
潼关县	5.29	0.00	1.06	12.77	26.87	37.54	10440.93	21.00
大荔县	34.6	9.60	47.27	9.85	19.69	34.19	13711.70	76.82
合阳县	27.49	11.07	31.38	14.15	17.04	29.36	9422.46	18.31
澄城县	21.2	16.16	36.28	12.67	36.06	62.46	127726.56	189.71
蒲城县	40.64	3.52	28.73	1.81	79.38	46.83	139420.25	20.93
白水县	13.73	18.67	48.82	-5.15	18.98	30.84	12890.82	23.93
富平县	44.17	6.72	26.37	14.50	58.50	25.83	55151.87	3.75
韩城市	8.73	9.81	8.52	0.47	350.18	29.20	266582.79	13.03
华阴市	9.76	2.20	0.68	11.48	43.73	30.30	56972.54	16.95
高新区	0.79	-8.14	0.1	0.00	74.78	46.04	36284.65	20.24

县市区主要经济指标(三)

县市区	全社会固定资产投资		社会消费品零售总额		城镇在岗职工平均工资		城镇居民人均可支配收入		农民人均纯收入	
	实际数(万元)	同比±%	实际数(亿元)	同比±%	实际数(元)	同比±%	实际数(元)	同比±%	实际数(元)	同比±%
渭南市	7422455	45.71	231.83	18.6	28628	16.43	15918	16.6	4372	22.0
临渭区	1313514	39.39	48.17	18.7	29238	19.08	16495	17.8	4565	22.2
华县	659621	49.87	9.50	17.8	34422	16.68	16364	15.1	4288	19.1
潼关县	232321	77.84	6.06	18.4	20552	17.19	15394	15.6	4302	22.1
大荔县	436649	40.53	29.22	19.2	24423	5.74	15431	15.9	4660	21.0
合阳县	320479	56.11	15.67	18.9	24810	20.89	15380	18.0	3761	25.1
澄城县	695448	61.56	14.64	19.1	26254	13.66	15751	17.3	3936	20.3
蒲城县	1008311	34.79	29.06	18.3	27913	14.89	16033	19.1	4388	22.4
白水县	264156	62.89	10.91	19.4	27156	17.04	15389	17.6	4070	26.8
富平县	465254	41.20	28.12	18.6	27731	16.93	15718	17.2	4329	20.9
韩城市	947184	36.49	20.56	18.2	32161	17.60	18042	16.4	5854	20.8
华阴市	489608	70.85	12.11	18.5	27519	18.35	15871	16.6	4287	18.4
高新区	589910	42.46	7.80	18.1	33004	13.87	17196	14.8	-	-

县市区主要经济指标(四)

县市区	地方财政收入		财政支出	
	实际数(万元)	同比±%	实际数(万元)	同比±%
渭南市	340047	20.39	1543008	32.40
市本级	93040	22.49	219590	22.21
县级小计	247007	19.61	1323418	34.26
临渭区	17324	30.13	156093	33.44
华县	40000	-17.50	115223	36.99
潼关县	10018	37.84	60068	34.95
大荔县	7239	30.67	131032	19.42
合阳县	10009	59.71	109980	39.22
澄城县	16320	30.04	102863	28.60
蒲城县	25601	30.62	151581	31.22
白水县	10006	33.41	90582	46.34
富平县	14491	34.28	159496	32.21
韩城市	69822	26.47	151609	41.00
华阴市	15835	30.51	74055	39.03
高新区	10342	31.73	20836	65.37

全省各市主要经济指标(一)

地　区	常住人口(万人)	生产总值		第一产业增加值		第二产业增加值		第三产业增加值	
		实际数(亿元)	同比±%	实际数(亿元)	同比±%	实际数(亿元)	同比±%	实际数(亿元)	同比±%
全省	3772.05	10021.53	14.5	988.45	5.8	5403.53	18.0	3629.55	11.7
西安市	843.46	3241.49	14.5	140.06	6.9	1409.53	18.0	1691.91	12.5
铜川市	84.12	187.73	15.6	14.18	7.7	116.50	18.1	57.05	12.8
宝鸡市	373.14	976.09	14.4	104.20	6.9	614.42	17.5	257.48	9.4
咸阳市	501.03	1098.68	14.5	203.29	7.8	573.27	18.7	322.12	11.7
渭南市	543.18	801.42	15.0	128.94	7.3	394.55	20.7	277.93	10.6
延安市	215.18	885.42	13.6	71.19	7.0	635.49	14.8	178.74	11.0
汉中市	351.99	509.70	15.1	110.39	6.6	199.50	19.6	199.81	14.3
榆林市	334.73	1756.67	18.3	92.16	7.8	1205.77	19.1	458.74	18.2
安康市	266.06	327.06	15.0	67.07	6.4	129.51	21.5	130.48	13.9
商洛市	239.48	285.90	14.9	58.05	6.5	117.82	19.5	110.03	14.7
杨凌区	19.68	47.29	15.5	3.75	8.0	23.50	19.1	20.04	14.0

注:常住人口为2009年数据。

全省各市主要经济指标(二)

地 区	农林牧渔业总产值		规模以上工业总产值		全社会固定资产投资		地方财政收入		财政支出	
	实际数(万吨)	同比±%	实际数(万吨)	同比±%	实际数(亿元)	同比±%	实际数(亿元)	同比±%	实际数(亿元)	同比±%
全省			11147.09	33.5	8562.04	30.7	957.92	30.3	2217.62	20.4
西安市	227.10	7.4	3125.36	26.0	3250.56	30.0	241.80	33.3	371.53	34.2
铜川市	25.15	7.8	245.29	24.6	117.23	33.0	13.75	36.5	53.89	59.9
宝鸡市	174.65	7.1	1316.12	35.3	835.20	30.7	38.80	28.8	132.74	29.9
咸阳市	336.10	8.2	1334.52	37.0	1050.54	31.2	43.48	37.3	151.22	41.1
渭南市	227.61	7.5	938.24	34.8	742.25	45.7	34.00	20.4	154.30	32.4
延安市	125.16	7.1	1225.16	27.2	724.53	30.0	105.19	16.3	192.71	22.8
汉中市	190.34	6.8	402.67	34.1	312.80	31.2	18.63	29.4	18.63	29.4
榆林市	152.88	7.8	1882.30	34.1	1105.40	30.0	125.50	37.7	237.20	38.6
安康市	115.69	6.7	191.60	46.3	360.05	32.0	13.20	36.1	110.17	40.2
商洛市	100.00	6.8	168.78	46.8	290.07	31.6	12.01	34.1	90.20	38.6
杨凌区	5.99	8.0	39.30	50.2	36.33	63.2	2.56	24.6	11.20	78.4

全省各市主要经济指标(三)

地 区	海关进出口总额		其中:出口		社会消费品零售总额		城镇居民人均可支配收入		农民人均纯收入	
	实际数(万美元)	同比±%	实际数(万美元)	同比±%	实际数(元)	同比±%	实际数(万元)	同比±%	实际数(万元)	同比±%
全省	1208148	43.7	620740	55.6	3147.67	18.7	15695	11.1	4105	19.4
西安市	1038158	43.2	531680	59.5	1611.04	18.9	22244	17.3	7750	23.5
铜川市	490	-32.0	391	8.5	45.50	18.5	15884	15.8	4789	20.7
宝鸡市	59920	31.1	26444	51.6	304.56	18.4	18979	16.1	5040	20.4
咸阳市	34045	29.7	23849	17.7	293.56	18.5	18914	15.3	5056	20.2
渭南市	16927	47.1	10110	19.6	231.83	18.6	15918	16.6	4372	22.0
延安市	2247	0.3	2241	0.7	110.62	18.4	17880	17.5	5173	21.5
汉中市	4422	8.6	3032	-7.2	157.40	18.4	14509	15.5	4183	21.4
榆林市	8003	117.8	7386	110.8	196.24	18.8	17545	18.1	5113	23.9
安康市	1651	-2.1	1651	-2.1	110.50	18.5	14642	16.9	3976	20.0
商洛市	30754	188.0	5186	1104.1	79.19	18.6	14811	15.2	3605	20.1
杨凌区	11527	31.7	8770	10.8	7.19	20.5	22297	15.1	7128	24.1

图书在版编目（CIP）数据

渭南年鉴. 2011/杨树民 刘百宽主编. —西安：三秦出版社，2011. 10
ISBN 978-7-5518-0005-1

Ⅰ. ①渭… Ⅱ. ①杨…②刘… Ⅲ. ①渭南市—2011—年鉴 Ⅳ. ①Z524. 13

中国版本图书馆 CIP 数据核字(2011)第 201159 号

渭南年鉴 2011

杨树民 刘百宽 主编

出版发行 陕西出版集团 三秦出版社
陕西新华发行集团有限责任公司
社 址 西安市北大街 147 号
电 话 (029)87205121
邮政编码 710003
印 刷 西安新华印刷厂
开 本 787×1092 1/16
印 张 26
插 页 66
字 数 566 千字
版 次 2011 年 10 月第 1 版
2011 年 10 月第 1 次印刷
印 数 3000 册
标准书号 ISBN 978-7-5518-0005-1
定 价 160.00 元

网 址 www.sqcbs.com